시민종교의 탄생

식민성과 전쟁의 상흔

시민종교의 탄생

식민성과 전쟁의 상흔

성균관대학교
출 판 부

목 차

머리말

제1부 문제의식과 접근방법

| 제 1 장 | 대한민국 형성의 문화적 동학 _ 14

| 제 2 장 | 시민종교: 개념과 접근방법 _ 24
　　1. 다기능성과 상대적 자율성 _ 32
　　2. 복수성 _ 40
　　3. 역사적 기원: 정교분리와 세속국가 출현 _ 44
　　4. 통합적·역사적 접근 _ 50
　　5. 시공간과 기억 _ 53
　　6. 의례와 사회드라마 _ 58
　　7. 소결 _ 64

| 제 3 장 | 시민종교의 기원 _ 68
　　1. 정교분리 이전: 정교융합 질서와 신성국가 _ 71
　　2. 정교분리, 세속국가, 도구주의 _ 74
　　3. 두 가지 딜레마: '국교제 국가'와 '국가 없는 민족' _ 83
　　4. 식민화와 독립: 한국 시민종교의 맹아들 혹은 전사(前史) _ 94
　　5. 한국식 정교분리와 세속국가 출현 _ 107

| 제 4 장 | 시민종교의 사회문화적 인프라(1) _ 112
　　1. 군대와 징병제 _ 114
　　2. 학교와 의무교육제도 _ 121
　　3. 보통선거제, 문맹퇴치운동 _ 127
　　4. 위로부터의 근대화 프로젝트 _ 129
　　5. 문화재와 박물관 _ 136
　　6. 예술과 시청각미디어 _ 140

| 제5장 | 시민종교의 사회문화적 인프라(2) _ 144

　1. 스포츠와 스포츠민족주의 _ 145

　2. 근대성의 상징에 정치를 입히다 _ 148

　3. 상훈제도 _ 157

　4. 화폐와 담배 _ 162

| 제6장 | 누구의 어떤 시민종교인가? _ 172

　1. 식민지 요인과 분단 요인의 접합 _ 174

　2. 식민지엘리트 _ 178

　3. 폭력성 _ 182

　4. 전쟁 _ 188

　5. 소결 _ 193

제2부　과거사청산 정치와 시민종교

| 제7장 | 식민지엘리트와 해방의 충격 _ 198

　1. 몇 가지 합의 _ 200

　2. 체제 내 위치, 식민지 도덕성, 능력주의 _ 205

　3. 이익충돌 의식과 '식민지엘리트의 민족주의' _ 215

　4. 해방의 충격 _ 219

　5. 정체성 붕괴, 탈민족주의, 대중 불신 _ 225

| 제8장 | 공포와 공격(1): 남한의 과거사청산 정치 _ 230

　1. 2차 청산 시도와 비(非)청산 _ 234

　2. 3차 청산 시도와 반(反)청산 _ 239

　3. 4차 청산 시도와 반청산 및 역(逆)청산 _ 256

　4. 비청산, 반청산, 역청산의 결과 _ 272

| 제9장 | 공포와 공격(2): 과거사청산의 비교정치 _ 278

　1. 전후 세계질서 재편과 과거사청산 _ 279

　2. 과거사청산의 결정요인 _ 285

　3. 동북아시아 _ 294

　4. 동남아시아 _ 302

　5. 요약과 소결 _ 321

| 제 1 0 장 | 불신사회, 연고주의, 윤리의 규율권력화 _ 326

  1. 직접적인 결과들 _ 328

  2. 불신사회, 감시사회, '사회자본 결핍사회' _ 333

  3. 연고주의적 능력-경쟁주의 _ 337

  4. 윤리의 규율권력화 _ 342

  5. 소결 _ 348

| 제 1 1 장 | 분단국가, 48년 체제, 동아시아 민족주의 _ 350

  1. 적과 동지를 구별하기 _ 351

  2. 48년 체제 혹은 '대한민국'이라는 나라 _ 356

  3. 동아시아에서 민족주의의 끈질긴 생명력 _ 377

  4. 동아시아 민족주의와 일본, 그리고 한국 _ 387

  5. 과거사청산 정치와 시민종교 _ 396

제3부 전쟁과 시민종교

| 제 1 2 장 | 정치적 신신분제와 성가정 만들기 _ 400

  1. 전쟁, 사회통합, 국민 형성 _ 401

  2. 신(新)신분제와 국민-비국민 만들기 _ 404

  3. 선민(選民), 성가정, 지배엘리트 _ 412

  4. 반국민 _ 418

  5. 비국민 _ 424

| 제 1 3 장 | 전쟁과 시민종교 재형성 _ 432

  1. 감시사회-병영사회로의 질주 _ 433

  2. 전쟁의 일상화, 일상의 전장화 _ 442

  3. 반공-자유민주주의 시민종교와 한국전쟁 _ 448

| 제 1 4 장 | 전사자 숭배(1): 죽음 위계의 재구축과 전사자 의례 _ 452

  1. 죽음 위계의 재구축 _ 454

  2. 전사자 의례의 빈도와 의례경관 _ 459

  3. 전사자의 의례적 변형, 성가정의 창출·보호, 의례장치 _ 466

  4. 현충일 탄생과 그 후 _ 474

| 제15장 | 전사자 숭배(2): 전사자 거처와 기념시설 _ 482
　　1. 전사자 거처와 영적 안전망 _ 483
　　2. 해방과 전쟁, 그리고 전사자 거처의 다변화 _ 486
　　3. 최고의 반공 성지들: 국군묘지와 유엔군묘지의 탄생 _ 491
　　4. 전사자 기념시설 _ 501

에필로그 _ 506

주 _ 512

참고문헌 _ 566

찾아보기 _ 588

총서 '지의회랑'을 기획하며 _ 595

세련되고 지속 가능한 지배형태로서의 '헤게모니적 지배'는 통상 강제와
동의의 결합으로 설명된다. 그런데 헤게모니적 지배를 가능케 하는 대중
의 자발적인 동의는 과연 어디서 오는가? 동의의 폭과 강도는 무엇에 의
해 좌우되는가? 필자는 동의라는 정치행위를 뒷받침하는 폭넓은 문화적
기초, 다분히 유사類似종교적인 성격을 띠는 문화적 기초에 주목해야 한
다고 본다. 시민종교의 문제의식은 이러한 헤게모니적 지배, 나아가 '견
고하고 심층적인 사회통합'을 만들어내는 유사종교적 방식과 주로 관련
된다. "사회주의는 종교다"라는 선언이 잘 보여주듯이, 사실 그람시 자신
이 헤게모니적 지도력을 위해선 무언가 시민종교와 같은 것이 필요함을
잘 알고 있었다. 시민종교는 '지배'와 '통합' 모두에 긴요하다.

　정치와 종교, 국가와 종교가 융합된 상태인 '정교융합의 질서'에서는
국가종교가 통치자들과 국가에 성스러운 후광을 제공함으로써 기존 지
배질서의 정당화에 기여했다. 그러므로 정교융합 질서에선 '신성국가
sacred state'가 지배적인 형태였다. 정치권력의 후원을 받으면서 신성국가
의 존립을 지탱했던 국가종교는 지배질서의 재생산에 불가결한 요소였
다. 그런데 18세기 말부터 국가와 종교의 분리 추세에 따라 '정교분리의
질서'가 도래했다. 이로써 인류 역사상 처음으로 진정한 의미의 '세속국
가secular state'가 출현했다. 여기서 대단히 중요한 질문이 제기된다. 시민

종교의 또 다른 중대한 문제의식이 작동하는 지점도 바로 이곳이다. 신화적·신비적 요소를 완전히 결핍하고 오로지 합리성에만 의존하는 세속국가가 과연 존재하거나 존속할 수 있을까? 종교보다 합리적 세속성을 더욱 숭상하는, 말하자면 '세속주의 신화神話'에라도 의존해야만 순조로운 통치가 가능하지 않을까?

그런 면에서 시민종교 연구는 정교분리 질서의 세계사적인 확산에 조응하는, '세속국가의 성성聖性'에 대한 탐구이기도 하다. 시민종교 연구는 근대사회의 사회적-정치적 통합을 도모하는 성스러운 방식에 대한 탐구일 뿐 아니라, 역사적인 정교분리로 등장한 세속국가의 자기 성화聖化 방식에 주목하는 접근이기도 하다. 정교분리가 철저히 근대적인 현상이고 온전한 세속국가도 오직 근대에만 발견되는 현상이라는 점에서, 시민종교 역시 전형적으로 '근대적인' 현상이다. 근대에는 정교분리-세속국가가 지구적 규범으로 확산하고 착근한다는 의미에서 시민종교는 '보편적인' 현상이기도 하다. '근대의 예외'인 극소수의 '정교융합 국가들'(신성국가들)에서만 시민종교의 부재不在를 기대할 수 있다.

하나의 시민종교 우산 아래 '심층 사회통합'을 이룬 사회의 반대편에는 수십 년 동안 극심한 문화적-이데올로기적 양극화, 격렬한 문화적-이데올로기적 내전內戰을 겪는 사회들이 존재한다. 이런 사회들에서 시민종교는 '하나'가 아니라 '여럿'일 가능성이 높다. 이 경우 시민종교는 사회통합의 시멘트가 아니라, 사회갈등의 촉매이자 사회분열의 고착화 기제로 기능한다. 여기서 시민종교는 대내적으로는 단단한 통합을 촉진하지만, 대외적으로는 적대와 갈등을 촉진한다. 종교·종족·언어·문화 차원에서 심각하게 분열된 사회들은 '복수複數의 시민종교' 현상이 현실화될 가능성이 높은 최우선 후보들이다. 이데올로기에 따른 '분단사회들', 곧 2차 대전 직후의 독일과 한국, 1949년 이후의 중국, 1950~1970년대의 베트남 등도 마찬가지이다. 시민종교의 이런 다多기능성과 복수성에 주목하는 것 역시 이 책의 주요 관심사이자 세 번째 문제의식이기도 하다. 하나의 시민종교가 둘 혹은 그 이상으로 쪼개지는 현상, 그와 반대로 서로 적대하던 시민종교들의 고차원적인 재통합이 일어날 가능성과 조건, 이 모두가 흥미로울 뿐만 아니라 실천적으로도 중요한 쟁점들이 아닐 수 없다.

이 책은 '시민종교civil religion'라는 키워드로 한국 근현대사를 재해석해보려는 시도이다. 이번 연구의 결과는 두 권으로 구성되어 있다. 이번 책은 『경합하는 시민종교들: 대한민국의 종교학』과 한 쌍을 이룬다. 『경합하는 시민종교들』이 역사적 연구라면, 이 책은 이론적 연구이자 주제별 연구라고 할 수 있다.

이 책은 세 부분으로 나뉜다. 우선 1부에서는 문제의식과 접근방법에 대해 논의했다. 기존 연구 성과들을 비판적으로 분석해보고, 시민종교 이론의 재구성을 통해 보다 개선된 접근방법 내지 분석틀을 정립하는 것이 1부의 핵심 과제였다. 필자는 대안적인 접근방법을 '갈등적 (재)구성주의' 접근으로 제시했다. 필자는 한국 시민종교 연구에서 지속적으로 강조되어야 할 네 가지 과제로서, (1) 식민지 요인과 분단 요인의 중요성을 균형 있게 강조하는 것, (2) 식민지엘리트를 시민종교 형성의 핵심 주체로서 주목하는 것, (3) 지배엘리트의 폭력성 과잉 현상과 시민종교의 관련을 규명하는 것, (4) 시민종교 형성에서 한국전쟁과 베트남전쟁 등 두 차례의 전쟁이 가진 중요성을 제시했다. 이런 관점에서 필자는 과거사청산 정치와 전쟁이 한국 시민종교에 미친 영향을 집중적으로 분석했다. 이것이 이 책 2부와 3부의 과업이었다.

책에 수록된 내용 중 일부는 학술지 논문 형식으로 미리 발표된 바 있다. "'대한민국'의 종교학: 시민종교 연구를 위한 시론"(『종교문화연구』 22호, 2014), "해방 후 과거사청산 정치와 시민종교"(『사회와 역사』 107집, 2015), "과거사청산 정치와 한국 시민종교: 분단국가, 48년 체제, 동아시아 민족주의"(『사회와 역사』 111집, 2016) 등이다. 앞서 발표한 논문들을 대폭 확장하고 수정한 내용이 이 책에 실려 있음은 물론이다.

필자가 한국 시민종교에 관한 글을 처음 썼던 게 1999년의 일이다. 2000년에도 『창작과 비평』에 한 번 더 관련 글을 발표했었다. 그로부터 오랜 시간이 흐른 2013년 하반기부터 시작해서 지난 5년 동안 이 주제에 매달렸다. 작업을 마무리하고 세상에 내놓으려 하니 후련한 마음과 두려운 마음이 교차한다. 혼자 감당하기 어려운 작업임을 시작할 때부터 잘 알고 있었지만, 막상 마무리 단계에 오니 이게 도대체 끝이 있을 수 없는 작업임을 새삼 절감하게 된다. 아마도 피에르 노라가 주도한 '기억의 장소' 프로젝트와 유사한 대규모 공동연구가 성사되어야 한국 시민종교 연구 작업이 비로소 완결될 수 있을 것 같다.

이 책을 위해 3년 동안 재정지원을 해준 한국연구재단에 감사드린다. 출판을 먼저 제안해주고, 수록될 귀한 사진들을 구하고 일일이 설명을 달아주었을 뿐 아니라 색인어 작업까지 도와준 성균관대학교출판부 현상철 선생께도 감사드린다. 이 책이 전통적인 시민종교 연구뿐 아니라, 사회통합 및 사회갈등 연구, 정치와 국가에 대한 문화적 이해, 한국 현대사에 대한 문화사적 접근, 세속주의나 세속적 성성 연구 등에 생산적인 자극을 제공할 수 있으면 좋겠다. 나아가 이 책이 새로운 시각에서 사회통합의 문제, 나아가 남북 재통합 문제에 접근하도록 도울 수 있다면 더할 나위가 없겠다.

2018년 세밑에

강인철

제 1 부
문제의식과 접근방법

제 1 장

대한민국 형성의 문화적 동학

문제의식과 접근방법

한국 시민종교에 대한 연구는 '대한민국 형성/재형성의 문화적 동학'을 파고든다. 그런 면에서 시민종교 연구는 대한민국이라는 민족국가가 만들어지고 변화되어가는 문화적 동학에 대한 탐구의 일환이라고 말할 수 있다. 식민지화라는 독특한 역사적 경험으로 인해, 식민지 상황을 막 벗어난 한반도에서는 '국가' 형성, '민족' 형성, '국민' 만들기가 사실상 동시적인 역사적 과업으로 제기되었다. 매러디스 맥과이어는 국가 형성state building을 "한 나라의 내적·외적 업무를 적절하게 수행할 권위 있고 실용적인 조직을 발전시키는 일"로, 민족 형성nation building을 "한 나라의 구성원으로서의 연대감과 정체감을 발전시키는 일"로 간명히 정의한 바 있다.[1]

　더욱이 해방 직후 분단과 민중봉기, 게릴라전, 내전에 이를 정도의 극심한 갈등을 겪은 한국사회가 직면했던 시급한 난제는 '강력하고도 지속가능한 사회통합을 위한 문화적·도덕적 토대'를 구축하는 일이었다. 여기서 사회적 결속을 위한 문화적·도덕적 토대 구축 문제는 폭넓은 가치합의와 감정적 유대에 기초한, 나아가 국가·민족의 미래에 대한 원대한 비전을 공유하는 공동체를 형성하는 과업이기도 했다.

　그런데 독립된 민족국가에 걸맞은 국가·민족과 국민의 형성, 강력하고 지속가능한 사회통합과 같은 지난한 역사적 과업들이 국가·민족의 성화sacralization와 신비화mystification를 수반하는, 비교적 잘 짜여진 '국가적 성聖체계'의 존재 없이 달성되기란 거의 불가능하다. 도구적 '합리성'이나 사회경제적·정치적 '이익'에 대한 고려가 아니라, 종교적인 신앙과 열정에 가까운 '감성'과 '믿음'이 강하고 지속력 있는 사회통합을 가능케 하는 진정한 비결이다. 그러므로 대한민국 형성의 문화적 동학에 관한 연구는 대한민국이라는 나라의 '종교적인 혹은 유사類似종교적인' 차원들에도 관심을 두지 않을 수 없다.

지속가능한 정치통합의 관건은 '국가에 대한 사랑', 즉 애국심, 국가애, 조국애를 대다수 국민들로부터 이끌어내고 유지할 수 있느냐는 것이다. 고도로 추상적인 실체이자, '만들어진 상상의 공동체'에 불과한 어떤 것을 사랑의 대상으로, 심지어 그것의 명령에 따라 목숨까지 바칠 대상으로 만들고 유지하는 게 결단코 쉬운 일은 아니다. 국가에 대한 사랑愛과 충성忠의 자세는 강압이나 금전적 보상만으로 결코 만들어질 수 없다. 이 지난한 과업의 상당 부분이 효율적으로 작동하는 국가적 성聖의 체계에 의해 달성된다. 최근 공진성은 "근대 국민국가 체계가 본질적으로 내포하고 있는 문제"를 "개인의 자유와 이익을 위해 필요한 정치공동체가 어떻게 그 구성원의 사랑을 자기에게 향하게 할 수 있을 것이냐의 문제"로 요약하면서, 이 난제를 해결하기 위해 스피노자와 루소가 선택한 대안이 "약해진 시민의 국가에 대한 사랑을 회복하기 위해 국가를 재종교화"하는 것이었다고 주장했다.[2] 결국 '국가에 대한 시민의 사랑'을 가능케 하는 묘약妙藥이 바로 시민종교로 압축되는 국가적 성체계인 셈이다.

사회는 신神의 상징적 표현이며 사회야말로 종교 경험의 실체라고 주장할 정도로 사회의 '종교적' 성격을 강조했던 에밀 뒤르케임은 "사회생활은 거대한 상징주의에 의해서만 가능하다"고 단언했다.[3] 이와 유사한 문제의식을 갖고, 모리스 아귈롱은 정치사와 상징적 표상(혹은 알레고리)의 역사 사이의 긴밀한 연관성을 강조한 바 있다. 그에 의하면 "위대한 정치사와 부차적이고 부질없다는 평을 받기도 하는 상징적 표상의 역사는 논리적으로 연결되어 있으며, 서로에게 빛을 던져줄 수 있다."[4] 상징적인 것을 정치의 부수적 차원이 아닌 필수적 차원으로 간주할 것을 요구한 클리포드 기어츠의 문제제기를 수용하면서, 다카시 후지타니 역시 "근대 국민국가가 역사 속으로 파국적으로 진입한 사건은 그 자체가 문화적 출현cultural emergence이었으며, 따라서 근대 국민국가의 역사에 대한 접근방법은 문화 분석을 반드시 포함해야 한다"고 주장했다.5 결국 최근 윤선자가 말했듯이 국민·국가 만들기 프로젝트는 "기본적으로 문화적이고 종교적인 사업이 아닐 수 없다."6

비록 역사는 짧지만 지난 10~20년 동안 한국에서 국가·민족 형성의 문화적 측면들에 관한 연구가 비교적 빠른 속도로 축적되어왔다. 역사학, 예술사, 인류학, 사회학, 종교학, 문학, 정치학, 지역학 등 다양한 학문 분야에서 활동하는 여러 학자들이 다양한 방법론과 접근방식을 활용하여 연구를 진행했다. 기존 연구 성과들 가운데서도 특히 주목되는 주제들을 몇 가지로 분류할 수 있을 것이다. (1) 기념일, 경축일, 공휴일 등의 국가력國家曆 체계, (2) 국가, 국기, 국화, 국새, 문장 등의 국가상징, (3) 다양한 국가의례 혹은 국가의전, (4) 국립묘지와 국가적인 사자死者숭배 및 의례, (5) 남산이나 광화문과 같은 국가적 성소聖所, (6) 기념, 추모, 위령을 목적으로 한 기념비나 기념탑과 같은 기념조형물, (7) 박물관과 같은 기억의 공간 혹은 기억의 제도, (8) (역시 기억의 공간·제도에 속하는 것이지만) 기념관, 공원, 센터와 같은 기념·추모 공간 및 역사기념시설, (9) 국가적·민족적 영웅들에 대한 조상, 동상, 영정, (10) 대중영웅을 포함한 영웅 만들기와 (영웅과 관련된 장소들의) 성역화, (11) 지도와 지리교육과 국토민족주의, (12) 사회운동과 연관된 저항의례·의례운동 등이 이에 해당한다. 이 밖에 (13) 문학, 음악, 미술, 연극, 영상(다큐멘터리와 영화) 등을 통한 역사와 기억의 재현representation, (14) 3·1운동, 8·15해방, 대구10·1, 여순사건, 제주 4·3, 한국전쟁, 민간인학살, 4·19혁명, 5·16쿠데타, 베트남전쟁, 부마항쟁, 서울의 봄, 광주5·18, 6·10항쟁과 같은 중요한 역사적 사건들과 관련된 기억투쟁이나 기억의 정치, (15) 반공주의, 친미주의, 민족주의, 지역주의 등 다양한 이데올로기 혹은 신념체계, (16) 군대(예비군훈련 포함), 학교(교과서, 교련 포함), 민방위훈련이나 국가 주도 사회운동(재건국민운동, 새마을운동 등)을 비롯한 국민 형성 기제에 대한 연구도 일일이 열거하기 힘들 정도로 성과물들이 축적되고 있다.

사실 이 정도만 해도 연구주제의 폭이 충분히 넓어진 셈이다. 그러나 필자는 아직 더 넓혀질 여지가 있다고 생각한다. 필자는 예컨대 우표나 엽서의 발행시기와 디자인 속에도, 동전과 지폐의 디자인에도, 국산 담배나 열차나 도로의 이름에도, 심지어 우리가 주식으로 삼는 벼(쌀)의 이름에도 국가의지國家意志 내지 국가권력이 스며들어 있다고 본다. 그러나 한국의 우표에 주목한 일본인 학자 나이토 요스케를 제외한다면,[7] 이런 흥미진진한 주제들에 관심을 쏟은 연구자는 거의 없었다. 주어진 특정 시점에서 국가와 지배층은 무엇을 강조하고, 무엇을 기념하고, 국민들로부터 무엇을 인정받고자 하는가? 이런 질문에 대답하는 데는 기념우표와 기념엽서, 기념주화를 포함한 화폐의 디자인을 눈여겨보는 게 매우 유용한 방법이 될 것임이 틀림없다. 아울러 새롭게 선보이는 각급 열차, 군함을 포함한 대형 선박, 비행기, 자동차, 담배, 교량, 도로, 벼를 포함한 주요 작물의 품종, 특정 군부대의 명칭 등과 관련된 '명명命名의 정치학'을 관찰하고 분석해보는 것 역시 위의 질문을 처리하는 데 훌륭한 방법이 될 수 있다. 물론 이런 영역들은 지배세력이 보여주고자 하고, 그들이 자랑하고자 하고, 그들이 대중의 관심과 주목을 유도하고 대중을 동원하려고 하는 정책·이데올로기·실적·성과만을 보여줄 따름이라는 사실에는 항상 유의해야 한다.

다음 인용문은 해방 이튿날인 1945년 8월 16일 서대문형무소 앞에서 벌어진 풍경을 묘사하고 있다. 당시 독립운동가의 가족들은 무슨 염원을 담아 촛불을 들었을까, 그때 거기서 촛불이 상징하던 바는 무엇이었을까?

지금은 익숙해진 '촛불집회'나 '촛불시위'가 우리 사회에서 처음 등장한 것은 언제쯤부터였을까? 촛불은 언제부터 저항의 상징으로 사용되었나?

> 16일 서대문형무소 앞에서 본 광경이 아직도 생생해요. 형무소 안에 들어가 있는 사람들의 가족이 모두 대낮인데도 촛불을 들고 와서 기다리더라고요. 당시 안에 갇힌 사람은 대부분 독립운동을 하다 잡힌 사람들이었어요. 그 촛불이 가지각색이었어요. 갇힌 가족의 이름을 쓰거나 '박헌영 동지여, 빨리 나타나라'고 쓴 촛불, 조선공산당원의 이름을 쓴 촛불도 있었어요. 여하튼 공산당원 중에서 유명한 사람의 가족들이 왔을 거예요. 나는 그때 협동단 사건으로 들어간 동지들을 맞이하기 위해 갔어요. 12시에 나온다고 해서 그전부터 가서 기다렸는데 사람들로 꽉 찼더라고요. 사람들이 나오기 시작하는데 모두 뼈뿐이야. 10년, 20년 안에서 살다 보니 살결이 새하얗고 뼈에 가죽만 덮인 모습으로 나와요.[8]

태극기는 어떤가? 한국은 군주제 국가에 의해 제정된 국기國旗가 민주공화제 국가에서도 그대로 사용되는 아주 드문 사례에 속한다. 대한제국 시기의 태극기, 식민지 총독부 시기의 태극기, 대한민국 시기 태극기의 의미나 기능이 동일하지는 않았을 것이다. 한국 현대사만 놓고 보더라도 태극기의 용법이나 기능은 다양했다.[9] 태극기는 통합, 지배, 저항 등 서로 상충하는 역사적·사회적 맥락들 속에서 등장했다. 한국의 국기 자체가 다중적 시간들의 응축, 다중적인 사회적·정치적 기능들의 복합체라는 성격을 강하게 띠고 있다. 바로 이런 관점에서 국기에 대한 연구가 더 활성화될 필요가 있다.

시민종교론의 재등장에 지대한 영향을 미친 쉴즈와 영의 1953년 논문은 엘리자베스 여왕의 대관식에 관한 것이었다.[10] 시민종교론의 재등장을 세상에 알린 벨라의 1967년 논문은 케네디 대통령의 취임사에 대한 분석으로 시작된다. 이처럼 국왕 대관식이나 대통령 취임식·취임사가 시민종교론의 등장과 발전에 가장 큰 영감을 준 의례이자 텍스트들이었음에도 불구하고, 한국에서는 1948년 초대 대통령부터 2017년에 이르기까지 모두 19회나 대통령취임식이 거행되었지만 취임식이나 취임사를 파고든 연구를 거의 발견할 수 없는 실정이다. 그렇지만 시대 성격을 반영하듯 대통령취임식의 장소가 옥외 광장(1948~1971년, 중앙청 광장)[11] → 실내 체육관(1972~1987년) → 옥외 광장(1988년~현재, 국회의사당 광장)으로 변천해왔다는 사실 자체가 얼마나 흥미로운가. 실내와 광장의 차이도 엄청나려니와, 같은 광장이면서도 '권력의 상징'인 중앙청 광장과 '민의와 민주주의의 상징'인 국회의사당 광장의 차이는 또 얼마나 큰가. 특히 민주화 이행 이후에는 대통령 취임식장의 모양과 배치, 초청 대상, 취임식의 주제, 식전 및 식후 행사들, 취임식 후 의사당에서 청와대까지의 이동방식 등에서 역동적인 변화가 진행되었다.

정말로 중요한 문제는 연구 공백 지대가 아직 넓다는 사실보다는, 기존 연구들이 단편적이고 산만하게 흩어져 있을 뿐 아니라, 학문 분야 간의 교류·협력이 원활하지도 못하다는 데 있다. 필자는 이처럼 다채롭고 광범위한 주제 영역들을 창조적이면서도 체계적으로 종합할 수 있는 유력한 이론적·방법론적 수단을 '시민종교 접근'이 제공해줄 수 있다고 생각한다. 이 책에서 필자는 시민종교론의 문제의식을 '사회통합'을 넘어 '국가·국민 형성'의 차원으로 확장하려 한다. 달리 표현하자면, 필자는 시민종교 접근을 통해 사회통합의 문제의식과 국가·국민 형성의 문제의식을 종합하려 시도한다.

시민종교의 정의들만 일별해보아도, 이 접근이 얼마나 다양한 영역과 차원을 두루 포괄하고 있는지가 확연히 드러난다. 우선, 세계 학계에 시

대한민국 대통령 취임식의 변화
초대 이승만 대통령, 제9대 박정희 대통령, 제12대 전두환 대통령, 제15대 김대중 대통령 취임식 장면

민종교라는 용어를 데뷔시킨 장본인인 로버트 벨라는 시민종교를 "일군의 신념, 상징, 의례들을 통해 표현되는 공적인 종교적 차원"이라고 소개한 바 있다.[12] 벨라는 다른 곳에서 "시민종교란 모든 이들의 삶에서 발견되는 종교적 차원으로서, 이를 활용하여 사람들은 초월적 실재에 비춰 자신들의 역사적 경험을 해석한다"고 말하기도 했다.[13] 오늘날 가장 널리 인용되는 시민종교 정의는 "한 사회체제를 정당화하며, 사회적 결속을 창조하며, 해당 공동체가 공동의 정치적 목표를 성취하는 데 동원되는 믿음, 상징, 의례, 제도"라는 것이다.[14] 가장 근자의 시도는 크리스티와 도슨에 의해 이루어졌는데, 이에 따르면 시민종교는 "한 국민의 사회적 정체성 그리고 그와 연관된 시민적·정치적 질서를 확립하고 표현하기 위해 활용되는, 해당 국민의 신화·역사·운명과 관련된, 경건하고 찬양하는 성격을 띠는 상징, 신념, 의례들의 체계"로 정의된다.[15]

시민종교는 유사종교적quasi-religious 형태로 민족·종족 혹은 국가를 성화聖化하며, 개별화된 시민들을 종교·계급·신분·지역을 뛰어넘어 민족 혹은 국가라는 거대한 집단과 도덕적으로 결속시킨다. 시민종교는 또 자신만의 고유한 신념체계, 축제와 의례들, 노래와 상징들, 영웅·성인聖人들, 성스러운 장소들, 성스러운 숭배 대상들을 갖고 있다. 시민종교는 사회의 문화적인 층위에서 주로 작용하면서 국민적·국가적 통합을 표현하고 경축하며 강화한다. 이런 점에서 시민종교는 근대 민족국가의 지배층이 구사하는 상징정치와도 관련이 깊다. 특히 신생新生 민족국가에서 지배층의 이런 시도는 민족주의적 가치들을 강조하고, 그에 따라 전통을 선택적으로 복원 내지 발명하고, 관련된 여러 상징들과 국가적 축제들을 창출함으로써 국가와 지배층의 정통성을 강화하려는 것이다. 이는 독립정부 수립 초기에 최우선 과제로 부각되는 국민과 민족국가 형성이라는 문제와도 연결되어 있다.[16] 뒤르케임의 유명한 정의에 따르면, "종교란 성스러운 사물들, 즉 구분되고 금지된 사물들과 관련된 믿음들과 의례들이 결합된 체계이다. 이러한 믿음들과 의례들은 교회라고 불리는 단일한 도덕적 공동체 안으로 그것을 신봉하는 모든 사람들을 통합시킨다."[17] 필자는 여기서 '종교'를 '시민종교'로, '교회'를 '민족국가'로 바꾸어도 뒤르케임의 의도가 그다지 훼손되지 않는다고 생각한다: "시민종교란 민족구성원들에 의해 성스럽게 간주되는 사물들과 관련된 믿음과 의례들이 결합된 체계로서, 이러한 믿음과 의례들은 민족국가라고 불리는 단일한 도덕적 공동체 안으로 그것을 신봉하는 모든 사람들을 통합시킨다." 시민종교에 기초한 사회통합이 이처럼 "도덕적 공동체로의 통합"이라는 성격을 띠고 있다면, 거기에는 그 공동체가 지향하는 이념·가치에 대한 구성원들의 자발적인 동의와 복종, 상당한 자부심을 동반하는 소속감 등이 내포되어 있을 것이다. 그런 면에서 지배엘리트의 입장에서 보면 시민종교에 기초한 사회통합이야말로 '헤게모니적 통합'을 이루는 비결인 셈이다.

제 2장

시민종교 : 개념과 접근방법

문제의식과 접근방법

주지하듯이 시민종교라는 용어는 1762년 발간된 『사회계약론』에서 루소가 처음 사용했다.[1] 당시 루소가 강조했던 시민종교는 "사회질서를 위해 국가에 의해 의도적으로 창조되어 시민들에게 부과된 일련의 신념들"을 지칭했다.[2] 이로부터 거의 두 세기가 지난 1967년에 로버트 벨라는 "미국의 시민종교Civil Religion in America"라는 논문에서 시민종교라는 용어를 새롭게 정의하여 미국사회의 맥락에 적용했다. 벨라는 시민종교 용어를 되살렸으되 루소와는 상당히 다른 맥락에서, 오히려 뒤르케임과 유사한 문제의식에 입각하여 시민종교 논의를 전개했다. 벨라의 시민종교 논제는 곧바로 미국의 사회학·역사학·종교학·신학·정치학 영역을 중심으로 강렬한 반향을 불러일으켰다. 1970년대 들어서는 이 개념이 미국적 맥락을 넘어 다양한 사회들에 적용되었다. 미국 이외의 나라들로 확대되어 연구 사례들이 축적됨에 따라, 여러 시민종교들에 대한 국제적 비교연구나 유형론도 등장했다.[3]

미국의 시민종교 논의는 국내에서도 종교사회학과 종교학 분야 중견 연구자들의 관심을 끌었다. 권규식, 김종서, 김문조 등이 1985~1987년에 걸쳐 시민종교와 관련된 미국 학계의 연구 동향과 논쟁을 소개하는 논문을 연달아 발표했다.[4] 그러나 아쉽게도 시민종교에 대한 당시의 뜨거웠던 관심은 금세 식어버렸다. 상황이 이렇게 흘러간 데는 시민종교 접근을 한국 현실에 직접 적용해보는 후속 연구가 이어지지 못했던 탓이 크다고 생각한다. 물론 여기엔 '국내에서'라는 단서가 필요하다. 1989년에 재한 在韓 선교사의 2세인 스티븐 린튼이 "한국 시민종교들의 패턴들Patterns in Korean Civil Religions"이라는 제목의 컬럼비아대학교 박사학위논문을 발표한 바 있기 때문이다. 그는 1994년에 이를 같은 제목의 단행본으로도 출간했다.[5] 이는 '한국' 시민종교에 관한 최초의 연구이자 현재까지 가장 방대한 연구였고, 단행본으로 출간된 유일한 연구이기도 했다. 박사논문과 저서에서 린튼은 한국 시민종교의 핵심적인 구성요소들을 신유교, 그리스도교, 메이지 이데올로기, 서구 민주주의, 공산주의 등 다섯 가지로 설정했다. 그러나 불행히도 린튼의 저작은 한글로 번역되지 않았음은 물론이고, 국내 학자들에 의해 단 한 번도 인용된 적이 없을 정도로 이 연구의 존재 자체가 한국에는 거의 알려지지 않았다. 그가 박사학위 취득 이후 학계보다는 종교계나 사회복지 영역에서 주로 활동해온 사실도 그의 시민종교 연구가 주목받지 못한 이유 중 하나일 것이다. 국내 학자 중에서는 조혜인이 1992년에 처음으로 북한사회를 시민종교(공민종교)라는 개념으로 접근해본 바 있다.[6]

권규식에 의해 시민종교 개념이 한국 학계에 처음 소개된 1985년부터 30년 남짓한 기간 동안 40편 가까운 관련 연구물들이 발표되었다. 이를 대략 여섯 범주로 나눠볼 수 있다. 첫째, 시민종교의 개념이나 쟁점, 연구 동향을 소개하는 글들이다. 앞서 언급한 권규식, 김종서, 김문조의 글들, 2002년에 발표된 종교학자 김영태의 논문, 2005년과 2006년에 발표된 조승래의 글들이 이 부류에 속한다.[7] 둘째, 한국 시민종교에 대한 탐구인데, 린튼의 1989년과 1994년 저작이 대표적인 사례이다. 린튼의 박사학위논문이 나온 지 꼭 10년만인 1999년에 필자가 한국(남한)의 시민종교를 '냉전적 반공주의·친미주의·자유민주주의의 복합체'라는 관점에서 분석했다.[8] 2000년과 2005년에 차성환과 김은기Andrew Eungi Kim는 각각 '연고주의'와 '산업화'를 한국 시민종교의 핵심으로 부각시키는 글을 발표했다.[9]

2009년에는 이철이 '신기능주의'라는 새로운 접근방식을 제안하면서 1970년대 미국의 워터게이트사건과 한국의 2008년 촛불집회를 시민종교의 관점에서 분석한 논문을 선보였다.[10] 셋째, 북한의 시민종교에 관한 연구들이다. 조혜인의 1992년 연구를 시작으로, 2000년대 이후 북한사회를 시민종교 혹은 정치종교라는 개념을 통해 해석하거나, 북한 사회나 정치 혹은 주체사상에 함축된 '종교성'에 주목하거나, 주체사상을 북한의 국가종교로 이해하려는 시도가 꾸준히 이어지고 있는 것도 주목해야 할 대목이다. 특히 정대일, 찰스 암스트롱, 신은희 등의 연구 작업이 돋보인다.[11] 넷째, 외국의 시민종교에 관한 연구들로, 미국에 관한 글이 압도적으로 많다. 1994년 발표된 김성건의 논문을 필두로 최정민(2000년), 노윤식(2002년), 박은진(2006, 2015년), 김정주(2008년), 김의훈(2009년), 유종선(2015년) 등이 미국의 시민종교를 분석한 성과를 연이어 내놓았다.[12] 차남희는 메이지시대 국가신도를 중심으로 일본의 시민종교를 분석한 논문을 2009년에 발표했다.[13] 다섯째, '더 나은 사회' 혹은 '좋은 사회'에 대한 모색이나, '정치적 통합의 기초가 될 도덕적·윤리적 기초'에 대한 탐색이라는 성격이 강한 시민종교 연구들이다. 사회학·역사학·종교학 영역에 머물러 있던 시민종교 연구가 2012년부터는 정치학과 철학 분야로까지 확산되었는데 자유주의로 대표되는 근대적 세속국가의 위기 담론들, 그런 맥락에서 제기되는 공화주의나 공동체주의 관련 담론들이 시민종교 주제로 눈을 돌리도록 만들고 있다. 정치학자인 김동하(2012년)와 공진성(2013년), 철학자인 최신한(2013년)의 글이 그러하다.[14] 사회학자인 박영신(2000년)과 오세일·이상지의 논문(2014년)도 유사한 성격을 띠고 있다. 박영신은 '시민 이전의 원초적 결속관계'에 묶여 있는 한국인들의 능력과 자질을 끌어올려 "깊은 시민"과 "깊은 시민사회"를 형성하는 데 기여할 시민종교의 '필요성'을 입증하고자 했다. 오세일과 이상지는 '시민성'과 '공동선'을 "시민종교의 실천적 화두"로써 제시하고 있다.[15] 여섯째, 2004년부터 한양대학교 비교역사문화연구소를 중심으로 활동해온 일군의 역사학자들이 이른 바 '정치종교political religion'와 관련된 연구들을 일부 선보인 바 있다.[16] 아쉽게도 이런 움직임이 아직은 기존 시민종교 연구와의 생산적인 교류로 이어지진 못하고 있는 실정이다.

30여 년의 역사와 40편 가까운 연구성과에도 불구하고, 한국에선 아직까지도 시민종교라는 용어 자체가 학계에서조차 다소 낯선 개념 취급을 받고 있는 게 부인할 수 없는 현실이다. 김종서를 제외하면,[17] 한국의 종교사회학이나 종교학 교과서들에서조차 시민종교에 대해 거의 소개하지 않는다. 시민종교를 논제로 삼은 외국 학자들의 주요 논문이나 저작 가운데 국내에 번역된 사례도 전무하다. 이 주제를 내건 학술지 특집이나, 단행본 수준의 연구서나 논문 모음집, 학술대회 역시 찾아보기 어렵다. 종교자유정책연구원이 2010년 8월 17일에 "한국의 시민종교를 말한다: 종교와 시민사회의 소통 가능성과 그 방법론"이라는 주제로 개최한 심포지엄은 '시민종교'를 표방하고 한국에서 개최된 유일한 학술행사였다. 그러나 이 심포지엄에서 시민종교라는 용어는 엄밀하게 정의되지 않은 채 "시민사회와 잘 소통하는 종교, 그럼으로써 시민들의 지지와 사랑을 받는 종교" 정도의 의미로 사용되었다. 그러나 이는 어느 정도 합의된 기존 학계의 용어 사용법과 완전히 동떨어진 것이었다.

한국 시민종교에 대한 연구의 양적 빈곤도 문제이나, 우리 현실의 특수성을 포착하기 위한, 나아가 시민종교론 자체에 내재한 몇몇 편향들을 바로 잡기 위한 이론적·방법론적 성찰의 빈곤함 역시 큰 문제이다. 지난 50여 년 동안 발전되어온 시민종교 이론들을 한국의 상황과 역사에 적합성을 갖도록 창조적으로 재구성하려는 시도 자체가 절대적으로 부족하다. 개별 연구자들이 사용하는 시민종교 정의도 모호하거나 제각각이고, 한국 시민종교의 역사적 기원 내지 시점始點을 설정하는 데서도 엄청난 차이가 나타나고, 한국 시민종교의 핵심적 구성요소들에 대해서도 기존 연구들 사이에 공통분모가 거의 발견되지 않는 점도 이런 현실과 무관치 않다. 시민종교는 실천적 성격이 강한, 본질적으로 "체험적인 신조experiential creed"임에도 불구하고,[18] 기존 연구들에서 교리나 문헌 텍스트 분석은 과잉인 반면 일상적 실천이나 의례·상징·장소성 등에 대한 세밀한 분석은 전반적으로 부족하다.

연구의 편의와 지침을 위해 필자는 잠정적으로 시민종교를 다음과 같이 정의한다: "한 사회를 통합하고, 도덕적으로 결속시키며, 그 구성원들에게 안정적이고 긍정적인 정체성을 제공하는, 그러면서 어느 정도 성스럽게 여겨지거나 최소한 존중의 대상이 되는, 폭넓게 공유되고 합의된 가치 및 신념 체계 그리고 그와 연관된 상징, 신화, 의례, 실천, 장소들의 체계." 기존 연구들을 일별해보면, 시민종교에 대한 수많은 학문적 담론들의 초점은 궁극적으로 '사회통합의 방식'과 '성화聖化의 대상'이라는 두 가지로 집중된다.

우선, 시민종교 연구는 사회통합의 특정한 '방식', 즉 "'근대'라는 새로운 시대적 정황 속에서 '어떤 방식으로' 사회적·정치적 통합을 달성하고 유지할 것인가?"라는 문제의식과 일차적으로 관련된다. 보다 구체적으로 말하자면, 시민종교 담론은 "과거처럼 '전통종교'에 직접적으로 의존하는 방식이 아니면서도 여전히 '유사종교적이고 성스러운' 방식으로 성취되고 유지되는 사회통합"에 대한 관심을 반영한다. 여기서 우선적인 관심이 사회통합 '그 자체'가 아니라, 사회통합을 이루는 '성스러운 방식'에 두어진다는 점에 주목해야 한다.[19] 필자는 시민종교의 문제의식을 다음의 질문에 대답하려는 것으로 더욱 특정화할 수 있다고 본다. "국교제도로 대표되는 정교융합의 질서가 붕괴하고, 종교다원성이 증가하고, 독점적인 국가종교·민족종교가 한 사회를 안정적으로 통합하는 성스러운 덮개sacred canopy 역할을 하는 게 갈수록 불가능해지는 '정교분리·세속국가·세속주의 시대'에 사회구성원들의 도덕적·정서적·문화적·정치적 결속은 어떻게 가능한가?" 요컨대 세속국가·세속주의 시대에 걸맞은 사회통합의 유사종교적인 방식을 탐구하는 게 바로 시민종교 연구라는 것이다.

두 번째로, 시민종교 연구는 (그것이 국가이든 민족이든 문명이든 혹은 다른 무엇이든 간에) 특정 시민종교가 성화하려고 하는 '대상'이 문제인지를 밝히는 데 주력해왔다. 시민종교의 최우선적인 성화 대상이 '국가'(특히 민족국가)나 '민족'인 것은 부인할 수 없는 역사적 사실이다. 따라서 대부분의 기존 연구들이 특정 국가나 민족의 시민종교를 분석하고 있는 것 역시 사실이다. 그러나 만약 시민종교의 성화 대상이 오로지 국가와 민족으로만 제한된다고 누군가가 주장한다면 필자는 동의하기 어렵다. 자세히 들여다보면, 시민종교가 성화하려는 대상은 다양한 차원에 걸쳐서 존재한다. 그것은 (1) 사회적 결속 '그 자체', 혹은 결속을 촉진하는 '행위'일 수도 있고, (2) 사회적 결속의 '단위'일 수도 있고, (3) 사회적 결속을 촉진하거나 정당화하는 '원리·사상·이념'일 수도 있다. 더구나 이때 '결속의 단위'를 반드시 하나의 단위국가, 단위민족, 단위사회로만 제한할 필요도 없다. 초국가, 초민족적인 실재도 얼마든지 결속의 단위가 될 수 있기 때문이다. '결속의 원리·사상·이념'도 매우 다채로운 스펙트럼을 가지며, 그런 점에서 민족주의, 공산주의, 파시즘, 전체주의, 국가주의, 공화주의, 자유민주주의, 그리고 심지어 대동아공영사상에서 일민주의에 이르기까지 거의 모든 것들을 포함할 수 있다.[20] 우리가 결속 자체, 결속의 단위, 결속의 사상 모두를 포괄하여 '정치적인 것the political'이라고 표현할 수 있다면, 시민종교의 성화 대상은 다름 아닌 '정치적인 것' 전체가 된다. 요컨대 시민종교의 성화 대상인 '정치적인 것'은 근대세계에서 대개의 경우 국가나 민족으로 현실화하는 게 사실일지라도, 그것은 국가·민족·지배·정치·이데올로기·정치사상을 두루 망라하며, 나아가 (국가나 민족의 경계를 초월하는) 문명이나 권역공동체·범민족공동체까지도 포함한다.

한편 기존의 지배적인 시민종교 접근 내지 패러다임 자체를 비판적으로 성찰해볼 필요가 있다고 생각한다. 기존 접근이 노출해왔던 몇 가지 심각한 내적 문제들을 극복하기 위해 접근방법의 창조적 재구성을 시도해야 한다. 이런 작업은 시민종교 접근을 한국의 상황과 역사에 부합하도록 좀 더 정교화하는 과정이기도 하다. 기존 접근의 문제점은 크게 세 가지로 압축될 수 있을 것 같다. 첫째, 종국엔 정치적 보수성으로 이어지기 쉬운, '사회통합'에 대한 과도한 관심을 들 수 있다. 둘째, "한 사회에는 오직 하나의 시민종교만이 존재한다"고 암암리에 가정하는 그릇된 경향이다. 이를 '1사회 1시민종교 가설' 혹은 '1사회 1시민종교 신화'라고 부를 만하다. 셋째, 시민종교의 존재를 당연시하거나 선험적으로 주어진 것처럼 가정하는 경향이다.

우리는 시민종교 접근을 '사회통합 강박증'으로부터 구해내야 한다. '1사회 1시민종교 신화'도 깨야 한다. 또 시민종교의 역사적 기원과 형성, 변형과 재형성 과정 쪽으로 관심을 전환해야 한다. 아울러 시민종교의 요소들 중 상당 부분이 '의도적으로 만들어진' 것임을 인정해야 한다. 필자는 이런 문제들을 극복할 수 있는 대안적 시민종교 접근을 시민종교의 다기능성, 자율성, 복수성, 다차원성, 역사적 가변성을 강조하는 '갈등적 (재)구성주의' 접근으로 명명할 수 있다고 본다. 시민종교의 등장 시기를 근대로 한정하면서도 그것의 역사적·구조적 기원을 민족국가나 민족주의의 등장이 아닌, 정교분리에 따른 세속국가 및 세속주의의 출현에서 찾는 것도 완전히 새로운 접근방법에 해당한다. 보다 구체적으로, 새로운 접근의 요체는 (1) 시민종교의 다기능성, (2) 시민종교의 상대적 자율성, (3) '두 개의 시민종교' 테제로 대표되는 시민종교의 복수성, (4) 시민종교의 역사적 기원으로서의 정교분리와 세속국가 출현, (5) 시민종교의 다차원성을 인정하면서, '문화로서의 시민종교' 접근과 '이데올로기로서의 시민종교' 접근을 아우르는, 동시에 정치종교 패러다임과 시민종교 패러다임을 아우르는 통합적 접근, (6) 시민종교의 역동성과 역사적 가변성 등으로 정리될 수 있다. 이런 바탕 위에서 시민종교 연구에 크게 기여할 잠재력을 지닌 몇 가지 이론적·개념적 자원들을 새로운 접근 내부로 끌어들여 적극 활용할 필요가 있다고 생각한다. 이 경우 (7) 시민종교의 '시공간과 기억'이라는 차원, 그리고 (8) 시민종교의 '의례와 사회드라마' 영역들이 무엇보다 중요하다고 판단한다. 이제부터 각각에 대해 간략히 검토해보자.

1. 다기능성과 상대적 자율성

(1) 통합과 갈등

뒤르케임 이후 파슨스와 벨라에 이르기까지 시민종교에 관한 학계의 논의가 사회통합의 '문화적' 기초에 쏠려 있었음은 부인하기 어렵다. 그런 면에서 "근대사회들에서 사회통합은 공유된 신념이나 의례와 같은 '문화적 결속cultural cohesion'에 의해 가능하다"는 이론적 전제 위에서 시민종교 논의가 진행되어왔다는 호세 산티아고의 주장은 타당하다.[21] 그러나 시민종교와 관련된 논의들이 (문화적 결속의 여러 장치들과 같은) 사회통합의 특정한 '방식'에 대한 관심뿐 아니라, 근대적인 형태의 사회통합 '그 자체'에 대한 관심에 의해서도 자극되고 추동되어왔음은 비교적 명백한 사실이다. 그 사회통합이 다양성을 존중하는 민주적 통합이든, 배제·적대·혐오에 기초한, 그래서 다양성 없는 획일화된 통합이든 말이다. 물론 여기서 사회통합의 특정한 방식에 대한 관심과 사회통합 그 자체에 대한 관심이

완전히 별개인 것은 아니며, 실제로도 두 연구관심은 종종 뒤섞이는 경향을 보인다. 시민종교 연구자들은 지난 50여 년 동안 줄곧 다음과 같은 질문을 던져왔는데, 이 질문들은 세속화secularization와 사회분화social differentiation라는 두 가지 근대적인 사회변동으로 수렴된다. 정치적 상부구조를 떠받치는 문화적 하부구조 내지 토대 역할을 해왔던 종교의 점진적 쇠퇴, 통상 세속화라고 지칭된 변화에도 불구하고 근대사회는 어떻게 통합될 수 있는가? 사회를 구성하는 각 부문·영역들이 각기 자율성과 고유한 동학을 획득해가는 사회분화의 도도한 추세에도 불구하고 근대사회는 어떻게 통합될 수 있는가?

그런데 사회통합의 문제의식이 시민종교 담론의 중심부에 위치해 있었음을 인정한다고 하더라도, 너무나 오랫동안 시민종교는 '오로지' 사회통합 혹은 사회연대의 기제로만 오해되어왔던 것 또한 사실이다. 필자는 이런 오해의 원인을 시민종교 연구에서 종종 사회통합 문제가 지나치게 '기능주의적인' 방식으로, 혹은 '기존질서의 관점에서' 다뤄지곤 했던 데서 찾을 수 있다고 본다. 이 경우 시민종교는 무엇보다 사회통합에 기여함으로써 기존 지배질서를 재생산하는 유력한 문화적 수단으로 이해되는 경향을 보인다. 그러나 이런 이해는 절반의 진실만을 포착하고 있을 따름이다. 시민종교의 사회통합 기능에 주목하는 것은 필요하고도 중요한 일이나, 사회통합에 대한 '과도한 집착'에서 벗어나는 것 또한 시민종교 연구의 발전을 위해 시급한 과제이다. 우리는 이제 '통합 강박증'에 사로잡힌 접근, 일면적일 뿐 아니라 객관적 사실에도 부합하지 않는 낡은 접근과 과감하게 결별해야 한다. 분석 대상을 늘려갈수록 우리는 낡은 접근과 충돌하는 두 범주의 모순적인 사례들과 더 자주 대면하게 된다. 그것은 첫째, 시민종교가 사회통합 기능만이 아니라 사회변혁 기능을 수행하면서 기존 사회질서에 도전하는 사례들, 둘째, 시민종교의 통합 기능 자체가 더 큰 사회의 근본적 분열을 촉진하거나 고착시키는 사례들이다. 필자는 이 책을 통해 시민종교 개념이 사회적 '통합'을 설명하는 데뿐 아니라 사회적 '갈등'을 설명하는 데, 나아가 '통합과 갈등의 동시성'을 설명하는 데 유용함을 강조하려 한다.

　로버트 벨라는 종종 시민종교의 '보수적' 사회통합 기능만을 강조한 이로 부당하게 비판받는다. 하지만 일찍부터 시민종교의 사회통합 및 사회변혁 기능을 모두 인정한 사람은 다름 아닌 벨라 자신이었다.[22] 시민종교의 이런 상반된 사회적 기능들을 마티는 시민종교의 '사제적 버전priestly version'과 '예언자적 버전prophetic version'으로 명명한 바 있다.[23] 칼 만하임의 용어를 빌려 우리는 시민종교의 사제적 버전을 '이데올로기적 버전'으로, 시민종교의 예언자적 버전을 '유토피아적 버전'으로 부를 수도 있을 것이다.[24] 시민종교의 사제적 버전은 특정 국가·민족의 위대함과 성취, 우월성을 찬양하는 반면, 예언자적 버전은 국가·민족이 마땅히 추구해야 할 원대한 이상理想들이 공격당하는 현실에 유의하도록 촉구한다. 말하자면 사제적-예언자적 버전은 하나의 시민종교에 대한 상이한 접근인 셈이다. 두 버전은 시민종교의 핵심 가치와 신조信條를 폭넓게 공유하면서도, 그와 동시에 그 가치·신조에 대한 해석 방식이나, 그 가치·신조의 실제적인 구현 정도와 실현 방안 등에 대해선 확연한 차이를 드러낸다.

　시민종교 역사의 대부분 시기 동안 사제적 기능과 예언자적 기능은 동시적으로 존재하는 경향을 보인다. 두 기능 사이의 상대적 비중이나 지배력이 부단히 변화할 뿐 시민종교 자체가 거의 항상 길항하는 두 기능을 내부에 품고 있는 셈이다. 이처럼 시민종교는 기존 지배질서에 대한 '정당화'와 '자발적 복종'을 유도하는 기능만이 아니라, 지배질서에 대한 '탈정당화'와 '불복종' 유도의 기능 또한 수행할 수 있다. 사회통합을 촉진하는 시민종교 자체가 기존질서에 대한 저항을 촉진할 잠재력을 동시에 내포하고 있는 것이다. 한국에서도 4·19혁명이나 광주민주화운동, 6월민주항쟁, 2016~2017년의 촛불시민혁명 등은 바로 이 같은 시민종교의 예언

자적 기능과 관련된다고 할 수 있다.

시민종교의 다채로운 사회적 기능을 분석하는 데 기여할 이론적 자원과 관련하여, 필자는 사회학과 인류학을 중심으로 진행된, 문화와 상징·의례 등을 중시하는 일련의 '문화적 전환cultural turn' 움직임에 주목할 필요가 있다고 생각한다. 먼저, 1990년대 이후 사회운동에서 정체성이나 의미틀·프레임, 의례, 상징, 운동문화movement culture, 도덕 감정 등의 중요성을 강조하는 '사회운동의 문화적·상징적 접근'이 크게 부각되고 있다.[25] 이런 접근은 특정 시민종교 내의 '예언자적 흐름'을 이해하는 데, 나아가 도전적 시민종교의 형성이나 힘 등을 분석하는 데 유용하다는 게 필자의 판단이다. 또 클리퍼드 기어츠의 극장극가theatre state 개념을 비롯한 '문화적 전환' 그룹의 국가론 그리고 그 이후 등장한 인류학적 국가이론들 역시 시민종교 연구에 기여할 잠재력을 갖고 있다. 이들은 국가 주도의 대규모 의례와 축제, 상징정치 등을 해석하는 데 큰 도움을 줄 수 있다. 인류학적 국가이론을 활용하여 북한을 '극장국가'[26] 혹은 '유격대국가와 극장국가의 결합'[27]으로 설명하거나, 한국의 제1공화국을 극장국가로서 분석하는[28] 연구들이 최근 등장했다. 인류학적·문화적 국가이론이 시민종교 형성의 '위로부터'의 경로 그리고 시민종교의 보수적–사제적 기능을 주로 보여준다면, 사회운동의 문화적 접근은 시민종교 형성의 '아래로부터'의 경로 및 시민종교의 진보적–예언자적 기능을 주로 보여준다.

(2) 분리와 초월성, 다양한 생산 주체

시민종교는 단순히 국가엘리트나 지배층의 '지배수단' 혹은 '통치술'로 환원될 수 없다. 국가엘리트나 지배층은 시민종교를 헤게모니적 지배를 위한 수단으로 최대한 활용하려 하지만, 역으로 그들이 시민종교에 의해 심판받을 수도 있다. 역사적으로 볼 때 시민종교는 종종 '저항의 수단'이기도 했다.

시민종교의 예언자적·사회변혁적 기능 내지 잠재력을 "국가·민족 및 지배엘리트로부터 시민종교의 분리와 초월성"에서 도출해냈던 사람도 다름 아닌 벨라 자신이었다. 앞서 소개한 바 있는, "사람들이 초월적 실재에 비추어 자신들의 역사적 경험을 해석하는 수단"이라는 벨라의 시민종교 정의에서도 이런 문제의식을 확인할 수 있다. 벨라는 미국의 시민종교가 국가와 민족, 지배엘리트 모두로부터 상대적인 자율성relative autonomy을 갖는다고 보았다. 이런 맥락에서 그는 시민종교가 국가·민족·지배층과의 관계에서 나름의 초월성을 갖고 있으며, 그에 따라 시민종교가 '시민종교적 가치·규범·원칙에서 일탈한' 국가와 민족, 지배층을 심판하고 바로잡는 예언자적 기능을 수행할 수 있다고 주장했다. 구체적으로 벨라는 "미국 시민종교의 중심적 전통은 민족의 자기숭배national self-worship라는 형태가 아니라, 민족을 초월하며 민족 스스로도 그에 의해 심판받아야만 하는 윤리적 원리들에 대한 민족의 복종"이라고 보았다.[29] 아울러 그는 "미국 시민종교의 가장 중심적인 교리는 민족과 국가가 그 자체로 궁극적 목적인 것이 아니라, 민족과 국가가 초월적인 심판 아래 서 있으며 '더 높은 법'을 깨닫는 한에서만 가치를 갖는다는 것"[30]임을 강조했다.

필자는 기존의 시민종교 담론을 '공화주의적 시민종교론'과 '자유주의적 시민종교론'으로 대별할 수 있다고 본다. 루소에서 뒤르케임으로 이어지는 시민종교 담론이 역사적으로 공화주의나 다양한 공동체주의 담론들과 친화성을 보였음은 분명한 사실이다. 신진욱은 "공화주의 이념의 핵심"을 "자의적 권력의 부재를 뜻하는 비-지배non-domination, 평등한 자유와 존엄을 향유하는 시민공동체, 정치공동체 내에서 시민들의 상호의존과 호혜, 이를 가능케 하는 '좋은 정부', 그리고 그것을 가능케 하는 시민들의 정치적 주체성과 참여"로 요약한 바 있다.[31] 따라서 공화주의 이념을 중심으로 하는 시민종교론에서는 공동체주의적인 기본 성격을 유지하는 가운데 공동선 혹은 공익의 모색과 추구, 공화주의적 덕목을 체화한 자유롭고 이타적이고 책임 있는 시민·공민·국민 만들기, 시민들 사이의 평등과 연대, 공화주의 정치세력의 승리나 공화주의 정치체제의 안착安着 및 공고화 등이 시민종교 담론·의례·상징의 주요 요소들로 자리 잡게 된다.[32] 이런 공화주의적 시민종교론의 흐름과 비교할 때, 미국 풍토에선 시민종교 담론이 자유주의 담론과 만나 일종의 '자유주의적 시민종교론'으로 발전되었던 것으로 보인다. 기존 시민종교 담론의 '공화주의적' 성격을 수용하면서도, 그것이 시민적-개인적 자유를 제약하거나 국가주의와 닮아갈 가능성 또한 경계하는, 그런 면에서 '자유주의적' 성격이 보다 강하게 각인된 시민종교 담론 말이다. 필자는 이런 자유주의적 시민종교론의 흐름을 벨라가 대표하고 있으며, 이런 면모가 '시민종교의 분리 및 초월성' 테제 그리고 '파기된 계약broken covenant' 테제에서 특별히 잘 드러난다고 생각한다. 필자는 '공화주의적 시민종교론'과 '자유주의적 시민종교론'을 아우르는 접근을 취하는 게 바람직하다고 판단한다. 다시 말해 한편으로는 시민종교론의 공화주의적 전통을 계승하면서도, 다른 한편으론 '시민종교의 분리·초월성' 및 '파기된 계약' 테제로 대표되는 자유주의적 시민종교론의 통찰도 잘 살려나갈 필요가 있다는 것이다.

더 나아가 필자는 벨라의 '시련의 시기time of trial' 주제 그리고 '파기된 계약' 테제를 보다 창조적으로 재해석할 여지가 있다고 생각한다. 이로부터 시민종교 차원의 사회적 합의·계약에 대한 '지배층의 배반背叛', 혹은 '지배층의 배교背敎'라는 시민종교론의 또 다른 주요 주제를 도출해낼 수 있다는 것이다. 물론 여기에도 '시민종교의 분리와 초월성' 테제가 당연히 전제된다. "시민종교의 이상과 원칙들로부터의 일탈"이란 사태는 지배층-엘리트와 피지배층-대중 모두에 의해 발생할 수 있다. 일탈의 주체가 피지배층-대중인 경우에는 지배층 출신의 특정 지도자가 시민종교의 예언자적 기능을 담당하게 되며, 바로 이런 지도자들이 지배층의 영웅 서사에서 주인공이 되기 마련이다. 그러나 근대사회들에서는, 특히 근대로의 이행기에는 그 반대의 현상, 즉 시민종교 핵심 교리나 신앙에 대한 지배층의 배신·배반과 그에 따른 피지배층의 불복종 현상이 더욱 자주 발생한다. 말하자면 지배층이 시민종교에 대해 배교, 이단적異端的 일탈, 우상숭배, 윤리적 타락 등에 해당하는 죄罪를 저지르고, 이런 상황에서 대중 가운데 일종의 '유기적 지식인' 역할을 수행하는 시민종교 예언자들이 등장하여 대중적 불복종운동을 주도하면서 시민종교의 숭고한 이상과 원칙들을 수호하려 한다는 것이다. 특히 지배층이 위로부터의 관제 계몽운동 등을 통해 '시민사회의 윤리교사'임을 자임하는 경우엔 시민종교에 대한 배교나 윤리적 타락에 대한 아래로부터의 반발이 더욱 격렬해질 것이다.

시민종교는 지배적 종교뿐 아니라 지배적 정치세력으로부터도 일정하게 분리되어 있다. 따라서 시민종교가 항상 국가나 정치적 지배층의 의도대로만 작동하는 것은 아니다. 시민종교는 지배층의 배타적 전유물인 것도 아니다. 근대세계에서 민주주의적인 규범과 가치가 확산되고 제도화됨에 따라 지배층에 의한 권력의 완전한 독점은 점점 어려워지며, 그럴수록 시민종교를 만들어가는 주체가 점점 다양해지는 추세가 뚜렷해진다. '시민종교 주체의 다양화'에 따라 시민종교의 내용물도 점점 중층화·복잡화하는 경향을 보인다. 이런 경향 역시 국가·민족·지배층으로부터 시민종교의 자율성을 제고하는 효과를 낳기 쉽다. 그에 따라 기존 지배질서에 대한 시민종교의 저항적 잠재력 또한 증가될 것이다.

시민종교가 통상 민족주의·민족국가와 연결되어 왔던 것은 엄연한 사실이다. 그럼에도 우리는 시민종교를 민족주의·민족국가·국가주의와 동일시하는 것을 경계해야 한다. 시민종교는 주로 근대 민족국가로부터 발생하면서도, 끊임없이 그것과 분리되려 하고 또 넘어서려 한다. 바로 여기에 국가-시민종교 관계의 복합성과 역설이 놓여 있다.

민족·국가에 대한 시민종교의 자율성(분리와 초월)의 정도는 사회마다 다르며, 따라서 이는 경험적·역사적으로 탐구되어야 할 문제이다. 벨라 스스로도 시민종교 중에서 '민족·국가를 지고至高의 자리로 떠받드는 유형'과 '민족·국가를 성화할 때조차도 그것을 초월적인 윤리적 원리들에 종속시키는 유형'을 구분한 바 있다. 마티는 이를 각기 "신에 복종하는 민족nation under God"과 "자기초월적인 민족nation as self-transcendent"으로 명명하기도 했다.[33] 이때 '자기초월적인 민족·국가' 유형에서는 국가주의와 초趌민족주의의 성격이 보다 뚜렷하게 나타날 것이고, 따라서 시민종교는 민족·국가로부터 '낮은 자율성'만을 보이게 될 것이다. 반면에 '신에 복종하는 민족' 유형에서는 시민종교가 민족·국가로부터 '높은 자율성'을 향유하게 될 것이다. 아울러 시민종교 내의 '예언자적' 흐름 쪽에서 '국가(권력)로부터의 탈주脫走' 경향이 보다 뚜렷하게 나타날 가능성이 높을 것이다. 반면에 시민종교 내부의 '사제적' 흐름 쪽에서는 '국가(권력)로의 수렴收斂' 경향이 좀 더 강하게 나타날 가능성이 높다.[34]

2. 복수성

(1) '두 개의 시민종교' 테제

앞서 지적했듯이 시민종교 연구자 대부분이 암암리에 "한 사회에는 오직 하나의 시민종교만이 존재한다"고 가정한다. '1사회 1시민종교 가설'이 라고도 부를 수 있는 이런 입장은 기존의 시민종교 연구들이 (기능주의적이고 보수적인) 사회통합에 대한 과도한 관심에 이끌려왔음을 시사하기도 한다. 1사회 1시민종교 가설은 종종 규범적인 차원에서 전제되곤 했다. 객관적 사실과 상관없이, 시민종교는 어느 사회에든 마땅히 존재해야만 하는 그 무엇처럼 다뤄졌다. 그러나 이 가설의 부적절함과 오류를 입증할 사례들은 너무나도 많다. 예컨대 북아일랜드의 개신교도–천주교도 사이에, 예루살렘의 이스라엘인–팔레스타인인 사이에, 스리랑카 북부 자프나반도의 타밀족–싱할리족 사이에, 미얀마 라카인주의 버마족–로힝야족 사이에 도대체 어떤 공유된 시민종교가 존재할까?

따라서 필자는 '1사회 1시민종교' 가설을 대신하여, 서로 경쟁·갈등하는 '두 개의 시민종교' 테제를 내세우고자 한다. 설사 '폭력적–군사적인 내전'까지는 아니더라도 심각한 '문화적–이데올로기적 내전'이 전개되는 어느 곳에서든 '두 시민종교 현상'이 나타날 수 있다. 심지어는 '세 시민종교 현상'도 나타날 수 있다.[35] 특정 시민종교 내부에서 공존하던 사제적 지향과 예언자적 지향은 양자 사이의 갈등이 극적으로 증폭될 경우 서로 상이한 시민종교들로 갈라설 수 있다. '경합하는 시민종교들 competing civil religions'이라는 현상은 갈등의 당사자들이 인구 규모나 비율 면에서 비등하거나, '거대한 소수집단large minority'을 포함하는 다多종족·다종교·다문화·다계급적·다이념적 상황에서 빈번히 발생한다. 특히 근대민족국가 수립 과정에서, 혹은 탈식민화 과정에서, 혹은 전쟁으로 인한 영토 재편 과정에서 이질적인 종족들을 하나의 국가 안에 강제로 편입시킬 경우에도 시민종교는 여러 개로 쪼개질 수 있다. 필자의 이런 주장은 맥과이어가 '가톨릭 시민종교'와 '개신교 시민종교'가 각축을 벌이는 북아일랜드 상황을 "갈등하는 시민종교들conflicting civil religions"이라고 압축적으로 표현했던 것과 거의 유사한 문제의식을 담고 있다.[36] 로버트 우스노가 미국의 시민종교를 '보수주의적 시민종교'와 '자유주의적 시민종교'로 구분했던 것 역시 유사한 문제의식을 반영한다.[37] 1789년 혁명 이후 거의 한 세기 가까이 군주제 지지 세력과 공화주의 지지 세력으로 갈려 격렬한 갈등을 겪었던 프랑스 사례도 최소한 두 개의 시민종교들이 각축했던 사례로 봐야 하며, 공화주의자들에게만 독점적인 시민종교 소유권을 허용해선 안 될 것이다. 공화주의자들과 맞서 싸운 구체제 지지 세력에게도 시민종교가 존재했음을 인정해야 한다는 말이다. 뿐만 아니라 파리코뮌으로 대표되는 사회주의 세력에게도 독자적인 시민종교 소유권을 인정해야 할지도 모른다.

한반도에서도 예컨대 한국전쟁을 두 개의 시민종교들의 격렬한 충돌로 해석할 수 있지 않을까? 한국은 다민족·다종족·다문화 사회가 아니면서도 해방 후 70년 동안 두 차례나 '두 시민종교 현상'을 드러낸 정말 드문 사례에 속한다. 필자는 이 현상이 이데올로기적 대립에 따른 민족의 분단, 그리고 지배세력의 과잉 폭력성과 약한 민족주의 등에 따른 시민종교의 내적 취약성에 주로 기인한다고 판단하고 있다.

시민종교의 복수성plurality을 인정하는 '두 개의 시민종교' 테제는 시민종교의 이론화에서 중대한 함의를 갖는다. 앞서 다룬 시민종교의 다기능성multi-functionality 문제를 새롭게 이해할 수 있는 가능성을 열어주기 때문이다. 두 시민종교 테제는 시민종교가 발휘하는 사제적-예언자적 기능의 '역사적' 가변성을 넘어, 동일한 시민종교 안에서 통합과 갈등이라는 상반된 기능이 마치 동전의 양면처럼 '동시에' 발현될 수 있음을 시사한다. 다시 말해 우리는 비교적 거대한 종족-문화 집단들에서 시민종교가 '대내적으로는' 사회통합 기능을 수행하면서 '대외적으로는' 사회갈등을 조장하는 기능을 수행하는, 요컨대 통합적 기능과 갈등적 기능을 동시에 수행하는 사례들도 적잖이 만날 수 있다. 이처럼 특정 시민종교는 주어진 사회의 다수파 집단이나 거대 소수집단에 대해 강력한 '통합적' 기능을 수행함과 동시에, 대립관계에 있는 집단(들)에 대해서는 강력한 '갈등적' 기능을 수행할 수 있다. 이 경우 시민종교는 '사회통합의 기초'일 뿐아니라 '사회분열의 제도화'이기도 한 것이다.

(2) 통합과 배제의 동시성, 혹은 배제에 기초한 통합

주어진 시민종교 내부에 사제적-예언자적 흐름이 갈등적으로 공존하는 현상과는 또 다른 의미에서, 두 시민종교 현상의 잠재적 가능성은 '처음부터' 그리고 '항상' 시민종교 자체에 내재해 있을지도 모른다. 우리는 시민종교가 주어진 사회의 '모든 이'를 위한 것은 아니라는 점을 먼저 확인할 필요가 있다. 만민萬民을 위한, 만민이 지지하는 시민종교란 그 어느 사회에도 존재하지 않는다. 한 사회의 시민종교는 언제나 그 사회 다수 지배세력의 시민종교이다.

'비非국민 만들기'와 '국민-비국민 경계 짓기'라는 국민 형성의 일반적 원리는 시민종교에도 해당된다. 필자가 보기에 근대적인 국가·국민 형성의 양대兩大 기제는 '신비화'와 '차별화'이다. 신비화가 '민족·국가의 신화화神話化와 숭배'를 뜻한다면, 차별화는 '두 국민 전략'으로 현실화한다. 선택받은 국민과 차별받는 비국민을 구분하고 경계 짓고 격리하는 것이 두 국민 전략의 핵심이다. 그런 면에서 국민 만들기는 항상 비국민의 선별과 창출 과정이기도 하다. 국가와 지배세력은 국민과 비국민, 좋은 국민과 나쁜 국민을 정의하고 판정하고 분류하고 분리하는 '경계획정권력boundary-setting power'을 끊임없이 행사한다. 국가와 지배세력은 어떤 사회집단에 대해선 '비국민'을 넘어 '비인간'이라는 낙인을 찍을 수도 있다. 두 국민 전략은 '내부 식민주의internal colonialism'와도 유사하다. 내부 식민주의 이론은 한 국가 내의 상이한 지역공동체들 간의 불균등한 경제발전의 원인을 밝히고자 하며, 이러한 불균형이 주변부 지역에 위치한 문화집단들 사이에서 종족적 민족주의운동이 등장하는 근본적인 원인이라고 설명한다.[38] 그런데 차별받는 '내부 식민지'에는 지역만이 아니라 계급, 성, 종족, 종교 등도 포함될 수 있는 것이다.

국민 형성의 과정에서 시민종교는 전全 사회적societal 통합과 전 사회적 연대 및 단결 기능을 수행한다. 그러나 그런 통합과 연대조차 항상 특정 인구집단에 대한 배제와 차별에 기초해서 이루어진다. 따라서 배제-차별과 통합-연대라는 양 측면은 사실상 동시적인 현상인 셈이다. 그런데 이런 구조화된 차별과 배제의 대상이 되는 사람들이 독자적인 시민종교 요소들을 발전시킬 수 있을 정도로 비교적 크고 강력한 사회집단으로 성장할 경우, 해당 사회에 두 시민종교 현상이 현실화될 가능성이 증가한다.

국민 형성, 특히 '순응적 주체'로서의 국민을 형성하는 과정과 기제를 탐색하는 데 미셸 푸코만큼 풍부한 영감을 제공하는 학자는 또 없을 것이다. 푸코의 주권권력, 규율권력, 생명관리권력, 통치성, 안전장치, 자유와 안전의 (변증법적) 게임 등의 개념들은 필자가 '식민지엘리트colonial elites'라고 부른 이들에 의해 해방 후 창조적으로 재활용된 식민지 시대의 하드웨어와 소프트웨어들을 분석하는 데 적절하게 활용될 수 있다.[39] 또한 조르조 아감벤의 '호모 사케르Homo sacer' 개념,[40] 그리고 가야트리 스피박 등 탈식민주의 학자들의 '서발턴subaltern' 개념[41]은 해방 후 유력한 국민 형성 기제 중 하나로 등장한 정치적-이데올로기적 '신新신분제', 즉 반공주의를 기준으로 한 새로운 신분제를 분석하는 데 적합해 보인다.

3. 역사적 기원: 정교분리와 세속국가 출현

시민종교 연구에서 가장 혼란스런 쟁점 중 하나가 시민종교의 역사적 기원 문제이다. 그럼에도 지금까지 이 문제에 대한 진지한 학문적 논의 자체가 부재한 편이었다. 한국의 시민종교 연구자들도 그것의 등장 시기에 대해 중구난방인 상황이다. 시민종교를 국가숭배나 국가주의와 사실상 같은 것으로 보는 일부 학자들은 시민종교의 기원을 '국가'의 출현에서 찾는다. 이렇게 되면 시민종교의 시점始點은 기원전 시기로까지 소급된다.[42] 어떤 학자들은 시민종교의 기원을 '민족'이나 17~19세기 근대적인 '민족주의'의 등장에서 찾는데, 이 경우에도 연구의 시간적 폭은 무려 수천 년에 이르게 된다. 주로 미국의 상황을 염두에 두면서 시민종교의 역사적 기원을 '종교다원주의'의 출현에서 찾는 이들도 있다. 이것은 "종교다원주의로 인한 아노미"를 극복하려는 시도에서 시민종교가 유래한다는 것, 다시 말해 "종교다원주의에 의한 절대적 신앙의 상대화와 그로 인한 아노미를 인간이 견딜 수 없으므로" 시민종교가 발생한다는 주장이다.[43]

국가도, 민족도, 민족주의도, 종교다원주의도 아니라면 우리는 대체 어디서 시민종교의 기원을 찾아야 할까? 필자가 제시하는 대안은 시민종교 출현의 역사적 기원을 '정교분리政敎分離'와 이를 통해 역사상 처음 등장한 '세속국가'에서 찾자는 것이다. 일부 연구자들(특히 미국 시민종교에 관한 연구자들)은 국가에 대한 종교의 영향이나, 국가 안에 육화되거나 녹아든 종교를 시민종교라는 용어로 설명하기도 하나, 필자는 오히려 국가가 종교로부터 분리되었기 때문에 시민종교가 발흥하고 번성할 수 있었다는 입장이다.[44] 때때로 시민종교의 역사적 기원으로 주장되는 종교다원주의의 출현 역시 정교분리의 한 결과일 따름이다. 필자는 국내외를 막론하고 기존의 시민종교 연구자들이 시민종교의 '현재적 존재증명'에 치중한 나머지 시민종교가 철저히 '근대적인' 현상이라는 점, 그것이 나타나는 구조적 맥락을 '정교분리·세속국가'의 확산에서 찾아야 한다는 점을 명확히 하지 못했다고 생각한다.

시민종교 논의에서 가장 자주 발견되는 오류는 시민종교의 기원을 근대 민족주의의 등장에서 찾는 것이다. 시민종교와 민족주의를 사실상 동의어로 간주하는 연구자들도 많다.[45] 그렇지만 필자는 (현재로선 그런 실제 사례를 발견하기 어렵지만) 궁극적으로는 '민족주의 없는 시민종교'도 출현할 수 있다고 생각한다.[46] 이와 같은 '탈민족주의적 시민종교'뿐만 아니라, 여러 민족들이 참여하는 '다민족적multinational 시민종교'도 가능하다. 유럽연합에서 맹아萌芽를 볼 수 있듯이 대륙이나 문명권 단위의 '초국가적·초민족적supranational 시민종교'가 등장하는 일도 가능하다. 반면에 필자는 '시민종교 없는 세속국가'가 등장하는 것은 거의 불가능하다고 생각한다.

그렇다고 해서 민족주의와 시민종교의 자연적 친화성natural affinity을 간과하는 것 역시 또 다른 오류들을 낳게 된다. 필자는 이와 관련하여 앤서니 스미스의 '종족상징주의ethno-symbolism'로 대표되는 최근의 민족주의 이론이 국가 및 민족 형성의 문화적 동학을 규명하는 데 유용한 개념적·방법론적 자원으로 쓰일 잠재력을 갖고 있다고 생각한다.[47] 종족상징주의 접근법은 '민족주의·종족주의의 종교성', 즉 민족주의나 종족성ethnicity 자체에 내포된 신화적, 신비적, 유사종교적 성격과 차원을 포착하는 데도 효과적인 수단을 제공해준다. 스미스에 의하면 민족주의는 "세속적이고 정치적인 형태의 종교"이며, "시민종교의 한 형태, 아마도 가장 광범위하고 영속적인 형태라는 것과 영웅적 개인과 대중들 양자 모두에 친밀하게 연결된 시민종교"이다.[48] 스미스에게 민족주의 연구는 곧 시민종교 연구인 것이다.

> 민족주의가 순수하게 세속적인 성격을 갖는다는 논지를 의문시해야 할 더욱더 근본적인 이유가 있으며, 그것은 자신의 정치적 상징, 코드, 제례, 관행을 지닌 일종의 공공문화로서의 민족주의의 역할과 관계가 있다.……민족주의는, 새로운 모습을 한 종교의 한 형태로, 즉 확실히 이 세계에 대한 인간중심적인 종교이고 따라서 세속적이지만 그럼에

도 민족을 그것의 배타적인 신으로, 주권 인민을 선민으로 삼고, 성聖스러운 민족적 대상 및 상징과 속俗된 외국의 이질적 대상 및 상징을 구분하고, 민족의 역사와 운명에 대한 강한 신념 그리고 무엇보다도 그 자신의 민족적 의례와 의식을 지닌 종교로 보인다.[49]

시민종교가 민족주의와 동일시될 지경이므로, '성스러운 민족주의'와 시민종교의 밀접한 연관성은 아무리 강조해도 지나침이 없을 것이다. 이와 유사한 맥락에서 필립 뷔랭은 '민족국가의 신성화' 과정이 (1) 집단 정체성을 지속적으로 창출해내기 위한 '전통의 재구성', (2) 선과 악을 정의하고 더 좋은 사회를 약속하며 최종 대의大義의 시스템을 제공하는 세계관을 구체화하는 역할을 담당할 선택된 주체로서 '지도자와 민족공동체의 특별한 가치'를 강조하는 것, (3) 개인들을 공동체의 철저하고 배타적인 구성원으로 변화시키고 이를 통해 초월적이고 신성한 후광으로 둘러싸인 지속적인 감정공동체를 창출하기 위한 '급진적 의례화'라는 세 측면들로 이루어짐을 강조한 바 있다.[50] 필자는 민족주의에 대한 분석을 더욱 정교하게 다듬고, 식민지엘리트와 해방 후 지배세력의 집단심성을 정확하게 이해하는 데 '오리엔탈리즘Orientalism'과 '옥시덴탈리즘Occidentalism' 개념이 크게 기여할 수 있다고 판단한다.[51] 어쨌든 필자는 이 책에서 시민종교를 민족주의와 동일시하지 않을 것이나, 민족주의를 시민종교 분석의 중심부에서 떠나지 않도록 할 것이다.

필자가 보기에 시민종교는 세속국가에게 피할 수 없는 '숙명'과도 같은 것, 일종의 필수적인 '생명 유지 장치'와도 같다. 이런 관점에서 시민종교 연구의 초점을 다음처럼 새롭게 정리해볼 수 있을 것이다: "정교분리 이후의 탈국교적脫國敎的 상황 속에서 겉으로는 '세속적인' 이미지를 지닌 근대국가의 지배세력이 다른 지배적 분파들 및 피지배 대중과 상호작용하는 가운데, 기존 국가종교state religion의 직접적인 도움 없이 독특한 방식으로 국가적 성聖의 체계를 형성·구축하면서 국가·민족 및 지배를 포함하여 '정치적인 것' 전반을 성화해나가는 방식을 탐구하는 것."[52] 앞서 밝힌 것처럼 시민종교 연구의 두 가지 초점은 '사회통합의 방식'과 '성화의 대상'이다. 이 가운데 시민종교가 성화하려는 대상에는 가장 유력한 후보인 국가와 민족 외에도 다양한 집합적 단위들이 포함될 수 있으며, (특정 정치 단위나 사회조직이 아닌) 이상·원리·사상도 우선적인 성화 대상이 될 수도 있다는 점이 재차 강조될 필요가 있다.

시민종교론은 '세속성secularity' 및 '세속주의secularism'의 성격과 역할을 둘러싸고 지난 20여 년 동안 종교학, 역사학, 종교사회학, 인류학, 정치철학 분야의 학자들이 진행해온 뜨거운 논쟁과도 긴밀히 연결된다. 이 논쟁의 과정에서 성聖-속俗의 경계 짓기 방식이 사회적·역사적으로 다양하다는 것, 다시 말해 사회마다 또 역사적 시기에 따라 성-속의 경계나 관계를 이해하고 개념화하는 방식이 다르다는 것, 그리고 성-속의 경계는 유동적·가변적이라는 것이 명확해지고 있다. 이런 맥락에서 국제 학계의 논의는 '다중적 세속성multiple secularities'을 인정하는 방향으로 점차 수렴되고 있다.[53] 최근 한국의 일부 종교학자들이 '종교' 개념을 중심으로 이 논쟁을 소개한 바도 있으나,[54] 한국의 종교 연구자들은 종교-세속의 이항대립적 도식 속에서 '종교' 쪽에 시선을 집중한 나머지 반대쪽, 즉 근대화 이후 점점 넓어져간 '세속적-비종교적 사회 공간'을 연구 관심 바깥에 사실상 방치해왔다. 지역학과 인류학 분야에서 몇몇 학자들이 세속주의 관점에서 터키·프랑스·브라질·남아시아 사회 등 외국 사례를 연구한 성과는 일부 있지만,[55] 정작 같은 관점에서 한국을 연구한 성과는 아직 나타나지 않고 있다.

최근 카사노바는 세속성the secular, 세속화, 세속주의를 새롭게 정의하는 작업을 수행한 바 있다. 이에 따르면 '세속성'은 "중심적인 근대적 인식 범주epistemic category"로, 즉 "'종교적인 것'으로부터 분화된 영역을 구성·코드화·포착·경험하기 위한 근대적 인식 범주"로 규정된다. 또 '세속화'는 "근대적인 세계사적 과정에 대한 분석적 개념화"로, 다시 말해 "종교적 제도 영역들과 세속적 제도 영역들의 변형 및 분화에 대한, 실제적이거나 주장된 경험적·역사적 패턴들"로 이해된다. 마지막으로 '세속주의'는 특정한 "세계관과 이데올로기"로, 즉 "(1) 역사철학, 규범적-이데올로기적 국가프로젝트, 근대성 프로젝트와 문화프로그램 등의 형태로 의식적으로 주장되고 명시적으로 제시된, 혹은 (2) (현상학적으로 볼 때) 근대적 실재에 대한 당연시된 규범 구조나, 근대적 통념doxa이나 무사유unthought라는 형태로 비非성찰적으로 고수되거나 가정되는 인지적 지식 체제로 간주될 수 있는, 온갖 형태의 근대적인 세속적 세계관들과 이데올로기들"로 재규정했다.[56] 국제적으로도 '세속성·세속주의의 종교성'을 깊이 천착한 사례는 거의 없는 게 현실이나, 필자는 시민종교 연구를 통해 한국의 '세속적 근대성'에 대한 종교사회학적, 문화사회학적 탐구를 시도할 수 있다고 보고 있다. 필자는 '세속적인 사회/국가의 종교성' 그리고 '성화聖化되고 신비화된 세속성'이라는 두 차원에서 세속성-세속주의 논의와 시민종교 연구가 서로 연결될 수 있다고 생각한다. 여기서 세속적인 사회/국가의 종교성은 '세속적 성성聖性' 혹은 '비종교적 형태의 성성'을 가리키는 반면, 카사노바의 세속주의 개념과 상통하는 '성화된 세속성'은 '세속성에 대한 찬양 내지 숭배'를 가리킨다. 시민종교 연구는 통상 '세속적 성성'에 대한 탐구를 뜻하지만, 필자는 '성화된 세속성'(세속주의)에 대한 탐구도 시민종교 연구의 대상으로 편입시키는 게 바람직하다고 판단한다.

성화되고 신화화된 세속성으로서의 세속주의는 (속의 영역이 성의 영역으로부터 분리된 '독자적 실재'일 뿐 아니라) 성聖보다 '우월'하고, 어떤 면에선 성보다 '도덕적으로 우위인' 속俗이라는, 인류 역사상 처음 제기되는 주장으로도 이따금씩 출현한다. 프랑스혁명 직후 몇 년 동안 눈에 띄게 나타났던 "이성理性과 지고의 존재에 대한 숭배"도 바로 이런 유형의 세속주의에 가깝다.[57] 세속주의는 처음엔 서유럽 국가들에서, 20세기에는 대다수 사회주의 국가들에서 더욱 확연하게 나타났다. 20세기의 일부 비서구 자본주의 국가들에서도 이와 유사한 현상이 발견되었다. 그런 면에서 세속주의의 전성기는 사회주의사회들이 지구 반쪽을 장악하고 서유럽 사회들에서도 이른바 세속화 추세가 뚜렷했던 냉전시대였다. 해방 후의 한국사회에서도 성에 대한 속의 지적·도덕적 우월함을 전제하는 세속주의의 부분적인 혹은 전면적인 발현 사례들을 다수 발견할 수 있다. 필자는 새마을운동을 포함하는 정부 주도의 미신타파운동들, 집권세력이 불교·유교 등 종교분규에 개입하여 종교인들을 '지도'했던 사례들, 민족종교들의 통폐합 시도(그리고 성직자 양성기관의 통폐합 시도), 관혼상제 양식에 대한 국가의 규제와 지도, 종교계 사립학교의 종교교육에 대한 통제를 포함한 종립宗立학교의 탈종교화 시도들, 계룡산 등 종교촌宗教村 정비작업, 1980년의 10·27법난 등을 그런 사례들로 재해석해볼 수 있다고 생각한다. 시민종교의 역사적 기원 문제에 대해선 다음 장에서 보다 상세하게 논의하려 한다.

4. 통합적·역사적 접근

(1) 문화적–이데올로기적 접근, 시민종교–정치종교 접근의 통합

최근에 크리스티와 도슨이 정확히 지적했듯이, 지난 수십 년 동안 '문화culture'로서의 시민종교 접근(뒤르케임적 접근)과 '이데올로기ideology'로서의 시민종교 접근(루소적 접근)이 두 가지 흐름으로 존속해왔다. 전자는 시민종교를 아래로부터의 현상 즉 "자연발생적이고 비강제적이고 통합적인 사회현상"으로 간주하는 반면, 후자는 시민종교를 위로부터의 현상 즉 "정치엘리트들에 의해 만들어지고manufactured 시민들에게 강제로 부과되는 정치적 자원"으로 간주한다.[58] 필자는 대부분의 시민종교들이 '문화적' 차원과 '이데올로기적' 차원을 모두 갖고 있다고 판단한다. 따라서 이 책에선 시민종교에 대한 '문화적 접근'을 기본으로 삼으면서도 '이데올로기적 접근'을 필요에 따라 선택적으로 결합하는 방법론적 전략을 취하려 한다.

필자는 앞에서 시민종교의 잠재적 성화 대상을 '정치적인 것'으로 폭넓게 규정한 바 있다. '정치적인 것'은 모든 시민종교에 필수적인 차원이다. 필자는 시민종교에 대한 문화적 접근조차 항상 최소한의 정치적 차원을 포함한다고 본다. 시민종교에 대한 문화적/이데올로기적 접근들에 각기 내포된 정치적 성격의 문제는 단지 정도의 차이에 불과하다고 해야 할 것이다.

한편, 유럽의 파시즘 및 전체주의 연구자들은 1990년대 이래 '정치종교' 이론을 발전시켜왔다. 정치종교론과 시민종교론은 각기 다른 지역에서 서로 거의 영향을 미치지 않은 채 독자적으로 발전해왔다. 정치종교론이 유럽의 토양에서 역사학을 중심으로 발전했다면,[59] 시민종교론은 미국의 토양에서 사회학을 중심으로 발전했다. 시민종교론은 미국사회를 지탱시켜주고 사회통합을 유지하는 문화적 토대에 대한 탐구의 일환으로 1967년 벨라에 의해 제기되었다. 반면에 유럽의 정치종교론은 1939년에 간행된 오스트리아 정치철학자 에릭 푀겔린의 저작인 『정치종교』로 거슬러 올라간다. 당시는 물론이고 지금까지도 정치종교 개념의 초점은 파시즘, 나치즘, 스탈린주의와 같은 전체주의 체제들에 맞춰져 있다.[60]

정치종교 이론의 대표주자인 에밀리오 젠틸레는 '정치권력의 성화'가 아닌 '정치의 성화sacralization of politics' 경향은 근대에 독특한 현상이라고 보았다. 그는 이런 관점에서 "정치 성화의 민주주의적 유형"인 시민종교와 "정치 성화의 전체주의적 유형"인 정치종교를 구분한다.[61] 그러나 필자는 젠틸레처럼 시민종교-정치종교를 병렬적으로 제시하기보다는, 정치종교를 시민종교의 하위유형 중 하나로 간주할 것이다. 다시 말해 정치종교는 위에서 말한 루소적 접근, 즉 시민종교에 대한 이데올로기적 접근의 전형적인 사례로 재규정될 것이다.

(2) 시민종교의 역동성과 가변성

'통합과 질서'를 강조해온 기존 시민종교 연구의 지배적 흐름과는 달리, 필자는 시민종교를 역사 속에서 역동적으로 변화하는 실체로 본다. 시민종교는 어느 정도 완성된 상태로 주어지거나 존재하는 것이 아니라 끊임없는 형성·재형성 과정 속에 놓여 있다. 심지어 기존 시민종교가 위기를 겪는 가운데 해체되거나 근본적으로 재구성될 수도 있다. 시민종교는 한 사회의 문화적 토대로서 그 구성원들에게 어느 정도 당연시되지만, 동시에 그 안에 살고 있는 사람들에 의해 부단히 창조되고 변형되기도 한다. 우리는 로버트 벨라가 제시했던 '시련의 시기' 및 '파기된 계약' 주제를 더욱 적극적으로 해석함으로써 시민종교의 '역사성'과 '가변성'을 부각시킬 수 있을 것이다. 시민종교는 일련의 국가적·민족적 시련기들을 거치면서 점진적으로 완성되어가거나 내용상의 큰 전환을 모색할 수 있다. 또 지배엘리트나 대중이 시민종교의 핵심 교리들을 거역하는 죄악(계약의 파기)을 저지를 경우 시민종교 자체가 심각한 위기에 처하거나 심지어 해체 징후를 보일 수도 있다.

대부분의 경우 하나의 시민종교 안에는 예언자적 흐름과 사제적 흐름이 갈등적으로 공존하며, 이런 갈등이 창조적이고 생산적으로 작용하여 '보다 포괄적이고 강력한 시민종교로의 발전'으로 귀결될 수도 있다. 반면에 두 흐름 간의 갈등 과정에서 해당 사회의 문화적-이데올로기적 양극화가 더욱 심화되어 종국엔 '상호 적대적인 두 시민종교들의 출현'으로 귀결될 수도 있다. 대개 시민종교 내부의 예언자적 흐름이 기존 시민종교에서 완전히 이탈하여 별개의 시민종교로 발전하는 경로를 밟게 된다. 이런 경우 (앞에서도 언급했듯이) 시민종교의 성격 자체가 사회통합의 기초가 아닌, 사회분열의 제도화에 가까워진다.

이처럼 '갈등적 (재)구성주의 접근'은 시민종교의 힘·효능·완성도의 역사적 가변성을 인정하면서, 기존 시민종교의 약화·해체·재구성, 나아가 두 시민종교로의 분열 및 상호경쟁의 가능성을 열어둔다. 이는 '1사회 1시민종교 가설'에 입각하여 (예컨대 캐나다 사회를 대상으로) "시민종교의 실패"나 "시민종교의 부재"를 주장하는 것과는 매우 다른 접근이다.[62] 필자는 이런 새로운 접근을 통해 시민종교의 기능 및 유형론을 넘어 시민종교의 과정과 동학, 메커니즘 쪽으로 시민종교 연구를 한 단계 끌어올릴 수 있으리라 기대한다.

5. 시공간과 기억

벨라의 문제제기 이후 시민종교 개념의 유용성과 적실성을 둘러싸고 활발한 논의를 벌였던 미국학계에서는 1980년대 이후 시민종교 논쟁의 열기가 점차 식어가는 듯 보였다. 반면에 이탈리아·영국·프랑스·독일 등 유럽 쪽 학계에선 약간씩 주제와 초점을 달리해가면서 시민종교의 문제의식을 더욱 발전시켜갔다. 시민종교와 관련된 학문적 논의가 여러 지역과 영역으로 더욱 확산되었던 것이다. 이탈리아에서 발원한 정치종교 연구, 영국에서 꽃피운 종족상징주의적 민족주의 연구에 대해서는 이미 언급한 바 있다. 아울러 필자는 지배의 시간과 공간, 기억에 관한 이론들, 전통의 발명invention of tradition이라는 발상, 기억의 장소Les Lieux de mémoire
와 관련된 논의들을 시민종교 담론 안으로 적극 수용해야 한다고 생각한
다. 얀 아스만과 알라이다 아스만의 문화적 기억cultural memory 개념으로
대표되는 일련의 기억이론들,[63] 피에르 노라를 비롯한 일군의 프랑스 학
자들이 천착해온 '기억의 장소/터' 개념은 한국 시민종교 연구에도 크게
기여할 수 있다. 과거 사건들과 역사의 해석·전유를 둘러싼 기억투쟁 내
지 기념투쟁이야말로 시민종교를 갈등적으로 재구성해가는 과정의 원동
력을 이룬다고 해도 과언이 아니다.

　푸코의 '헤테로토피아' 개념은 우리가 시민종교의 '공간적' 차원을 숙
고하는 데 유용한 통찰을 제공한다. 탈일상적이고 리미널한 공간인 헤테
로토피아는 테마파크의 공포체험관처럼 유쾌한 공포심을 자극하는 공간
일 수도 있고 불안감이나 매혹의 느낌을 제공하는 공간일 수도 있다. 필
자에겐 '위기의 헤테로토피아'와 '일탈의 헤테로토피아' 구분이 매우 흥
미롭다. 주로 통과의례의 맥락에서 등장하고 (아놀드 방주네프와 빅터 터너가 발
전시킨) '리미널리티'의 공간적 차원과도 유사한 '위기의 헤테로토피아'가
점점 사라져가는 공간들이라면, 그 자리를 대신해서 등장하고 확산되는
'일탈의 헤테로토피아'는 사회적 규범의 요구나 평균에서 벗어나는 개인
들이 들어가는 공간이다. 이를테면 요양소, 정신병원, 감옥, 양로원 등이
일탈의 헤테로토피아에 해당된다.[64] 필자는 주로 정치적 측면을 부각시
켜 '일탈의 헤테로토피아' 개념을 '비非국민'이나 '반半국민'의 공간으로
확장해서 사용할 수 있다고 본다. 일탈의 헤테로토피아 사례들에는 한나
아렌트가 '총체적 지배'가 관철되는 공간으로 묘사하고 분석한 강제수용
소들도 물론 포함시켜야 할 것이다.[65] 아울러 고프만이 '총체적 제도total
institutions'의 사례로 언급한 사회범주들의 상당수도 일탈적 헤테로토피아
로 간주할 수 있을 것이다.[66] 비슷한 맥락에서 일탈의 헤테로토피아 개념
은 푸코 자신의 '규율권력' 개념과도 직결된다. 식민지 시기까지 거슬러

미셸 푸코(1926~1984)
프랑스 후기구조주의를 대표하는 철학자로, '순응적 주체'로서의 국민을 형성하는 과정과 기제를
탐색하는 데 풍부한 영감을 제공한다.

올라가는 소록도 등의 한센인 수용시설들, 1970~1980년대 형제복지원을 비롯한 '부랑인' 수용시설들, 1940~1980년대에 '부랑아 교화' 시설 명목으로 운영된 선감도의 선감학원,[67] 1960년대 초 군사정부가 창원·서산·장흥 등에서 운영했던 '개척단'들과 서울에서 운영한 '근로재건대',[68] 수용소를 방불케 하는 억압적 방식으로 운영되던 형제복지원 등의 일부 사회복지·교육 기관들,[69] 북파공작원들을 훈련하던 실미도, 1980년대 삼청교육대로 활용된 일부 군사시설들, 1990년대에 방화사건으로 널리 알려진 경기여자기술학원 등의 성매매 여성 수용시설, 좌익 장기수들에 대한 전향공작이 행해지던 감옥들, 고문기구를 갖춘 경찰의 대공분실對共分室들, 탈북자들을 일시 수용하는 2000년대의 하나원 등을 '일탈의 헤테로토피아' 개념을 통해 분석해 볼 수 있지 않을까. 1943년 11월 아우슈비츠에서 학살당한 네덜란드계 유대인 에티 힐레줌은 일기에서 "지상의 어디이든 그곳은 이제 점점 아무도 빠져나올 길이 없는 단 하나의 수용소가 되고 있다"고 토로했다.[70] 한국전쟁 당시 보도연맹원들이나, 전쟁 후의 연좌제에 시달린 가족들의 심정도 그러했으리라. 한국전쟁 당시 전사한 북한군과 중국군의 유해를 모아 1996년에 조성한 파주의 '적군敵軍묘지', 파주시가 반환된 미군기지 터를 활용하여 입양 혼혈인들과 과거 기지촌 여성들을 위한 공간으로 조성하겠다고 발표한 '어머니의 품 동산' 역시 일탈의 헤테로토피아와 유사한 성격을 띤 공간들이라고 할 수 있을 것이다.[71] 1970년대에 대통령의 은밀한 연회나 만남이 이뤄지던 청와대 인근의 안가安家 같은 일부 권력의 공간들도 일탈적 헤테로토피아의 사례에 포함시킬 수 있을지 모른다. 그러나 필자는 일탈의 헤테로토피아 대부분을 넓은 의미에서 '호모 사케르들의 공간'으로 자리매김할 수 있다고 생각한다.

　시민종교 개념과 그것의 중요성은 학계에서 생각보다 폭넓게 인식되고 있다. 시민종교 개념은 다양한 방식으로 다른 주요한 학술적 개념들과 연결된다. 예컨대 에릭 홉스봄은 자신이 유행시킨 '전통의 발명' 개념을 시민종교 창출의 필요성과 결부시켰다. 그는 "1870년대 이후, 그러니까 대중정치가 출현하게 되면서부터 통치자들과 중간계급 관찰자들은 사회 조직과 사회질서를 유지하는 데 '비합리적' 요소들이 얼마나 중요한가를 새삼 확인하게 되었다"면서,[72] '프랑스의 시민종교'에 대해 다음과 같이 기술했다. "고대적인 사회적 결속, 교회와 군주정이 소멸한 것에 아쉬움을 표하는 것만으로는 충분치 않았다. 그 뿐만 아니라 군주제론자들이 원했듯이……가톨릭 국왕을 복고하는 것도 실질적인 해결책이 되지 못했다. 요컨대 그런 대안을 뛰어넘는 새로운 '시민종교'가 구성되어야만 했다. 그런 필요야말로 뒤르케임 사회학, 그러니까 헌신적인 비사회주의적 공화주의자가 수행한 작업의 핵심이었다. 그렇지만 그런 필요를 실제로 제도화한 사람들은, 아주 실천적인 정치가이기는 해도 그다지 뛰어난 사상가는 아닌 사람들이었다."[73]

피에르 노라가 주도한 '기억의 장소들'에 대한 논의 역시 시민종교 연구에 크게 기여할 수 있다. 기억의 장소는 단순한 기념비, 기념관, 박물관의 범위를 훨씬 넘어서는 개념이다. 중요한 점은 피에르 노라의 문제의식 역시 시민종교의 문제의식과 직결되어 있다는 것이다. 특별히 다음 구절은 기억의 장소와 시민종교의 연관성을 잘 보여준다.

공화국의 도제수업apprentissage은 공간과 정신과 시간의 신속하고 집중된 점유로 나타났다. 요컨대 그것은 "공화국의 영성spirituel"을 세우고, 공화국 건국의 원칙들을 중심으로 한 동원動員을 통해 공화국의 헤게모니를 굳히는 능력으로 나타났으며, 산 자와 죽은 자를 함께 축성하고 기억의 자기관리 제도가 주술적 서사시로 바뀌는 일종의 번성하는 다신교의 형태를 띤, 만신전과 순교자 명부와 성인전을 갖춘 사실상의 시민종교로 나타났다. 다양다기하고 동시다발적인 제례祭禮가 공화국의 신화와 공화국의 제식을 발명하였고, 공화국의 제단을 세웠으며, 공화국의 신전을 건설했고, 항구적인 교육용 볼거리로서의 공화국의 매체-조각상, 프레스코화, 거리표지판, 학교교과서-를 증가시켰다.74

6. 의례와 사회드라마

기존의 시민종교 연구들은 국가의례나 정치의례 등 '공적 의례'에 특별한 강조점을 부여해왔다. 특히 대통령 취임식이나 국왕 대관식, 국가적인 관심을 불러 모으는 장례식, 재난과 관련된 추모의례 등은 단골 소재였다. 독일이나 이탈리아·일본의 파시스트들에게서 잘 드러나듯이 특정한 상징적 제스처와 구호, 혹은 구호와 결합된 제스처도 정치의례의 기능을 수행할 수 있다.75 앞서 지적했듯이 시민종교 자체가 '실천적' 성격이 강한 만큼, 시민종교 연구에서 의례 분석이 중심적인 지위를 차지하는 현상은 자연스럽다. 필자는 이런 연구 전통을 계승하면서도 빅터 터너의 리미널리티·커뮤니타스·사회드라마(사회극), 에밀 뒤르케임의 집합적 열광, 모리스 아귈롱의 체제 민속 등 몇 가지 개념들을 창조적으로 활용해보려 한다.

국민·국가 형성과 같은 지난한 역사적 과업들이 (상당한 정도로 국가·민족의 성화와 신비화를 수반하는) 비교적 잘 짜인 국가적 성聖체계의 존재 없이 달성되기란 거의 불가능하다는 게 필자의 기본입장이다. 바로 이런 입장에 서서, 필자는 이 책에서 시종일관 "상징과 비유의 웅변적 힘rhetoric power"76과 함께 '의례의 힘power과 효능efficacy'을 강조할 것이다. 단지 몇 가지 주장들을 소개하는 것만으로도 의례의 탁월한 사회적·정치적 기능들을 쉽사리 확인할 수 있다. 먼저 뒤르케임에 의하면, 의례의 일차적 효과는 "개인들을 모으는 것이며 그들 사이의 관계들을 증가시키고 그들을 가장 친밀하게 해주는 것"이다. 사람들은 의례의 장소에 "모였다는 사실만으로도 서로 간에 위안을 얻게" 되고, 의례를 통해 "복원된 믿음은 별 어려움 없이 개인들의 마음속에 떠오를 수 있었던 모든 사사로운 의심들을 제거"해준다. 의례는 또 "어떤 사상과 감정을 일깨워주고, 현재를 과거와 연결시켜 주며 개인을 집단에게 연결"시켜준다.[77] 의례는 연대감과 정서적 연결을 제공할 뿐 아니라 행위의 인지적, 정서적, 도덕적 차원들을 융합하는 마력을 발휘한다.[78] 캐서린 벨에 의하면 "믿을 수 없는 것을 확신시키는 것이 의례의 고유한 능력"이다. 의례는 갈등적이고 모순적인 태도, 범주, 가치들을 조화시키고 통합시키는 변혁적인 힘을 발휘한다. "의례는 저항을 불러일으키지 않고 의지와 행동의 조화를 이루게 하는 데 사용될 수 있다." 그러므로 "특정한 질서에 대한 국민들의 동의를 얻어내는 데 강압적인 힘보다 정치의례가 더 효과적"이며, 심지어 의례는 "최소한의 강제를 가하면서" 스탈린 체제 같은 전체주의적 정치체제를 지속시키고 거기에 생명력을 불어넣는 데도 기여할 수 있었다.[79] 뉘른베르크 전당대회처럼 대규모의 장관을 연출하는 '유사의례적인ritual-like 공공행사들'이 발휘하는 강력한 사회심리적 효과에 대해 히틀러는 이렇게 말한 적이 있다. "의심과 망설임을 갖고 그와 같은 회합에 온 사람이 굳은 마음의 결의를 갖고 떠나갔고, 한 공동체의 일원이 되었다", "국민 중의 한 사람이 얼마나 쉽게 그와 같은 거대하고 인상적인 장관이 주는 매력에 빠져드는지를 나는 개인적으로 느끼고 이해할 수 있었다."[80]

무엇보다 의례는 '일상으로부터의 초월'이라는 전환적 혹은 변혁적 계기를 제공한다. 어떤 교묘한 의례적 장치나 과정들을 통해 일시적으로나마 기존질서의 지배력을 뒤흔들지 않는다면, 그럼으로써 개개인들을 일상의 규제로부터 일시적으로라도 해방시키지 않는다면, 위에서 열거한 의례의 기능이나 힘·효능은 발휘되기 어렵다. 다시 뒤르케임의 표현을 빌자면, 의례가 '정치적 회심political conversion' 체험이나 (민족·국가 등 거대한 '상상된 공동체'처럼) 초월적인 존재와의 '신비적인 일치' 체험과 같은 의미 있는 정치적·사회적 변화를 촉발하려면, 무엇보다 의례 참여자들을 "삶의 일상적인 상황들에서 매우 멀리 벗어나게" 만들고, "일상적인 도덕 밖에 있어야만 하고 또 그것을 넘어서야만 한다고 느끼게" 만들어야 한다.[81] 의례 참여자들이 격렬하게 충돌하는 "이질적이면서도 서로 양립할 수 없는 두 세계"의 존재, 즉 "무미건조하게 일상적인 생활을 이끌어오던 세계"("속된 세계")와 "광란의 정도까지 흥분시키는 특별한 힘들과 관계를 맺지 않으면 들어갈 수 없는 세계"("거룩한 사물들의 세계")의 충돌 및 공존을 체감해야 하고, 나아가 의례적 혹은 유사의례적인 맥락에서 "그가 일상적으로 살던 세계와는 전적으로 다른 세계 속으로, 그를 사로잡아 변모시키는 매우 강력한 힘들로 꽉 차 있는 환경 속으로, 그가 정말로 옮겨진 것처럼 느끼도록" 해야 한다.[82]

바로 이런 차원을 포착하고 강조하기 위해, 필자는 아놀드 방주네프가 발전시킨 통과의례와 그 중간 단계로서의 리미널리티 개념, 그리고 이를 더욱 발전시킨 빅터 터너의 리미널리티와 커뮤니타스, 사회극social drama 등의 개념들을 적극 활용하려고 한다.[83] 예컨대 터너는 사회극의 네 단계로 위반, 위기, 교정, 통합(혹은 분리)을 제시한 바 있다. 필자는 마지막 단계에서 기존질서로의 '(재)통합'에 실패하여 기존질서로부터의 '분리'로 귀착되는 상황을 '새로운 (저항적) 시민종교의 형성' 현상으로 해석할 여지가 있다고 생각한다. "1979년 10·26 → 12·12 → 1980년 서울의 봄 → 5·18 → 전두환 군사정부 출범"으로 이어지는 사회극이 그 마지막 단계에서 '분리' 쪽으로 귀착한 사례에 가까웠다면, "1960년 2·28 → 3·15 → 4·19 → 허정 과도정부 → 장면 정부 → 1961년 5·16 → 박정희 군사정부 출범"으로 이어진 또 하나의 사회극은 '(재)통합' 쪽에 가까웠다고 해석해볼 수도 있지 않을까? 사회극에서 "최초의 '위반'이 위(지배세력)에서 오는가, 아니면 아래(內中)에서 오는가?"도 흥미로운 질문이 아닐 수 없다.

　나아가 필자는 리미널리티와 커뮤니타스 개념을 '지배'와 '저항'의 맥락 모두에 적용하려고 한다. 이때 지배의 맥락은 '위로부터의-사제적인' 맥락으로, 저항의 맥락은 '아래로부터의-예언자적인' 맥락으로 이해될 수 있다. 리미널리티·커뮤니타스 체험은 저항을 촉진하거나 시민종교의 예언자적 흐름을 활성화하는 계기로 작용할 뿐 아니라, 누군가를 기존 체제의 충성스런 참신자true believer로 거듭나게 하는 계기로 작용할 수도 있다. 따라서 한쪽에 '변혁 혹은 해방의 리미널리티liminality of transformation or liberation'가 존재한다면, 그 반대쪽에는 '질서 혹은 충성의 리미널리티 liminality of order or loyalty'도 존재할 수 있는 것이다. 통과의례, 특히 성인식으로서의 남녀 청년·청소년들의 국토 행군, 국토순례, 병영체험, 병영이나 화랑연수원·충무연수원·사임당교육원 입소교육, 며칠 동안 장·차관과 농어민이 한데 어울리는 새마을연수원의 합숙교육 등은 '질서·충성의 리미널리티' 체험을 제공할 수 있다. 엉거주춤, 양가감정, 모호한 감정, 의심 나아가 짜증과 무관심 등으로 묘사될 수 있는 연수원의 초기 분위기가 입소한 학생들, 농민들, 청년들의 놀라운 변신과 고양된 애국심으로 마무리되는 경우를 한번 상상해보라. 반면 지위 역전 및 기존질서의 상징적 전복을 위한 장치로서의 대학가의 탈춤(가면극), 마당극, 대동제 등은 참여자나 관객에게 '변혁·해방의 리미널리티'를 체험토록 할 수 있다.

　의례를 통한 초超일상적 체험과 그로 인한 감정적이고 사회심리적인 변화를 보다 생생하게 포착하기 위해, 필자는 터너의 리미널리티·커뮤니타스 개념을 뒤르케임이 의례 과정에서 분출되는 것으로 제시한 '집합적 열광·흥분collective effervescence' 개념과 함께 활용할 필요가 있다고 생각한다.[84] 실제로 방주네프나 터너가 리미널리티 상태에서 일어나는 일들에 대해 묘사한 것은 뒤르케임이 집합적 열광 속에서 일어나는 일들을 묘사한 것과 뚜렷한 상동성相同性을 드러낸다. 이와 비슷하게, 시간의 망각 효과에 맞서 집합적 열광을 축제나 기념 행위를 통해 지속시키고 제도화하려는 움직임에 대한 뒤르케임의 관찰은 터너의 커뮤니타스 유형론과 상통한다는 게 필자의 판단이다. 다시 말해 '자발적 커뮤니타스 spontaneous communitas'가 순수한 '집합적 열광' 상태에 가깝다면, '이데올로기적 커뮤니타스ideological communitas'나 '규범적 커뮤니타스normative communitas'는 집합적 열광 및 거기에서 도출된 이상적인 비전·관념을 장시간에 걸쳐 존속하게끔 제도화하려는 시도에 가깝다는 것이다.[85] 뒤르케임에 의하면 "사회의 통일성과 인성을 이루고 있는 집합적 감정과 집합적 관념을 일정한 간격을 두고 유지하고 공고히 할 필요를 느끼지 않는 사회는 없다." 사회들은 "흥분의 시간의 결실을 정규적으로 재생산하는 경축에 의해서 추억을 생생하게 유지할 필요를 느끼게" 되며, 이런 맥락에서 뒤르케임은 "프랑스대혁명이 고취시킨 원리들을 영원한 젊음의 상태로 유지시키기 위해서 어떻게 축제의 모든 주기가 제정되었는가"를 상기시킨다.[86]

역시 의례 이론과 연결된 것으로, 필자는 모리스 아귈롱이 제시한 '체제 민속folklore of a regime' 개념도 시민종교 연구에 유용하리라고 여긴다. 아귈롱 역시 시민종교와 유사한 문제의식을 갖고 연구 작업을 수행했는데, 미국과 프랑스에서 발견되는 "(유사종교적인 성격을 띠는) 공화주의적 신비주의"를 위시하여 "공화국 숭배", "공화국의 교회"와 같은 그의 표현들이 특히 그러하다.[87] 그에 따르면 "정치체제의 '민속'이란 그 단어가 가지는 가장 넓은 의미에서 의식, 관습, 의례를 뜻한다. 이런 것들이 행해질 기회는 농촌 마을의 선거전에서 대규모 국장國葬에 이르기까지, 기념 건조물 제막식에서 대통령 순방에 이르기까지 다양하다. 게다가 따옴표를 붙이지 않는 민속—도시와 농촌의 민속적, 다시 말해 전통적 생활—이 존재한다. 이것은 공화국 하에서도 계속되었으나 새로운 제도에 어느 정도 영향을 받아 굴절되거나 채색되지 않을 수 없었을 것이다."[88] 아귈롱이 자신의 연구범위를 한정하면서 연구에서 '배제할' 대상으로 (정치적 상징체계와 함께) 체제 민속 개념을 언급한 것과는 대조적으로, 다카시 후지타니는 이 개념을 보다 적극적으로 활용했다. 후지타니는 체제 민속을 "국가에 의해 조장된 동질화되고 공식적인 문화를 가리키며, 다양한 의례, 상징, 관행, 실천들을 포함"하는 것으로, 보다 포괄적이지만 보다 간명하게 재정의했다.[89] 후지타니는 일본의 예를 들어 체제 민속 연구자의 과업을 다음과 같이 제시했다.

처음엔 그게 아무리 하찮아 보일지라도, 우리는 기호들의 기술 및 분석에 대한 민속지학자들의 강박관념에 가까울 정도의 꼼꼼한 방법론적인 태도로 일본 근대 체제의 민속에 접근하기 시작해야 한다. 그러므로 예를 들어 천황과 관련된 의례의 기억장치mnemonic device를 관찰한다고 할 때, 우리는 의례화된 재현들의 세부사항들minutiae of ritualized representations에 주의를 집중해야만 한다. 왜냐하면 거기서 우리는 근대 일본 국가의 이해관계에 명백히 부합하는 허다한 의미들—성스러움, 천황, 민족, 가족, 번영, 전통 등의 관념들—을 발견할 수 있을 것이기 때문이다. 공식 이데올로기들은 퍼포먼스의 여러 장면 장면들을 통해 세심하게 표현되었으며, 천황과 수행원들의 신체에 공들여 각인되어 있었고, 상징적 행위가 시연되는 미장센 안에 그리고 많은 행위자들이 입은 의복들에 화려하게 재현되어 있었다. 콧수염, 헤어스타일, 특정한 의상 패션, 성별을 넌지시 드러내기, 이동수단의 선택(예컨대 우차[牛車], 영국식 마차, 혹은 무개차) 등 얼핏 보기엔 자의적인 것 같은 디테일들—이 모든 것들은 의미 충만한 그리고 의도적으로 주조된 기호들이며, 서로 어울려서 일본인들과 바깥 세계에 특정한 메시지들을 전달하기 위해 고안된 기호체계를 형성한다. 우리는 최초의 창조자들이 그랬던 것과 동일한 진지함으로 이런 퍼포먼스들을 관찰하고, 그 창조자들이 그것들을 생산할 당시에 인정했던 것과 똑같은 중요성을 부여하면서 그 재현들을 기술하고 분석하기 시작해야 한다.[90]

후지타니는 1996년에 출간한 『화려한 군주Splendid Monarchy』를 통해 이 어려운 과업을 몸소 멋지게 실행해보였다.[91] 그의 매력적이고 설득력 있는 제안을 받아들여 한국의 시민종교 연구를 더욱 발전시킬 여지도 얼마든지 있을 것이다. 예컨대 김구나 신익희·박정희·노무현의 죽음을 비롯한 국가적인 장례식들, 국립묘지에서의 무명용사·전사자·순직자 합동 안장식安葬式, 역대 대통령의 취임식, 1940년대의 그리고 10년 주기의 성대한 해방 기념 및 정부 수립 기념 축제, 국군의 날 퍼레이드, 이승만 대통령의 80회 생일 행사들, 1981년의 국풍國風 축전 등을 '체제 민속'이라는 관점에서 접근해볼 수 있지 않을까? 조선시대의 다양한 의궤儀軌들은 체제 민속 연구에 최적의 자료일 것이나, 현대 한국의 국가의례에 대해선 의궤에 필적할 자료가 없는 편이다. 다만 관련 동영상이나 사진 자료, 정부 보고서를 주로 참고하면서 해당 이벤트를 보도한 신문 기사들을 보조 자료로 활용하는 방식으로 연구를 시도할 수는 있을 것이다.

7. 소결

미국에서 시작된 시민종교론은 다방면에서 또 여러 지역에서 공명과 반향을 불러일으켰다. 앞서 확인했듯이 에릭 홉스봄, 앤서니 스미스, 피에르 노라는 각각 전통의 발명, 민족주의, 기억의 장소라는 개념을 시민종교와 연결시켰다. 이 밖에도 한국 시민종교를 연구하는 데 영감과 통찰을 제공하고 실제적인 분석 및 해석에도 활용할 만한 개념적·이론적 자원들은 광범위하고도 다채롭다. 이미 언급했듯이, 최근 10~20년 동안 한국 학계에서도 국가·민족 형성의 문화적 측면들에 관한 연구가 비교적 빠른 속도로 축적되어왔다. 한국에서 이뤄진 최근의 연구들을 보면, 기억이론, 기억·기념의 정치, 일상사와 미시사, (신)문화사, 의례이론, 사회운동의 문화적 접근, 문화사회학, 국가의 인류학 등이 연구 방법론으로 자주 활용되고 있다. 이처럼 다양한 분야, 다양한 접근들이 뒤섞이는 현상이야말로 '국가·민족 형성의 문화적 동학'이라는 주제를 활발한 학문적 융합의 현장으로 만들고 있는데, 이런 이론적·방법론적 자원들이 시민종교 연구에도 요긴하게 활용될 수 있다. 지난 수십 년 동안 역사학, 인류학, 사회학 등에서 진행되어온 '거대한 문화적 전환' 이후 이 책의 관심사와 밀접한 친화성을 갖는 연구들이 쏟아져 나오고 있다. 시민종교론과 사실상 동일한 외연을 갖고 있는 정치종교 이론의 잠재적 기여 가능성은 따로 강조할 필요조차 없을 것이다. 다양한 이론적 자원들과 상호교류하고 생산적인 자극을 주고받음으로써 시민종교 연구는 더욱 풍요로워질 것이다.

우리의 관심에 부합하는 한국 시민종교 연구의 실제적이고 구체적인 주제와 쟁점들을 어떻게 추릴 수 있을까? 필자가 보기에 지난 70여 년 동안 형성되고 변화되어온 한국 시민종교를 연구하기 위해 다음 주제 영역들의 중요성이 강조될 필요가 있다. 국가國歌·국기·국화 등 국가상징의 제정 및 변화; 기념일·국경일·국가연호年號 등 국가적 시간 리듬을 조율하는 국가력國家曆의 형성 및 변화; 국장國葬·국민장과 주요 국가행사들에 적용되는 국가의례 체계의 형성 및 정비; 이러한 의례로의 주기적인 동원과 그 속에서 민족과 국가의 위대함을 체감하게 만드는 '집합적 열광'의 분출; 스포츠 행사나 국군의 날 퍼레이드 혹은 영웅의 갑작스런 죽음이나 대규모 재난災難에 대한 대응, 선거, 전람회·박람회 등 이와 유사한 효과를 내는 국가적 축제나 이벤트들; (주기적인 혹은 갑작스런 대규모 축제·이벤트와는 달리) 우표·화폐·열차·도로·통금通禁·담배·쌀 등 대중의 일상생활과 무의식 속으로 파고드는 국가적 교리·윤리들; 국립묘지와 전적지戰迹地, 광화문과 남산 등을 비롯한 국가적 성소聖所의 창출; 국토순례 등 창출된 성소들에 대한 순례·연수 활동(이른바 '성지순례'); 박물관과 같은 기억의 공간들, 기념관·공원·센터와 같은 기념·추모 공간 및 역사기념시설, 기념·추모·위령 시설과 같은 기념조형물의 건립; '대중영웅'까지 포함하여 민족적 신화 및 영웅들의 창출과 숭배·보호, 영웅들을 위한 조상彫像·동상과 영정影幀의 제작 및 배치; 민족주의 혹은 국가주의 관점에서 행해지는 과거 역사에 대한 편찬·재해석 작업; 학교·군대·감옥·보건소 등을 통한, '국민 형성'을 위한 '국민윤리' 교육과 정치사회화; 관혼상제, 의식주, 두발·복장 등 대중의 일상생활에 대한 각종 규제 및 위로부터의 사회운동을 통한 국가의 '윤리교사' 역할; 시민종교의 예언자적 흐름과 관련된, 저항의례와 기억투쟁, 기억·기념의 정치. 시민종교 분야에는 이처럼 국가적인 신념·신화, 상징, 실천·의례, 성스러운 시공간 등에 걸쳐 대단히 흥미롭고도 중요한 연구 주제와 쟁점들이 넘쳐난다. 연구 대상의 범위와 폭이라는 측면에서 볼 때, 시민종교 연구는 피에르 노라를 위시한 일군의 프랑스 학자들이 천착한 '기억의 장소들'과 비슷하거나, 어떤 면에서는 오히려 기억의 장소들보다 더 넓은 외연을 지닌다고도 말할 수 있다.[92]

우리 사회는 1945~1949년의 식민지 잔재 청산을 위한 과정, 1960~1961년의 독재·부정선거 관련자 청산 과정, 1987년 이후 20여 년에 걸친 그야말로 '종합적인' 과거사 정리 작업 등 불과 70년도 안 되는 현대사 속에서 이른바 '과거(사)청산'을 둘러싼 갈등적 사회과정들을 세 차례 이상 거쳤다. 세계적으로도 유례를 찾기 힘들 이런 현상이야말로 현대 한국사회의 '시간적 중층성'을 웅변으로 증언하고 있다. 위에서 열거한 다층적이고 복합적인 현상들을 시민종교 접근을 통해 체계적으로 정돈하고 배치하고 재해석할 때, 한국 현대사가 노정해온 "공간의 다층성multiple spaces과

시폭의 중층성multi-layered temporalities"[93]이 보다 효과적으로 드러날 수 있을 것이다.

마지막으로, 시민종교를 '주도적 기획자나 창조자'의 시각, 말하자면 위로부터의 시각(주로 지배층의 경우에 해당할 것이다)에서만이 아니라, '수용자이자 보조적 창조자'의 시각, 즉 아래로부터의 시각(주로 대중의 경우에 해당할 것이다)에서 균형 있게 접근하는 것이 무엇보다 중요하다는 점을 강조하고 싶다. 기존의 시민종교 연구들은 지배세력이 보여주고자 하는 사회상과 세계상을 묘사하고 재구성하는 데, 기존 질서의 원활한 재생산을 돕는 묘약으로서의 시민종교의 효능을 입증하는 데 너무 치중해왔다. 이런 부적절한 불균형을 바로잡아야 한다. 아울러 지배층과 대중 모두에서 '외면적인' 행동·퍼포먼스·표상들만이 아니라 그들의 '내면적인' 심성을 일기, 편지, 소설, 전기, 회고록 등 다양한 자료들을 통해 최대한 재현해내는 것 역시 중요하다. 이와 유사한 맥락에서, 국가·정치사회·시민사회 수준의 '거시적인' 변동에만 초점을 맞추는 게 아니라 '미시적인' 생활세계에서 진행되는 중장기적인 변동에도 충분한 주의를 기울여야만 할 것이다.

제 3 장

시민종교의 기원

문제의식과 접근방법

이번 장에서는 시민종교의 등장 요인 내지 조건을 포함하여 시민종교의 역사적 기원 문제를 보다 상세히 다룬다. 시민종교가 등장하는 시기는 언제인가? 시민종교는 근대적인 현상인가, 아니면 그보다 훨씬 오랜 역사를 가진 현상인가? 시민종교가 등장하기 위해 필요한 역사적 조건들은 무엇인가? 마지막으로, 한반도에서 시민종교가 본격적으로 등장한 것은 언제쯤인가?

시민종교의 기원과 관련하여 학계에 가장 널리 퍼진 견해는 시민종교의 등장을 '근대 민족주의'와 연결시키는 것이다. 시민종교가 민족주의와 긴밀한 관계를 유지하고 민족주의로부터 가장 큰 에너지를 공급받는 것은 사실일지라도, 그렇다고 해서 시민종교를 '성화聖化된 민족주의' 정도로만 접근하는 것은 안이한 태도이다. 시민종교는 사회주의나 공화주의 등 거의 모든 신념체계들과 결합될 수 있다. 따라서 필자는 민족주의 대신에, 세속국가 시대에 보편적으로 나타나는 '정치적인 것의 성화' 현상과 시민종교를 연결시키려 한다. 다시 말해 시민종교를 "국가·민족·정치권력 등 '정치적인 것'을 성화하는 '근대적인' 형태 및 방식"으로 이해하려는 것이다. 앞서 지적했다시피 여기서 '정치적인 것'은 근대세계에서 대개 국가나 민족으로 현실화하지만, 그것은 국가·민족뿐 아니라 정치권력·정치·지배·이데올로기·정치사상을 망라하며, 나아가 문명이나 권역 혹은 문명공동체나 범민족공동체까지 포함한다.

이 책에서 활용할 접근의 요체는 시민종교, 특히 그것의 역사적 기원에 관한 논의를 '정교분리와 세속국가의 탄생'이라는 보다 일반적인 과정, 그리고 이런 과정이 유럽 등 일부 지역에서 동반했던 '세속주의의 확산'과 결부시키는 것이다. 이렇게 되면, 또 우리가 만약 지배엘리트의 행동에 일차적인 초점을 맞춘다면, (2장에서 정리한 바와 같이) 시민종교 연구의 초점은 "정교분리 이후의 탈국교적 상황 속에서 겉으로는 '세속적인' 이미지를 지닌 근대국가의 지배세력이 다른 지배적 분파들 및 피지배 대중과 상호작용하는 가운데, 기존 국가종교의 직접적인 도움 없이 독특한 방식으로 국가적 성聖의 체계를 형성·구축하면서 국가와 민족을 포함하여 '정치적인 것' 전반을 성화해나가는 방식을 탐구하는 것"으로 새롭게 규정된다.[1]

많은 사회들에서 '근대적 민족주의'와 '정교분리=세속국가'의 등장 시기가 겹치는 것은 분명한 사실이다. 시민종교의 기원을 '세속국가의 출현'이 아니라 '근대적 민족주의'에서 찾는 경우가 빈번한 이유 중 하나도 이런 시기적 중첩성 때문일 것이다. 정교분리에 의해 탄생한 세속국가의 대부분이 성격상 민족국가였다는 사실을 통해서도 양자의 중첩성과 밀접한 관계를 재확인할 수 있다. 그럼에도 불구하고 시민종교 연구를 민족주의 연구와 동일시하거나, 그 하위분야로서 '성화된 형태의 민족주의'에 대한 연구와 동일시하는 접근은 그다지 생산적이지 못하다고 필자는 생각한다. 필자는 시민종교 연구에서 근대 민족주의와 세속국가를 명확히 구분하는 게 방법론적으로도 유용하다는 입장을 고수할 것이다.

1. 정교분리 이전:
정교융합 질서와 신성국가

근대 이전의 전통사회들에서 종교 영역과 국가 영역은 두텁게 중첩되어 있었다. 바로 그 사실, 즉 '정교융합'으로 인해 '국가의 성스러움' 역시 당연한 사실로 받아들여졌다.[2] 국가는 특정 종교와 강하게 유착되어 있었고, 그 때문에 국가 자체에 신성한 후광이 덧씌워져 있었다. 근대 이전의 인류 역사에서 완전히 '세속적인' 국가를 발견하는 것은 거의 불가능했다.

국가를 성화하는 데서 지배종교의 지도자들이 결정적인 역할을 담당했다. 전통사회들에서 종교인들은 다양한 형태로 국가와 통치자들을 성스럽게 치장했다. 그들은 신화를 통해 정치권력을 정당화하기도 했고, 지배자의 신적인 본성을 강조하기도 했고, 지배자가 초자연적 존재나 힘과 특권적인 관계 속에 있거나 그 존재·힘에 특권적인 접근능력을 갖고 있는 것처럼 제시하기도 했다.[3] 종교의 힘을 이용한 국가의 성화·신비화 경향, 국가에 종교적 외피外皮를 입히거나 종교적 후광을 제공하려는 경향은 전통사회들의 너무나도 명료하고 가시적인 특징이었다.

국가의 성성은 이처럼 당연시되었으되 그건 어디까지나 지배종교의 도움에 의한 것이었다. 따라서 자연스럽게 특정 종교를 보호·육성하거나 억압·척결하는 것이 국가의 주요 임무 중 하나로 간주되었다. 실제로 전통사회에서 국가는 종교 영역에 깊이 관여했다. 국내적 차원과 국제적 차원 모두에서 '국가의 종교적 기능' 역시 매우 활발했다. 우선 국내 차원에서 국가는 국가종교를 보호하고 후원하는가 하면, 종교적 이단 세력을 색출하고 처벌하는 일에도 직간접으로 나섰다. 19세기 조선 정부의 천주교와 동학 탄압, 18세기 이후 중국 정부와 16세기 이후 일본 정부의 천주교 탄압도 좋은 사례일 것이다. 한편 국제적인 차원에서 국가는 국가종교의 해외진출과 세계선교·포교를 후원하거나 직접 대행하기도 했다. 천주교의 해외선교를 지원한 스페인, 포르투갈, 프랑스 국왕들에게 교황청이 차례로 제공했던 '보호권Patronato'이 전형적인 사례였다. 이 나라들의 국왕은 보호권을 무기로 교황청의 통제에서 벗어나 스스로 주교를 임명하고, 선교사들을 승인하며, 선교 활동을 재정적으로 지원하고, 선교사들의 안전을 지켜주었다.[4]

국가의 강력한 종교적 기능으로 인해, 그 관할 아래 있는 종교인들에게도 국가는 강력한 종교적 이미지를 내뿜게 되었다. 말하자면 종교인들에 의해 국가는 '수호천사'나 '악마'와 같은 형상으로 상상되었다. 국가종교처럼 특권적 지위에 있는 종교의 지도자들은 국가를 종교의 보호자·후원자나 수호천사쯤으로 상상했겠지만, 언제든 박해에 노출될 위험이 있는 주변적 종교들은 국가를 위압하는 폭군이나 악마 정도로 상상하기 쉬웠을 것이다.

관할 지역 내 종교들에 대한 국가의 상이한 태도와 행동방식, 그와 연관된 국가에 대한 다른 상상 혹은 이미지들은 조만간 종교인들의 차별적인 대응방식들로 이어졌을 것이다. 전통사회들에서 종교를 향한 국가의 태도와 행동방식은 (1) 국가종교의 경우 적극적인 보호와 후원, 특혜 제공, (2) 국가종교와 교리적으로 충돌하지 않으면서 의미 있는 다수가 신봉하는 종교인 경우 '차별에 기초한 관용', (3) 국가종교에 의해 '이단'으로 간주된 소수파 종교의 경우 '억압과 배제'의 세 유형으로 대별할 수 있을 것이다. 어느 유형에서든 국가의 '종교성'은 명백히 드러났고, 국가의 '종교적 선호' 또한 항시 분명했다. '차별에 기초한 관용'이 역사적으로 흔한 현상도 아니었지만, 더욱 중요한 점은 이런 정책을 선택한 국가가 절대로 '종교 중립적'이거나 '비종교적인' 실체가 아니었다는 사실이다. 예컨대 조선 정부의 불교 정책에서 드러나는 것처럼 이것은 '유교국가'에 의한 차별과 관용의 결합, 즉 차별을 전제로 한 관용 혹은 차별 속의 관용이라는 성격이 명백했다.

한편 국가의 행동에 대한 종교인들의 반응은 (1) 영합, (2) 순응, (3) 저항, (4) 도피 혹은 회피 등 다양하게 나타날 수 있다. 먼저, '후원' 대상인 국가종교의 지도자들에게 국가는 (때때로 종교인들의 영적인 지도와 강복을 필요로 할지라도) 은혜롭고도 믿음직한 보호자로 비쳤을 것이다. 따라서 국가종교 지도자들은 지배체제에 '영합·편승'하거나, 국가권력과 '유착'하는 반응을 주로 보일 가능성이 높다. 반면에 '억압' 대상인 주변 종교의 지도자들에게 국가는 스스로 우상화하는 위압적인 폭군, 소수파 종교인들의 피와 희생을 끝없이 요구하는 악의 화신, 현세에서 악의 세력을 대표하는 기관으로 비쳤을 것이다. 따라서 해당 종교의 지도자들은 '회피·도피' 혹은 '저항'의 반응을 보이기 쉽다. 지하로 숨어든 로마제국의 그리스도교도, 서쪽으로 지리적 이동을 감행한 영국의 비국교도非國敎徒와 미국의 모르몬교도, 깊은 산속으로 도피하여 교우촌을 형성한 19세기 한국의 천주교도는 회피·도피 반응의 전형적인 사례들이다. 국가와 최대한 거리를 두려는 성향 때문에, 회피·도피를 선택한 종교인들은 종종 '평화주의'나 '무정부주의'에 가까운 태도로 기울어진다. 한 나라 안에서 벌어진 종교전쟁들의 다수는 억압받는 종교인들이 '저항'을 선택한 결과일 공산이 크다. 억압받는 종교가 특정 사회 안에서 '상당히 큰 소수집단'의 지위를 갖고 있을 경우, 해당 종교의 지도자들은 (도피보다는) 저항 쪽을 선택할 수도 있다. 우리가 토마스 뮌처의 농민전쟁이나 동학의 농민봉기에서 관찰할 수 있는 것처럼, ('종교적 제노사이드'를 동반한) '저항'에서의 참담한 실패가 '도피'라는 반응으로 이어졌을 가능성도 있다. 마지막으로, '관용' 대상인 종교인들은 종교적 관용에 따른 다소간의 차별을 감수하는 '순응'의 반응을 보일 수 있다. 국가의 종교성에 대해 경계하고 국가와의 거리 두기를 계속하면서도 국가의 비국교도 관용 정책에 소극적으로 따라가는 선택이다. 이 유동적인 집단은 국가 측의 태도 변화에 따라 언제든 영합,

저항, 도피 등으로 대응방식을 변경할 수 있다.

그러나 근대적 정교분리 이후 사정이 복잡해졌다. 국가의 태도나 행동방식, 종교가 국가를 상상하는 방식, 종교인들이 국가에 대응하는 방식 모두에서 현저한 변화가 진행되었다. 과연 무엇이 어떻게 달라졌는가?

2. 정교분리, 세속국가, 도구주의

필자가 보기에 '정교융합의 질서'에서 '정교분리의 질서'로의 이행은 인류 역사에서 '전통'(전근대)과 '근대'를 가르는 중요한 분기점 중 하나이다. 정교분리 제도와 담론의 지구적 확산 과정은 '근대 민주주의'의 확산과 시기적으로 중첩된다. '정교분리'는 '종교의 자유'와 쌍을 이루며, 이 둘은 모두 근대 민주주의의 핵심 가치들에 속한다. 통상 정교분리와 종교의 자유는 목적-수단 관계를 이루는 것으로 해석된다. 여기서 종교의 자유가 목적이라면, 정교분리는 이 목적을 달성하기 위한 수단이 된다. 정교분리 없이는 종교의 자유가 제대로 보장될 수 없고, 정교분리가 철저할수록 종교의 자유는 보다 확실하게 보장된다.[5]

18세기 말부터 북미와 유럽 국가들은 정교분리를 법제화하기 시작했다. 1791년 비준된 미국의 첫 번째 수정헌법은 제1조에 '국교 설립 금지no establishment'를 명문화함으로써 정교분리 제도와 담론의 지구적 확산을 선도했다. 18세기 이후 한 세기 이상에 걸쳐 정교분리 제도·담론이 서구 사회들 사이에 점차 확산되었고, 그 결과 19세기 말 혹은 20세기 초에는 대부분의 서구 사회들에서 정교분리 질서가 자리를 잡게 되었다. 20세기 중반부터는 한국을 포함한 상당수 비서구 국가들도 이런 흐름에 동참했다. 세계적인 차원에서 정교융합의 질서가 정교분리의 질서로 서서히 이

행해간 것이다. 한 통계에 의하면, 1900년 현재 국교제도를 채택하고 있던 나라는 전 세계 국가의 65.0%에 달했지만 1980년에는 45.3%로 감소했고, 1900년에는 세계인구의 73.0%가 국교제도가 행해지는 지역에 거주했지만 1980년에는 세계인구의 29.9%만이 국교제 지역에 속했다고 한다.[6]

근대세계에서는 국교제 국가들보다 정교분리 국가들이 사회적·문화적 변동에 더욱 잘 적응하면서 사회통합을 이루는 데서도 점점 유리해지는 현상도 나타난다. 왜 그런가? 근대세계에서는 그것이 국교제 국가든 정교분리 국가든 모두 '종교자유의 보장'을 거의 예외 없이 천명하기 마련이다. 그런데 종교의 설립(신종교)이나 도입(외래종교)의 자유를 당연히 포함하는 종교자유가 국민들에게 잘 보장되면 될수록, 시간이 흐름에 따라 해당 사회에서는 '종교적 다원주의religious pluralism'가 번성할 수밖에 없다. 종교자유를 제대로 보장하는 한 국교제 국가들에서조차 종교다원주의가 지배적인 사회현실이 되어가는 현상은 불가피해진다. 이런 종교자유의 시대에 그리고 인구·문화의 이동과 접촉이 점증하는 지구화의 시대에, 국교제도 자체가 사회통합의 걸림돌로 작용할 가능성은 갈수록 높아지는 것이다. 반면에 정교분리제도는 '모든' 종교의 신봉자들을 사회적으로 통합하는 데 어려움을 겪지 않는다.

정교분리는 바람직하다고 여겨지는 특정의 가치를 지칭하는 '규범적-당위적' 측면, 특정한 역사적 변동을 가리키는 '객관적-실제적' 측면을 모두 가진 개념이다. 필자는 용어의 쓰임새를 기준으로 세 가지의 정교분리를 구분하는 게 중요하다고 본다. 그것은 (1) '역사적 사실historical fact'로서의 정교분리, (2) '법률적 규범legal norm'으로서의 정교분리, (3) '종교적/신학적 규범religious/theological norm'으로서의 정교분리이다.[7] 이처럼 다의적이기 때문에 정교분리라는 용어 자체가 종종 오해와 오용의 대상이 된다. 물론 지금 우리가 논의하는 맥락에서의 정교분리는 '역사적 사실' 그리고 '법률적 규범'으로서의 정교분리를 가리킨다.

양건에 의하면 법적 규범으로서의 정교분리는 "국가는 국민의 세속적 생활에만 관여하고 신앙적 생활은 국민의 자율에 맡겨 개입하지 않는다는 원칙"이고, 더 압축하자면 "국가의 종교적 중립성 내지 비종교성"을 의미한다.[8] 보다 구체적으로, 정교분리의 원칙은 국교國敎의 부인, 국가에 의한 종교 활동 금지, 국가에 의한 특정 종교 우대 또는 차별의 금지 등을 통해 구현된다. 그러나 정교분리가 관철되는 양상은 사회에 따라 의미 있는 차이를 보였다. 서구 국가들을 관찰해보면, 국교제도를 유지하지만 국교도가 아닌 국민에게도 종교의 자유를 보장하는 경우(예컨대 영국과 스페인), 국교를 인정하지 않으나 종교단체에 대해 공법인公法人으로서 국가와 대체로 대등한 지위를 인정하는 경우(예컨대 독일과 이탈리아), 국가-종교를 완전히 분리하지만 양자의 관계가 '우호적인' 경우(예컨대 미국), 국가-종교를 완전히 분리할 뿐 아니라 양자 관계도 '비우호적'(예컨대 프랑스)이거나 '철저히 비우호적'(대부분의 사회주의 국가들)인 경우 등 정교분리의 다채로운 유형들이 발견된다.[9]

필자는 정교분리의 유형을 보다 간명하게 '자유주의적 분리liberal separation'와 '국가주의적 분리statist separation'의 두 가지로 대별할 수 있다고 본다. 나아가 자유주의적 분리 유형은 '우호 유형'과 '긴장 유형'으로, 국가주의적 분리 유형은 '동원·이용 유형'과 '반反종교·배제 유형'으로 다시 세분할 수 있다고 본다.[10]

위에서 근대적 정교분리 원칙의 하나로 "국가에 의한 종교 활동 금지"를 들었지만, 실제로 근대 이후 '국가의 종교적 기능'이 대폭 축소되었다. 국가의 지배자는 더 이상 스스로 신의 화신이라거나, 초자연적 존재와 특권적 관계를 맺고 있다고 주장하지 않는다. 국가는 더 이상 종교적 이단의 색출과 처벌에 나서지도 않는다. 그 대신 종교의 선택과 변경(개종), 무無신앙과 같은 종교 비非선택의 자유, 심지어 무신론 선전의 자유까지 보장한다. 국가는 국교제도를 아예 폐지하여 기존의 국가종교에 대한 특혜

〈표 3-1〉 정교분리의 유형들

정교분리의 유형		특징
자유주의적 분리	우호 유형	정교분리는 종교자유의 수단이며, 국가와 종교가 서로를 공동선 실현의 파트너로 존중하면서 협력적인 관계를 유지.
	긴장 유형	엄격하게 국가-종교를 분리하나, 정교분리는 여전히 종교자유 및 종교평등을 위한 수단으로 간주됨.
국가주의적 분리	동원/이용 유형	종교에 대한 강한 통제력에 기초하여, 국가적 목표를 달성하기 위해 국가가 순응적 종교인들을 동원하고 이용.
	반종교/배제 유형	종교를 사회발전의 장애요인으로 간주하여, 국가가 공공 영역의 탈종교화 및 반종교적·무신론적 정책을 추진.

* 출처: 강인철, "정교분리 이후의 종교와 정치", 156쪽.

들을 철회하거나 대폭 축소하기도 했다. 정교융합 질서에서는 국가가 지배적 지위에 있는 다수파 전통종교·제도종교를 부단히 국가 영역으로 '끌어들이는' 데 반해, 정교분리 질서에서 국가는 다수파 전통종교·제도종교를 국가 영역 바깥으로 '밀어내는' 편이다. 많은 국가들은 헌법 등을 통해 종교자유와 관용, 정교분리를 명문화함으로써 종교 영역 불개입과 종교적 중립을 공식 표방하고 있다. 나아가 법원의 판례 축적과 법적 규범들의 정교화를 통해 정교분리 원칙에 대한 감시망을 더욱 촘촘하게 만듦으로써 국가종교는 물론이고 '모든' 종교들과의 불필요한 얽힘에서 멀찍이 벗어나려 시도해왔다.

　여기서 강조할 점은 '지배종교에 의한 국가 성화'라는 기존의 방식과 결별했을 뿐 아니라 '지배종교와의 거리두기'를 제도화했다는 점에서, 나아가 국가의 직접적인 종교적 기능들을 상당 부분 자발적으로 포기하거나 축소했다는 점에서, 정교분리의 질서는 '국가의 세속화-탈脫종교화'에서 새로운 역사적 단계를 뜻할 수 있다는 것이다. 다시 말해 근대 이전에는 국가-종교의 융합 및 그로 인한 '국가의 신성함'이 당연시되었을 가능성이 높았다면, 근대 이후에는 '정교분리'라는 새로운 담론·제도의 등장으로 인해 '국가의 세속성'이라는 담론이 힘을 얻거나 당연시되는 상황이 도래한다. 많은 사회들에서 정교분리(국가와 종교의 분리), 그에 따른 정치·국가의 탈종교화(정확히는 정치·국가의 탈제도종교화)는 경교분리(경제와 종교의 분리)와도 시기적으로 중첩되었다.[11] 따라서 '근대적인 자본주의·사회주의 국가'는 더욱 철저히 탈종교화된 것처럼 보이게 되었다. 이런 과정을 거치면서 근대국가들은 스스로 '세속기관'임을 공공연히 주장하기에 이르렀다. 모이저는 '정치·국가의 세속화'를 헌법, 정책, 제도, 의제, 이데올로기 등 다섯 영역에서 관찰할 수 있다고 보았다.[12] 이런 일련의 과정들이 철저하게 진행되면 될수록 국가는 더욱 더 '세속적인' 이미지로 상상될 것이다.

한편 국가가 정교분리를 지렛대 삼아 역사상 거의 처음으로 '세속 기관'임을 주장함에 따라, 종교인들이 상상하는 국가 이미지 그리고 국가에 대한 종교인들의 접근방식에서도 의미 있는 변화가 나타나게 되었다. 종교인들이 '국가의 세속성' 주장을 받아들이면, 국가에 대해서도 더 이상 종교적인 이미지—이를테면 천사나 악마 같은—를 떠올리지 않으면서 국가권력에 대해 '중립적인' 태도를 취하거나, 국가권력에 대해 '실용적인' 접근을 시도할 가능성이 증가하는 것이다. 정교분리 담론·제도의 확산에 따라 '국가의 성성聖性'을 부정하고 국가를 종교와는 질적으로 다른 '세속적인 기구' 중 하나로 간주하는 경향, 그리고 국가를 천사도 악마도 아닌 '중립적인 도구'로 간주하는 경향이 종교인들 사이에 퍼지기 쉽다. 국가에 대한 '비종교적'이고 '종교 중립적' 이미지에 기초한, 또 그런 이미지들을 당연시하는 새로운 태도 및 접근방식을 필자는 '도구주의instrumentalism' 혹은 '도구주의적 접근'으로 부르고자 한다.

도구주의 접근으로 기운 종교인들에게 국가권력은 종교조직의 제도적 이익 증진을 위해 유용할 수도 있는 중립적 수단으로 간주되곤 한다. 권력자들에게 로비를 잘해서 보조금이나 다른 특혜들을 더 따내려고 경쟁하는 종교인들의 행태는 바로 이런 도구주의 접근을 바탕에 깔고 있는 셈이다. 국가는 대체로 종교에 우호적인 존재, 종교인들이 하기에 따라선 매력적인 특혜도 제공하는 존재, 종교지도자들과 권력자의 관계 맺기 방식에 따라 억압-특혜의 가능성이 모두 열려 있는 그 무엇으로 상상된다. 앞서 밝혔듯이 근대 이전의 정교융합 질서에서 국가에 대한 종교인들의 대응은 영합, 순응, 저항, 도피 등 네 가지로 나타났다. 그런데 근대적 정교분리 이후에는 중립적·세속적인 국가의 '이용'이라는 새로운 종교적 대응방식이 추가되었다.

앞에서 필자는 시민종교 담론의 핵심적인 관심이 사회통합의 방식(즉 '성스러운' 방식의 사회통합)과 성화의 대상(즉 '정치적인 것'의 성화)에 있다고 했다. 정교분리, 국교제도의 해체, 종교자유의 보장 등은 '성스러운 사회통합'과 '정치적인 것의 성화' 모두에 새롭고도 낯선 문제상황을 펼쳐놓는다.

국교제도의 폐지는 종교의 사적 영역으로의 추락, 곧 종교의 사사화 privatization 추세를 재촉한다. 이에 따라 '공적인 것the public'에 대한 사회구성원들의 헌신, 충성, 책임감 등을 이끌어내는 데 종교를 동원하는 것은 점점 비효율적인 방식이 될 가능성이 높아졌다. 나아가 정교분리와 종교자유가 불가피하게 촉진할 종교다원주의가 점점 현실화될수록 특정 종교가 사회통합의 신성한 구심점 역할을 하기는 갈수록 어려워질 수밖에 없다. 그렇다면 국가종교·민족종교의 직접적인 도움 없이 어떻게 공적 영역을 재구성 혹은 재구축할 것이며, 시민들 사이에서 높은 수준의 윤리적·정서적 결속을 가능하게 만들 것인가? 시민들 사이에 어떻게 (군주제나 봉건제의 방식이 아닌) 공화주의적이고 민주주의적인 방식의 결속을 이루어낼 것이며, 시민들로 하여금 그러한 결속에 대해 유사종교적인 열정과 경외심을 갖고 반응하도록 만들 수 있을 것인가?

이와 더불어 우리가 던져야 할 핵심적인 질문은 다음과 같은 것들이다. 정교분리 질서 속에서도, 세속국가-세속주의의 시대에도 '정치적인 것의 성화'는 여전히 필요한가, 만약 그렇다면 그것은 어떻게 가능한가? 또 그 이전에, 소수의 예외를 제외한 대부분의 근대국가들이 성스러움과 무관한 '세속국가'라는 대중적 상식은 과연 객관적인 현실과 부합한다고 볼 수 있는가? 정교분리와 종교적 중립성을 표방하는 근대 세속국가 단계에 이르러 '정치적인 것'을 성화하고 종교화하는 인류한 장구한 습속은 드디어 역사적으로 종식되었는가? 결국 여기서 핵심적인 쟁점은 "세속국가-세속주의 시대에 있어서 정치적인 것의 성화"라는 문제이다.

필자의 문제의식은, 세속적으로 변화된 외양外樣에도 불구하고 국가가 스스로 우상이나 초월적 존재가 되려는 경향, 즉 "국가의 자기 성화·신비화·숭배·우상화·절대화 경향"은 역사적으로 변수라기보다는 일종의 상수에 가깝다는 것이다. 국가의 자기 성화 경향은 거의 '항상적인' 현상이다. 그것은 과거나 지금이나 지배의 정당화, 피지배층의 자발적 복종, 사회통합이라는 목표를 지향한다. 그러니 차라리 다음과 같은 방식으로 문제제기를 해보는 쪽이 더욱 유용하고 생산적일지 모른다. 해당 사회의 지배종교―대개 국가종교―와 분리된 후에도, 따라서 지배종교의 직접적이고 적극적인 도움을 더 이상 기대할 수 없는 상황에서도, 국가는 여전히 성스러움을 유지할 수 있겠는가? 만약 그게 가능하다면 '근대국가'는 주로 어떤 방식으로 성화되는가?

이 질문들에 제대로 답하려면 정교분리에 대해 새로운 해석을 시도할 필요가 있다고 생각한다. 첫째, 정교분리라는 말의 용법 자체에 어떤 논리적 함정이 숨어 있을 수도 있다. 앞에서 정교분리 원칙을 "국가의 종교적 중립성 내지 비종교성"이라고 소개했는데, 두 가지는 과연 동일한 차원의 문제일까? '국가의 종교적 중립성'과 '국가의 비종교성'은 상당히 다른 차원의 문제일 수도 있다. 달리 말하자면 '국가의 종교성'은 '국가의 종교적 중립성'과 공존하거나 양립할 수도 있다는 것이다. 예컨대 국가는 스스로를 성화하면서도(종교성), 기존의 제도종교들을 비교적 공평하게 대할 수 있다(중립성). 둘째, 일단 정교분리를 종교자유와의 목적-수단 관계로 해석하는 방식에서 탈피해보자. 이 경우 정교분리는 단순히 "종교의 자유를 보장하기 위한 수단"에 그치는 것이 아니라, 국가로 하여금 더욱 원대한 무언가를 추구하기 위한 기회를 제공하는, "국가의 자유를 획기적으로 증가시키는 역사적 계기"로 새롭게 해석될 수 있다. 말하자면 정교분리는 '종교적 속박으로부터의 자유', '종교로부터 분리로 인한 문화적·이데올로기적 자유'를 국가에 안겨준 중요한 역사적 기회이자 계기일 수도 있다는 것이다.

필자는 2장에서 근대적인 국가·국민 형성의 양대 기제로 신비화와 차별화를 꼽은 바 있다. 거기서 언급했듯이 신비화가 민족·국가의 신화화와 숭배를 뜻한다면, 차별화는 두 국민 전략으로 현실화한다. '국민'과 '비국민'을 경계 짓고 격리하는 게 두 국민 전략의 요체이다. 여기서 국가·국민 형성의 또 다른 핵심 기제인 '신비화'를 (새롭게 해석된) 정교분리 개념과 연관시켜 보는 게 유용하리라고 생각한다. 필자가 여기서 제기하려는 주장을 압축하자면 대략 다음과 같이 될 것이다. "정교분리 이후 종교와의 오랜 동거를 청산하고 홀로서기에 나선 근대국가는 종교적 족쇄에서 벗어나, 까다로운 종교적 규정들에 구애받지 않은 채 스스로를 신비화하는 현란하고 화려한 변신술을 연출하기 시작했다."

따라서 "근대국가는 어떤 방식으로 성화되는가?"라는 앞서의 질문에 대해 "모든 방식이 가능하다"고 대답할 수 있다. 우선, 국가와 지배세력은 '특정의 제도종교'와 거리를 둠으로써 '모든 종교들'과 자유롭게 연애를 할 수 있게 되었다.[13] 대개의 경우 정교분리 이후에도 기존 국가종교와 국가의 관계가 서로 적대적이지는 않으므로, 근대국가는 정교분리 이후에도 대중에게 신뢰받고 친숙한 기존 국가종교의 자원들을 자기 성화에 얼마든지 이용할 수 있다. 뿐만 아니라 국가와 지배세력은 민족주의, 제국주의, 사회주의, 파시즘, 전체주의, 자유민주주의, 사회민주주의 등 '모든 세속적 이데올로기들'까지 자유자재로 활용할 수 있게 되었다. 실제로도 많은 현대 국가들은 자기 성화에 조금이라도 도움이 될 것 같아 보이는 거의 모든 것들을 건드려보고 시도해보는 게걸스러움을 곧잘 과시하곤 했다.

정교분리 이후 국가는 종교적·비종교적 성화 방식 모두를 활용할 수 있게 되었다. 특히 19~20세기에는 민족주의가 국가 성화의 가장 중요한 원천이 되었다. 서구사회들에서는 1차 세계대전 당시 극성을 부렸던 민족주의 열기가 2차 세계대전 이후 다소 가라앉았던 반면, 비서구 사회들에서는 20세기 후반에 독립 민족국가 건설의 열기가 한껏 달아올랐다. 한국을 비롯한 수많은 신생국들에서 민족주의 열풍이 2차 세계대전 이후 수십 년 동안이나 지속되었다. 근대국가들은 어느 시대보다 많은 민족·국가의 성지聖地들을 창출해냈고, 어느 시대보다 많은 국가적 영웅과 기념 조형물들을 대량생산해냈다. 국립묘지가 만들어지고, 이렇게 성역화 된 곳에 고이 모셔진 이들을 국가영웅으로 현양하는 사자숭배死者崇拜가 대부분의 나라들로 확산되었다. 세계에서 가장 정교한 정교분리 감시시스템을 구축하고 있는 나라 중 하나인 미국만 해도 얼마나 많은 '성스러운 세속적 상징들과 의례들'을 치렁치렁 걸치고 있는가.

결국 정교분리는 '국가의 탈종교화·세속화'를 촉진했다기보다는, 더욱 현란하고 교묘한 방식의 '국가 성화'를 가능케 했다고 평가할 수 있다. 그런 면에서 정교분리 질서에 기초한 근대국가의 지향은 일종의 형용모순인 '신성한 세속국가', 즉 공식적으로는 '국가의 세속성'을 표방하면서도 그와 동시에 '국가의 성성' 또한 끊임없이 추구하는 존재일 것이다. 이처럼 스스로 성화하려는 강력한 경향을 갖고 있다는 점에서, (국가와 종교의 분리 이후) 현대 세계에서 종교의 가장 강력한 경쟁자는 다름 아닌 국가일

지도 모른다.

그럼에도 불구하고 근대국가의 자기 성화 경향에 대해 학자들은 물론이고, 대다수 종교인들도 그다지 심각하게 여기지 않는 것처럼 보인다. 반면에 소수의 학자들은 근대국가의 이런 자기 성화 경향을 '시민종교'나 '정치종교'라는 개념으로 포착하고 설명해보려 시도했다. 그러나 지금까지 시민종교를 정의하는 방식도 논자에 따라 제각각이고, 시민종교의 등장 시기에 대해서도 논의가 중구난방이었다. 어쩌면 시민종교의 '역사적 기원'에 대한 논의 자체가 전반적으로 부재한 편이었다고도 말할 수 있을 것이다. 지금까지 필자가 펼쳐온 논지가 설득력이 있다면, 시민종교 개념과 관련해서 두 가지 결론을 이끌어낼 수 있다고 생각한다. 첫째, 여태까지 논자들은 시민종교의 등장 시기에 대해 일관성이 없었지만, 향후 이 논의를 '근대 이후' 시기로 한정하는 게 바람직하다. 둘째, 시민종교 등장의 구조적 맥락과 원인을 국가와 지배종교의 법률적·제도적 분리, 즉 '정교분리'에서 찾아야 한다.

3. 두 가지 딜레마: '국교제 국가'와 '국가 없는 민족'

근대적 정교분리와 그에 따른 세속국가의 출현을 시민종교의 역사적 기원으로 간주한다고 해도, 여전히 분류상의 어려움을 초래하는 두 범주, 두 가지의 딜레마 내지 모호성이 남아 있다. 그 하나는 '국교제 국가들'이고, 다른 하나는 식민지 민족을 비롯한 '국가 없는 민족들'이다. 이 두 경우에도 시민종교는 과연 존재한다고 봐야 하는가? 이 질문은 한국 시민종교를 이해하는 데서도 긴요하다. 전자는 '사실상의 국교제 국가'였던 메이지유신 이후의 천황제 일본에도 시민종교가 존재했다고 말할 수 있는 지의 문제와 직결된다. 후자는 식민지 조선 민족에게도 과연 시민종교가 존재했는지의 문제와 연결된다.

(1) 정교분리-세속국가 시대의 국교제 국가들

정교분리의 시대, 곧 국가-종교 관계에서 정교분리가 비교적 보편적인 규범으로 자리 잡은 시대에도 여전히 적지 않은 나라들이 국교제도를 고수하거나 채택하고 있다. 그럼에도 불구하고 '종교국가religious state'라고 부를 수 있는 극소수의 나라들을 제외한 대부분의 근대국가들은 하나 혹은 둘 이상의 시민종교를 갖고 있다고 말할 수 있다.

　종교-국가 관계 유형에 초점을 맞출 경우, 근대에는 (1) 정교분리 국가, (2) 국교제 국가, (3) 종교국가라는 세 유형이 존재한다.[14] 이 가운데 '종교국가'는 정교분리에 역행하는, 가장 극단적이고 예외적인 형태이다. '국가로서의 종교religion as a state'로 간명하게 정의될 수 있는 종교국가에서는 종교조직의 수장이 스스로 최고 권력자가 되거나, 최고 권력자를 직접 통제한다. 단순한 국교제 국가를 넘어 종교 자신이 국가가 되거나, 종교가 국가보다 우위에 있으면서 직접 국가권력을 장악·통제·행사하는 경우이다. 교황청, 달라이라마가 통치하는 티베트임시정부, 이슬람 최고 지도자가 '국가 위'에 군림하는 헌법수호위원회의 책임자가 되는 1979년 이후의 이란 같은 경우가 이에 해당한다.[15] 1996~2001년 사이에 아프가니스탄을 통치했던 탈레반, 2009년 이후 나이지리아에서 지배 영토를 점점 확장해온 보코하람 세력, 2011년 이후 몇 년 동안 시리아와 이라크에서 세력을 형성하고 확장했던 이슬람국가IS 등 국가 혹은 준準국가적 지위로 올라선 근본주의 운동들도 유사한 범주로 분류할 수 있을 것이다. 이런 근본주의 운동들 역시 '세속주의'나 '세속주의 국가들'을 적대시하면서 종종 종교의 자유를 억압하고 종교적 차별을 옹호한다는 점에서 정교 분리 질서와 대립한다.

거듭 강조하거니와 근대적 정황에서 종교국가는 '예외적 소수'에 불과하다. 따라서 이 유형을 제외한다면 근대세계에는 사실상 '정교분리 국가'와 '국교제 국가'라는 두 유형만이 존재한다고 말할 수 있다. 그런데 종교국가와는 대조적으로, 대부분의 국교제 국가들은 '근본적으로 세속국가'라는 사실이 강조될 필요가 있다(정교분리 국가들이 세속국가임은 말할 것도 없다). 대부분의 국교제 국가들은 (1) 국가의 신적神的 기원이나 배경 등 '국가의 성성聖性'을 직접적으로 주장하지 않으며, (2) 종교의 자유를 보장하고 종교적 차별을 최소화하려 노력하며, (3) 국가 영역 및 그 운영방식·운영주체는 종교 영역 및 그 운영방식·운영주체와 비교적 명확히 분리되어 있고, (4) 정치적 지배세력이 국가권력을 이용하여 종교 문제에 개입하는 경우도 드물다. 결국 많은 국교제 국가들을 '사실상의 정교분리 국가'로 간주해도 될 정도인 것이다.

서구에서는 국교제도를 유지 혹은 도입했다 하더라도 국가권력이 종교 내부의 일에 관여하거나, 비非국교도에 대해 노골적인 종교차별을 일삼는 경우는 거의 없다. 따라서 기존의 국교제 국가들을 종교적 자유 및 평등의 보장 정도에 따라 다시 '배타적exclusive 국교제'와 '포용적inclusive 국교제'라는 두 하위유형으로 구분하는 것이 유용할 것이다. 국가종교의 우월하고도 특권적인 지위를 인정함으로써 종교차별을 제도화한 '배타적 국교제' 사회들과 대조적으로, 종교자유를 비교적 온전하게 보장하고 종교 간 차별의 정도도 상대적으로 덜한 '포용적 국교제'를 채택하고 있는 사회들은 국교제라는 전통적 형식에도 불구하고 '사실상의de facto 정교분리 국가'로 지칭해도 별 무리가 없을 것이다. 요컨대 국교제 국가들이 정교분리 국가로 전환하거나, 국교제를 여전히 유지하면서도 '사실상의 정교분리'로 전환하는 것이 근대 세계의 지배적인 두 흐름이라고 말할 수 있다.[16]

앞에서 서술했듯이 18세기 이후 정교분리 제도·담론이 점차 확산되어 19세기 말 혹은 20세기 초에는 거의 모든 서구 사회들에서 정교분리적 질서가 비교적 확고하게 자리를 잡게 되었다. 바로 이 시기는 서구 국가들이 지구 대부분을 식민화하는 데 성공한 때였다. 따라서 이 즈음엔 서구의 정교분리적 제도·담론이 세계의 구석구석으로까지 스며들었다. 19세기 말에서 20세기 초를 지나면서 정교분리 질서는 '지구적 규범이자 표준'으로 간주되면서 '보편'의 지위를 획득했다. 반면에 비국교도를 억압하는 '배타적 국교제'나, 종교지도자가 직접 국가권력을 행사하는 '종교국가'와 같은 정교융합적 질서는 예외적인 '특수'의 지위로 새롭게 자리매김 되었다.

정교분리 질서의 글로벌화에 따라, 전통적인 정교융합적 질서를 고수하는 나라들조차 보다 보편적인 정교분리 규범에 의해 스스로가 특수화되고 상대화되는 효과를 피해갈 수 없게 되었다. 다시 말해 정교융합적 질서를 추구하는 나라들마저 정교분리 질서라는 지구적 환경에 불가피하게 '노출'되어 있고, 그로부터 '영향'받을 수밖에 없고, 그것을 성찰적으로 '의식'하면서 자신들의 종교정책을 수립하고 정당화하는 게 정교분리 시대의 보편적인 특징이 된다. 국가-종교의 관계를 법적으로 명시하는 종교정치적 관행 자체가 '근대 이후'의 독특한 현상이었다. 다시 말해 굳이 법률로써 특정의 '국교'를 명시하는 행위 자체가 '보편에 의해 상대화된 특수'라는 지위를 반영하는 것이었다. 정교분리 이전의 시대, 즉 정교융합 시대에는 국교를 법적으로 명문화할 필요조차 없었기 때문이다. 국교를 법적으로 규정하면서도 그와 동시에 '종교의 자유'를 법률로 명시하는 행위, 즉 '종교자유를 보호하는 국교제'(즉 포용적 국교제)임을 국내외에 공포하는 행위는 이런 상대화 효과를 보여주는 훨씬 강력한 증거이다. 이런 사실들은 국가-종교 관계를 어떻게 법제화하든 '실질적인 종교자유 승인'과 '심각한 종교차별의 부재'를 입증할 책임을 '모든' 근대국가들에게 요구하는 지구적 규범이 힘 있게 작동하고 있음을 보여준다. 정교분리 시대에 걸맞은 지구적 규범의 핵심이 결국 실질적 종교자유 승인과 종교차별 부재라는 두 가지로 압축된다고 할 때, 법적으로나 실제적으로나 종교자유를 보장하고 종교차별을 처벌하는 국가는 궁극적으로 종교 문제에 중립적이거나 종교 기능 자체를 최소화한 국가일 수밖에 없다. 그리고 이런 국가는 '사실상의 정교분리 국가'나 '세속적인 국가'와 별반 다르지 않다.[17]

정교분리 규범의 '지구화'와 '표준화'가 진행됨에 따라, 19세기 말~20세기 초를 분기점으로 세계사는 '(정교)분리 이전 시대pre-separation era'와 '(정교)분리 이후 시대post-separation era'로 양분된다고 말할 수 있게 되었다. '분리 이후 시대'에는 지구상의 거의 모든 나라들이 정교분리·종교자유라는 지구적 규범의 영향 및 압력 아래 놓이게 된다. 여기선 근본주의 운동이 국가화國家化된 형태, 비국교도를 억압하는 '배타적 국교제' 국가, 종교국가 등 극소수의 예외를 제외한 압도적 다수의 국가들은 근본적 성격 면에서 '세속적인 국가'로 전환된다. 다만 국교제 국가나 독점적 종교 지형을 지닌 나라들에서 특정 제도종교가 시민종교 형성에 중심적인 역할을 담당할 가능성이 상대적으로 높아진다는 정도의 차이를 보일 따름이다. 한마디로 대부분의 현대 국교제 국가들 역시 성격상 '세속국가'에 가까우며, 따라서 이런 나라들에도 시민종교는 어떤 형태로든 '존재'한다.

그러므로 구체적인 정교 관계 유형과 상관없이 '분리 이후 시대'에는 거의 모든 사회들이 시민종교를 활발하게 산출하는 경향을 보인다. '정교분리 이후 시대'는 곧 '시민종교의 시대'이기도 하다. 홉스봄이 유럽에서 "전통들이 대량생산된 시기"로 간주했던 1870~1914년[18]은 유럽에서 그

시민종교의 기원 | 87

리고 그 직접적 영향권 아래 있던 비서구 사회들에서 '시민종교가 만개滿開한 시대'이기도 했던 것이다.

메이지유신 이후의 일본은 어떠했을까? 1860년대 말부터 제2차 세계대전 종전까지 일본제국 역시 (후지타니의 연구들이 설득력 있게 입증해보인 것처럼) 시민종교 생산의 세계사적 물결에 기꺼이 동참했다. 메이지 정부는 1868년에 '제정일치'를 선포하고 신기관神祇官 제도를 부활시키는 포고령을 발표했다. 그럼에도 1882년에는 '신앙의 자유'를 보장함과 동시에 '종교와 제사를 분리'시키고 국가신도國家神道를 "국민적 습속"으로 규정하여 "의례적인 제사의 측면으로 후퇴"시켰다.[19] 메이지 정부는 "국가신도 정비기인 1880년대 이후 스스로를 공식적으로 탈종교화"했고, "국가신도가 종교가 아니라는 것을 강조하면서, 천황에 대한 숭배는 종교적 경배가 아니라 '국민 도덕'이라는 명분을 내세웠다."[20] 이처럼 1880년대 이후 국가신도는 불교·그리스도교 등의 제도종교들과 "분리되어 '국가의 제사'로서 특권적 지위를 확보하기 시작하면서 모든 종교의 상위에 군림하게 되었다."[21] 자국민과 외국인의 종교자유를 보장한다고 공언하고 스스로 세속국가(정교분리 국가)임을 주장하면서도, 그와 모순되게 국가 자신이 종교적인 행동을 끊임없이 되풀이했던 게 1880년대 이후 일본의 특징이었다. 말하자면 독특하게 일본적인 방식으로 정교분리를 법제화했던 셈이고, '정교분리 이후 시대'의 지구적 규범에 자기 나름의 방식으로 적응해갔던 것이다.

일본제국은 법적으로는 정교분리를 표방했지만 국가신도가 '실질적 국교' 역할을 담당하는, 그런 면에서 '사실상의 국교제 국가'에 더욱 가까웠다. 공식적으로는 국교를 인정하지 않으면서도 지배종교가 시민종교 형성에 결정적인 영향을 미쳤다는 점에서 일본은 미국과 유사한 점이 있다. 일본에서는 국가신도 시대가 1868년부터 1945년까지 77년 동안이나 유지되었다. 여기서 국가신도는 "1868년 메이지유신에서 태평양전쟁의 패전에 이르기까지 약 80년에 걸쳐 일본 국민에게 강제된 국가종교이며, 막말 유신기 신도의 흥륭을 배경으로 신사신도와 황실신도가 결합되어 형성된 민족종교"로 정의될 수 있다.[22]

국가 수장인 천황을 신적神的인 존재로 숭배하고, 일본제국은 그 신적 존재—혹은 신의 후손—가 직접 다스리는 나라라고 주장하고, 국가 자신이 국가신도라는 종교조직과 종교의례를 직접 관장하는 것은 단순한 국교제도를 넘어 '정교융합'에 가까운 모습들이다. 기나긴 전쟁에 돌입한 1930년대 후반 이후에는 정교융합 경향이 더욱 강화되는 양상 또한 나타났다. 1930~1940년대 일본제국에서 확인되는 정교융합 국가나 신정국가神政國家의 외양이 당대 세계질서를 주도했던 강대국들 가운데 일본을 매우 독특하고도 예외적인 나라로 만들었음은 분명하다. 동시에 그럼에도 불구하고 당시 일본 정부는 정교분리와 종교자유 보장을 공식적으로 표방하면서, 국가종교는 존재하지 않으며 국가신도는 결코 종교가 아니라고 끊임없이 '주장'했다. 말하자면 일본제국은 "성스럽기는 하나 근본적으로 세속적인 국가"임을 강조했다. 필자가 보기엔, 외면상 모순적으로 보이는 이런 '성성과 세속성의 중첩'이 오히려 일본 시민종교의 형성과 발전을 더욱 촉진하는 요소로 작용했다. 물론 성성과 세속성의 중첩으로 인한 모호성과 모순성이 신사참배나 궁성요배宮城遙拜 등을 둘러싼 사회적 갈등을 끊임없이 만들어내는 원천으로 작용하기도 했지만 말이다.

2차 세계대전이 종식된 후 일본을 점령한 미군은 최고통치자였던 천황에게서 정치권력을 빼앗았을 뿐 아니라, 천황의 신적 본성도 공식적으로 부인했다. 천황이 신의 영역에서 인간 영역으로 하강함에 따라, 일본이라는 국가도 '신적인 존재가 다스리는 나라'에서 '인간이 다스리는 나라'로 변모했다. 새 헌법에 의해 도입된 이른바 '상징천황제'를 통해 일본이란 국가가 결정적으로 '세속화'되었던 것이다. 이와 거의 동시에 신사참배나 궁성요배 같은, '국가적 제사'나 '국민적 습속', '국민 도덕' 등을 명분으로 시민들에게 강요되던 유사 종교행위들도 '정교분리'를 명분으로 일제히 폐지되었다.

(2) 국가 없는 민족들

이처럼 정교분리 시대에는 '국교제 국가들'도 별 어려움 없이 시민종교를 형성할 수 있다. 그렇다면 자신만의 독립적인 국가를 갖지 못한 큰 규모의 종족·문화·종교·언어 집단들도 시민종교를 스스로 생산할 수 있을까? 논의가 지나치게 복잡해지지 않도록 여기서는 '국가 없는 민족들'로 한정해보자. 통상 '국가 없는 민족들'이라는 용어는 특정의 독립된 민족국가 내에 자리 잡고 있으면서 자신들만의 독립국가 수립을 지향하는 비교적 큰 규모의 소수 민족들—예외적으로 그 사회의 다수 인구집단을 형성할 수도 있다—을 지칭한다. 그러나 필자는 이 용어를 '식민화된 민족들'까지 포함하는 것으로 폭넓게 사용하고 있다. 따라서 '국가 없는 민족' 개념은 (1) 식민지 상태에 처해 있어 자신들만의 독립 민족국가를 갖지 못한 (당연히 인구학적으로 다수집단인) 민족들, (2) 식민지 상태는 아니지만 주어진 민족국가 내에서 자신들만의 독립 국가를 추구하는 거대 소수민족들 모두를 가리킨다.

국가 없는 민족들에게도 시민종교가 존재할 수 있는가? 결론부터 말하자면, 위의 (1)에 해당하는 '식민지 민족들'에게는 결코 쉽지 않지만, (2)에 해당하는 민족들에게는 시민종교 형성이 충분히 가능하다. '국가 없는 시민종교'가 '예외적인' 현상임은 분명하지만, 그렇다고 해서 시민종교가 '항상' 국가의 존재를 필수적인 전제로 요구하는 것은 아니다. 다음의 세 가지 상황에서는 국가 없는 민족도 자신들의 독자적인 시민종교를 형성할 수 있다. 어느 상황이든 앞서 말한 '시민종교의 복수성'이나 '두 개의 시민종교'(혹은 '셋 이상의 시민종교') 테제에 부합한다.

첫째, 문화적·언어적·종교적으로 동질적인 동일 민족이 지배하는 '친족국가kin state'[23]가 인근에 존재하거나, '포개진 소수민족들nested minorities'[24]이라는 상황에 놓여 있는 소수민족들은 자신만의 고유한 시민종교를 형성하기에 유리하다. 친족국가의 경우 영토적으로 직접 연결되어 있거나 최소한 지리적으로 인접한 곳에 위치해야 시민종교 형성을 실질적으로 촉진하는 역할을 할 수 있을 것이다. '포개진 소수민족들'의 문제 상황은 다음과 같이 요약될 수 있다.

A종족 성원들은 B종족에 의해 지배되는 행정단위 내에서 소수파이나, B집단은 동시에 A집단이 다수파를 구성하는 어떤 보다 큰 행정·국가·지역 단위 내에서는 소수파로 간주될 수 있다. 세르비아인들은 크로아티아에서 소수파이나, 반면에 크로아티아인들은 슬로베니아를 제외한다면 세르비아인이 지배하는 유고슬라비아 내에서 소수파의 지위를 지녀왔다. 나고르노카라바흐 내에는 아제르바이잔인 소수파가 있으나, 반면에 나고르노카라바흐 내의 아르메니아인 다수파는 아제르바이잔 소비에트사회주의공화국 내에서는 특이한 소수파였다. 아일랜드 가톨릭 신자들은 개신교 북아일랜드에서 소수파였으나, 개신교 신자들은 통일된 아일랜드공화국에서는 소수파가 될 것이다. 타밀족은 스리랑카 내에서 소수파이나, 그럼에도 불구하고 인근 인도의 타밀족을 포함하는 더 큰 지역에서 싱할리족은 소수파이다. 이런 사례들에서, 소수파-다수파 관계는 연속적인 행정, 국가, 지역 수준에서 포개져 있거나 함께 연결되어 있다는 것이다.[25]

인접한 '친족국가'의 존재 혹은 '포개진 소수민족들'의 상황은 친족국가에서 이미 완성된 형태로 존재하는 시민종교 체계를 패키지로 차용하거나 쉽사리 공유할 수 있다는 이점을 특정 소수민족에게 제공한다.

둘째, 특정 소수민족이 '국가 내 국가'라고 부를 수 있을 정도의 문화적·정치적 자율성을 향유하면서 높은 수준의 자치를 유지할 경우에도 독자적인 시민종교의 형성 및 유지가 가능할 것이다. 캐나다의 퀘벡, 스페인의 카탈루냐와 바스크, 영국의 스코틀랜드, 인도네시아의 아체 등이 그런 예들에 해당한다.

셋째, 2~3개의 거대 민족 집단들이 전국적인 정치과정에 참여하고 일정한 정치사회적 지분을 향유하는 '기둥형 사회들columnar societies'도 상황에 따라 거대 민족 집단들 각각이 독자적인 시민종교들을 형성하는 방향으로 나아갈 수 있다. 네덜란드, 벨기에, 말레이시아 등이 이런 기둥형 사회의 사례들에 해당한다.

위의 세 상황 모두 '다민족 국가multi-national states'를 전제하지만, 첫 번째 상황은 '다국가 민족multi-state nations'에도 해당된다. 물론 민족의 디아스포라가 모두 시민종교의 형성으로 이어지는 것은 아니다. 소수민족 성원들의 '주거패턴'이나 '다수파 민족 집단과의 관계 성격'에 따라 시민종교 형성의 잠재력은 크게 달라질 수 있다. 예컨대 다수민족 성원들과 지리적으로 섞여 거주하기보다는 소수민족 성원들의 거주지가 한 국가 내의 특정 영토에 몰려 있는 경우, 그리고 다수민족-소수민족 간 관계가 갈등적이고 다수민족 집단과의 문화적 이질성이 클 경우, 해당 소수민족은 독자적인 시민종교를 발전시키기 쉽다.

반면에 국가 없는 민족 중 '식민지 민족들'은 시민종교 형성에 대단히 불리한 조건에 처해 있다. 시민종교 형성의 토대이자 조건인 '정교분리에 기초한 세속국가'라는 상황 자체가 식민지 민족들에게는 그다지 어울리지 않는다. 비서구의 대부분 지역들에서 '국가와 민족의 식민지적 분리' 상태가 수십 년 혹은 수 세기 동안 지속되었다. 이 기간 동안 시민종교 형성의 원재료들이나 단편적인 맹아萌芽들은 점점 풍부해졌을지라도, '국가 부재不在 상태'에서 시민종교 형성 과정이 온전하게 종결되기는 매우 어렵다.

1930~1940년대의 독일, 이탈리아, 일본 등에서 발견할 수 있듯이 강력한 시민종교의 존재와 그 효력 덕분에 전체주의적·독재적 체제에 대한 대중의 자발적·능동적 지지 현상이 나타날 수 있다. 그러나 유사한 전체주의적·독재적 체제라 하더라도 식민지 대중 사이에서 그 체제에 대한 자발적·능동적인 지지 현상이 희귀한 것은 결국 식민지 대중이 공유할 '시민종교의 부재' 때문일 가능성이 높다. 가령 1930년대에 동일한 천황제 파시즘 체제의 지배 아래 놓였을지라도 일본인들은 '일본 시민종교의 존재' 때문에 기존 체제를 강력히 지지하는 반면, 같은 시기의 조선인·만주인·타이완인들은 기존 체제에 대해 아예 무관심하거나 중립 혹은 거부에 가까운 태도를 취할 수 있는 것이다. 물론 식민지 종주국의 시민종교가 식민지민에게도 일종의 '대용代用 시민종교'로 기능할 수도 있을 것이다. 그러나 그 범위는 선택받은 소수의 현지인 엘리트들로 제한될 공산이 크다.

피식민 상황 자체가 민족의식 형성을 자극 내지 촉진하고 저항적 민족주의를 활성화하는 측면이 있음은 명백하다. 독립운동의 과정 또한 수많은 영웅들, 영웅담과 신화들, 노래나 문학을 비롯한 민족예술 작품들을 산출하고 누적시킨다. 이 과정에서 민족의 역사, 상징, 의례, 관습, 언어, 문자가 재발견되거나 창출될 수도 있다. 비유하자면 이런 것들은 민족, 나아가 장차 수립될 민족국가의 마음, 혼魂, 심장, 두뇌 따위를 이룰 요소들이다.

그러나 민족의 집(家)인 '국가', 민족(국가)의 몸(身)인 '국토', 민족의 옷(衣)이자 장신구인 '문화재' 등 민족의 하드웨어들에 대한 통제권을 모두 잃어버리지 않았는가? 전사한 독립군을 비롯한 독립 영웅들의 유해는 또 어디에 모실 것인가? 실상은 무덤을 제대로 관리할 수 없거나 때로는 무덤조차 만들지 못할 상황이 아닌가? 민족 성원들이 주기적으로 한데모여 함께 기뻐하거나 슬퍼하면서 거대한 집합적 열광을 분출할 의례와 축제들을 거행할 '민족의 사원'을 어디에 어떻게 마련할 것인가? 다음 세대에게 민족의 영혼, 사상, 가치관을 전수할 '민족의 학교'와 교과서, 교사들은 어떻게 확보할 것인가? 한마디로 식민지 상황에서는 민족적 성<u>聖</u>체계의 불완전성, 기형성, 빈약함이 두드러지는 것이다. 식민지 당국이 피지배층인 식민지 민족에게 고도의 자치와 자율을 허용하는 극히 예외적인 상황에서만 '식민지적 시민종교'의 가능성이 조금 열릴 수 있다. 반면에 식민주의자들이 토착문화를 억압하는 강력한 동화정책을 고수하는 한 식민지민들이 독자적인 시민종교를 형성할 가능성은 낮아진다. 아울러 식민지 기간이 길어질수록 시민종교 형성이라는 과업은 '영원한 미완성 상태'에 머물 수밖에 없다. 식민지 공간을 가득 채운 채 압도하는 것은 '피식민자의 시민종교'가 아니라 '식민자의 시민종교'이다.

4. 식민화와 독립: 한국 시민종교의 맹아들 혹은 전사_{前史}

지금까지 보았듯이, 해방 이전 한국의 경우 '국가 없는 민족'도 독자적인 시민종교를 형성할 수도 있을 세 조건, 즉 인접한 친족국가의 존재나 포개진 소수민족의 상황, 고도의 자치권과 문화적 관용, 기둥형 사회 어디에도 해당되지 않는다. 식민지민들이 자기들만의 고유한 시민종교를 발전시킬 수 있을 만큼 식민 당국이 폭넓은 자율·자치를 허용하는 상황도 아니었다. 따라서 필자는 한국 시민종교 연구의 대상을 '해방 후의 한국 사회'로 한정하는 게 타당하다고 생각한다. 다시 강조하거니와, 시민종교가 등장하기 위한 두 가지 기본 조건이 '정교분리'와 '식민지 독립'(혹은 자치의 허용)이기 때문이다. 특히 식민지 조선에서 정교분리와 민족 독립 문제는 서로 긴밀히 연관되어 있었다.

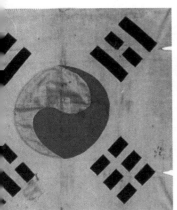

대한제국 시기의 태극기, 훈장, 애국가 악보(표지)_한국 시민종교의 맹아를 확인해볼 수 있는 증거들

　식민지 상태라는 제약이 한국에서 시민종교의 형성을 가로막은 근본
적인 요인이었지만, 그럼에도 불구하고 개항 후 대한제국 시기를 포함한
조선왕조 말기 그리고 식민지 시대를 거치는 동안 시민종교의 맹아와 원
재료들이 풍성하게 산출되었다. 왕실은 1883년에 국기國旗를 제정했고,
1902년에는 '대한제국 국가國歌'도 공표했다. 우표, 주화, 훈장, 군복, 대례
복 등 다양한 국가 시각 상징들이 개항 이후 대한제국 말기까지 속속 등
장했다. 독립협회가 1896년에 국기에 경례하고 애국가를 제창하는 '국민
의례운동國民儀禮運動'에 나서는 등 민간부문도 시민종교 형성 과정에 동참
했다.[26] 1894년에는 서구 국가들의 '건국기념일'에 해당하는 '개국기원
절'을 제정하여 기념했다. 1897년에 대한제국이 수립된 이후엔 가장 중요
한 국가의례 중 하나인 '국가 제사'가 부쩍 강화되었다.[27] 1892년부터 등
장한 우표, 훈장, 군복의 모표나 단추 등에 오얏꽃이 새겨졌고, 1900년부
터는 무궁화가 문관 대례복 문양으로 사용되기 시작했다. 오얏꽃과 무궁
화가 국화國花의 지위에 올랐던 것이다.[28] 1905년까지 대한제국 수민원이
발행한 여권(집조)에는 오얏꽃과 태극이 그려져 있었다.[29]

조선에서 시민종교의 형성 시점始點이 1876년의 개항 직후로 소급된다는 사실은 그것이 유럽이나 미국, 일본에 비해서도 별로 지체되지 않았음을 뜻한다. 무엇보다 1870~1914년 사이가 서구사회들에서 전통이 대량생산된 시기였고, 열강들 사이에 수도首都 재구성과 국가의례 창출 경쟁이 치열했던 시기였음을 감안해야 한다.[30] 홉스봄은 "모교의 색깔을 표시하는 넥타이와 왕가의 희년제, 바스티유 함락 기념제와 미국혁명의 딸들, 노동절, '인터내셔널가歌'와 올림픽경기로부터 민중적 관례로서 컵 파이널과 투르 드 프랑스, 그리고 미국의 국기國旗 경배의 제도화" 등을 이 시기에 '만들어진 전통들'의 일부로써 나열한 바 있다.[31] "미국인은 만들어져야 한다"는 신념 아래, 미국에서 국기에 대한 충성 맹세나 독립기념일 기념식을 비롯한 각종 시민종교적 요소들이 활발하게 창안되거나 재활성화 되었던 시기도 19세기 말엽이었다. 이민자들이 폭증하는 가운데 미국이라는 용광로 안에 이민자들을 동화시키고 통합하기 위한 전략적 고려의 산물들이었다.[32] 이웃한 일본 역시 1880년대 말부터 '서구를 의식하면서' 수도 재건·재편과 국가의례 창출에 의욕적으로 나섰다.[33] 일본에서는 대중계몽 및 국가 문명화 사명을 축으로 한 새로운 통치 관념을 신념화한 정치지도자들이 메이지유신 직후부터 국가 주도의 공식문화official culture 요소들을 정력적으로 생산했다.[34] 요컨대 한국(대한제국)에서 지배엘리트들을 중심으로 시민종교가 빠른 속도로 형성되던 시점이 세계적 흐름에 그다지 뒤처진 것은 아니었던 셈이다. 아시아에서 시민종교 생성·발명의 선두주자였던 일본에 비해서도 조선왕조의 시민종교 형성 노력은 그리 지연되지 않았다. 식민지화라는 고통스런 역사적 우회 때문에 '민족국가 부재' 상황으로 전락하고 말았을지언정, 19세기 말의 조선 역시 시민종교 형성의 세계적 물결에 함께 올라타거나, 혹은 떠밀려가고 있었던 것이다.

식민지화는 '대한제국 시민종교' 형성의 흐름이 전면적으로 중단됨을 뜻했다. 그리고 그 공백을 메이지유신 이후 빠르게 형성된, 천황숭배와 국가신도를 중심으로 한 '일본제국 시민종교'가 대체했다. 외부로부터 이식된 낯선 시민종교가 조선인들에게 위로부터 강제로 부과되었다. 종묘와 사직단은 졸지에 최고성지의 지위를 상실했다. 왕궁은 공원이나 동물원으로 바뀌었고, '식민지 수도 서울'은 일본제국의 위용을 드러내는 방향으로 대대적으로 재편되었다.[35] 일제는 남산 정상에 있던 목멱신사木覓神祠─국사당(國祀堂 또는 國師堂)으로 불리기도 했다─를 해체하여 인왕산서쪽으로 이전시키는 방식으로 조선왕조의 성지聖地를 상징적으로 파괴한 후, 40여 년에 걸쳐 남산대신궁(나중의 경성신사)과 조선신궁, 노기신사, 박문사 등 자신들의 국가종교인 신도神道와 제2 종교인 불교를 중심으로 남산을 전면 재구성함으로써 남산을 식민지 수도의 중심이자 한반도 전체의 성스러운 중심으로 만들었다.[36] 반면에 단군을 숭배하던 대종교나 민족주의 색채가 강했던 원종元宗 신자들은 집단적 이주와 망명의 길에 나서야 했다.[37] 식민지 경계의 바깥으로 나가서야 비로소 조선인이 선호하는 시민종교적 실천을 힘겹게나마 이어갈 수 있었던 것이다.

조선이 일본의 식민지로 전락한 후 태극기와 애국가, 무궁화는 독립운동과 한민족의 상징으로 자리 잡았다. 1909년 1~2월에 있은 순종의 서순행西巡幸 도중에 발생한 이른바 '국기 사건', 즉 통감부가 길가에 도열한 군중에게 양국의 국기를 들도록 요구했지만 일부가 태극기만 들 뿐 일본기 들기를 거부하거나 심지어 일본기를 훼손하기까지 했던 사건은 태극기의 기능 변화를 상징적으로 보여주었다. 이 사건은 "1900년대 초기만 하더라도 통치권과 구별되지 않았던 국기가 식민지에 처할 위기에 이르러서는 국가와 국민을 통합하여 표상하는 상징으로……민인들에게 주권의 상징으로 작동하게 되었음을 드러내준 것이었다."[38] 한일합방 이후의 독립운동, 특히 3·1운동은 독립과 태극기를 불가분의 관계로 만들어놓았다. 북미 지역의 한인들로 구성된 대한인국민회는 1911년부터 1919년까지 매년 8월 29일에 국치國恥기념일 행사를 거행했는데, 여기에는 "국기 부활 예식" 곧 "식장 전면에 게양하였던 태극기를 내렸다가 다시 올리는 식순"이 포함되어 있었고 "국기가 주벽에 걸리면 국기의 게양이 마치 광복을 이룬 것처럼 참석한 사람들이 모두 함께 만세를 불렀다"고 한다. 1919년 이후 북미 한인들 사이에서 국치기념일의 자리를 대신한 3·1절 기념식에선 '국기가國旗歌'가 울려 퍼졌다. 아울러 미국에서 일본인에 대한 배척 움직임이 거세질 때마다 태극기와 성조기가 나란히 새겨진 배지가 '한인이라는 정체성', 즉 '일본인이 아님'을 입증하는 일종의 신분증이자 생존수단 구실을 하기도 했다.[39] 이제는 태극기가 일부 조선인들의 신체 감각 속으로, 생존본능이라는 무의식 속으로까지 파고들 정도가 된 것이다. 적지 않은 조선인들은 태극기를 자신의 팔에 문신으로 새겨 넣기도 했다.[40] 무궁화 역시 1906년 이후로는 오얏꽃에 밀려 국가상징의 지위에서는 물론이고 왕실 상징의 지위에서조차 밀려났지만 오히려 국권 상실 이후 대중의 관심과 사랑의 대상이 되었다. 특히 1920년대 이후 '무궁화 운동'이 전개되면서 무궁화는 '겨레와 국토의 상징'으로 되살아났다.[41]

　　어느 식민지에서나 그러하듯 독립운동이야말로 시민종교 요소들의 거대한 산실産室이었다. 조국의 해방을 향한 절절한 갈망과 뜨거운 열정은 독립운동가들로 하여금 조선 시민종교의 핵심 요소가 될 요소들을 반추하도록 만들었다. 한반도를 떠나 무장 독립투쟁에 나선 이들은 세계 각지에서 크고 작은 독립운동 단체들을 조직하여 외롭게 분투하면서, '반만년' 역사를 지닌 '배달 나라'라는 '상상의 공동체'를 매일매일 생생히 그려내려 애썼을 것이다. 신흥무관학교의 교가校歌도 그런 일상적 분투의 산물이었으리라.

서북으로 흑룡태원, 남에 영절에 / 여러 만만 헌헌 자손 업어 기르고 / 동해 섬 중 어린것들 품에 다 품어 / 젖 먹여 기른 이 뉘뇨 / 우리 우리 배달 나라의 / 우리 우리 조상들이라 / 그네 가슴 끓는 피가 우리 핏줄에 / 좔좔좔 걸치며 돈다

장백산 밑 비단 같은 만리 낙원은 / 반만년래 피로 지킨 옛집이거늘 / 남의 자식 놀이터로 내어맡기고 / 종 설움 받는 이 뉘뇨 / 우리 우리 배달 나라의 / 우리 우리 자손들이라 / 가슴 치고 눈물 뿌려 통곡하여라 / 지옥의 쇳문이 온다[42]

1919년부터 1945년까지 무려 26년 동안이나 존속한 식민지 망명정부, 곧 대한민국임시정부는 '대한민국 시민종교'의 거대한 자궁이나 다름없었다. 설사 '임시'라는 딱지를 붙이기는 했으되 독립운동가들이 스스로 '정부/국가'임을 표방했다는 점이 중요하다. 임시정부 지도자들은 다른 민족국가 엘리트들이 산출한 시민종교 체계나 요소들을 왕성하게 학습하고 실행에 옮겼다. 이 과정에서 향후 독립정부에서 만개할 시민종교적 신념체계나 의례 등이 대규모로 창출되었다. 민족주의·민주주의·공화주의 같은 신념체계, 단군신화를 중심으로 한 민족 신화에 대한 강조, 3·1혁명기념일이나 '건국기원절'(개천절)을 비롯한 국경일·기념일, 각종 국가적 의례들, 독립군가를 비롯한 여러 노래들이 임시정부의 작품이었다. 1919년 4월 11일에 공포된 대한민국 임시헌장 제1조("대한민국은 민주공화제로 함")는 1948년 제헌헌법 제1조("대한민국은 민주공화국이다")와 제2조("대한민국의 주권은 국민에게 있고 모든 권력은 국민으로부터 나온다")를 미리 예비해두었다. 1919년의 대한민국 임시헌장은 제7조를 통해 "대한민국은 신의 의사에 의하여 건국한" 나라임을 명시함으로써 나름의 '선민의식'을 공식화하기도 했다.[43]

태극기와 무궁화의 상징이 임시정부에서 지극히 중시되었음은 말할

것도 없다. '애국가'와 '무궁화가無窮花歌'가 종종 동일시되었을 만큼, 무궁화의 상징은 '국가國歌'에서 핵심적인 역할을 담당하고 있기도 했다. 1910년대의 상황을 이명화는 다음과 같이 정리한다.

> 신민회, 대성학교, 미주 대한인국민회에서 애국가는 우리 국가로서 애창되었다. 그리고 3·1운동 때 애국가는 전국으로 확산되었다. 이 과정을 거쳐 상해 대한민국임시정부가 행하는 국민의례에서 국가로서 불리워졌다. 1919년 5월 25일 안창호가 대한민국임시정부에 취임하기 위해 상해에 도착한 이후 임시의정원 및 임시정부의 모든 행사에 국민의례를 정례화하였다. 당시 국민의례를 주도한 의정원 의장과 부의장은 손정도와 정인과로, 모두 흥사단원들로, 임시정부의 국민의례도 안창호가 임시정부에 참여하면서 이루어진 것으로 사료된다. 기록에 의하면 제6회 임시의정원회의 9월 17일 폐원식 때 의장대리로 참석한 정인과 부의장의 발성으로 처음으로 국기경례와 애국가를 제정하였다. 애국가 제창과 국기에 대한 경례는 임시정부의 의례로 굳어졌다.[44]

이런 상황이 1920년대에도 이어졌다. 이를테면 "1924년 2월 29일 상해에서 개막된 24회 임시의정원은 '무궁화' 노래로 개원식을 시작하였고 이어 태극기를 향하여 경례하였다." 임시정부 국무위원회는 1942년 6월 29일 '국기 양식 일치안'을 제정하여 다양한 형태로 사용되던 태극기의 양식을 하나로 통일시켰다. 다시 말해 이때 임시정부 국무위원회는 국기 양식 일치안을 통해 "제법製法과 척도尺度와 대소와 상징"의 표준을 마련했다.[45] 식민지 조선 내에서는 고종(1919년)과 순종(1926년)의 국장國葬이 그랬던 것처럼 '전통적 국가의례'와 '일본식 국가의례'가 혼재하는 가운데, 식민지 바깥의 망명정부에서는 강렬한 자주독립 의지를 담은 '탈脫전통적 서구식 국가의례'가 빠르게 자리잡아갔다.[46] 특히 임시정부는 ① 국기에 대한 경례, ② 애국가 합창, ③ 순국열사에 대한 묵념의 3단 구조를 가진 '국민의례'를 정착시켰다.[47]

새로운 국가의례는 임시정부와 독립운동 단체들이 제정한 각종 '기념일들'에 맞추어 실행되었다. 3·1절, 순국선열기념일, 개천절, 한글날 등이 그런 기념일들이었다. 김민환에 의하면, 국가적 기념일은 "'동질적이고 텅 빈 시간' 속에 가끔씩 고정되어 있는 '신성한 시간'"으로서, "민족국가의 정체성 형성에 큰 영향을 끼친 '열광의 순간'에서 기인"하고 "이 열광의 순간을 1년에 한 번씩 주기적으로 상기시키기 위해 고안된" 것이다. "이를 통해 열광의 순간에 합의된 여러 이상理想들이 민족국가의 성원들에 의해 환기되며, 다음 세대에 전승"된다. 그리고 이런 국가적 기념일들에 의해 "특정 민족국가를 다른 민족국가와 분리해주는", 다시 말해 "민족국가적 경계선 긋기"라는 기능이 수행된다.[48]

국가기념일들은 이처럼 국가적 정체성을 형성하고 가시화하는 기능을 수행한다. 임시정부는 발족한 첫해부터 국무원 주최로 음력 10월 3일에 개천절 기념식, 즉 '대황조성탄 급 건국기원절大皇祖聖誕 及 建國紀元節 축하식'을 매년 거행했다.[49] 1923년 11월 10일(음력 10월 3일)에도 "상해의 한인들은 삼일당三—堂에서 건국기원절을 기념하였는데, 식장을 태극기와 만국기로 장식하였다."[50] 임시정부는 1939년에 을사조약이 체결된 날인 11월 17일을 '순국선열 공동기념일'로 제정하여 1905년 이후 민족독립을 지키려 헌신하다 사망한 이들을 기림과 동시에 향후 독립에의 의지를 다졌다. 이 밖에도 음력 9월 29일이었던 한글날은 국어학자들을 중심으로 1926년부터 매년 기념되었지만 1942년 조선어학회사건 이후 강제로 중단되었다.[51] 식민지 시기의 이런 기념일들이 1948년 이후 '국가기념일', 즉 "법률에 의해 정부 주관으로 기념식을 거행하는 기념일"[52]로 공식화·제도화되었다.

앞서 언급했듯이 한국은 군주제 국가에 의해 제정된 국기가 민주공화제 국가에서도 그대로 사용되는 아주 드문 사례에 속한다. 망국亡國 이후 최대의 민족 독립운동이었던 3·1운동에서의 태극기 활용, 그리고 3·1운동의 최대 성과로 설립된 대한민국임시정부가 태극기를 국기로 채택한 게 결정적인 계기로 작용했다. 1919년을 고비로 태극기는 '자주적인 민주공화국'의 상징으로 탈바꿈했다. 태극기는 동일한 대상에 상이한 함의와 아우라를 부여함으로써 '의미의 질적인 변환'을 이룩한 매우 특이한 사례였다. 그리고 앞서 언급했듯이 1942년 6월에 대한민국임시정부가 '국기양식 일치안'을 제정함으로써 태극기를 '국기'로 공인하는 최종적인 법적 제도화가 이루어졌다.

국기와는 대조적으로, 국가는 '대한제국 국가'를 계승하는 게 명백히 불가능했다. "상제上帝난 우리 황제皇帝를 도으소서 / 성수무강聖壽無疆하샤 해옥수海屋壽를 산山갓치 삿으소서……"[53]와 같은 가사가 대한민국임시정부의 정치이념과 정면으로 충돌했기 때문이다. 독립운동의 현장에서는 대한제국 국가를 대신하여 '올드 랭 사인Auld Lang Syne'이나 1936년 이후의 안익태 곡 등 다양한 곡조의 애국가들이 불렸으며, 그 가사도 계속 수정되었다. 대한민국임시정부 역시 해방이 되기까지도 '공식 국가'를 제정하지 않고 있었다. 다시 이명화의 설명을 들어보자.

대한인국민회는 1936년 6월 이후 신한민보사를 통하여 안익태 작곡의 새 곡조로 된 애국가를 신문에 동봉하여 보급하였다.……대한인국민회는 1940년 11월 26일자로 임시정부에 안익태가 작곡한 애국가의 새 곡조 사용 허가를 요구하였다.……미주에서는 안익태 곡조의 애국가를 '국가'로 인정받기를 원하였고 임시정부에 그 인준을 요청한 것이다. 임시정부에서는 12월 20일에 열린 대한민국임시정부 국무회의에서 대한인국민회의 요청을 받아들여 애국가 사용을 허가하였다.……그러나 임시정부는 새로운 곡조에 의한 대한인국민회의 애국가 사용

요청을 인준했을 뿐, '국가'로 인준한 것은 아니었다.……임시정부에서는 애국가는 불렀어도 공식적인 '국가'는 채택하지 않았으며, 아마도 정식 국가의 제정은 복국 이후로 미루는 입장이었던 것 같다.

이렇게 국가 제정이 이루어지지 않은 채 임시정부는 해방을 맞이하였다. 광복 후 임시정부는 국제사회에서 한국을 대표하는 유일한 정부임을 보여주어야 했다. 그래서 중국 중경에서 국내로 들어오기 전에 임시정부는 안익태 작곡의 '한국환상곡' 곡조의 애국가를 공식 국가로 채택하였다.54

태극기와 마찬가지로 여러 곡조의 애국가들 역시 식민지로 전락한 민족 구성원들의 울분에 찬 저항의식을 대변하는 강렬한 상징 중 하나였다. 행진곡 풍이 아니기에 오히려 더 호소력 있게 대중의 감성 속으로 스며들 수 있었던 애국가는 말하자면 우울한 식민지 시절을 대표하는 민중적 저항가요였던 셈이다. 그랬기에 독립정부가 수립되자 자연스럽게 국가로 채택될 수 있었을 것이다.

또한, 임시정부가 착근시키고 확산시킨 신념체계는 개화파의 부국강병식 근대화 노선이나 독립협회의 입헌군주제 도입운동, 의회설립운동을 비롯한 일련의 민주주의 운동을 계승하면서 종합한 것이었다. 임시정부가 창출한 시민종교적 신념체계를 민족주의로만 간단히 환원할 수는 없다. 임시정부는 명백히 민족주의 '그 이상'이었다. 그런 면에서 우리는 임시정부에서 구현된 '민주주의와 민족주의의 동시발전' 현상을 특별히 강조할 필요가 있다. 무엇보다, 대한민국임시정부는 "한국 최초의 근대 공화주의 정체"였다. "임시정부는 군주 주권을 부인하고 국민 주권 국가의 수립을 헌법을 통해 선포했다. 그것은……권력분립과 시민권 사상을 규정했고, 국민주의·공화주의의 사상을 내화內化했을 뿐만 아니라 한국에서 군주체제, 왕조체제에 대한 제도적 종언을 고했다."55 1940년대로 접어들면서 임시정부가 '좌우 통합정부'로 발전하고 산하의 광복군 역시 '좌우 통합군대'로 발전하는 등 민족독립의 대의 아래 '좌우합작' 내지 '민족통일전선'의 기운이 한껏 고조되었다.[56] 이런 흐름 역시 독립운동 진영의 '민주주의 담론'을 더욱 풍요롭게 만드는 데 기여했다. 특히 임시정부의 좌우합작이 정치·경제·교육 균등의 '삼균주의三均主義'에 사상적 기반을 둠에 따라, 임시정부의 민주주의 담론 안에 평등주의 요소가 대폭 강화되었다.[57] 출범 당시부터 '민주공화국'임을 명시했던 대한민국임시정부의 이러한 역사적 맥락을 강조하고 상기시키는 맥락에서, 초대 대통령 이승만도 1948년 8월 15일 대한민국 정부 수립 기념식의 식사式辭를 통해 "우리가 민주주의를 채용하기로 30년 전부터 결정하고 실행하여 온 것"을 엄숙히 재확인한 바 있다.[58]

한편 국내에서는 1920년대 이후 많은 민족주의자들이 사회진화론의 영향을 받아 제국주의적 국제질서를 수용하는 '자강론적自强論的 민족주의'ㅡ실력양성론이나 자치론으로 대표되는ㅡ로 기울었다. 그러나 기미독립선언서가 잘 보여주듯이 3·1운동에 기초하여 수립된 임시정부는 단순한 '자강론적 민족주의'를 명백히 넘어서는 '탈脫제국주의ㅡ탈脫식민주의적 민족주의'를 추구했다.[59] 따라서 우리는 식민지 시기 동안 진행된 '민주주의와 민족주의의 동시발전'뿐 아니라, 민족주의 양대 유형의 병존並存, 즉 '시민적 민족주의와 국가주의적 민족주의의 병존' 현상에도 주목할 필요가 있다. 임시정부를 비롯한 독립운동 진영 내에도 '시민적 민족주의' 흐름과 '국가주의적 민족주의' 흐름이 공존했던 것으로 보인다.[60] 요컨대 임시정부가 발전시킨 시민종교의 신념체계도 대단히 풍요로웠다고 평가할 수 있다. 필자는 임시정부에서 구현된 '세 쌍의 병진과 평화로운 공존', 즉 (1) 민주주의와 민족주의의 동시발전, (2) 민족주의의 양대 유형인 시민적 민족주의와 국가주의적 민족주의의 병존, (3) 좌파 이데올로기와 우파 이데올로기의 공존을 특별히 강조해야 한다고 본다. 이처럼 좌파 인사들을 통해 평등주의나 공화주의 이념까지 흡수하는 등 임시정부는 '이념의 용광로'와도 유사한 특징을 보여주었다.

역설적이지만 식민지 지배자였던 일본인들 역시 한국 시민종교 형성에 크게 '기여'했다는 사실을 빠뜨리면 안 될 것이다. 그 영향은 시민종교의 신념체계 쪽보다는 의례·상징체계 쪽, 특히 의례·상징 정치의 테크놀로지와 제도 측면 쪽으로 강하게 쏠려 있었다.[61] 시민종교의 의례·상징 체계에 대한 식민지체제의 영향은 우선 기념비, 기념동상, 기념우표와 기념엽서, 기념건축을 비롯한 다양한 형태의 기념문화에 강하게 각인되었다. 각종 박물관의 설립과 운영, 문화재 지정과 보존, 박람회나 전람회 개최 등에서도 식민지 시대의 영향을 확인할 수 있다. 아울러 국가의례에 즈음한 국기 게양, 임시휴일 지정, 신문과 라디오방송, 전 국민의 동시 묵념(黙禱) 등 전체 국민 사이에 동시적이고 동질적인 시간 감각을 만들어내는 문화적 장치들도 식민지 유산으로 볼 수 있다. 충성의 맹세와 관련된 국가주의적 정치문화 역시 해방 후 시민종교 형성에 중요한 영향을 미쳤다. 해방 후 대대적인 변화를 겪기도 했지만, 위령제를 비롯한 전사자戰死者의례에도 식민지체제의 흔적이 진하게 녹아 있었다.

결국 '대한민국의 시민종교'는 조선왕조 말기부터 반세기 이상의 점진적 숙성 과정을 거쳐 왔다고 말해야 옳을 것이다. 따라서 한국 시민종교 연구에서는 해방 이전의 수십 년 기간을 '시민종교의 전사前史'로서 비중 있게 취급해야만 한다. 이 가운데서도 특히 '대한민국임시정부'의 수립부터 해방까지의 시기를 집중적으로 분석해야 할 것이다. 그럼에도 식민지 해방 이전에는 '국가와 민족의 식민지적 분리' 상태가 수십 년 동안 지속되었고, 조선인들의 시민종교를 비교적 자유롭게 형성할 수 있을 정도로 식민 당국이 고도의 자치를 허용했던 것도 아니었다. 오히려 그 반대였다. 조선 시민종교의 주요 상징, 의례, 신념 등은 강한 억압의 대상이었다. 따라서 식민지 조선인에게는 시민종교로 성장할 잠재력을 지닌 단편적인 맹아들은 풍부하게 존재했을지언정 온전한 의미의 시민종교가 형성되기 어려웠다.

해방·건국을 통한 '국가와 민족의 (재)결합'은 이 감격적이고 성스러운 결합을 경축하는 수많은 축제·의례·상징 등을 폭발적으로 산출했다. 이는 다시금 한국 시민종교를 급속히 발전시키는 원동력으로 작용했다. 물론 재일동포, 재중동포, 사할린동포의 존재를 고려하면 국가와 민족의 재결합이 온전한 것은 아니었지만 말이다. 이런 재외동포의 문제를 포함하여, 시민종교 발전의 원동력 역할을 하는 민족주의가 한국을 비롯한 동아시아에서는 이후 수십 년 동안이나 강인한 생명력을 유지했다. 민족주의 성향이 매우 강한 두 사회주의 정권(중국과 북한)의 존재, 과거사 관련 갈등을 끊임없이 자극하는 일본 우파 정치세력의 장기집권 등이 동아시아 지역에서 민족주의에 계속 생기를 불어넣었던 것이다.

위에서 '민주주의와 민족주의의 동시발전'에 대해 말했지만, 임시정부를 중심으로 뚜렷하게 나타났던 이런 경향은 해방 후의 정치과정과 정치세력 각축 과정에서 심하게 왜곡·변질되거나 뒤집혔다. 임시정부 중심의 독립운동 세력이 신생 대한민국 국가권력의 핵심 주체로 올라서는 데 실패한 것이 이런 예기치 못한 상황을 초래했다. 반대로 국가권력의 주체와 성격을 둘러싼 해방공간에서의 경쟁은 '식민지체제 협력자' 그룹을 중심으로 한 식민지엘리트의 국가권력 장악으로 종결되었다. 이를 계기로 해방 이전의 민주주의와 민족주의 모두 약세로 반전되었다. 그 대신 독립운동 과정에선 그다지 부각되지 못했던 '반공주의'가 시민종교 신념체계에서 중핵中核의 자리를 차지하게 되었다. 때마침 등장한 세계적 냉전체제 그리고 뒤이은 한국전쟁은 반공주의에 날개를 달아준 격이었다.

대한민국 집권세력에게 한국전쟁은 '저주'이자 '축복'이었다. 1949년에 간신히 봉쇄해놓은 판도라의 상자(아래로부터의 과거사청산 요구)가 전쟁의 와중에 다시 열릴 수도 있었다는 점에선 저주요, 빈약한 정통성과 정당성을 보강하고 국내-국외 모두에서 믿음직한 체제 지지 세력을 확보할 기회가 열렸다는 점에선 축복이었다. 국내에서는 전쟁 과정에서 '반공주의 신성神聖가족들'과 지배체제에 충성을 바칠 '참신자들'이 대규모로 창출되었다. 반공주의를 지배이데올로기 삼아 국가권력을 장악한 집권세력은 미군정 시기에는 오로지 '미국의 변덕스런 은총'에 기댈 수밖에 없었지만, 한국전쟁 이후의 지구적 냉전체제에서는 (냉전의 최전선 국가로서) 미국을 포함한 '세계의 절반', 즉 이른바 '자유진영'의 지지를 거의 자동적으로 확보할 수 있게 되었다. 이런 상황에서 집권세력이 냉전체제에 적극 편승하는 지배전략을 구사한 것은 너무도 자연스런 선택이었다. 요컨대 냉전체제와 한국전쟁 덕분에 지배 권력의 기반이 훨씬 확대되고 튼실해졌다. 반면에 민족주의와 민주주의는 여전히 중요한 자리를 차지하고 있었지만, 시간이 지날수록 시민종교 신념체계의 주변부로 점점 밀려나게 되었다. 해방 이전에 한국의 시민종교는 일본의 시민종교에 저항하는 방식으로 그리고 그 저항의 과정에서 형성되었으므로 '저항적-예언자적' 성격이 강할 수밖에 없었다. 그러나 해방 후 분단과 전쟁을 거치면서 저항의 대상이 '공산주의'로 바뀜에 따라 시민종교의 저항적-예언자적 에너지는 상당 부분 소진되었다.

5. 한국식 정교분리와 세속국가 출현

한국은 개항 후 글로벌한 정교분리 질서의 영향권 안으로 편입되었다. 한국에서 시민종교의 형성을 방해한 근본적인 요인은 정교분리 문제라기보다는 식민지화로 인한 국권 상실이었다. 그럼에도 불구하고 식민지 시기의 '천황제적 정교융합' 질서로 인해 한반도에서 '법적 규범'으로서의 정교분리가 착근하는 것은 '해방 후' 시기로 미뤄졌다. 따라서 한국에서는 정교분리의 법제화와 식민지 독립이 시간적으로 수렴되고 중첩되는 특징을 보였다.

한국에서 근대적인 정교분리 질서가 본격적으로 등장한 시점은 미군정 때였다. 1880~1900년대의 약 20여 년에 걸쳐 '종교의 자유'는 점진적으로 허용되고 자리를 잡아갔지만, '근대적인 정교분리 질서'의 등장은 상당히 지체되었다. 1886년에 체결된 한불조약(조불수호통상조약)에서 그리스도교의 선교·포교 자유를 인정한 것은 근대적인 정교분리 질서로 이행해가는 긴 여정에서 매우 중요한 첫걸음이었다. 조선왕조나 대한제국이 '세속국가'임을 자임하지는 않았지만, '정교분리 이후 시대'의 지구적 규범에 맞춰 스스로를 성찰적으로 조정하고 혁신해가는 모습을 보였기 때문이다. 그러나 실제 행동·관행 측면에서 조선왕조나 천황제 일본 식민당국은 여전히 정교융합 질서에 가까웠다. 특히 식민지 후기인 1930년대 이후에는 일본의 파시즘화에 따라 국가신도와 천황숭배를 축으로 한 정교융합적 질서가 일시적으로나마 더 강화되었다.

미군정과 남한 단독정부 수립을 거치면서 비로소 (여전히 불완전한 측면들을 갖고 있긴 하지만) 근대적인 형태의 정교분리 질서가 형성되었다. 1948년 7월 제정된 헌법에 국교 부인否認, 종교와 정치(국가)의 분리, 신앙의 자유, 종교차별의 금지가 명시되었다. 1949년 12월에 제정된 교육법에도 '종교와 교육의 분리'가 명시됨으로써 정교분리적 질서는 보다 확고한 제도적 근거를 갖게 되었다.[62] 초대 헌법은 12조에서 "모든 국민은 신앙과 양심의 자유를 가진다. 국교는 존재하지 아니하며 종교는 정치로부터 분리된다"고 명시했다. 아울러 "모든 국민은 법률 앞에 평등이며 성별, 신앙 또는 사회적 신분에 의하여 정치적, 경제적, 사회적 생활의 모든 영역에 있어서 차별을 받지 아니한다"(제8조)고 규정했다. 1949년 12월 31일에 처음으로 제정·시행된 교육법에서도 "교육은 교육 본래의 목적에 기하여 운영 실시되어야 하며 어떠한 정치적, 파당적 기타 개인적 편견의 선전을 위한 방편으로 이용되어서는 아니된다. 국립 또는 공립의 학교는 어느 종교를 위한 종교교육을 하여서는 아니된다"(제5조)고 규정되었다.[63]

정교분리 질서의 제도화를 기점으로 남한에선 시민종교 방식의 '민족 및 민족국가 성화' 과정이 본격화되었다. 인류사에서 전쟁은 국가가 자신을 성화하는 매우 유력한 방식이었고, 한국에서도 두 차례의 전쟁들—한국전쟁과 베트남전쟁—은 반공-자유민주주의 시민종교가 만개하는 좋은 기회로 작용했다. 이 전쟁들은 수많은 영웅과 성지(전적지), 신전(기념관, 국립묘지, 전적비, 충혼탑과 충혼공원), 화려하고 장엄한 전사자 의례와 군사행진에 이르기까지 반공-자유민주주의 시민종교의 산실로 기능했다. 국가는 국기, 국가, 국화 등 성스러운 국가 상징과 의례의 창출에 열심이었다. 국가는 스스로 '사회의 윤리·도덕 교사'임을 자임하고 나섰다. 국가는 윤리 교과서를 편찬하는 것을 비롯하여 학교와 군대, 민방위대, 반상회 등을 통해 직접 '국민윤리'를 교육하고, 재건국민운동·새마을운동·사회정화운동 등 각종 관제운동들을 만들어내고 주도했다. 국가는 관혼상제 등의 통과의례는 물론이고, 국민들에게 '올바르고 바람직한' 식생활(혼식·분식 장려), 의복(미니스커트 단속), 외모(장발과 콧수염 단속)까지 꼼꼼하게 가르쳤다. 노래, 춤, 소설, 영화, 드라마, 연극 등도 당연히 국가의 지도를 받아 '명랑하고 건전한' 기풍을 유지해야만 했다. 국가는 때때로 종교 위에 군림하면서 종교보다 더 높은 도덕적 권위를 주장하는 모습마저 보였다. 이승만 정권 시기의 미신타파운동, 박정희 정권의 마을신앙 및 무속신앙 파괴, '불교정화'를 앞세운 1950년대와 1980년의 국가권력 개입 등이 대표적인 사례들이다. 국가는 때때로 기존의 종교적 자원들까지 자기 성화에 활용했다. 단군숭배와 동학(특히 전봉준), 그리고 중앙정부나 국회 차원의 성탄절 메시지가 발표되거나 축하파티가 개최되곤 했던 1940~1950년대의 성탄절 풍경 등이 그런 예들이다.

　　그렇다면 한국(남한)의 정교분리는 어떤 유형에 가까웠을까? 한국에서 근대적인 법률적 규범으로 정교분리가 제도화된 시기는 해방 직후였으므로, 한국의 정교분리 유형을 따지는 것은 결국 지난 70년 가까운 시기에 우리 사회에서 지배적이었던 정교분리가 어떤 유형이었는가를 묻는 질문이 된다. 필자가 보기에 한국은 자유주의적 정교분리와 국가주의적 정교분리가 혼재하는 유형, 즉 혼합 유형(혼합주의적 정교분리 유형)에 가깝다. 보다 구체적으로 말하자면, 한국에서는 자유주의적 분리 중 '우호 유형'과 국가주의적 분리 중 '동원/이용 유형'이 뒤섞여 나타나는 양상을 보였다. 한국의 정교분리 자체가 이처럼 혼합적인 유형이었기 때문에 국가-종교 관계에 관한 역대 정부들의 대응 역시 비일관성과 모호성·유동성을 강하게 드러낼 수밖에 없었다. 바로 이런 상황이 다시 한국사회에서 정교분리 관념의 혼란을 가중시키는 요인으로 작용했다고 판단된다. 국가 자신이 정교분리와 관련된 개념적 혼선을 초래한 핵심 주체 중 하나였던 셈이다.

　　해방과 함께 지속된 3년 동안의 미군정은 미국식 '우호 유형'의 자유주의적 정교분리를 한국사회에 이식移植했다. 이런 상황이 친親그리스도교 성향의 이승만 정권 시기를 거치면서 더욱 굳어졌다. 성탄절·개천절·불탄일을 비롯한 종교적 공휴일, 단기·서기 연호, 형목刑牧제도와 뒤이은 종파교회宗派敎誨제도, 최고 수준의 면세 혜택, 종교적 색채의 국가의례, 군종제도, 포로수용소 선교, 경목警牧 및 경승警僧제도, 원목院牧제도, 전군신자화운동, 향목鄕牧 및 향승鄕僧제도 혹은 예비군군종제도, 성직자들의 민방위 교관 임용, 국가조찬기도회, 나라와 민족을 위한 기원법회, 종교계 학교·사회복지기관 및 종교 문화재에 대한 보조금 제공, 종교행사나 프로그램에 대한 재정지원 등은 '우호 유형'을 입증하는 대표적인 사례들이다. 종교에 다양한 경제적 혜택을 부여하거나, 공립학교를 제외한 대부분의 주요 국가기구들에 대한 종교의 접근을 허용하는 기조가 오랫동안 유지되어온 것이다.

반면에 동학농민혁명 기념사업과 단군숭배운동에 대한 지원, 국가기구에 대한 접근 권한에서의 종교차별, 미신타파운동, 고도로 통제적인 불교 및 유교 관련 법규의 유지·제정, 불교 및 유교 분규에 대한 직접적 개입, 사찰공동관리제도, 일본계 종교에 대한 포교 규제, 신종교 집결지의 정비·해체, 친정부적 종교인과 종교 활동에 대한 지원, 저항적인 종교인·종교단체·종교언론에 대한 탄압, 사회단체등록법 및 종교법인법을 통한 종교 통제 시도, 양심적 병역거부자 처벌, 과세·세무조사를 통한 종교 통제 시도, 종립학교 종교교육에 대한 제한, 종교시설에 대한 공권력 투입 등은 국가주의적 정교분리 중 '동원/이용 유형'의 측면을 보여주는 주요 사례들이다. 1959년에 당시 공보실장이던 전성천 목사가 "정치와 종교를 혼동하는 것"을 비난하면서 이승만 정권에 비판적이었던 천주교계 「경향신문」의 폐간을 밀어붙인 일,[64] 1968년 이후 법원의 판례들이 종교자유보다 국가안보와 사회질서를 우선시하는 방향으로 변했던 일,[65] 1974년 2월 문화공보부 장관이 "순수한 종교 활동"만이 보장될 수 있다면서 비판적 종교인의 구속을 정당화하고, 같은 해 11월에는 국무총리가 신약성서의 로마서 13장을 내세워 교회가 정부에 순종해야 하며 정부 권위는 하나님으로부터 비롯된 것임을 주장했던 일[66] 등도 국가주의적 정교분리 유형의 특징을 잘 보여준 사례들이었다.

자유주의적 분리와 국가주의적 분리가 혼재하는, '혼합주의적 정교분리 유형'이라는 독특하게 한국적인 정교분리 질서의 형성은 역시 독특하게 한국적인 세속국가 형태를 출현시키게 마련이다. 이런 '한국적인 정교분리-세속국가 질서'가 한국의 시민종교 형성 과정에 어떤 영향을 미쳤는지를 파악하는 게 우리에게 남겨진 과제이다.

제 4 장

시민종교의 사회문화적 인프라 (1)

문제의식과 접근방법

이번 장과 다음 장에서는 시민종교의 발전을 위한 사회적-문화적 기초에 관해 논하려 한다. 필자는 이 논제를 시민종교의 문제의식과 직결된 '근대적 사회통합'과 '국민 형성'이라는 맥락에서 숙고해볼 것이다. 이 과정에서 한국전쟁 전후의 사회적 변화들에 특별히 주목할 것이다. 이런 취지에서 국민개병제도國民皆兵制度와 징병제,[1] 의무교육제도, 문맹퇴치운동, 보통선거제도와 지방자치제의 도입, 위로부터의 근대화 담론 등이 시민종교적 사회통합의 사회적 기초로 작용함을 강조할 것이다.

아울러, 사회통합과 국민 형성의 수단으로 기능했던 다른 사회적·문화적·경제적 기제들에 대해서도 살펴보려 한다. 해방 후 반공-자유민주주의 시민종교의 사회문화적 인프라로 기능했던 기제나 제도들은 다양했다. 박물관과 문화재 정책, 각종 전람회, 방송, 영화, 극장, 스포츠, 통상우표(보통우표)와 기념우표, 엽서, 훈장과 포장, 화폐, 담배 등이 이런 범주에 포함될 수 있다. 공식적인 정부정책이나 관변 계몽운동·캠페인보다는, 일상생활 가운데 거의 무의식적으로 개개인의 정신과 육체에 스며드는 열차나 담배 이름, 화폐나 우표·엽서의 디자인 등이 더욱 중요할 수 있다. 매일 통일벼로 지은 밥을 먹고 통일호를 타는 가운데, 매일 새마을 담배를 피우고 새마을호를 이용하는 가운데, 그리고 매일 대통령의 초상이 새겨진 지폐와 동전을 사용하는 가운데, '통일'과 '새마을'과 '국부國父'라는 가치가 자연스럽고도 긍정적인 방향으로 개별 주체들에게 체화되지 않을까.

시민종교는 이런 사회문화적 기제들의 도움을 받으면서, 동시에 그런 사회문화적 기제들 속으로 침투하여, 시민과 공민公民과 국민을 창출해내고, 특정 인구를 시민·공민·국민이라는 정체성을 가진 사람들로 주체화하고, 그들 사이에 유대와 결속·통합성을 만들어낸다. 이번 장에서는 이런 사회문화적 기제들, 다시 말해 '시민종교의 사회문화적 인프라들 infrastructures'을 탐구한다. 시민종교의 인프라는 시민종교의 생산수단이자 확산 매체로도 기능한다. 1940~1950년대에 시민종교적 사회통합을 가능하게 한 가장 중요한 기제들로서 필자는 '국민개병제도'와 '의무교육제도'의 중요성을 특별히 강조하고자 한다. 국민개병제와 의무교육제 모두 정책 결정이 이루어진 것은 전쟁 직전이지만, 실제로 실행된 것은 전쟁 도중 혹은 전쟁 직후였다.

1. 군대와 징병제

앤서니 기든스가 강조했듯이 징병제 도입은 한편으론 근대 민족국가의 형성으로, 다른 한편으론 (병역의무와 시민권이 교환되는 방식으로) 근대적 시민권의 탄생과 확장으로 이어졌다.[2] 국민개병의 원칙에 따른 징병제는 "국민국가 형성을 강화하는 효과"를 냄과 동시에, "국민들이 집단적으로 신생국가에 주권을 위임했음을 가시적으로 드러낼 수 있는 요소"였다.[3] 많은 학자들이 징병제의 국민 형성 효과를 강조했다. 그러나 징병제가 '어떤 국민'의 형성을 목적으로 삼았는가는 사회마다 달랐다. 특히 서유럽-북미의 징병제와 독일-일본의 징병제가 국민 형성에 기여하는 방식은 판이하게 달랐다. 다소 길지만 다음 인용문에 그 차이가 잘 요약되어 있다.

용병제나 직업군인제와 달리 징집conscription이라는 제도 혁신 속에서 군복무는 '희생'이라는 개념으로 새롭게 설정되었고, 그 논리적 귀결로서 '희생의 평등, 권리의 평등'이라는 명제가 도출되었다. 캐슨바움은 징병제를 통해 '국민이 발명the invention of national citizen'되었다는 획기적 주장을 내놓는다. 그는 징병제가 미국 독립전쟁과 프랑스혁명에서 시작되었다고 보는데, 정치체와 주민 모두 공멸 위기 속에서 징병제가 채택되었고 이때 시민권이 제공되면서 주민들은 시민군citizen soldier으로 동원됨과 동시에 국민으로 재탄생했다는 것이 그의 핵심 주장이다. 그는 군복무 경험이야말로 시민으로서 정치적 실천을 행하는 '정치교육'의 장이 되었다고까지 평가한다.

독일에서는 보다 강압적인 형태의 징병제가 실시되었다. 당시 징집제의 대가로 농민들에게 제공된 것은 부역노동 철폐 등에 불과했고, 오히려 일반 징집제로 구성된 군대를 장악한 융커 계급은 '국가 안의 국가'로서 군대를 통해 국가기구 일반을 군사화하고 군대를 사회에 대한 치안 통제수단으로 활용하면서 시민사회 영역 깊숙이까지 개입하고자 했다. 결국 병역은 국민 자격을 갖추기 위한 의무로서의 전제조건, 정치적 성년의식의 기능을 했고, 군대는 권위적 통치의 '국민교육장', '정치학교'로서의 역할을 했다. 프로이센의 군대를 그대로 옮겨놓은 일본의 경우 근대적 시간, 규율화된 신체, 표준어 사용 등에서 전통사회와 많은 격차를 보였고, 사회를 규율화하고 조직화하는 '사회에 대한 군대의 역규정성' 현상이 강하게 나타났다. 프로이센, 일본 등은 징병제가 영미나 서유럽같이 정치적 해방의 통로로 작용했다기보다는 거꾸로 억압과 규율화의 통로로 작용했다.[4]

니시무라 아키라도 일본에서는 징병제와 보통선거권(시민권)의 교환이라는 유럽식 패턴이 나타나지 않았을 뿐 아니라, 그 대신 1930년대에 군국주의적인 국민총동원체제가 등장하여 국민들에게 무조건적인 충군애국忠君愛國과 의용봉공義勇奉公을 요구했다고 기술한 바 있다.[5] 일본의 강한 영향권 아래 놓였던 해방 후의 한국은 징병제가 "정치적 해방의 통로"로 작용하는 '서유럽-북미의 역사 경로'가 아닌, 징병제가 "억압과 규율화의 통로"로 작용함으로써 "사회에 대한 군대의 역규정성 현상"이 두드러졌던 '독일-일본의 역사 경로'를 좇아갔다. 그러나 한국에선 징병제가 보통선거권보다 '선행하는' 코스가 아니라 그 역의 코스가 현실화되었다. 미군정의 영향으로 징병제 도입 '이전에' 보통선거권이 먼저 제공되었다는 점은 한국 상황의 또 다른 특수성을 보여준다.

일종의 '예비국가'였던 미군정의 존재로 인해, 그리고 독립전쟁을 거치지 않아 비교적 평화로웠던 독립국가 수립의 과정으로 인해, 1948년 이후 남한에서 국가 형성은 대단히 빠른 속도로 진행되었다. 만약 베트남이나 인도네시아처럼 전쟁을 통한 독립 쟁취의 길을 갔더라면, 남한에서 국가 형성 과정은 훨씬 더디게 진행되었을 것이다. 상대적으로 평화적인 독립국가 수립이라는 과정을 고려하면 역설적인 일이지만, 대한민국 안에서 국가 형성의 속도가 가장 빨랐던 부문은 다름 아닌 군대였다. 독립 정부를 수립한 지 불과 2년도 안 돼 격렬한 전쟁을 치르게 됨으로써 '군부의 과대성장'이 두드러졌다. 군부의 과대성장 과정은 징병제 도입 및 착근 과정과 중첩되었다. 군부의 과대성장과 징병제 제도화의 중첩으로 인해 군대가 국민 형성(국민화)을 위한 국가기구 중 핵심적 역할을 담당할 가능성이 커졌다.

한국 군부의 제도적 성장은 놀라울 정도였다. 한국전쟁은 그 속도를 배가시켰다. 미군정 당국은 1946년 1월부터 순차적으로 '남조선 국방경비대'를 창설하여, 대한민국 정부 수립 때까지 약 5만 명 규모로 확대했다. 정부 수립 후 국방경비대는 육군으로 전환되었으며, 1949년까지 해군과 공군이 순차적으로 창설되었다.[6] 전쟁 발발 당시 한국군 병력은 약

15만 명이었지만 종전 직후인 1953년 말에는 4배인 61만 명으로 늘어나 있었다. 전쟁 동안 정규군 병력으로 동원된 국민 수는 100만 명에 육박했다.[7]

정부 수립 무렵 정치엘리트들 사이에서는 징병제 도입의 필요성에 대해 폭넓은 합의가 형성되어 있었다. 그러나 징병제 도입을 가로막는 요인들도 존재했다. 이범석 국방부 장관에 의한 '족청의 군대화' 시도, 즉 군 내의 사상통일이 우선이라면서 조선민족청년단(족청)을 토대로 한국군을 창립하려 했던 기획도 그 중 하나였다. 미국의 원조 없이는 방대한 군대의 유지 자체가 불가능한 상태에서, 미국의 비협조적인 태도도 또 다른 걸림돌이었다.[8] 군 내부의 사상적 이질성 문제도 추가해야 할 것이다. 백승덕에 의하면 "1949년 2월 이승만은 장교들과 만난 자리에서 처음으로 국민개병제의 필요성을 강조했다. 청년단체 통합과 군의 숙청작업이 어느 정도 마무리된 시점이었다."[9] 한국 정부는 1949년 8월에 징병제 도입을 법적으로 선포했고, 우여곡절 끝에 한국전쟁 초기부터 이를 본격적으로 시행했다.

정부는 1949년 8월 6일 국민의 병역의무를 규정한 병역법을 공포하여 종전의 '지원병제'에서 '징병제'로의 전환을 선언했다. 이 법의 시행령은 1950년 2월에야 제정되었지만, 정부는 1949년 9월부터 이의 시행을 위한 실질적인 준비작업에 들어갔다. 즉 육군본부에 병무국을 신설하고 각 시도에 병사구사령부兵事區司令部를 설치하여 11월 20일부터 30일까지 징병 적령자의 신고를 받았고, 1950년 1월 6일부터 10일간 최초의 징병검사를 실시했다. 그리고 이때의 징병검사 합격자 중 지원자에 한해 현지 입대시키기로 하여 전국에서 약 2천 명이 입대했다. 그러나 1950년 3월에 이르러 '병력 10만 명 제한' 방침으로 인해 육군본부 병무국과 시도 병사구사령부가 해체됨으로써 병무행정의 부재 상태에서 전쟁을 맞게 되었다. 따라서 본격적인 징집체계의 형성과 징집은 전쟁 발발 이후로 미뤄질 수밖에 없었다. 전쟁이 발발한 후 제2국민병(만 17~35세)을 1950년에 221,812명, 1951년에 165,657명을 소집한 것을 비롯하여, 향토자위대(만 17~50세), 국민방위군(만 17~40세, 지원제), 예비군단(혹은 제5군단, 국민방위군의 후신), 노무사단(혹은 기술근무부대, 만 35~45세) 등 다양한 방식의 병력 충원이 진행되었다. 제2국민병에 해당하는 고등학교 재학 이상의 학생들은 징집 연기 혜택을 받았으나, 그 대신 군사훈련을 받아야만 했다. 학도호국단이 결성된 것은 전쟁 이전인 1949년 3월이었으나, 학생군사훈련이 개시된 것은 1951년 12월부터였다. 학생들은 1954년 7월까지는 학교에 파견된 현역 혹은 제대 장교에 의해, 1954년 7월부터 1955년 2월까지는 군부대에 입소하여 군사훈련을 받았다. 또한 전쟁이 끝나는 시점에서 제대 장병들은 예비군으로 재편성되었다. 이 제도로 인해 모든 남자들은 병역의무를 마친 후 5년간 예비군으로서의 또 다른 소집의무를 지게 되었다. 예비군제도는 1953년 7월부터 1955년 5월까지는 '민병대'라는 이름으로, 그 이후로는 '예비군'이라는 이름으로 유지되었다.[10]

자세히 들여다보면, 한국에서 징병제는 ① 미군정 및 대한민국 정부 초기의 지원병제, ② 징병제 도입, ③ 한국전쟁 직전 지원병제로의 일시적 환원, ④ 전쟁 발발 후 징병제의 재도입이라는 복잡한 우회 과정을 거쳤다. 다음은 오제연의 설명이다. "일제 강점기 말기에 잠시 실시되었던 징병제는 대한민국 정부 수립 이후인 1949년 8월 6일 병역법 공포를 통해 부활했다. 이 법에 따라 1950년 1월 6일 첫 징병검사가 전국적으로 실시되었다. 하지만 이승만 정권은 한국군의 정원을 10만 명으로 동결한 미국의 정책 때문에 1950년 3월 징병제를 폐지하고 지원병제를 채택할 수밖에 없었다.……결국 징병제는 1951년 5월 25일 병역법 개정을 통해 부활했다."[11]

대한민국 정부수립 기념 국군행진(1948.8.15)
대한민국역사박물관 한국현대사 아카이브 제공

징병제를 통한 국민 만들기, 국민 규율화, 순종적인 주체 만들기라는 목적은 징병제 도입 당시부터 비교적 분명하게 드러났다. 당시 국회의원들은 '사상문제'를 내세워 군대를 통한 선도와 규율의 필요성을 강조하고 나섰다. 다시 백승덕에 따르면 "국회 병역법 독회에서 사상의 문제에 관해 오간 논의는 냉전기의 국가 건설에서 폭력을 독점하는 과정을 보여주는 중요한 사례다. 병역 불이행자는 처벌하여 입대를 강제하면서 동시에 입영기간 중 '참된 국민으로 선도'하는 훈육을 통해 감시를 내면화한 국민을 재생산할 수 있다는 것이다."[12] 또 1950년부터 10년 동안 산하의 각종 기술학교 출신자가 828,936명에 이를 만큼,[13] 군은 '근대의 훈련장'이기도 했다.

초창기부터 한국 군대는 '피교육자의 목숨까지 요구하는' 국가주의와 반공주의의 훈련장이었다. 여순사건의 영향 속에서 초대 국방부 장관이던 이범석 주도로 도입되고 1950년에는 법률로까지 제정된 '국군 3대 선서'는 다음과 같은 내용으로 되어 있었다. "① 우리는 선열의 혈족을 따라 죽음으로써 민족국가를 지키자. ② 우리의 상관 우리의 전우를 공산당이 죽인 것을 명기하자. ③ 우리 군인은 강철같이 단결하여 군기를 엄수하여 국군의 사명을 다하자."[14] 1949년부터 모든 학생들이 암송하도록 강제되었던 '우리의 맹세' 역시 그 기원은 '국군맹서'로서 내용은 다음과 같았다. "① 우리는 대한민국 국군이다. 죽음으로써 나라를 지키자. ② 우리는 강철같이 단결해 공산 침략자를 쳐부수자. ② 우리는 백두산 영봉에 태극기를 날리고 두만강수에 전승의 칼을 씻자."[15]

2. 학교와 의무교육제도

의무교육 실시계획은 미군정기인 1946년 2월 발표된 바 있으나 예산의 절대적 부족으로 제대로 이행되지 못했다. 결국 독립정부가 수립되고 1949년 12월 31일자로 공포된 새 교육법에 따라 1950년 6월 1일부로 의무교육제를 전면 시행하기로 예정되어 있었다. 그러나 이 계획 역시 전쟁으로 무산되었다. 이승만 정부가 1951년경 발표한 '전시하 교육 특별조치요강'으로 인해 의무교육이 비로소 현실화되었다. 전쟁이 끝나자마자 정부는 1959년까지 취학률을 96%까지 끌어올리는 것을 목표로 '의무교육 완성 6개년계획'(1954~1959년)을 입안하여 의무교육제의 본격적인 시행에 들어갔다.[16] 그 결과 1954년에는 초등학교 취학률이 82.5% 정도였지만, 1959년에는 96.4%에 이르러 의무교육제도가 완전히 정착되는 단계로 접어들었다.[17] 이 때문에 1945년에는 1,366,024명이던 초등학생의 숫자가 1954년에는 2,678,374명으로, 1960년에는 3,621,269명으로 급격히 증가했다.[18]

〈표 4-1〉과 〈표 4-2〉에서 보듯이, 초등학생 숫자만 팽창한 게 아니었다. 1950년대에는 의무교육제 도입과 베이비붐으로 인해 각급 학교 학생 숫자가 모두 급격히 증가했다. 학교와 교원 수의 증가가 뒤따랐다. 최초의 의무교육 세대가 국민학교를 졸업함에 따라 연쇄적인 중등학교 팽창이 이어졌고, 엄청나게 늘어난 중학교 진학 인구로 인해 '입시지옥'이 처음 생겨날 정도였다.

고등학교·대학교와 학생 수의 급증에는 다른 요인들도 작용했다. 우선 '농지개혁'이 중등학교와 대학교 설립 붐을 뒷받침했다. "1950년대 전반기에 고등교육이 팽창하게 된 또 하나의 이유는 농지개혁이었다. 농지개혁을 앞두고 경제적 대응의 일환으로 소유재산의 명목을 전환시키기 위해 교육재단에 토지를 기부한 당시 지주들의 후원 하에 기성회의 발족

〈표 4-1〉 각급 교육기관 수 추이

	1945년		1955년		1964년	
	학교 수	지수	학교 수	지수	학교 수	지수
유치원	165	100	192	116	380	230
국민학교	2,834	100	4,205	148	5,004	177
중·고등학교	165	100	1,427	865	1,857	1,125
초급대학, 대학	19	100	81	426	189	995
합계	3,183	100	5,905	186	7,430	233

* 출처: 김승한, "교육 20년", 해방20년 편찬회 편, 『해방 20년: 기록편』, 세문사, 1965, 145쪽.

〈표 4-2〉 각급 학교 학생 수 추이

	1945년		1955년		1964년	
	학생 수	지수	학생 수	지수	학생 수	지수
유치원	13,534	100	11,382	84	17,363	128
국민학교	1,366,024	100	2,947,436	216	4,726,297	346
중·고등학교	84,572	100	747,860	884	1,066,247	1,261
초급대학, 대학	7,819	100	86,738	1,109	142,629	1,824
합계	1,471,949	100	3,793,416	258	5,952,536	404

* 출처: 〈표 4-1〉과 같음.

이 급증함으로써 사립대학이 급팽창하게 되었다."[19] 징병 연기 혜택은 대학생인구 폭증 사태로 이어졌다. "대학생의 병역면제 혜택은 대학으로 진학하려는 학생들을 폭증하게 만들었고, 이로 인해 1950년대 전반기 고등교육에 재학하는 학생 수는 엄청난 증가를 보였다."[20] 대학생인구 팽창과 관련하여 임대식은 징집 연기 혜택 외에도 취업난, 학부모의 계층상승 욕구, '사학 방조 정책'에 가까운 대학정책, 그로 인해 재정능력이 부실한 대학들이 양산되어 학생 정원을 대폭 확대했던 것과 같은 요인들을 강조했다.[21] 이런 상황을 배경으로 1950년대 초만 해도 채 1만 명에 미치지 못하던 대학생인구가 1950년대 말에는 10만 명으로 증가했다.[22] 매 학기 초의 등록금 납부 시기에는 총 통화량의 4분의 1 내지 5분의 1이 학교로 들어가 "대학망국론"이 나오기도 했다.[23]

의무교육제를 통해 국가는 직접 교육과정을 통제·주도하게 되었다. 국가는 교육의 내용 및 과정을 통제함으로써 대부분의 국민들을 유년기부터 자신들이 원하는 방식으로 주조해갈 수 있게 되었다. 필자가 보기에 의무교육제도의 이데올로기적, 사회 통합적, 국민 형성적 효과는 징병제와 결합할 때 극대화된다. 아동과 청소년에게 모두 9년간에 걸친 학교와 군대의 경험은 일종의 새로운 통과의례로 작용하면서 이들로 하여금 '국민'으로서의 정체성을 확립하게 하는 핵심적인 기제로 기능했다. 그들은 다름 아닌 '국민'학생과 '국민'병이라고 불렸다. 국민학교를 통해 국민이라는 정체성을 얻은 젊은이들은 얼마 후 군대를 통해 이런 자기 정체성을 더욱 확고히 다졌다. 교련교육 시스템과 학도호국단 조직을 갖춘 고등학교와 대학교는 식민지 시대와 다를 바 없는 군사화된 학교체제, 즉 "군대처럼 조직된 학교, 학교 안으로 들어온 군대"라는 성격을 굳히게 되었다.

학교는 다음 세대에게 국가이념을 체계적으로 주입하기에 가장 좋은 장이었다. 국가와 지배층은 어떤 의무교육, 어떤 학교를 만들려 했는가? 이미 미군정기에 '홍익인간弘益人間'이 교육이념으로 정립되었다. 새 정부는 1949년에 제정된 교육법의 제1조에서도 홍익인간 이념을 재차 강조했다. 1949년 7월 문교부는 '우리의 맹세', '학생의 맹세', '청년의 맹세' 등을 제정했다. 이 가운데 '우리의 맹세'는 다음과 같은 것이었다. "첫째, 우리는 대한민국의 아들 딸, 주검(죽음)으로써 나라를 지키자. 둘째, 우리는 강철같이 단결하여 공산 침략자를 처부시자. 셋째, 우리는 백두산 영봉에 태극기 날리고 남북통일을 완수하자." 이 맹세는 교과서를 포함한 모든 서적 뒤에 빠짐없이 인쇄되었다. 각급 학교 학생들은 이를 암기해야만 했다.[24] 그런데 '우리의 맹세'가 '국군맹서'를 약간 수정한 것이었을 정도로, 국가는 군인과 마찬가지의 호전적인 반공주의·국가주의를 학생들에게도 요구했다. 국가는 학교와 군대를 통해 냉전적 반공주의를 축으로 하는 국가이념을 안정적·체계적으로 교육할 수 있었다. 학교와 군대를 경험한 이들은 나머지 인구에 대해 '국민적 가치관'의 전도사 역할을 떠맡았다. 식민지에서 갓 벗어난 신생 국가의 지배엘리트들은 약육강식의 국가 간 경쟁을 강조하는 사회진화론적 사고방식에 여전히 젖어 있었고, 이런 사고방식은 국가주의적 사고방식과도 친화적이었다. 거의 무조건적인 애국주의가 학생들에게 세뇌되다시피 거듭 강요되었다. 이런 애국주의 교육이 이후 하나의 전통처럼 자리 잡았다.[25]

민족주의와 애국주의의 결합은 교과과정에서 뚜렷하게 드러났다. 해방 직후부터 '국어國語' 교육은 민족주의-애국주의를 내면화하는 강한 효과를 발휘했다. 이육사나 윤동주 같은 '민족시인들'이 소환되었다. 민족주의적이고 애국주의적인 정서와 가사를 담은 노래들이 음악교육을 통해 전파되었다. 역사교육과 지리교육은 각기 민족주의 교육의 두 전략, 즉 시간 전략과 공간 전략을 대표한다. 역사가 시간적 상상력을 자극하여 상상된 공동체의 탄생에 기여한다면, 지도와 지리교육은 공간적 상상력을 자극하여 상상된 공동체의 탄생에 기여한다.

역사지도는 역사와 지리학의 직접적인 결합을 보여주기도 한다. 19세기 후반에 출현한 역사지도는 "연대기적으로 배열된 지도"로서, "영토에 대한 일종의 정치적 전기" 역할을 담당한다. 박물관이나 문화재 견학, 국토순례, 수학여행, 소풍 등 다양한 형태의 체험학습과 결부될 때 역사교육과 지리교육의 효과는 배가된다. 베네딕트 앤더슨은 센서스, 지도, 박물관 등 권력의 세 가지 제도가 민족공동체 형성에 크게 기여함을 강조한 바 있다. 아울러 그는 순례pilgrimage라는 형태의 여행이 더욱 확대된 '공동체'(그리고 중심과 주변, 경계들로 구성되는 공동체의 지형학)를, 나아가 '의미'를 창출해낸다고 보았다.[26] 조지 모스 역시 "조국의 전원을 걸어서" 순례하는 여행을 통해, 그리고 "민속춤과 중세 독일의 연극을 공연함으로써" 민족주의의 구체화가 이루어진다고 보았다.[27]

지리교육과 지리학은 국토에 대한 사랑을 통해 애족심-애국심을 강화하며, 그럼으로써 국토민족주의, 영토민족주의, 지리적 민족주의를 강화한다.[28] 일본에서는 1880년대에 수학여행이 시작되었고 20세기에는 모든 소학교의 관행이 되었다.[29] 식민지 조선에서도 수학여행은 관행이었다. 해방 후 의무교육제가 도입된 결과 전체 국민이 국토민족주의의 교육 대상이 되었다. 수학여행, 소풍, 국토순례, 답사는 조국강토의 아름다움과 유구함을 직접 확인하고, 이를 통해 "삼천리금수강산" 담론을 재확인한다. 민족의 몸이자 거처인 자연, 그리고 민족혼의 결정체인 문화재 및 박물관 소장품과의 직접적인 접촉은 곧 '민족의 가시화'이자 '민족의 육체성'에 대한 생생한 체험이기도 하다. 교실마다 걸려 있는 한반도 지도, 여행기나 기행문·순례기 독서도 간접적인 국토순례 체험을 제공함으로써 유사한 심리적 효과를 발휘할 수 있다.

역사교육은 민족교육의 유력한 수단이다. 그것은 민족감정과 민족의식의 형성에 기여한다.[30] 그러나 역사교육은 기억-반反기억-망각의 복합적인 상호작용으로 구성되는 기억정치에서 자유롭지 않다. 기억은 항상 망각을 만들어낸다. 기억과 망각은 분리되지 않고 상호적으로 영향을 주고받으며, 그런 면에서 "망각은 기억의 친구"이다. 아울러 공식 기억의 주체들은 패배자와 억압받은 자들의 이야기를 담고 있는 '반기억'을 억압하게 마련이다.[31]

국가는 학교를 무대로 '시험을 통한 국민 만들기'를 본격화했다. 푸코가 지적했듯이 시험은 주기적인 감시와 규격화를 통해 피험자들을 규율권력에 예속시키고, 그럼으로써 순응적 주체로 생산하는 강력하고도 효율적인 수단이다.

시험은 감시하는 위계질서의 기술과 규격화를 만드는 상벌제도의 기
술을 결합시킨 것이다. 시험은 규격화하는 시선이고, 자격을 부여하고
분류하고 처벌할 수 있는 감시이다. 그것은 개개인을 분류할 수 있고,
제재를 가할 수 있는 가시성의 대상으로 만들어버린다. 그러므로 규율
의 모든 장치 안에서 시험은 고도로 관례화되어 있다. 시험에는 권력의
의식儀式과 실험의 형식, 힘의 과시와 진실의 확립이 결합되어 있다. 규
율·훈련 과정의 중심에 있는 시험은 객체로 지각되는 사람들의 예속화
를 나타내는 것이자, 예속된 사람들의 객체화를 나타낸다. 권력의 관계
와 지식의 관련이 중첩되는 현상은 시험을 통해서 명백히 드러난다.[32]

이경숙이 말하듯이 "최대 시험공장은 학교"이며 "국가기관은 거대한
시험기관"이다.[33] 국가는 각종 자격고사 외에도, 최고 엘리트를 선별해
내는 각종 고시考試들, 초·중등학교의 일제고사, 1969년부터는 대학입학
시험까지 관장하고 있다.[34]

국가는 징병제 못지않게 의무교육제의 성공을 위해서도 사활적인 노
력을 쏟아 부었다. 전쟁 이전인 1949년에 학교 교사와 군 장교들을 대상
으로 대대적인 숙청작업이 벌어졌으며, 이를 통해 얻어진 교사와 장교들
의 이념적 동질성은 징병제와 의무교육제의 성공적 정착을 위한 기초가
되었다. 정부는 근대적인 교육매체인 방송을 학교와 군대에 일찌감치 도
입했다. 전쟁기간 중인 1951년부터 교육방송이 시작되었고, 군 방송은 전
쟁이 끝난 직후인 1953년 9월부터 개시되었다.[35] 교육과 국방은 1950년
대에 정부의 엄청난 투자가 집중된 영역이었다. 〈표 4-3〉에서 보듯이,
'의무교육완성 6개년계획'이 개시된 이듬해인 1955년부터 정부예산 중
문교예산의 비율, 문교예산 중 의무교육비의 비율 모두가 크게 증가했다.

〈표 4-3〉 문교예산 및 의무교육비 비율의 추이: 1948~1959년　　　　단위: %

연도	정부예산 대비 문교예산 비율	문교예산 대비 의무교육비 비율
1948	8.9	69.4
1949	11.4	71.6
1950	5.7	74.0
1951	2.6	68.0
1952	2.0	63.1
1953	2.6	62.8
1954	4.2	64.1
1955	9.3	74.4
1956	9.3	74.4
1957	9.4	79.7
1958	10.8	80.0
1959	14.9	80.4

* 출처: 교육50년사편찬위원회, 『교육50년사』, 720쪽.

6개년계획의 마지막 해인 1959년의 경우 정부예산 중 문교예산의 비율이 14.9%, 문교예산 중 의무교육비의 비율은 무려 80.4%에 이르렀다.

3. 보통선거제, 문맹퇴치운동

1948년 5월 10일 "사상 초유의 보통선거"가 시행되었다.[36] 21세 이상의 모든 성인 남녀가 공평하게 한 장씩의 투표권을 얻었다. 식민지 시절 조선인들이 처음으로 경험한 1931년의 지방의회(자문기구) 선거제는 '지방세 5엔 이상을 납부하는 유산자'로 선거권을 제한한 것이었다.[37] 무려 4단계에 걸친 간접선거로 치러진 1946년 10월의 입법의원(민선) 선거는 1단계에서 "남녀의 구별 없이 보통선거"로 실시되는 것으로 규정되었지만, 실제로는 빈농·소작농·여성 등이 배제되기 쉬운 '세대주 선거방식'으로 진행되었다. 그 결과 소수의 지역유지들이 선거 결과를 사실상 좌지우지했다.[38] 그러므로 1948년부터 도입된 실질적인 보통선거제도가 국민의 자격과 권리, 자부심을 드높여 상당한 '국민 형성적' 효과를 발휘했음은 분명하다.

한국인들은 전쟁 발발 직전인 1950년 5월 30일에 제2대 국회의원선거를, 전쟁이 한창이던 1952년 4월 25일(시·읍·면의회 의원선거)과 5월 10일(도의회 의원선거)에 지방의회 의원선거를 보통선거로 치렀다. 1952년 7월 18일 있었던 제2대 정·부통령 선거부터는 종전의 간선제가 직선제로 바뀌어 역시 보통선거제 방식으로 진행되었다. 한국인들은 이제 기초 및 광역 지방의회 의원, 국회의원에서 대통령·부통령에 이르기까지 거의 모든 통치자들을 자신의 손으로 직접 선택할 수 있게 되었다. 선거의 경쟁이 치열해질수록 그것이 갖는 국민 형성적 축제의 성격도 점점 강화되었다.

그러나 필자가 보기에 국민개병제와 의무교육제도의 국민 형성 효과는 성인들에게 보통선거제도의 확립이 가져다 준 그것을 훨씬 능가했다. 최초의 보통선거였던 1948년 5·10선거부터가 좌파, 중도파, 남북협상파의 보이콧 그리고 국지적 내전 상황에 처해 있던 제주도에서의 투표 무효화 조치 등으로 인해 '국민적 통합'의 정치행사라기보다는 ('민족적 분열'은 물론이고) '국가적 분열'을 생생히 입증하는 행사가 되어버렸다. 전쟁 이전 두 번에 걸쳐 시행된 총선거를 포함하여 1950년대 내내 각급 선거는 강압과 부정으로 얼룩졌다. 이 역시 선거가 국민적 정체감을 확인하고 국가와 민족의 미래에 대해 토론하고 국가적 발전을 경축하는 국민적 '축제'로서 자리 잡지 못하게 만든 요인이었다. 이렇게 보면 보통선거제가 갖는 국민 형성 및 국민 통합의 효과에 대해 그리 과장할 것은 못 된다고 말해야 할

지 모른다. 그럼에도 보통선거제의 '국민 형성 효과' 역시 전쟁 중의 지방 자치제도 도입을 통해 더욱 커졌음은 분명하며, 극적인 요소가 많았던 1956년의 제3대 정·부통령선거를 고비로 선거의 국민축제적인 성격도 점차 강화되었다.

한편 국가가 주도한 '문맹퇴치운동'도 국민개병제나 의무교육제, 보통 선거제와 유사한 국민 형성 기능을 수행했다고 말할 수 있을 것이다. 성인 문맹자들을 주 대상으로 한 이 운동은 미군정하에서부터 시작되었지만, 전쟁이 끝나면서 이승만 정권 말기인 1958년까지 다섯 차례에 걸쳐 국가적 역점사업 중 하나로 추진되었다. 정부는 남아 있는 전국의 문맹자가 200만 명 정도라고 보고, 1954년 3월 제1차 문맹자퇴치운동에 착수했다. 같은 해 4월에 성인학교 20개 교를 설치하였고, 이후 매년 목표를 정해 문맹퇴치교육을 실시했다.[39] 아마도 낮은 사회경제적 지위밖에 갖지 못했을 피교육자들은 국가가 베푸는 '근대적 시혜'에 감사의 감정을 품었을 가능성이 높았다. 아울러 과거에는 경험해보지 못한 '국가와의 직접적인 대면'을 통해 '국민'이라는 정체성 또한 실감하게 되었을 것이다. 정부는 1954년부터 1958년 사이의 문맹퇴치교육에서 대상자들에게 '공민적公民的' 지식도 함께 가르침으로써,[40] 이 사업의 '국민 형성적' 의도를 분명히 했다. 또 문맹퇴치교육은 1950년대 기성세대가 주도한 자녀 교육열의 조성과 확산에도 큰 몫을 했을 것으로 판단된다.

4. 위로부터의 근대화 프로젝트

조선왕조가 '개항'을 선택한 이후 '문명개화'로 압축되는 근대화 열망이 엘리트·민중을 가릴 것 없이 모든 이의 마음을 사로잡았다. 근대화 열망은 민중에게는 잘살아보자는 욕망으로, 엘리트에게는 부국강병에의 욕망으로 나타났다. 가난할지라도 '우리식대로 살기'를 선택했던 '쇄국'을 포기하자마자, 근대화 열망이 한반도 전체를 집어삼켰다. 김종태는 이런 열망이 (1) 1880년대에 '개화·문명 담론'으로 시작되어 식민지 시대까지 이어졌으며, (2) 1950년대에는 '문명 담론'과 '발전 담론'이 각축하다가, (3) 1960년대 이후에는 발전 담론이 문명 담론을 대체하는 가운데 발전 담론의 하위 담론인 '선진국 담론'(혹은 '근대화 담론')이 본격적으로 부상했다고 분석했다.[41] 그러나 필자는 1880년대 이후 한국에서 경합적으로 공존해온 '문명 담론'과 '발전 담론'을 통칭하는 용어로 '발전주의developmentalism'라는 표현을 사용하려 한다. 따라서 발전주의는 해방 후 한국 시민종교가 처음 형성될 때부터 교리 혹은 신념체계의 중요한 일부를 이루고 있었다고 말해도 좋을 것이다.

중요한 사실은 시민종교의 주요 구성요소로서 발전주의가 '본격적으로' 등장한 때가 한국전쟁 직후였다는 것이다. 무엇보다, 3년간의 전쟁으로 인한 극심한 파괴와 빈곤은 대중의 근대화 욕망을 최대치로 끌어올렸다. 전쟁의 빈곤화 효과, 전쟁으로 인한 부의 하향평준화 효과로 굳이 자극할 필요도 없이 발전주의 열망이 자연발생적으로 아래로부터 끓어올랐다. 전쟁 중에 단행된 토지개혁(농지개혁)도 농민들의 잘살아보자는 열망을 부추겼다.

아울러, 전쟁 자체가 징병 및 자원동원 효율화를 위한 '시공간 압축'을 가속시켰다. 거리에는 온갖 종류의 자동차들이 급격히 증가했다. 특급열차의 속도는 나날이 빨라졌다. 이미 식민지 시대부터 특급열차 속도는 시공간 압축의 핵심적인 수단으로 자리 잡았다. "부산에서 출발하는 특급열차 노조미와 히카리는 매년 속도를 경신해 펑톈奉天, 신징, 하얼빈으로 향하며 동북아판 국제화 시대를 열었다."[42] 전쟁 시기엔 철도를 통한 군수품·병력 보급 속도가 전쟁 양상을 좌우했다. 전화, 전신, 전보 등의 통신수단이 급속히 보급되었고, 전방 군인들과 후방 가족 사이에 편지 왕래도 잦았다. 전쟁동원체제의 발전 과정 자체가 시공간 압축 과정을 매개로 국가-국민 형성 과정을 촉진했다. 나아가 지배층은 열차 명칭에도 시대 상황과 정치적 의도를 담곤 했다.

전쟁을 계기로 친미주의가 발전주의를 촉진하는 양상도 나타났다. 당시 한국사회에서 미국은 실상 '반공주의·발전주의·민주주의 트로이카'의 아이콘이었다. 전쟁을 전후한 한국사회에서 발전주의는 독립국가 건설과 수호, 빈곤과 파괴로부터의 탈출 욕구, 미국에 대한 선망 등이 복합적으로 용융된 그 무엇이 되어갔다.

국가와 지배엘리트의 근대화 노력은 '전후 사회통합' 과업과도 관련되어 있었다. 전쟁으로 인한 산업기반 파괴와 민중의 궁핍화는 자연스럽게 전후 재건과 부흥의 과제를 제기하게 되었다. 이러한 사회적 요구에 성공적으로 부응할 경우 집권엘리트층은 자신만의 또 다른 전통, 또 다른 정통성의 원천을 확보하게 될 것이고, 그런 만큼 헤게모니적 사회통합의 가능성도 커질 것이었다. 분출하는 대중의 근대화 열망을 실제 현실에서 구현할 정책능력이나 가용 자원은 낮은 수준에 머물렀을지라도, 근대화를 향한 지배엘리트의 의지만은 대중 못잖았던 것으로 보인다.

해방 직후 그리고 대한민국 정부 수립 직후부터 시도된 신생활운동과 미신타파운동도 그런 근대화 의지를 담고 있었다. 직접적인 경제 발전으로 이어지는 것은 아닐지라도, 관혼상제를 비롯한 일상생활 방식의 개선은 삶의 아비투스 자체를 바꾸려는 기획이라는 점에서 장기적으로는 경제 발전에도 중요한 변화를 낳을 수 있다. 문교부를 중심으로 1949년 10월 10~16일에 시행된 '미신타파주간'에는 "20세기 문화와 역행"한다고 간주된 무당이나 판수 등에 대한 대대적인 단속이 이루어졌는데, "문화민족으로서 수치스런 미신을 타파하여 신생국가의 새로운 생활 부면을 개척"한다는 목적이 표방되었다.[43]

근대화와 관련된 국가기념일을 제정하는 것 역시 실질적인 경제개발 프로젝트 없이도 대중의 근대화 열망에 부응할 수 있는 방법이다. 식목일이나 '권농의 날'은 식민지 시대로부터 계승한 경우였다. 1950년대부터는 새로운 발전주의 기념일들이 등장하기 시작했다.[44] 뒤에서 보듯이 지배 엘리트들은 기념우표나 일반우표 디자인, 그리고 담배의 명칭을 통해서도 국민들에게 근대화 의지를 과시할 수 있었다. 근대화를 상징하는 인물을 영웅화하는 일도 유사한 사회심리적 효과를 낼 수 있다. 육종학자인 우장춘 박사가 대표적인 사례였다. 그는 전쟁 후의 식량난을 해결하는 데 크게 기여한 인물로 간주되었다. 1959년 8월 사망하자 정부는 우장춘에게 문화포장을 수여했고, 그의 장례는 사회장으로 치러졌다. 1950년대에 세종대왕이 대대적으로 강조되기 시작하는 데 대해서도 비슷한 해석이 가능할 것이다.

집권엘리트들은 실제적인 경제 건설에도 나섰다. 그들은 전쟁이 끝난 후 철도·도로·교량의 복구와 신설, 발전소의 건설과 전력의 증산, 비료·시멘트·판유리 등의 대규모 공장 건설, 원자력법 제정과 원자력원原子力院 설치, 실험용 원자로 도입 등의 원자력 연구 등 사회간접자본의 건설에 주력했고, 또 이런 성과를 국민들 앞에 대대적으로 홍보했다. 정부는 '부흥부復興部'를 신설하고 몇 차례에 걸쳐 야심찬 경제개발계획을 발표하여 국민들에게 근대화에 대한 희망을 품게 하기도 했다.

박람회라는, 이미 구한말부터 식민지 시대를 거치면서 대중에게도 익숙해진 '근대성의 축제'도 적극적으로 활용되었다. 조선 정부는 1893년 시카고 만국박람회에 처음 참가했다. 1907년 9~11월에는 조선 최초로 구리개 대동구락부에서 '경성박람회'가 열렸다. 식민지 시대에도 1915년 9~10월 경복궁에서 열린 '조선물산공진회'를 비롯하여, 1929년 9~10월 경복궁에서 열린 '조선박람회', 1940년 9~10월 경성 마장리에서 열린 '조선대박람회' 등 대규모 박람회가 연이어 개최된 바 있었다.[45] 바로 이런 맥락에서 지배층은 1950년대 중반 이후 '국산품' 전시회와 박람회를 자주 열었다. '국산國産' 로켓을 비롯하여 국산 자전거·라디오·택시·버스, 심지어 국산 맥주와 한글타자기, 국산 필터담배 등의 생산능력을 국민들에게 가시적으로 보여줌으로써 작으나마 민족적 자부심마저 느낄 수 있도록 해주었다. '국가 형성'의 시기에 국산이라는 형용사가 주는 '국민 형성'의 마력은 대단했다. 국산의 감동과 위력은 발전주의에도 민족주의가 깊이 침투해 있었음을 또한 보여준다. 비록 외국산 제품이거나 원조의 산물일지언정 메디컬센터(국립중앙의료원)의 건립, 제트기·디젤기관차·트랙터의 도입 등도 국민적 축제분위기 속에서 기념되었다. 적어도 발전주의 담론에선 민족주의와 친미주의가 전혀 충돌하지 않았다. 미국에서 제조된 후 태평양을 건너 1949년 11월 부산항에 도착한 첫 원양어선 '지남호指南號'를 비롯하여,[46] 한국에서 최초로 제작되어 1953년 10월 시험비행에 성공한 '부활호'에 이르기까지,[47] ('국산'이라는 말과 함께) '한국 최초'라는 수식어 역시 대부분 발전주의와 관련되었다.

집권엘리트들은 학교교육을 통해 새 세대에게 근대적인 가치관과 기술을 갖추도록 요구했다. 정부는 인문계 학교의 설립을 억제하고 실업계 학교의 확충을 장려했다. 인문 대 실업의 학생 비율을 '3 대 7'로 하겠다는 방침도 갖고 있었다. 이런 맥락에서 '1인1기一人一技 교육'과 '생산교육'을 지속적으로 강조했다.[48] 이런 노력들은 적어도 젊은 세대에게서 상공업을 천시하는 풍조를 약화시키는 데 기여했을 것이다. 또 정부는 순회계몽반과 '학생 향토계몽'을 통해 농촌계몽사업을 전개하고 농촌개발에 착수함으로써, 인구 대다수를 구성하는 농민들에게도 근대화 열망을 고취하려 노력했다.[49]

정부에 의한 보건소의 확충 및 활동 내용 역시 농촌에서 문맹퇴치 활동이나 계몽운동과 유사하게 근대적 가치를 전파하는 효과를 발휘했을 것이다. 서양의학의 혜택을 도시가 거의 독점하고 있던 상황에서, 1950년대 후반 각 지방의 보건소들은 농민들이 근대적 서양의술을 직접 체험하는 중요한 통로였다. 1950년대 초에 보건소의 활동 영역은 건강상담, 진료, 가정 방문, 예방접종 등의 통상적인 활동 이외에 학교 방문, 강연·영화회, 좌담회 등으로 구성되는 '보건교육'을 포함하고 있었다. 종전 직후인 1954년부터 보건교육이 부쩍 활성화되었다. 1952년에 144회에 머물던 학교 방문은 1954년에 13,646회로 증가했고, 강연회·영화상연회 역시 1952년의 15회에서 1954년에는 108회로 급증했다. 1959~1960년 사이에는 보건소의 양적 확충이 두드러졌다. 보건소 숫자는 1952~1954년 사이에 17개소로 변함이 없었다. 1954년 현재 보건소의 지리적 분포는 중앙보건소를 포함하여 서울에 6곳, 경기도에 2곳이었고, 나머지는 각 도마다 1개소씩 위치하고 있었다. 1957년과 1958년에도 보건소 숫자는 각각 22개소와 26개소에 머물러 있었다. 그러나 1959년에는 68개소로, 1960년에는 80개소로 크게 늘어났다.[50] 따라서 1950년대 초만 해도 농촌에 대한 보건소의 영향력은 그리 크지 못했지만, 1950년대 말에는 사정이 크게 달라졌다.

전후戰後의 '반공 드라이브' 자체가 상당한 근대화 잠재력을 내장한 것이기도 했다. 3년간의 격렬했던 무력대결은 그것이 종결된 후에도 쌍방간의 군비경쟁으로 이어져 강한 군사력의 건설을 요청했다. 군사력 강화는 그것이 근대적 무기체계의 도입·운용에 의한 것이든 군수산업의 발전에 의한 것이든 필경 산업화를 위한 자극을 제공하게 된다. 나아가 1950년대 후반으로 접어들면서 남북한 간의 체제경쟁은 군사력을 포함한 경제력의 경쟁이라는 차원으로 발전되었다. 이런 상황이 보다 직접적으로 경제 건설을 촉진했다. 생존을 건 체제경쟁이라는 객관적인 압력을 국민 앞에 가시화하고 국민들로 하여금 그것을 수긍하게끔 하는 능력에 비례하여, 그리하여 국민들이 체제경쟁심리를 내면화하는 정도에 비례하여, 집권엘리트들은 별다른 정치적 저항 없이 주어진 제한된 자원을 보다 효율적으로 동원할 수 있게 되었다.

이와 유사하게 반공주의는 전후에도 지속적으로 '사회의 계급적 조직화와 대립'을 억제하는 힘으로 작용함으로써, 새로이 형성되는 노동계급의 의식을 탈정치화하고 효과적으로 동원하는 것을 가능하게 했다. 무엇보다도 전후 한국사회의 강한 반공주의는 파격적이라 할 정도로 '자비로운' 미국의 원조를 가능케 한 조건이었다. 미국의 원조가 농촌의 피폐화와 소비재 중심의 기형적인 관료독점자본 형성이라는 부작용을 낳기는했어도, 1960년대 이후의 급속한 산업화를 위한 자본의 원시적 축적과 한국적인 기업 체제를 형성하는 데 결정적인 역할을 했음은 분명하다. '반공의 근대화 효과'는 1960년대 이후 더욱 두드러지게 나타났다. 전체적으로 볼 때, 1950년대 후반기에 국가는 근대화, 부와 풍요에 대한 대중적 열망을 자극하는 데 성공했던 것으로 보인다. 전쟁으로 인한 사회경제적 지위의 하향평준화 덕분에, 전쟁 이후 전全사회적인 수준에서 근대화에 대한 기대를 모아내는 일은 상대적으로 쉬운 과업이 되었다. 이런 사회적 기풍의 조성은 1960년대의 고도 산업화 과정을 추동할 문화적 기초가 비교적 튼실하게 마련되었음을 의미했다.

그러나 농촌의 재再소작화, 절반에 이르는 절량농가, 도시 판자촌의 비참한 생활, 생활고로 인한 도시 화이트칼라의 연이은 자살,[51] 높은 실업률 등에서 보듯이, 1950년대에 국가의 근대화 노력은 국민의 '삶의 질'은커녕 '삶의 양' 문제를 해결하는 데도 명백히 실패했다. 1950년대 한국에서 근대화라는 가치가 사회적으로 합의되고, 근대화에 대한 열망이 사회적으로 공유되었음은 분명했다. 그러나 기대수준과 실제 현실 사이의 엄청난 괴리 때문에, 강렬한 근대화 열망은 외려 사회통합을 저해하는 요인으로 작용할 수도 있었다.

5. 문화재와 박물관

우리는 시민종교의 사회문화적 기초로서 문화재나 박물관 관련 정책에도 주목해야 한다. "연구와 교육, 향유라는 목적에 따라 인류와 인류 환경의 물질적인 증거를 수집, 보존, 연구, 전시하며, 사회와 사회의 발전에 이바지하고 대중에게 공개되는 비영리적, 항구적인 기관"이라는 국제박물관협의회ICOM의 정의에서도 확인할 수 있듯이,[52] 박물관은 시민교육과 국민 만들기에도 중요하다. 기념박물관은 근대 국민국가의 출현에 기인한다.[53] 특히 19세기에 등장한 '역사박물관'은 기억공간의 새로운 표현형식으로 자리를 잡게 되었다.[54]

무엇보다도 그것이 "민족주의가 은거하고 있는 가장 대표적인 공간"이자, "민족주의가 하나의 교리나 신화로 작용하고 전파되는 경로"라는 점에서,[55] 박물관은 시민종교 형성을 위한 중요한 수단으로 기능한다. 박정희 시대를 대상으로 한 다음의 서술은 1940~1950년대의 문화재 정책에도 거의 그대로 적용될 수 있다. 국가는 "문화재가 역사의 유산인 동시에 그 실체이며, 따라서 역사의식을 체득하고 민족적인 자아를 발견함에 있어 최선의 교재이자 방법이 된다고 인식한 다음, 민족사를 창조해나가는 국민의 정신적 지주支柱로서 국민교육의 기능을 발휘하도록 한다는 기조基調"를 유지했다는 것이다.[56] 문화재 정책은 철저히 국민교육과 국민 형성의 관점을 지향했다.

이승만 정부는 식민지 시대에도 훼손·파괴되지 않은 시민종교의 유산 및 자산들, 즉 다양한 유적, 유물, 문화재들에 대한 법적 보호조치를 시행했다. 식민지기에 문화재로 지정된 것들을 대체로 계승하는 방식이 채택되었다.

해방 후 이승만 시대의 문화재 정책에는 식민지 유산이 뚜렷하게 작동하고 있었다. "현행 법령은 이 헌법에 저촉되지 아니하는 한 효력을 가진다"라는 제헌헌법 100조에 따라, 해방 후에도 조선총독부가 제정한 '조선 고적 보물 명승 천연기념물 보존령'이 그대로 계승되었다. 분단과 전쟁의 여파로 문화재 보호에 신경 쓸 겨를이 없었다. 1955년 6월 문교부에 '국보 고적 명승 천연기념물 보존회'가 조직되고, 11월에는 문화재 애호 기간이 정해졌다. 보존회는 총독부가 지정한 보물을 일괄 국보로 지정하고, 일본 관련 문화재와 북한 소재 문화재는 지정에서 제외했다. 아울러 훈민정음, 충무 세병관, 현충사의 서간, 칠백의총 등을 국보나 보물 및 사적으로 추가 지정했다. 곧 이 시기의 문화재 정책은 문화재 보수에 그쳤으며 그 관리를 위해 재지정 혹은 추가 지정하는 정도에 머물렀다고 할 수 있다. 문화재 정책에 제도적인 변화를 보이기 시작한 것은 4·19 이후였다. 1960년 11월 문교부 장관 오천석은 과거 정부의 미봉책에 그친 문화재 정책을 비판하면서, 관리기관의 필요와 유·무형 문화재의 구분을 제기하고, 자문·심의기관으로서 '문화재보존위원회'를 신설했다.[57]

　미군정과 이승만 정부의 문화재 정책이 식민지 시대의 그것을 거의 그대로 계승했기에, 박물관 체계의 형성도 식민지 시대와 매우 흡사했다.[58] 식민지기에는 1915년에 설립된 서울의 조선총독부박물관 외에 경주·부여·공주·평양·개성 등 5개 지역에 총독부박물관 분관分館 형식의 지방 박물관들이 1920년대 이후 순차적으로 설립되었다. 해방 직후 미군정 아래서 조선총독부박물관은 '국립박물관'으로, 총독부박물관 분관들은 '국립박물관 분관'으로 개편되었다. 식민지 시대의 은사기념과학관은 해방 직후 '국립과학관'으로 개편되었다. 서울 남산 기슭의 조선총독부 시정기념관 자리에는 1946년 4월 25일에 '국립민족박물관'이 개관했다. 국립國立이 아닌 시립市立 공립박물관들도 1946~1947년에 걸쳐 인천과 대구에서 탄생했다. 인천시가 설립한 인천박물관은 1946년 4월 1일 세창양행 사택에서 "국내 최초 공립박물관"으로 개관했다. 이 건물이 전쟁으로 파괴된 후 1953년 1월에는 구舊 제물포구락부 건물에서 복관復館했다.[59] 1947년 5월 15일에는 대구 달성공원의 '국체명징관' 건물을 활용하여 대구박물관기성회와 대구부청이 공동으로 대구박물관을 설치했다.[60] 1949년 12월에는 '국립박물관 직제職制'가 대통령령 제240호로 공포됨으로써 법률적인 기초도 갖추게 되었다. 1953년에 국립박물관이 남산의 국립민족박물관 건물로 이전했고, 이를 계기로 두 박물관은 '국립박물관'으로 통합되었다. 국립박물관 분관들은 1975년에 모두 지방국립박물관으로 개칭되었으며, 이 무렵부터 '1도 1박물관 체제'가 구축되기 시작했다.

국성하는 1940~1950년대 국립박물관과 국립과학관이 수행했던 교육 기능을 다음과 같이 정리하고 있다. 당시 박물관은 미술관의 기능까지 포함하는 것으로 규정되었다.

광복 직후에 새롭게 시작한 박물관은 그 교육적 기능도 고려되기 시작하며, 실제로 교육활동도 일어난다. 성인교육을 위해 박물관 등을 이용하여 연구 강연회나 강습회 등을 개최하는 것을 고려하기도 하며, '교육기본법' 논의에서 박물관 등의 시설 건립 및 교육 목적 실현 노력이 포함되었고, '사회교육법' 논의에서도 국가 및 공공단체에서 사회교육을 위하여 박물관, 도서관, 미술관, 동물원, 식물원 등의 설치를 위해 노력해야 한다고 하였다.……미군정은 국립박물관의 목적을 다음과 같이 생각했다. 한국 미술 영구 소장품의 수장과 전시, 한국의 다른 박물관으로부터 빌려온 작품의 전시, 현대 한국 작가의 작품 전시, 다른 나라 작가들의 작품 전시 그리고 성인과 어린이를 위한 교육으로 보았다. 특히 교육 부분에서는 어린이를 위한 토요일 아침 수업, 성인을 위한 미술사 또는 미술 감상 야간 수업, 다양한 박물관 투어를 예로 들었다.

〈표 4-4〉 20세기 국공립박물관, 부처 박물관, 국립과학관의 등장과 변화[61]

연도	주요 변화
1909	이왕가미술관 설치
1915	조선총독부박물관 설치
1926	조선총독부박물관 경주분관 설치, 은사기념과학관 설치
1928	조선총독부박물관 부여분관 설치
1931	개성부립박물관 설치
1936	조선총독부 시정기념관 설치
1938	체신박물관 설치
1939	조선총독부미술관 설치
1945	국립박물관 설치(조선총독부박물관을 개편) 국립박물관 경주분관 설치(조선총독부박물관 경주분관을 개편) 국립박물관 부여분관 설치(조선총독부박물관 부여분관을 개편) 국립민족박물관 설치(조선총독부 시정기념관 자리에) 국립과학관 설치(은사기념과학관을 개편)
1946	인천박물관 설치(시립, 해방 후 최초의 공립박물관; 1995년에 인천광역시립박물관으로 명칭 변경)
1947	국립박물관 공주분관 설치(공주읍박물관을 개편) 국립박물관 개성분관 설치(개성부립박물관을 개편) 대구박물관 설치(대구박물관기성회와 대구부청 공동)
1949	국립박물관 및 분관들이 정부조직으로 정식 편제됨(대통령령 제240호)
1953	국립박물관을 남산 국립민족박물관으로 이전하면서 두 기관이 통합됨(이후 경운궁 석조전으로 재이전)
1972	국립박물관 명칭을 국립중앙박물관으로 변경, 경복궁 내 신축 건물로 이전 체신박물관 설치(1985년에 우정박물관으로 재개관)
1978	국립광주박물관 설치 부산박물관 설치(시립; 1995년에 부산광역시립박물관으로 명칭 변경)
1979	국립민속박물관 설치
1984	국립진주박물관 설치
1985	장기갑등대박물관 설치(해운항만청; 2002년에 국립등대박물관으로 명칭 변경)
1987	국립청주박물관 설치
1990	국립전주박물관 설치 국립과학관 명칭을 국립중앙과학관으로 변경, 서울과학관 설치
1994	국립대구박물관 설치
1997	국립김해박물관 설치
1999	산림박물관, 국립수목원 설치(산림청)

* 출처: 교육50년사편찬위원회, 『교육50년사』, 720쪽.

국립박물관에서 개최되었던 공개 미술강좌 등과 1953년의 현대미술작가전 등이 이러한 생각들의 반영이라고 할 수 있다.……은사기념과학관은 광복 이후 국립과학관으로 명칭이 변경되었고, 과학 교육과 관련된 일을 진행한다. 국립과학관은 1946년부터 1948년까지 '조선과학동우회'에서 주관하여 학생들을 대상으로 '우리과학전람회'를 개최하였고, 1949년부터는 이를 확대하여 전국과학전람회를 개최하여 일반인들도 참여하게 하였다.[62]

박물관과 함께 기념관이라는 기억공간들도 등장했다. 다양한 주제의 기념관들이 가능한데 1970년대까지는 전쟁이나 전투 관련 기념관이 가장 많이 건립되었다. 박물관과 기념관 모두 '기억의 재생산'을 위한 기관이며, 아울러 지배세력의 '정통성 창출·강화' 기능을 수행한다. 이 중 기념관을 통한 기억 재생산에서는 기억의 '갱신' 측면이 주로 강조되는 경향이 있다. 이에 비해 박물관의 경우엔 기억의 '보존'과 함께 '계승'의 측면, 곧 교육 기능을 통해 다름 세대로 기억을 전승하는 측면이 보다 강조되는 경향이 있다. 박물관과 기념관은 모두 기억 재생산을 통해 국민 형성과 사회통합에 기여한다.

6. 예술과 시청각미디어

대한민국 정부는 일찍부터 다양한 예술 장르들을 정치적으로 활용했다. 여순사건이 그 시발점이었다.[63] 한국전쟁 당시에도 정부는 종군작가단이나 종군화가단 등 문학·미술·음악 등 여러 분야의 예술가들을 대거 동원했다.[64] 이런 활동을 통해 예술가들은 특정 이념의 선전과 선동뿐 아니라 '정치의 심미화aestheticization of politics'에 기여했으며, 그럼으로써 '반공국가'와 '반공주의 시민종교' 형성에도 기여했다. 1960년대 이후에도 1964년 세종로-태평로에 건립된 37인 선현 석고상, 1968~1972년의 '애국선열조상 건립' 프로젝트에 따라 제작된 15곳의 기념동상, 1967~1979년에 걸쳐 무려 12년 동안이나 진행되었던 '민족기록화'의 제작과 전시 등이 주목된다. 1960년대 말부터 1970년대에는 '미술·사진 산업 건설상建設相 작품전'이나 '조국 근대화 10인전', 1차 및 2차 '경제 발전 기록화' 전시회 등 발전주의 가치를 홍보하는 미술의 동원도 활발했다.[65]

우리는 다양한 전람회나 국립극장의 설립 등에도 주목할 필요가 있다. 특히 대한민국 정부 수립 이듬해인 1949년에는 미술전람회(경복궁)와 과학전람회가 개최되었고, 서울시예술상이 제정되었다. 1950년에는 "민족의 예술 발전을 위한" 국립극장이 설립되었다. 1,997석 규모의 당시 부민관 건물이 국립극장으로 지정되었고, 문교부는 1949년 10월 국립극장 운영위원회를 조직하고 초대 극장장에 유치진을 임명했다.[66] 1960~1970년대에는 남산 국립극장, 세종로의 시민회관과 세종문화회관이 뒤이어 등장했다.

방송이나 영화도 시민종교의 중요한 사회문화적 인프라들이다. 영국사례를 보자. 영국에서는 1923년부터 BBC가 대규모 국가행사를 라디오로 생중계하기 시작했다. 라디오시대에도 현장에 특수마이크를 다수 설치하여 생생한 현장감을 전달할 수 있으며, 이를 통해 청취자들은 "기념식에 참여하는 듯한 느낌"을 가질 수 있게 되었다. 유럽에서 왕실행사에 여전히 마차를 사용하는 유일한 나라인 영국에서 "종과 말과 마차와 환호성 소리를 들려줄 수 있는 특수마이크가 설치되면서……국가행사들은 이러한 기술적 발전을 통해 진정한 의미에서 모든 사람들이 참여하는 전국적이고 가족적인 사건으로 성공리에 정착되었다." 1932년부터는 국왕의 크리스마스 방송이 시작되었다. 1950년대에는 텔레비전 중계 시대가 열렸고, 그 덕분에 엘리자베스 여왕은 국민들이 보는 앞에서 개관식을 거행한 최초의 영국 군주가 되었다.[67] 일본도 1925년부터 라디오방송을 시작했다.[68] 2년 후인 1927년에는 식민지 조선에서도 라디오방송이 시작되었다. 방송 덕택에 왕실의 결혼식이나 대관식·장례식, 그리고 공화정의 대통령·총리 취임식이나 국장國葬 등이 시민종교의 생생한 현장이 될 수 있었다. 한국에서도 1960년대에 '라디오 시대'가 열렸다. 대다수 가정에 라디오가 보급된 것이다. 일례로 1965년에 동아방송DBS이 처음으로 "현충일 추념식 실황을 중계방송"하는 등[69] 매스미디어를 통해 시민종교의 현장 상황이 국민들에게 생생하게 전달되었다.

해방 후 한국에서는 극장에서 상영되던 〈대한뉴스〉가 중요했다. 대한민국 정부 수립 직후인 1949년부터 공보처의 공보국 영화과가 극장 상영이 의무화된 〈대한뉴스〉를 제작했다. 처음에는 〈대한전진보〉가 정기적이지는 않지만 한 달에 한 번꼴로 제작되었고, 전쟁 발발 후 중단되었다가 1952년부터 다시 등장했다. 1953년부터는 〈대한늬우스〉라는 이름으로 변경되었고, 1957년부터는 매주 1편씩 정기적으로 만들어졌다. 1961년 6월 22일 국립영화제작소가 신설되자 해가 갈수록 제작사업이 확충되었다. 당시 〈대한뉴스〉와 교대로 극장에서 상영되었던 〈리버티뉴스〉는 미국 공보원과 리버티 프로덕션이 공동으로 제작해 배포하는 부정기 뉴스영화였다.[70] 1950년대는 영화의 인기가 절정이던 시대였다. 극장에서 상영되는 뉴스영화는 "본격적인 텔레비전 시대가 개막하지 않은 당시의 상황에서 그 기능과 위상이 상당했다.……그날그날의 일상 속으로 뉴스를 실어 나르면서 국민 공통의 집합기억을 형성하는 데 기여했다."[71] 과연 어떤 내용이 〈대한뉴스〉를 통해 전달되었던가?

과잉된 표상화 전략은 당시 공보처에서 제작하여 정기적으로 상영한 〈대한뉴스〉에서도 쉽게 찾아볼 수 있다. 제1공화국 시기에 〈대한뉴스〉

는 언제나 '경무대 소식'으로 시작했다. 대통령의 일상과 집무 광경, 그리고 대통령이 주재하는 국가의례 행사 등을 보도한 다음에야 '경무대 바깥의 소식'을 전했다. 전편을 통해 대통령과 그 측근들은 마치 연속물의 주인공처럼 뉴스영화에 단골로 등장했고, 이승만과 프란체스카, 양자 이강석은 홈드라마의 가족처럼 인공적으로 가시화되었다. 이러한 보도 양태는 대중의 시선을 독점하려는 기획의 일환이라고도 할 수 있을 것이다. 시선의 독점을 위해 권력자들의 모습을 대중들의 매일의 삶 속에 실어 나르되, 그와 동시에 중앙권력에 경쟁적이거나 도전적인 이미지들은 억압하는 과정이 진행되었다.[72]

1960년대 이후 군사정권은 뉴스영화나 기록영화를 넘어 〈팔도강산〉 시리즈 등 극영화를 직접 제작하기도 했다. 국가가 직접 제작에 나서지 않더라도 우수영화, 국책영화, 추천영화 등의 제도를 활용하여 다양한 '새마을영화'나 '반공영화'를 생산해냈다. 1970년대에 '텔레비전 시대'가 활짝 열리자 지배엘리트의 손길은 TV 드라마나 뉴스, 스포츠 중계방송으로 향했다.

제 5 장

시민종교의 사회문화적 인프라 (2)

문제의식과 접근방법

앞 장에 이어 이번 장에서도 시민종교의 사회문화적 기초로 기능할 제도
와 기제들에 대해 살펴볼 것이다. 여기에는 스포츠, 우표, 엽서, 열차, 배,
비행기, 상훈제도, 화폐, 담배 등이 두루 포함된다. 스포츠와 그것의 정치
적 활용(특히 스포츠민족주의)에 대해 먼저 다룬 후, 근대성의 상징들이 시민
종교를 위해 활용되는 방식, 즉 우표와 엽서 디자인과 관련된 '우표정치'
그리고 열차와 함선·비행기의 '명명정치politics of naming'에 대해 살펴볼
것이다. 아울러 영웅 생산 및 공인 기제로 작동하는 상훈제도, 마지막으
로 화폐와 담배의 디자인정치와 명명정치에 대해 다루고자 한다.

1. 스포츠와 스포츠민족주의

스포츠는 오랫동안 국민 형성 및 민족 형성의 주요 기제였다. 그럼으로써
스포츠는 시민종교를 형성하고 발전시키는 데서도 중요한 사회적 기초로
기능했다. 구한말부터 식민지를 거치는 동안 스포츠는 한반도에서 시민
종교에 생명력을 불어넣는 가장 큰 에너지원 중 하나였다. 해방 후에는 시
민종교의 제작자들에게 스포츠의 민족주의적 역할이 더욱 요긴해졌다.
　1946년 10월에는 조선체육회 주최로 '제1회 조선올림픽대회'가 서울

운동장에서 개최되었다. "새조선 건설의 앞잡이"가 될 "해방 조선의 아들과 딸들"이 5천여 명이나 참여한 가운데, 태극기를 앞세우고 열리는 최초의 전 민족적인 체육행사였다. "야구, 정구, 연식야구, 육상경기, 농구, 배구, 축구, 송구送球, 럭비축구, 체조 급及 체조경기, 탁구, 자전거, 기도騎道, 권투, 역도, 레스링 등" 16개 종목의 경기가 16일부터 20일까지 닷새 동안 펼쳐졌다. "가슴에 뚜렷이 태극마크 붙이고 내 성명 석 자로 세계 각국에 어깨를 같이하여 우리의 의기를 선양"하라거나(이승만), "조선을 세계에 똑바르게 인식시키는 첩경은 스포츠로서 말미암음"(러치)이라는 입장식(개막식) 축사는 스포츠민족주의를 전형적으로 보여주는 담론들이기도 하다.[1]

해방 후 국제무대에서 탁월한 성적을 올린 운동선수 역시 민족적 영웅의 반열에 올라섰다. 정부 수립 후 올림픽과 아시안게임, 월드컵 등에 공식대표가 파견되기 시작하면서 스포츠무대에서의 선전이 국력의 과시로 간주되었다. 실제로도 스포츠는 민족적 자부심을 드높이고 국민적 단합을 촉진하는 데 크게 기여했다. 1947년 제51회 보스턴 마라톤대회에 참가했던 서윤복, 남승룡 등이 대표적인 스포츠 영웅들이었다. 특히 서윤복은 이 대회에서 세계신기록을 작성하면서 우승함으로써 일약 거족적인 스포츠 영웅이 되었다. 2017년 6월 그의 부고 기사를 통해 당시의 분위기를 비교적 생생하게 느낄 수 있다.

1923년 서울에서 태어난 고인은 24살이던 47년 4월 19일 미국 '보스턴 국제마라톤대회'에서 2시간 25분 39초의 세계신기록으로 우승했다. 당시 세계마라톤대회는 올림픽을 빼고는 보스턴 대회밖에 없었다.……그의 보스턴 마라톤 사상 첫 동양인 우승의 파장은 컸다. 해방 이후 대한민국 정부 수립 이전의 어렵고 힘든 시절에 국제마라톤대회를 제패하고, 그것도 세계신기록을 작성해 국민들에게 큰 희망을 주었다. 오랜 기간 서윤복 옹을 지켜본 양재성 대한육상경기연맹 고문은 "그때 정부도 없는 미군정 치하였다. 날마다 우익은 서울운동장에서, 좌익은 남산에 모여 데모를 하는 등 극도의 혼란기였다. 그때 우승 소식이 들리자 2500만 남쪽 국민이 모두 다 함께 얼싸안고 감격의 눈물을 흘렸다. 김구 선생도 울고 이승만 선생도 울었다. 지금껏 한국이 딴 어느 메달보다도 값진 금메달이었다"고 회상했다.······김구 선생은 그가 귀국하자 발로 세계를 제패했다는 뜻의 '족패천하足覇天下' 휘호를 써주었고, 이듬해 대통령이 된 이승만은 "몇 십 년 동안 독립운동을 했는데도 신문에 많이 나오지 못했다. 그대는 겨우 2시간 조금 넘게 뛰고도 신문의 주목을 받는구나"라는 농담을 했다고 전해진다.[2]

이 밖에도 "미군정의 국가대항전 참가를 위한 축구팀 구성 지시로 1947년 4월에 축구팀이 구성되어 상해 원정경기에서 승리를 거둔 것과 광복 2주년 기념 한국올림픽경기(전국체전)에서 여학생들이 매스게임으로 연출한 화려한 꽃물결 등은 그 동안 한국민의 상처받은 자존심을 회복해주는 역할을 했다"고 한다.[3] 제2차 세계대전 후 최초의 하계올림픽이었던 런던올림픽은 1948년 7월 말 개막되었는데 한국 대표단도 여기에 참여했다. '조선'이라는 이름을 건 최초의 올림픽 참가였다. 67명으로 구성된 선수단이 장도에 오르기 전 제헌국회는 출전 선수들을 격려하는 특별 메시지를 채택했다. 서울 시민들은 덕수궁에서 성대한 환송대회를 열어주었다. 런던올림픽에서 한국 올림픽 사상 최초의 메달(동메달)을 따낸 역도의 김성집과 복싱의 한수안은 민족의 영웅으로 떠올랐다.[4] 마침 김성집이 사상 첫 메달을 따낸 날은 독립정부가 수립되기 이틀 전인 1948년 8월 13일이었다.[5]

1950년대에도 스포츠민족주의는 극성極盛했다. 한국은 1954년 제5회 스위스월드컵의 지역예선에서 일본과 경기를 치르게 되었다. '홈 앤드 어웨이' 방식으로 경기를 치러야 했지만 일본 대표팀이 한국 땅을 밟게 할수 없다는 이승만 대통령의 고집 때문에 두 차례 경기를 모두 일본에서 치르게 되었다. 이 대통령은 출발 전 선수단에게 "'일본에 지면 현해탄에 몸을 던져라'는 협박과도 같은 격려"를 했다고 한다. 한국 선수들이 일본을상대로 1승 1무의 성적으로 본선 진출권을 따내자 거국적인 환영 무드가조성되었다. "선수들은 군용기를 타고 부산 수영비행장에 내려 기차를타고 상경했는데, 멈추는 역마다 환영인파로 인산인해였다. 사람들은 창문으로 이들에게 떡이며 과일이며 온갖 먹을 것을 보따리로 밀어 넣어줬다."[6] 1958년 제3회 아시안게임(아세아경기대회)이 일본 도쿄에서 열리게 되자, '반일 민족주의' 정서가 또 한 번 스포츠를 사로잡았다. 일본, 필리핀에 이어 3위라는 준수한 성적을 거둔 선수단이 마침 현충일이기도 한 6월6일에 귀국하자 공항에서 환영식이 열렸다. 공항 환영식 후 선수단은 경무대를 방문하여 대통령에게 귀국인사를 했다. 다음날인 7일에는 서울운동장에서 수만 명의 시민들이 참석한 가운데 '선수단 시민환영회'가 거행되었다.[7] 스포츠민족주의는 이처럼 1940~1950년대에 이미 확고하게 자리 잡았다.

2. 근대성의 상징에 정치를 입히다

식민지 시대부터 발전주의적 욕구 내지 충동은 한국인들 사이에 뿌리내리고 있었다. 특히 기차·전차·자동차·선박·비행기 등의 수송 수단과 우편·전신·전화 등의 통신 수단은 그 자체로 근대성의 상징이면서, 동시에정치적 이념이나 시책을 전달하는 도구로도 기능해왔다. '근대성의 근대성'이랄까, 이미 근대성의 상징으로 대중에게 각인된 수송·통신 수단에

월드컵 및 아시안게임 국가대표 접견
1954년 스위스월드컵에 참가했던 국가대표팀을 접견하는 이승만 대통령(위)과
1958년 제3회 아시안게임에 출전하는 국가대표 단장에게 태극기를 전달하는 이승만 대통령(아래)

다 특정한 명칭(예컨대 '건설')을 부여하거나 특정한 디자인(공장·철도 그림 등)을 새김으로서 근대화 메시지를 중복해서 담는 경우도 종종 볼 수 있다.

기차가 한국 근현대사를 관통해서 근대성의 탁월한 상징 중 하나로 기능해왔음은 의문의 여지가 없다. 특히 특급열차들이 시공간을 압축함으로써 사람들에게 근대성의 위력을 체감시켰다. 그런 와중에 지배엘리트들은 열차의 작명作名에 심혈을 기울였다. 해방 직후 기존의 사설철도들은 모두 국유화되었다.[8] 철도 국유화로 인해 지배엘리트들은 지배이데올로기를 반영한 열차 이름을 자유롭게 만들어낼 수 있게 되었다. 1945년 12월 27일 한국인의 손으로 처음 제작되어 시운전에 들어간 기관차는 '해방 제1호'로, 1946년 2월 18일 한국인에 의해 제작되어 헌납식이 거행된 기관차는 '건국 제1호'로, 1946년 5월 4일 한국인에 의해 제작되어 시운전에 들어간 특급열차는 '해방자호The Korean Liberator'로 각각 명명되었다.[9]

〈표 5-1〉과 〈표 5-2〉는 해방 후 특급열차들이 어떻게 서울-부산, 서울-목포 간 운행시간을 단축시켜갔는지, 그리고 지배자들은 각종 열차 이름에 어떻게 자신들의 욕망과 비전을 투영시켰는지를 잘 보여준다. 〈표 5-1〉과 〈표 5-2〉에는 나타나지 않지만, 을지호(서울-진주), 계명호(서울-부산), 동백호(서울-목포), 설악호(서울-강릉) 등의 열차 이름들을 추가로 확인할 수 있다. 2004년에 KTX가 특급열차로 등장하면서 정치색이 빠지기까지 열차 명칭에는 정치이데올로기가 깊이 침투해 있었다. 해방자호·통일호·무궁화호·충무호·을지호 등은 말할 것도 없고, 베트남 파병부대 이름을 딴 맹호호·백마호·청룡호·비둘기호·십자성호, 그리고 군용열차인 상무호와 화랑호에는 반공주의가 깊이 각인되어 있다. 재건호, 증산호, 비둘기호, 새마을호, 협동호, 약진호, 부흥호 등에는 발전주의 가치가 진하게 녹아들어 있다. '계명호'도 유사하다고 볼 수 있는데, 뒤의 담배 부분에도 등장하듯이 '계명'鷄鳴에는 독립 정부의 출발과 새 세상의 도

〈표 5-1〉 경부선·호남선 특급열차 명칭과 속도 [10]

노선	시기	열차 명칭	소요 시간	평균속도(km/h)
경부선	1946.5.20	해방자호	9:00	50
	1950		9:00	50
	1952		11:00	40.4
	1954		10:40	41.6
	1955.8.15	통일호	9:30	47
	1956		9:00	50
	1957.8.30		7:40	58
	1959.2.21		7:10	62
	1960.2.21	무궁화호	6:40	67
	1962.5.15	재건호	6:10	72
	1963.3.31		6:00	74
	1966.7.21	맹호호	6:00	74
	1969.6.10	관광호	4:50	92
	1974.8.18	새마을호	4:50	92
	1983.7.1		4:40	95
	1985.11.16		4:10	107
호남선	1962.7.1	태극호	8:00	53.4
	1963		7:55	53.4
	1974.8.15	풍년호	6:38	
	1975	새마을호	5:40	74.4

래를 알리는 메시지가 함축되어 있다는 점에서 그러하다. 관광열차인 갈매기호를 비롯하여, 관광호, 대천호, 신라호, 계룡호, 상록호, 동백호, 설악호 정도가 '탈정치적인 예외'일 따름이다.[11] 열차의 개통 날짜까지 정치적으로 고려했음을 부분적으로 확인할 수 있다. 예컨대 1955년에는 광복절에 맞춰 '통일호'를 선보였고, 새마을호·풍년호·약진호·협동호·부흥호·통일호 등 6개 열차 명칭이 한꺼번에 등장한 시기도 1974년 광복절이었다.

〈표 5-2〉 열차의 등장과 명칭[12]

운행 개시 시점	열차 명칭	구간	참고사항
1946.5.26	해방자호	서울-부산	
1954.12.13	화랑호	서울-부산	군인 전용열차
1955.8.15	통일호	서울-부산	
1955.8.25	상무호	서울-광주	군인 전용열차
1960.2	무궁화호	서울-부산	
1962.5.15	재건호	서울-부산	
1962.7.1	태극호	서울-목포	1974.8.15 '풍년호'로 변경
1963.8.14	약진호	서울-부산	1966.8 '맹호호'로 변경
1963.8.14	풍년호	서울-여수	
1966.7.21	맹호호	서울-부산	
1966.7.21	건설호	서울-경주	중앙선 화물열차
1966.7.21	증산호	서울-목포	호남선 화물열차
1966.11.21	백마호	서울-광주	1974.8.15 '풍년호'로 변경
1966.11.21	청룡호	서울-대전	1967.8.13 이후 부산으로 연장
1967.7.16	갈매기호	서울-부산	피서 열차
1967.7.16	대천호	천안-장항	장항선 준급행
1967.8.13	비둘기호	서울-부산	
1968.4.1	십자성호	서울-강릉	1974.8.15 '약진호'로 변경
1969.6.10	관광호	서울-부산	1974.8.15 '새마을호'로 변경
1971.1.20	신라호	대구-울산	
1971.2.10	계룡호	서울-대전	
1971.3.15	충무호	서울-진주	1974.8.15 '협동호'로 변경
1972.12.20	상록호	서울-부산	1974.8.15 '통일호'로 변경
1974.8.15	통일호	서울-부산	
1974.8.15	새마을호	서울-부산	
1974.8.15	풍년호	서울-목포	
1974.8.15	약진호	서울-경주	
1974.8.15	협동호	서울-진주	
1974.8.15	부흥호	천안-장항	
1977.8.13	우등열차	서울-동대구	
1984.1.1	통일호		'우등'에서 열차명 변경
1984.1.1	비둘기호		'보통'에서 열차명 변경

해군 함정과 공군 전투기에도 정치적 의도가 침투했다. 예컨대 1947년 2월 진해 조병창造兵廠에서 해방 후 최초로 건조된 조선해안경비대 경비정은 '충무공호'로 명명되었다.[13] 또 다른 해군 전함은 대통령 이승만의 호를 따 '우남호'로 명명되었다. 1949년 11월부터 전국적인 '건국 항공기 헌납운동'이 벌어졌고, 한국 정부는 이를 통해 모금된 3억 4,253만 원으로 10대의 공군기를 구입했다. 1950년 5월 14일 대통령 등이 참석한 가운데 서울비행장(여의도)에서 열린 '제1회 애국기愛國機 명명식'에서 이 비행기들은 '건국기建國機'로, 다시 말해 '건국1호'부터 '건국10호'까지로 명명되었다. 이날 명명식에서 이화여대 합창단은 〈건국기의 노래〉를 불렀다.[14] 1954년에는 민간항공기인 '우남호'가 등장했다. 당시 대한국민항공사(KNA)는 세 대의 DC-3형 여객기를 보유하고 있었는데 그 명칭이 각각 우남호, 장택상의 호를 딴 창랑호, 이기붕의 호를 딴 만송호였다.[15]

도로나 행정구역 명칭도 시민종교를 위해 유용하게 활용될 수 있다. 특정 도로나 행정구역을 시민종교 상의 영웅, 주요 사건·운동이나 가치를 담아 명명하는 게 바로 그것이다. 특히 도로명이 그러한데, 예컨대 서울시는 1946년 10월 1일부터 일본식 정町·정목丁目·통通을 동洞·가街·로路로 바꾸면서, 일부 도로를 한국의 명현明賢과 명장名將의 이름을 넣었다. 이때 세종로(세종대왕), 을지로(을지문덕), 충무로(이순신), 충정로(민영환)가 탄생했다. 1946년이 지나기 전에 퇴계로(이황)도 등장했다.[16] 1966년 11월에도 율곡로(이이), 다산로(정약용), 난계로(박연), 고산로(김정호), 감찬로(강감찬), 소월로(김소월)가 새로 탄생했다. 이때 광개토대왕을 기념하는 '광개로'도 후보로 올랐다. 3·1운동을 기리는 '삼일로'가 탄생한 때도 1966년이었다.[17] 1973년 8월에는 독립운동가 안창호를 기념하는 '도산로'가 등장했다.[18] 서울시는 1984년 11월에도 백범로(김구), 사임당길(신사임당), 소월길(김소월), 소파로(방정환) 등을 추가로 만들어냈다. 이로써 특정의 역사적 인물의 호號를 딴 서울의 도로명은 15개에서 30개로 늘어났다.[19]

통상우표와 기념우표, 엽서도 시민종교의 유용한 인프라가 될 수 있다. "편지나 엽서에 붙은 우표와 찍힌 소인 등을 분석해 우표가 만들어지고 통용된 시대와 사회의 모습을 밝혀"냄을 지향하는 '우편학'을 제창한 바 있는 나이토 요스케는 근대 이후 국민국가에서 우편 관련 업무를 정부 당국이 직접 담당해왔다면서, 우표는 "국가의 정통성을 과시하는 하나의 미디어로 기능"했다고 주장했다.[20] 그에 따르면 "우표는 우편요금의 선납을 나타내는 증표로써 원칙적으로 국가의 이름으로 발행됐으며, 그런 만큼 거기에는 국가의 정치적 견해나 정책, 이데올로기 등이 자연스레 담겨 있게 마련이다. 실제로 많은 국가가 전시에 국민의 전의를 높이는 방안으로 우표나 엽서를 발행하거나, 올림픽이나 월드컵 등 국가행사 시 기념우표를 발행해 선전한다. 역사상 주요 사건이나 인물이 우표에 다루어질 때도 해당 국가의 역사관이 그대로 투영된다. 동일하게 한국전쟁을 소재로 한 우표라도 한국과 북한이 발행한 우표는 테마와 디자인, 내용에 이르기까지 전혀 다를 것이다. 다시 말해, 우리는 우표를 통해 정치·경제나 생활상 등 그 나라의 문화 전반을 살펴볼 수 있다."[21]

필자는 이런 취지에서 우리가 '우표정치'라는 용어도 활용할 수 있다고 생각한다. 〈표 5-3〉에서 확인할 수 있듯이 지배엘리트들은 우표에 자신들의 정치적-이데올로기적 메시지를 줄기차게 새겨 넣었다. 앞서도 언급했듯이 한국은 1948년 7월 29일에 개막된 런던올림픽에 처음 참가했다. 그 직전인 1948년 6월 1일에 올림픽 참가 기념우표가 발행되었다. 독립정부가 수립되기 직전이라 참가국명은 '대한민국'이 아닌 '조선'이었다.[22] 지배세력의 발전주의적 욕망과 기획을 잘 보여주는 우표도 자주 발행되었다. '산업부흥'을 형상화한 통상우표가 처음 등장한 때는 1955년이었다. 이 우표에는 새싹과 공장, 수력발전 댐이 그려져 있었다. 1958년 8월 발행된 정부 수립 10주년 기념우표에도 "공장지대를 멀리서 굽어보는 소년과 소녀의 모습"이 포함되었다.[23] 1956년 8월 22일에 체신부는

〈표 5-3〉시기별 주요 우표의 발행 양상

시기	주요 우표와 발행 연월
미군정 시기	조선우표(통상우표, 1946.2), 해방조선 기념우표(1946.5), 해방1주년 기념우표/엽서(1946.8), 총선거 기념우표(1948.5), 국회 개원 기념우표(1948.5), 올림픽참가 기념우표(1948.6), 헌법공포 기념우표(1948.8), 초대 대통령취임 기념우표(1948.8)
이승만 정부 시기	정부수립 기념우표(1948.8), 유엔한위환영 기념우표(1949.2), 철도교통50주년 기념우표(1949.9), 제2회 총선거 기념우표(1950.5), 국토통일 기념우표(1950.11), 연합군 참전국 국기와 태극기 문양 우표(1951.9 이후), 제2대 대통령취임 기념우표(1952.9), 독도를 소재로 한 통상우표(1954.9), 한미상호방위협정체결 기념우표(1954.11), 리승만대통령 각하 제80회 탄신 기념우표(1955.3), 리승만대통령 각하 제81회 탄신 기념우표(1956.3), 제3대 대통령취임 기념우표(1956.8), 한미우호통상항해조약체결 기념우표(1957.11), 정부수립10주년 기념우표(1958.8)
장면 정부 시기	아이젠하워 미국대통령 내방 기념우표(1960.6), 참의원개원 기념우표(1960.8), 새정부수립 기념우표(1960.10), UN묘지설치 기념우표(1960. 11), 4월혁명 제1주년 기념우표(1961.4)
박정희 정부 시기	5·16군사혁명 기념우표(1961.6), 광복절(16주년) 기념우표(1961.8), 5·16혁명 제1주년 기념우표(1962.5), 원자로가동 기념우표(1962.3), 한산대첩 제370주년 기념우표(1962.8), 제1차5개년계획 캠페인우표(1962~1966년 매년 2종씩), 제5대 대통령취임 기념우표(1963.12), 광복 제20주년 기념우표(1965.8), 전투사단파병1주년 기념우표(1966.10), 존슨 미국대통령 내방 기념우표(1966.10), 뤼프케 독일대통령 내방 기념우표(1967.3), 제2차경제개발5개년계획 캠페인우표(1967.6, 이후 매년), 방위성금모금 우표(1968), 공산학정하의 피압박민족해방운동 기념우표(1968.7), 반공학생의날 기념우표(1968.11), 서울-부산간고속도로 준공 기념우표(1970.6), 박정희대통령 업적홍보 보통우표(1970.9, 1970.11), 방첩 및 승공의 달 캠페인우표(1971.3), 예비군의날 기념우표(1971.4), 제1회 박대통령컵 쟁탈 아시아축구대회 기념우표(1971.5), 제7대 대통령취임 기념우표(1971.7), 새마을운동 캠페인우표(1972.5), 남북적십자본회담 기념우표(1972.8), 방첩 및 승공의 달 캠페인우표(1972.5), 제8대 대통령취임 기념우표(1972.12), 통일기원 캠페인우표(1973.3), 포항종합제철공장 준공 기념우표(1973.6), 국제형사경찰기구 창립59주년 기념

시기	주요 우표와 발행 연월
박정희 정부 시기	우표(1973.9), 소양강다목적댐준공 기념우표(1973.10), 세계인권선언25주년 기념우표(1973.12), 서울지하철(종로선)개통 기념우표(1974.8), 육영수여사 추도우표(1974.11), 포드 미국대통령 방한 기념우표(1974.11), 민방위대창설1주년 기념우표(1975.9), 국군의날 기념우표(1975.10), 100억불 수출의날 기념우표(1977.12), 세종문화회관개관 기념우표(1978.4), 국회개원30주년 기념우표(1978.5), 제9대 대통령취임 기념우표(1978.12), 카터 미국대통령 방한 기념우표(1979.6), 제10대 대통령(최규하)취임 기념우표(1979.12), 박정희대통령 추모우표(1980.2)
전두환 정부 시기	제11대 대통령취임 기념우표(1980.9), 제12대 대통령취임 기념우표(1981.3), 제1차 평화통일정책자문회의 기념우표(1981.6), 전두환대통령 아세안5개국순방 기념우표(1981.6, 모두 6종), 광복36주년 기념우표(1981.8), 88서울올림픽유치 기념우표(1981.10), 한미수교100주년 기념우표(1982.6), 전두환대통령 아프리카4개국순방 기념우표(1982.8, 모두 4종), 안중근, 유관순, 이순신 초상, 청산리대첩 통상우표(1982.10부터), 국산자동차 시리즈 통상우표(1983.2부터), 전두환대통령 동남아순방 기념우표(1983.10), 레이건 미국대통령 방한 기념우표(1983.11), 교황 요한바오로2세 방한 기념우표, 한국천주교회200주년 기념우표(1984.1), 88올림픽고속도로개통 기념우표(1984.6), 전두환대통령 일본방문 기념우표(1984.9), 서울국제무역박람회 기념우표(1984.9), 전두환대통령 미국방문 기념우표(1985.4), 광복40주년 기념우표(1985.8), 세계은행/국제통화기금 연차총회 기념우표(1985.10), 한일국교정상화20주년 기념우표(1985.12), 한강종합개발준공 기념우표(1986.9, 3종), 올림픽 기부금 부가금우표(1986~87), 88서울올림픽유치5주년 기념우표(1986.10), 국군의날 기념우표(1987.9)

* 출처: 나이토 요스케, 『우표로 그려낸 한국 현대사』, 18-115, 116-127, 128-221, 224-272쪽.

'기본우표도안'을 개정하여, 종전에 사용되던 약 20종의 우표·엽서들이 매진되는 대로 10종의 새로운 우표·엽서들로 대체하겠다고 밝힌 바 있다. 새로운 우표와 엽서에 채용된 도안은 국회의사당(1환짜리 우표), '우편선각자인' 홍영식 혹은 민상호(2환), 남대문(5환), 무궁화(10환), 호랑이(15환), 세종대왕(20환), 첨성대(50환), 해금강(55환), 마패(국내엽서), 학(국제엽서) 등이었다.[24] 그리 강렬하지는 않을지라도, 여기서도 '우표정치'의 의도를 어렵지 않게 읽어낼 수 있다.

3. 상훈제도

훈장과 포장褒章 제도는 영웅을 생산하는, 혹은 이미 영웅시되는 특정 인물을 사후적으로 공인하는 핵심 기제 중 하나이다. 훈장의 종류, 수여 대상, 위격位格 혹은 가치도 중요하지만 우리는 특히 훈장의 '명칭'과 '상징'에 주목할 필요가 있다. 예컨대 자립장(1등급), 자조장(2등급), 협동장(3등급), 근면장(4등급), 노력장(5등급) 등 '새마을운동의 3대 정신'인 근면·자조·협동을 앞세운 새마을훈장의 등급별 명칭은 그 자체가 지배층이 지향하는 가치와 그것의 우선순위까지 반영하고 있지 않은가? 보국훈장의 통일장(1등급), 국선國仙장(2등급), 천수天授장(3등급), 삼일三一장(4등급), 광복光復장(5등급), 그리고 무공훈장에서 태극(1등급), 을지(2등급), 충무(3등급), 화랑(4등급), 인헌(5등급) 역시 마찬가지이다.

대한민국 정부가 수립된 직후인 1949년 4월 27일에 처음으로 '건국공로훈장령'이 제정되면서 훈장제도의 기본틀이 마련되었다. 그 후 '무궁화대훈장령' 등 9개의 훈장령이 추가로 제정되었다. 1963년 12월 14일에 제정된 '상훈법'을 통해 개별 법령에 의해 제각기 운영되던 상훈제도가 단

일 법률로 통합되었다.[25] 총무처는 1948년부터 1980년까지 한국 상훈제
도의 변천 흐름을 〈표 5-4〉와 같이 정리한 바 있다. 2001년에 '과학기술훈
장'(창조장, 혁신장, 웅비장, 도약장, 진보장)과 '과학기술포장'이 추가되었다. 과학
기술훈장과 포장의 상징문양은 태극, 해시계, DNA 이중나선이다.[26]

〈표 5-4〉를 더 상세히 정리하면서 상징문양의 특징까지 포함시킨 것
이 〈표 5-5〉와 〈표 5-6〉이다. 〈표 5-5〉와 〈표 5-6〉에서도 확인할 수 있
듯이, 국기와 국화인 태극과 무궁화는 훈장·포장 디자인에서 압도적인
존재감을 과시하고 있다. 산업훈장·포장과 새마을훈장·포장에서는 발
전소, 종鐘, 닻 모양의 묘판錨板, 치차齒車 등이, 주로 공무원들에게 수여되
는 근정훈장에서는 관자貫子와 관모官帽, 학鶴 등이, 그리고 무공훈장·포

〈표 5-4〉 한국 상훈제도의 변천

시기		제도와 법령	훈·포장 종류
1940년대	제1기(창설기)	건국공로훈장·포장령 제정 무궁화대훈장령 제정 무공훈장령 제정	훈장 3종 포장 7종
1950년대	제2기(확장기)	문화훈장령 제정 소성(素星)훈장령 제정	훈장 5종 포장 7종
1960년대	제3기(정비기)	수교훈장령 제정 근무공로훈장령(보국훈장) 제정 산업훈장령 제정 상훈법 및 같은 법 시행령 제정 정부표창규정 제정	훈장 8종 포장 7종
1970년대	제4기(안정기)	예비군포장 신설 새마을훈장 및 포장 신설 문화훈장 및 포장 신설 체육훈장 및 포장 신설 수교훈장 1등급 세분: 광화대장(光化 大章), 광화장	훈장 11종 포장 11종

* 출처: 총무처 편, 『상훈편람』, 총무처, 1984, 212쪽.

〈표 5-5〉 한국 훈장의 등급·명칭의 변천과 상징문양27

종류(제정 시기)	등급 및 명칭의 변천	상징문양의 특징
무궁화대훈장 (1949.8.15)	등급 없음	무궁화, 금관 (태극, 팔괘, 사괘, 봉황, 월계수 잎, 나비)
건국훈장 (1949.4.27)	○ 제정 시 1등(1등급), 2등(2등급), 3등(3등급) 건국공로훈장 ○ 1958.2.27 건국공로훈장 중장(1등급), 복장(2등급), 단장(3등급)으로 개정 ○ 1967.2.28 건국훈장 대한민국장(1등급), 대통령장(2등급), 국민장(3등급)으로 개정	태극 (태양, 무궁화 잎과 고리, 당초[唐草])
무공훈장 (1950.10.18)	○ 제정 시 1등(1등급), 2등(2등급), 3등(3등급), 4등(4등급) 무공훈장 ○ 1951.5.21 태극(1등급), 을지(2등급), 충무(3등급), 화랑(4등급) 무공훈장으로 개정 ○ 1963.12.14 인헌(仁憲) 무공훈장(5등급) 추가	태극, 검, 거북선, 투구, 포차 (월계수 잎, 별)
국민훈장 (1951.12.22)	○ 제정 시 문화훈장 대한민국장(1등급), 대통령장(2등급), 국민장(3등급) ○ 1967.2.28 국민훈장 무궁화장(1등급), 모란장(2등급), 동백장(3등급), 목련장(4등급), 석류장(5등급)으로 개정	무궁화 (월계수 잎, 당초 잎, 갈매기 날개)
근정훈장 (1952.1.15)	○ 제정 시 청조(1등급), 황조(2등급), 홍조(3등급), 녹조(4등급) 소성훈장 ○ 1963.12.14 옥조(玉條) 소성훈장(5등급) 추가 ○ 1967.2.28 '소성(素星)훈장'을 '근정(勤政)훈장'으로 변경	관자와 관모, 학, 무궁화 (태양, 별, 무궁화 꽃과 잎)
보국훈장 (1961.7.26)	○ 제정 시 1등, 2등, 3등, 4등, 5등, 6등, 7등 근무공로훈장 ○ 1963.12.14 6등, 7등 근무공로훈장 폐지 ○ 1967.2.28 '근무공로훈장'을 '보국훈장'으로 변경 ○ 1970.11.17 보국훈장 통일장(1등급), 국선장(2등급), 천수장(3등급), 삼일장(4등급), 광복장(5등급)으로 개정	검, 태극 (서광, 월계수 잎, 성지[城趾])
수교훈장 (1961.7.25)	○ 제정 시 1등, 2등, 3등, 4등, 5등, 6등 수교(樹交)훈장 ○ 1963.12.14 6등 수교훈장 폐지 ○ 1970.11.17 수교(修交)훈장 광화장(1등급), 흥인장(2등급), 숭례장(3등급), 창의장(4등급), 숙정장(5등급)으로 개정 ○ 1974.10.23 1등급을 광화대장, 광화장으로 세분	태극 (무궁화 가지, 월계수 잎, 태양, 금강석, 당초, 거위 깃)
산업훈장 (1962.9.29)	○ 제정 시 금탑(1등급), 은탑(2등급), 동탑(3등급) 산업훈장 ○ 1967.2.28 철탑(4등급), 석탑(5등급) 산업훈장 신설	탑, 묘판, 치차, 곡괭이, 삽 (태양, 무궁화 잎, 별빛, 벼, 대나무 잎, 날개)
새마을훈장 (1973.11.1)	○ 제정 시 새마을훈장 자립장(1등급), 자조장(2등급), 협동장(3등급), 근면장(4등급), 노력장(5등급)	종 (복숭아꽃과 잎)
문화훈장 (1973.11.1)	○ 제정 시 금관(1등급), 은관(2등급), 보관(3등급), 옥관(4등급), 화관(5등급) 문화훈장	세종대왕상 (월계수 잎, 필기구)
체육훈장 (1973.11.1)	○ 제정 시 체육훈장 청룡장(1등급), 맹호장(2등급), 거상장(3등급), 백마장(4등급), 기린장(5등급)	체육인상, 월계수 (무궁화 잎)

<표 5-6> 한국 포장의 명칭과 상징문양[28]

종류	명칭의 변천	핵심 상징문양
건국포장	○ 1949.6.6 제정	태극
국민포장	○ 1949.6.6 제정 시 문화포장, 공익포장 ○ 1967.1.16 '국민포장'으로 명칭을 변경하면서 통합	태극, 봉화, 붓, 펜, 무궁화
무공포장	○ 1949.6.6 제정 시 방위포장 ○ 1967.1.16 '방위포장'을 '무공포장'으로 변경	태극, 검, 투구
근정포장	○ 1949.6.6 제정 시 면려(勉勵)포장 ○ 1967.1.16 '면려포장'을 '근정포장'으로 변경	태극, 일월, 무궁화
보국포장	○ 1949.6.6 제정 시 방위포장 ○ 1967.1.16 '방위포장'을 '보국포장'으로 변경	태극, 비둘기
산업포장	○ 1949.6.6 제정 시 식산(殖産)포장, 근로포장 ○ 1967.1.16 '산업포장'으로 명칭을 변경하면서 통합	태극, 수력발전소, 치차, 묘판
수교포장	○ 1967.1.16 제정	월계수, 무궁화 잎, 유대, 태극, 지구환
예비군포장	○ 1971.1.4 제정	한반도 지도, 태극
새마을포장	○ 1973.1.25 제정	종
문화포장	○ 1973.1.25 제정	세종대왕상
체육포장	○ 1973.1.25 제정	체육인상, 월계수

장에서는 검劍과 투구·포차, 거북선 등이, 예비군포장에서는 한반도 지도
地圖, 보국훈장에서는 검이 주요 상징문양으로 활용되었다. 문화훈장과
포장에서는 세종대왕상이 상징문양으로 선택되었다.

상훈제도는 제정된 직후부터 본연의 역할을 수행하기 시작했다. 영웅
을 생산하거나 사후적으로 공인해주는 역할 말이다. 1983년 말까지 훈장
을 수여받은 이는 259,124명, 포장을 수여받은 이는 54,192명에 이르렀다.
당시에는 무궁화대훈장을 비롯하여 모두 11종의 훈장이, 그리고 건국포
장을 비롯하여 11가지의 포장이 운용되고 있었다. <표 5-7>에 훈종勳種
과 등급에 따른 수훈자 통계가, <표 5-8>에는 포장별 수훈자 통계가 각각
제시되어 있다.

〈표 5-7〉 1983년 12월 31일 현재 훈종별, 등급별 훈장 수훈자 수 단위 : 명

| 훈장의 종류 | 등급 | | | | | 합계 |
	1등급	2등급	3등급	4등급	5등급	
무궁화대훈장	47					47
건국훈장	57	78	593			728
국민훈장	375	472	2,661	1,917	2,153	7,581
무공훈장	404	400	21,805	168,533	14,707	209,849
근정훈장	217	315	2,099	9,596	3,218	15,445
보국훈장	485	931	2,033	7,441	8,683	19,258
수교훈장	771	350	203	88	61	1,473
산업훈장	138	248	595	562	727	2,270
새마을훈장	1	13	325	490	585	1,414
문화훈장	15	41	34	4	11	105
체육훈장	12	43	99	345	455	954
합계	2,522	2,891	30,447	188,976	30,600	259,124

* 출처: 총무처, 『상훈편람』, 256쪽.

〈표 5-8〉 1983년 12월 31일 현재 포장 수훈자 수 단위 : 명

포장의 종류	인원	포장의 종류	인원
건국포장	1,428	수교포장	5
국민포장	2,539	산업포장	1,512
무공포장	5,101	새마을포장	781
근정포장	32,147	문화포장	291
보국포장	8,349	체육포장	244
예비군포장	1,795	합계	54,192

* 출처: 총무처, 『상훈편람』, 256쪽.

4. 화폐와 담배

한국의 화폐 역사에서 민족의 독립을 상징하는 사건은 지폐 앞면에 새겨
진 일본 정부 휘장(오동꽃)과 뒷면에 새겨진 일본 국화(벚꽃)를 나라꽃인 무
궁화로 대체한 일이었다. 1950년 6월에는 조선은행 시대가 저물고 그 대
신 한국은행이 창립되었다. 그렇지만 독립적인 주화鑄貨의 발행은 1959년
까지 지체되었다. 우리가 지폐와 주화의 디자인 변천 과정에 주목해보면,
그 디자인을 통해 어떻게 '독립'을 상징했는지 그리고 정치권력을 정당화
했는지를 비교적 손쉽게 파악할 수 있다.

〈표 5-9〉에서 보듯이 1940년대에는 '독립'이라는 상징이 여전히 지배
적이었다. 일본식 '수노인상壽老人像'을 대신하여 1949년부터 '독립문' 도
안을 은행권에 새긴 게 대표적이다. 반면에 1950년대에는 독립(파고다공원)

〈표 5-9〉한국은행 은행권(지폐)의 도안 변천[29]

| 발행일자 | 지폐의 종류 | 도안 | | 은서/은화 |
		앞면	뒷면	
1945.8.15	을(乙) 100원	수노인상(壽老人像)		
1945.10.20	을(乙) 1원	수노인상		
1945.12.10	병(丙) 100원, 을 10원	수노인상	조선은행 본점	
1946.5.6	병(丙) 10원	수노인상	조선은행 본점	
1946.7.1	정(丁) 100원	수노인상		
1946.10.10	정(丁) 10원	수노인상	조선은행 본점	
1947.6.3	무(戊) 100원	수노인상		
1949.9.1	신(新) 10원	독립문	조선은행 본점	
1949.9.15	신 5원	독립문	조선은행 본점	
1949.11.15	50전, 10전, 5전	조선은행 휘장	조선은행 휘장	
1950.7.22	1000원	이승만 초상	당초(唐草) 문양	'한국은행' 문자
	100원	광화문		
1952.10.10	신 1000원, 500원	이승만 초상	파고다공원	'한국은행' 문자

발행일자	지폐의 종류	도안		은서/은화
		앞면	뒷면	
1953.2.17	1000환, 500환, 10환, 5환, 1환	거북선	한국은행 휘장	
1953.3.17	신 10환(황색)	남대문	해금강 총석정	'한국은행' 문자
1953.12.15	신 10환(백색)			
1953.12.18	신 100환(황색)	이승만 초상	독립문	'한국은행' 문자
1954.2.1	신 100환(백색)			
1956.3.26	500환	이승만 초상		'한국은행' 문자
1957.3.26	신 1000환 개(改) 100환	이승만 초상	한국은행 휘장	'한국은행' 문자
1958.8.15	신 500환	이승만 초상		'한국은행' 문자
	50환	독립문	이순신동상(거북선)	
1960.8.15	개(改) 1000환	세종대왕 초상	성화(聖火)	'한국은행' 문자
1961.4.19	개 500환	세종대왕 초상	한국은행 본점	'한국은행' 문자
1962.5.16	개 갑(甲) 100환	모자상(母子像)	독립문	'한국은행' 문자
1962.6.10	가 500원	남대문	성화	'한국은행' 문자
	가 100원	독립문	성화	
	가 50원	해금강 총석정	성화	
	가 10원, 5원, 1원	한국은행 휘장		
1962.9.21	나 10원	첨성대	거북선	'한국은행' 문자
1962.11.1	나 100원	독립문	경회루	'한국은행' 문자
1965.8.14	다 100원	세종대왕 초상	한국은행 본점	'한국은행' 문자
1966.8.16	나 500원	남대문	거북선, 판옥선	'한국은행' 문자
1969.3.21	나 50원	파고다공원	봉화(무궁화)	'한국은행' 문자
1972.7.1	가 5000원	이이 초상	한국은행 본점	이이 초상
1973.6.12	가 10000원	세종대왕 초상	경복궁 근정전	고대 여인상
1973.9.1	다 500원	이순신 초상(거북선)	현충사	'한국은행' 문자
1975.8.14	가 1000원	이황 초상(무궁화)	도산서원	무궁화
1977.6.1	나 5000원	이이 초상	오죽헌(무궁화)	이이 초상
1979.6.15	나 10000원	세종대왕 초상(물시계)	경회루(무궁화)	세종대왕 초상
1983.6.11	나 1000원	이황 초상(투호)	도산서원	이황 초상
	다 5000원	이이 초상(벼루)	오죽헌	이이 초상
1983.10.8	다 10000원	세종대왕 초상(물시계)	경회루	세종대왕 초상
1994.1.20	라 10000원	세종대왕 초상(물시계)	경회루	세종대왕 초상

이나 통일(해금강 총석정), 민족유산(광화문, 거북선, 이순신, 남대문)도 담기지만, '이승만 초상'으로 대표되는 지도자숭배가 전면화했다. 1960년대 이후에는 '은행권의 탈정치화'가 이루어진 편으로, 대표적인 민족유산이나 민족영웅들을 통해 '온건한 민족주의'를 드러냈다.

한국은행에 의해 처음 주화가 만들어진 때는 1959년이었다. 최초의 기념주화인 '광복 30주년 기념주화'가 등장한 것은 1975년의 일이었다.[30] 〈표 5-10〉과 〈표 5-11〉에서 보듯이, 주화 및 기념주화에도 정치적 메시지가 담겨 있다.

〈표 5-10〉 한국은행 주화의 도안 변천

발행일자	주화의 종류	도안	
		앞면	뒷면
1959.10.20	50환	거북선	50 숫자
	10환	무궁화	10 숫자
1959.10.30	100환	이승만	100 숫자
1966.8.16	가 10원	다보탑	10 숫자
	가 5원	거북선	5 숫자
	가 1원	무궁화	1 숫자
1968.8.26	나 1원	무궁화	1 숫자
1970.7.16	나 10원	다보탑	10 숫자
	나 5원	거북선	5 숫자
1970.11.30	가 100원	이순신	100 숫자
1972.12.1	가 50원	벼이삭	50 숫자
1982.6.12	500원	학	500 숫자
1983.1.15	나 100원	이순신	100 숫자
	나 50원	벼이삭	50 숫자
	나 10원	다보탑	10 숫자
	다 5원	거북선	5 숫자
	다 1원	무궁화	1 숫자

* 출처: 한국은행, 『한국의 화폐』, 390쪽.

〈표 5-11〉 한국은행 기념주화의 발행 및 도안 변천

발행일자	주화의 종류		도안	
			앞면	뒷면
1975.8.14	광복 30주년	100원	독립문	태극기를 든 여인
1978.6.12	제42회 세계사격 선수권대회	5000원	고구려 무용총 수렵도	사격대회 상징 마크
		500원	서서쏴 상반신 자세	
1981.8.14	제5공화국	20000원	5인의 국민상	정부 상징 및 서운(瑞雲)
		1000원	봉황	
		100원	무궁화	
1982.9.30	제24회 올림픽 대회 유치	20000원	성화	88 유치 마크 및 월계수
		10000원	남대문 및 무궁화	
		1000원	민속무	
1983.8.1	제2차 제24회 올림픽대회 유치	20000원	민속씨름	88 유치 마크 및 월계수
		10000원	경회루	
		1000원	장고춤	
1984.5.1	천주교 전래 200주년	10000원	김대건 신부 등 순교자상	십자가
		1000원	명동성당	
1986.3.21	아시아경기대회	20000원	불국사	아시안게임 마크 및 무궁화
		20000원	성화 주자	
		10000원	축구	
		10000원	배드민턴	
		1000원	은율 가면극	
1987.2.7	제24회 서울 올림픽 1차	50000원	거북선	국가 휘장 및 무궁화
		25000원	농악	
		10000원	마라톤	
		5000원	호돌이	
		5000원	줄다리기	
		2000원	권투	
		1000원	농구	
1987.8.24	제24회 서울 올림픽 2차	50000원	남대문	국가 휘장 및 무궁화
		25000원	부채춤	
		10000원	배구	
		5000원	주경기장	
		5000원	제기차기	
		2000원	유도	
		1000원	테니스	

| 발행일자 | 주화의 종류 | 도안 | |
		앞면	뒷면
1988.2.1	제24회 서울올림픽 대회 3차	50000원 기마인물상 25000원 연날리기 10000원 다이빙 5000원 태권도 5000원 그네타기 2000원 레슬링 1000원 핸드볼	국가 휘장 및 무궁화
1988.7.7	제24회 서울올림픽 대회 4차	50000원 다보탑 25000원 널뛰기 10000원 양궁 5000원 씨름 5000원 팽이치기 2000원 역도 1000원 탁구	국가 휘장 및 무궁화
1988.8.29	제24회 서울올림픽 대회 5차	10000원 승마 10000원 리듬체조 10000원 사이클 10000원 축구	국가 휘장 및 무궁화
1993.6.9	'93대전세계박람회	50000원 한빛탑 25000원 혼천의와 천문관측 돔 10000원 청자 비룡형 주자 5000원 농악 5000원 물레 1000원 마스코트(로켓과 꿈돌이)	박람회 공식 휘장 박람회 공식 휘장 박람회 공식 휘장 박람회 공식 휘장 박람회 공식 휘장 휘장 및 28개 별자리

* 출처: 한국은행, 『한국의 화폐』, 390-397쪽에서 정리.

주화의 디자인도 그렇거니와, 기념주화의 경우에는 정치적 성격이 더욱 선명하다. 기념주화에선 디자인도 중요하지만, 거기에 고도의 정치적인 선택성이 담기는 만큼 기념주화를 발행하기로 하는 결정 자체가 매우 중요하다. 1990년대 이전에 대부분의 기념주화 발행이 이루어진 1980년대에는 온통 88서울올림픽과 86아시안게임에 초점이 맞춰져 있음이 너무나도 확연하게 드러난다. 다만, 주화의 경우 이승만 대통령 초상이 디자인된 1959년의 100환 동전을 제외하고는 대부분 무궁화, 거북선과 이순신, 다보탑 등 민족주의적인 메시지를 전달하는 데 그치고 있다. 1972년 50원 동전에 처음 등장한 벼이삭은 발전주의 가치를 전달하고 있다.

담배 이름에도 정치이념이 담겼다. 〈표 5-12〉는 담배 생산과 판매에 대한 국가독점권을 보장한 전매專賣제도가 정착된 1921년 이후의 시대별 담배 명칭을 정리한 것이다.

〈표 5-12〉 전매제도 하 시기별 담배의 명칭[31]

시기	담배 명칭과 출시 연월
식민지 시기 (1921~1944)	마코(MACAW, 1921.12), 봉황(1921.12), 해태(KAIDA, 1922.4), 희연(囍煙, 1922.11), G.G.C.(1922.12), 장수연(長壽煙, 1923.4), 모란(1929.9), 금강(1929.9), 불로연(不老煙, 1930.1), 복연(福煙, 1930.4), 오복초(五福草, 1932.12), 은하(銀河, 1932.12), 란(蘭, 1934.10)
해방 직후 (1945~1949)	승리(1945.12), 장수연(長壽煙, 1945.12), 백두산(1946.1), 공작(1946.1), 무궁화(1946.6), 8·15기념담배(1946.8), 백구(白鷗, 1948.5), 계명(鷄鳴, 1948.8), 샛별(1949.4), 백합(1949.4), 화랑(1949.5: 군인용)
한국전쟁 발발 후 (1950~1961.4)	건설(1951.2), 백양(白羊, 1955.8), 파랑새(1955.8), 탑(1955.8), 풍년초(豐年草, 1955.8), 사슴(1957.1), 진달래(1957.1), 아리랑(1958.1), 나비(1960.8), 모란(1961.1), 금관(1961.1)
군사쿠데타 이후 (1961.5~1969)	재건(1961.7), 파고다(1961.8: 박정희가 작명한 담배), 해바라기(1962.1), 새나라(1962.1), 상록수(1963.1), 희망(1964.11), 신탄진(1965.7), 금잔디(1965.7), 전우(專友, 1966.1: 전매청 직원용·), 스포츠(1966.4), 백조(1966.5), 자유종(自由鐘, 1966.8), 새마을(1966.8), 수연(壽煙, 1966.8), 타이거(1966.11), 한강(1968.8), 여삼연(麗蔘煙, 1968.9: 인삼 담배), 청자(1969.2), 설악(1969.8)
1970년대 (1970~1980)	은하수(1972.5), 비둘기(1973.2), 초원(1973.4), 하루방(1974.1), 단오(1974.4), 학(鶴, 1974.4), 한산도(1974.4), 환희(1974.4), 개나리(1974.4), 명승(1974.6), 거북선(1974.7), 태양(1974.7), 남대문(1974.4), 샘(1974.7), 삼연(蔘煙, 1976.12: 인삼 담배), 수정(1974.7), 충성(1976.2, 전투경찰용·), 진생(1976.12), 연송(1976.10), 협동/새마을(1977.5)

이 표를 통해 확연히 드러나듯이, 식민지 시기에는 비非정치적이던 담배 명칭이 해방 후 대단히 정치적으로 변했다. 1945년 12월 조선군정청 전매국이 "해방의 기쁨을 기념하여" '승리' 담배를 보급했는데, 이 담배에는 "기념궐련卷煙"이라는 글자가 새겨져 있었다.[32] 1946년 1월에는 '백두산'과 '공작'이 발매되었다. 이 가운데 '백두산'은 완전한 자주독립을 상징했다. '공작'도 고대적인 우주질서 상징에서 남쪽 방위신이 '주작'임을 감안하면, 분단 상황에서 남한을 상징할 수 있다. 역시 1946년 6월에 선보인 '무궁화' 담배는 "디자인을 해방 전 총독부의 상징이던 오동잎을 우리나라 국화인 무궁화 꽃으로 대체하여 민족의식과 자주 독립국가로서의 자긍심을 높였다." 1946년 8월에는 '8·15기념담배'가 발매되었다. 이 담배의 앞면과 뒷면에는 "8·15기념", 옆면엔 "해방1주년 기념 진정품 進呈品"이라는 글씨가 새겨져 있었다.[33]

해방 후 역대 정부는 '양담배=악, 국산담배=선'이라는 도덕적 이원론까지 동원하여 '양담배 대 국산담배'의 대립구도를 설정하고 '양담배와의 전쟁'을 벌여갔다. 이로 인해 국산담배 소비는 '애국' 및 '민족' 담론과 연결되었다.[34] 1948년 5월에 나온 '백구白鷗' 담배가 담배를 통한 민족주의적-애국주의적 캠페인의 시초였다.

> 1948년에 나온 "백구"는 미국산 잎담배를 100퍼센트 사용하여 소비자에게 인기를 끌었다. 당시에도 담배 판매 수입은 국가 재정의 70퍼센트를 차지하던 상황인지라 국무회의 석상에서는 우리 담배를 피우자고 결의하게 되었고 이에 따라 외국 담배를 즐기던 상류층과 정부의 장, 차관들까지 "백구"를 피우게 되었다. 인기 담배 "백구"는 외국 담배 소비를 감소시키고 재정 수입에 일조하는 효자 역할을 하였으며 애국심에 호소한 국산 담배 애용운동의 효시가 되었다.[35]

이인석은 '백구' 담배에서 망망대해 위를 날고 있는 두 마리의 갈매기가 "'한 번 날아보자'는 국민의 염원"을 표현했다고 해석했다. "거대한 바다 태평양 너머 미지의 세계에 대한 도전의식이 잘 반영된 이미지로, 선진화에 대한 국민의 염원과 전 세계 유수한 나라들과 어깨를 나란히 하고자 하는 열망이 담겼다"는 것이다.[36]

1948년 8월에는 대한민국 정부 수립 기념담배인 '계명'이 발매되었다. "'계명'의 포장 디자인은 하늘색 바탕에 노란색과 붉은색 점으로 나타낸 둥근 지구 반구에 흰색의 한반도를 딛고 선 수탉이 어둡고 암울했던 일제 식민지 시대의 터널을 지나 새 나라의 새벽을 알리는 울음소리를 리본 모양으로 표현했으며 한자로 '대한민국 정부 수립 축하 기념'이라고 새겨져 있다. 1949년에는 군용 담배인 '화랑'과 '샛별', '탑', '백합'이 나오고 1951년에는 재무부 전매국이 전매청으로 승격되었으며 6·25전쟁으로 폐허가 된 조국을 재건하자는 의미에서 '전방은 진격, 후방은 건설'이라는 구호 아래 '건설'을 발매하였다."[37] 이인석은 '백합'의 의미도 백의민족과 반공(붉은색에 대비)의 의미를 지닌 것으로 해석했다.[38]

담배는 건강하고 강인한 남성을 표상하는 남성성의 상징 내지 지표이기도 했다. 특히 담배는 전쟁 및 군대-군인의 이미지와 긴밀히 결합했다.

전쟁 중엔 "전우의 시체를 넘고 넘어……화랑 담배 연기 속에 사라진 전우야"라는 노래에서도 알 수 있듯이 1949년 선보인 첫 군용 담배인 '화랑'이 사랑을 받았는데, '화랑'은 1981년 말까지 32년이나 판매돼 국내 최장수 담배라는 기록을 세웠다.

리처드 클라인이 잘 짚었듯이, 담배는 전쟁, 군인과 떼려야 뗄 수 없는 관계를 맺고 있다. 전쟁이 담배를 키워왔다고 해도 지나친 말이 아닐 정도다. 전쟁의 고통과 두려움을 잊기 위해 담배에 매달리는 사람들이 많아지기 때문이다. 독일의 소설가 에리히 마리아 레마르크Erich

Maria Remarque는 제1차 세계대전을 다룬 소설 『서부전선 이상 없다』 (1929)에서 다음과 같이 말했다. "전투에서 담배가 배급될 때 그것은 곧 공격의 시간이 가까워졌다는 신호였다."[39]

위 인용문에 나오는 노래 〈전우야 잘 가라〉는 한국전쟁 당시 9·28서 울수복 직후 유호가 작사하고 박시춘이 작곡했다.[40] 〈전우〉라는 군가에 도 "겨레의 늠름한 아들로 태어나……한 까치 담배도 나눠 피우고"라는 대목이 등장한다.

한때 군대는 대한민국 남자들이 담배를 배우는 곳이었다. "10분간 휴식, 담배 일발 장전! 발사!" 각개전투훈련장에서, 화생방훈련장에서 피우는 담배는 꿀맛이었다. 고참들의 '줄빠따'도, 부모님 생각도 담배 한 모금에 참아낼 수 있었다. 군가 〈전우〉의 가사처럼 '한 까치(개비) 담배도 나눠 피우고 기쁜 일 고된 일 다 함께 겪는' 그들은 전우였다.[41]

'비정치성의 정치성'이랄까, 얼핏 탈정치적으로 보이는 담배이름도 실은 정치적 의도의 산물인 경우가 왕왕 있었다. 강준만은 이렇게 말했다. "1955년 전쟁의 상흔을 씻겠다는 듯 대대적인 '국민 명랑화 운동'이 전개된 가운데 8월에 나온 새 담배의 이름은 '백양', '탑', '풍년초', '파랑새'였다. 파랑새 담배를 피우며 희망을 잃지 말라는 뜻이었을까?"[42] 담배는 단순한 계몽수단이 아니라 엄청난 이윤을 지향하는 상품이기도 했고, 이런 이윤 지향이 거기에 지나친 정치색을 집어넣는 것을 일정하게 제어하는 역할을 했을 수도 있다. 그러나 식민지 시기인 1920년대에 전매제도가 정착된 이래 담배는 줄곧 국가독점의 영역으로 남아 있었다. 따라서 담배는 '고도로 정치적인' 상품일 가능성이 충분했다. 실제로도 1960년대의 '재건'과 '새나라', '상록수', '자유종', '새마을', 1970년대의 '비둘기', (이순신과 관련해 1974년에 발매된) '한산도'와 '거북선', '충성', '협동/새마을' 등에서 보듯이 1960~1970년대에도 정치색은 담배 명칭과 디자인에서 결코 사라지지 않았다.

1980년대 후반의 88올림픽 시리즈(88, 88 라이트, 88 골드, 88 박하)와 '도라지', '라일락' 담배에 이어, 1990년대에는 영어식이 다수인 '비정치적' 명칭의 담배들이 줄지어 나타났다. 하나로(1992년), 글로리(1993년), 디스(1994년), 오마샤리프(1995년), 심플(1996년), 에쎄(1996년), 겟투(1997년), 시나브로(1998년), 디스플러스(1999년), 리치(1999년), 타임(2000년), 마운틴클래스(2000년) 등이 그 사례들이다.[43] 민주화 이후인 1990년대 들어서야 비로소 담배 이름의 탈정치화가 뚜렷해졌던 것이다.

제6장

누구의 어떤 시민종교인가?

문제의식과 접근방법

필자는 한국 시민종교 연구에서 시종일관 유념하고 강조해야 할 몇 가지 초점 내지 과제들을 명확히 확인해둘 필요가 있다고 생각한다. 그 중에서도 다음 네 가지를 특별히 부각시키고 싶다: (1) '식민지 요인'과 '분단 요인' 모두의 중요성을 균형 있게 강조하는 것, 그리고 양자의 접합 방식을 역사적으로 탐구하는 것, (2) '식민지엘리트' 그룹을 시민종교 형성의 핵심 상위上位주체로서 주목하는 것, (3) 한국 현대사에서 반복적으로 나타난 '폭력성의 과잉' 현상과 시민종교의 관련을 규명하는 것, (4) 한국 시민종교의 형성에서 두 차례의 '전쟁'이 가진 중요성과 영향을 적절히 포착하는 것. 상세한 논의는 뒤로 미루고, 이번 장에서는 식민지-분단 요인, 식민지엘리트, 폭력성, 전쟁이라는 선별된 네 초점들에 대해 개략적으로만 설명하고자 한다. 이 초점들을 끊임없이 반추하고 상기하는 것이야말로 한국 시민종교 연구가 중도에 방향감각을 잃지 않으면서 목적지를 향해 순항하는 데 필수적인 나침반 구실을 해주리라 기대한다.

1. 식민지 요인과 분단 요인의 접합

먼저, 한국 시민종교의 성격 형성 및 변동 과정에는 '식민지 요인'과 '분단 요인' 모두가 중요하며, 이 요인들이 동시에 개입하고 있다는 사실이 강조되어야 한다. 따라서 핵심적인 분석 과제는 구체적인 상황과 국면 속에서 두 요인들이 접합되는 과정 및 방식을 논리정연하게 재구성하는 것이 된다.

식민지 요인을 강조함으로써 해방 이전과 이후의 역사적 '연속성'을 강조할 것인가, 아니면 분단 요인을 강조함으로써 해방 이전과 이후의 역사적 '단절성'을 강조할 것인가? '식민지 근대화론'이 전자의 입장을 대표한다면, '분단체제론'은 후자의 입장을 대표한다고 하겠다. 식민지 근대화론의 지지자들이 '경제적' 연속성을 강조하는 데 비해 필자는 지배세력의 '인적 연속성'과 '정치적 연속성', 특히 통치기술과 통치이데올로기의 연속성을 강조하려 한다. 한편 필자는 분단체제의 형성·발전 과정에 미친 식민지 요인의 중요성, 해방 이전-이후 시기의 연속성을 충분히 부각시킬 필요가 있다고 생각한다. 아울러 분단체제의 형성에 미친 요인들에 대한 분석에서 '외적·환경적' 측면들 못지않게 한국사회의 '내적·주체적' 측면들을 균형 있게 고려해야 한다고 본다.

필자는 '식민지엘리트'라 명명한 세력이 식민지-분단 요인을 접합시킨 핵심 주체였음을 특별히 강조하려고 한다. 다시 말해 지배세력의 '인적·이데올로기적 연속성'을 매개로 식민지 요인과 분단 요인이 결합되었다는 데 주목하려는 것이다. 식민지엘리트 세력을 중심에 놓고 해방 전후 시기의 남한사회를 관찰할 경우, 식민지 요인과 분단 요인의 접합은 '자연스러울' 뿐 아니라, 어떤 면에서는 '불가피하게' 보일 정도라는 게 필자의 판단이다. 미국이 주도한 한반도에서의 독특한 전후처리 방침 및 과정으로 인해, 식민지 시기의 '하위下位 지배세력'(즉 식민지엘리트 그룹들)이 해방 후 '상위上位 및 중위中位 지배세력'으로 상승했다. 또 이들 지배세력에 의해 식민지 시기의 '하위 통치이데올로기'였던 반공주의가 해방 후 '상위 통치이데올로기'로 상승했다.

유사한 맥락에서 필자는 남한에서의 단독정부 수립운동, 즉 분단국가 수립을 위한 일련의 움직임 자체가 어느 정도는 식민지 하위 지배세력(식민지엘리트)의 '생존권 투쟁' 성격을 띠고 있었음을 이 책에서 부각시키려 한다. '식민지' 하위 지배세력의 생존권 확보를 위한 분투가 해방 직후 남한의 실질적 지배세력이던 미국의 세계적 냉전체제 구상과 절묘하게 결합함으로써 '분단'이 급속히 현실화되었다는 것이다. 필자는 이 책의 2부에서 바로 이 세력(식민지엘리트)의 특성과 행태를 밝히는 데 집중하려고 한다.

이런 맥락에서 36년 식민지 역사와 그 유산, 특히 해방 후 식민지 하위 지배세력의 득세가 그 이후 반세기 이상 지속된 '분단체제'와 '장기 권위주의'를 배태했음을 강조해야 한다. 카터 에커트 역시 비슷한 주장을 펼친 바 있다. "식민지 지배체제 아래에서 조선인의 성공조차 대가를 치른 것이었다. 그것은 종종 일본 관료와 정책에 대한 일정한 형태의 협력을 의미했다. 이러한 협력은 특히 중일전쟁과 태평양전쟁 기간 및 해방 직후에 폭발적인 쟁점이 되어 <u>나라의 분단과 잇따른 전쟁의 원인</u>이 되었으며,……지난 수십 년간 남한 정치를 대표한 <u>권위주의 체제</u>는 식민지 말기에 양성된 다양한 조선인 엘리트들의 정치적 성격, 무엇보다 군부로부터 큰 영향을 받았음에 주목해야 한다"(밑줄은 인용자의 강조임).[1]

한국 현대사에서 식민지엘리트가 식민지 요인과 분단 요인의 중매인 middleman 역할을 수행한 사례는 많다. '대한민국'이라는 나라가 등장한 것 자체가 식민지-분단 요인의 결합에 의한 것이었다. 위에서도 말했듯이 강력한 과거사청산 압력 속에서 진행된, 식민지엘리트들의 생존권 확보를 위한 분투가 미국의 냉전체제 구상과 맞물림으로써 분단이 빠르게 현실화되었다. 미군정 시대부터 국가권력을 장악한 식민지엘리트들은

5·10선거 홍보 포스터(1948)
유엔 감시 하에 남한 단독으로 치러진 이 선거에는 단독정부 수립을 반대하고 남북협상을 추진했던 남북 협상파와 좌익계열은 불참했다.

과거사청산 압력을 제압하고 분쇄하기 위해 식민지의 통치테크놀로지들—식민지적 소프트웨어와 하드웨어들—을 적극적으로 동원하고 활용했다. 대한민국 체제의 원형原型이자, 대한민국 '생성기生成期의 몸체'이기도 했던 '48년 체제' 역시 두 요인의 결합에 의한 것이었다. 다양한 세력들 간 '정치적 타협의 산물'인 48년 체제는 반공주의, 친미주의, 민주주의, 민족주의, 발전주의 등을 두루 포함하는 '이질적 요소들의 모순적 융합'을 꾀했고, 그 과정에서 식민지 유산과 전후 냉전체제를 접착시켰다.

특히 '대한민국 시민종교'의 신념체계에서 중핵中核으로 자리 잡게 되는 반공주의야말로 식민지-분단 요인의 접합을 보여주는 생생한 증거이다. 해방 직후 식민지엘리트들이 생존투쟁 및 국가권력 장악투쟁에 활용하기 위해 식민지의 이데올로기 창고에서 되살려내어 재활용한 반공주의는 국가주의-군국주의와 단단히 묶여 있던, 혹은 국가주의-군국주의를 내장하고 있던 반공주의였다. 이런 '반공주의와 국가주의의 친화성' 덕분에 식민지엘리트를 매개한 식민지-분단 요인의 결합이 자연스럽게 진행될 수 있었다.

식민지엘리트들은 역사적 정통성이 취약했다. 뿐만 아니라 그들은 해방의 심리적 충격으로 인해 '민족개조의 지도자'라는 종전의 도덕적 자부심을 잃고 오히려 '도덕적 허무주의'에 가깝게 변화되었다. 그럼에도 불구하고 얼마 지나지 않아 그들은 스스로를 '시민사회와 대중의 윤리교사'로 내세웠다. 이런 윤리적 변신의 핵심 비결은 윤리의 '성격' 자체를 변화시키는 것, 다시 말해 '윤리'를 '규율'로 대체하는 것이었다. 그런데 이야말로 식민지엘리트 출신 지배층이 식민지 시절에 배우고 몸으로 숙달한 바로 그것이었다. 지배층이 새로 채워 넣은 국민윤리의 내용물이 반공주의와 냉전적 세계관 일색이었다는 점에서, 어쩌면 '국민윤리'와 '역사 재구성'을 통해 식민지엘리트를 매개로 한 식민지-분단 요인의 접합이 완성되었다고도 말할 수 있었다.

2. 식민지엘리트

우리는 '대한민국 시민종교'의 형성에서 핵심 주체, 즉 유일한 주체는 아니지만 시민종교 형성에 가장 중요한 영향을 미친 주체를 식별해내고 이 세력에 집중해야 한다. 이런 맥락에서 현대 한국사회와 한국 시민종교를 이해하기 위한 키워드는 '저항적 민족주의자들' 혹은 '독립운동가들'이 아니라 '식민지엘리트들'이 되어야 한다. '역사적 정통성'보다 '실효적 지배력'에 주목할 경우, 우리가 최우선적으로 스포트라이트를 부여해야 할 세력은 '민족주의자들'이 아니라 '식민지엘리트들'이다. 우리는 민족주의자의 규범적·당위적 관점에서가 아니라, 식민지엘리트의 현실적·실제적 관점에 서서 한국 현대사에 접근해갈 필요가 있다. 2차 세계대전 후 지구적 냉전체제 형성이라는 맥락에서, 한반도를 무대로 식민지 요인과 분단 요인을 독특한 방식으로 매개하고 결합시킨 핵심 당사자도 다름 아닌 식민지엘리트들이었음을 명확히 해둬야 한다. 한국 시민종교의 일차적 형성 주체, 시민종교의 "신화 제작자들"이자 "전통의 창조자들"[2]이 될 이들은 해방을 계기로 명백히 교체되었다. 식민지 시대에는 독립운동가들이 그런 역할을 수행했다면, 해방 후에는 식민지엘리트로 핵심 주체가 대체되었다는 것이다.

한국 현대사를 둘러싼 여러 논쟁들이 분분한 가운데서도 한 가지 분명히 합의된 사실은 국가권력의 주체와 성격을 둘러싼 해방공간에서의 경쟁이 '식민지체제에 대한 협력'으로 기울었던 세력, 그럼에도 불구하고 (그 중 일부일지라도 '반일적/항일적 개인들'의 존재 가능성을 완전히 부정할 수 없기 때문에) '친일파'나 '식민지 협력자'와도 전적으로 동일시할 수 없는 세력, 즉 필자가 '식민지엘리트'라고 부르는 세력의 국가권력 장악으로 종결되었다는 것이다. 요컨대 식민지체제에 대한 저항세력보다는 이 체제에 순응하고 협력한 세력이 해방 후 대한민국 국가권력의 실질적인 주체가 되었다는 데 대해 폭넓은 합의가 존재한다는 것이다. 식민지엘리트의 위력은 미군정 시기 일반 행정기구(군정청, 도·시·군), 사법부, 검찰, 경찰, 군대 영역에서 너무나도 뚜렷하게 확인된다. 특히 사법부, 검찰, 경찰, 군대에서는 고위직일수록 식민지 시기 관료 출신의 비중이 현저히 높아지는 양상을 보였다.[3] 미군정 국가기구에서 식민지엘리트들의 존재는 한마디로 압도적이었다. 이로 인해 (반공주의라는 공통분모를 매개로 식민지엘리트들과 동맹 관계를 맺은) 일부 민족주의자들이 초기에 대한민국 국가권력에 참여했을지라도 그들의 존재는 부차적이었거나, 심지어 어떤 영역에서는 장식품 정도에 지나지 않았고, 그나마 오래 못 가 대부분 퇴출되었다.

해방정국, 대한민국 수립, 한국전쟁에 이르는 '해방 8년'의 격렬한 투쟁에서 진정한 승자가 된 세력, 식민지 시기에는 '하위/중위 지배세력'이었다가 해방 후에는 '상위/중위 지배세력'으로 상승한 세력, 따라서 현대 한국사회의 성격 형성에 가장 결정적인 영향을 미칠 수밖에 없었던 세력이야말로 우리의 일차적이고 최우선적인 관심 대상이 되어야 마땅하다. 미군정의 현상유지정책에 의해 식민지엘리트들은 식민지 시기의 지위와 기득권을 거의 그대로 인정받았다. 뿐만 아니라 국가기구 안에서는 본국으로 귀환한 일본인들이 차지하고 있던 고위직의 공백을 채우는 방식으로 '지위의 상향이동'이라는 혜택까지 누릴 수 있었다.[4] 미군정 시기에 '일본인'의 지위를 차지하는 방식으로 제1차 상승이동을 경험했던 식민지엘리트들은 정부 수립 후에는 미군정기 '미국인'의 지위까지 차지하는 제2차 상승이동을 경험하게 되었다. 식민지엘리트들은 해방 후 불과 3년 만에 최상위 지배세력 위치로의 상승이동을 향유했다.

한편 우리는 지배세력의 집합적인 '감정' 요인, 그리고 이들의 '집단심성collective mentality'이라는 요인을 중요하게 취급해야 한다. 필자는 해방 후 식민지엘리트 그룹이 공유했던 집단적 감정과 심성이 한국 현대사의 성격과 방향을 결정지은 핵심적 요인이며, 그렇게 접근해야만 한국 현대사의 남은 미스터리들이 제대로 설명될 수 있다고 생각한다. 바로 이런 문제의식에 입각하여 해방 후 국가·국민 형성 과정을 주도할 핵심 주체로 부상한 식민지엘리트 그룹이 과연 어떤 이들인지, 이들의 집단적 경험, 정체성, 핵심 이해관계, 가치관, 사회심리, 지배적인 감정, 아비투스의 특징이 무엇인지를 해명해야 한다. 따라서 우리는 이들의 집단심성과 일상적 삶(생활세계) 속으로 깊숙이 들어가야만 한다. 필자가 보기에, '민족개조의 지도자'라는 엘리트주의적 민족감정, 식민지 지배자들이 조선인들에게 주입하려 했던 '제국주의적 도덕성'과 엘리트주의적 민족감정이 혼합된 '식민지적 도덕성colonial morality', 오리엔탈리즘, 식민지 말기의 반미적反美的 옥시덴탈리즘, 능력주의/실력주의, 사회진화론 등이 식민지엘리트의 집단심성을 형성한 주요 구성요소들이었다. 그런데 예기치 못한 해방의 도래로 인한 격심한 심리적 충격으로 인해, 대다수 식민지엘리트들은 민족주의적 열정·열의의 갑작스런 상실을 의미하는 '탈脫민족주의화'와 함께, 윤리적 통전성integrity의 상실을 동반한 '도덕적 아노미' 상황에 빠지게 된 것으로 보인다. 미군정의 등장으로 인해 반미적 옥시덴탈리즘도 더 이상 지속되기 어렵게 되었다.

이런 기초 작업을 바탕으로 결정적으로 중요한 후속작업을 진행해야 한다. 그 후속작업의 요체는 식민지엘리트 출신들이 스스로 장악한 '대한민국'을 '어떤 나라'로 만들어가려고 했는지, '어떤 국민'을 양성하고 조형해내려 했는지, 궁극적으로는 '어떤 시민종교'를 만들어가고자 했는지를 파악하는 과업이다. 이들이 식민 지배의 마지막 15년 동안, 그리고 해방 후 8년 동안 거쳤던 경험이 결정적으로 중요한데, 이 두 가지 연속되는 경험이 그들의 국가 형성 전략을 사실상 결정지은 요인이라고 말할 수 있을 것이기 때문이다.

필자는 식민지엘리트 연구를 위해 새로운 접근을 시도해야 한다고 판단했다. 이를 위해 과거사청산이라는 맥락에서, (1) 남한을 둘러싼 인접

국가들, 즉 동아시아 국가들(중국, 북한, 남한, 일본), (2) 한국과 유사한 시기에 식민지 지배에서 해방된 국가들(아시아와 아프리카), (3) 2차 대전 당시 추축국에 의해 군사적으로 점령당했다가 전후에 해방된 국가들(유럽, 아시아, 북아프리카), (4) 패전 후 추축국 일원으로 전쟁 범죄와 식민지 지배 책임을 추궁당한 국가들(독일, 일본)과의 다차원적인 비교작업을 수행할 필요가 있다. '과거사청산의 비교정치학'이라고 이름붙인 이런 작업을 통해, 필자는 해방 직후부터 남한의 식민지엘리트 세력이 일종의 집단적 트라우마로서 '극심한 존재 불안과 공포'에 시달려왔음을 드러내고자 한다.

식민지로부터의 독립과 더불어 대중 사이에 해방의 기쁨과 민족주의 열기가 거세게 분출되었다. 민족주의 열풍이 한반도를 휩쓸었다. 이런 상황에서 자연스럽게 강력한 과거사청산 압력이 발생했고, 이에 관한 광범위한 사회적 합의가 곧 형성되었다. 과거사청산의 필요성은 사실상 당연시되었다. 그러나 식민 지배와 관련된 거센 그리고 거듭된 과거사청산 압력에도 불구하고 남한에서는 매우 예외적으로─세계적으로도 유사 사례를 필리핀 정도에서만 발견할 수 있을 정도로─'과거사청산의 사실상 부재'라는 상황이 펼쳐졌다. 과거사청산의 요구가 매우 강력했고 이를 위한 시도 역시 부단히 계속되었음에도 불구하고, 2차 대전 이후 과거사청산 요구가 거셌던 수많은 사회들 가운데 남한사회는 실제적인 과거사청산의 희귀한 무풍지대無風地帶로 남아 있었다. 그런데 식민지 협력자들에게는 행운이었을 이런 상황 전개가 역설적으로 대중에게는 '(용납할 수 없는) 과거사청산의 무기한 유예'로 받아들여져 무장투쟁을 포함한 아래로부터의 격렬한 저항을 초래했고, 결국에는 '과거사청산 압력의 장기지속'이라는 예상치 못한 현상으로 이어졌다. 나아가 과거사청산 압력의 장기지속 현상이 지배세력 성원들 사이에서 존재 불안과 공포를 '만성화·일상화'하는 구조적 요인으로 작용했다. 국가권력의 성공적인 장악, 과거사청산의 부재 혹은 그런 시도의 효과적인 봉쇄 자체가 역으로 식민지엘리트들로 하여금 만성적인 불안·공포에 시달리지 않을 수 없는 구조적 위치에 놓이도록 유도했던 것이다.

3. 폭력성

우리는 한국 현대사를 관통해서 나타난 '지배세력의 유난한 폭력성'과 '국가폭력 과잉' 현상에도 주목할 필요가 있다. 왜 이런 폭력성이 나타났으며, 그 폭력성이 한국 시민종교에는 어떤 영향을 미쳤는가를 탐구하는 게 중요하다. 그러나 지배세력의 유난한 폭력성이라는, 특이한 한국적인 현상을 진지하게 파고든 학자들은 많지 않았다.

필자는 지배세력의 과잉 폭력성 현상이 나타나는 역사적 기원을 군사쿠데타나 군사정권의 출범에서 찾아선 안 된다고 생각한다. 그 기원을 분단체제에서 찾는 것도 정확한 진단은 아니라고 본다. 분단체제나 군사정권 등장이 폭력성의 '지속' 요인이나 '촉진' 요인으로 작용했을지언정 그게 진정한 원인은 아니라는 것이다. 대신 필자는 폭력성의 기원을 더 소급해서 해방 직후의 '과거사청산 정치'에서 찾아야 한다고 생각한다.

1948년부터 1953년 사이 5년 동안에는 제노사이드에 가까운 학살사건들이 줄을 이었다. 그 후에도 간첩 만들기, 내부의 적 만들기(예컨대 '자생적 빨갱이들') 등 분단체제 자체가 폭력의 희생자들을 줄기차게 대량생산해냈다. 그야말로 '정치적 희생양의 항구적 생산체계'라고 부를 만했다. 한국 전쟁 시기에만도 무려 100만 명으로 추산될 정도의 '민간인들'이 대개 '비전투지역'에서 무참히 살해되었다. "후퇴하던 군인들은 전투가 없는 동안 적을 도울 것 또는 적에게 도움이 될 것이라는 이유로 청장년들을 학살했으며 낙동강 전선 형성기에는 적의 방패가 될 것이라는 이유로 피난민들이 학살당했다. 수복하던 국군과 경찰은 적을 도왔을 것이라며 다시 주민들을 살해했다."[5] 대한민국의 통치 엘리트들, 즉 과거의 식민지엘리트 그룹과 그 후예들은 왜 그렇게도 폭력적이었나? 또 이런 폭력성이 시민종교 형성에는 어떤 영향을 미쳤고 어떤 흔적을 남겼는가? 아니면, 한국의 시민종교 자체에 이런 폭력의 강한 잠재력이 초기부터 내장內藏되어 있었던 것인가?

김동춘은 "폭력이 국가의 공식 정책과 방침, 제도와 법, 이데올로기에 의해 저질러질 때 우리는 국가폭력이라고 말할 수 있다"고 했다.[6] 국가폭력state violence, 즉 지배세력이 국가권력을 활용하여 자행하는 폭력에 대한 충격적인 재발견 내지 자각은 1980년대 말부터 개시된 우리 사회의 '민주화 (이행) 이후' 시기에 주로 나타난 현상이었다. 이런 자각과 발견은 대부분 과거사 정리 혹은 청산이라는 맥락에서 이루어졌다. 격렬하게 제기되던 식민지 잔재 청산 문제가 침묵을 강요당한 1949년 이후로는 무려 40년 가까이나, 독재 잔재 청산 및 전쟁 시기 민간인학살 규명 문제가 제기된 1960년 이후로 따지더라도 30년 가까운 세월 동안 어둠 속에서 웅크린 채 점점 덩치를 키워가던 '역사청산의 거인'이 민주화 이후 비로소 고단한 몸을 일으켜 세운 것이다. 그런 면에서 '국가폭력의 재발견' 현상은 순전히 '민주화의 산물'이라고도 말할 수 있다. 이 과정에서 수많은 국가폭력 사건의 진실들이 '불온한 유언비어'의 영역으로부터 '공식적인 역사적 사실'의 영역으로 이동했다. 아울러 과거사청산 작업이 진행됨에 따라 국가폭력이나 제노사이드 현상에 대한 학계의 연구도 점차 활성화되어왔다. 최근 김동춘은 이 문제를 '전쟁정치'라는 개념으로 종합해보려 시도했다.[7]

재발견된 국가폭력의 유형은 대단히 다양했다. 〈표 6-1〉은 김동춘이 제시한 한국에서의 국가폭력의 유형들이다. 김동춘은 『전쟁정치』라는 책에서 한국(남한)을 "국가폭력의 백화점"으로 지칭하면서, '국가범죄state crime'라는 맥락에서 국가폭력의 범위를 더욱 확장했다. 이에 따르면 국가

〈표 6-1〉 한국에서 국가폭력의 유형

구분	하위유형 혹은 사례
직접 폭력	○ 간첩 조작 ○ 정치적 적(敵)에 대한 고문, 테러, 살해
구조적 폭력	○ 사찰과 감시 ○ 연좌제 ○ 강제징집, 군대 내에서의 가혹행위 혹은 자살 ○ 북파공작원에 대한 폭력
문화적 폭력	○ 반공주의에 의한 '빨갱이' 낙인찍기

* 출처: 김동춘, "분단이 낳은 한국의 국가폭력", 122~135쪽에서 정리.

폭력은 (1) 반인도적인 국가범죄(학살, 사법살인, 의문사, 고문, 간첩 조작), (2) 전향 공작, 삼청교육대, (3) 강제징집, 북파공작원, (4) 사찰, 감시, 연좌제 등을 포함한다. 나아가 그는 '국가폭력의 피해'라는 차원에서 '1차 피해'(국가가 직접 가해해서 발생한 물리적 피해), '2차 피해'(1차 피해의 후유증, 정신적 고통, 가난, 이혼 등으로 인한 피해), '3차 피해'(가해세력이 폭력을 부인하거나 사실이 밝혀져도 제대로 사과를 하지 않는 등 정치사회 상황에 의해 발생한 모든 고통)를 구분하기도 했다.[8] 이를 통해서도 국가폭력의 범위는 한층 더 확대된다.

　여기서 필자는 해방 후 남한에서 국가권력 장악에 성공한 식민지엘리트들이 오랫동안 헤어나지 못했던 집단적 트라우마, 즉 그들의 존재 불안·공포를 재확인할 필요가 있다고 생각한다. 바로 이런 불안과 공포가 집권세력이 드러낸 과도한 폭력성의 직접적인 원인으로 작용했다고 보기 때문이다. 이는 한국에서 '지배세력의 구조적 위치'에 주목하는 접근이다. 즉 1940~1950년대 전후처리 및 과거사청산을 둘러싼 동아시아의 정치적 동학이 한국의 지배세력을 독특하게 불안정한 구조적 처지로 몰아넣었고, 그것이 폭력성의 과잉 현상을 조장했다는 것이다. 그리고 이 과정에서 식민지엘리트를 매개로 한 식민지 요인과 분단 요인의 접합이

자연스레 이뤄졌다고 할 수 있다. 이 책 7~9장에서 필자는 과거사청산 압력의 장기지속으로 인한, 집단적 트라우마로서의 극심한 존재 불안과 보복·절멸絶滅에 대한 공포에서 연원한, 식민지엘리트의 과잉 폭력성과 선제적 공격성을 '과거사청산 정치'라는 맥락에서 해석해보려 한다.

역시 뒤에서 보다 자세히 설명하겠지만, 과거사 관련 청산 요구에 대해 지배세력인 식민지엘리트와 국가(미군정, 대한민국 정부)는 비非청산, 반反청산, 역逆청산 등의 다양한 반응을 보였다. 이 가운데 '역청산'의 단계에서 지배세력의 공격성이 본격적·집중적으로 발현되었다. 당시 지배세력은 이런 역공逆攻 내지 역청산 과정에서 과거 수십 년 동안 스스로 숙달한 식민지 하드웨어들, 특히 폭력성이 내장된 파시즘적·전체주의적 하드웨어들을 최대한 활용했다. 결국 식민지엘리트들의 생존윤리-생존본능과 식민지 파시즘적 하드웨어의 결합이 제노사이드 수준으로까지 격화될 가능성이 높은 강력한 국가폭력을 현실화했다.

그런데 이런 공격성의 표출은 자칫 '폭력의 악순환'으로 이어지기 쉬울 뿐 아니라, 예상치 못했던 다른 부작용들을 산출할 수 있다. 식민지 지배와 관련된 과거사청산 요구를 확실히 뿌리 뽑기 위해 강도 높은 국가폭력을 자주 동원하는 일은 언젠가는 '역사의 셈법/심판'을 거쳐야 할 '국가범죄들'을 양산할 수 있다. 지배세력의 폭력성·공격성은 그 자체가 지배체제의 권위주의적·전체주의적 성격을 조장할 가능성이 높으며, 이 경우 '식민지 잔재' 청산의 불길은 '독재 잔재' 청산 쪽으로도 옮겨 붙을 수 있다. 말하자면 청산 요구를 제압하려는 폭력이 청산되어야 할 '또 다른 과거사 문제들'을 새로 창출하면서 켜켜이 누적시켜가는 역설적인 현실인 셈이다.

어쨌든 이런 폭력성으로 인해 한국의 시민종교가 시민종교 특유의 '열정' 내지 '뜨거움'이 결여된, 독특하고 예외적인 유형의 시민종교가 될 가능성이 높아졌다. 이런 차원에서 우리는 시민종교를 '뜨거운 시민종교'와 '차가운 시민종교'로 유형화해야 할지도 모른다. 그러나 모든 종교는 본질적으로 뜨겁다. 그것이 제도적·전통적 종교이든 시민종교이든 모든 종교는 열정을 품고 있고 그래서 뜨겁게 마련이다. 그런 면에서 차가운 시민종교라는 말 자체가 형용모순에 가깝다. 따라서 '뜨거운 시민종교'를 '강한 시민종교'이자 '정상적 시민종교'라고 말할 수 있다면, '차가운 시민종교'는 그 효능 면에서 '약한 시민종교'이며, '일탈적 시민종교' 혹은 '돌연변이 시민종교'라고 할 수 있을 것이다. 시민종교가 의당 가져야 할 뜨거움이 결여되었다는 점에선 '결손defective 시민종교'라고도 표현할 수 있을 것이다.

한국 시민종교의 핵심적인 특징은 그 내용—즉 반공주의와 자유민주주의—못지않게 지배세력의 통치방식—즉 폭력 의존 경향—에서도 찾을 수 있다. 한국의 시민종교가 '차가운 시민종교'에 가깝다는 사실이 시민종교의 미래에 부정적인 영향을 미치기 쉽다는 점에 대해선 의문의 여지가 적다. 한국 시민종교가 불과 몇 십 년 만에 반복적으로 심각한 내적 균열과 분화의 과정을 거친 것도 근본적으로 이런 취약성과 일탈적 성격에서 비롯된다.

사실 다민족 사회가 아니면서도 '두 개의 시민종교 현상'을 보이는 사회들을 발견하기란 극히 어렵다. 그런데 한국은 다민족 사회가 아니면서도 지난 70년 동안 두 차례나 '두 시민종교 현상'을 드러낸 정말 드문 사례에 속한다. 그 하나는 이데올로기적 대립에 따른 민족의 '분단'에 기인한 것인데, 독일이나 베트남도 마찬가지 사례에 해당된다. 그런데 1970~1980년대 이후 한국에서 또 한 차례 일어나고 있는 시민종교의 분화 현상은 지배세력의 과도한 폭력성과 관련된 시민종교의 내적 취약성에 주로 기인한다.

폭력성은 시민종교 본래의 사회통합 기능을 약화시키는 경향이 있다. 그럼에도 불구하고 시민종교와 폭력의 관계가 항상 갈등적이거나 길항적拮抗的인 것만은 아니라는 점에 유의해야 한다. 오히려 우리는 '시민종

〈표 6-2〉 폭력 및 시민종교 유형들 간의 관계

폭력의 유형	폭력-시민종교의 친화 관계	
	(시민종교) 형성적 폭력 ↓	(시민종교) 잠식적 폭력 ↓
시민종교의 유형	↓ 뜨거운 시민종교	↓ 차가운 시민종교

* 출처: 김동춘, "분단이 낳은 한국의 국가폭력", 122~135쪽에서 정리.

교와 폭력의 양면적이고 이중적인 관계'에 주목해야 한다. 시민종교를 차 갑게 식도록 만드는 폭력이 있는가하면, 시민종교를 뜨겁게 달아오르도 록 만드는 폭력도 있다. 어떤 폭력은 시민종교의 활성을 침식 내지 잠식 하는 반면, 어떤 폭력을 시민종교를 더욱 활성화하거나 촉진시킨다. 어떤 폭력은 시민종교를 약화시키는 반면, 어떤 폭력을 시민종교를 강화한다. 그런 면에서 시민종교와의 관계에 주목하여, 다음 두 가지 유형의 폭력을 구분해보는 것이 좋겠다: (1) '형성적 폭력formative violence', 즉 시민종교 의 형성과 원활한 작용에 기여하는 폭력, (2) '잠식적 폭력erosive violence', 즉 시민종교의 형성과 원활한 작용을 방해하는 폭력.

이 절에서 논의해온 지배세력과 국가의 과잉 폭력성은 대부분 '잠식적 폭력'에 해당한다. 단순한 통치수단으로서의 폭력, 특히 취약한 정치적 정당성에 기인하는 테러적 통치방식에서 비롯되는 폭력은 대개 '잠식적 폭력'에 속한다. 반면에 혁명이나 천년왕국운동이나 식민지독립운동 과 정에서 발산되는 폭력은 대개 '형성적 폭력'에 속한다. 통과의례, 저항의 례, 정치의례, 희생제의 등 의례의 맥락에서 나타나는 폭력도 대체로 형 성적 폭력에 속한다.

반공궐기대회에서의 혈서, 집회나 시위 중의 상징적 화형식 등은 저항 의례·정치의례의 맥락에서 이루어지는 형성적 폭력의 흔한 사례들이다.

심지어 수치스런 상황에 노출된 사무라이의 자살, 단발령과 한일병합에 반발한 선비들의 자결, 2차 대전 당시의 가미카제 및 가이텐이나 오늘날의 무슬림 자살폭탄테러, 1949년 한국의 '육탄10용사' 등도 숭고한 가치를 위한 자해적 폭력으로 해석되고 미화됨으로써 시민종교에 대해 형성적 폭력으로 기능할 수 있다. 에밀리오 젠틸레는 '정치종교'가 "폭력을 적과의 투쟁에서의 정당한 무기이자 재생再生의 도구로서 신성시 한다"고 주장한 바 있다.[9] 이탈리아 파시즘의 이데올로그였던 필리포 마리네티도 무솔리니가 체현한 "혁명적인 정신적 미덕" 중 하나로 "결정적인 무기로 복원되는 폭력"을 언급한 바 있다.[10] 이런 경우가 바로 형성적 폭력에 해당한다. 좀 더 조직적이고 대규모적이며 지속적인 폭력의 분출인 전쟁 역시 자주 형성적 폭력으로 기능한다.

4. 전쟁

우리는 한국 시민종교에서 두 차례의 전쟁, 즉 한국전쟁과 베트남전쟁이 가진 중요성과 지대한 영향을 강조할 필요가 있다. 두 전쟁은 '자유민주주의체제'를 수호하기 위해 '사악한 공산주의 세력'과 대결하는 전쟁으로 성격 규정되었다는 공통점을 갖고 있다. 이 전쟁들을 통해 반공주의와 자유민주주의라는 '대한민국 시민종교'의 기본주제들이 선명하게 나타난다. 아울러 "자유민주주의 수호를 위해 공산주의와 맞서 싸우는 투사"라는 '모범시민의 이미지'도 좀 더 확연해지게 되었다. 한국전쟁을 계기로 '국가적 성聖체계'의 골격이 어느 정도 완성되었고, 베트남전쟁을 통해 더욱 부요해졌다.

이런 맥락에서 필자는 시민종교와 관련된 전쟁의 '형성적 효과formative

effects', 전쟁이 수행한 시민종교 형성적 폭력으로서의 역할에 주목해야 한다고 생각한다. 전쟁은 이미 널리 알려진 국가·국민 형성적 효과뿐 아니라, 신념체계를 공고화하거나 변형하고 영웅, 순교자, 성지, 의례, 국가적인 기념일들을 창출하는 등 시민종교 형성적 효과 또한 탁월하게 발휘한다. 에밀리오 젠틸레 역시 제1차 세계대전이 유럽의 '정치종교' 형성에 얼마나 기여했는가에 대해 서술하는 가운데, 전쟁이 많은 참전 군인들에게 일종의 '성聖 체험'으로 다가왔으며, 종종 "묵시록적이며 재생적인 위대한 사건"으로 체험되었다고 주장한다. 다소 길지만 인용할 가치가 충분하다고 판단된다.

모든 근대 혁명들이 정치에 초자연적인 힘을 부여했지만 내 생각으로는 1차 세계대전이야말로 정치의 신성화의 역사에서 핵심적인 사건이었다. 샤르댕Pierre Teilhart de Chardin이 말했듯이 전사들은 "폭력과 장엄함의 독특한 상황 속에서", "전선에 서면 어떤 영혼이라도 한결같이 도달하게 되는 초인적 상태"에서 살았다. 이들에게 전선은 "그토록 많은 피가 뿌려진 위대하고 신비로운 선線이었다." 전사들에게 전쟁은 매혹적이면서 공포스럽고 비극적인 현실에 참여하는 신비로운 경험으로 느껴질 수 있다. 참호 속의 수백만의 전사들이 처음으로 목도한 대량학살은 종교적 감성을 새롭게 일깨웠고 새로운 유형의 세속적 종교성을 탄생시켰다. 수많은 사람들에게 전쟁 자체는 신성한 경험으로 다가왔다. 그것은 일종의 성현聖顯, hierophany과 같은 현상이었으며, 오토Rudolf Otto가 "두려운 신비와 매혹mysterium tremendum et fascinans"이라고 표현한, 신성성의 표출과도 같은 것이었다. 신성성을 종교의 본질로 분석한 오토의 책이 출판된 해가 1917년이며 곧바로 엄청난 성공을 거둔 것은 우연이 아니었다. 1938년 한 이탈리아 철학자는 1차 세계대전 이후의 시기는 "현대사에서 신성성이 그 가장 순수한 형태로 실로 엄청나게 분출된 때 가운데 하나다. 우리는 새로운 신들의 탄생을 직접 목도하고 있다.……국가, 조국, 민족, 인종, 계급은 단순히 열정적인 찬양의 대상이 아니라 신비적 숭배의 목표다"라고 말했다. 이어서 그는 이렇게 결론지었다. "20세기는 종교전쟁의 역사의 흥미로운 많은 사건들을 추가할 것이다(19세기는 종교전쟁의 역사가 종결되었다고 생각했다). 나의 이 예언이 실현될 가능성은 대단히 높다."

묵시록적이며 재생적인 '위대한 사건'으로 경험된 전쟁은 정치의 신성화에 결정적인 기여를 했다. 무엇보다도 민족주의적 혁명운동들에서, 전쟁 경험에서 유래한 신화와 의식 그리고 상징의 활용 면에서 그러했다. 초월적이고 불멸적인 실제로서 조국을 미화하기, 죽음과 부활의 상징, 민족에 대한 충성, 피와 희생의 신비주의, 스러져간 영웅과 민족의 순교자 숭배, 전우애로 뭉쳐진 공동체, 이 모든 요소들은 전사들 사이에서 완전히 재생적인 경험이며, 그러므로 본질적으로 종교적 현상으로서의 정치의 이상을 퍼뜨리는 데 기여했다. 이들에게 정치는 인간 삶의 모든 측면을 혁신하는 힘으로 받아들여졌던 것이다. 1차 세계대전 이후, 주로 그것의 결과인 민족주의는 사실상 현대 세계에서 가장 보편적인 정치종교가 되었고 정치의 신성화의 가장 생명력 있는 표현이 되었다.[11]

앞에서 필자는 식민지엘리트 출신들의 과잉 폭력 성향에 대해, 그리고 그들이 분단정권 수립이라는 방식으로 국가권력을 장악하는 과정에서 엄청난 저항에 직면했다고 말했다. 그들은 이런 저항들을 다시금 폭력적으로 분쇄함으로써만 분단정권 수립과 국가권력 장악에 최종적으로 성공할 수 있었다. 그런데 그것은 결코 끝이 아니었다. 분단정권 수립 이후에도 국회를 중심으로 '반민족행위자' 처벌을 위한 움직임이 본격화되었을 뿐 아니라, 한국전쟁 당시에도 과거사청산 쟁점이 재차 부각되었고 곳곳에서 식민지엘리트 출신들에 대한 자의적 처벌 행위가 횡행했다. 대한민국 집권세력은 '인민군 부역자 처벌'이라는 '역청산' 방식으로 대응했다. '폭력의 악순환적 에스컬레이션' 현상이 곳곳에서 걷잡을 수 없이 확산되었다.

이런 맥락에서 우리는 한국전쟁 이전에 국지적 전투들과 '빨치산 투쟁'을 동반했던 제주 4·3사건과 여순사건의 특별한 중요성을 강조해야 할지 모른다. 신생 대한민국이 조숙하게도 출범 직후부터 일종의 '반공 병영사회'로 급속히 전환되어가는 데는 여순사건-4·3사건이 핵심적 계기로 작용했다고 판단되기 때문이다. 이들 사건을 계기로 학도호국단, 국민보도연맹, 국가보안법, 계엄법 등이 속속 등장했다.[12] 군대와 학교에서 대대적인 좌파 숙청이 진행되었다. 징병제도 도입되었다. 전쟁 직전인 1950년 3월에는 대통령령 제296호로 '위수령'도 제정·시행되었다.[13] 이런 과정들로 인해, 반공주의가 지배이데올로기화하고 대중적으로 내면화되는 결정적 계기였던 한국전쟁 시기나 그 직후에도 별도의 법적-제도적 장치들을 추가할 필요조차 없었다. 그런 면에서도 우리는 여순사건-4·3사건과 한국전쟁을 하나의 연속선상에 놓고 독해해야 한다.

그러나 폭력의 악순환 상황에서 시민종교가 제대로 개화開花하기는 어렵다. 식민지엘리트들은 천신만고 끝에 '국가권력'은 장악했지만, 그들이 내세운 '국가정신'은 여전히 공허했거나 빈약하기만 했다. 해방 후 시민종교는 빠르게 형성되고 있었지만, 국민 대중의 '집합적 열광'을 창출해내기에는 시민종교의 콘텐츠가 매우 빈약했다. 따라서 대한민국 초기부터 집권세력은 공포·폭력·테러에 의존한 통치, '전시적·과시적 폭력'을 통해 무자비와 야만을 공공연히 과시한 통치에 열중할 수밖에 없었다. 수많은 학살극들과 피의 향연, 무차별적인 빨갱이 마녀사냥이 일상화되었다.

한국전쟁의 중요성은 바로 이 점에 있다. 이 전쟁을 통해 지배자들은 주기적으로 기억하고 축하할 만한 가치가 있는 자신들만의 과거와 기억,

자신들만의 빛나는 전통을 만들어내는 데 성공했다. 어디서나 그렇듯 전쟁은 오로지 민족 혹은 국가를 위해 초인간적인 용기를 발휘한 수많은 전쟁 영웅과 함께 그들의 피와 죽음으로 성화된 전투 현장들을 탄생시킨다. 지배자들은 전쟁을 거치면서 비로소 자신들만의 성스러운 사건들과 성스러운 장소들, 성스러운 인물들을 갖게 되었다. 휴전선 남쪽에 위치한 대한민국의 국토는 그 자체가 거대한 '반공 성지反共聖地'로 재규정되었다. 그리고 그 장소들은 성스러운 시민적 의례들과 상징들로 치장되었다. 신성한 사건·장소·인물들은 '성스러운 시간'을 관장하는 국가기념일 체계와 정통역사orthodox history 텍스트들로 통합되어 주기적으로 기념되거나 재현되었다. 그 중에서도 전쟁 직후 등장한 국군묘지와 현충일은 특별히 강조될 만하다. 독립정부 수립부터 전쟁까지 창출된 많은 시민종교 요소들의 상당수가 이전엔 갖지 못했던 대중적 호소력과 생명력을 부여받게 되었다. 이 모든 것을 관통하면서 일관성과 체계성을 부여한 핵심적 모티프는 다름 아닌 반공주의였다.

전쟁은 반공주의에 신성한 후광後光을 제공했다. 반공주의의 '폭력적' 이미지는 '성스러운' 이미지로 대체되었다. 식민지엘리트 역시 '친일파' 이미지에서 '전정한 애국자' 이미지로 변신할 수 있었다. 전쟁의 과정에서 대규모의 '국가 숭배적' 집단들(일종의 '참신자' 그룹)과 '국가 의존적' 집단들(특히 전사자 유족과 전상자들)이 등장했다. 그럼으로써 반공이데올로기를 기준으로 한 정치적 신신분제가 거의 완성되었다. 집권세력은 전쟁을 통해 정치적 정당성을 보강함과 동시에, 사회적 지지 및 통합 기반을 대폭 확충할 수 있었다. 전쟁은 식민지엘리트 및 '그들의 나라'에 대한 도전·저항의 성격도 부분적으로 띠고 있었지만, 따라서 이 세력에게 전쟁은 이전부터 직면했던 위기의 연속이자 심화로 작용할 수도 있었지만, 그와는 정반대로 '반공 성전反共聖戰'을 이끈 식민지엘리트의 정치적 정당성과 역사적 정통성을 강화하는 방향으로 종결되었다. 식민지엘리트들에게 한국전쟁은 위기이자 기회였지만, 초기의 위기는 엄청난 성공으로 반전되었다. 식민지엘리트에게 한국전쟁의 의미는 한마디로 '전화위복轉禍爲福', 바로 그것이었다.

5. 소결

이번 장에서 필자는 한국 시민종교 연구 전반에서 특별히 강조하고 주목해야 할 초점들로 (1) 식민지 요인과 분단 요인의 균형 있는 강조, 양자의 역사적 접합 방식에 대한 탐구의 중요성을 비롯하여, (2) 시민종교 형성의 핵심 주체인 식민지엘리트, (3) 그들의 과도한 폭력성, 그리고 그것이 시민종교에 미친 영향, (4) 전쟁의 시민종교 형성 효과라는 네 가지를 제시했다. 식민지 협력자들이 권력주체, 국가권력의 배타적 점유세력이 되었다는 사실, 이들이 집권 직후부터 어마어마한 국가폭력을 휘둘렀다는 것, 이들을 매개로 식민지 유산과 냉전-분단체제가 결합되었다는 점, 한국전쟁의 엄청난 영향 등을 제대로 고려해야 1940~1950년대의 초기 시민종교를 보다 정확히 이해할 수 있다.

우리가 내내 집중해야 할 이런 초점들이 두루 중첩되는 시기, 즉 식민지 말기에서 대한민국 정부 수립 직후까지의 시기, 전쟁-해방-정부 수립-분단-전쟁으로 이어졌던 1930년대 말부터 1950년대 초까지의 약 15년 동안이 '대한민국 시민종교'의 성격을 이해하는 데 결정적으로 중요한 시기였다. 이 시기는 대한민국 시민종교의 잉태기孕胎期이자 출산기出産期, 말하자면 시민종교의 최초 형성기에 해당한다. 한국 시민종교의 기본성격과 원형이 만들어진 이 시기의 중요성은 아무리 강조해도 지나침이 없다. 뒤집어 말하면, 이 시기에 대한 깊이 있고 정확한 이해에 기초하지 않은 모든 시민종교 논의는 공허하거나 추상적이라는 비판을 면키 어려울 것이다. 필자는 이 책의 2부와 3부에서 이런 기초적인 작업을 진행해보려 한다.

식민지 해방을 계기로 시민종교라고 부를 말한 현상이 38선 이북과 이남 모두에서 본격적으로 나타나기 시작했다. 38선 이남에서 형성된 '대한민국의 시민종교'가 '반공-자유민주주의 시민종교'의 성격을 강하게 띠었다면, 같은 시기 북한에서는 '반미-사회주의 시민종교' 성격이 강한 국가적 성聖체계가 등장했다. 한국전쟁을 겪으면서 남북한 시민종교들의 성격이 더욱 뚜렷해졌다. 1950년대 중반부터는 남북한 모두가 수많은 성스러운 기념물들, 영웅들, 성소들, 기념일들, 경전들, 의례들을 발명하고 대량생산하면서 각자 시민종교의 전성기를 구가하게 되었다. 그런데 남한 시민종교가 수많은 잠재적 대안들 가운데 하필이면 '반공-자유민주주의 시민종교'라는 방향으로 구체화되도록 이끌어간 요인은 과연 무엇이었을까? 과거사청산 정치, 분단, 전쟁 등을 유력한 후보들로 우선 떠올릴 수 있을 것이다. 필자는 셋 중에서도 과거사청산 정치에 일차적인 초점을 맞추고, 그것이 시민종교의 성격 형성에 미친 영향을 집중적으로 탐색해보려 한다. 필자는 과거사청산 정치라는 지평 내지 시각을 선택하는 것이 분단이나 전쟁 요인까지 한꺼번에 조망해볼 수 있는 유리한 입지를 제공한다고 생각한다. 나아가 과거사청산 정치의 관점에서 접근할 때 식민지-분단 요인, 식민지엘리트, 폭력성, 전쟁 등이 모두 유기적으로 연계되어 있음을 관찰하기 쉽다고 생각한다.

이런 문제의식에 기초하여, 필자는 2부에서 과거사청산 정치를 중심으로 식민지 유산과 냉전·분단 요인이 역동적으로 결합되고 전쟁을 전후하여 지배층의 폭력성이 분출되는 가운데 대한민국 시민종교가 형성되어 가는 역사적 정황을 분석하려 한다. 그런데 주어진 객관적인 상황에 반응하거나 참여하는 방식은 개인과 사회집단마다 다를 수 있다. 그러므로 여기서는 시민종교 형성 과정을 주도한 핵심 주체가 누구인지, 그들은 어떤 특성을 가진 사람들인지를 아울러 따져야 할 것이다. 바로 이런 '객관적 맥락'과 '행위 주체'의 상호작용에 따라 한국 시민종교의 고유하고 독특한 성격이 결정될 것이다. 거듭 강조하거니와 필자는 한국 시민종교의 성격을 정확히 이해하기 위한 관건이 식민지엘리트 세력에 달려 있다고 보고 있다. 대한민국 시민종교의 (유일무이한 생산자는 아닐지언정) 가장 중요하고도 주도적인 창조자가 바로 그들이기 때문이다. 요컨대, 필자는 과거사청산 정치라는 맥락에서 식민지엘리트 그룹의 행보와 집단심성의 변화를 추적하고 탐구해보는 게 한국 시민종교의 성격과 특성을 이해하는 데 최선의 길이라고 생각한다.

그러나 식민지엘리트로 지칭되는 초기 집권세력과 관련해서, 그들을 대한민국 시민종교의 유일하고도 배타적인 형성 주체라고 주장해선 안 된다. 오히려 식민지엘리트 외에도 여러 주체들이 시민종교 형성에 개입했으며, 식민지엘리트들 마음대로 시민종교를 주무를 수 있는 상황도 아니었다는 게 이 책의 주요 주장 중 하나이기도 하다.

1부를 마무리하면서 몇 가지 추가적인 성찰이 필요하다고 생각한다. 시민종교는 한편으론 사회통합을 지향하면서도, 다른 한편으론 거의 항상적인 내적 긴장에 시달리기도 한다. 한국도 마찬가지지만, 대부분의 시민종교 안에는 기존 지배질서를 정당화하고 수호하려는 '사제 진영', 그리고 기존 지배질서를 비판하면서 변혁하려는 '예언자 진영'이 긴장 속에서 공존한다. 2장에서 썼던 표현을 약간 수정해서 반복하자면, "시민종교의 사제 진영은 특정 국가·민족의 위대함과 성취, 우월성을 찬양하는 반면, 예언자 진영은 국가·민족이 마땅히 추구해야 할 원대한 이상들이 공격당하는 현실에 유의하도록 촉구한다." 사제-예언자 진영 사이의 이런 갈등과 경쟁이 항존恒存하기에 시민종교가 기존 지배질서에 대한 정당화와 자발적 복종만이 아니라 탈정당화와 불복종도 촉진할 수 있는 것이다. 이런 시민종교 내부의 갈등과 관련하여 두 가지를 강조해야 한다.

우선, 두 진영, 두 세력의 대립을 보수-진보의 갈등구도로 접근해선 안 된다는 점을 강조하고 싶다. 1950년대 중반에 등장하고 이후 반세기 이상 지속된 보수양당체제에서 보듯이 한국의 정치사회는 '우右편향의 정치-이데올로기지형'을 유지해왔다. 한국의 보수적 양당체제가 시민종교 사제-예언자 진영의 분화 구도와도 일정한 친화성을 갖고 있음은 분명한 것 같다. 극우 정치세력의 집권이 40년 이상 지속되는 가운데, 그리고 막강한 국가보안법 체제가 버티고 서서 진보세력의 정치적 시민권을 끊임없이 박탈하고 있는 가운데, 보수야당은 일부 진보적인 의제들을 흡수함으로써 중도 쪽으로 점차 외연을 확장했다. 1970년대 이후에는 보수야당이 단순히 '보수'로만 치부할 수 없는 재야在野인사들과 지식인들 그리고 학생운동 지도자들과 교류함으로써, 시민종교 예언자 진영의 정치적 색채는 더욱 미묘해지고 복잡해졌다. 그러나 여전히 이를 '진보'라고 규정할 수는 없었다. 어쨌든 1950년대 이후 우편향의 정치지형 내에서 진행된 의미 있는 정치사회적 분화, 상당한 이질성과 간헐적인 폭발을 포함하는 정치사회적 분화를 포착하는 데는 보수-진보 패러다임이 아닌, 시민종교 패러다임이 훨씬 유리하다는 게 필자의 판단이다.

다음으로, 시민종교 갈등, 즉 시민종교 내부의 사제-예언자 진영 간 갈등이 다른 사회적 갈등, 즉 계급 갈등, 세대 갈등, 젠더 갈등, 지역 갈등 등과 일정하게 구분되는 논리를 갖고 있음은 분명하다. 그럼에도 시민종교 갈등이 다른 사회적 갈등이나 균열들과 상호작용하고 있다는 점 또한 부정할 수 없다. 다른 갈등에서도 그렇듯 시민종교 영역에서도 '극단적 소수'가 갈등을 촉발하고 확산하는 데서 중요한 역할을 담당한다. 시민종교 갈등은 주로 문화, 의례, 상징, 가치와 이데올로기, 성스럽게 여겨지는 공간 등의 영역에서 전개된다. 따라서 시민종교 차원의 갈등·적대 상태가 다른 사회적 갈등·균열들과 어떻게 얽혀 있는지를 탐구하는 것 또한 중요한 과제로 남아 있다.

제 2 부

과거사청산 정치와 시민종교

제 7 장

식민지 엘리트와 해방의 충격

과거사 청산 정치와 시민 종교

2부에서는 식민지엘리트를 중심에 놓은 채 '과거사청산의 정치'(일국적 차원)와 '과거사청산의 비교정치학'(국제적 차원)이라는 접근방법을 활용하여 해방 직후 남한사회에서 특정한 유형의 시민종교가 원형적으로 구성되는 역사적·정치사회적 맥락들을 좀 더 심층적으로 다뤄보려고 한다. 식민지 상태나 점령지 상태에서 해방된 민족의 경우, 정치엘리트들은 과거사청산 정치를 주도함으로써 자신들의 정치적 정통성을 효과적으로 구축하고 과시할 수 있다. 뿐만 아니라 과거사청산 정치는 해당 민족에게 '정의로운 자존감'과 역사의식, 미래지향적 비전 등을 공급하는 가운데 민족을 더 높은 발전 단계로 이끄는 '민족적 통과의례'이기도 하다. 과거사청산 정치는 이런 과정을 통해 기존 시민종교에 풍부한 생명력을 주입하거나, 아예 독자적인 시민종교를 탄생시키는 핵심 기제로 작용할 수 있다.

그러나 이는 과거사청산 정치의 한 측면, 이를테면 '밝은' 면만을 포착한 것이다. 과거사청산 정치에는 '어두운 면' 또한 있게 마련이다. 그것은 '청산의 대상'으로 지목된 정치적·사회적 세력들과 주로 연루된다. 이들에게 '과거(사)청산'은 상실, 절멸絶滅, 나락으로 떨어지기, 죽음, 원시적인 폭력, 대중의 광기狂氣, 공포, 불안, 모욕감, 수치심 등의 이미지나 감정들과 오히려 친화적이다. 따라서 과거사청산 정치는 청산 대상 그룹의 저항과 반격, 태업 등을 포함함으로써 비로소 완성된다. 이번 장에서는 과거

사청산의 일차적인 대상으로 떠오를 가능성이 높았던 '식민지엘리트'가
어떤 이들인지에 대해 먼저 탐구해보도록 하자.

1. 몇 가지 합의

반세기 이상의 세월이 흘렀음에도 '식민지 협력자' 혹은 '친일파'를 둘러
싼 논쟁은 여전히 뜨겁다. 앞서 언급했듯이 학계에서 명백히 합의된 대목
은 국가권력의 주체·성격을 둘러싼 해방공간에서의 경쟁이 식민지체제
에 대한 협력으로 기울었던 세력의 국가권력 장악으로 종결되었다는 것,
다시 말해 식민지체제에 대한 저항세력보다는 이 체제에 순응하고 협력
한 세력이 해방 후 실질적인 권력 주체가 되었다는 것이다. 그렇지만 필
자가 식민지엘리트로 명명한 이 세력의 실체와 성격에 대해서는 여전히
갑론을박이 분분하다.

　식민지엘리트들의 대부분이 식민지체제에 협력했거나 친일 인사였을
가능성이 높았을지라도, 식민지엘리트라는 사회범주가 '친일파'나 '식민
지 협력자'와 동의어가 아님을 명백히 해둘 필요가 있다. 논리적으로는
'반일적이거나 항일적인 식민지엘리트'가 얼마든지 존재할 수 있으며, 실
제로도 그런 사례들을 꽤 발견할 수 있다. 예를 들어 '민족주의적인' 성향
의 교사·교수, 언론인, 종교지도자, 예술가와 같은 지식인 범주들을 식민
지엘리트 범주에 포함시킨다고 해서 별다른 논란이 생기지는 않을 것이
다. 특히 1910년대와 1920년대에는 민족주의적이거나 반일 성향의 식민
지엘리트들을 발견하는 게 그리 어려운 일이 아니었다.

　식민지엘리트는 매우 흥미로운 사회집단임에 틀림없다. 특히 식민지
엘리트와 직접 관련된 세 가지 역사적 사실들을 강조할 필요가 있다. 이

일장기 강하 그리고 성조기 계양
1945년 8월 15일 조선은 해방을 맞았다. 9월 9일 미군은 총독부에 걸려 있던 일장기를 내리고,
중앙청이라 이름을 바꾼 바로 그곳에 성조기를 계양했다.

가운데 처음 두 가지는 비교적 쉽게 합의될 수 있는 데 비해, 마지막 하나는 좀 더 복잡해서 논란의 여지가 남아 있다.

첫째, 식민지 지배 동안, 특히 1930~1940년대에 광범위한 영역에서 비교적 대규모적이고 다양한 부류의 '근대적인' 사회범주들이 탄생했다는 것이다. 이런 '근대적 식민지민'의 군상群像에는 다양한 사회집단들이 포함되는데, 훈련된 관료와 군인·경찰, 숙련된 기술자, 관리자와 기업가 등이 그들이었다. 이들은 일반적인 식민지 민중보다 교육수준도 월등히 높았고, (식민지체제로부터 얻은 이득에서 비롯된) 상당한 물적 기반까지 확보하고 있었다.

카터 에커트에 의하면, 1930~1945년의 15년 동안 노동(숙련노동자, 기술자), 자본/관료(기업가, 관리자, 총독부 관리, 금융기관 종사자), 군대(주로 장교) 등 근대적 부문들에서 비교적 방대한 조선인 그룹이 형성되었다. "1945년경에 적어도 수십만에 달하는 사람들, 혹은 추정컨대 200만 명 이상의 사람들이 농촌을 떠나 공장노동자, 기술자, 실업가, 관료와 기타 화이트칼라, 직업군인, 전문가 등이 되었다."[1] 물론 이 인용문에는 '경찰'이 반드시 추가되어야 할 것이다. 수십만~200만 명에 달하는 이 그룹은 '민족운동 그룹들'보다 훨씬 큰 세력이었다.[2]

둘째, 이 근대적 사회범주들은 한국사회에서 '근대로의 지향'을 공고화하고 기정사실화하는 역사적 역할을 담당했다는 것이다. 달리 말하자면 임시정부를 중심으로 활동한 독립운동가들과 마찬가지로 식민지엘리트들 역시 이전의 전통적인 정치·사회 질서, 곧 구질서로 되돌아갈 수 없음을 '역사적으로 봉인한' 세력이었다.

그런데 식민지엘리트들의 '근대 지향성'에는 국가주의나 발전주의 성향이 비교적 강하게 각인되어 있었을 것으로 판단된다(〈표 7-1〉 참조). 특히 경제성장을 무엇보다 중시하는 발전주의 성향을 지닌 식민지엘리트들이 해방 후 한국 시민종교 내부에 발전주의적 가치들을 주입한 주역이었을

〈표 7-1〉 식민지엘리트의 두 부류에 따른 이데올로기적 친화성

구분	해당 사회범주들	이데올로기적 친화성
관료 부문	행정관료	→ 국가주의
	군인, 경찰	→ 국가주의
	사법관료	→ 국가주의
	경제관료	→ 발전주의
경제/기업 부문	은행 등 준(準)국가기구 종사자	→ 발전주의
	기업가	→ 발전주의
	회사원	→ 발전주의
	기술자, 숙련노동자	→ 발전주의

가능성이 높다. 한국형 발전주의자들이 1950~1960년대에 불현듯 나타난 게 결코 아니라는 것이다.

셋째, 식민지체제에 협력한 조선인들 사이에도 상당한 내적 이질성이 존재했다는 것이다. 식민지체제와 조선인들 간의 관계는 생각보다 복잡하며, 이를 '저항-순응의 이분법'으로 밝혀내기 어렵다는 주장은 충분히 수용할 만하다. 당시 조선인들을 '친일파 대對 독립운동가'라는 이분법적 범주 안에 억지로 분류해 넣는 것은 더더욱 불가능하며 실제 현실과도 동떨어진 일이다. 이른바 '친일파 문제'를 덜 상투적으로 접근해야 생산적이리라는 점은 명백해 보인다.

그런데 식민지체제에 협력했던 거의 대부분의 조선인들이 "자신들의 친일親日 행위는 (때때로 그것이 열정적인 것처럼 보일 때조차) 민족주의적 본심을 가리는 '가면'假面, 혹은 경제적·육체적 생존이나 얼마간의 개인적 출세를 위한 '생존윤리'의 발로였을 뿐이었다"고 주장하는 것을 어떻게 받아들여야 할까? 우리가 이런 주장을 조금이라도 진지하게 받아들인다면, 식민지 협력자들 가운데서도 최소한 두 그룹, 구태여 이름붙이자면 '표리부동형 식민지 협력자' 유형과 '표리일치형 식민지 협력자' 유형이 존재함을 인정해야 할 것이다. '표리부동형 식민지 협력자'는 외면적인 순응과

내면적인 저항의 이중성으로 고통 받는 '소극적 협력자'이고, 어떤 면에서 '말뿐인 협력자'라고도 할 수 있을 것이다. 반면에 '표리일치형 식민지 협력자'는 외면-내면이 조화를 이루는 '진정한 협력자'라 하겠다. 식민지 체제에 대한 조선인들의 태도를 판정하기 위해 "저항—협력적 저항—저항적 협력—협력"의 보다 세분된 스펙트럼을 만들어놓고, 예컨대 김성수의 경우엔 '협력적 저항'에서 '저항적 협력'으로 태도 변화를 겪었다는 이완범의 주장은 두 가지 형태의 '표리부동형 식민지 협력자' 그룹, 즉 '협력적 저항' 그룹 및 '저항적 협력' 그룹을 인정하고 있는 셈이다.[3]

그런데 '저항적 협력'이나 '저항적 순응'과 같은 표현들이 단순한 말장난으로 전락하는 것을 막으려면, '소극적 협력자' 내지 '구두선 협력자'(표리부동형 식민지 협력자)와 '진정한 협력자'(표리일치형 식민지 협력자)를 구분하는 기준이 좀 더 명료해져야 한다. 물론 '개인적인' 수준에서는 외면적인 순응·협력과 충돌하는, '내면적인 저항'의 진정성을 입증하는 사적인 기록이나 전언傳言 등이 존재하는 것만으로도 충분할지 모른다. 문제는 '집단적인' 수준인데, 필자는 (1) 특정 집단의 '체제 내 위치', (2) '(민족적) 이익충돌 의식', 즉 식민-피식민 민족 간 이익충돌의 인정 및 인지認知 여부라는 두 가지 판단기준을 제시하고자 한다. 두 가지 기준을 함께 사용할 경우 식민지체제 협력자들의 내적 이질성 문제에 보다 용이하게 접근할 수 있으리라는 것이다. 체제 내 위치와 이익충돌 의식에 대해 좀 더 상세히 들여다보자.

2. 체제 내 위치, 식민지 도덕성, 능력주의

(1) 체제 내 위치

먼저 '체제 내 위치'는 특정 조선인 그룹이 식민지체제의 '중심부-주변부' 그리고 식민지체제의 '상층부-하층부' 중 어느 쪽에 가까운가에 따라 체제에 대한 협력 행동 및 심리적 동화로의 압력과 유인 측면에서 유의미한 차이가 나타나리라고 보는 것이다. 〈표 7-2〉는 에커트가 언급했던 범주들을 중심으로 하되 여기에 필자가 몇 가지 범주들을 임의로 추가하여 작성한 것이다. 필자는 〈표 7-2〉에서 '중심부-상층'에 속하는 그룹의 대부분, '중심부-중층' 및 '주변부-상층'에 속하는 그룹 중 상당수를 식민지엘리트로 분류할 수 있을 것으로 본다.

식민화의 기간이 20~30년가량 지나 '식민지 세대'가 본격적으로 등장하기 시작하면서 식민지체제에 적응한 이들의 숫자는 기하급수적으로 증가할 수밖에 없다. 이럴수록 '비타협적 민족운동'의 입지와 성공 가능성은 그만큼 줄어들게 될 것이다. 아울러 식민지체제가 뿌리를 내릴수록

〈표 7-2〉 식민지체제에 대한 조선인 집단들의 다양한 '체제 내 위치들'

	중심부	주변부(혹은 외부)
상층	기업가, 고위직 행정·사법관료, 금융기관 고위 종사자, 군인(장교), 도시 거주 부재지주, 경찰(간부)	부농
중층	숙련노동자, 하위직 행정·사법관료, 기술자, 경찰(하위직), 군인(하사관)	중농, 소농
하층	비숙련노동자, 도시 영세 상공인, 군인(병사)	소작농, 머슴(고공), 징용노동자, 종군위안부, 부랑인(유민), 무속인

'체제 내 위치'에 따른 식민지민들 사이의 구조적 차이도 더 공고해질 가능성이 높아진다.

여기서 중요한 점은 식민지엘리트들에게 다음 두 가지 가능성이 현실화될 가능성이 높다는 것이다. 첫째, 그들에게 식민지체제에 대한 협력행동 및 심리적 동화로의 '외적인 압력'이 가장 강력하게 가해질 것이며, 둘째, 그들 스스로도 식민지체제에 대한 협력 및 동화로의 '내적인 유인'을 가장 강하게 느끼게 되리라는 것이다. 그런 면에서 식민지엘리트들이야말로 식민지 조선인들 가운데 외적으로나 내적으로나 '진정한 협력자'가 될 가능성이 가장 높은 이들이었다고 말할 수 있다. (그리고 이런 처지에서는 일본-조선 민족 사이에 '이익의 충돌'보다는 '이익의 수렴'을 긍정하게 될 확률이 그만큼 커질 것이다.)

우선, 식민지엘리트들은 중심부와 상층/중층에 가까운 '체제 내 위치'로 인해 식민지 정책과 이데올로기에 협력하거나 동조하라는 압력을 가장 거세게 받을 수밖에 없는 자리에 놓여 있다. 그들은 때때로 이런 협력·동조 행위의 '진정성'을 고백이나 간증 행동을 통해 입증하라는 요구를 받기도 한다. 체제 내 위치로 인해 식민지엘리트들은 식민지대중에 비해 훨씬 더 강력하게, 더욱 자주 내면적 신념의 고백·간증 압력에 노출된다. 물론 여기에는 '표리부동'表裏不同이 아님을 입증하는 것도 포함된다. 1930년대 이후와 같은 전면적 전쟁의 상황에서는 이런 진정성 고백·입증에 대한 압력이 극에 달할 것이다. 한편 역으로 보면, 식민지체제에 대한 협력·동조 행위의 진정성을 의심받는 상황에서는 동료들과의 승진이나 출세 경쟁에서 뒤처지기 쉬운 것은 물론이고, 기존의 자리를 보전하기조차 힘겨울 수도 있다. 식민지체제에 대한 충성심을 끊임없이 맹세하거나 가시적으로 입증해보여야 하는 이런 부담은 주변적이거나 하층에 가까운 체제 내 위치로 인해 식민지 정책과 이데올로기에 다소 무심하거나 무관심한 태도를 취해도 일상생활에 아무런 지장이 없을 '식민지대중', 즉 대다수 조선 민중과는 완전히 다른 처지이다.

한편 식민지엘리트들은 자신들의 체제 내 위치로 인해 (외적인 압력과 다소 무관하게) 주체적·능동적·자발적으로 식민지체제에 협력할 가능성이 (식민지체제의 '주변부'나 '외부'에 놓인 대다수 조선인들보다) 훨씬 높다고 할 수 있다. 소극적인 어조로 말하자면, 식민지엘리트들은 어떻게든 식민지체제에 의탁·의존하고 있는 사람들이고, 그 체제에서 생존·생계수단을 발견하는 사람들이고, 나아가 그 체제에서 다소간 이득을 얻는 사람들이다. 보다 적극적인 어조로 말하자면, 식민지엘리트들은 자신들의 출세와 영달榮達을 위해 식민지체제를 수단이자 발판으로 삼아온 이들이다. 다시 말해 식민지체제는 식민지엘리트들에게 출세와 영달의 '기회들'을 제공해주는, 꽤나 '유용하고 유익한' 정치적·사회적·경제적 시스템이었던 것이다. 이들은 체제 내 위치로 말미암아 식민주의적 관행과 심성을 가장 가까이서 일상적으로 경험하고, 나아가 체득할 가능성이 높은 사람들이었다. 이들이 식민지체제에 충분히 적응하여 별다른 불편함을 느끼지 못하게 될수록 자발적 협력의 개연성은 더욱 증가할 것이다.[4]

(2) 식민지 도덕성

우리는 식민지체제에 협력한 이들을 통째로 '부도덕'하다거나, 심지어 '사악한' 존재로 단정하는 것을 경계해야 한다. 이는 말하자면 '독립운동=선善, 친일=악惡'이라는 '그릇된 선악이원론'을 적용하는 오류이다. 그들이 도덕적이어서 식민지체제에 협력했다고 말할 수 없는 것처럼, 그들이 도덕적으로 망가졌기 때문에 식민지체제에 협력했다고 말할 수도 없다. 식민지엘리트들 가운데 '입신양명을 지향하는 출세주의자들'이 꽤 있을 터이나, 이런 사람들은 어느 사회에나 존재한다.[5] 식민지엘리트라는 범주에는 '이기적이고 부도덕한 출세주의자들'부터 '근엄한 도덕주의자들'

에 이르기까지 다양한 부류의 사람들이 섞여 있었다. 어쨌든 식민지엘리트들을 반反도덕주의나 무無도덕주의 범주로 묶을 수 없다는 점만은 분명하다.

필자가 보기에 많은 식민지엘리트들은 '식민지적 도덕성colonial morality'이라고 부를 수 있는, 비교적 질서정연하고도 안정된 윤리체계를 갖고 있었다. 논의를 생산적으로 진행하기 위해, 여기서 두 가지 유형의 '식민지 도덕성'을 구분하는 게 유용할 것 같다. 그 하나는 식민주의자들(일본인)이 조선인들에게 주입하려 했던 도덕성으로, 이를 '제국주의적 도덕성' 혹은 '제국 신민臣民의 도덕성'이라고도 부를 수 있을 것이다. 이나미에 의하면, 일본 식민주의자들은 식민지민들(조선인)에게 '근로하는 인간상'을 강조하고, '강한 신체와 두려움을 모르는 성품'(인고단련, 죽음을 불사하는 용기, 군인정신 등)을 이상理想으로 제시했다고 한다. 일본 식민주의자들은 '순응적 식민지인'을 양성하기 위해 온건한 덕성, 질서 중시 및 규율에 대한 복종, 대인관계에서의 관용, 검소한 인간, 소규모에 만족한 인생관, (여성의 경우) 현모양처 등의 덕목을 강조했다.[6]

'식민주의자들의 도덕성'과 구분되는 또 하나의 식민지 도덕성 유형은 일부 식민지엘리트들이 만들어낸 것이다. 이 유형의 도덕성은 '민족개조론'으로 대표된다. 그런데 민족개조론 자체가 '대중-지도자 이분법'에 근거한 '계몽주의적이고 엘리트주의적 도덕성'을 전제한다. 상당수의 식민지엘리트들은 스스로를 '민족의 계도자啓導者 내지 스승, 선각자' 등으로 자리매김했다. 이들은 조선과 조선인들을 사랑했고, 조선민족을 계몽하는 스승이자 민족의 진로를 제시하는 지도자가 되기를 자임했다. 실력양성론이나 자치론이나 참정권 확대론을 주장할 때, 심지어 내선일체론에 동조하면서 조선 청년들에게 학병·지원병 입대를 권유할 때조차, 그들은 (개인적인 출세욕이나 보복에 대한 두려움 때문이 아니라) 조선민족의 지도자로서 조선민족의 이익을 위해 그렇게 했다고 주장했다. 설사 그것이 결과적으로

"민족을 위한다면서 민족을 부정하는 모순적 태도"[7]에 불과했을지라도 말이다. 적어도 이런 민족지도자로서의 정체성이 유지되는 한, 이들은 보통사람들에 비해 훨씬 고결한 도덕성을 유지하려 애썼을 것이다. 필자가 보기에, 식민지엘리트들의 도덕성이 결정적으로 흔들린 원인은 '식민지 체제에의 협력'(그리고 그와 결부된 죄책감) 때문이 아니라, '해방의 심리적 충격' 때문이었다.

식민지엘리트에 의해 전범典範, 우상, 스승 등으로 추앙받았던 이들은 구舊 황실 귀족들이 아니었다. 오히려 그들은 식민지엘리트에 의해 '망국亡國의 주범'으로 지탄받았을 가능성이 높았다. 식민지화한 조선에서 조선귀족령에 의해 작위를 받은 이들도 마찬가지였을 것이다. 식민지엘리트의 우상은 윤치호, 이광수, 최남선 등으로 대표되는 근대적 지식인 그룹이었다. 이런 근대적 지식인들이 창안해내고, 신문·잡지 등 각종 출판물들을 통해 전파한 엘리트주의적이고 계몽주의적인 식민지 도덕성이 식민지민들 중 교육수준이 가장 높았던 식민지엘리트 구성원들에 의해 급속하고도 열정적으로 수용되었던 것으로 보인다. '지적 위계intellectual hierarchy'의 꼭대기에 자리 잡은 몇몇 근대적 지식인들의 심성과 도덕성이 근대적 매체들을 통해 '위로부터 아래로' 빠르게 확산됨으로써, 식민지엘리트 구성원 상당수에 의해 공유되는 비교적 동질적인 집단심성과 도덕성이 형성되어갔던 것이다.

(3) 능력주의와 사회진화론

식민지엘리트들의 집합적 특성을 드러내는 또 하나의 키워드는 '능력주의' 혹은 '실력주의meritocracy'에 대한 강한 선호라고 생각된다. 능력주의·실력주의는 경쟁주의나 업적주의 사고방식과 동행하는 경향이 강하다. 식민지엘리트 가운데는 세습에 의해 선대로부터 엘리트 지위를 물려

받은 이들도 있지만, 경쟁을 통해 엘리트 지위로 상승 이동한 이들이 더욱 많았던 것으로 보인다. 필자는 이들이 평균적인 식민지 조선인들에 비해 훨씬 강한 '성취 지향성'과 '경쟁 지향성'을 보였을 것이며, 평균적으로 '능력에의 인정 욕망'이 강한 편에 속하는 이들이라고 본다. 그들의 경쟁 상대는 동료 조선인은 물론이고 조선과 만주의 일본인들까지 포함했다. 만주국 신경 세무서장으로 근무하다 해방을 맞은 후 월남하여 미군정의 상공부 회계과장을 거쳐 박정희 정권 초기에 상공부 차관을 역임한 김규민은 "어쨌든 고등관이 되어라. 그래야 일본 사람들이 괄시를 못한다"는 말을 가족들로부터 "어려서부터 밤낮" 듣고 자랐다고 말했다. "사실 만주국까지 간 것도 누구를 위한다는 생각보다 '어떻게든 일본 놈하고 경쟁해서 이기지 않으면 못 산다'는 단순한 생각밖에 없었어요.⋯⋯지금 와서 친일이다 반일이다 하지만 그때는 당면한 경쟁자가 일본 놈이었으니까 일본 놈을 누를 수 있는 자리가 있느냐, 또 일본 놈을 누를 만한 돈이 있느냐에 다들 관심이 있었어요."[8] 마치 집단(민족) 차원의 경쟁에서의 패배를 개인 차원의 경쟁에서의 승리를 통해 만회 내지 보상받으려는 듯한 심리마저 느껴진다.

정당한 경쟁을 통해 우수한 능력을 입증해보임으로써, 자력으로 성취한 것이라는 점에서 식민지엘리트들은 자신들의 엘리트 지위에 자부심을 가졌을 가능성이 높았다. 이들은 자기들이 '친일적'으로 '된' 것 혹은 그렇게 '보이는' 것은 천성이 '이기적인 출세주의자'이거나 '반민족적'이어서가 아니라 '유능하고 성실했기 때문'이었다고 주장했을 것이고 스스로도 그렇게 믿었을 것이다. 한마디로 "유능했기에 친일파가 되었다"는 것이고, 어떤 면에선 민족적 충성심을 경쟁에서의 개인적 승리와 성취로 대체했다고도 말할 수 있을 것이다.

식민지엘리트들의 능력주의, 경쟁주의, 업적주의 선호 밑바탕에는 사회진화론이 자리 잡고 있었을 가능성이 높다.[9] 이 경우 능력주의는 경쟁의 주체가 집단(국가·민족·인종 등)이 아닌 개인으로 바뀐, '사회진화론의 개인화된 버전에 가까운 경쟁이데올로기'일 가능성이 높았다. 지금의 맥락에서는 '개인 차원'의 능력주의와 '민족 차원'의 실력양성론이 사회진화론을 매개로 서로 만난다는 사실, 둘 모두가 주어진 식민지체제에 대한 순응과 적응을 전제로 하고 있다는 사실이 중요하다.

사회진화론은 "명치 시기의 일본 지식인들" 그리고 조선에서는 "황성신문을 중심으로 활동하던 1900년대의 개신改新 유림들(계몽주의자들)"을 사로잡았다. 박홍규에 의하면, "사회진화론이란 생존경쟁·적자생존의 원리로 인간사회의 변화를 설명하는 사회변동론의 하나로, 경쟁의 과정을 통하여 사회가 진화·진보된다고 하는 사상이다. 이러한 사회진화론을 처음으로 접한 명치 시기의 일본의 지식인들은 그것을 최신의 과학이론이라 믿고 거기에서 사회 진보의 비결을 찾으려고 했다. 즉 일본에서는 1870년대 후반 이후 진화론이 생존경쟁, 자연도태, 우승열패, 적자생존이란 형태로 간략화되고, 서구 열강에 뒤쳐진 것을 만회하기 위해서 서구의 과학, 기술, 정치, 사회제도 등을 단숨에 섭취하려는 서구화 정책을 대대적으로 실시해가는 데 필요한 최신의 과학적 진리, 의심할 여지가 없는 기본진리로서 받아들여졌다."[10] 20세기 초 조선의 유교 지식인들 역시 우승열패와 약육강식을 "우주와 세계의 천부적인 불변의 법칙"으로 수용했고 20세기를 "우승열패의 시대"로 믿어 의심치 않았다.[11] 유럽에서도 사회진화론은 나치의 반유대주의를 뒷받침하는 등 20세기 전반기까지 상당한 위력을 발휘했다.[12]

해당 시기에 일본과 조선의 지식인들은 각기 코앞에 닥친 약육강식의 국제질서 속에서 민족적 위기의식을 불러일으켜 대중의 분발을 촉구하는 수단으로 사회진화론을 활용했다. 이처럼 후발국에서 급속한 모방적 근대화와 부국강병을 추동하는 효과가 사회진화론의 '긍정적인' 기능이자 효과였다. 조선사회의 경우 식민지화 '이전에는' 대체로 '위기경보' 및

'근대화 추동' 기능을 수행하던 사회진화론이 식민지화 '이후에는' 거의 정반대의 기능, 즉 '식민지질서를 정당화하는' 기능 쪽으로 역할이 바뀌었다고 말할 수 있다.

요컨대 '제국주의 지식인'이 아닌 '식민지 지식인'에게 수용될 경우, 사회진화론은 제국주의적 국제질서의 승인과 정당화, 오리엔탈리즘의 수용과 내면화로 이어지는 경향이 있다. 보다 정확히 말하자면, 식민지 시대에 사회진화론은 조선 지식인들로 하여금 두 가지의 제국주의적 논리, 즉 '서구식 오리엔탈리즘'과 '일본식 옥시덴탈리즘'을 동시에 수용하도록 이끌었다. "'힘이 곧 발전의 동력이자 정의'라는 제국주의의 사회진화론적 이데올로기" 혹은 "사회진화론적인 약육강식의 논리에 의한 실력양성을 주장하며 대다수 피지배민들 위에 군림하는 자세로 임한 우파 민족주의" 등의 표현,[13] 그리고 "제국주의의 주요 담론인 사회진화론의 내면화를 필수조건으로 내걸었던 그들의 독립운동은, 보다 넓은 의미에서 볼 때 서구의 도전에 대한 일종의 지적知的인 '항복'"이라는 표현 역시 필자와 유사한 문제의식을 담고 있다.[14] 박노자는 하동현과의 대담에서 이렇게 말하기도 했다. "당시 계몽운동가들은 불평등하고 야만적인 힘의 세계를 현실로 인정하고, 그 세계에서 먹히는 자가 아닌 먹는 자, 힘센 나라를 만들고 싶어 했습니다. 실제로 수많은 계몽사상가들이 일제의 강점 이후 일제의 지배를 또 하나의 현실로 인정하고, 백인종을 이길 만한 '힘센 황인종'을 만든다는 미명하에 일제에 협력했습니다."[15] 박홍규 역시 유사한 문제의식을 토로한 바 있다. "조선에서도 사회진화론은 수용되었다. 그러나 그 양상은 일본과는 너무나 달랐다. 조선에서는 사회진화론이 가진 강자의 논리(지배의 논리)가 극복되지 못하고, 결국 제국주의를 인정하는 논리로 전락되기에 이르렀다."[16] 서영채의 표현대로 "실력양성론의 논리는, 이미 그 자체가 근대화라는 전쟁터에서의 패배라는 현실을 전제로 한 것"이었다.[17]

    사회진화론의 관점에서 "리바이어던으로 간주된 국가들 간의 전투적이고 공격적인 무한경쟁체제"로서 국제질서를 이해하고 힘의 논리를 추구하는 것은 '국제적으로' 제국주의를 정당화할 뿐 아니라, '국내적으로는' 국가주의나 전체주의를 정당화하는 경향이 있었다. 박노자가 강조하듯이, 20세기 초 조선 지식인들의 사회진화론은 집단주의, 국가주의, 전체주의적 민족주의, 군사주의 등과 선연히 맞닿아 있었다. 조선의 사회진화론자들은 '유기체'로서의 국민과 민족공동체에 대한 개개인의 책임과 의무와 희생을 요구했다. 망국亡國의 위기감으로 인해 이런 측면들이 더더욱 강조되었다.

> "국가가 있으면 인민이 있고, 국가가 없으면 인민도 없다"는 논리에 늘 입각했던 「황성신문」은, 그러한 입장에서 늘 '자유권'보다 '인민/국민'의 의무를 소리 높여 강조했다. 특히 20세기를 '민족 간의 경쟁의 시대'로 보고 경쟁에서 낙오된 민족이 필연적으로 멸종당한다고 인식했던 당시의 사회진화론적 입장에서는, '하나의 큰 몸', 일종의 '유기체'로 간주됐던 국민/민족 공동체에 대한 개인의 책임이 거의 절대시되었다.……그러한 입장에서는, 개인들을 국가를 위해서 희생시켜도 된다는 주장도 꽤나 자연스럽게 들렸다.[18]

> 하나의 종족을 마치 '한 병영의 군사'와 흡사한 일사불란한 '국민'으로 동원해야 그 '국민'이 미주·호주의 원주민처럼 남의 '민족 제국주의'의 희생물이 되지 않고 오히려 스스로 남을 침범할 힘을 가질 수 있겠다는 이야기였다. 일률적인 '국민정신'에 의해서 '한 몸의 골격처럼' 결속력이 강화된, 그리고 그 덕분에 세계적인 생존투쟁에서 약자가 아닌 강자가 될 수 있는 빈틈없는 집단이야말로 「대한매일신보」의 논객들이 갈망했던 '국민', '신민'新民이었다.[19]

식민지 민족의 구성원들에게 요구되는 것은 "유기체인 국민과 민족공동체에 대한 책임과 의무와 희생"만이 아니었다. 개개인들은 "경쟁의 영웅"이 되도록 요구받았다. 박노자의 표현대로 "개개인에게 체제를 뒷받침할 '경쟁의 영웅'이 되게끔 강요하는 '힘'의 논리를 예쁘게 포장하는 군대, 스포츠, 종교 등 각종 담론들"이 넘쳐났다.[20] 사회진화론은 식민지 직전 및 식민지 시기 지식인들의 정신세계와 행태를 이해하는 데 결정적인 연결고리, 만능의 키워드 역할을 하는 것 같다. 제국주의·오리엔탈리즘·국가주의에서 능력주의에 이르기까지가 사회진화론을 매개고리 삼아 두루두루 연결되는 것이다. 보다 구체적으로 사회진화론은 (1) 제국주의 및 오리엔탈리즘의 자발적 수용·용인과 관련되고, (2) 국가주의와 연결되고, (3) 실력양성론이나 민족개조론, 자치론 부류의 자강론적 민족주의와 친화적이며, (4) 개인적으로는 능력주의 멘털리티와 친화성을 갖는 등 '사중적四重的 친화성의 연쇄'를 이어주고 있다.

식민지엘리트들 가운데 식민지체제에 대한 협력적 태도가 형성되는 과정에서 체제 내 위치가 '객관적인' 압력이자 유인으로 작용한다면, 능력주의는 '주관적인' 유인이자 압력으로 작용했다고 볼 수 있다. 체제 내 위치와 능력주의는 내적으로 서로 연결되어 있기도 하다. 능력주의가 특정인의 사회적 상승이동을 견인하고, 이로 인해 그의 체제 내 위치가 체제 중심부 및 상층부에 더욱 가까워지고, 그에 따라 식민지체제에 대한 협력으로의 압력도 더욱 강해지게 되는 순환관계가 작동하는 것이다.

개인적인 수준에서 식민지엘리트 그룹 구성원들은 '경쟁에서의 승리와 지위의 상승이동을 위한 자발적 협력'이라는 압력과 유인에 동시에 노출되기 쉽다. 지나치게 부정적인 어조로 말하긴 했으나, "자신이 능력은 있는데 그에 합당한 대우를 못 받았다고 생각하는 사람들의 출세주의는 언제나 부역의 가장 강력한 동기가 된다"는 김동춘의 주장은 설득력이 있다.[21] 물론 객관적-주관적 압력과 유인을 저마다 체감하는 강도 면에서 그리고 그런 압력과 유인에 대한 대응 방식의 선택에서 어느 정도의 개인 차가 나타날 것이고, 일부 식민지엘리트들은 그런 압력과 유인 자체를 거부할 가능성도 있겠지만 말이다.

3. 이익충돌 의식과
'식민지엘리트의 민족주의'

여기서 '이익충돌 의식'이란 식민자인 일본 민족과 식민지민인 조선 민족의 이익이 서로 대립하거나 충돌한다는 점을 특정 개인이나 집단이 '주관적으로 인정하거나 인지하는지' 여부, 그리고 (이익충돌을 인정·인지할 경우) 충돌의 강도를 '체감하는' 정도를 가리킨다. '체제 내 위치'가 철저히 '객관적인' 측면을 강조하는 개념이라면, '이익충돌 의식'은 철저히 '주관적인' 측면을 강조하는 개념이다. 여기서 두 민족 간의 이익충돌에 대한 인정·인지는 특정 조선인 집단에게 (식민지 현실 자체는 수용할지라도) 여전히 독자적인 민족주의적 의식이 남아 있음을 보여주는 증거인 반면에, '두 민족 간 이익충돌의 부재不在', 더 나아가 '두 민족 간 이익의 수렴·조화'를 주장하는 것은 특정 조선인 집단이 식민지체제에 대한 '진정한 협력자'임을 보여주는 증거가 된다. 예를 들어 식민지 말기에는 '대동아공영권'이나, 그 연장선상에서 제기되는 '귀축영미鬼畜英米'와 같은 '일본식 옥시덴탈리즘'―일본식 반미주의와 반영反英주의―논리[22]를 믿고 수용하는가가 '진정한 협력자' 여부를 판정하는 유용한 지표가 될 수 있다.

    식민지체제의 주변부 및 하층에 놓인 '식민지대중'에게 '민족 간 이익충돌'은 논증의 여지가 없는 명백한 사실일 가능성이 높다. 그들은 징용, 징병, 공출, 착취, 차별 등 식민지체제가 가하는 온갖 부담을 사회 밑바닥에서 온전히 감당해야만 했기 때문이다. 식민지대중에게 민족 간 이익충돌은 객관적인 사실이자 주관적인 진리이기도 했다. 반면에 체제의 중심부 및 상층/중층에 가까운 식민지엘리트에게 민족 간 이익충돌 문제는 좀더 미묘하고 복잡하다. 민족 간 이익충돌 의식을 전제로 한 '민족감정'이나 '민족주의'와 식민지엘리트들이 맺는 관계 역시 복잡 미묘하다. 여기서 분명히 확인해야 할 사실은 단순한 민족주의적 이분법에 근거하여 식민지엘리트들에게 손쉽게 '반反민족'의 낙인을 찍는 일은 전혀 생산적이지 못한 접근방식이라는 것이다.

식민지엘리트들은 조선인 가운데선 가장 '행복하고 특권적인' 식민지민이었을지언정, 봉급·승진 등에서 직장 내 일본인-조선인 간의 구조화된 차별, 그로 인한 열등감과 좌절감에 종종 시달렸던 모순적인 입지의 사람들이기도 했다. 그들은 '식민지적 가해-피해의 연쇄'에서 중간 고리쯤에 끼인 사람들이었다. 그래서 가해자와 피해자의 두 얼굴을 모두 가진 야누스적 존재들이기도 했다. 어쨌든 이런 상황이 그들로 하여금 소박하게나마 지속적으로 '민족감정'을 유지하도록 만들었을 것이다. 더구나 태양신의 후예로 일컬어지는 천황에 대한 숭배를 중심으로 한 '일본식 선민選民사상'[23]이 기승을 부리는 한 '내선일체內鮮一體' 구호는 '영원한 공염불'이기 십상이었다. 일본식 선민사상이 살아 있는 한 조선인은 '당연히 그리고 항상' 2등 국민이 될 수밖에 없다. 식민지엘리트들은 단순한 민족감정 수준을 넘어, 예컨대 실력양성론이나 자치론自治論 같은 가치와 목표를 추구하는 '온건한 민족주의자들'일 수도 있었다. 김동명의 분류법을 빌자면, 이들은 〈표 7-3〉의 '분리형 협력' 노선에 가장 가까운 의식세계를 보였을 것이다.

문제는 (주관적인 차원이 아니라) 객관적인 차원에서 전쟁이나 격렬한 무장투쟁과 같은 형태로 민족 간 이익충돌이 극대화되는 상황에서 발생한다. 1931년의 만주사변, 1937년의 중일전쟁, 1941년의 태평양전쟁을 거치면

〈표 7-3〉 협력자들과 저항자들의 의식세계 비교

구분	협력		저항
	동화형 협력	분리형 협력	
일본의 지배	영구적 인정	일시적 인정	부정
양 민족의 동화	가능	불가능	불가능
참정권 문제	제국의회 참가	조선의회 설치	필요 없음
조선의 독립	필요 없음	필요(장래적)	필요(즉시)
자기인식	일본제국 국민	조선민족, 조선인	조선민족, 조선인
양국의 관계	비식민지(동일 국가)	식민지	비식민지(불법점령지), 식민지

* 출처: 김동명, "일본 제국주의의 지배체제의 전개와 조선인의 정치적 대응", 민족문제연구소 편,『한국 근현대사와 친일파 문제』, 아세아문화사, 2000, 190쪽.

서 이런 상황이 현실화되었다. 1930년대 이후 중국과 소련 지역에서 활동하던 조선인 독립운동 세력은 중국(국민군 혹은 인민군)이나 소련(연합국) 쪽에 가담하여 일본군과 무력투쟁을 전개했다. 식민지체제와 조선 독립운동 사이의 적대적 성격이 격화될수록 식민지엘리트들의 입지는 더욱 모호해지고 모순적인 것이 된다. 일본제국과 독립운동 진영이라는 두 적대세력 사이에 낀 식민지엘리트들은 '무력한 구경꾼이나 방관자' 지위로 떨어질 수밖에 없지만, 그렇다고 그것이 '적대에서의 중립'을 뜻하는 것은 전혀 아니다. 식민지대중과 달리 식민지엘리트들은 적대하는 두 진영 중 어느 한편을 명확히 선택하도록 공공연히 요구받게 되는 것이다. 주지하듯이 이런 양자택일적 상황에서 대다수 식민지엘리트들은 식민지체제—일본제국 편에 서기로 선택했다.

그렇지만 전쟁이라는 형태로 민족 간 이익의 격렬한 충돌이 계속되는 형국에서, 일본제국의 편에 서기로 결단한 조선인들이 민족 간 이익충돌이라는 이전의 주관적 믿음을 계속 유지하는 게 결코 쉬운 일은 아니었다. 이 상태에서 유일한 논리적 탈출구는 "일본제국이 전쟁에서 승리해야 조선민족의 자치나 독립도 가능해진다"는 것뿐일 텐데, 이야말로 일본-조선 양 민족 사이에 '이익의 충돌'이 아닌 '이익의 수렴·조화'를 주장하는 태도에 다름 아닌 것이다. 더욱이 조선인 독립운동가들이 연합국들과의 동맹관계 속에서 대일對日 공동작전까지 적극적으로 모색하는 상황에서, 이런 선택은 식민지체제 편에 서서 '조선인 독립운동가들'과 정면으로 맞서는 자리에 스스로를 위치시키는 것이나 진배없는 일이 된다.

어떤 이유에서든 식민지 지배 민족과 피지배 민족의 이익이 서로 수렴하거나 조화된다는 신념체계 속에서 식민지민에 걸맞은 '민족주의'가 살아있다고 보기는 어려울 것이다. 이런 상황에서 '민족독립'을 향한 비전이나 열망이 상당 정도의 현실성을 동반하면서 체감되는 게 과연 가능한 일일까. 독립운동 진영과 적대하는 위치에 있는 조선인들을 여전히 '민족주의적'이라고 말할 수 있을까. 민족 간 이익충돌이라는 최소한의 논리적·심리적 긴장마저 대부분 사라진 채, (막연한 미래로 이월된) 자치론이나 실력양성을 통한 독립론이라는 형태로 최소한의 명색만 유지하는 민족주의 담론은 이 단계에서 지극히 공허해지며 어떤 면에선 비현실적인 느낌마저 수반하게 된다. 소설가인 서해성은 최근 일부 식민지엘리트들에게 민족의 해방이 의미했던 바를, "오지 말았어야 할 것이되 와야 하는 분열적 이중 모순"으로 표현한 바 있다.[24] 이런 부류의 민족주의 담론은 식민지엘리트 자신에게 약간의 심리적 위안을 줄 수 있을 뿐 그 어떤 대중적 설득력이나 동원력도 갖지 못했을 것이다.

4. 해방의 충격

중심부와 상층/중층에 가까운 '체제 내 위치'로 인해, 그리고 특히 1930년대 이후에 대다수 식민지엘리트들이 '민족 간 이익충돌'을 그다지 심각하게 인식하지 못하게 됨에 따라, 식민지엘리트들은 식민지체제에 대한 ('소극적 협력자', '말뿐인 협력자', '표리부동한 협력자'가 아닌) '진정한 협력자true colla-borators'가 될 가능성이 점점 높아졌다. 이런 가능성이 높아질수록 더욱 확실해지는 사실은 이들이 해방 후의 '탈식민지적 질서' 아래서 거센 과거사청산 압력의 직접적인 타깃이 되어 시달리게 되리라는 것, 탈식민지 질서에서 강제적으로 퇴출·배제당할 위험이 높다는 것, 그런 위험으로 인한 불안과 공포에서 벗어나기 어려울 것이라는 점이다. 해방의 도래로 이런 가능성이 즉각 현실화되었다.

다음 인용문들이 보여주듯이 대부분의 식민지엘리트들에게조차 해방은 '예기치 못했던' 사건이었다. 예기치 못했기에, 그렇게 불현듯 찾아왔기에 해방은 더더욱 '충격적인' 사건이었다.

> 해방 직전까지도 일본이 망하리라는 생각을 못했어요. 그때 「동아일보」 「조선일보」 「매일신보」 등은 폐간되고, 언론기관이라고는 「경성일보」와 지방에는 「부산일보」 비슷한 게 있었는데, 매일 대서특필로 일본이 이긴다고 했으니까요. 지방에서 다른 정보를 얻을 도리도 없고, 시골에서는 신문보도에 나온 것처럼 일본이 승승장구한다고만 알고 있었어요. (해방 당시 창녕군수였던 이항녕)[25]

> 나도 지서 순사부장이면, 경찰서의 주요 간부에 속했어요. 그런데도 중요한 정보는 일본 순사들끼리만 통했지 우리 조선 경찰에게는 안 가르쳐줬어요. 일본이 기울고 있다는 소식도 몰랐어요. 나중에 보니 벌써

9월 8일 포츠담회담에서 무조건 항복하기로 한 내용을 총독부를 통해 주요 일본인 경찰 간부들은 다 알고 있었어요. 저희끼리만 알고 도망갈 궁리만 하고 있었던 거죠. 우리에게는 전혀 알리지 않았어요. (이천군 신 갈주재소 경찰간부로 근무했던 홍순복)[26]

1945년까지도 '일본이 절대 이긴다'는 분위기가 팽배했어요. "일본이 이긴다, 일본이 지면 죽는다" 그랬지요. 우리가 소식을 접할 수 있는 매 체라고 해봐야 신문뿐인데, 계속 이긴다고만 보도했어요. 학교에서는 일본이 이기고 있다는 전황이 실린 신문을 골라내 온통 교실에 붙여놓 게 했지요. 그러니 당연히 해방이 된다는 예상을 못한 거죠. (해방 당시 소학교 교사였던 배은식)[27]

식민지엘리트들에게 해방 사건은 단순한 충격 이상이었다. 말하자면 그것은 익숙한 세계의 총체적 전복, 안정된 우주cosmos의 대붕괴, 위험천 만한 천지개벽, 하루아침에 세상이 뒤집히는 '종말적 파국'의 경험에 가 까웠다. 기존질서의 급격한 역전 속에서 민족의 스승이자 지도자, 근엄한 도덕주의자로 자부하던 식민지엘리트들이 졸지에 '민족반역자'로 재규 정되었고, 따라서 '처단'의 대상으로 지목되었다.

식민지엘리트들이 혼란에 빠져 당혹해하는 모습이 해방 직후 한국사 회의 비교적 국지적인 풍경이었다면, 이와 오버랩되는 더 큰 풍경이 동시 에 펼쳐지고 있었다. 1945년 8월 15일 해방과 함께 분출하기 시작한 민족 주의 열풍이 순식간에 한반도 전체를 뒤덮었다. 불과 일주일 혹은 열흘 사이에 거의 모든 조선 민중이 '열혈 민족주의자들'로 변신했다! 해방과 거의 동시에 대부분 독립운동가이던 '정치범들'이 국내 형무소들에서 석 방되었던 일, 그리고 해방 직후부터 망명 독립투사들과 해외동포들의 국 내 귀환 행렬이 이어졌던 일도 이미 불붙은 대중의 민족주의 열기에 기름을 붓는 요인으로 작용했다.

조선인 대중에게 해방 사건은 감격스런 기쁨의 순간이기도 했지만, '분노 폭발'의 계기이기도 했다. 정치고문 자격으로 미군과 함께 처음 한국에 도착하여 일주일 동안 한국 정세를 분석한 베닝호프는 1945년 9월 15일 국무부 장관에게 보낸 보고서에서 당시 남한사회를 "점화되기만 하면 즉각 폭발할 화약통"으로 묘사했다.[28] 미 육군성 전사편찬실의 위촉으로 정책보고서를 작성했던 호그 역시 "상당한 폭력이 이 상황에서 발생했음은 명백하다. 신사神社가 불탔고, 경찰들은 폭행당했고, 한국인들은 일본인 거주지로 이주하였다"고 썼다.[29] 해방 직후부터 전국 곳곳에서 식민지 협력자들에 대한 자연발생적이고, 어느 정도는 무정부적인 '처단'이 이루어졌다. 다음 인용문들은 『8·15의 기억』이라는 책에 나오는, 해방 후 며칠간의 상황에 대한 증언이다.

> 사람들이 그렇게 모여 있다가 이제 어디 가자! 누구네 집에 가자, 하면서 시내로 우르르 몰려갔어요. 가서는 기물을 파괴하고 뺏고, 불을 지르며 난동을 부렸어요. 혼란스러웠죠. 무정부 상태라는 게 폭력이 앞서기 때문에 무서운 겁니다. 그때 제일 미움 받은 게 일본 사람들보다는 일본인 앞잡이 노릇을 하던 조선 사람들이었어요.……그런데 조선 사람들 사이에서도 끄나풀 노릇을 하다가 인심을 잃은 사람이 많았어요. 헌병 앞잡이, 무슨 고등계 형사 앞잡이 했던 사람들이 많이 당했죠. 눈치 빠르게 도망간 사람은 살았지만, 그냥 있다가 붙잡힌 사람은 다 죽었어요. (경기 개성: 『8·15의 기억』, 88쪽)

> (이천경찰서 신둔주재소의 일본 순사 일가족이 자살했다는 소식을 들은 후—인용자) 나는 그런 이야기를 듣고 아주 불안해했죠. 그리고 여주에서는 지방 빨갱이들이 친일파를 죽여야 한다면서 폭동을 일으켰다는 소식도 들려

왔어요. 여주경찰서도 불타버리고, 그래도 남쪽에서는 그런 일이 많지 않았는데, 이북의 평안도와 황해도 쪽에서는 일본 경찰서를 모조리 부수고 불사르고 했대요. 좌익세력의 영향을 받은 결과죠.……해방되고도 이북에 남아 있던 사람들은 많이 당했다는 얘길 들었어요. 발 빠른 사람들은 남쪽으로 넘어왔고, 그 사람들은 다시 복직이 됐어요.……북쪽에서는 소련군이 진주하면서 이미 왜정 때 관여했던 모든 관리들, 또 행세했던 사람들을 숙청했어요. (경기 이천: 『8·15의 기억』, 233~235쪽)

당시 면사무소 징용보급대로 나와서 징병해가고 하던 사람이 있었어요. 지금으로 말하면 병사계인데, 이 사람이 행방이 묘연해졌어요. 왜? 징용으로 끌려간 마을의 어느 집 아들이 남해안(남양—인용자) 군도에 가서 죽은 거예요. 가족들이 보기에 저놈이 데려가서 죽었으니 잡히면 그냥 놔둘 리 없겠죠. 그러니까 행방을 감춰버린 겁니다. 왜정 때 순사질했거나 면장 일을 악질로 했거나, 고등계 형사질 해먹은 놈들은 죄다 자취를 감춰버렸어요. 한편 해방된 기쁨으로 마을잔치도 크게 벌였어요. 잔치는 동네에서 친일했던 사람이나 지주들이 그동안 지은 죄가 있어서인지 술을 빚어 대접했어요.……물론 소작농들은 지주에 대해 증오심을 가지고 있었죠. 악질 지주들은 도망을 많이 갔어요. 저놈 때려죽여야 한다고 몽둥이 들고 찾아오는데 가만히 있겠어요. (전북 익산: 『8·15의 기억』, 211~212쪽)

해방이라는 것이 그저 일본의 손아귀에서 벗어나서 좋고 즐거운 것이 있는 반면, 원한을 푸는 기회가 되기도 했어요. 내가 해방이 되고 겪은 일 가운데, 사람 죽이는 걸 직접 본 일이 있어요. 무슨 원한이 그렇게 많은지 두 사람이 그 무더운 여름에 달아나고 쫓고 하더니 내 앞에서 한 명이 탁 쓰러져서 죽어버리는 거예요. 누군지는 알 수 없죠. 무슨 원한

이 있는지도. 아무튼 여기저기서 몽둥이로 때리고 심지어 칼로 찌르는 걸 많이 보고 "야, 이거 해방이 아니라 원한을 푸는 계기가 됐구나" 하는 생각이 들었어요. (경북 상주: 『8·15의 기억』, 191~192쪽)

그때 철원군에서 살인사건이 일어났어요. 일제 때 면서기들은 각자 보국대 담당, 공출 담당이 있었는데, 위에서 인원수가 할당되면 밉보인 사람들을 징용이나 보국대에 보내곤 했어요. 그건 면서기가 혼자서 하는 게 아니라 순사랑 같이 다니면서 하는 거예요.……그런데 다른 사람들은 징용에서 돌아왔는데, 자기 아들만 안 돌아오니까 가족들이 아들을 뽑아간 면서기를 찾아가 죽였어. (강원 철원: 『8·15의 기억』, 36쪽)

1945년 8월 16일부터 25일까지 조선인이 "일본인 관리나 친일파"를 공격한 사례 중 85%가량이 "조선인 친일파"를 겨냥한 것이었다. 따라서 미군이 남한에 진주할 때까지 경기도 소속 경찰 가운데 일본인의 출근 비율이 90%에 달했던 데 비해 조선인은 20%에 그쳤다고 한다.[30] 38선 이북의 강원도에서는 1945년 9월에도 인민재판을 통한 자발적 청산 움직임이 계속되었다고 한다. 예컨대 "고성에서는 민족반역자 11명에 대해 인민재판으로 사형언도를 내리고 사형을 집행하려 했고, 양양에서도 민족반역자 3명을 인민재판에 회부하여 5년과 3년의 교화형을 내리기도 했다."[31]

식민지 협력자들에 대한 대중적 분노의 격렬한 분출은 해방 직후 시기에만 그치지 않았고, 이후 한국전쟁 기간까지 기회 있을 때마다 간헐적으로 나타나곤 했다. 예컨대 다음 두 인용문은 1946년의 대구 10·1사건 당시의 풍경들을 보여준다.

학교로 향하는데 가는 도중에 몇몇 집 앞에 세간을 끄집어내 대문 밖에 거름무더기처럼 쌓아놓은 게 보였어요. 다른 사람들이 와서 이것저것

식민지엘리트의 해방의 충격 | 223

가져가는데, 보니까 아주 부잣집인 모양이에요. 무슨 관료의 집 같기도 했어요.……아마 그 집이 평소에 일본 앞잡이 노릇을 해서 동네 인심을 잃지 않았나 싶었어요. 그러니 사람들이 기물을 부수고, 가진 물건은 죄다 끄집어내 아무나 가져가게 하는 것이죠. 또 가는 중에 누구 한 사람이 심하게 두들겨 맞아 길가에 앉아 있는 모습을 보았어요. 그런데 유혈이 낭자하게 부상을 입고 넋이 빠진 채 말도 못하고 있는 사람을 몇 사람이 둘러서서 구경만 하더라고요. 간호해주는 사람도 없이 말이죠. 보기에 마음이 안 좋아 주위 사람들에게 저 사람이 왜 저리 됐는지 이유를 물었더니, "뭐 못되게 하다가 그래 됐지"라고 했어요. 그날 대구 시내 분위기가 경찰이나 일본놈 앞잡이를 하면서 상당히 미움 받던 사람들을 모두 끄집어내 두드려 팼던 것 같아요.……또 우리 조선 사람인데 일제 때 무슨 공무원을 했는지는 모르겠지만 아무튼 거기서도 귀중품들이 많이 나왔는데, 그것도 이 사람 저 사람 다 가져가고 소위 아낙네들이 주워가고 옷가지도 가져가고 하더라고요. 천 같은 것도 뚝뚝 끊어서 나눠 갖는데, "이놈의 새끼, 이 나쁜 놈의 개새끼 말이야. 뭐 이래 좋은 곳들 가지고 지네는 잘 처먹고" 그런 욕을 해가면서 이쪽에서는 '이거 좀 가져가라', 저쪽에서는 '이거 내가 가져갈게' 이러는 광경도 보았어요. 시내 분위기가 살벌했지요. (『8·15의 기억』, 188~189쪽)

10·1사건이 났을 때는 주로 농민들이 폭동에 참여했는데, 경찰관 이외에는 죽음을 당한 사람이 없었어요. 군청 직원들도 다 무사했고요. 경찰관이라는 직업이 왜정 때 상당히 인상이 안 좋았기 때문에 원한의 대상이 된 거죠. (『8·15의 기억』, 197쪽)

그로부터 다시 2년 남짓 지나 1948년 10월 19일에 시작된 여순사건에서도 '친일파·민족반역자'로 지목된 이들에 대한 대중의 공격 행위가 재연되었다. 당시 제주 4·3항쟁 진압을 위한 파병을 거부했던 14연대 봉기의 주요 원인 중 하나가 '군과 경찰 간의 갈등'이었으며, 국방경비대 소속의 군인들 상당수는 경찰을 '매국노 친일 집단'으로 간주했다고 한다. 같은 해 10월 20일 여수에서 열린 인민대회에서는 "대한민국 분쇄 맹세"(분단정부 수립 반대)와 함께 "친일파 민족반역자 경찰관 등을 철저히 소탕"한다는 것 등이 결의되었다. 인민위원회가 설립된 여수에서는 "경찰을 체포하고 친일파의 은행예금을 동결하거나 재산을 몰수"하는 일이 벌어졌고, 다른 지역에선 "경찰이나 우익인사에 대한 인민재판"을 실시하기도 했다고 한다.[32]

5. 정체성 붕괴, 탈민족주의, 대중 불신

이런 상황 자체가 식민지엘리트들을 불안과 공포 속으로 몰아넣었다. 커밍스가 미군정의 "한인 동맹자들"과 관련해서 지적했듯이 "해방에 대한 그들의 반응은 망설임과 걱정이었다."[33] 특히 해방 직후 대중이 자신들을 처단하겠다고 몰려들었을 때 느꼈을 극도의 공포 체험, '민족주의적인 집합적 흥분'에 사로잡힌 위협적인 익명적 다중과의 적대적 대면에서 비롯된 심리적 충격은 식민지엘리트 사이에서 일종의 집단적 무의식으로 뿌리내렸고, 나아가 만성적인 집단적 외상(트라우마)으로 자리 잡게 되었다는 게 필자의 판단이다. 아마도 대다수의 식민지엘리트들은 자신과 가족이 광장을 가득 메운 흥분한 군중 앞에 끌려나와 공개적으로 모욕과 수치를 당하거나, 갖가지 육체적 형벌에 시달리는 끔찍한 상상이나 악몽에서 오랫동안 벗어나지 못했을 것이다.[34]

'불안과 공포'라는 특성 외에, 우리는 식민지엘리트 세력의 또 다른 공통된 특징들을 발견할 수도 있다. 그것은 (1) '이중적 불신', 그와 연결된 (2) '이중적인 정체성 혼란', (3) (이중적 불신 및 이중적 정체성 혼란의 결과로 나타난) '민족주의 및 도덕성에 대한 부정적 태도'의 형성이라는 세 가지 정도로 요약될 수 있다. 여기서 이중적 불신이란 '세상'에 대한 불신, 그리고 '대중'에 대한 깊은 불신과 배신감을 가리킨다. 또 이중적인 정체성 혼란은 식민지엘리트의 '민족주의' 및 '지적·도덕적 엘리트주의'와 관련되어 있다.

하루아침에 세상이 뒤집히는 듯한 '종말적 파국 체험'을 겪은 이들, 엄청난 심리적 충격과 스트레스에 갑자기 노출된 이들은 세상에 대한 근본적인 불신에 빠져들기 쉽다. 이런 심리적 긴장과 충격은 다시 '도덕적·윤리적 허무주의' 혹은 '도덕적 무정부주의'와 연결되기 쉽다. 자신들이 의지했던 식민지 질서의 갑작스런 붕괴가 식민지엘리트들에게 뚜렷한 정신적 외상을 남기면서 도덕적 아노미 상태를 초래했을 가능성이 높았다는 것이다. 그런데 이런 상황은 사회발전에도 부정적으로 작용할 가능성이 높았다. 사회 지도층의 도덕적·윤리적 허무주의는 사회자본의 고갈, 부정부패나 연고주의의 만연을 비롯하여, 사회의 여러 차원과 영역들에서 매우 심각한 후유증들을 수반하기 마련이기 때문이다. 무엇보다 해방을 계기로 자신과 가족의 생명·재산에 대한 심각한 위협을 겪으면서, 식민지엘리트들의 최우선 관심사는 (이를테면 '민족의 개조나 실력양성'이 아니라) 개인 및 집단 차원의 절박하고도 본능적인 '생존'으로 변화되었다.

해방 사건은 조용하고 고분고분하던, 한마디로 '침묵과 순종'의 태도를 보이던 대중의 폭발적 변신으로 인해 식민지엘리트들에게 '한낮의 악몽'으로 급변했다. 더구나 지적·도덕적 엘리트주의에 젖어 있던 식민지엘리트들은 대중의 표변豹變에 더욱 깊은 불신과 배신감을 느낄 수밖에 없었을 것이다. 윤치호가 항변조로 토로했듯이, "친일파를 규탄하는 사람들 대부분은 1945년 8월 15일 정오 때까지도 동방요배를 하고 '황국신민의 서사'를 외우고 '천황폐하 만세'를 부르짖던 자들"이었던 것이다.[35] 이런 불신감·배신감으로 인해, (식민지엘리트가 해방된 한국사회의 지배세력으로 상승한다는 것을 전제할 때) 한국사회에서 대중-엘리트의 분리와 괴리가 심각해졌다. 식민지엘리트의 눈에 대중은 언제든 자신들의 생명과 재산을 노리고 달려들 수 있는 '잠재력 폭도'로 비칠 가능성이 농후했다. 그러나 피통치자들을 지독히 불신하는 통치자들은 난폭해지기 쉽고 무례해지기 쉬운 법이다.

나아가 식민지엘리트들은 '민족개조의 주역'이자 '민족의 스승·지도자'라는 정체성을 일거에 부정당했을 뿐 아니라, '민족주의자'라는 정체성도 부정당했다. 단순히 부정당한 정도가 아니라 정반대의 정체성, 즉 '민족반역자'로 호명되고 낙인찍혔다. 해방 후 불과 며칠 사이에 민족주의가 자신을 찌르는 '흉기凶器'요, 자신을 위협하는 '칼과 몽둥이'임을 절감하게 되면서, 식민지엘리트들은 해방 이전에 가졌던 민족주의적 열정과 흥미를 '갑자기' 잃어버렸다. 식민지엘리트들에게 민족주의는 이제 냉소와 혐오의 대상이 되어버렸다.[36]

해방과 더불어 민족주의가 자신들의 생명과 재산을 위협하는 흉기로 돌변한 사태에 직면하여 식민지엘리트들이 민족주의적 흥미나 열의를 일거에 상실했을 뿐 아니라, 그 후로도 민족주의에 대해 깊은 회의와 경계심을 품게 되었을 가능성이 높았다. 그러나 식민지 독립과 함께 닥쳐온 민족주의의 거대한 쓰나미는 그 누구도 막을 수 없었다. 이 도도한 물결과 정면으로 맞서는 것은 필연코 자멸적인 선택이 되리라는 게 누구 눈에도 명백했다. 더구나 식민지에서 갓 벗어난 상태에서 국민·국가 형성과 사회적 통합을 순조롭게 만들어줄 시민종교는 민족주의를 가장 중요한 동력원으로 삼을 수밖에 없었고, 식민지엘리트들은 남한사회의 실질적인 지배세력으로서 이런 시민종교 창출의 책임에서 결코 벗어날 수 없었다.

이런 이유들로 인해 식민지엘리트들 역시 일정하게 민족주의 물결에 순응하거나 편승할 수밖에 없었다. 그런 순응이나 편승 행동이 정말 내키지 않는 선택이었을지라도 말이다. 해방 직후의 신탁통치반대운동에서 그랬던 것처럼 '민족진영民族陣營'임을 자임하는 것도 한 방법이었다. 개인 수준에서는 '열혈 민족주의자'였던 과거 한때의 전력을 선택적으로 되살리거나, 그런 맥락에서 스스로 '독립유공자'로 변신하거나, 이미 사망한 저명 독립운동가들의 기념사업을 주도하는 등의 방법도 가능했다. 그러나 민족주의에 대한 흥미나 관심을 근본적으로 잃어버린 식민지엘리트들이 마지못해 시류에 편승할 대상에 불과했던 민족주의는 어디까지나 '약한 민족주의'일 수밖에 없었다. 당시 대중의 '강한 민족주의'와 대조되는 식민지엘리트들의 이런 소극적이고 기회주의적인 형태의 민족주의를 우리는 '희미한 민족주의'나 '미지근한 민족주의'로도 표현할 수 있을 것이다.

어쨌든 중요한 점은 해방 직후의 탈민족주의적인 경향에도 불구하고, 식민지엘리트와 민족주의의 관계를 일면적으로 판단해서는 안 된다는 것이다. 해방 후 식민지엘리트와 민족주의의 관계는 (긍정적인 것과 부정적인 것 모두를 포함하는) '이중적인' 것이었다고 말해야 한다. 해방 이후 식민지엘리트 그룹 내에서 민족주의를 향한 '집합적 열광'을 발견하기가 힘들어진 것은 분명하다. 그러나 부분적으로나마 남아 있던 식민지엘리트와 민족주의 사이의 '긍정적인' 관계는 민족주의가 반공주의, 근대화, 스포츠 등과 결합되는, '안전한/건전한 민족주의'라는 형태로 명맥을 이어가게 된다.[37]

지금까지의 논의를 정리해보자. 식민지대중과 식민지엘리트 모두가 '해방 효과'(탈식민화 효과) 내지 '해방의 충격'을 강렬하게 체험했다. 그러나 심리적 연속성과 단절의 측면에서 보면, 식민지대중과 식민지엘리트는 해방의 효과 내지 충격을 받아들이는 방식 면에서 결정적인 차이를 드러냈다. 집단심성이라는 측면에서 식민지엘리트들은 해방으로 인해 고통스런 '심리적 단절'을 겪었다. 이런 단절은 민족주의에 대한 태도 그리고 도덕성의 차원에서 가장 선명하게 확인된다. 이로 인해 식민지엘리트들은 정체성이나 도덕성 등의 측면에서 훨씬 심각한 혼란과 충격에 시달렸을 가능성이 높았다. 식민지대중과 식민지엘리트 사이에서 '해방 효과'가 정반대의 방향으로 작용했던 대표적인 사례가 민족주의에 대한 태도, 혹은 민족주의와의 관계 방식이었다. 우선 식민지대중에게 해방 효과는 주로 '민족주의화'의 방향으로 나타났다. 이 경우 약한 민족주의가 급격히 강해지거나 내면에 잠복해 있던 민족주의가 외적인 행동으로 표출된다는 의미에서, 식민지 시대와의 '심리적 연속성'이 강했다. 반면에 식민지엘리트에게 해방 효과는 주로 '탈민족주의화'의 방향으로 나타났다. 이 경우 이전에 약하게나마 유지하고 있던 민족주의적 열의나 흥미를 갑자기 상실하게 되었다는 의미에서, 식민지 시대와의 '심리적 단절성'이 한층 강했다.

제 8 장

공포와 공격(1) : 남한의 과거사청산 정치

과거사청산 정치와 시민종교

한국 지배층의 유난한 공격성과 폭력성, 그것을 끊임없이 자극하는 존재 불안과 공포에 대해 제대로 이해하려면, 우리는 해방의 그 시점으로 되돌아가 '과거사청산의 정치'를 찬찬히 탐색해봐야 한다. 한국(남한)에서 그것이 어떻게 전개되었는지, 그리고 국제적 비교 맥락에서 볼 때 한국 과거사청산 정치의 특수성은 무엇인지 등을 꼼꼼히 분석해야 한다. 바로 이것이 이번 장과 다음 장에 걸쳐 필자가 집중적으로 해보려는 작업이다.

이 장에서는 먼저 '남한의 과거사청산 정치'를 집중적으로 분석한다. 관심의 초점은 해방 후 남한에서 과거사청산의 구체적인 내용이나 과정, 혹은 그것이 얼마나 성공적이었거나 얼마나 실패에 가까운 것이었는가가 아니다. 우리의 관심은 "과거사청산을 둘러싼 정치적 공방 과정이 식민지엘리트의 집단적 심리나 심성에 어떤 영향을 미쳤겠는가?"로 좁혀진다. 아울러 이런 관심의 연장선상에서 과거사청산 쟁점의 '끈질긴 생명력'도 주목해야 한다. 청산을 저지하는 다양한 힘과 세력들의 '성공적인' 개입에도 불구하고, 과거사청산 쟁점은 결코 죽지 않고 파상적으로 되살아나 식민지엘리트들을 괴롭히곤 했던 것이다.

식민지엘리트들은 해방 직후부터 거센 과거사청산 압력 앞에 지속적으로 노출되었다. 이 문제에 좀 더 체계적으로 접근하기 위해 식민 지배 잔재 및 협력자들과 관련된 다양한 태도들을 청산, 비非청산, 반反청산, 역逆청산의 네 가지로 구분해보자. 물론 여기서 '청산'은 과거사청산에 대한

〈표 8-1〉 비청산, 반청산, 역청산(1)

	소극적-개인적 반대	적극적-집단적 반대
방어적 대응	비청산	반청산
공격적 대응		역청산

'지지·찬성'의 입장을 가리키는 반면, 나머지 세 가지(비청산, 반청산, 역청산)
는 과거사청산에 '반대·저항'하는 입장을 가리킨다.

과거사청산에 반대하는 입장들을 대응의 '방식'과 '강도'에 따라 다시
구분하면 〈표 8-1〉과 같이 요약할 수 있다. 이때 과거사청산에 대한 반대
가 직접적·공개적·집단적·조직적 성격을 띨수록 '적극적'이라고 볼 수
있을 것이며, 그 역의 경우를 '소극적'이라고 말할 수 있을 것이다. 또 필
자는 '폭력성' 여부 및 정도를 방어적 대응과 공격적 대응을 가르는 가장
중요한 기준으로 삼을 수 있다고 보고 있다.

'비청산'이 과거사청산 요구에 대한 가장 소극적이고 방어적인 대응
방식이라면, 반대로 '역청산'은 청산 요구에 대한 가장 적극적이고 공격
적인 대응 방식이라고 할 수 있겠다. 보다 구체적으로, 과거사청산 요구
에 대한 방어적 대응과 소극적 반대의 결합은 '비청산'으로, 방어적 대응
과 적극적 반대의 결합은 '반청산'으로, 공격적 대응과 적극적 반대의 결
합은 '역청산'으로 분류할 수 있다. 과거사청산에 대한 반대 행동이 매우
적극적이면서도 반대의사의 지배적인 표현 방식이 여전히 비폭력적인 데
머물러 있다면 '반청산'에 가까울 것이고, 폭력을 동반하는 빈도가 증가
하거나 폭력의 강도가 증가한다면 점점 '역청산'에 가까워진다고 할 수
있을 것이다.[1]

시간이 지날수록 과거사청산 요구에 대한 식민지엘리트들의 반응은
비청산 → 반청산 → 역청산의 방향으로 변해갔다. 다시 말해 해방 후 몇
년 동안 과거사청산 요구에 대한 식민지엘리트들의 대응방식은 소극적

〈표 8-2〉 비청산, 반청산, 역청산(2)

	민족주의 진영 혹은 의회	식민지엘리트 혹은 정부
미군정 시기	1차 청산 요구 → (대중)	← 침묵 혹은 도피
	2차 청산 요구 → (정당, 사회단체)	← 비청산
	3차 청산 요구 → (입법의원)	← 반청산
정부 수립 이후	4차 청산 요구 → (국회, 반민특위)	← '반청산'에서 '역청산'으로 이행

인 반대에서 적극적인 반대로, 또 반대의 방식도 비폭력적인 것으로부터 폭력적인 것으로 빠르게 변해갔고, 공격성의 강도는 갈수록 높아져갔다. 중요한 점은 파상적으로 가해지는 끈질긴 과거사청산 압력으로 인한 불안과 공포가 '배신하는 대중'에 대한 깊은 불신과 맞물려 식민지엘리트 특유의 과도한 공격적·폭력적 성향을 주조해낸 직접적이고 일차적인 원인으로 작용했다는 것이다.

1940년대만 놓고 볼 때, 크게 보아 과거사청산에 대한 사회적 압력은 최소한 네 차례 정도 제기되었다. 그 중 세 차례는 미군정 시기에, 나머지 한 차례는 대한민국 수립 이후에 나타났다. 과거사에 대한 청산 요구가 거듭 반복되고 그 기간이 길어질수록 당사자인 식민지엘리트들의 불안과 공포도 그만큼 깊어지고 또 만성화될 것이었다. 청산 요구는 대중을 포함한 넓은 의미의 민족주의 진영과 의회(남조선과도입법의원, 제헌의회)에 의해 제기되었다. 그에 대한 식민지엘리트들과 정부(미군정, 이승만 정부)의 대응방식은 의미 있는 차이를 드러냈다. 이 과정을 요약한 것이 〈표 8-2〉이다.

1. 2차 청산 시도와 비非청산

대한민국임시정부는 1920년의 '칠가살七可殺'과 1941년의 '건국강령'을 통해 이미 해방 이전부터 식민지 협력자들을 청산 대상으로 규정하고 있었다.[2] 해방과 함께 청산 요구는 순식간에 전국적으로 그리고 대중적으로 확산되었다. 앞 장에서 소개한 자연발생적이고 무정부적인 청산 움직임들과 더불어, "친일반민족행위자의 처단"을 요구하는 목소리가 정당·사회단체들에서 봇물처럼 쏟아져 나왔다. "해방 직후 사회 각계각층에서 열화와 같이 친일 청산을 주장하고 나섰다. 해방 직후 조직된 각 단체들은 규정, 강령, 성명서 등을 통해 '친일파', '친일분자', '매국노', '부일협력자', '민족반역자' 등 용어는 다양하였지만 한결같이 친일반민족행위자의 처단이 새 나라 건설의 선결과제임을 선언하였다."[3]

1945년 8월 16일 좌파와 중도파 인사들이 주도적으로 결성한 건국준비위원회(건준), 그리고 같은 해 9월 6일 건준 주도로 수립된 조선인민공화국(인공)도 식민지 협력자들을 청산 및 축출 대상으로 지목했다. 1945년 9월 14일 인공 중앙인민위원회가 발표한 '선언'에는 "일본제국주의의 잔존 세력을 완전히 구축"한다는 내용이 포함되었고, '정강'에도 "일본제국주의와 봉건적 잔재 세력을 일소"한다는 내용이 포함되었다. 아울러 같은 날 발표된 27개 항의 '시정방침'에도 "일본제국주의와 민족반역자들의 토지를 몰수하여 농민에게 무상 분배함", "일본제국주의와 민족반역자들의 광산, 공장, 철도, 항만, 선박, 통신기관, 금융기관 및 기타 일체 시설을 몰수하여 국유로 함", "18세 이상 남녀 인민(민족반역자는 제외함)의 선거권의 향유"라는 항목들이 포함되었다.[4] 1945년 11월 24일에 개최된 전국인민위원회 확대집행위원회에서는 식민지 협력자들의 선거권과 피선거권을 제한하기 위해 그 대상을 6가지 범주로 구체화했다.[5] 민주주의민족전선(민전)도 '민족반역자'에 해당하는 10가지 사회범주들을 명시적으로 규정했다.[6] 만약 대중의 지지 속에 인공이 권력기관으로 자리 잡을 경우 식민지 협력자들은 재산은 물론이고 선거권·피선거권마저 박탈당할 판이었다.

임시정부의 핵심세력인 한국독립당은 1945년 8월 28일 발표한 '당책'(행동강령)을 통해, 임시정부 주석인 김구는 같은 해 9월 3일 발표한 '임시정부의 당면정책'을 통해 "친일파의 인적/사회경제적 청산"을 추진했다. 1946년 2월 결성된 민주주의민족전선의 '친일파·민족반역자 심사위원회', 1946년 초 고정휘를 중심으로 조직된 '친일파 민족반역자 실정조사회', 1946년 9월 조경한을 중심으로 조직된 '신한정의사' 등은 "친일파 조사" 작업에 착수했다. 임시정부 국무위원이자 한국독립당 감찰위원장 출신인 김승학은 『친일파군상』, 『참고건제일』를 통해 "친일파 명단 작성" 작업을 실행했다.[7]

해방 후 두 차례에 걸쳐 대중의 자연발생적인 인적 청산 물결이 남한 사회를 휩쓸었다. 1945년 8~9월이 '제1차 자연발생적 청산'의 시기였다면, 1946년 10월은 '제2차 자연발생적 청산'의 시기였다. 아울러 해방 직후부터 종교계, 학계, 문화계를 비롯하여 시민사회 곳곳에서 친일 협력자들에 대한 강제 퇴출 움직임이 진행되었다. 이처럼 '시민사회'에서는 광범위하게 인적 청산 작업이 진행되었지만, 그것이 '국가 혹은 국가기구' 수준에서는 저지되었다. 시민사회의 봇물 같은 과거사청산 요구에도 불구하고 식민지엘리트들은 별다른 피해를 입지 않은 채 대체로 기득권을 유지할 수 있었는데, 이는 거의 전적으로 (국가권력을 장악하고 있던) 미군정의 비호 덕분이었다. 미군정은 현상유지정책의 맥락에서 식민지엘리트 계속 기용 방침을 취하고 있었다. 전체적으로 볼 때 미군정 측은 식민지엘리트들을 "처벌의 대상이 아니라 동반자적인 관계"로 인식하고 접근하려는 경향이 강했다.[8]

미군정의 시각은 1945년 9월 중순 미군정 정치고문인 베닝호프가 국무부 장관에게 보고한 내용에 잘 표현되어 있다. "정치정세 중 가장 고무적인 유일한 요소는 연로하고도 보다 교육받은 한국인들 가운데 수백 명의 보수주의자들이 서울에 존재하고 있다는 점입니다. 그들 중 많은 수가 일제에 협력하였지만, 그러한 오명은 결국 점차로 사라질 것입니다."[9] 미군정의 또 다른 정치고문이었던 랭던은 1945년 11월 하순 국무부 장관에게 보낸 서한에서 "초기에 우리가 지나치리만큼 부호와 보수적 인사들을 많이 선발했었다"고 솔직히 인정했다.[10] 1946년 6월 미국 국무부는 '대한對韓 정책'의 결론 부분에서 "미군사령관은 일본통치의 전 기간을 통해 한국 내에 남아 있었던 지도자들이 선출되도록 고무할 것이며, 일본의 무조건 항복 이래 한국으로 돌아온 한국인 지도자들의 자발적인 정치적 은퇴를 어떠한 방법으로든 반대해서는 안 될 것이다"라고 하여, 식민지엘리트 중심의 국내 지도자들을 발탁하는 대신 해방 후 환국한 임시정부 요인들의 '정치적 은퇴'를 유도하고자 하였다.[11]

과거사청산 문제에 대해 남한에서 미국이 취한 소극적이고 부정적인 태도는 매우 이례적이었다. 2차 대전의 전승국들, 즉 소련이나 프랑스·중국 등은 물론이고 미국 역시 자신의 점령지들에서 강하게 과거사청산 드라이브를 주도했다. '점령 초기'의 미국은 독일과 일본에서 현지인들의 반대를 제압하고 과거사청산을 강하게 밀어붙였고, 필리핀에서도 자치정부의 과거사청산을 적극 지지했다. 그런데 유독 남한에서만은 점령 초기부터 과거사청산에 대해 부정적인 태도로 일관했던 것이다(이 쟁점은 다음 장에서 좀 더 상세하게 다루려고 한다).

종전終戰과 함께 형성된 해방정국에서 식민지엘리트들이 궁지에 몰렸음은 분명했다. 그렇다고 이들이 손 놓은 채 사태를 관망하기만 한 것은 아니었다. 이들은 해방 직후 국민대회준비회·한국국민당·조선민족당 등으로 재빠르게 결집했고, 1945년 9월 16일에는 다시 세 조직을 통합하여 한국민주당(한민당)을 창당했다. 당연한 일이겠으나 한민당의 강령이나 정책에는 친일 협력자 처리에 대한 어떠한 내용도 포함되지 않았다. 이들은 때때로 민족주의 담론을 비틀면서 민족주의 열기에 편승하기도 했다. 1945년 9월 8~10일에는 건준과 인공을 주도하는 여운형 등이 '친일 협력자'이며, 인공이 '친일파 집단'이라고 비난하기도 했다.[12] 1945년 12월 말 모스크바3상회의에서 '4개국에 의한 5년 이내의 신탁통치'가 결정사항에 포함된 것을 계기로 이들의 민족주의 편승 움직임은 더욱 강화되었다. 1946년 초부터 가시화된 우익에 의한 민족주의 전유는 '외부(주로 소련)의 사주에 따라 움직이는 꼭두각시 혹은 괴뢰인 국내 공산주의자들'이라는 프레임을 대중에게 설득하는 방식으로 이루어졌다. 이른바 '프롤레타리아 국제주의'를 공산주의 방식의 새로운 제국주의, '적색 제국주의'로 재해석하는 게 그 핵심이었다. 이강수에 의하면 "좌익세력이 1946년 1월 2일부터 삼상회의 결정안을 총체적으로 지지하자 극우반공세력들은 '미국=즉시독립 주장=우익=애국', '소련=신탁통치 주장=좌익=매국'이라는 이념적 도식을 만들었다. 친일 행위 여부로 애국자와 매국노를 구분하던 상황에서 이제는 반탁운동·반공운동 여부로 애국과 매국을 구분하는 사상의 혼란상태가 시작되었다."[13]

식민지엘리트들은 다른 한편으로 이승만을 비롯한 일부 우파 민족주의자와의 동맹관계를 구축했다. 저명한 독립운동가 출신 중 식민지엘리트를 감싸면서 교묘하게 과거사청산에 반대한 극소수 중 한 사람이 이승만이었다.[14] 1945년 10월 귀국한 후 독립촉성중앙협의회를 조직한 이승만은 해방정국에서 '선先 정부 수립 후後 친일파 숙청론'을 제시하거나, 친일파·민족반역자가 누구인지 알 수 없으므로 이들의 처리가 어렵다거나, 전 민족적인 '대동단결'이 급선무임(선 통일 후 친일파 처리)을 주장하면서 즉각적인 과거사청산 움직임에 대해 반대 입장을 고수했다. 그는 독립정부 수립 후에도 '국론 분열'이나 '민심 혼란' 등을 내세워 청산 반대 입장을 지속했다.[15] 이승만은 정치자금 대부분을 식민지엘리트에게 의존했다.[16] "친일파 민족반역자의 구주救主이자 최고 수령"이라는 박헌영의 표현대로,[17] 이승만은 식민지엘리트들이 그의 민족주의적 후광을 활용하여 자신들의 최대 약점을 은폐할 수 있도록 최적의 알리바이를 제공했다. 이승만 그룹과 미군정은 식민지 협력자들의 약점과 불안한 처지 그리고 그들의 활용가치와 잠재력 모두를 정확히 포착하고 최대한 이용한 두 세력이었다고 평가할 만했다.

그러나 식민지엘리트 그룹이 해방 직후 시기에 친일 협력자 처리 문제에 대해 직접 그리고 집단적·공개적으로 대응한 사례는 드물었다. 해방 직후부터 시작되어 1945~1946년에 걸쳐 등장한 일련의 과거사청산 관련 움직임들에 대해 식민지엘리트들은 대체로 회피, 도피, 침묵, 지연, 자기변명, 회유 등 소극적·방어적으로 대응한 것으로 보인다. 아울러 대응의 주체 측면에서도 집단적이라기보다는 대개 '개인적인' 차원에 머물렀다. 그들은 미군정 당국의 보호 덕분에 개인적·집단적 생존을 도모할 수 있었고 기존 지위와 기득권도 유지할 수 있었지만, 과거사청산 요구에 대한 공개적 입장 표명과 정면대응은 자제하거나 회피하고 있었다. 따라서 이 시기 식민지엘리트들의 대응은 전형적으로 '비청산'에 가까웠다고 말할 수 있다.

2차 세계대전 후 대부분의 피식민지와 피점령지들에서 해방과 과거사청산은 거의 '동시적인' 현상이었다. 그런데 미군정의 부정적 개입과 부정적 압력으로 인해 한국에서는 해방의 시간과 과거사청산의 시간이 괴리되어 '따로따로' 작동하는 독특한 양상이 나타났다. 당시 상황은 식민지엘리트들이 긴장어린 주시 속에서 과거사 문제에 침묵 내지 소극적·방어적 태도를 취하는 가운데, 미군정의 부정적 개입으로 과거사청산 작업이 마냥 지연되면서 식민지엘리트들의 지배적 지위도 불안정하게나마 계속 유지되고 있던, 지극히 유동적인 것이었다. 한마디로 주로 군정청이라는 외부 힘의 개입에 의한 '과거사청산의 회피 혹은 유예'가 두드러진 상황이었다.

2. 3차 청산 시도와 반反청산

1946년 여름을 지나면서 과거사청산과 관련하여 새로운 상황이 등장했다. 1946년 3월부터 개시된 미소공동위원회(미소공위)에 의해 조성되었다는 점에서, 이를 '좌우합작 국면'이라 부를 만하다. 미소공위는 모스크바 3상회의의 결의에 따라 통일 임시정부를 수립하기 위해 1946년 3월 20일부터 5월 8일까지, 1947년 5월 21일부터 10월 21일까지 두 차례에 걸쳐 개최되었다. 미군정은 극좌-극우 세력을 제외한 중간파 그룹들이 통일 임시정부에 참여할 남한 쪽 주도 세력으로 적합하다고 판단했다. 미군정은 이런 중도 그룹들의 정치적 조직으로서 '좌우합작위원회'의 구성을 유도하고 지원했다. "미소공동위원회를 속개시킴으로써 국제적으로 약속된 조선민주주의임시정부 수립을 촉진시키려는 좌우합작운동"이라는 표현에서도 시사되듯이,[18] 좌우합작운동은 미군정의 후원과 지지 속에서 1차 미소공위가 결렬된 1946년 5월 하순부터 태동했다. 좌우합작위원회는 2개월가량의 준비과정을 거쳐 같은 해 7월 25일에 정식으로 발족했고, 1947년 12월 15일에 공식적인 해체를 선언하기까지 1년 5개월 가까운 기간 동안 활동했다.[19]

중요한 사실은 좌우합작위원회로 인해 중도 성향 '민족주의자들'이 미군정 기구를 장악한 식민지엘리트 그룹을 제치고 일시적으로나마 정국을 주도해 나갈 기회 공간이 열렸다는 것이다. 그 자체가 어떤 법적인 권한을 갖는 공식기구는 아니었지만, 좌우합작위원회는 '좌우합작 7원칙'과 '입법기구에 대한 7개 요청', '조미공동소요대책위원회 건의' 등을 통해 미군정 당국으로 하여금 형식적으로라도 친일 협력자 청산에 긍정적인 태도를 취하지 않을 수 없도록 압박했다. 특히 좌우합작위원회가 '관선官選의원 추천권'을 통해 상당한 영향력을 확보한 상태에서 1946년 12월에 출범한 남조선과도입법의원(입법의원)은 중도파 민족주의자들이 정국 주도권을 행사할 유력한 정치수단으로 기능했다. 민족주의자들은 입법의원을 통해 해방 후 처음으로 '사법적 청산'까지 시도할 수 있게 되었다. 필자는 좌우합작 국면이야말로 역사의 진로가 크게 달라질 수도 있는, 한국현대사의 '결정적 시기' 중 하나였다고 판단한다. 그러므로 이 시기를 자세히 살펴야 한다.

좌우합작위원회가 출범하자 좌익 측을 대표한 민전은 1946년 7월 27일에 '좌우합작 5개 원칙'을 발표했다. 이 중 세 번째 원칙에 "친일파 민족반역자 친親팟쇼 반동 거두反動巨頭들을 완전히 배제"한다는 내용이 포함되었다.[20] 이틀 후인 7월 29일에는 우익 측에서 '합작 기본대책 8대 조항'을 발표했다. 여기에도 마지막 조항에 "친일파 민족반역자를 징치懲治하되 임시정부 수립 후 즉시 특별법정을 구성하여 처리케 할 것"이라는 내용이 포함되었다.[21] 우익 측이 '선先 임시정부 수립 후後 친일파·민족반역자 징치'라는 입장 속에 친일 협력자 처리 문제를 '차후' 과제로 미루겠다는 부정적 의도를 드러내긴 했지만, 과거사청산의 정당성 자체는 좌익-우익 모두에 의해 인정된 셈이었다.

좌우합작위원회는 1946년 10월 7일에 "좌익의 5원칙과 우익의 8대책을 절충하여" 작성한 '좌우합작 7원칙', 그리고 7개 항으로 구성된 입법기구에 대한 건의문("입법기구에 관하여 하지 장군에게 대한 요망")을 함께 발표했다. 좌우합작 7원칙의 네 번째는 "친일파 민족반역자를 처리할 조례條例를 본 합작위원회에서 입법기구에 제안하여 입법기구로 하여금 심리 결정케 하여 실시케 할 것"이라는 내용이었다. 언제일지 모를 '임시정부' 수립 이후가 아니라 곧 설립될 '입법기구'를 통해 사법적-제도적 청산이 이루어져야 한다는 합의가 좌우합작위원회를 통해 이루어진 것이다. 좌우합작위원회가 제출한 입법기구에 대한 건의문의 세 번째 조항은 "(입법기구 대의원의─인용자) 정원 수는 60인을 90인으로 증가하되 45인은 지방에서 민선으로 하고 45인은 본 합작위원에서 추천하여 군정장관의 동의를 요할 것"

이라는 것이었으며, 여기에는 다음과 같은 설명이 달렸다. "이유理由: 현하 우리의 정세는 아직도 국가독립을 위하여 노력하는 단계이다. 그러므로 국가 독립운동의 헌신 분투하는 독립운동자의 다수를 주체로 하는 것이 이 기구의 효능을 강화 유력하게 하기 위함." 좌우합작위원회가 대의원 정수의 절반에 해당하는 관선 대의원의 추천권을 행사함으로써 입법기구를 민족주의자들이 주도하도록 보장하겠다는 의도를 읽어낼 수 있다. 건의문의 네 번째 조항은 친일 협력자들의 대의원 피선거권을 박탈하는 것으로, "대의원 자격에 좌기左記 분자는 의원됨을 부득不得함. 친일파 민족반역자 관리(일제시대의 도·부 의원, 주임관 이상의 관리, 악질 경헌[警憲]), 악질 정총대町總代 및 악질 모리배"라는 내용이었다.[22] 좌우합작위원회는 직후 치러진 입법의원 선거의 감시원도 직접 선발했으며, 선거 감시의 주목적을 "친일파 민족반역자 모리배 등의 피선을 제지하고 좌우익의 균등 선출을 기하기 위함"이라고 설명했다.[23]

입법기구에 관한 좌우합작위원회의 이런 건의에 대해 미군정 당국은 대체로 긍정적인 반응을 보였다. 무엇보다 군정청 법령 제118호(조선과도입법의원의 창설)에 이미 건의 내용의 상당 부분이 반영되어 있음을 확인할 수 있다.[24] 법령 118호는 1946년 8월 24일 일단 공포·발효되었다가 좌우합작위원회가 건의문을 공개한 지 닷새 후인 1946년 10월 12일에 수정된 내용이 공식 발표되었다.[25] 의원의 정수와 민선民選의원 및 관선의원의 규모, 민선의원 선거방법에서도 좌우합작위원회 건의서가 수용되었다. 우리의 논의 맥락에선 '의원의 자격'이 매우 중요한데, "(1) 일제하에 중추원 참의, 도회 의원, 또는 부회 의원의 지위에 있는 자, 또는 칙임관급勅任官級 그 이상의 지위에 있던 자, (2) 자기의 이익을 위하여 조선 인민에게 손해를 끼치며 일본인과 협력한 자"의 피선거권을 박탈했다(제7조). 법령의 이 대목에선 건의서와 중요한 차이가 있다. 그 핵심은 '주임관奏任官' 즉 군수郡守급 이상의 관리를 배제하라는 좌우합작위의 요구를 수용하지 않고, 그보다 상위인 '칙임관' 즉 도지사나 총독부 국장급 이상의 관리만을 배제함으로써 피선거권 박탈자의 범위를 대폭 줄인 것이다.[26] 건의문의 '악질 경찰·헌병, 악질 정총대, 악질 모리배'라는 표현도 "자기의 이익을 위하여 조선 인민에게 손해를 끼치며 일본인과 협력한 자"라는 두루뭉술한 표현으로 완화되었고, 따라서 이 부분은 입후보자나 당선자에 대한 사후의 엄격한 자격심사를 통해서나 가려질 수 있게 되었다. 반면에 입법의원 의원에게 "과거의 군정청에 임명한 인사행정 신분 4등급 이상의 모든 관직 임명을 재조사할 권한"(제5조)을 부여한 대목이 주목된다. 입법의원이 군정청 '행정기구'의 고위직으로 자리 잡은 식민지엘리트들을 '재조사'하여 축출할 수도 있는 가능성을 열어두고 있기 때문이다.[27] 친일 협력자 일부에 대한 피선거권 제한, 이 제한에 근거한 당선자 대상 사후 자격심사, 군정청 고위 관리에 대한 재조사라는 세 가지 측면에서, (비록 처음부터 과거사청산을 입법 목적으로 한 것은 아닐지라도) 법령 118호는 법률적 근거를 가진 '제도화된 과거사청산의 첫걸음'이라고 부를 만했다.

1946년 10월 20일부터 31일 사이에 민선의원 45인을 뽑는 선거가 도별로 치러졌다.[28] 그러나 서울에서는 이미 10월 14일부터 반班선거가 시작되었다. 선거는 "남녀의 구별 없이 보통선거"(법령 118호 8조)로 실시되는 것으로 규정되었지만, 실제로는 "빈농, 소작농, 자작농의 소장층, 여성"이 배제되기 쉬운 '세대주 선거방식headman system'으로 진행되었다. 무려 4단계에 걸친 간접선거의 결과는 "우익의 압승"이었다. 당선자들의 분포는 한민당 14명, 독촉국민회 17명, 한국독립당(한독당) 3명, 인민위원회 2명, 무소속 9명 등이었다.[29] 선거가 있던 1946년 10월은 '친일파 청산'이 중요한 요구 중 하나였던 대중봉기가 영남지방을 휩쓸고 있던 시점이었으므로, 이런 선거 결과는 명백히 민심과 동떨어진 것이었다. 그러므로 민선의원 선거 결과를 친일 협력자들에 대해 대중적인 관용 분위기가 형성된, 그런 분위기가 선거를 통해 반영된 증거로 해석하는 것은 오류일 가능성이 높다. 무엇보다 좌익인사들이 배제되는 공안적公安的 공포 분위기, 지나치게 복잡한 간선 선거제도, 너무 짧은 선거 일정으로 인한 홍보 부족, 허술한 선거감시에 따른 만연한 선거부정과 관권선거 등 선거 제도 및 과정의 결함들과 편향성이 심각했다. 여러모로 우익 인사들이 과대표될 가능성이 높았다. 군정 책임자인 하지 장군조차 "입법의원에 선출된 의원들은 실패작이다.······2명을 제외하고는 그들 전부가 친일파, 부유한 지주, 혹은 서로 내통하는 정치인들의 단일집단이기 때문"이라고 인정했을 정도였다. 미군정 정치고문이던 랭던 역시 모든 행정관리 체계를 우익이 장악하고 있기 때문에 우익의 압승이라는 선거 결과는 이미 예측된 일이었다고 말했다.[30]

우파 우위 구도를 뒤집기엔 역부족이었으나, 좌우합작위원회는 관선의원 선임에서 중도파를 대폭 보강함으로써 입법의원의 정치적 구성이 과도하게 우파 중심으로 쏠리는 것을 막을 수 있었다. 좌우합작위원회는 1946년 11월 하순 45명의 관선의원 명부를 작성하여 11월 30일에 제출했고, 이 가운데 미군정 측의 개입으로 10명가량이 조정된 후 12월 7일 확정되었다. 김영미는 보궐선거로 당선된 의원들을 제외한 관선의원 38명의 정치성향을 우익 7명, 중도우익 19명, 중도좌익 6명, 좌익 6명으로 분류한 바 있다.[31] 전체적으로 볼 때 '최소한 90석 중 50석' 정도, 혹은 '의석의 과반수, 나아가 3분의 2 정도'를 우파 측이 차지하고 있다는 것이 당시의 중론이었다.[32] 중도 혹은 좌익 성향의 관선 의원 30여 명을 주축으로, 여기에다 한독당 계열 등 민족주의 성향의 우익 민선·관선 의원들이 일부 가세하면서, 입법의원을 무대로 과거사청산 법안 제정 작업이 개시되었다.

좌우합작 국면이 중도 성향 민족주의자들에게 과거사청산 요구를 주도적으로 제기할 수 있는 기회의 공간을 제공했다면, 1946년 10월에 발생한 영남 일원의 대중봉기는 이런 흐름을 강화하고 가속화하는 촉진요인으로 작용했다. 1946년의 대구 10·1사건과 대중봉기 당시 자연발생적 청산 행위를 포함하여 '친일 경찰을 비롯한 친일 협력자 청산' 문제가 다시금 심각한 양상으로 대두되었고, 이로 인해 "좌우합작위원회 대표와 하지 중장 대리 브라운 소장 등으로 구성된 조미공동회담"[33]이 열렸기 때문이다. 중도파 민족주의자들은 이 기회를 활용하여 비교적 손쉽게 과거사청산의 정치 의제화에 성공할 수 있었고, 조미朝美공동회담을 통해 미국 측 대표도 승인한 공동 건의문을 산출할 수 있었다.[34] 필자가 보기에 미군정 측이 친일 협력자 문제에서 이때보다 전향적인 태도를 보인 적은 없었다. 이 공동 건의문은 입법의원을 통한 과거사청산 법령 추진에 훌륭한 명분과 동력을 제공했다.[35] 대중의 자연발생적인(비제도적인) 과거사 청산 움직임이 사법적인(제도적인) 청산을 위한 추진력으로 작용했던 셈이었다.

1946년 10월 이후 미군정 당국이 형식적으로라도 과거사청산 요구를 수용하는 모양새를 취하지 않을 수 없게 된 사정은 1946년 11월 1일 '조미공동소요대책위원회'(조미공동회담)가 군정청 공보부를 통해 발표한 성명서에 잘 나타나 있다.

> (1946년—인용자) 10월 29일에 조미공동회담朝美共同會談은 경찰 인사행정에 대한 불만을 지적하여 토론한 바 있었다.……10월 30일 회담에는 친일파와 일본인과의 협조자들이 중요한 지위를 점령하고 있는 사실에 대하여 토론이 있었다. 모든 조선 안에 남아 있는 일제 잔재 요소를 없이 하는 것은 벌써 막부협정에도 있었던 것이다. 이 점은 미군 최고 당국에서도 이미 성명하였던 것이다.……최근 입법의원 법령에 이전 일본제국주의자들과 협조하고 사리를 위하여 조선을 해한 자들은 입법의원에 들어오지 못한다는 것만 보아도 군정부는 지금凡今부터라도 민중의 희망과 부합하게 일을 하는 것을 의미하게 되는 것이다.……조

선 민중은 정당하고 공평한 구별을 규정하여 조선인 중에도 부득이 협조한 사람 중에 관용을 받을 사람과 또 일본인과 적극적으로 협조한 사람들 즉 용서를 받지 못할 사람들은 구별하여야 한다.[36]

조미공동회담은 "(1) 경찰에 대한 원한怨恨, (2) 군정청 내 전前 친일파의 잔류, (3) 군정청 내 통역의 영향, (4) 어떤 조선인 관리의 부패, (5) 조선의 복리에 반대하는 선동자" 등 다섯 가지 문제와 관련된 건의안을 하지 중장에게 제출했다. 이에 응하여 하지가 1946년 12월 5일에 발표한 성명서에는 다음과 같은 내용이 포함되었다. "현재 본관은 동 회담에서 제출한 일부분적 결정과 건의를 검토 중이나 기중에 대부분은 벌써 조치를 강구한 건件들이다. 벌써 조치한 건들의 실례를 말하면, (1) 군정청은 조선인 직원들의 경력을 조사하여 군정청 법령 제118호 제7조 3항에 설명한 그런 친일파가 있으면 이를 가급적 속히 파면하고 애국자를 대신 등용하되 파면된 자들의 처분 문제에 대하여는 장래 과도입법의원이나 다른 입법의원이 친일파를 규정하고 적당히 처분하는 데 도움이 될 자료를 준비 보관할 것을 지령하였다."[37] 실제로 1946년 11월에는 군정청의 4급 이상 고위관리 230명을 포함한 직원들의 이력을 조사함과 동시에 과거의 공직자 명부를 작성하는 작업을 진행하고 있었다.[38]

그러나 이것은 전체 풍경의 절반에 불과했다. 특히 '친일 경찰 배제' 문제에 관한 한 군정 고위층의 반응은 일관되게 부정적이었다. 이는 미군정 당국이 (친일 경찰이 주축을 이루고 있던) 경찰을 당면한 '좌익 소탕전'의 동맹군으로 여기고 있었음을 보여준다. 대표적인 사례로, 영남 대중봉기 당시 경찰 책임자이던 매글린 대령은 미국인 기자들에게 이렇게 말했다. "많은 사람들이 일본인이 훈련시킨 사람들을 계속 쓰는 일이 현명한 처사인지 의문을 제기합니다. 그러나 대부분은 경찰로서의 자질을 천성적으로 갖춘 사람들입니다. 그들이 일본인을 위해서 훌륭히 업무를 수행했다면 우리를 위해서도 그럴 수 있으리라고 생각합니다. 그러므로 일본인이 훈련시킨 사람들을 경찰에서 몰아내는 일은 공정하지 못할 것입니다."[39] 군정장관 대리였던 헬믹 준장 역시 ('법률과 질서 유지의 어려움'과 함께) '축출된 친일 경찰들의 미군정 반대 세력 가담 가능성'이라는 억측과 궤변까지 동원하면서 아래로부터의 '친일 경찰 청산' 요구를 계속 묵살했다. 1946년 11월 19일 열린 헬믹의 기자회견이 대표적인 사례일 것이다.[40]

미군정의 이런 오락가락하는 태도 속에서 1946년 12월 12월에 역사적인 입법의원 개원식이 거행되었다. 미소공동위원회-좌우합작위원회-입법의원의 연이은 등장으로 이어진 '좌우합작 국면'의 조성에다 '대중봉기'라는 촉진요인까지 가세한 상황 변화에 힘입어, 1947년이 되자 과거사 청산 요구는 입법의원을 통한 '법률적 제도화'의 단계로까지 나아갔다. 이런 상황 자체가 식민지엘리트 그룹에게는 심각한 위협일 수밖에 없었다. 돌이켜보면, 식민지엘리트 그룹의 정치적 구심점이던 한민당은 결성 후 첫 번째 활동 목표를 "건준과 인공의 타도"로 삼았지만,[41] 1946년 7월 이후에는 '좌우합작위원회 타도'로 목표를 옮겼다. "한민당은 좌우합작이 성공할 경우, 한민당의 몰락을 가져올 수도 있다고 보고 이를 경계하고 있었"기 때문이다.[42] 그러다 1946년 12월 이후에는 (미소공위의 중단 속에 좌우합작위원회가 자연스레 뒤로 물러나면서) 갈등의 핵심 장場, 투쟁의 주 무대가 입법의원으로 바뀌었다.

개원 후 입법의원이 가장 먼저 진행한 일 중 하나가 군정청 법령 118호 7조(의원의 자격)와 관련된 자격심사였다. 이는 입법의원 당선자 가운데 "(1) 일제하에 중추원 참의, 도회 의원, 또는 부회 의원의 지위에 있는 자, 또는 칙임관급 그 이상의 지위에 있던 자, (2) 자기의 이익을 위하여 조선 인민에게 손해를 끼치며 일본인과 협력한 자"가 포함되어 있는지를 심사하는 절차였다. 그러나 의원 자격심사는 관선의원의 경우 하지 중장의 신임장, 민선의원의 경우 해당 지역 도지사의 피선被選증명서와 이력서만을 심사한 "지극히 형식적인" 것에 불과했다. 따라서 의원 전원이 이런 형식적인 심사를 문제없이 통과했다.[43] 좌우합작위원회 우익 측 대표에 이어 입법의원 의장이 된 김규식은 1946년 12월 21일 가진 기자회견에서 "법령 118호 제7조는 3항으로 되어 있으나 이에 해당한 인물을 지적 처분할 법률이 없으니 앞으로 처리할 조례 혹은 규율을 작성한 후에야 처리할 수 있을 것"이라면서 자격심사를 통한 당선자 퇴출이 사실상 불가능한 현실을 인정했다.[44]

첫 번째 관문關門이자 걸림돌이었던 법률 118호의 7조를 간단히 무력화하는 데 성공한 입법의원 내 우파 세력은 여세를 몰아 다음 단계로 성큼 나아갔다. 다수 세력 지위를 이용하여 입법의원을 남한 단독정부 관철 수단으로 활용하고자 했던 것이다. 특히 이 목표를 위해 1947년 2월 하순에 '남조선과도행정조직법'을 입법의원에 상정한 데 이어 3월 초에는 서상일·이종근 등 의원 55명이 '남조선과도약헌안'을 제출했다. 신용옥은 이를 "중간파를 견인하여 우파 진영을 강화하는 동시에 중간파를 중심으로 입법의원을 운영해가며 장차 재개될 미소공위의 임시정부 수립 문제에 대비하고자 했던 미군정의 의도에 대한 우파 세력의 대응"으로, 다시 말해 미소공위를 통한 남북한 통일 임시정부 수립을 저지하고 식민지엘리트들이 주도하는 남한만의 단독정부를 수립하려는 시도로 해석했다.[45]

1947년 3월로 접어들자 입법의원 내부의 우파 세력은 남한 단독정부 수립을 위한 노력의 연장선상에서 '보통선거법' 제정에 총력을 기울였다.[46] 반면에 중도파 세력은 '친일 협력자 처벌법' 제정에 진력했다. 입법의원에서의 이런 움직임은 정이형을 비롯한 민족주의자들에 의해 주도되었고, 관선의원들이 그 주력이었다.[47] 당시 입법의원은 '부일협력자·민족반역자·전범戰犯·간상배에 관한 특별법률조례'를 제정하면서 "부일협력자는 10~20만 명, 민족반역자는 약 1,000명, 전범은 200~300명, 간상배

는 1~3만 명 등 모두 20만 명 정도를 친일 반민족행위자로 추산"했다고 한다.[48]

무엇보다도, 식민지엘리트 출신들은 친일 협력자 처벌법이 겨냥하는 대상 범위의 방대함에 경악할 수밖에 없었을 것이다. 처벌의 내용도 결코 가볍지 않았다. 법률 118호의 경우 피선거권만을 (그것도 대단히 축소 지향적으로) 제한하는 데 그쳤지만, 이번에는 공민권 제한은 물론이고 체형體刑과 재산형財産刑까지 포함하고 있었다. 바야흐로 거대한 사회적 갈등이 불가 피해졌다. 1947년 3월 이후 입법의원은 보통선거법을 추진하는 우파와 친일 협력자 처벌법을 추진하는 중도파 사이의 격전장이 되었다. "민족 반역자 등 처단법안을 먼저 하자는 관선 측과 보선법(보통선거법을 말함—인용자)을 제정하고 연후에 처단법안을 하자는 민선 측과 의견이 대립되어 격렬한 갑론을박의 논쟁이 벌어진 후 결국 일치점을 발견치 못한 채 폐회"했다는 보도에서 보듯이,[49] 중도파-우파 사이의 대립은 대체로 관선 -민선 의원 간의 대립과도 중첩되었던 것으로 보인다.

> 보통선거법과 '친일파 처벌법'의 통과 순서를 가지고 중도파 의원들과 우익 의원들이 대립하였던 것은 이 문제가 그만큼 중요하였기 때문이다. 중도파 의원들은 '보통선거법'을 제정하기 전에 '친일파 처벌법'을 통과시켜야 다음 선거에서 친일파의 등장을 막을 수 있었고, 반대로 우익 의원들은 '친일파 처벌법'을 제정하기 전에 '보통선거법'을 통과시켜야 '친일파 처벌법'과 무관하게 총선거를 실시할 수 있었다.[50]

친일 협력자 처벌법에 대한 반대 움직임은 입법의원 원내院內와 원외院外에서 동시에 진행되었다. 일종의 '협공挾攻 투쟁'이었던 셈이다. 친일 협력자 처벌법에 대한 '반대논리'로는 대략 다음과 같은 것들이 동원되었다.

친일파 숙청법 반대논리는 이미 남조선과도입법의원 단계에서 나왔다. 이 중 대표적인 것이 전 국민의 친일화 논리를 주장하면서 친일파 숙청 방향을 흐리는 것이었다. 이외에도 친일파 문제를 좌우익의 이념 대립으로 바꾸려는 경향, 선先 정부 수립 혹은 선先 통일정부 수립, 후後 친일파 숙청론 등 다양한 궤변으로 숙청 시기를 연장하려는 경향, 친일은 부득이한 사정으로 한 행위라는 "불가피론", 3권분립에 위배된다며 친일파 숙청법을 축소시키려는 경향 등으로 이러한 친일파 숙청 반대 논리는 제헌국회의 반민법 제정과정에서도 재차 제기되었다.[51]

우선 원내에서는 (1) '선先 보통선거법 후後 친일 협력자 처벌법' 논리를 앞세워 친일 협력자 처벌법 처리를 최대한 '지연'시킴과 동시에, (2) 친일 협력자 처벌법의 대상 범위 축소와 처벌 강도 완화를 통해 법안을 최대한 '약화'시키려는 노력이 행해졌다. 앞서 말했듯이 1947년 1월부터 본격화된 사법적 청산 시도는 정이형을 중심으로 한 민족주의자들에 의해 주도되었다. 당시만 해도 우파 의원들은 이에 대해 감히 공개적으로 반대하지 못했을 뿐 아니라, 법안 성안 과정에 참여하는 데도 소극적이었다. 그러나 1947년 3월 법안 초안이 나온 이후에는 태도를 바꿔 적극 참여하면서 '재수정안' 마련을 주도하는 등 법안 내용의 약화를 위해 노력했다.[52] 초안이 등장한 후 약 4개월에 걸친 치열한 논쟁과 진통 끝에 여러 차례 수정을 거듭하면서 실제로 친일 협력자 처벌법의 내용은 상당히 완화되었다. 〈표 8-3〉을 통해 이런 사실을 확인할 수 있다.

이강수는 1947년 3~7월의 친일 협력자 처벌법의 내용 및 그 변화를 다음과 같이 요약하고 있다. "첫째, 당연범의 범위에 대해 '초안'은 특별한 구분이 없었지만, 점차 '칙임관勅任官 이상'(이사관 이상)으로 규정하였고, 친일파의 범위를 주사 혹은 경부급의 판임관을 경계로 규정했다. 둘째, 전범戰犯 규정은 초안과 수정안이 있으나 재수정안과 최종안은 없었다.……

〈표 8-3〉 남조선과도입법의원의 친일 협력자 처벌 법안 비교53

구분		초안 (1947.3.13)	수정안 (1947.4.22)	재수정안 (1947.5.5)	최종안 (1947.7.2)
친일파의 범위		직원(職員)	모든 관공리(官公吏)	관리(官吏)	판임관(判任官) 이상
당연범의 범위		직원	칙임관 이상	칙임관 이상	칙임관 이상
전범 규정		있음	있음	없음	없음
처벌 규정 민족반역자	체형	사형, 무기징역, 5년 이상 징역	사형, 무기징역, 10년 이하 징역	사형, 무기징역, 10년 이하 징역	사형, 무기징역, 10년 이하 징역
	공민권 정지	일체 금지	15년 이하	15년 이하	15년 이하
	재산형	재산 몰수	재산 몰수	전부 혹은 일부 몰수	전부 혹은 일부 몰수
부일협력자	체형	없음	10년 이하 징역	5년 이하 징역	5년 이하 징역
	공민권 정지	3년 이상 10년 이하	10년 이하	10년 이하	10년 이하
	재산형	없음	재산 몰수 병과 가능	전부 혹은 일부 몰수	전부 혹은 일부 몰수
가감형(加減刑)		없음	있음	있음	있음

셋째, 대부분의 법안法案은 해방 이후 친일파 문제를 다루었으나, '최종안' 은 일본 이외의 외국 세력 규정을 포함시키지 않았고 해방 이후 테러행위 에 대한 규정도 삭제시켰다.……넷째, 처벌 규정은 체형만이 아니라 공민 권 정지 및 재산형 여부를 함께 고려하였다."54

한편 원외院外에서도 친일 협력자 처벌법에 대한 조직적인 반대운동이 벌어졌다. 친일 협력자 처벌법이 상정되기 직전인 1947년 3월 10일 「자유 신문」에는 이 법의 상정을 반대하는 '경찰의 협박문'이 게재되었다. 입법 의원에서 처벌법을 주도하던 김호·정이형·신기언 의원에겐 암살을 경고 하는 편지가 배달되었다.55 민선의원에게 뇌물을 제공하거나, 법 제정에 반대하는 대중집회를 개최하는 방법도 동원되었다.56 반공이데올로기,

인재 매장론, 소급처벌 반대 논리도 등장했다.

1947년 4월 20일자 「민중신문」은 "공산당의 간계에 넘어가 민족진영
에까지 동족상잔의 큰 화근이 될 친일파 숙청 운운하는 정당·정객이
대다수"라고 매도하면서 친일파·민족반역자의 문제를 반공과 결부시
켜 금기시하려 하였다. 또한 만주 지역에서 민족해방 세력을 토벌하는
일본군의 밀정으로 활약하던 악명 높은 이종형은 1947년 5월 5일 부일
협력법안 검토대회 시에 강연을 통해 궤변으로 민족반역자 처벌에 반
대하였다. "이것은 망민법입니다.……그냥 두다가는 백만 내지 2백만
~3백만 명의 많은 사람들이 이 망민법에 다 걸려……가장 능률적, 가장
명석한 인재들을 제외하고 누가 미증유의 건국대업을 성취할 것입니
까? 법이 없을 때의 행동을 지금 새로 이 법을 만들어 소급하여 처단하
려는 불합리한 이 법을 민주주의적 현실에서 그냥 묵과할 수는 없는 것
입니다."[57]

1947년 7월 2일 친일 협력자 처벌법, 즉 '부일협력자·민족반역자·전
범·간상배에 관한 특별법률조례'가 먼 우회로를 거쳐 입법의원에서 통과
되었다. 이를 계기로 원내 및 원외의 반발은 더욱 고조되고 거칠어졌다.
입법의원 내부에서 몇몇 의원들은 군정장관에게 '서한'을 보내 특별법률
조례에 대해 거부권을 행사해 달라고 요청했다.[58] 원외에선 경찰 측의 반
발이 가장 심했다. 경찰은 특별법률조례의 인준 거부를 군정 당국에 요구
하면서, 이런 요구가 수용되지 않을 경우 이 법의 집행을 방해할 것임을
통보했다.[59] 특히 특별법률조례 제정과 관련하여, "조병옥은……경찰 규
제 조항의 수정을 공식적으로 요청하였고, 종로경찰서장 김형진은 공공
연한 무력행사를 역설하였다."[60] 특별법률조례가 통과된 지 불과 2주 후
인 1947년 7월 19일에 좌우합작운동의 한 축이던 여운형이 백주에 암살

당했다. 당시는 좌우합작위원회에 힘을 실어주던 미소공위가 사실상의 결렬로 치닫던 시기이기도 했다. 실제로 좌우합작운동은 여운형 암살 후 급속히 무력화되어갔다. 여운형 암살은 과거사청산 주도세력에게 '전면적인' 공격이 시작되리라는, 그 공격이 '폭력적인' 형태를 취할 수 있음을 예고하는 징후적 사건이었다.

특별법률조례 제정 후 이를 둘러싼 남한사회 내부의 갈등이 한껏 고조된 상태에서 미군정이 또 다시 '결정적 행위자'로 등장했다. 몇 달 동안 침묵으로 일관하다가 1947년 11월 하순에 군정장관의 거부권을 발동하여 특별법률조례 자체를 완전히 무력화시킨 것이다. 미군정 당국의 이런 대응은 어느 정도 예견된 것이기도 했다. 남한 점령 초기부터 과거사청산 문제에 대해 내내 부정적이었다가 1946년 10월 영남 대중봉기 직후 오락가락하던 미군정의 태도는 1947년 1월부터 친일 협력자 처벌법이 입법의원에서 본격적으로 준비되기 시작하자 다시금 또렷하고도 일관된 반대 입장으로 회귀했기 때문이다. 이렇게 보면 미군정이 과거사청산 문제에 유연하거나 유화적이었던 1946년 10~12월이 오히려 '예외적인' 시기였던 셈이다.

가장 먼저 군정장관 대리 헬믹이 1947년 1월 9일 입법의원에 출석하여 친일 협력자 처벌법 제정에 반대한다는 입장을 공개적으로 표명했다. "조선 국내에 있던 사람들로서는……생존하기 위하여 부득이 일본정치에 순응하지 않을 수 없었습니다. 살기 위해서 수많은 사람들이 일본정치와 일본세력 하에 있는 상공업에 할 수 없이 참여했던 것입니다. 그들 중에는 일인으로부터 능률과 규율을 배워 현재와 금후에 있어 조선의 안녕과 행복에 불가결한 재능과 지식을 축적하고 있는 사람이 많이 있습니다."[61] 헬믹은 보통선거법 심의 당시에도 "미군정을 충성스럽고 능률 있게 섬겨온 유능하고 충성스러운 공복들에게 영향을 미칠 것"이라면서 '친일 경찰'의 피선거권을 박탈하는 데 반대했다.[62] 미군정 측은 1947년 3월 특별법률조례 초안이 통과되면 사회에 큰 파문 내지 악영향이 예상된다면서 반대 입장을 밝힌 데 이어, 같은 해 4월 중순에는 군정 최고 책임자였던 하지가 입법의원에 직접 출석하여 "자신은 누가 친일파인지 알 수 없다"면서 냉소적인 태도로 반대 입장을 재확인했다.[63] 하지는 그 직후인 1947년 4월 하순에도 기자들로부터 친일파 처벌법에 대한 질문을 받자 반대 입장을 재차 명확히 밝혔다. "친일에 대한 문제는 극도로 까다로운 것이다. 한국이 완전한 통치 하에 40년 이상 있었다는 사실을 고려한다면 최소한 친일 경향을 나타내는 것으로 고려되어질 수 있는 사람은 한 사람도 발견하기 어려울 것이다. 실제적인 해결은 의심할 여지없이 전체적인 특사가 될 것이다."[64] '전체적인 특사特赦'라는 방식으로 친일 협력자 문제를 불문不問에 부치자는 게 하지의 해법이었다. 군정장관 러치 역시 같은 해 5월 8일 친일파 처벌법 제정에 반대한다는 내용의 서한을 입법의원에 보냈다.[65] 미군정의 이런 거듭된 반대에 거슬러 특별법률조례를 끝내 통과시켰지만, 미군정 측은 '인준 거부'로 냉담하게 응수했고 입법의원들의 거센 반발에도 불구하고 이 입장을 끝까지 고수했다.[66]

1946년 5월부터 본격적으로 형성된 좌우합작 국면에서 중도파 정치세력의 협력을 이끌어내기 위해, 그리고 자연발생적으로 분출하는 대중의 압력에 떠밀려서, 1946년 10월 이후 미군정 당국 역시 형식적으로라도 과거사청산에 긍정적 태도를 취하지 않을 수 없게 되었다. 그러나 이것은 군정 운영에서는 식민지엘리트를 재기용하는 현상유지 정책에 의존하고, 향후 수립될 정치질서, 즉 미소공위를 통한 통일 임시정부 수립에는 (식민지엘리트에 적대적인) 좌우합작위원회에 주도적 역할을 부여하는 이중적이고 어정쩡한 태도에 가까웠다. 다시 말해 '현재' 질서에서는 식민지엘리트와 협력하고 '미래' 질서에서는 민족주의적 중도파와 협력하는, '오른손'으로는 식민지엘리트를 붙잡고 '왼손'으로는 중도파를 붙잡는 불협화不協和 내지 부조화不調和가 좌우합작 국면에서 미군정의 정치적 선택에 내재해 있었던 것이다. 이런 상황에서 입법의원 내의 중도파 세력이 일부 민족주의적 우파와 협력하여 친일 협력자 처벌법을 적극 추진함으로써 미군정의 두 정치적 파트너 사이에 적대성이 급속히 고조되자 미군정 측의 정치적 이중성은 딜레마로 발전했다. 이 무렵부터 미군정은 식민지엘리트와의 동맹 관계를 공고화하면서 중도파와 거리를 두기 시작했다. 그리고 미소공위 결렬로 '중도파의 정치적 용도'가 소멸됨에 따라, 미군정이 일시적으로 직면했던 모순과 딜레마도 함께 말끔히 사라졌다.

이 시기에도 식민지엘리트의 태도는 대체로 '방어적' 대응에 가까웠지만, 점차 '소극적인' 반대에서 '적극적인' 반대로 이행해갔다. 그들은 이전에 비해 더욱 교묘하게 과거사청산을 방해하고 나섰고, 특히 경찰을 중심으로 한 일부 인사들은 보다 직접적인 반대 공작을 벌여나갔다. 그러나 '전체로서의 식민지엘리트' 그룹은 여전히 과거사청산이라는 명분 자체에는 직접적으로 도전하지 못했다. 특히 입법의원 내부에서 특별법률조례 제정과 관련하여 과거사청산의 강도와 범위를 완화·축소하려는 나름의 노력을 기울였지만, 그럼에도 과거사청산의 필요성을 여전히 정면으로 반박하지 못했다. 김기협에 의하면 "그들도 친일파 제재를 정면으로 반대하지는 못했다. 지연시키기 위해 온갖 꾀를 쓸 뿐이었다."[67] 그럼에도 불구하고 입법의원의 '원내'와 '원외'가 함께 특별법률조례 추진 세력에 대한 협공에 나서는 등 이전에 비해 과거사청산 압력에 훨씬 조직적으로 대응했던 것 또한 사실이었다. 여운형 암살 사건에서 보듯이 부분적으로 폭력화되는 양상마저 보였지만, '비폭력적인' 기조 자체는 유지되었다. 따라서 이 시기에 식민지엘리트층의 대응양식은 '비청산'에서 '반청산' 쪽으로 이동해갔다고 말할 수 있을 것이다.

결국 식민지엘리트들은 특별법률조례가 제정되는 사태를 막지 못했다. 입법의원들의 강력한 항의에도 불구하고 특별법률조례 인준 거부라는 명료한 행동을 통해 과거사청산을 저지한 핵심 주체는 식민지엘리트가 아니라 미군정 당국이었다. 미군정 당국은 1945~1946년에 시민사회에서의 '자연발생적-비제도적 청산'을 저지했다면, 1947년에는 초보적인 정치사회(입법의원)에서의 '사법적-제도적 청산'을 저지했다. 그럼으로써 미군정은 재차 '식민지엘리트의 보호자'라는 역사적 역할을 수행한 셈이었다.

민족주의자들에게 정국 주도의 기회 공간이 열린 미소공위-좌우합작 국면에서, 친일 협력자의 배제 필요성에 대한 미군정의 담론은 긍정과 부정이 섞인 '애매모호함'으로 일관했다(이런 애매모호함은 1946년 10월부터 12월 사이에 가장 전형적으로 나타났다). 그러면서도 미군정은 청산 법령에 대한 인준 거부 행위를 통해 대대적인 과거사청산 그리고 그를 통한 지배질서 재편이 현실화되는 사태를 미리 봉쇄하고 나섰다. 요컨대 좌우합작 국면에서의 과거사청산 정치는 이런 일관성 없고 혼란스럽고 모호한 상황, 과거사청산 저지·지연 요인으로서 식민지엘리트 그룹보다는 미군정의 역할이 여전히 더욱 결정적인 상황, 그리고 일시적으로 유리한 국면을 이용하여 민족주의 세력이 다양한 과거사청산 시도를 전개했음에도 불구하고 별다른 가시적 성과를 산출하지 못한 채 식민지엘리트의 수중에 장악된 단독정부 수립으로 이어지게 된 과정으로 특징지어진다. 그러나 1947년 11월의 특별법률조례 무효화로 상황이 완전히 종결된 것은 결코 아니었다. 과거사청산을 둘러싼 또 한 차례의 큰 풍파가 기다리고 있었다. 대한민국이라는 이름의 '독립국가'가 수립된 일대사건이 과거사청산이라는 역사적 프로젝트에 새로운 생명력을 불어넣었다.

3. 4차 청산 시도와 반청산 및 역逆청산

일시적으로 열린 좌우합작 국면 속에서 입법의원을 이용한 1947년의 사법적 청산 시도는 미군정과 식민지엘리트들의 반대로, 특히 미군정 측의 냉정한 법안 인준 거부로 좌절되었다. 미군정의 부정적 개입으로 결국 실패하고 말았던 셈이지만, 그렇다고 완전한 실패인 것만은 아니었다. 거기에는 '성공적인 실패'의 측면도 잠복해 있었다. 여러모로 한계가 뚜렷했고 대체로 무기력한 분위기의 연속이긴 했으나, 과거사청산과 관련하여 좌우합작 국면은 의미 있는 결과들을 산출하기도 했다. 그것은 서로 연결되는 두 가지로 압축된다. 첫째, 군정청 법령 118호의 친일 협력자 피선거권 박탈 조항이 이후 의원 선거법들에 더욱 발전된 형태로 반영되었다는 점이다. 둘째, 특별법률조례는 미군정에 의해 사장死藏되었음에도 불구하고 이후 반민족행위처벌법을 통해 부활했다는 점이다.

먼저, 군정청 법령 118호의 친일 협력자 피선거권 박탈 조항이 1947년 9월 공포된 남조선과도정부 법령 5호(입법의원 대의원선거)를 거쳐 1948년 3월 공포된 미군정 법령 175호(국회의원 선거법)에 반영되었다. 세 법령에 포함된 '친일 협력자의 선거권/피선거권 제한' 조항들을 비교해 놓은 것이 〈표 8-4〉이다. 이 표에서 쉽게 확인할 수 있는 것처럼, (다만 법령 175호에 '선거권 박탈' 조항이 추가되었을 뿐) 법령 5호와 법령 175호는 거의 동일한 내용이다.

앞서 언급했던 것처럼 1947년 3월 이후 입법의원에서는 '보통선거법'을 추진하는 우파(다수파)와 '친일 협력자 처벌법'을 추진하는 중도파(소수파) 사이의 격전이 벌어졌다. 그런데 미군정 역시 우파와 동일한 입장이었으므로 선거법이 입법의원에서 먼저 제정되었다. 군정 당국은 이를 즉각 인준했다. 결국 중도파는 선거법-처벌법 제정 경쟁에서 패한 셈이었지만, 그럼에도 불구하고 우파 세력이 통과에 진력했던 바로 그 선거법 안

〈표 8-4〉 미군정 시기 친일 협력자의 선거권과 피선거권을 제한하는 법률 조항들

법령	법령 118호 (조선과도입법의원의 창설)	법령 5호 (입법의원 대의원선거)	법령 175호 (국회의원 선거법)
공포 일시	1946년 8월 24일	1947년 9월 3일	1948년 3월 17일
선거권/ 피선거권 제한 조항	○ 제7조(피선거권 박탈) - 일제하에 중추원 참의, 도회 의원, 또는 부회 의원의 지위에 있는 자, 또는 칙임관급 그 이상의 지위에 있던 자 - 자기의 이익을 위하여 조선 인민에게 손해를 끼치며 일본인과 협력한 자	○ 제2조(피선거권 박탈) - 일제시대에 중추원 부의장, 고문 또는 참의가 되었던 자 - 일제시대에 부(府) 또는 도(道)의 자문 혹은 결의 기관의 의원이 되었던 자 - 일제시대에 고등관으로서 3등급 이상의 지위에 있던 자 또는 훈(勳)7등 이상을 받은 자. 단 기술관 및 교육자는 제외함. - 일제시대에 판임관 이상의 경찰관 및 헌병, 헌병보 또는 고등경찰의 직에 있던 자 및 그 밀정행위를 한 자	○ 제2조(선거권 박탈) - 일본정부로부터 작(爵)을 받은 자 - 일본제국의회의 의원이 되었던 자 ○ 제3조(피선거권 박탈) - 일제시대의 판임관 이상의 경찰관 및 헌병보 또는 고등경찰의 직에 있던 자 및 그 밀정행위를 한 자 - 일제시대에 중추원의 부의장, 고문 또는 참의가 되었던 자 - 일제시대에 부 또는 도의 자문 혹은 결의 기관의 의원이 되었던 자 - 일제시대에 고등관으로서 3등급 이상의 지위에 있던 자 또는 훈7등 이상을 받은 자. 단 기술관 및 교육자는 제외함.

* 출처: 『군정청관보』, 1946년 8월 24일, 1947년 9월 3일, 1948년 3월 17일.

에 친일 협력자들의 피선거권을 제한하는 조항을 끼워 넣는 데 성공했다. 이야말로 과거사청산과 관련하여 미군정 시기 3년 중에 성취된 최대의 성과라 할 만했다.

법령 5호의 내용을 이어받은 법령 175호의 결정적인 중요성은 바로 이 선거법에 따라 1948년 5월의 제헌의회 선거가 치러졌던 사실에서 찾을 수

있다. 한편으로, 법령 175호의 2조와 3조는 분명 '적극적인 친일 협력자'의 국회 진입을 어느 정도 차단하는 효과를 발휘했을 것이다. 다른 한편으로, 그런 제한 조항의 존재 자체가 선거 국면에서 '민족주의 성향의 후보자들'에게 유리하게 작용하고, 그럼으로써 그들의 국회 진입을 촉진하는 효과도 발휘했을 것이다. '진입장벽 설치 효과'와 '민족주의자 고무 효과'로 압축되는 법령 175호의 두 효과가 상승작용을 일으켜, 식민지엘리트에게 장악된 행정부와 구분되는 정치적 다양성을 의회에 제공했고, 나아가 민족주의의 기운과 열정을 의회 안으로 불어넣을 수 있었다.[68]

5·10선거 반대운동에 적극적이던 좌파는 물론이고 김구의 한독당 및 임시정부 계열 등 우파 민족주의 세력 그리고 김규식의 민족자주연맹 등 중도파 정치세력들이 광범위하게 선거불참을 선언했음에도 불구하고, 다수의 민족주의자들이 제헌의회로 진출하는 데 성공했다. 당시 주한 미국대사관도 "한독당 인물 17명"과 "김규식 계열과 좌익 인물 10명"이 당선되었다고 보고했고, 존 메릴은 제헌의원 중 30여 명이 김구·김규식 계열이라고 보았다.[69] 이강수에 의하면, 반민족행위처벌법(반민법) 제정에 앞장섰던 "소장파 의원들은 한독당이나 민족자주연맹에서 나와 5·10선거에 출마는 했지만, 여전히 김구·김규식의 행적과 노선에 큰 영향을 받고 있었으며, 백범을 자신들의 정신적 지주로 인식하고 있었다."[70] 예컨대 임시정부 국무위원 출신으로 반민족행위특별조사위원회(반민특위)의 위원장으로 선출된 김상덕 의원도 임시정부 세력의 사전 양해에 따라 선거에 출마했고, 실제로도 김구의 측근이던 선우진과 장준하가 선거운동을 도왔다고 한다.[71] 이강수는 5·10선거를 전후하여 "남북협상을 추진하던 한국독립당·민족자주연맹·사회주의 계열 출신으로 '5·10선거에 참여해서 개혁하자'는 인물들(제헌국회 내의 소장파 의원)" 그리고 "5·10선거에는 참여하지 않았지만 남북협상 후 정부 수립에 참여하려는 세력(제헌국회 밖의 중간파)"의 두 세력을 '참여적 개혁세력'으로 지칭하면서, 이들이

반민법 제정과 반민특위 조직에 핵심적인 역할을 담당했다고 주장했다.[72] 보다 구체적으로 이강수는 국회 내의 '반민법 제정 세력'을 "김상덕(민족혁명당-임시정부 계열), 이문원·윤석구(이상 국민당 계열), 김약수·오용국(이상 남조선과도입법의원), 노일환·조헌영(이상 한민당 내 비주류), 오기열·김명동(이상 해방 후 독자노선), 김경배·김병회(이상 사회당), 김옥주·김웅진·강욱중·김인식·김장렬(이상 소장파 의원)"으로 적시한 바 있다.[73] 반면에 식민지엘리트층을 대표하던 한민당은 91명이 입후보하여 29명만이 당선되는 등 "참패를 면치 못했"고, "미군정 시기에 한민당의 행태가 국민들 속에 부정적으로 각인되면서 상당수는 당의 공천을 피해 무소속으로 출마하여 당선되었다."[74]

이런 상황에 힘입어 미군정에 의해 사장되었던 특별법률조례가 제헌의회에 의해 극적으로 부활하게 되었다. 감격적인 '건국建國'을 계기로 다시금 뜨거워진 민족주의 열기가 여기에 가세했다. 식민지엘리트들은 국가권력(행정부) 장악 프로젝트에선 대성공을 거뒀지만 의회까지 통제할 수는 없었고, 대중의 민족주의 열기에 대놓고 맞설 수도 없었다. 한마디로 '힘에선 앞서나 명분에선 밀리는' 상황이었다. 의회 안의 민족주의적 의원들의 주장은 이렇게 요약될 수 있을 것이다: "조선인들이 몇 차례 수정 끝에 합의하여 통과시킨 법안(특별법률조례)을 미군이 거부해서 단지 시행하지 못했을 뿐이지 않은가, 그러니 미군이 물러나고 독립정부가 수립된 이제라도 이 법을 되살려내야 하는 것 아닌가?" 실제로 1948년 8월 5일 구성된 '반민족행위처벌법 기초특별위원회'에서는 시간을 절약하기 위해 입법의원이 만든 특별법률조례를 토대로 반민법을 성안하기로 의견의 일치를 보았다고 한다.[75] 반민법-반민특위의 씨앗은 이전 시기 좌우합작 국면에서의 '실패한 청산'에 의해 배태되었던 것이다.

대한민국 정부가 수립되자 이번에는 제헌의회가 과거사청산 요구의 주체로 나섰다. 1948년 9월 7일 제정되고 9월 22일에 공포·시행된 '반민

족행위처벌법', 그리고 그에 따라 1949년 초에 설치된 '반민족행위특별조
사위원회'와 특별재판부, 특별검찰부, 특별경찰대가 청산 작업의 주역이
되었다. 반민족행위처벌법은 1948년 9월 7일 열린 제59차 국회 본회의에
서 재석의원 140명 중 찬성 103명, 반대 6명의 압도적인 지지로 통과되었
다.[76] 이 법은 '반민족행위자'에 대해 징역형은 물론이고 재산 몰수, 공민
권 박탈의 징벌까지 부과할 수 있도록 규정했다.

제1조 일본 정부와 통모通謀하여 한일합병에 적극 협력한 자, 한국의 주
　　　 권을 침해하는 조약 또는 문서에 조인한 자와 모의한 자는 사형 또
　　　 는 무기징역에 처하고 그 재산과 유산의 전부 혹은 2분지 1 이상을
　　　 몰수한다.

제2조 일본 정부로부터 작爵을 수受한 자 또는 일본 제국의회의 의원이
　　　 되었던 자는 무기 또는 5년 이상의 징역에 처하고 그 재산과 유
　　　 산의 전부 혹은 2분지 1 이상을 몰수한다.

제3조 일본 치하 독립운동자나 그 가족을 악의惡意로 살상 박해한 자 또
　　　 는 이를 지휘한 자는 사형, 무기 또는 5년 이상의 징역에 처하고
　　　 그 재산의 전부 혹은 일부를 몰수한다.

제4조 좌左의 각 호各號의 일一에 해당하는 자는 10년 이하의 징역에 처
　　　 하거나 15년 이하의 공민권을 정지하고 그 재산의 전부 혹은 일
　　　 부를 몰수할 수 있다.

　　　 1. 습작襲爵한 자

　　　 2. 중추원 부의장, 고문 또는 참의參議 되었던 자

　　　 3. 칙임관勅任官 이상의 관리 되었던 자

　　　 4. 밀정 행위로 독립운동을 방해한 자

　　　 5. 독립을 방해할 목적으로 단체를 조직했거나 그 단체의 수뇌
　　　 간부로 활동하였던 자

6. 군, 경찰의 관리로서 악질적인 행위로 민족에게 해를 가한 자

7. 비행기, 병기 또는 탄약 등 군수공업을 책임 경영한 자

8. 도, 부의 자문 또는 결의 기관의 의원이 되었던 자로서 일정日政에 아부하여 그 반민족적 죄적罪迹이 현저한 자

9. 관공리官公吏 되었던 자로서 그 직위를 악용하여 민족에게 해를 가한 악질적 죄적罪迹이 현저한 자

10. 일본 국책을 추진시킬 목적으로 설립된 각 단체 본부의 수뇌 간부로서 악질적인 지도적 행동을 한 자

11. 종교, 사회, 문화, 경제 기타 각 부문에 있어서 민족적인 정신과 신념을 배반하고 일본 침략주의와 그 시책을 수행하는 데 협력하기 위하여 악질적인 반민족적 언론, 저작과 기타 방법으로써 지도한 자

12. 개인으로서 악질적인 행위로 일제에 아부하여 민족에게 해를 가한 자

제5조 일본 치하에 고등관 3등급 이상, 훈勳5등等 이상을 받은 관공리 또는 헌병, 헌병보, 고등경찰의 직에 있던 자는 본법의 공소시효 경과 전에는 공무원에 임명될 수 없다. 단, 기술관은 제외한다.[77]

반민법에서 "일본 치하에 고등관 3등급 이상, 훈5등 이상을 받은 관공리 또는 헌병, 헌병보, 고등경찰의 직에 있던 자는 본법의 공소시효 경과 전에는 공무원에 임명될 수 없다"고 규정한 제5조는 행정부(이승만 정부)에 이미 자리 잡고 있던 많은 고위 관료들을 공포로 몰아넣었을 가능성이 높다. 김삼웅은 이 조항이 "이승만 정부에 들어 있는 장·차관은 물론 고위 관리 특히 경찰 간부들에게는 형장의 밧줄과도 같았다"고 평가한 바 있다.[78] 반민법 5조는 미군정 시기에 많은 군정청 고위간부들을 두려움에 떨게 만들었던 법 규정, 즉 군정청에 재직하고 있던 이들 가운데 "인사행

정 신분 4등급 이상의 모든 관직 임명을 재조사할 권한"을 입법의원에게 부여했던 군정청 법령 118호의 5조를 연상시키기도 한다. 실제로 반민특위는 1949년 1월 14일 반민법 5조에 근거하여 '제5조 해당자들을 1월 31일까지 공직에서 추방시키라'고 요구하고 나섰다. 이승만 대통령은 정부 내의 친일 협력자들을 보호하고자 국무회의에서 의명친전依命親傳을 통해 "반민법 제5조 해당자를 비밀 조사하여 선처하라"는 '통첩'을 내렸고, "통첩을 관리들이 알게 되자 동요가 심하"게 나타났다고 한다.[79] 더구나 반민법이 제정되기도 전인 1948년 8월 16일에는 김인식 의원 등 12명의 제안으로 '정부 내 친일파 숙청에 관한 건의안'이 가결된 바 있었다. 이 역시 친일 협력 혐의가 있는 이승만 정부 고위인사들을 겨냥한 것이었다. 그 내용은 다음과 같았다.

신국가를 건설하여 신정부를 조직함에 있어서, 정부는 모름지기 친일적 색채가 없는 고결 무구한 인사를 선택하여 국무위원 급 정부 고관을 임명함으로써 민족정기를 앙양하여 민심을 일신케 함이 당연히 취할 방침임에도 불구하고 근일 정부가 국무위원 급 기타 고관을 임명함에 있어서 부일협력자를 기용함은 신국가 건설의 정신을 몰각한 부당한 조처라 규정하지 않을 수 없다.

　국무위원 중에도 4275년(1942, 소화 17) 4월 유명한 교동초등학교 사건의 황민화를 적극 추진하며, 조선어 반대를 제창하던 자들과, 다수 우국지사를 일제에 밀고하여 동포를 영어에 신음하게 한 자도 있으며, 대동아전쟁 시에 군사 방면의 일 군부에 아부하여 물품을 헌납하여 물자를 용달하고, 여행에는 반드시 군부의 자동차나 철도승차권을 사용하여 거대한 치부를 한 자도 있으며, 일제강점기에 조선총독부 고관이었던 자, 또는 문관으로서 일제의 태평양전쟁에 협력하였던 자들을 차석次席, 차관에 기용함에 반하여 정부 내 친일파 숙청을 건의함.[80]

이 건의안이 가결됨에 따라 국회에는 김인식 의원을 위원장으로 하는 10명의 특별조사위원회가 조직되었다. 특별조사위원회가 조사 끝에 유진 오 법제처장, 민희식 교통부 장관, 임문항 상공부 차관 등 3명을 '정부 내 친일파'로 지목하자 민희식과 임문항이 이내 사임하는 일이 벌어졌다.[81]

한편 반민법은 "친일파의 조사 및 처벌에 있어서 국회가 중심이 되고 정부는 협조만 하도록" 규정했다.[82] 왜 그랬을까? 반민법 제정을 주도한 의원들은 식민지엘리트들이 정부를 이미 확고히 장악하고 있다고 인식 했기 때문이었을 것이다. 바로 이 대목에서 국회와 정부, 정치사회와 국 가 사이의 선명한 대립 구도를 읽어낼 수 있다. 1948년 8월의 '정부 내 친 일파 숙청에 관한 건의안'과 특별조사위원회 활동, 그리고 1949년 1월 반 민법 5조에 근거한 반민특위의 '해당자에 대한 공직 추방 요구'는 국회- 정부 갈등의 시작에 불과했다. 1949년 5월부터 무려 13명의 국회의원들, 하나같이 친일 협력자 처벌에 적극적이었던 국회의원들에게 '남조선노 동당의 프락치'라는 낙인을 찍어 제거한 '국회프락치사건'은 반민법 제정 당시의 국회-정부 대립 구도에서 이미 잉태되고 있었다고도 말할 수 있 을 것이다.

국회 안에도 다수 포진하고 있던 친일 협력자들이 초기 국회의 주도권 을 민족주의자들에게 빼앗기고 있었던 반면, 정부(행정부) 쪽에선 정반대 의 상황이 전개되고 있었다. 반민특위가 활동했던 1949년 말까지 이승만 정부의 '친일 관료' 분포를 조사한 허종에 따르면, 이승만 정부에서는 하 위직으로 갈수록 친일 관료의 비중이 커지며, 분야별로는 사법·경찰·군 대 영역에서 대단히 높은 비중을 차지했다. 1949년 말까지 임명된 장관 24명과 처장 8명 중 친일 행적을 보인 이는 5명(15.6%)으로 상대적으로 적 었다.[83] 같은 기간 각 부처의 차관·차장으로 기용된 30명 중 12명(40.0%), 각 부처 비서실장과 국장으로 기용된 83명 중 47명(56.6%)이 친일 협력자 출신이었다. 같은 기간 고등법원장 5명 전원과 지방법원장 12명 중 11명,

고등검사장 2명 중 1명이 식민지 시대에 판사·검사를 역임했다. 지방검사장 13명 중 9명은 식민지 판사·검사였고 2명은 부회府會 의원이었다. 같은 기간 동안 치안국 주요 5개 부서의 과장 8명 중 7명, 서울시 경찰국의 부국장 3명 전원, 서울시 주요 5개 부서 과장 9명 중 7명, 서울의 각 경찰서장 16명 전원, 지방 경찰국장 20명 중 14명, 전국 각 경찰서장 289명 중 186명이 식민지 경찰이나 친일 협력자들이었다. 마지막으로, 같은 기간 연대장 41명 중 34명, 여단장·사단장 13명 중 8명이 일본군이나 만주군 출신이었다.[84] "반민특위의 활동 기간 동안 행정, 사법, 경찰, 군의 ……권력의 모든 부문에 친일 관리, 친일 경찰, 친일 군인들이 기용되었음을 확인하였다. 이들은 미군정에 적극 참여하여 지배세력으로 성장하고 정부 수립 후에는 미군정을 대신하여 지위가 상승되었다."[85]

미군정이라는 방벽防壁은 더 이상 존재하지 않지만, 식민지엘리트들은 이제 독립국가의 국가기구를 거의 독점적으로 장악한 상태에서 네 번째의 과거사청산 시도와 정면으로 맞서게 되었다. 그들은 이번엔 처음부터 '전면적이고 집단적이고 적극적인 반대'에 나섰다. 반민법이 국회에서 논의되기 시작하여 반민특위가 활동을 개시하는 1948년 8월부터 1949년 1월까지 식민지엘리트와 정부(이승만 정부)는 과거사청산 요구에 시종 반대 입장을 고수했다. 이승만 정부는 반민법에 대해 갖가지 법적인 문제점들을 지적하면서 거부권 행사를 시도했다.[86] 1947년 당시와 마찬가지로 시민사회에서는 인재 부족의 현실을 강조하면서 '인재 매장론'과 '민족 분열론'으로 공공연히 반박하거나,[87] "친일파 청산세력=좌익=공산주의세력=매국노, 친일파 청산반대세력=우익=민주주의=애국"이라는 방식으로 "친일 문제를 이념 문제로 바꾸려는 경향"이 대두했다.[88] 식민지엘리트 세력은 (미군정 측에서 제시한 반대논리를 최대한 활용하는 것을 포함해서) 이전의 좌우합작 국면에서 친일 협력자 처벌법 반대논리를 이미 충분히 준비해 둔 상태이기도 했다. 1948년 9월 23일 서울운동장에서 열린 '반민법 반대

국민대회'가 국회 밖에서 이루어진 반민법 제정 반대운동의 대표적인 사례였다. 이 대규모 집회는 윤치영이 이끄는 내무부가 전폭적으로 협력하고 경찰과 동회장들이 시민들을 강제적으로 동원하는 등 이승만 정부의 적극적인 지원을 받은 사실상의 반관반민半官半民 집회였다. 대회에는 이범석 국무총리와 임영신 상공부 장관이 직접 참석했고, 이승만 대통령의 축사가 낭독되었다.[89]

1948년 8월부터 1949년 1월 사이에 식민지엘리트 그룹과 정부는 과거사청산 요구에 계속 반대하고 저항했지만, 그것은 대체로 비폭력적인 방식으로 진행되었다. 과거사청산의 핵심 주역들에 대한 보복적 공격도 아직은 노골화되지 않았다. 따라서 아직까지는 필자가 '반청산'이라고 부르는 단계를 넘어서지 않고 있었다. 그러나 반민특위 활동이 본격화되는 1949년 2월부터 청산 반대 움직임은 급속히 공격적·폭력적으로 변해갔다. 반민특위 관계자 18명을 암살하려 했던 1949년 2월의 '반민특위 요인 암살 음모사건'이 그 시작이었다. 암살 공작은 노덕술, 최란수, 홍택희, 박경림 등 경찰 고위간부들의 주도 아래 "반민피의자 제1호로 체포된" 박흥식이 제공한 자금으로 진행되었다.[90] 이런 움직임은 이강수가 "6월 총공세"라고 부른 1949년 6월의 국회프락치사건, 반민특위 습격사건, 김구 암살 사건에서 절정에 도달했다.[91] 특히 반민특위 습격사건은 '경찰쿠데타', 즉 무장한 경찰을 동원한 친위쿠데타와 다름없었다.

과거사청산 압력으로부터 자신들을 보호해준 미국의 군대가 1949년 7월부터 더 이상 남한에 존재하지 않게 되었다는 사실 또한 식민지엘리트들의 불안감과 공포심을 더욱 고조시키면서 그들을 극단적인 과잉폭력에 더욱 의존하게 만들었을 가능성이 높았다. '미군 부재라는 불안한 상황'과 '국가권력 장악이라는 다행스런 상황'이 교차하는 가운데, 식민지엘리트들은 국가권력을 동원하여 거리낌 없이 역청산의 폭력을 행사했다. 어쨌든 이런 험악한 분위기 속에서 반민피의자들에 대한 수사와 재판도 급속히 부실해지고 있었다. 1949년 1월 5일부터 같은 해 8월 31일까지 반민특위가 취급한 688명 가운데 재판을 받은 사람은 전체의 6%에 불과했다.[92]

　과거사청산을 주도하던 소장파 의원들을 제거한 국회프락치사건의 와중에 그리고 그 직후에, 이 사건으로 국회가 온통 공포분위기에 휩싸여 있는 상태에서, 반민법 자체를 사실상 무력화하는 두 차례의 '결정적인 법 개정'이 진행되었다. 1949년 '6월 총공세'부터 1951년 2월까지의 경과는 다음과 같이 요약될 수 있다.

　　반민특위 활동에 대한 결정적인 제약은 법 개정을 통해서 이루어졌다. 1949년 7월 20일에는 공소시효를 1950년 6월 20일에서 1949년 8월 말일로 앞당기는 개악이 이루어졌다. 이는 반민특위로 하여금 더 이상 조사활동을 하지 말라는 뜻이었다. 이어 1949년 10월 4일에는 또 한 차례의 법 개악을 통해 반민특위와 특별검찰부, 특별재판부 모두를 해체시켰다.

　　한국전쟁이 한창이던 1951년 2월 14일, 반민법에 의한 친일 청산을 최종적으로 무산시키는 조치가 있었다. 이날 법률 제176호 '반민족행위처벌법 등 폐지에 관한 법률'이 공포·시행된 것이다. 이 법률은 "폐지된 법률에 의하여 공소 계속 중인 사건은 공소가 취소된 것으로 보며, 폐지된 법률에 의한 판결은 본법 시행일로부터 그 언도의 효력을 상실한다"고 규정하고 있다.

　　이는 그 동안의 반민특위 활동 결과까지 모두 무효화하는 것을 의미했다. 이 법에 따르면 반민법에 의해 실형이 선고된 자는 모두 석방하고, 재산을 몰수한 자에게는 재산을 반환하여야만 하였다. 이로써 해방 직후부터 여러 우여곡절을 거치면서도 꾸준히 추진되었던 친일 청산이라고 하는 시대적 과제의 해결은 모두 물거품으로 돌아가고 말았다.[93]

식민지엘리트들에게 과거사청산의 거대한 압력은 죽이고 또 죽여도 계속 되살아나는 불사不死의 악령이나 망령쯤으로 보였을 것이다. 이 '역사의 저승사자'는 1945년 8~9월 그리고 1946년 10월이라는 두 차례의 '자연발생적 청산'의 물결을 타고, 그리고 그 후에는 1947년 1~11월 사이 그리고 1948년 8월부터 1949년 10월까지라는 두 차례의 '사법적 청산'의 물결을 타고 끊임없이 되돌아왔다. 사실 1945~1946년의 시기에는 미군정 당국이 솟구쳐 오르는 과거사청산 압력을 힘으로 애써 누르고 있었을 뿐 '청산 담론'이 사회 전반에 넘쳐흐르고 있었다. 다양한 방식의 적극적인 반대운동에도 불구하고 반민법이 제정되고 급기야 반민특위-특별검찰부-특별재판부까지 구성되었을 무렵, 핵심적 식민지엘리트 인사들 사이에선 어떤 강한 공감대가 이심전심으로 확산되지 않았을까: "과하다 싶을 정도의 보복적-선제적 폭력을 동원해서라도 이번에야말로 확실히 제압하여 과거사청산 논란 자체를 영영 종식시키자." 나아가 그들의 시각으로는 제주4·3사건, 여순사건, 심지어 한국전쟁조차 (해방 직후에 이은) '대중의 배반'의 연속, '변형된 형태의 과거사청산' 혹은 '과거사청산으로 발전할 잠재력을 내장한 대중적 반란 사태'로 보았을 가능성도 있다. 바야흐로 식민지엘리트들의 조바심은 극대화되고, 인내심은 한계에 도달하기 쉬운 상황이었다.

1949년 2월 무렵부터 경찰을 중심으로 식민지엘리트의 대응 방식이 적극적·공격적으로 변했음은 분명하다. 반민특위를 무력화하는 데 성공한 1949년 6월 이후 세 가지 형태의 폭력이 집중적으로 표출되었던 것으로 보인다.

첫째, '보복적 폭력' 혹은 '사후적事後的 폭력'으로, 기존의 과거사청산 움직임을 '실제로' 주도했던 세력에 대한 폭력적 공격을 가리킨다. 이런 유형의 폭력은 1948년 12월 제정된 국가보안법을 무기로 한 체제 반대세력 검거선풍('빨갱이 사냥')으로, 여순사건 및 4·3사건 관련자들에 대한 '피의 진압'으로, 한국전쟁 시기 인민군에 의한 피점령지들에서의 이른바 '부역자 숙청' 등으로 대표된다. 4·19혁명 이후 한국전쟁 당시의 민간인 피학살자의 명예회복을 도모했던 유가족들 역시 군사쿠데타 이후 이런 보복적 폭력의 대상이 되었다.

둘째, '예방적 폭력' 혹은 '사전적事前的 폭력'으로, 과거사청산 요구에 동조하거나 그런 움직임을 주도할 '잠재적' 가능성이 있는 세력에 대한 선제적 공격이었다. 이런 유형의 폭력은 한국전쟁 초기에 대대적으로 실행된 국민보도연맹원 학살로 대표된다. 앞서 6장에서 열거한 국가폭력 유형들의 대부분, 예컨대 (1) 반인도적 국가범죄(학살, 사법살인, 의문사, 고문, 간첩 조작), (2) 전향 공작, 삼청교육대, (3) 강제징집, 북파공작원, (4) 사찰, 감시 등이 이런 예방적-사전적 폭력 유형에 해당된다.

셋째, '보복적-사후적 폭력'과 '예방적-사전적 폭력'의 성격을 동시에 갖는 폭력도 종종 등장했다. 필자가 보기에 이런 유형의 폭력은 연좌제로 대표된다. 특정인에 대한 보복적 혹은 예방적 폭력의 파급효과는 연좌제를 매개로 순식간에 수십 명으로, 심지어 수백 명으로 증폭된다. 그 효과의 지속기간 역시 연좌제 대상자가 죽을 때까지 그리고 그 후손으로까지 거의 항구적으로 연장되었다. 말하자면 연좌제는 '한국판 호모 사케르'를 대량생산하는 기제였다. 이 호모 사케르들은 대중이 이들에게 "완전히 무관심한 태도"를 취함으로써, 보다 정확히는 "무고한 사람들에 대한 무작위적인 테러가 산출한 끔찍한 무관심"으로 인해 사회적 망각의 나락으로 떨어지게 된다.[94] 따라서 이 덫에 사로잡힌 이들은 언젠가는 상황이 개선되리라는 일말의 희망조차 포기하게 된다. 아울러 연좌제는 이웃 주민들과 직장 동료들을 한국판 호모 사케르들에 대한 '가해의 공범' 관계로 끌어들이기도 했다.[95] 연좌제는 이웃 주민들과 직장 동료들 앞에서 반복적으로 행해지며, 이를 통해 수치심 등의 심리적 고통과 실직失職 등의 실질적 불이익을 공공연하게 부여하는 '현대판 공개처형'에 가깝다.

그런 면에서 연좌제는 '전시적 폭력demonstrative violence'의 성격 또한 띠고 있다.

과거사청산 요구 세력을 향해 지배세력의 폭력적 성향이 집중적으로 표출되는 행태야말로 '역청산'의 전형적인 모습이기도 했다. 1948년부터 1953년까지의 5년은 식민지엘리트들이 폭력적으로 시민사회를 정복하고 식민화植民化하는 기간이었다. 특히 한국전쟁 시기는 그 자체가 '거대한 역청산의 시간'이었다. 식민지엘리트들은 공산주의라는 외부 적과의 전쟁 말고도, 남한사회 내부에서도 '또 하나의 전쟁'을 치렀던 셈이었다. "독립운동가들과 반민특위 조사관들이 붉은 덧칠을 당해 피신하고, 심지어 전란 때는 괴한들에게 끌려가 총살당했던 역사"를 '독립운동가의 손자'가 언급하자, 그 아비인 '독립운동가의 아들'은 이렇게 대답했다. "전란 전에는 법이 없었어. 그냥 서북청년단이나 일본놈 앞잡이들이 저거 빨갱이다 하면 빨갱인 거야. 전란 때는 학교에 사람들을 모아놓고 기름을 부어 태워죽이기도 했다. 나는 그걸 다 보고 자랐어."96

수많은 학살사건들을 통해 잠재적 체제 위협 세력들을 거의 완벽하게 제거했다는 점에서, 역청산을 통해 시민사회를 정복·식민화하는 과정은 한국전쟁 중에 '사실상' 종결된 것이나 다름없었다. 그럼에도 불구하고 주지하듯이 남한사회 '내부의 전쟁'은 외부 적과의 전쟁이 종식된 후에도 오랫동안 계속되었다. 휴전체제라는 이름의 준전시체제가 항구화함에 따라, '전쟁의 논리'는 전후체제 속으로도 깊숙이 파고들었다. 피지배 대중 사이에서도 (1) '전쟁의 공포', 즉 전쟁이 재발될지도 모른다는 공포, 그리고 전쟁 시기의 고통스런 기억들을 주기적으로 재생함으로써 끝없이 되살아나는 공포, (2) '전시戰時의 공포', 즉 전시 내지 준전시라는 비상체제가 풀어놓은 가공할 국가폭력에 대한 공포와 피해의식이 거의 일상화되고 또 항구화되었다. '전쟁의 공포'와 '전시의 공포'가 중첩되면서 전후戰後에도 테러(공포)가 통치의 본질적인 요소로 자리 잡게 되었다. 이렇게 보면 가공할 역청산의 위협이라는 형태로 과거사청산 정치는 전후에도 한동안 지속되었다고 할 수 있다.

필자가 보기에 1949년부터 본격화되었던 역청산 과정은 1955년에 등장한 '보수양당체제'로 일단락되었다. 이 체제는 양대 정당에 의해 독점되는 정치지형의 형성, 그러나 야당의 약세에 의한 사실상의 '1.5정당체제', 그에 따른 거대 여당 장기집권체제의 시작,[97] 정치적-이데올로기적 스펙트럼의 축소 및 협애화狹隘化, 중도파와 좌파가 사라진 '우경반쪽 정치지형'의 형성[98] 등을 의미할 것이다. 국회를 분할 점유한 보수 여당과 야당은 공고한 '반공 동맹'을 형성했다.[99] 그러나 현재의 맥락에서 보수 양당체제는 무엇보다 정치사회를 지배하는 양대 정당, 즉 여당(자유당)과 야당(민주당) 모두를 식민지엘리트들이 장악하기에 이르렀음을 뜻한다. 다시 말해 보수양당체제의 등장은 식민지엘리트들이 '국가기구'와 '시민사회'에 이어, 특별법률조례와 반민법·반민특위를 만들어낸 주역이었던 '정치사회'까지 완전히 장악하는 데 성공했음을 뜻한다.

거대 여당의 장기집권을 보장하는 보수양당체제를 조금 더 자세히 관찰해보면, 그것은 한편으로 이승만 일인一人독재체제 및 지도자숭배의 시작과 시기적으로 중첩되고, 다른 한편으론 '보수적인' 야당과 '훨씬 더 보수적인' 여당의 병존並存 구도로 가시화되었다. 특히 장기집권을 만끽하는 거대 여당이 맹목적이고 때때로 광기마저 동반하는 반공주의에 기초한, '극우'에 가까운 급진적 정치세력을 주축으로 한다는 사실은 집권세력의 폭력성을 충분히 예견케 한다. 집권 정치엘리트들이 이데올로기적-언어적 폭력을 일삼는 가운데, 과대성장한 '공안기관들'이 정치권의 엄호·사주에 힘입어 자유롭게 그리고 거의 일상적으로 국가폭력을 휘두르는 상황 말이다. 극우 지배세력은 국민(좋은 국민)-비국민(나쁜 국민)을 분류하고 분리하는 '경계획정권력'을 휘두르면서, 배제와 축출의 대상인 '비국민'의 범위를 최대한 넓게 설정하는 방식으로 권력의 공고화를 도모했다. 경계획정권력은 정치적 반대세력을 모조리 '좌파'로 낙인찍고, 그럼으로써 잠재적 저항세력마저 폭력적으로 제압하고 배제하는 수단으로 이용되었다. 요컨대 준전시체제의 항구화 속에서 냉전적 이분법을 극단화한 논리, 즉 "내 편이 아니면 모두 적"으로 간주하는 논리가 집권세력에 의해 이데올로기적-정치적 무기로 공공연하게 활용되는 공포정치가 펼쳐지기 쉬운 형국이었다.

반복하거니와 1949년의 국회프락치사건을 통해 '폭력적으로' 개시된 식민지엘리트들의 정치사회 장악 프로젝트는 (1) 반민법 무력화로 '친일파들'의 국회 진입장벽마저 사라진 상태에서 치러진 1950년의 제2대 국회의원 선거에서 "친일파들이 대거 등장"[100]하는 현상을 거쳐, (2) 1955년의 보수양당체제 등장에 의해 '평화적으로' 완결되었다. 1956년 5월에 조봉암을 대통령선거에 출마시켜 261만 표를 얻고 그 기세로 같은 해 11월에 창당대회를 거행했지만 1958년 2월 이승만 정권에 의해 정당등록을 취소당했던,[101] 나아가 이듬해 7월에는 당수인 조봉암마저 국가변란·간첩죄로 몰려 처형당하는 비운을 겪었던 진보당의 짧은 역정이 예기치 못한 역사적 에피소드로 끼어들었던 것은 사실이다. 그러나 역설적으로 진보당 사건을 거침으로써 보수양당체제의 순도純度와 완성도는 오히려 더 높아졌다. 어쨌거나 식민지엘리트의 정치사회 장악 프로젝트는 1955년경에 비교적 성공적으로 종료되었다고 말할 수 있다. 물론 한국전쟁 과정에서 '사실상의 완결'을 보았던 '시민사회' 차원의 역청산 작업은 그 후로도 연좌제, 빨갱이사냥, 간첩 만들기 등을 통해 수십 년 동안 더 지속되었지만 말이다.

4. 비청산, 반청산, 역청산의 결과

해방 이후 한국(남한)에서 과거사청산 정치는 몇 가지 두드러진 특징을 보여주었다. 이를 대략 다음과 같이 요약해볼 수 있을 것이다.

(1) 해방 직후의 한국사회에서는 사법적 청산이 두 차례 이상 시도될 만큼 과거사청산에 대한 강력하고도 높은 수준의 사회적 합의가 존재했다. (2) 1940년대 후반에만도 최소한 네 차례가 나타날 만큼 과거사청산 시도가 여러 차례 반복되었다. (3) 자연발생적 청산과 사법적 청산 등 다양한 형태의 과거사청산 방법들이 시도되었다. (4) 자신의 점령지들(서독, 일본, 필리핀)에서 초기에 강하게 과거사청산 움직임을 주도한 바 있던 미국은 이례적이게도 남한에서만은 (1946년 하반기 몇 개월 동안의 애매모호한 처신을 제외하면) 시종일관 과거사청산을 저지하는 가장 중요한 힘으로 개입했다. (5) (이르면 1946년 7월의 여운형 암살부터, 혹은 늦어도 1949년 2월 이후부터) 식민지 협력자들이 시간이 지날수록 과거사청산 노력에 대해 공격적이고 폭력적으로 대응했다. (6) 동북아시아 사회들의 고강도 청산이 강한 외적 자극을 가하는 가운데서도 국내의 과거사청산 시도들이 거듭 좌절되거나 실패함으로써, 남한은 끝내 희귀한 '청산 부재不在 지역'으로 남게 되었다. (7) 그 결과 해방 직후에는 명백히 '청산의 대상'이던 집단이 오히려 청산 요구 세력을 숙청·제거하는 '청산의 주체'로 뒤바뀌는 극적인 역전을 겪었다. (8) 지배세력에 의한 역청산 과정은 시민사회 수준에서는 한국전쟁 기간 동안, 정치사회 수준에서는 1955년의 보수양당체제 구축에 의해 사실상 완결되었다.

과거사청산의 대상자들이 폭력적으로 청산 실행기관에 대해 정면 공격을 감행한 것은 역사적으로도 전례가 없는 일이었다. 뿐만 아니라 그 공격이 매우 성공적이어서 사실상 과거사청산 요구를 오랫동안 잠재웠다는 사실 역시 놀라운 일이었다. 그 결과 "'친일파' 청산에 관한 논의는 한국전쟁 이후 일종의 금기사항으로 묶여" 있게 되었다.[102] 과거사청산 자체가 공론장에서 사라져 정치적·사회적·문화적 금단禁斷의 영역으로 넘어가 봉인되어버린 것이다.

나아가 이승만 정권 시기에는 민족주의 자체가 '반미주의' 내지 '용공주의'로 간주되어 금기시·불온시 되거나 불신의 대상이 되었다고 한다.[103] 과거사청산을 향한 대중적 욕구의 추동력 역할을 했던 민족주의가 정치적으로 '불온한' 영역으로 떠밀려난 것이다. 어쨌거나 1940년대와 비교할 때 1950년대에 '민족주의의 약화' 경향은 뚜렷했다. 이런 민족주의 약세 현상이 시민종교 특유의 '집합적 열광'을 상당 부분 잠식하리라는 것은 이미 충분히 예견되는 일이기도 했다.

그러나 '모든' 민족주의가 금지된 것은 아니었다고 말해야 보다 정확하리라. 식민지 상태에서 갓 벗어난 신생국에서 그것은 명백히 불가능한 일이었다. 그 대신 1950년대의 ⃝ ⃝ 민족주의는 (전반적인 약화 추세 속에서) '위험한 민족주의'와 '위험하지 않은(⃝ ⃝) 민족주의'로, 혹은 '불온한 민족주의'와 '건전한 민족주의'로 양분되었다. ⃝험하고 불온한 민족주의에는 '과거사청산의 민족주의'나 '평화통일의 민⃝ 주의', 그리고 '반미적 민족주의' 혹은 '반미적 옥시덴탈리즘'이 우선 포함 ⃝ 것이다. 반대로 안전하고 건전한 민족주의에는 반공주의와 결합된 '반⃝ 민족주의', 한국을 세계에 빛낸 스포츠 영웅들과 관련되거나 스포츠를 매⃝로 한 민족 간 경쟁을 모티브로 삼은 '스포츠 민족주의', 한국의 눈부신 ⃝ 전상을 드러내는 '근대성 민족주의'(발전주의적 민족주의), 한글과 관련된 '⃝ ⃝ 민족주의', 한민족의 우수성과 탁월한 업적을 강조하는 '민족중흥民族中⃝ 이데올로기', 중국대륙을 호령하던 영광의 고대사를 강조하거나 잃어버린 ⃝토 회복을 강조하는 '영토적 민족주의', 국토의 아름다움과 불변한⃝ 강⃝ 하거나 국토 순례·기행과 관련된 '국토민족주의', 외침에 맞서 ⃝ 영웅적 ⃝ 군들을 수없이 배출한 '국난극복사의 민족주의', 고유 의복⃝ 복식이나 ⃝ ⃝ 음식문화와 관련된 민족주의 등이 포함된다. 이를 표로 ⃝ 리한 것이 〈

유형	대표 사례
위험한/불온한 민족주의	○ 과거사청산의 민족주의 ○ 평화통일의 민족주의 ○ 반미적 민족주의
안전한/건전한 민족주의	○ 반공 민족주의 ○ 스포츠 민족주의 ○ 언어 민족주의 ○ 발전주의적 민족주의, 민족중흥 이데올로기 ○ 영토적(고토 회복) 민족주의, 국토민족주의 ○ 국난극복사의 민족주의

8-5〉이다. 불과 5~10년 전만 해도 대중적 감격과 감동의 무한한 원천이던 민족주의는 이제 반공주의와 결합되거나 스포츠·근대화 이벤트 등과 결부될 때만 예외적으로 허용되는 그 무엇으로 격하되었다.

식민지엘리트들이 '반청산'을 넘어 '역청산'이라는 형태로 노골적인 폭력성을 드러냈을 때, 이런 공격적 대응을 정당화하는 데 동원된 핵심적인 명분은 거의 항상 '반공주의'였다. 한국전쟁 발발 이후 과거사청산 논의 자체가 일종의 터부taboo가 된 것 역시 "과거사청산 주장은 좌파의 논리"라는 등식이 대중에게 강요된 탓이 컸다. 반공주의는 식민지엘리트들이 물려받은 식민지 유품 중 재활용된 '전가의 보도' 정도를 넘어, 모든 것을 가능하게 하고 어떤 행동도 정당화하는 '마법의 무기'가 되어갔다. 이는 식민지엘리트를 매개로 한 '식민지 요인'과 '분단 요인'(반공주의적 냉전체제)의 결합을 다시금 확인시켜주는 것이기도 하다. 뒤에서 좀 더 자세히 살펴보겠지만, '반공주의의 전능화全能化·마법화 과정'은 한국 시민종교에서 반공주의의 중요성을 극대화함과 동시에 반공주의를 시민종교의 최고 권좌權座로 끌어올리는 기능을 했다. 그러나 다른 한편으로는 '반공주의의 과잉' 자체가 한국 시민종교 내부에서 끊임없이 균열과 갈등을 일으켜 궁극적으로는 시민종교의 내적 취약성을 조장하는 요인으로 작용하기도 했다.

어쨌든 해방 후 만성적 불안에 시달리던 식민지엘리트들은 과거사청산 요구를 효과적으로 분쇄했고, 그럼으로써 국가권력을 한층 공고히 장악할 수 있게 되었다. 분단정권이 수립되기도 전인 1948년 1월 26일에 중도좌파 성향의 한 조선인은 유엔소위 청문회에서 이렇게 말했다고 한다. "남조선이 해방되고 일본이 항복했을 당시 이들 친일파들은 자기들 임지에서 도망갔고, 건준 지부가 법과 질서를 유지했다.……해방된 지 3년이 지난 오늘에 이르기까지 친일파들 가운데 단 한 사람도 비난이나 처벌받지 않았다. 이들 친일파들이 지금은 행정부, 금융계, 교육계, 산업계에서 권력을 장악하고 있다. 사회 각 영역은 사실상 친일파들의 손아귀에 들어왔다."[104] 친일파를 쫓던 반민특위 주역들은 졸지에 친일파들에 의해 쫓기는 신세로 전락했다. "반민특위에서 활동한 사람들은 반민특위가 해체된 후 권력을 잡은 친일파의 눈을 피해 숨어 살아야 했다. 경남도 조사요원이었던 김철호는 6·25전쟁 때 의문의 죽음을 당했고, 김상덕 위원장의 비서관이자 조사관이었던 송지홍은 감옥을 수시로 들락거려야 했다. 그후손들 또한 죄인 아닌 죄인으로 큰 숨 한 번 못 쉬고 살아왔다."[105]

분단정권 수립 후 식민지엘리트 출신들의 국가권력 장악력은 시간이 갈수록 더욱 강화되었다. 이강수에 의하면 "1948~1952년 행정부처의 국장과 과장의 경우 55.2%, 장관 중 4명, 차관 중 15명이 일제 관료 출신이었다. 1960년 전국 경찰 총경의 70%, 경감의 40%, 경위의 15%가 일제 시기 경찰 출신이었고, 한국군의 주요 요직은 일본육사와 만주군 출신, 지원병에 의해 장악되었다. 그리고 이들이 5·16쿠데타의 주역이 되었다."[106] "치안국장은 제1대 이호에서 제7대 윤후경까지 잇달아, 서울시 경찰국장은 제2대 김태선에서 제7대 변종현까지 잇달아, 합참의장은 제1대 이형근에서 제14대 노재현까지 잇달아, 육군참모총장은 제1대 이응준에서 제21대 이세호까지 잇달아, 대법원장은 제7대 이영섭에서 제37대 김치열에 이르기까지 23대를 일제 경력자가 독식했다."[107] 민족문제연구소 이 사인 신명식에 의하면 "1~3공화국 시기 정·부통령을 포함해 414개 요직에 앉은 사람 중 친일인명사전에 수록된 친일파가 111명이나 된다."[108] 『친일인명사전』에 수록될 만큼 적극적으로 친일 행위를 한 이들만도 이 정도라는 얘기이다.

이와는 대조적으로 식민지 시기의 독립운동가, 특히 국외國外에서 활동한 직업적 독립운동가들은 1948년 이후 국가권력의 중심부로 거의 진입하지 못했다. 이승만 정권 12년 동안 국무총리를 포함한 각료 115명 가운데 친일 협력자는 30명이나 되었던 반면, 독립운동가는 12명(국외 4명, 국내 8명)에 불과했다.[109] 국외 독립운동가들의 존재가 권력구조 상층에서 부분적으로나마 확인되는 곳이 군대인데, 여기서도 민족주의자들의 존재는 점점 희미해져갔다. 이승만 정권 시기 군부 내 주요 파벌은 광복군계·일본군계·만주군계 등이 존재했고, 정부 수립 직후에는 광복군계가 군의 주요 직위를 차지하기도 했으나 이승만의 후원을 업은 일본육사 출신에 의해 몰락해갔으며, 일본육사 출신들 역시 한국전쟁 과정에서 만주군계로 대체되어갔다.[110] 해방 이전 군 경력자 중 장군으로 승진한 302명 가운데 일본군 출신이 226명이고 만주군 출신이 44명이었던 데 비해 광복군 출신은 32명(10.5%)에 그쳤다. 중장 이상 승진자 68명 중 광복군 출신은 최덕신·안춘생·이준식·김홍일·김신·최용덕 등 6명(8.8%)에 불과했고, 대장 승진자 29명 중 광복군 출신은 전무했다. 역대 육군참모총장과 합참의장 가운데 광복군 출신은 단 한 명도 없었다.[111] 부족한 민족적 정통성을 보충하기 위해 고위직에 등용되었던 소수의 민족운동가들조차 한국전쟁을 거치면서 대부분 국가권력의 중심부에서 퇴출되었다.

민족운동가들이 권력 중심부에서 조용히 퇴출되던 그 시기에, 반민특위에 의해 피의자로 간주되었던 이들은 정치계·경제계·시민사회·문화계·종교계의 중추세력으로 화려하게 복귀했다.

반민피의자들은 반민특위 와해 후 남한사회의 정치·경제·사회·문화 등 각 영역으로 다시금 진출했다. 반민특위에서 논의된 반민피의자들의 행적을 사회 영역별로 살펴보면, 이들 중 상당수가 정계로 다시 진출, 한국민주당·대한국민당·민주국민당으로 결집해 한국 보수정당의 뿌리가 되었다(김영호·임흥순, 김동환·오명진·정인익 등). 일제 시기 관료 출신과 경찰 출신도 여전히 관료와 군·경찰계로 진출했다(양주삼·민영찬·김경진, 최운하·노덕술·전봉덕 등). 이들은 일제 총독부의 통치도구에서 이승만 정권의 수족으로 위치를 바꾸었다. 경제계의 주역도 역시 1950년대의 남한 경제를 이끌어, 부와 권력을 위해 일제에 결탁한 경제계 인물들이 이제는 이승만 정권에 기생해 한국 경제를 이끌었다(박흥식·김연수 등). 사회단체에도 일제 시기 밀정이나 경찰 출신이 참여하거나 직접 조직하여 이승만 정권의 팔과 다리가 되었다(이성근·성원경·장인달 등).……정치자금을 모금했던 단체에도 반민피의자들이 중심이 되어 건국자금을 제공해(정인익·오긍선·이정 등), 돈과 권력의 결탁이 애국금·건국자금이라는 명목으로 제공되었다.[112]

친일 인사들은 처벌은 고사하고 대한민국 정부로부터 다수의 훈장을 받기도 했다. 친일 경찰의 대명사로 꼽히는 노덕술이 이승만 정부 때 3건의 훈장을 받은 사실을 비롯하여, 220명의 친일 인사들이 대한민국 역대 정부들에서 400건의 훈장을 받았다. 이 가운데 이승만 정권이 162건, 박정희 정권이 206건을 차지했다. 직업별로는 군인이 180건, 문화예술 종사자 66건, 관료 42건 등이었다.[113]

1940~1950년대에 한국(남한)에서 진행된 과거사청산의 정치가 지닌 '특수한' 성격을 보다 정확히 이해하려면 시야를 확대하여 한국 사례를 동아시아, 나아가 세계 차원의 유사 사례들과 비교해 보는 작업이 필요할 것이다. 다음 장에서 이런 비교작업을 시도해보려 한다.

제9장

공포와 공격(2): 과거사청산의 비교정치

과거사청산 정치와 시민종교

이 장에서는 2차 세계대전 직후 각국의 과거사청산 작업들에 대한 다차원적 비교를 통해 과거사청산 정치에서 한국 사례의 특성을 천착해보려 한다. 관심의 초점은 앞 장과 동일하다. 즉 국제적 비교분석을 기초로 현대사를 관통하여 한국의 지배세력이 왜 그토록 폭력적·공격적인 면모를 줄곧 보여 왔는지를 해명하려는 것이다. 필자는 7~8장에서 식민지엘리트가 보인 불안·공포와 공격성의 한국적 연원과 맥락에 대해 다뤘다. 이번 장에서는 국제적 비교분석을 통해 '예외 상황'에 가까운 한국 사례의 특수성을 드러내고자 한다. 비슷한 시기에 유사한 처지에 놓였던 다른 사회들과 비교해보면, 한국 식민지엘리트 그룹이 공유한 집단심성으로서의 트라우마적 불안·공포가 얼마나 심각하고 뿌리 깊은 것이었는지를 찬찬히 살펴볼 수 있을 것이다.

1. 전후 세계질서 재편과 과거사청산

2차 대전 종전 후 과거사청산 문제가 제기된 사회들은 대략 세 범주로 나눌 수 있다. (1) 추축국의 점령지들, (2) 서구 혹은 일본의 식민지들, (3) 패전한 추축국들이 그것이다. 전체적으로 볼 때, '점령지들'에서 과거사청산은 대체로 해당 사회 내부의 문제였던 데 비해, '식민지들'에서 과거사 청산은 해당 사회 내부의 힘관계나 사회적 합의, 전승국(연합국)의 정책, 식민지 종주국의 정책 등 여러 요인들이 복잡하게 엉켜 함께 작용했던 문제 영역이었다. 마지막으로, '추축국들'에서 과거사청산의 내용과 강도는 대부분 전승국(연합국)의 의지나 정책에 달려 있었다.

(1) 추축국의 점령지들

첫 번째로, 추축국의 점령지들에서 발생하는 과거사청산 문제이다. 추축국의 점령지들은 전쟁의 과정 혹은 종결과 동시에 '해방'되었다. 이탈리아 및 독일 점령지들을 거쳐, 일본 점령지들이 차례로 해방되었다. 이곳들에서는 해방과 거의 동시에 과거사청산 문제가 제기되었는데, 그 핵심은 피점령 기간 중의 점령군 협력자들이나 '괴뢰정권' 책임자·종사자들에 대한 처리 문제였다. 점령지들에서 과거사청산 여부나 범위, 강도強度 등은 거의 전적으로 해당 사회 내부의 힘관계와 사회적 합의에 달려 있었다.

　프랑스를 비롯한 유럽의 추축국 점령지 대부분에서는 종전 직후부터 매우 높은 강도로 협력자들에 대한 처벌이 이루어졌다. 프랑스·네덜란드·벨기에 등 그 자신 '제국주의 국가'였던 유럽 점령지들, 그리고 점령 후 국외에 망명정부가 수립되어 연합국 측에 가담했던 나라들에서는 나치 협력자들에 대한 처벌이 상당히 가혹해지는 경향을 보였다. 유럽에서 나치와 파시스트에 의한 '피점령 경험'은 기존 지배구조의 한 축을 붕괴시킬 정도로 대대적인 정치적·사회적 변화를 동반했다. 이에 비해 아시아와 아프리카의 점령지들 중 상당수는 '식민지이자 점령지'라는 이중적 성격을 띠고 있었다. 이런 경우에는 과거사청산 문제가 좀 더 복잡한 맥락 속에 놓이는 경향을 보였다.

(2) 식민지들

두 번째로, 식민지들에서의 과거사청산 문제가 있다. 이런 사회들에는
'독립'과 '식민지 잔재 청산'이라는 중첩된 과제가 부여되었다. 대부분의
점령지들이 종전과 더불어 '해방'되었던 반면, 식민지의 '독립' 시기는 매
우 다양한 양상을 보였다. 위에서 지적했듯이 '식민지이자 점령지'였던
경우 해당 지역의 역사적 진로가 가장 복잡하고 유동적인 양상을 보였다.
식민지 사회들에서 과거사청산은 '독립 이후'에 제기되는 과제임이 분명
하나, 독립을 위한 전쟁이나 조직적인 해방운동이 전개되는 경우에는 독
립전쟁·해방운동의 '과정' 중에도 과거사청산의 움직임이 실행될 수 있
다. 예컨대 반半식민지 처지였던 중국의 경우 대일전쟁과 국공내전 중에
도, 베트남이나 인도네시아의 경우엔 독립전쟁의 와중에 '제국주의 협력
자들'에 대한 처벌이 병행되었다.

　2차 대전 직후부터 대부분의 식민지들에서 독립운동이 폭발적으로 발
전했다. 그러나 특정 식민지의 역사적 경로는 대체로 세 가지 변수에 의
해 결정되었다. '점령지'의 과거사청산 문제가 전적으로 해당 사회 내부
의 힘관계와 사회적 합의에 따라 결정되고, '추축국'에서 과거사청산 문
제가 거의 전적으로 전승국(연합국)의 의지·정책에 따라 결정되었던 데 비
해, '식민지'의 과거사청산 문제는 (1) 해당 사회 내부의 힘관계와 사회적
합의, 특히 현지 주민들의 내부로부터의 과거사청산 요구와 압력, (2) 연
합국의 의지와 정책(연합국들의 전후 세계질서 구축 전략)은 물론이고, (3) 연
합국 진영에 속하는 개별 식민지 종주국의 의지와 정책이라는 세 가지 변수
의 복잡한 상호작용에 따라 결정되었다.

　갓 독립한 식민지들에서 과거사청산을 향한 내적 압력이 창출되는 정
도는 독립운동의 활성화 정도, 그리고 독립에 이르는 경로와 방식에 따라
달라지는 것 같다. 또 어느 쪽이든 식민지인구의 종족적-종교적 구성에

따라 상황은 크게 달라질 수 있다. 첫째, 독립운동이 활성화될수록 식민지 협력자들을 대상으로 한 과거사청산 요구도 첨예해지는 것으로 보인다. 독립운동의 격화는 독립투사들에 대한 강화된 처벌이라는 식민지 당국의 대응과 결부되고, 이것이 식민지 저항자-협력자 간의 대조와 긴장·적대관계를 심화시킴으로써 과거사청산을 독립 후의 불가피한 과제로 만드는 경향이 있다. 둘째, 독립에 이르는 경로와 방식이 주로 식민지 당국에 대한 폭력적 투쟁에 의존할 경우, 식민지 당국과의 합의나 타협에 의존한 비폭력적·평화적인 방식에 의존하는 경우보다 과거사청산 요구가 더욱 거세게 제기될 가능성이 높다. 반면에 식민지민을 대표하는 민족주의자들로 자치의회나 자치정부가 구성되고, 민족주의자들과 식민지 당국 간의 협상에 의해 점진적인 독립국가로의 이행이 진행되는 경우, 과거사청산으로의 내적인 압력은 크게 완화되거나 최소화되는 경향이 있다. 인도와 필리핀, 일부 서아프리카 국가들이 이런 경로를 대표한다.

　전후 세계질서의 구축 차원에서 전승국(연합국)들이 식민지 문제와 관련해 취한 전략 내지 태도는 대략 세 가지 특징으로 압축되는 듯하다. 첫째, 식민지 문제에 대한 논의를 '패전국(추축국) 식민지들'로 한정하려는 경향, 둘째, 추축국의 '전쟁 책임'과 '식민주의 책임'(식민지 지배와 관련된 책임)을 분리하고 (식민지 독립의 시기나 경로·방식 등에 대해서는 논의할지라도) 식민지 지배 동안의 피해에 대한 배상·보상에 대해서는 강화회의 의제에서 제외하거나 사실상 면책해주려는 경향, 셋째, 추축국의 식민지들은 대체로 즉시 혹은 조기에 독립시키는 것으로 의견이 모아졌지만 연합국의 식민지들에 대해서는 개별 국가들에게 맡겨두는 경향이 그것이다. 식민지 피해 배상 문제의 탈脫의제화 경향으로 인해, 배상 문제 전체가 독립 이후 각각의 식민지-종주국 사이에서 개별적으로 해결해야 할 문제로 회피 내지 유예되었다. 바로 그 때문에 이 문제의 처리방식이 개별 사회마다 큰 차이를 보이게 되었다.

연합국 식민지들의 독립 문제도 복잡한 양상을 보인 것은 마찬가지였다. 아시아와 아프리카에서 미국과 영국은 대체로 식민지들에 대해 '점진적인 독립 허용'의 방향으로, 프랑스·네덜란드·포르투갈·벨기에 등은 '독립 불허' 쪽에 가깝게 움직이는 양상을 보였다. 프랑스의 경우 인도차이나에서 "식민통치 기간 중에 온건한 민족주의마저 포용하지 않았다."[1] 이로 인해 프랑스와 네덜란드는 아시아 식민지들에서 곧 독립전쟁에 휘말리게 되었다. 아프리카에서도 연합국 식민지들의 운명은 첨예하게 엇갈렸다. 특히 포르투갈의 식민지 주민들은 오랜 무장독립투쟁 끝에 가장 늦게 독립을 성취했다.[2]

추축국 식민지들의 독립 문제도 개별 사례에 따라 상당한 시차와 시행착오를 거쳤다. 1943년 11월 27일에 발표된 카이로선언은 일본의 식민지 및 종속국과 관련하여 (1) 1914년 1차 세계대전 개시 이후에 일본이 탈취 또는 점령한 태평양 도서들을 박탈할 것, (2) 만주, 타이완, 펑후제도 등 일본이 중국으로부터 탈취한 모든 영토들을 반환할 것, (3) 적절한 절차를 거쳐in due course 한국을 독립시킬 것을 공표했다. 만주와 타이완 등을 중국에 반환한다는 약속은 종전과 함께 즉각 이행되었다. 하지만 한국 독립 문제의 경우 미·소 분할점령에 이은 분단으로 귀착되었을 뿐 아니라 신탁통치의 실시 여부 및 기간 때문에 상당한 진통과 논란을 겪어야 했다. 이탈리아 사례는 더욱 복잡했다. 1947년 2월 파리에서 체결된 연합국 20개국과 이탈리아 간의 '이탈리아강화조약'에서는 이탈리아의 아프리카 식민지들(리비아, 에리트레아, 이탈리아령 소말리랜드)에 대해 "1년 이내에 처리방안에 합의하고, 그것이 불가능하면 유엔에 위임한다"는 방식으로 결정이 났다. 결국 이 문제는 1년 후 유엔으로 이관되어, 1949년 11월의 유엔총회에서 (1) 리비아는 1952년 1월 1일까지 독립시키되 그때까지는 영국·이탈리아·파키스탄·이집트로 구성되는 자문위원회 하의 유엔 통치를 실시하고(실제로는 1951년 12월에 독립), (2) 이탈리아령 소말리랜드는 10년 이내에 독립시키며 그때까지는 이탈리아가 신탁통치를 실시하고(실제로는 1960년에 북부의 영국령과 합쳐 소말리아로 독립), (3) 1941년 이래 영국군이 점령하고 있던 에리트레아에 대해선 결정을 유보하는(1952년에 에티오피아의 일부로 편입) 것으로 결정되었다. 이탈리아가 파시즘 정권 시기에 점령하고 있던 알바니아와 에티오피아는 식민지가 아닌 '점령지'로 간주되어 즉각적인 독립과 배상금 지급이 약속되었다.[3] 에티오피아는 일찌감치 1942년 1월에 이탈리아군이 패퇴함으로써 독립을 획득했고, 알바니아 역시 유럽 전황戰況 변화에 따라 1944년 해방되었다. 반면에 리비아와 이탈리아령 소말리랜드에서는 이탈리아의 잠정적 지배권이 인정되었을 정도로, 식민지 문제에 대한 연합국의 태도는 상당히 관대한 편이었다.

(3) 추축국들

마지막으로, 추축국들에서도 과거사청산 문제가 심각하게 제기되었다. 앞서 얘기했듯이 이탈리아, 독일, 일본에서의 과거사청산 문제에서는 전승국(연합국)의 의지나 정책이 결정적으로 중요하게 작용했다. (1) 전쟁 범죄와 책임, (2) 식민지 지배의 범죄와 책임, (3) 탈脫나치화, 탈脫파시즘화, 탈脫군국주의화 등의 세 영역이 과거사청산의 대상 영역으로 우선 떠올랐다. 위에서 지적했듯이 이 가운데 '식민지 지배 범죄·책임' 부분은 모호하거나 불완전하게 처리되었다. 반면에 '전쟁 범죄·책임'에 대해서는 국제법정이 설립되어 전범재판이 진행되었다. 민주화나 기존 지배세력 교체 및 인적 청산을 포함하는 '탈나치화—탈파시즘화—탈군국주의화'도 비교적 강도 높게 진행되었다.

추축국 중 이탈리아는 일본·독일에 비해 특이한 경우였다. 여기에서는 '자연발생적 청산'이 광범위하게 진행된 후에야 비로소 '사법적 청산' 과정이 후속되었던 것이다. 광범위한 자연발생적 청산 현상은 이탈리아의 항복이 아직도 세계대전이 한창인 때에 이루어졌다는 사실과도 관련이 깊을 것이다. "이탈리아에서는 약 12,000~15,000명이 파시스트 혹은 협력자 혐의로 처형되었는데, 이들 중 대부분이 전쟁 중이거나 혹은 전쟁이 종결되기 몇 주 전에 처형되었다. 이러한 사실은 전쟁 관련 행위로 처벌된 중죄인들의 대부분이 이들을 처벌하기 위한 공식적인 법정이 설치되기 이전에 실행되었다는 점을 시사하고 있다."[4] 이탈리아 지역에서의 전투가 모두 끝난 후에야 '법과 재판에 따른 청산' 과정이 시작되었다. 법적 청산은 1944년 7월에 제정된 '파시즘 청산을 위한 법령 제159호', 1945년 4월 제정된 '친親나치 협력범죄 특별재판소 설립에 관한 법령 제142호' 등에 근거했다. 이 법령들에 따라 각 주州의 소재지에 중죄재판소들이 설립되었고, 재판을 거쳐 파시스트 지도자들에 대한 형사적 처벌, 파면과 정화淨化, 재산의 국가 귀속 등의 조치들이 취해졌다. "파시스트 정당의 지도적 지위에 있던 자, 파시스트 정권에서 사법적 기능을 담당한 자, 주의 책임자, 정치신문의 편집인, 파시스트 군부의 지도관리이면서 정치와 군사적 역할을 담당한 자" 등이 중죄재판의 대상이었다.[5]

2. 과거사청산의 결정요인

2차 대전 시기와 그 직후 북한과 중국에서는 강도 높은 과거사청산 작업이 빠른 속도로 진행되었던 데 비해, 미국이 점령했던 남한과 일본에서는 과거사청산 자체가 지체되거나 청산의 강도가 낮았다. 미국의 또 다른 군사 점령지였던 서독과 필리핀으로 확대해보아도 상황은 마찬가지였다. 그러나 중국-북한 대 남한-일본의 차이를 '이데올로기 요인'으로 설명하려 해서는 안 된다. 얼핏 보면 (소련의 또 다른 군정 지역이었던 동독까지 포함하여)

사회주의 권역에서 강한 과거사청산이 이루어진 것처럼 비칠 수도 있으나 이는 피상적인 관찰일 따름이다. 무엇보다 중국에서는 이데올로기와 상관없이 국민당-공산당 양쪽 모두 강도 높은 청산에 나섰다. 뿐만 아니라 공산당 측이 국민당 측보다 '친일 협력자' 처벌 문제에서 오히려 더 유연하게 대응했던 편이었다. 한국에서도 그러했지만, 동남아시아의 좌파 민족운동단체들도 (과거사청산 문제에 대해 상극에 가깝게 접근하고 있음이 분명해지기까지는) 미국·영국 등 연합국 진영에 대해 우호적인 태도를 취했다.[6]

필자는 과거사청산 문제의 향배를 결정짓는 요인을 내부 압력과 외부 압력의 상호작용interaction 내지 상호결정co-determination,[7] 즉 '해당 사회 내부의 과거사청산 압력'과 '과거사청산에 대한 외적 압력으로 기능할 점령군의 정책' 사이의 상호작용에서 찾아야 한다고 생각한다. 물론 중국처럼 종전終戰과 동시에 외국군 점령이 종식된 사회에서는 순전히 내적 압력에 의해서만 과거사청산 문제가 결정될 것이다. 필자는 과거사청산에 대한 '내부 압력'과 '외부 압력'의 조합 방식에 따라 청산의 강도가 고高강도 청산, 중中강도 청산, 저低강도 청산, 미未청산의 네 범주로 구분될 수 있다고 본다. 대략 다음과 같은 다섯 가지 조합이 가능할 것이다.

(1) 강한 내부 압력 + 강한 외부 압력 → 고강도 청산 (국가 주도)

(2) 약한 내부 압력 + 강한 외부 압력 → 고강도 청산 (국가 주도)

(3) 강한 내부 압력 + 약한 외부 압력(청산에 대한 약한 저지)

    → 고강도 청산 (시민사회 주도의 '자연발생적 청산')

    → 중강도 청산 (타협과 합의에 의한 청산)

(4) 강한 내부 압력 + 약한 외부 압력(청산에 대한 강한 저지)

    → 저강도 청산 혹은 미청산

(5) 약한 내부 압력 + 약한 외부 압력 → 저강도 청산 혹은 미청산

여기서 세 번째 조합 중 "시민사회 주도의 자연발생적 청산"은 내부의 청산 압력은 매우 강한데 이를 저지하는 외부의 힘은 약하거나 부재한, 말하자면 권력의 일시적 공백 내지 진공 상태에서 벌어지는, 대중에 의한 자연발생적이고 다소 무질서하고 무정부적인 인적 청산과 보복·응징 행위들이 난무하는 상황을 가리킨다. 앞에서 본 종전 직전의 이탈리아 상황이 전형적인 사례였고, 프랑스나 동유럽 국가들에서도 일시적으로 유사한 일들이 발생했다. 아주 짧은 기간에 그쳤지만 해방 직후의 한반도 전역에서도 유사한 상황이 전개되었다. 동남아시아에서도 이런 상황들이 다수 발생했다. 반면에 첫 번째와 두 번째 조합인 "국가 주도의 과거사청산"은 사회적 합의에 기초한 '사법적 청산'으로 대표된다. 이 경우 미리 마련된 법적 근거에 따라 비교적 질서정연한 청산이 진행되는 양상을 보이게 된다. 시민사회 주도의 자연발생적 청산이 일종의 '비非제도적 청산'이라면, 국가 주도의 과거사청산은 '제도적 청산'이라고 부를 수 있을 것이다.

2차 세계대전 직후 미국과 소련의 점령 아래 놓였던 사회들을 비교대상으로 삼아 논의를 전개해보자. 남한, 일본, 필리핀, 서독은 미국의 점령지였고 북한, 동독은 소련의 점령지였다. 6개의 사회들을 '내부 압력' 및 '외부 압력'의 강도에 따라 초기(1945~1947년)와 1948년 이후 시기를 구분하여 제시한 것이 〈표 9-1〉과 〈표 9-2〉이다. 이 표들을 읽을 때 유의해야 할 대목은 다음 두 가지이다.

첫째, 대체로 '식민지'(남한, 북한, 필리핀)에서는 과거사청산을 향한 내부 압력이 강했지만, '패전국'(일본, 서독, 동독)에서는 내부의 청산 압력이 미약한 편이었다는 것이다. 식민지들에서는 내적 청산 압력이 워낙 강력했기 때문에, 세계대전 종결 후 국가기구의 신속한 복원이 이뤄지지 못하여 일시적인 무정부 상태가 조성될 경우 식민지 협력자들을 대상으로 한 자연발생적이고 자의적인 인적 청산이 진행될 가능성도 다분했다. 따라서 식민지들에서는 해당 사회의 내적인 동력만으로도 과거사청산 작업이 진

〈표 9-1〉 미국 및 소련 '점령 초기'의 과거사청산을 둘러싼 구조적 상황

		외부로부터의 청산 압력	
		강함	약함
내부로부터의 청산 압력	강함	북한	남한, 필리핀
	약함	일본, 서독, 동독	

〈표 9-2〉 '1948년 이후' 과거사청산을 둘러싼 구조적 상황의 변화

		외부로부터의 청산 압력	
		강함	약함
내부로부터의 청산 압력	강함		남한, 필리핀
	약함		일본, 서독
			북한, 동독

행될 가능성이 높았지만, 패전국들에서는 강력한 외적 압력이 존재해야 만 과거사청산 작업이 진전될 수 있었다. 어쨌든 식민지들과 패전국들은 전혀 다른 정치사회적 맥락에 놓여 있었고, 그것이 과거사청산 문제를 보는 대중의 시각에서 근본적인 차이를 만들어냈다.

둘째, 점령국 중에서 소련(동독, 북한)은 과거사청산에 대해 강한 외적 압력을 지속적으로 행사했지만, 미국(일본, 서독)은 처음엔 강한 외부 압력을 가했으나 냉전체제가 형성됨에 따라 압력의 정도를 급속히 낮춰갔다는 것이다. 따라서 〈표 9-2〉에서 '일본·서독'의 경우와 '북한·동독'이 "약한 외부 압력과 약한 내부 압력의 조합"에 해당하는 사례들로 분류되어 있음에도 불구하고 그 의미하는 바는 전혀 다르다는 점에 유의해야 한다. 북한·동독의 쌍이 '구질서 청산의 완수 및 신질서의 안정적 착근'이라는 의미에 가깝다면, 일본·서독의 쌍은 '청산 대상의 복귀 및 구질서의 복원' 이라는 의미에 가깝기 때문이다.

왜 이런 차이가 나타났는가? 왜 소련군이 점령했던 북한과 동독에서는 구질서 청산의 완수 및 신질서의 착근이라는 결과가 나타난 데 반해, 일본과 서독에선 청산 대상의 복귀 및 구질서의 복원이란 결과가 나타났는가?

우선, 소련은 과거사청산에 대한 강한 의지를 갖고 있었고, 실제로 이를 위한 강력한 '외적 압력'을 가했던 편이었다. 과거사청산으로의 내적 압력이 상대적으로 약했던 곳(동독)에서는 강한 외부 압력을 가했고, 과거사청산으로의 내적 압력이 강했던 곳(북한)에선 이를 지지하고 후원했다. 따라서 북한에서는 이미 1948년 말경에 과거사청산 작업이 사실상 종결되었다. 동독에서도 과거사청산은 서독에 비해 더 일관되고 급진적으로 진행되었다. 그 결과 "서독과는 달리 동독에서는 나치 지배의 적극 협력자들이 더 이상 중요한 역할을 맡지 못했다. 동독은 1949년 탈나치화를 끝냈다고 선언"했다.[8] 아울러 "동독 사통당 정권은 집단의식儀式, 기념비와 추모지, 문학작품, 조형물 등을 통해서 집단적 반파시스트 기억을 각인하기 위하여 많은 노력을 기울였다."[9] 필자가 보기에 적국敵國 혹은 적국의 식민지에서 과거사청산에 대한 소련의 지원이나 압력은 매우 자연스런 선택이었다. 소련은 2차 세계대전 당시 "전사자 630만 명 외에도 민간인 사망자 1,700만 명에 이르는 것으로 추산"[10]되는 등 가장 큰 인명피해를 입은 나라였기 때문이다.

미국이 점령했던 일본과 서독에서도 점령 초기 강한 외적 압력에 의해 강도 높은 과거사청산 작업이 진행되었다. 그러나 냉전체제가 본격적으로 형성되는 1948년 무렵부터 '역逆코스' 등으로 불리는 '과거사청산 역류' 쪽으로 흐름이 반전되었다. 미국은 1948년 10월에 열린 국가안전보장회의 결정을 계기로 대일對日정책의 방향을 '민주화'로부터 '경제부흥'으로 선회했다. 그에 따라 미국은 전전戰前 체제의 '숙청'보다는 '효율의 원칙'을 강조하기 시작했다.[11] 미군의 군사적 점령에 의한 군정軍政이 종식된 후, 그리고 한국전쟁 발발을 계기로 이런 움직임이 더욱 가속화되었다. 냉전 심화와 한국전쟁 바람을 타고, 종전의 '탈脫군사화'의 추세도 '재再무장' 쪽으로 역전되었다. "점령 초기의 엄격한 배상에서 일본의 전후 복구를 우선시하는 관대한 배상으로 극적인 역전을 이룬 미국의 대일 정책"에서 보듯이,[12] '전쟁 배상' 요구는 '경제 재건' 정책으로 바뀌었다. 뒤에서 살펴보겠지만, '패전국 국민'이나 '전쟁의 희생자·피해자'라는 대중의 집합적 정체성·의식 역시 서독-일본 양국에 공통된 현상이었다.

소련 점령지(동독, 북한)에서는 기존 지배세력의 광범위한 물갈이가 관철되었고 이후에도 이런 추세가 뒤집히지 않고 유지되었다. 반면에 미국 점령지(서독, 일본)에선 전쟁 직후 한때 추방되었던 기존 지배세력이 1948년 이후 광범위하게 복귀했다. 서독과 일본 모두 패전 국가로서 과거사청산을 향한 내적 압력이 미약한 상태에서 거의 전적으로 미국을 중심으로 한 전승국들의 외적 압력에 이끌려 과거사청산이 진행되었다. 그러나 이후 외적 압력이 약화되거나 사라지자 과거사청산을 밀고나갈 동력이 급속히 소진되었고, 그 대신 구세력의 복귀에 발맞춰 구질서의 복원력이 빠르게 살아났던 것이다.

서독과 일본만 놓고 볼 때 (탈脫군사화, 비非군사화 측면을 제외하면) 전승국들이 분할(공동)점령한 서독보다는 미국이 단독 점령한 일본에서 과거사청산이나 지배세력에 대한 처벌의 강도가 상대적으로 약한 편이었다. 일본의 경우 1947년에 형성된 '헌법 9조의 질서'로 압축되는 '평화주의'가 일종의 국가이념으로 수용되었고, 이를 지지하는 여론이 일정하게 형성된 것은 사실이었다. 앤서니 기든스도 이런 맥락에서 일본과 서독의 차이를 지적한 바 있다. 그에 따르면 "미국 정부는 1950년 한국전쟁으로 독일연방공화국을 수립한 지 1년도 되지 않아 독일재무장을 인정하게 되었다. 그 뒤 서독은 유럽에서 서방세계 군사동맹국 중에서 '선봉'적인 위치에 서게 되었다." 반면에 "그 뒤에도 일본의 재무장은 유예되었으며, 미군을

주축으로 한 아시아의 경제중심지에 일본이 다시 중요국가로 부상하게 되었다"는 것이다.[13]

그러나 독일-일본 사이의 이런 차이를 과장할 필요는 없다. 서독이 한국전쟁을 계기로 '재무장' 쪽으로 선회하여 냉전 대립에서 유럽 방어의 중심이자 나토의 핵심으로 부상한 것과 비슷하게, 일본에서도 한국전쟁을 계기로 비군사화 원칙이 크게 훼손되었기 때문이다. 한국전쟁 발발 직후인 1950년 7월 8일 맥아더의 지령에 의해 일본 '경찰예비대'가 창설되었고, 경찰예비대는 1952년의 '보안대'를 거쳐 1954년 7월에는 육상·해상·항공 '자위대'로 발전했다. 아울러 1948년 10월의 공직 추방 종결 결정에 따라 1950년에만도 약 19,000명에 대해 공직 추방 해제 조치가 취해졌다(이 가운데 전직 군인들은 이 즈음 창설된 경찰예비대에 입대했다). 1951년 6월부터 샌프란시스코조약 발효일인 1952년 4월 28일까지 (이전에 추방되었던) 각계 인사 전원이 공직 추방에서 해제되었다. 그런데 과거 공직에서 추방된 21만 287명 가운데 군인이 전체의 79.4%인 16만 7,035명이나 되었다.[14] 한국전쟁이 전직 군인들에 대한 공직 추방 해제의 결정적 계기였고, 이들이 실질적인 군대인 경찰예비대-보안대-자위대의 주축을 이뤘던 것이다.

서독에 비해 일본의 과거사청산 강도가 상대적으로 약한 편이었다는 판단은 다음 두 가지 사실에 근거한다. 첫째, 독일-일본의 가장 결정적인 차이는 전쟁과 식민지 지배의 최고 책임자였던 천황이 면책되었다는 점이다. 파르티잔에게 사살당한 무솔리니는 말할 것도 없고, (만약 자살하지 않았더라면) 히틀러가 면책되는 상황을 상상이나 할 수 있을까? 더구나 같은 연합국이자 전승국인 소련과 중국이 천황에 대한 처벌을 원했음에도 불구하고 미국은 이를 무시했다.[15] 둘째, 독일과는 달리 일본에서는 공직 추방 대상자들에 대한 '형사적 소추'가 뒤따르지 않았다. "독일의 경우, 추방자에 대해 금고형, 벌금형, 시민권 박탈과 같은 형사적 소추가 지속적

샌프란시스코 조약 체결
한국전쟁이 한창이던 1951년 9월 미국과 일본은 샌프란시스코에서 강화조약을 체결하여 제2차
세계대전 이후 양국이 동맹관계에 들어설 수 있는 기반을 마련하였다. 미국은 이를 통해 한국전
쟁으로 본격화된 냉전에서 소련을 비롯한 공산주의 국가를 견제하는 전략적 요충지를 확보하고
자 하였다. 그러나 일본의 식민지였던 당사자 한국은 이 조약에 초대조차 받지 못했다.

으로 이루어진 데 반해, 일본의 경우는 철저한 '비벌화非罰化'의 원칙에 따라, 공직에서 제거removal 및 배제exclusion 되는 데 그쳤다는 점이다. 이는 공직 추방이 사법적인 수단이 아니라 행정적 수단에 의해서만 이루어졌다는 것을 뜻한다."[16]

지금까지 살펴본 것처럼 과거사청산 문제에 적극적이었던 소련과는 대조적으로 미국은 전후 세계전략 차원에서 자신의 점령지들인 서독, 일본, 남한, 필리핀에서 과거사청산에 비교적 소극적인 태도를 보였다. 특히 일본에서는 소련과 중국의 반대까지 물리치고 천황의 면책을 관철시켰다. 뒤에서 자세히 살펴보겠지만 미국의 이런 소극적 태도는 필리핀에서도 마찬가지였다(비록 처음엔 미국 내에서도 필리핀 내부의 친일 협력자 처리 문제에 대해 다양한 의견들이 제시되었을지라도 말이다). 미국이 처음부터 정해진 시나리오에 따라 이렇게 행동한 것이 아니었음은 분명하나, 결과적으로 미국 점령지에서 과거사 문제 처리는 소련 점령지들과는 판이한 방향으로 흘러갔다. 미국은 과거사청산에 대한 내부 압력이 약했던 추축국들(서독, 일본)에 대해서는 초기에 강한 외부 압력을 가했지만 1948년 이후 그 강도를 낮추었고, 내부 압력이 강했던 식민지들에서는 점령군 협력자(필리핀)나 식민지 협력자(한국)에 대한 과거사청산을 사실상 방해하거나 저지했다. 비록 미국 점령지는 아니었지만, 미국은 피분 정권을 중심으로 1938~1942년 사이에 친親추축국 행보를 보였던 타이에 대해서도 소극적인 태도를 보였다. 미국은 타이와의 우호관계 위에 전후 동남아시아 정책을 추구하기 위해, 타이의 죄罪를 묻자는 영국 입장에 반대했다.[17]

3. 동북아시아

(1) 중국과 북한: 고강도 청산

여기서는 중국-북한을 한 쌍으로 하고 한국-일본을 다른 한 쌍으로 하는 비교작업을 시도해보려 한다. 이 가운데 첫 번째 쌍인 중국과 북한에서는 매우 강도 높은 과거사청산 작업이 진행되었다.

중국은 한 국가 안에 '식민지'와 '점령지'(그곳에 세워진 괴뢰정권들)가 섞인 독특한, 세계적으로도 거의 유일한 사례였다. 그런데 이런 식민지와 점령지 모두가 일본과 관련된 점도 특징이었다. 이런 사정 때문에 대단한 강도의 과거사청산 작업이 진행되었다. 특히 '한간漢奸'이라 불린 식민지-점령지 협력자들에 대한 단호한 처벌과 배제가 이루어졌다. 이런 움직임은 중국국민당과 중국공산당 모두 마찬가지였다. 식민지-점령지 협력자들을 처벌하기 위한 법령은 1931년 2~3월에 제정된 '위해민국긴급치죄법' 및 동법 '시행조례'로 소급된다. 이 밖에 중요한 것들만 추리더라도 1944~1946년 사이에 국민당 쪽의 한간처리안건조례(1945.11), 징치한간조례(1945.12), 공산당 쪽의 연합공포처리한간군사간첩판법(1944.2), 조사반국한간죄행 잠행조례(1945.7), 소환변구 징치반국죄범(한간) 잠행조례(1945.12), 소환변구 제1행정구 징치한간 시행조례(1946.3), 산동성 심리 한간전범 잠행판법(1946.5) 등이 연달아 제정되었다.[18] 이에 기초하여 1951년까지 과거사청산 작업이 진행되었다. 국민당과 공산당에 의해 다중적으로 처벌이 이뤄진 지역이 많았다. "1945년부터 1947년 10월까지 국민당 관할 지역 각 성시省市의 고등법원에서 재판한 한간 관련 안건은 약 25,000건이었으며, 그중 369명이 사형, 979명이 무기징역, 13,570명이 유기징역, 그리고 14명이 벌금형에 처해졌다. 국민당에 의한 인적 청산을 빗겨간 이들도 1949년 5월 장제스蔣介石가 대만으로 패주하고 10월 마오쩌둥毛澤東이 북경에서 중화인민공화국을 선언한 후 다시금 처벌의 대상이 되었다.……
특히 1951년 반혁명분자 진압운동鎭反의 일환으로 과거의 한간은 다시 한
번 가혹한 처벌을 받았다."[19]

전체적으로 국민당 쪽이 더 단호하고 엄격하게 한간들을 처벌했던 것
으로 보인다. 마스이 야스이치에 따르면, "종전 후 중경으로부터 군통국
(남의사) 국장 대립이 들어와서 미리 준비해둔 블랙리스트에 근거해 질풍과
같이 군대의 손으로 '한간 사냥'을 실행했다. 그리고 직접, 간접으로 조금
이라도 일본이나 왕 정부와 관계가 있었던 사람은 가차 없이 투옥했다."
심지어 "왕조명의 무덤까지 폭파"할 지경이었다.[20] 재판과 처형도 신속
하게 진행되었다. "각지에서 피비린내 나는 '대량도살'이 행해졌다. 한간
재판 개시에 앞서 장개석이 라디오방송으로 '행위를 논하고, 직분을 묻지
않는다'고 재판의 기본원칙을 지시했음에도 불구하고 그것이 철저하게
지켜지지 않았다. 법정은 피고의 행위를 철저하게 조사하지도 않고 간단
하게 '우두머리는 전부 사형' 식으로 행위보다도 지위의 상하에 따라 양형
의 경중이 결정되었다."[21] 이에 비해 공산당 측은 전략적 고려와 현실적인
필요 때문에 한간 청산 작업에서 상당한 유연함을 보였다고 한다.[22]

일본의 식민지였다가 종전 직후 중국(국민당 측)에 반환된 다이완의 경
우, 사법적 처벌에다 행정기구의 재구성 과정에서의 세력 교체, 나아가
2·28사건에 의한 대만 출신 엘리트들의 제거까지 겹쳐짐으로써 대단히
근본적인 인적 청산이 진행되었다. 대륙에서 온 이들이 기존의 타이완인
권력엘리트들을 거의 다 밀어내고 자신들이 직접 국가기구를 장악함으
로써 자연스레 과거사청산(인적 청산) 효과를 거두었다. 지배엘리트 교체
가 워낙 전면적인 것이어서, 토착 타이완인들의 입장에서는 이를 '기존
식민주의'를 '새로운 식민주의'로 대체했다고 볼 수도 있을 정도였다.[23]
1947년에 발생한 2·28사건은 타이완사회의 세계대전 이전 엘리트층을
또 한 번 '청산'하는 계기가 되었다. 이 사건의 원인 중 하나가 "대륙 출신

들의 정권 독점"이었고, 사태 해결을 위해 조직된 '2·28사건처리위원회'
가 그해 3월 7일에 통과시킨 '사건 처리방안 42조'에도 "한간漢奸 및 전범
석방"이라는 내용이 포함되어 있었음에도 불구하고,[24] 이 사건이 타이완
인 지도층에 대한 인척 청산의 계기가 되었다는 사실은 대단히 역설적이
다. 이 사건으로 인해 "당시 대만의 정치·경제·문화계를 주름잡던 사회
지도층의 상당수가 전혀 법의 심판을 받아보지도 못하고 즉결처형 되거
나 실종"되었다고 한다. 이런 '토착 엘리트 부재'와 '대중적 공포'의 기억
은 타이완 사회를 정치적으로 얼어붙게 만들었다.[25]

한편, 북한에서도 강도 높은 과거사청산 작업이 빠르게 진행되었다.
북한에 진주한 소蘇군정 당국은 과거사청산에 대해 명확하고도 단호한 입
장을 갖고 있었다. 이강수에 의하면 "북한에 진주한 소군정은 북한에 반
일적 인민, 반일적 정당과 단체가 중심이 된 민주주의정부 수립을 지원하
고 있었다. 친일파에 대해서도 철저한 소탕을 기본방침으로 정했다. 소군
정의 친일파 배제 원칙은 미소공위에서 새로 수립될 임시정부의 각료 기
준이 되었다. 북한은 이러한 소군정의 지원 속에서 특별법이나 반민재판
을 별도로 두지 않고 사회주의국가 건설의 과정에서 친일파 숙청을 추진
하였다."[26]

북한에서 '친일파'에 대한 공식적 규정이 처음 등장한 것은 1945년 9월
에 열린 '조선공산당 평남지구확대위원회' 회의에서였다. 여기서 채택된
'강령'은 "일본제국주의와 친일적 조선인 및 반동 자본가가 소유했던 공
장·광산·운수·교통 등은 몰수하여 국유화하고, 일본제국주의와 친일적
지주 및 반동 지주의 토지도 몰수한다"고 규정하고 있었다. 아울러 북조
선임시인민위원회가 1946년 3월 7일에 '친일파·민족반역자에 대한 규정'
을 제정하여, 이에 해당하는 이들의 선거권과 피선거권을 박탈했다.[27]

이 규정에 해당하는 이들은 거의 모두 (선거권과 피선거권은 물론이고) 북한
의 지배엘리트 지위에서 배제되었을 것이다. 1945년 말까지 보안대(경찰

조직)에서 전체 보안원의 41.5%에 해당하는 3,600명이 친일 경력 등 각종 이유로 면직되었다.[28] 북한은 선거법 제1장 1조에서 '친일파 배제' 원칙을 명시하고, 1946년 11월의 북조선 시·도 인민위원회 위원 선거와 1947년 1월의 면·동 인민위원회 위원 선거에 다음 여섯 범주에 해당하는 이들의 선거권·피선거권을 박탈했다: "① 조선총독부의 중추원 참의·고문 전부, ② 도회 의원·부민회의 조선인 전부, ③ 일제시대의 조선총독부 및 도의 책임자로 근무한 조선인 전부, ④ 일제시대의 경찰·검사국·판결소의 책임자로 근무한 조선인 전부, ⑤ 자발적 의사로서 일본을 방조할 목적으로 일본 주권에 군수품 생산 기타의 경제자원을 제공한 자, ⑥ 친일 단체의 지도자로서 열성적으로 일본제국주의를 방조 활동한 자." 이 범주에 해당하는 자로 규정된 575명이 1946년 11월 3일 치러진 선거에서 선거권을 박탈당했다. 북한에서는 1947년 7월에 이르러 '행위'가 아닌 '직위'만으로 '당연범'이 되는 범위가 '칙임관'(도지사나 총독부 국장급)에서 '주임관'(군수급)으로까지 확대되었다. 1948년 9월의 헌법에서도 '친일분자의 재산 몰수, 선거권·피선거권 박탈'과 함께 식민지 때 판사·검사들은 판·검사가 될 수 없다고 명문화했다. 북한에서 과거사청산은 친일 협력자의 선거권·피선거권 박탈만이 아니고 재산 몰수와 공직 배제 조치, 식민지적 제도와 관습의 추방까지 두루 포함하는, 대단히 포괄적인 것이었다.[29] 1947년과 1948년에는 279명과 182명이 각각 '일본인과의 적극적인 협조 행위'로 적발되어 유죄판결을 받았다.[30]

이처럼 북한에서 과거사청산은 매우 신속하게 진행되었다. 정운현에 따르면 1945년 10월부터 1947년 2월까지 불과 1년 4개월만에, 이강수에 따르더라도 1948년 말 이전에 이 과정이 대체로 종결되었다. 그 후로는 "친일파 문제로 국민적 갈등이 야기된 바 없"을 정도로 과거사청산이 "제 때 제대로" 이루어졌으며, "소군정은 남한의 미군정과 달리 친일파 배제 원칙하에 반일 세력이 권력의 중추가 되길 희망했고 또 이를 지원"했다.[31]

점령군의 후원과 대중의 청산 요구가 결합함으로써 신속하고도 전면적인 과거사청산 작업이 전개되었다.

(2) 한국과 일본: 저강도 청산

중국 그리고 소련 군정이 행해지던 북한과는 대조적으로, 일본과 남한에서는 과거사청산의 강도가 전반적으로 낮은 편이었다. 앞 장에서 보았듯이 남한의 경우엔 비청산-반청산-역청산에 이르기까지 과거사청산 작업이 한없이 지지부진하기만 했다. 2차 대전 직후 한국과 일본은 공히 미군에 점령당했다. 일본에 대한 점령이 '일본 정부를 통한 간접통치' 형식을 취했던 데 비해, 한국(그리고 일본의 오키나와)에서는 미군정청에 의한 '직접통치'가 행해졌다. 반복하지만 미군 점령당국의 강력한 영향을 받은 한국(남한)과 일본은 모두 과거사와 관련하여 '저강도 청산' 유형에 속한다. 물론 그 강도나 지속기간 면에서 중대한 차이가 있지만, 일종의 '역청산' 양상마저 나타났던 것 역시 양국에 유사한 현상이었다.

그러나 자세히 들여다보면 한국과 일본 사이에도 중요한 차이가 발견된다. 크게 두 가지로 요약될 수 있다. 그 하나는 과거사청산에 대한 '외적 압력'의 정도와, 다른 하나는 '내적 압력'의 정도와 관련된다.

첫째, 특히 1945~1948년 사이에 과거사청산에 대한 외적 압력의 정도 면에서 한국과 일본 사이의 확연한 차이가 나타났다. 한국에서 미국은 해방 직후 자연발생적 협력자 처단을 억제했고 이후에도 입법의원을 통한 사법적 처벌마저 저지하는 등 지속적으로 과거사청산을 차단했고, 결과적으로 식민지 협력자들을 후원하는 모습을 보였다. 식민지 시절부터 국가기구를 이미 장악하고 있던 식민지엘리트들은 미군의 비호에 힘입어 독립정부를 수립할 때까지 대중의 과거사청산 요구를 효과적으로 제압할 수 있었다. 어쨌든 남한에서 과거사청산에 대한 미국의 외적 압력은 아주 약했거나 전무했으며, 오히려 '과거사청산 저지'의 방향으로 외적 압력을 행사한 쪽에 가까웠다. 따라서 남한에서는 미국이라는 외부 힘이 사라진 다음에야 비로소 과거사청산 움직임이 본격화될 수 있었다.

미국은 한반도에서 '식민지 지배의 죄罪'를 묻는 일에 무관심한 편이었다. 식민지 시기의 피해에 대한 배상·보상 문제에 대해서도 냉담한 쪽에 가까웠다. 미국은 한국인들에게는 샌프란시스코 강화협상에 참여할 권한조차 부여하지 않았다. "연합국 최고결정기관인 극동위원회는 1947년 8월, 연합국만이 일본으로부터 배상을 받을 수 있고 이 위원회의 참여국이 아닌 한국은 일본이 남기고 간 재산의 획득으로 만족해야 한다고 결정했다."[32] 이런 맥락에서 미국은 식민지 협력자들에 대한 처벌 문제에 대해서도 부정적인 태도로 일관했다.

반면에 일본에선 1945~1948년 사이 미국에 의해 과거사청산을 향한 강도 높은 외적 압력이 가해졌다. 미군정 당국의 공직 추방 명령에 따라 1946년 1월부터 약 1년 동안 군인 167,035명을 비롯하여, 정치가 34,892명, '초국가주의자' 3,438명, 사업가 1,898명, 관료 1,809명, 언론인 1,216명 등 210,288명이 공직에서 쫓겨났다. 1946년 4월에 진행된 전후 첫 총선거에서 당선자 464명 중 375명이 신규 당선자였을 정도로 '일본 정계의 세대교체'가 급격히 이뤄졌다. 언론계와 교육계에서는 '공직 추방령' 이전의 '자발적 추방'도 광범위하게 진행되었다. 교육계에서는 1946년 5월부터 1948년 5월까지 3년 동안 공식적으로 추방된 약 5천 명 외에도 1946년 5월 이전에 '자발적으로 사직한' 이들이 무려 11만 명에 달하는 등 '교육계의 전면적인 물갈이'가 이뤄졌다.[33] 대대적인 공직 추방은 "일본 지배층의 대청소"라고 표현될 정도로 일본사회에 지대한 영향을 미쳤다.[34] 비단 일본만이 아니고 독일을 포함한 추축국 일반에 이런 강력한 청산 압력이 외부로부터 가해졌다. 미국은 독일의 탈나치화와 탈군사화를 위한 법령에 따라 1945년에 무려 1,300만 명가량의 독일인들을 심문했고,

그 중 350만 명을 기소했을 정도였다.[35] 비록 나중에는 유야무야되었을 지라도 종전 직후 미국은 일본의 기존 지배세력 축출을 위해 강하게 몰아붙였다.

둘째, 과거사청산에 대한 내적 압력의 존재와 정도 면에서도 한국과 일본 사이에 확연한 차이가 나타났다. 일본에서는 강한 외부 압력과 대조되는 '약한 내부 압력' 혹은 '내부 압력의 사실상 부재 혹은 최소화' 현상이 지배적이었다. 반면 한국에선 시종일관 '강한 내부 압력'이 지배적이었다.

식민지체제로부터 다양한 이익을 얻은 대다수 일본인들과 달리, 조선인들 가운데 식민지체제로부터 이익을 얻은 이들은 소수에 불과했다. 따라서 한국에선 민족해방 이후 식민지체제 협력자들에 대해 엄청난 처벌 압력이 발생할 수밖에 없는 구조였다. 한국에서 '강한 내부 압력'을 억누르던 외부의 힘이 사라지자마자 국회와 대중을 중심으로 과거사청산 압력이 재차 분출했던 것도 바로 그 때문이다. (그러나 반민특위가 등장했던 1949년이라는 시점은 이미 식민지엘리트들이 국가기구, 특히 합법적 폭력을 독점하는 억압적 국가기구를 완전히 장악한 상태였으므로, 그들은 미국의 도움 없이 오로지 자력만으로도 과거사청산 도전을 폭력적으로 제압할 수 있었다.)

과거사청산 쟁점을 둘러싸고 엘리트-대중 사이의 대립이 극심한 '분열 사회' 한국에 비해, 국민 대다수가 전전戰前 및 전시戰時 중에 기존 체제를 지지했던 일본은 전후처리 문제를 바라보는 대중적 시각 측면에서 '한 덩어리 사회'에 가까웠다. 일본에서는 패전 후에도 과거사청산의 필요성이 '내부로부터' 제기되지 않았고, 그로 인한 심각한 내부 갈등도 발생하지 않았다. 과거사청산 압력은 오직 '외부로부터', 그것도 시간이 갈수록 급속히 완화되는 형태로만 가해졌을 따름이었다. 일본에선 내부 청산 압력은커녕 오히려 '패전국 국민'으로서의 피해의식, 패전에 따른 가혹한 배상·보상 및 처벌 요구, 원자폭탄 투하 및 '초토화 공습'이라는 (전쟁범죄에 가까운) 전쟁행위에 대한 '중층적 피해의식'을 대중이 공유하고 있었다. 극소수를 제외한 대다수 국민이 '전쟁 희생자' 내지 '불행한 패전국 국민'과 같은 집단의식 내지 집합적 정체성을 공유하고 있는 상황에서 과거사 청산의 강한 내적 압력이 발생하는 게 오히려 이상할 지경이었다. 다카하시 히데토시는 일본의 '전후 국민 형성'을 "수동적 희생자의 공동체"로 요약했다.[36]

희생자-피해자 정체성은 패전한 추축국 국민들에게 일반적이고 공통적인 현상이었다. 예컨대 전후 독일인들은 피해자 의식에 휩싸여 자신의 곤경과 고통에 대해 하소연하고, 뉘른베르크 전범재판에 대해서도 패배에 따른 부수적인 처벌이나 대가 지불 정도로 간주하는 경향이 강했다. 심지어 독일인 전범들도 자신들의 범죄에 대해 명령에 따른 행동이라고 변명하기 바빴다.[37] 과거사에 대해 이미 끝난 일로 간주하고 외면하면서 쉬쉬하는 분위기가 지배하고 있었다.[38] "(일본 국민들과 마찬가지로―인용자) 서독 국민들은 우선 '희생자 공동체'로서 형성되었다. 자신들은 히틀러와 그의 정당에 속았고 테러의 위협을 받았으며 전쟁으로 내몰렸고 공습과 지상전으로 집을 잃었으며 가족·친척·지인을 잃었으므로, 유대인과 마찬가지로 '희생자'라는 것이다. 홀로코스트는 수많은 희생자를 낳은 사건 중 하나로 기억될 뿐이다."[39] 연합국의 군정이 종식되고 들어선 서독 정부의 과거사 정책 역시 "연합국의 탈나치화 정책에 마침내 종지부를 찍으려는 서독인들에게 광범위하게 공유된 심리적 욕구에 부응"하는 것이었다.[40] 한운석에 의하면 "서독사회는 '제3제국'에 대해 침묵하였다. 죄를 인정하기를 거부하고 자기행위를 정당화하는 자기방어적 태도가 지배적이었다. 이 시기의 역사상Geschichtsbild에서 나치즘은 사탄적 지도자의 화신이자 설명할 수 없는 비이성적인 것의 갑작스런 출현으로서 재앙을 의미했다. 독일인들은 이에 따라 스스로를 가해자가 아니라 희생자로 인식하였다. 이러한 희생자로서의 의식은 고통스러운 전쟁 경험과 전쟁 직후의 고생스러운 삶을 통해 더 강화되었다."[41]

일본이 '고강도 청산 → 저강도 청산'의 역사 경로를 거쳐 갔던 반면,
한국은 '저강도 청산 → 저강도 청산'의 경로를 거쳤다. 한국에서는 한 번
도 '제대로 된 청산' 자체를 해본 적이 없었다. 남한의 식민지엘리트들은
해방 직후 일본으로부터 들려오는 "일본 지배층의 대청소" 소식을 공포
속에 숨죽이며 들을 수밖에 없었다. 과거사 청산을 향한 내부 압력이 약
하거나 부재했던 일본의 지배엘리트들은 오로지 미국의 눈치만 살피면
됐고, 그조차 공포에서 안도로 빠르게 변해갔다. 반면에 한국의 지배엘리
트들은 미국의 눈치를 살펴야함은 물론이고, 한국사회 내부의 지속적인
청산 압력까지 두려운 긴장 속에서 주시해야만 했다.

4. 동남아시아

(1) 한국과 동남아시아의 대조

2차 세계대전 당시 대다수의 동남아시아 사회들은 '식민지'(서구 국가들)와
'점령지'(일본) 지위가 중첩되어 있었고, 유일한 독립국이었던 태국은 일본
등 추축국에 협력하고 있었다. 전쟁 후 식민지들에서 독립운동이 분출함
과 동시에 과거사청산의 내적 압력이 고조되는 것은 자연스런 현상이었
다. 그럼에도 불구하고 동남아시아에서 '사법적 청산'의 과정을 거친 사
례는 거의 없었다. 대부분의 동북아시아 사회들(중국, 일본, 북한, 남한)이 사
법적 청산을 거쳤지만, 동남아시아의 경우 오직 필리핀에서만 사법적 청
산이 진행되었다. 바로 이 사실이 한국을 포함한 동북아시아 사회들과 동
남아시아 사회들 사이의 근본적인 차이였다.

사법적 청산은 점령군의 강력한 외적 압력이 존재하거나, 과거사청산에 대한 사회 내부의 강한 압력에 기초한 구성원들의 수준 높은 합의가 전제되어야 가능하다. 결국 동남아시아 사회들에서 사법적 청산의 부재는 일차적으로 과거사청산에 대한 높은 수준의 사회적 합의가 부재했음을 의미한다. 사회적 합의를 어렵게 만드는 다양한 요인들이 존재했다.

　우선, 시간 요인, 즉 '식민주의의 장기화'라는 요인이 과거사청산을 어렵게 만든 측면이 있었다. 식민지 기간이 길어질수록 식민지라는 질서가 예외적이고 비정상적인 상태가 아닌 일상적이고 정상적인 상태로 자리 잡게 되는, 말하자면 식민지 질서의 '일상화routinization' 내지 '정상화normalization' 효과가 발생한다. 이런 상황에서 과거사청산의 대상 집단·개인을 가려내기는 갈수록 어려워지며, 청산 대상은 너무 광범위해지기 쉽다. 과거사청산이 심각한 사회적 분열을 야기하기 쉬운 것인데, 이런 상황 자체가 사회적 합의를 방해한다.

　둘째, 역시 시간 요인과 관련되는 것으로서, 식민지 기간이 길어질수록 "민족들 '사이'의 지배-피지배 관계"가 "피지배 민족 '내부'의 지배-피지배 관계"로 내부화internalization되는 경향을 보인다. 말하자면 식민지민들 내부에서 계급 분화가 활발히 진척되어 민족적 통합이 어려워지는 상황이다. 이를 '민족 문제의 계급화'로도 요약할 수 있을 것이다. 이런 상황은 심각한 민족 갈등으로 인해 계급 대립이 억제 내지 은폐되고 민족적 통합·연대가 촉진되는 상황과 정반대이다. 민족 문제의 계급화 상황에서는 식민지 지배와 관련된 과거사청산 시도가 계급 갈등으로 비화되기 쉽다. 실제로 베트남, 인도네시아, 말레이시아, 필리핀 등에서 좌파가 주도한 (그럼에도 다분히 자연발생적인 양상을 보였던) 과거사청산은 종종 '계급투쟁' 내지 '사회혁명'의 성격을 띠곤 했다. 이런 곳들의 우파 엘리트나 연합국 측에서 볼 때, 과거사청산은 너무 위험천만한 불장난으로 비칠 수밖에 없다.

셋째, 다多종족·다多종교 요인, 다시 말해 복잡한 민족 구성 및 종교 구성으로 인한 갈등도 과거사청산을 방해하는 요인으로 작용할 수 있다. 예컨대 말라야와 인도네시아에서는 종족 갈등이, 베트남과 인도네시아에서는 종교 갈등이 과거사청산을 저지했다. 불교국가인 베트남에서는 식민지 종주국인 프랑스에 협조적이던 천주교 신자들이 주축이 된 분단국가가 수립되었다. 이는 냉전체제가 형성되는 가운데 강대국(미국)의 개입과 맞물리면서 식민지엘리트들이 주축이 된 분단국가가 수립된 한국과 대단히 유사한 상황 전개였다. 다종족성이 과거사청산을 어렵게 한 대표적인 사례는 말라야였다. 이곳에서는 2차 대전 당시 항일抗日무장투쟁이 벌어졌음에도 전쟁 후 점령지 협력자들에 대한 처벌이 민족 갈등으로 왜곡됨으로써 '청산 불가능' 사태로 이어졌다. 중국계가 다수를 점했던 반일말라야인민군이 일본의 항복 직후 점령군 협력자들을 처단하기 시작했으나, 이런 자연발생적 과거사청산 행위가 곧 중국계-말레이계 사이의 민족 갈등으로 비화함으로써 과거사청산 작업이 더 이상 진척될 수 없었다고 한다.[42] 인도네시아 수마트라의 북동부 지역에서도 주로 이슬람교를 신봉하는 까로 바딱족과 그리스도교를 신봉하는 또바 바딱족 사이에 발생한, 종교-종족 문제가 복잡하게 얽힌 혼란스런 '상호 청산'의 양상이 나타났다.[43]

넷째, '일본군 점령의 이중적 효과'라는 요인이 과거사청산 문제를 복잡하게 만들었다. 11장에서 자세히 설명하겠지만, 일본의 동남아시아 점령은 서구 식민 종주국과 식민지의 연계를 일시적으로 단절시키고, 식민지들에서 민족운동을 양육 내지 촉진하는 '역사적 역할'을 담당했다. 그 때문에 일본과의 관계 정립을 두고 이 지역 민족주의자들의 선택은 엇갈렸다. 버마의 아웅산과 인도네시아의 수카르노도 한때 '일본과 협력하여 독립을 앞당기려는 노선' 쪽으로 기울어 있었다. 베트남 독립운동을 이끌던 베트민도 비록 '반反프랑스·반反일본'의 입장을 표명하긴 했지만 일본이 열어준 '민족주의적 자유공간free space'을 최대한 활용했다.[44] 많은 동남아 민족주의자들에게 일본은 '항쟁의 대상'이기도 했고 '협력의 대상'이기도 했다. 따라서 전쟁이 끝나고 독립 국가를 수립했을 때 일본 점령군에 협력한 이들에 대한 사법적 청산을 시도할 수 있을 만큼 높은 수준의 사회적 합의를 이끌어내는 게 쉽지만은 않았다.

식민지 기간이 길어질수록 식민지체제 협력 행위에 대한 책임 추궁이 어려워지는 게 사실이나, 이 경우에도 두 가지 가능성이 존재한다. 우선, '투쟁에 의한 독립'의 경로를 거친 사회들에서는 독립투쟁·전쟁 과정에서 과거사청산이 매우 현실적인 문제로 제기된다. 반면에 '협상에 의한 독립'의 경로를 거친 사회들에서는 과거사청산 과정은 생략되거나, 독립 협상의 과정에서 갈등 집단 간의 화해를 도모하는 경향이 있다. 후자의 대표적인 사례가 말라야인데,[45] 이런 사례는 오히려 예외적이었다. 반면에 폭력적 충돌을 포함하는 격렬한 독립투쟁, 나아가 독립전쟁이 발생하면 (식민지 기간의 장기성 여부와는 관계없이) 적-동지의 명확한 이분법적 구분이 '새로이' 발생한다. 특히 베트남과 인도네시아에서 과거사청산 문제는 독립전쟁의 본격화 이후에, 다시 말해 2차 세계대전 도중 혹은 전쟁 종결 직후부터 '만들어진' 것에 가까웠다. 한마디로 1940년대의 정치적 선택, 즉 독립투쟁에서 식민지 세력의 편에 설 것인지 독립 세력의 편에 설 것인지가 결정적으로 중요했다.

따라서 대부분의 동남아시아 사회들에선 사법적 청산의 부재에도 불구하고 독립투쟁 과정에서 '자발적 청산'이 광범위하게 진행되었다. 일본군 철수와 구질서 복원 사이의 일시적인 힘 공백 시기에 자연발생적 청산이 광범위하게 진행되었다. 특히 독립투쟁이 '전쟁'의 형태로 진행될 경우에는 이런 자연발생적 청산이 훨씬 광범위하게, 훨씬 강도 높게 진행되었다. 이미 위에서 말라야에서 종전 직후 반일말라야인민군이 주도한 자연발생적인 청산, 인도네시아 수마트라의 북동부 지역에서 발생한 종족

간 '상호 청산'에 대해 언급한 바 있지만, 이런 사례들은 전체의 일부분에 불과하다. 말레이반도의 반일말라야인민군처럼, 2차 대전 당시 필리핀에서 일본군과 맞서 싸우던 좌파 계열의 후크단은 농민들로부터 폭넓은 지지를 받고 있었다.[46] 이들은 특히 1944년 11월부터 1945년 초까지 상당 지역의 지방권력을 장악한 상태에서 일본 협력자들과 구 지배세력을 축출했고, 수천 명의 친일 협력자들을 처벌함과 동시에 이들의 토지의 몰수하여 분배했다.[47]

독립전쟁을 전개했던 베트남과 인도네시아에서는 자연발생적인 청산이 더욱 광범하게 진행되었다. 베트남에서는 1940년 9월 일본군의 진격에 맞춰 인민재판과 식민지 협력자 처단 및 토지 몰수가 진행되었다.[48] 친일반민족행위진상규명위원회에 의하면, "많은 나라에서 사법적 재판은 없었어도 일정한, 그러나 규모는 분명치 않은 친일 협력자들이 처형되었다. 베트남을 예로 들면 300여 명에 이르는 친일 월간越奸이 항일 세력에 의해 혁명 과정에서 처단된 것으로 보이나 이는 이용 가능한 자료의 숫자를 더한 것으로 실제 규모와는 커다란 차이가 있을 것이다."[49] 독립전쟁의 기간이 장기화되었던 만큼 베트남에서 식민지 협력자에 대한 처벌은 1950년대에도 계속되었다. 유인선은 1953년에 시작된 토지개혁 과정에서 처형된 식민지 협력자들이 1만 명 정도이며, 1956년 11월 현재 감옥과 강제노동수용소에 갇혀 있다가 석방된 이들도 1만 2천 명에 이르렀다고 전한다.[50] 인도네시아에서도 일본군의 침공이 시작된 1942년부터 자연발생적인 청산이 진행되었다. "일본군이 상륙한 직후부터 쟈바의 찌러본Cirebon, 반떤Banten, 수라까르타Surakarta 등지에서 인도네시아인들은 유럽인을 습격하여 재물 약탈과 인명 살상 등을 자행함으로써 혁명의 조짐이 보이기 시작하였다. 특히 북부 수마트라의 아쩨Aceh 지역과 동·서부의 정통 이슬람 색깔이 강한 일부 수마트라 지방에서도 네덜란드 통치시대에 쌓였던 긴장이 폭동으로 비화하기 시작하였다."[51] 1945년에 이런 사

태가 재연되었다.[52]

동남아시아 사례들은 사법적 과거사청산이 반드시 더 완전하거나 더 모범적인 청산 방식인 것도 아님을 보여주기도 한다. 동남아시아에서 유일하게 사법적 청산 과정을 거쳤던 필리핀이 청산의 강도 면에서 가장 낮은 편에서 속했다는 사실이 이를 입증한다. 베트남과 인도네시아 사례가 보여주듯이 독립투쟁, 특히 '전쟁'의 형태를 취하는 독립투쟁의 과정에서 이루어지는 '자발적 청산'이 (무질서하고 무정부적이고 개인적·집단적 보복감정에 휘둘리는 경향이 있기는 하나) 과거사청산의 범위나 효과, 강도 등의 측면에서 오히려 더 급진적이고 근본적일 수 있는 것이다. 식민지-점령지 협력자들의 입장에서 보더라도, 대중에 의한 자연발생적인 청산 방식보다는 국가가 주도하는 질서정연하고 통제된 사법적 청산 방식이 공포심을 덜 유발할 것이다(자발적 청산과 사법적 청산이 중첩된 과거사청산 방식이 식민지-점령지 협력자들 사이에서 '최고 수준의' 공포심을 불러일으키리라는 점은 말할 것도 없다). 아울러 필리핀·한국·일본·서독 등에서 확인되듯이, '자발적 청산' 쪽보다는 '사법적 청산' 쪽에서 과거사청산 대상자들의 생존 가능성 역시 더 높아지는 경향도 발견할 수 있다.

(2) 한국과 필리핀: 유사성과 차이

과거사청산의 측면에서 볼 때 필리핀은 동남아시아 식민지들 가운데서도 여러모로 특이한 사례에 속한다. 일본은 동남아시아 식민지들에서 부분적으로 환영받기도 하면서 민족주의자들을 분열시켜놓았지만 필리핀에서만은 그렇지 못했다. 1940년대의 필리핀인들은 이미 상당히 '미국화 Americanize'되어 있었다. 독립 필리핀의 초대 대통령이 된 로하스는 필리핀이 "서양의 일부"임을 강조했다. "우리는 지리적 위치를 제외하고는 동양에 속하지 않는다. 문화, 종교, 이데올로기, 경제로 볼 때 우리는 서양의 일부이다. 우리는 아마도 서양과 동양의 이데올로기적 교량으로써 서양의 일부로 남기를 기대한다."[53] 스타인버그는 필리핀인들의 반일적反日的 태도를 "필리핀의 충성 양식"이 지닌 특성으로 설명했다. 태평양전쟁 당시에도 필리핀인들의 충성은 미국의 망명 자치정부, 망명 자치정부의 동맹군인 연합군을 이끈 맥아더 장군, 국내의 반일 게릴라들, 필리핀의 완전한 독립을 약속한 미국 정부 등을 향하고 있었다.[54]

식민지 종주국(미국)에 대해서는 수용적이고 점령국(일본)에 대해선 비우호적인 것이 필리핀인들의 첫 번째 특징이었다. 필리핀은 다른 동남아시아 사회들과 마찬가지로 '식민지와 점령지의 중첩' 사례에 해당되지만, 전후 필리핀의 특징은 '식민지'와 '점령지'를 분리하여 과거사청산의 대상을 후자로만 한정했던 것이었다. 필리핀인들은 미국의 식민지 질서를 수용했고, 그에 대해서는 어떠한 내적 청산 압력도 가하지 않았다. 과거사청산의 내적 압력은 오로지 일본 점령군 협력자들로 국한되었다.

동남아시아 사회들에 비해 필리핀을 독특하게 만드는 두 번째 현상은, 필리핀인들의 강한 '친미·반일적' 집단심성에도 불구하고 일본 점령기간 중 국내의 '대다수' 엘리트들이 일본 측에 협력하는 모습을 보였다는 사실이다. 미국 식민통치 하의 자치정부에 참여했던 이들 대부분이 일본 점령 시기에도 자리를 유지했다. 자치정부 법무부 장관이던 호세 라우엘이 일본에 의해 대통령으로 등용된 것을 비롯하여, 전쟁 이전 각료 11명 중 6명, 24명의 상원의원 중 10명, 98명의 하원의원 중 약 3분의 1, 1943~1944년의 주지사 46명 중 16명, 법원 간부들의 거의 전부, 필리핀인 장교의 80% 가량이 일본군의 점령 기간 중에도 예전 직위를 유지했다.[55]

이처럼 반일적인 대중과 친일적인 엘리트의 괴리 때문에, 일본군이 필리핀에서 패퇴하고 미군이 복귀했을 때 '일본 협력자들'에 대한 처벌 문제가 대두되는 것은 불가피한 귀결이었다. 동남아시아의 많은 민족주의자들이 일본에 대해 우호적이거나 중립적인 태도를 취했고, 따라서 예컨대 버마인, 말레이인, 인도네시아인들 사이에서 점령군 부역자 청산 문제는 비교적 약하게 제기되는 경향을 보였다. 반면에 필리핀에서는 전쟁 후 '일본 협력자'를 처벌하라는 대중적 요구가 분출했다.[56] 이것이 필리핀의 세 번째 특징이었다. 이런 대중적 압력을 등에 업고 필리핀 자치정부 의회는 1945년 9월 25일에 점령 시기 일본 협력자 관련 사건을 처리하기 위해 국민법정과 특별검사부를 설치하는 '자치령 법령 제682호'를 제정했다.[57] 그리하여 필리핀은 동남아시아에서 유일하게 사법적 청산 작업을 진행할 수 있게 되었다. 더욱이 필리핀의 경우 일본이 세운 '괴뢰정부'(제2공화국)가 존재했기에 친일 협력자들을 가려내기가 용이했던 상황이었다. 그러나 필리핀에서는 이른바 '협력자들collaborators'을 (마까빌리로 대표되는) '배신자들'과 편리하게 분리시킨 후, 배신자 낙인이 찍힌 소수집단에 대해서만 사법적 처벌을 가했다. '마까빌리'라는 소수의 전투적 친일親日 조직 성원들이 '배신자들'의 대표격이었다.[58]

따라서 필리핀에서는 대중적 압력과 처벌 법령 제정에도 불구하고 일본에 협력했던 엘리트 대부분이 실질적인 처벌에서 제외되었다. 게다가 1948년 1월에 발표된 사면령으로 필리핀에서의 과거사청산 절차는 별다른 성과를 내지 못한 채 사실상 종결되었다.[59] '친일 엘리트에 대한 처벌의 사실상 부재'라는 현상이 과거사청산과 관련하여 동남아시아 사회들과 필리핀을 구분시켜주는 네 번째 특징이었다.

간략히 살펴본 것처럼 (1) 2차 세계대전 당시 필리핀인들은 식민지 종주국(미국)에 대해서는 우호적이나 점령국(일본)에 대해서는 비우호적이었고, (2) 대중의 '친미·반일' 성향에도 불구하고 일본 점령기간 중 대부분의 국내 엘리트들이 일본에 협력적이었고, (3) 따라서 전쟁 종식 후 '일본 협력자'를 처벌하라는 대중적 요구가 분출했고 그로 인해 관련 법령까지 제정되었으나, (4) 소수의 전투적 친일 조직 성원들을 제외하면 대부분의 친일 엘리트들이 실질적인 처벌에서 벗어났다. 동남아시아 사회들과 대조적인 이런 일련의 특징들로 인해, 결과적으로 필리핀 사례는 한국과 매우 비슷해졌다. 필자가 보기에 2차 세계대전 이후 과거사청산이라는 난제와 씨름했던 수많은 사회들 가운데 필리핀만큼 한국과 유사한 사례를 찾기는 어려울 것 같다(아마도 그 다음을 꼽으라면 식민지 협력자들이 주축을 이룬 분단국가가 수립된 베트남 사례를 들 수 있을 것이다).

한국과 필리핀은 일본과 함께 전후 미국의 직접적인 통치 아래 놓였던 동아시아 국가들이었다. 평화적인 방식으로 '합의에 의한 독립'을 거쳤던 것도 한국과 필리핀의 공통점이었다. 필리핀의 경우 식민 종주국인 미국이 전쟁 이전에 제공했던 독립 약속을 이행하는 데 일시적으로 주저하는 모습을 보였지만, 결국 과거 약속에 따라 1946년 7월에 자치정부가 독립정부로 발전할 수 있었다. 한국 역시 미국의 신탁통치 실시 입장으로 갈등을 겪었고 통일정부 수립에도 실패했지만, 1948년 8월에 국가권력이 미군정으로부터 신생 대한민국 정부로 이양됨으로써 카이로선언의 조선독립 약속이 이행된 모양새가 되었다. 사법적 과거사청산이 시도되었던 점도 필리핀과 한국의 유사점이었다.

무엇보다 양국의 가장 중요한 유사점은 '실질적 미청산未淸算'에서 찾을 수 있다. 다시 말해 과거사청산의 대상자들이 대부분 살아남는 데 성공했을 뿐 아니라, 지배 권력을 계속 장악할 수 있었다는 사실이었다. 필리핀에서는 일본군 지배로부터 해방되고 자치정부와 자치의회가 복구되었을 당시부터 이미 자치의회를 친일 협력자들이 장악하고 있었다. 미국으로 망명했던 오스메냐가 이끄는 자치정부가 필리핀에 복원되었을 당시 이미 의회와 지방행정기구, 중앙행정부의 극소수를 제외한 관료기구가 '친일파'에 의해 채워져 있었다. 의회를 장악한 친일 협력자들은 자신들의 대표 격인 로하스를 상원의장으로 선출했으며, 상원의장이 위원장을 겸하게 되는 '양원 합동 인선위원회'를 통해 민족주의자들의 정부 고위직 진출을 봉쇄했다. 미군 당국은 이 과정을 지지하면서 친일 협력자에 대한 처벌을 막았다.[60] 1946년 4월에 치러진 총선거와 대통령선거는 친일 협력 세력의 정치권력 장악에 또 하나의 분수령이었다. 이 선거는 로하스가 이끄는 친일 협력 세력 중심의 '자유당'과 오스메냐가 이끄는 민족주의 세력 중심의 '민족당'의 양자 대결로 치러졌다. 대통령 후보인 로하스가 지명한 장관 16명 중 10명이 친일적인 '전시 정부' 가담자들이었을 만큼,[61] 자유당은 친일 협력자들이 주축을 이룬 정당이었다. 그런데 이 선거에서 자유당이 모두 승리함으로써, 이제 친일 협력 세력은 행정부와 의회 모두를 장악하게 되었다.[62] 한국의 상황도 유사했다. 앞서도 지적했지만 1948~1952년 사이 행정부처 국장·과장의 55.2%, 장관 중 4명과 차관 중 15명이 식민지 관료 출신이었고, 특히 경찰과 군대의 고위직은 식민지 경찰 및 일본군·만주군 출신들에 의해 장악되었다. 심지어 반민특위의 피의자들 역시 반민특위 해산 후 남한의 정치·경제·사회·문화 영역의 중추세력으로 당당히 복귀했다.

과거사청산에 반대하는 대통령이 등장한 사실도 필리핀과 한국의 공통점이었다. 필리핀에서는 친일 협력자 출신인 로하스 대통령이 과거사청산 저지의 선봉장이었다. 한국의 초대 대통령인 이승만은 저명한 민족주의자였음에도 사법적 청산에 일관된 반대 입장을 견지했다. 반민법 제정 직전인 1948년 9월에 열린 '반민법 반대 국민대회'에 이승만 대통령이 축사祝辭를 대독케 함으로써 반민법 제정 반대세력에 힘을 실어주었던 일에 대해선 이미 언급한 바 있다. 이승만은 반민법이 제정된 후에도 이를 무력화하기 위해 무던히 애썼다. 이 대통령은 반민특위가 식민지 경찰 출신을 대표하는 노덕술을 체포하자 즉각 "정부가 보증"을 해서라도 노덕술을 석방시키라고 국무회의에서 지시하는가 하면, "대권을 발동"해서라도 반민법을 조속히 개정하라고 국무위원들을 재촉했다.[63]

한국과 필리핀 모두에서 '실질적 미청산'과 '지배세력의 연속성 유지'라는 현상이 나타날 수 있었던 결정적 요인은 물론 미국의 존재와 개입이었을 것이다. 이를 몇 가지 측면으로 구분해볼 수 있다.

첫째, 미국은 식민지-점령지에서 해방 직후 나타났던, 대중에 의한 자연발생적 과거사청산 움직임으로부터 식민지-점령지 협력자들을 보호했다. 미국은 무질서하며 보복 감정이 연루되기 쉬운 자연발생적 청산 과정을 저지했지만, 과거사청산 성공의 중요 요인인 대중의 자발성과 참여에는 부정적인 영향을 미쳤다. 필리핀에서 대중의 지지 속에 항일무장투쟁을 전개하던 좌파 계열의 후크단은 전쟁 직후 상당 지역의 지방권력을 장악한 상태에서 친일 협력자들을 대상으로 한 과거사청산 작업을 진행했다. 그러나 필리핀을 재점령한 미국은 후크단이 주도하는 지방권력을 인정하지 않았을 뿐 아니라, 1945년 2~7월에 걸쳐 후크단 단원들을 상대로 무장해제·감금·투옥·살해 등 온갖 탄압을 가했다. 사실 미군은 전쟁 말엽인 1944년부터 이미 후크단을 '적敵'으로 간주해 공격적으로 대했다.[64] 미국은 남한에서도 과거사청산에 적극적인 좌파 및 중도파 인사들이 주도했던 건준과 인공을 승인하지 않았다. 이에 따라 인공이 시행하려던 식민지 협력자들의 재산 몰수 및 선거권 박탈 계획도 미국에 의해 가로막혔다.

둘째, 미국은 내적 압력에 기초한 사법적 청산 시도가 사실상 무력화되는 데 기여했다. 한국에서는 1947년 7월 입법의원에서 제정된 '부일협력자·민족반역자·전범·간상배에 관한 특별법률조례'를 미군정 당국이 인준을 거부함으로써 무효화한 일이 대표적이었다. 이로 인해 좌절된 사법적 청산의 시도가 미군정 종식 후인 독립정부에 의해서야 비로소 가능하게 되었다. 필리핀에서 사법적 청산과 관련한 미국의 태도는 1946년 3월을 고비로 크게 달라진다. 크리스티에 의하면 "트루먼 행정부가 루스벨트의 '협력자' 숙청 정책이 실패했음을 알고 미국의 정책목표를 달리 잡은 것은 1946년 3월이었다."[65] 1946년 3월 이전 시기에 미국의 태도에는 일관성이 없었다. 미국 대통령인 루스벨트와 필리핀 자치정부 수반인 오스메냐의 친일 협력자 처벌 의지가 맞물려 친일 협력자들이 체포되고 처벌을 위한 법령까지 제정되었지만, 같은 시기에 필리핀 현지 미군사령관이었던 맥아더는 유력한 친일 협력자들을 감싸고 나섰다.[66] 미국의 지지에 힘입어 1946년 4월 선거에서 로하스가 대통령으로 당선되고, 그가 이끄는 자유당이 의회를 재차 장악함으로써 필리핀에서 사법적 청산이 사실상 무산되고 말았음은 앞에서 본 바와 같다.

셋째, 한국과 필리핀 모두에서 '친미적'이면서 '민족주의적인' 성향을 지닌 '합당한 동맹세력'이 존재했음에도 불구하고 미국은 굳이 그들을 배제하고 일본 협력자들을 통치파트너로 선택했다. 한국의 경우에는 임시정부와 광복군이 합당한 동맹세력에 해당하는 존재였다. 1940년 9월 임시정부 산하에 창설된 광복군은 중국에서 항일전쟁에 참가했을 뿐 아니라, "미군의 중국전구사령관인 웨드마이어와 협상이 이루어져 국내 진격전을 위한 특수부대OSS가 설치되었고, 한편 인도와 버마 전선에도 파견하여 일본군과 싸웠다."[67] 그러나 미군정은 임시정부 및 광복군 요원들을 통치의 파트너로 선택하지 않았다. 미국이 처음에는 조선에 대한 간접통치를 염두에 두고 임시정부 세력에 주목한 바 있지만, 모스크바3상회의 이후 신탁통치 문제로 인한 갈등을 겪으면서 임시정부 세력을 배제하게 되었다.[68] 그리고 (앞서 언급한 바 있듯이) 1946년 6월 미국 국무부는 '대한對韓 정책'의 결론 부분에서 식민지 기간 동안 국내에 남아 있던 식민지엘리트들을 발탁하는 대신 해방 후 환국한 임시정부 요인들의 '정치적 은퇴'를 유도하려 했다. 필리핀에서는 소수의 구舊 지배계급 출신 인사들이 "미군의 지도를 받아 미국 극동주둔군(the United States Army Force of Far East: USAFFE)과 함께 게릴라를 중심으로 집결해 일본에 저항했다."[69] 이 세력은 일본으로부터 해방된 직후 수개월 동안 자치정부에 참여할 수 있었지만,[70] 그

후로는 국가권력에서 배제되었다. 미국은 왜 한국과 필리핀에서 이런 외견상 '비합리적인' 선택을 했을까? 완전하지는 않지만 한 가지 유력한 설명을 강정구가 제시하고 있다. 그에 의하면 친일 협력자들의 군색한 처지를 잘 아는 미국이 이를 교묘하게 활용하여 그들로부터 강한 충성심과 의존성을 유도해냈다는 것이다. "미국은 형식적인 독립 이후에도 미국의 요구에 기꺼이 전적으로 동조하고자 하는 지배계급의 인사를 원했다.…… 과거 부일협력이라는 '죄' 때문에 미국의 명령에 의해 언제 숙청당할지 모른다는 두려움 때문에 그들은 더욱 더 확고한 반공주의자가 되었으며, 필리핀 자국 이익의 완전한 희생도 불사할 정도로 미국의 꼭두각시가 되었다."[71] 이 주장은 앞서 인용했던, "그들이 일본인을 위해서 훌륭히 업무를 수행했다면 우리를 위해서도 그럴 수 있으리라고 생각"한다던 주한 미군정 당국의 판단을 연상시킨다. 미국은 식민지 협력자를 포함한 우익 세력이야말로 "한반도에서 미국 측의 주도권과 영향력을 확보할 수 있는 가장 현실적인 방안"이라고 간주했다.[72]

과거사청산과 관련하여 한국과 필리핀 사이에 이런 유사성만 존재했던 것은 물론 아니다. 어떤 것들은 보다 근본적인 것처럼 보이고, 어떤 것들은 좀 더 사소한 것처럼 보이지만, 어쨌든 두 사회 간에 몇 가지 의미 있는 차이가 나타났던 것 또한 사실이다. 과거사청산의 대상이 한국에서는 '식민지 협력자'였던 반면 필리핀에선 (식민지 협력자는 대체로 불문에 붙인 채) '점령지 협력자들'에 국한되었다는 점이 가장 근본적인 차이였다.

한반도에서는 남한과 북한이 임시적으로 분단되어 과거사청산의 '거울 효과' 내지 '상호영향 효과'가 강하게 나타났던 점 역시 필리핀과 한국의 중요한 차이였다. 필리핀에서는 1948년 초에 과거사청산 정국이 사실상 종식된 데 비해, 한국에선 1949년에 들어서야 사법적 청산 시도가 본격화되었다. 여기에는 (1) 해방 이후에도 독립국가 수립이 지연됨으로써

1945~1948년의 기간이 말하자면 '제2의 독립운동' 과정으로 자리 잡게 되는 '독립운동 활성화 효과'(독립운동이 활성화될수록 과거사청산으로의 내적 압력도 강해지는 것), (2) 대개의 식민지들에서 독립국가의 수립 이후 과거사청산 과업이 본궤도에 오르게 되는 '독립국가 수립 효과'와 함께, (3) 북한의 존재 자체, 북한에서의 급진적인 과거사청산 및 지배세력 물갈이가 남한에 미친 효과, 남한-북한 체제 간의 정통성 경쟁 등의 '분단 효과'도 일정하게 작용했다고 보아야 할 것이다.

　분단 효과야말로 미군정 시기는 물론이고 분단국가 수립 이후에도 남한에서 과거사청산 문제가 '생생한 쟁점'으로 살아남을 수 있었던 비결 중 하나였다. 제헌국회에서 반민족행위자처벌법을 처음 제안했던 김웅진 의원이 "38 이북은 (친일파가) 엄연하게 처단되었다"는 사실을 근거로 내세운 게 좋은 증거이다.[73] 정반대로, 북한에서의 전면적·강제적인 친일 협력자 축출 과정이 이들의 대대적인 '월남 이동'을 촉진하고, 친일 협력자들의 월남 이동을 매개로 남한의 식민지엘리트 세력이 더욱 보강·확충됨과 동시에 식민지엘리트들의 공격성을 더욱 강화하고, 그럼으로써 과거사청산을 더욱 어렵게 만든 측면도 있었다. 커밍스에 의하면 "부일 협력의 문제는 식민 정부의 한인 관리들에게 사느냐 혹은 출세하느냐의 판가름을 더해주었다. 소련과 그들의 한인 동맹자들은 1945년 가을, 북한에서 철저한 숙청작업을 단행했다. 이것이 남한에 던지는 암시는 분명했으며 북에서 쫓겨난 부일 관료들의 남하는 이런 감각을 더욱 강화시켰다.……한인 고위 관리들은 자신의 직위를 지키기 위하여 남한에서의 개혁을 방지하고자 하는 입장이었던 것이다."[74] 결국 과거사청산에 대한 분단 효과는 양면적이었던 셈이다. 아울러 해방정국에서 과거사청산과 관련된 민족-반민족(친일-반일)이라는 '민족 갈등' 구도가 좌익-우익이라는 '이념 갈등' 구도로 급속히 변질되었던 데서도 분단 요인의 작용, 즉 냉전 체제 형성의 소용돌이 속에 놓인 한반도의 임시분단이라는 사태가 빚어낸 효과들을 감지할 수 있다. 식민지엘리트를 중심으로 한 남한 우익은 1946년 초부터 신탁통치 문제를 계기로 역사적 트릭trick까지 구사하면서 애국-매국의 기준을 비틀어 '묘한 반공적 민족주의 담론'을 만들어냈다. 이를 무기로 '친일-반일의 과거사청산 국면'을 '찬탁-반탁의 탁치 국면'으로 전환시켰다. 앞서 인용했듯이 "'미국=즉시독립 주장=우익=애국', '소련=신탁통치 주장=좌익=매국'이라는 이념적 도식"을 구축하여 불리한 정세를 극적으로 역전시키는, 불가능하게만 보이던 '역사적 전회轉回'를 가능하게 만들었던 것이다.

비록 근본적인 차이라고까지 말할 수는 없을지라도, 1940~1950년대의 필리핀과 한국 사이에는 다른 몇 가지 차이들도 발견된다. 우선, 미국의 직접 통치기에 필리핀과 한국 모두 민족주의자들이 일시적으로나마 득세한 때가 있었다. 필리핀에서는 1946년 6월까지의 오스메냐 자치정부가 그런 시기였다. 한국에서는 1946년 12월 개원한 남조선과도입법의원 그리고 1947년 2월 민정장관으로 임명된 안재홍이 이끈 이른바 '남조선과도정부'의 활동 시기가 그러했다. 이런 민족주의의 분위기 속에서, 필리핀에서는 미국의 후원과 압력 아래 과거사청산 법률이 1945년 9월 제정·시행되었지만, 한국에서는 1947년 7월 입법의원이 제정한 과거사청산 법률의 시행이 미국에 의해 저지되었다. 두 번째로, 해방 초기의 '자발적 청산'의 강도 측면에서 보자면 필리핀이 한국을 훨씬 능가했다. 특히 1944년 말부터 필리핀에서는 후크단을 중심으로 한 좌파 세력이 농촌 지역의 친일 협력자들을 공포로 몰아넣고 있었다. 세 번째로, 그럼에도 불구하고 과거사청산을 향한 사회 내적 압력의 정도 면에서 필리핀은 한국보다 약했던 것으로 보인다. 특히 1946년 4월의 대통령 및 의회 선거에서 필리핀인들은 스스로 친일 협력자들을 선출함으로써 과거사청산 의제를 결정적으로 무력화했다. 1945~1946년 시기만 놓고 보면, 한국에 비해 필리핀에서는 과거사청산을 요구하는 외적 압력은 조금 더 강했던 반면 내적 압력의 정도는 상대적으로 약했다고 평가할 수 있다. 네 번째로, 과거 사청산 법률이 필리핀에서는 자치정부 시기에, 한국에서는 독립정부 시기에 마련되었다. 이런 시간적 차이는 다른 의미 있는 정치적 차이, 즉 필리핀에서는 해방 후 줄곧 친일 협력자들이 의회를 장악하고 있었던 데 비해, 한국에서는 식민지엘리트들이 (행정부는 장악했을지언정) 의회를 완전히 장악하지 못했다는 사실과 관련된다. 한국에서는 행정부(미군정, 이승만 정부)의 반대에도 불구하고 의회(입법의원, 제헌의회)가 과거사청산 법률 제정을 관철시켰다. 다섯 번째로, 의회 장악력에서의 차이는 사법적 청산을 무력화하는 방식에서의 차이를 낳았다. 필리핀의 친일 협력자들은 자신들의 수중에 놓인 의회의 협조분위기 속에서 손쉽게 그리고 비폭력적으로 사법적 청산을 무력화할 수 있었다. 반면에 한국에선 외부의 강제력에 의해 폭력적으로 '의회 자체를 무력화'—더 정확히는 의회가 주도적으로 설립하고 의원들이 운영을 실질적으로 좌우했던 과거사청산 기구를 무력화—함으로써만 사법적 청산을 무력화할 수 있었다. 한국은 과거사청산 대상자들이 법률에 의해 설립된 청산기관을 폭력적으로 무력화한 세계 유일의 사례이다. 그리고 그 직후 '의회 내의 공포분위기' 속에서 청산의 근거 법률마저 무력화되었다.

이런 크고 작은 차이들에도 불구하고 필리핀과 한국에서의 과거사청산 과정은 '대동소이'했음을 재차 강조할 필요가 있다. 크리스티는 필리핀에서 '친일 엘리트'의 생존 비결로 친일 엘리트들의 집단적 단합, 사회적 혼란에 대한 대중의 공포, 미국의 반공주의 정책이라는 세 가지를 꼽았다. "(일본에—인용자) 협력했던 엘리트는 자신들의 지위를 보존할 수 있었으며 1946년 필리핀을 온전한 독립으로 이끌고 갔다. 첫째, 1942년 미국이 패배한 이후에 대다수의 엘리트는 필리핀에 남아 있었다. 아주 작은 소집단만이 미국인과 함께 떠났다. 저항이라는 모험을 무릅쓴 소수를 제외하고 다수의 엘리트는 결과적으로 협력에 연루되었으며, 그리하여 전후에는 자신들의 지위와 평판을 유지하기 위해 집단적으로 단합하여 행동했다. 두 번째, 무정부 사태에 가까운 상황과 경제적인 혼란이라는 전후의 사정으로 행정의 지속성 유지가 가장 긴박한 문제라는 인식이 확산되었으며 필리핀 사회를 '정화'하려는 어떤 종류의 시도도 백해무익하게 만들었다. 마지막으로 미국은 항일 게릴라 전투에서 막중한 역할을 했던 후크발라합 운동에 참여한 혁명 세력과 공산주의 세력에게 권력을 양도할 마음이 추호도 없었다."[75]

그런데 한국에서도 식민지엘리트들이 "자신들의 지위와 평판을 유지하기 위해 집단적으로 단합하여 행동"하지 않았던가? 예컨대 이강수는 "미군정에 의한 친일파의 재등용"이 "남한사회 구석구석에서 친일 인맥이 형성되는 결정적 계기가 되었다"고 진단했다.[76] 경찰, 군대, 행정관료, 재계 등 다양한 영역에서 이미 지배세력의 지위를 차지한 식민지-점령지 협력자들이 '과거사청산으로 인한 집단적 절멸 가능성'이라는 위기의식을 공유한 채 자신들의 생존과 안전을 위해 긴밀한 인적 연결망을 구축하고 일치단결하는 양상은 필리핀과 한국 모두에서 확인되는 현상이다. 이런 현상은 울리히 벡이 언급했던 '두려움의 집단형성 효과' 그리고 "불안에 의해 동기화된 유대"와도 유사하다. 말하자면 식민지엘리트들에게 해방 직후의 남한사회는 일종의 '위험사회'였던 것이다.[77]

이런 생존본능 내지 생존윤리는 '반성 없음'의 태도와 결합했다. 1948년 1월 28일 로하스 대통령이 친일 협력자들에 대한 일반사면령(사면 허용에 관한 포고령 51호)에서 제시한 "사면을 내리게 된 이유"는 다음 네 가지였다. "첫째, 정치적 협력자들의 행위는 자발적인 것이 아니었을 뿐만 아니라, 적의 잔학한 행위를 최소화하기 위해 직무에 머물렀기 때문에 발생했다. 둘째, 협력 문제는 국론을 분열시키고 국가의 통합을 위험에 빠뜨리고 있다. 셋째, 협력 문제는 본질적으로 정치적인 성격을 띠고 있으며 대다수 국민의 양심에 따라 해결되어야 한다. 마지막으로, 대다수 국민의 정서가 사면을 통해 이 문제를 가능한 한 빨리 해결되도록 바라고 있다."[78] 이런 변명은 한국의 식민지엘리트들이 과거사청산을 무력화하면서 내세운 변명들과 너무 유사하지 않은가?

과거사청산이 흐지부지된 결과 나타났던 '사회적 부작용들'의 측면에서도 한국과 필리핀은 유사한 점이 많았다. 필자가 보기에 부작용의 핵심은 (1) 폭력의 악순환, (2) 부패와 사회자본social capital의 고갈이었다. 필리핀에서는 후크단원들을 겨냥한 잔인하고 지속적인 보복적 탄압이 내전으로 이어졌다. 앞서 기술했듯이 좌파 성향의 후크단은 1944년 말부터 1945년 초까지 상당 지역의 지방권력을 장악한 채 "수천 명"의 친일 협력자들을 처벌하고 이들의 토지를 몰수했다. 1945년 초부터 상황이 일변하여 미군과 필리핀 정부는 후크단을 가혹하게 탄압했고, 위기에 직면한 후크단 멤버들은 1946년 8월에 인민해방군HMB을 조직하여 저항했다. 인민해방군은 1950년에 이르러 수도인 마닐라를 위협할 정도로 성장했다.[79] 1946년 이후 시기만 놓고 볼 때, 과거사청산을 향한 내적 압력과 외적 압력의 강도 모두에서 필리핀은 한국보다 약했다. 그런데도 과거사청산 시도가 실패하여 친일 협력자들이 국가권력을 계속 장악하고 이들이 도전세력에 대한 보복 공세(역청산)에 나서자 1950년대 초까지 격렬한 내전을 겪어야 했고, 특히 1950년경에는 기존 체제 자체가 심각하게 동요했을 정도였던 것이다. 그러니 과거사청산을 향한 내적 압력이 더욱 강했던 한국에선 미청산 내지 역청산에 대한 반발이 더욱 심하지 않았겠는가? 과거사 미청산·역청산이 폭력의 악순환으로 이어지는 경향이 있음을 감안하면, 한국에서 1946~1953년에 걸친 과거사청산 무력화 과정과 폭력적 갈등 과정의 중첩을 우연의 일치로만 치부하긴 어렵다. 앞에서 인용했듯이, 카터 에커트 역시 유사한 문제의식에서 "이러한 협력(성공한 조선인들의 일본 관료와 정책에 대한 협력—인용자)은 특히 중일전쟁과 태평양전쟁 기간 및 해방 직후에 폭발적인 쟁점이 되어 나라의 분단과 잇따른 전쟁의 원인이 되었으며,……지난 수십 년간 남한 정치를 대표한 권위주의 체제는 식민지 말기에 양성된 다양한 조선인 엘리트들의 정치적 성격, 무엇보다 군부로부터 큰 영향을 받았음에 주목해야 한다"고 주장한 바 있다.

한편 스타인버그는 친일 협력자들이 축출되기는커녕 이전의 지배적 지위로 복귀한 것이 필리핀 사회의 '전반적인 도덕수준의 하락'을 초래했다고 주장했다.

이러한 '복귀'가 사회의 건전성을 어느 정도 해쳤는가……최소한 전후 필리핀 사회를 병들게 해온 부정행위, 뇌물 수수, 친인척 중심의 정실주의, 그리고 부패는 과두 엘리트 정치가들이 다시 권력을 쥐었기 때문에 성행하게 되었다고 주장할 수 있다. 이러한 '사회적 암'은 분명 어디에고 존재하며 스페인 지배 이전부터 필리핀 사회구조에 내재되어 있었다고도 볼 수 있다. 그러나 모든 계층의 사람들이 권력에 몸을 낮춤에 따라 만연하게 된 냉소주의는 전후 시기의 특징이 되었다. 정상에 있는 지도자조차도 아무런 처벌도 받지 않고 넘어가는 이상 다른 이들도 이와 비슷하게 성공할 수 있으리라 기대했다. 관직에 대한 이러한 냉소주의는 관직을 유일무이한 중대한 지위로 생각하게 하는 해로운 경향도 가져왔다. 일본에 저항하다 순교한 호세 아바드 산또스의 행위는 불필요했을 뿐 아니라 심지어는 어리석었음을 나타내는 징표가 되었다. 과두 엘리트들이 살아남았다는 사실은 이 국가의 도덕수준을 저하시키는 데 이바지했다.[80]

과거사청산의 실패는 공정성과 정의의 부재 상황, 그리고 전반적인 도덕적 하락이라는 값비싼 대가를 요구했다는 게 스타인버그의 주장이다. 그는 냉소주의와 권력지상주의 풍토, 부정행위, 뇌물, 정실주의, 부패의 만연 등을 일일이 열거했지만, 필자는 이를 부정부패 그리고 그로 인한 사회자본의 고갈로 압축할 수 있다고 본다. 연고주의와 단단하게 결합된 '부패의 먹이사슬'은 사회 전반에 걸친 신뢰, 호혜성reciprocity, 규범 등의 사회자본을 잠식하게 마련이다. 이는 장기적으로 해당 사회의 민주주의 발전에도 악영향을 미친다.

5. 요약과 소결

필자가 보기에 한국 시민종교의 '성격' 형성에 심대한 영향을 미친 것이 바로 지배세력의 공격성과 폭력성이었다. 이런 공격성·폭력성의 뿌리는 식민지엘리트라고 명명한 사회집단이 해방 후 집단적으로 경험한 극심한 존재 불안과 공포였다. 해방 후의 혼란스럽고 불투명한 상황 속에서도 식민지엘리트들은 국가권력을 장악하고 이전의 지배적 지위를 유지하는 데 어렵사리 성공했지만, 꽤나 오랫동안 불안·공포의 집단적 트라우마에 시달렸다. 이 트라우마의 실체는 바로 과거사청산이라는 이름 아래 파상적으로 덮쳐오곤 했던 '집단적 절멸의 공포'였다.[81]

필자는 7~9장에서 식민지엘리트의 집단적 불안·공포의 연원과 깊이를 파악해보려 시도했다. 먼저 7장과 8장에서는 식민지엘리트 집단의 특성에 대해 살펴본 후, 남한에서 진행된 과거사청산 정치를 상술했다. 8장 말미에서 한 차례 정리했듯이, 남한에서 과거사청산은 (1) 사법적 청산이 두 차례 이상 시도될 만큼 과거사청산에 대한 강력한 사회적 합의가 존재했고, (2) 과거사청산 시도가 여러 차례 반복되었고, (3) 다양한 형태의 과거사청산 방법들이 시도되었고, (4) 이례적이게도 미국이 비교적 시종일관 과거사청산을 저지하는 가장 중요한 힘으로 개입했고, (5) 식민지 협력자들이 시간이 갈수록 과거사청산 노력에 대해 공격적이고 폭력적으로 대응했고, (6) 동북아시아 사회들의 고강도 청산이 강한 외적 자극을 제공했음에도 불구하고 국내의 과거사청산 시도들이 거듭 좌절되거나 실패함으로써 끝내 희귀한 '청산 부재 지역'으로 남았고, (7) 그 결과 해방 직후에는 명백히 '청산의 대상'이던 집단이 오히려 청산 요구 세력을 숙청·제거하는 '청산의 주체'로 뒤바뀌는 극적인 역전을 겪었고, (8) 지배 세력에 의한 역청산 과정은 시민사회 수준에서는 한국전쟁 기간 동안, 정치사회 수준에서는 1955년의 보수양당체제 구축에 의해 사실상 완결되었다는 특징들을 보여주었다. 9장에서는 동북아시아, 동남아시아, 세계로 시야를 더욱 확장하여 과거사청산의 비교정치학적 분석을 시도해 보았다. 지금까지의 논의를 다음과 같이 정리하고 요약할 수 있을 것이다.

첫째, 2차 세계대전이 종식되자 '과거사청산의 유령'이 전 세계를 배회했다. 이 유령은 유럽과 동아시아 지역에서 특히 자주 출현했다. 동아시아에서도 동남아시아 지역보다는 동북아시아 지역에서 과거사청산 정치가 더욱 빈번하고도 격렬하게 진행되었다. 미군과 소련군이 분할 점령한 한반도 역시 치열한 과거사청산 정치의 소용돌이 속으로 빨려들어 갔다. 아울러 19세기 말 이후의 상호적인 적대-지배 관계로 인해 중국-북한-남한-일본의 네 지역은 각 지역 내부에서 전개되는 '미시적 과거사정치'를 사회마다 따로 겪었을 뿐 아니라, 네 지역 전체가 한 덩어리가 되어 상호적 영향을 주고받는 '거시적 과거사정치'의 단위를 형성하기도 했다.

둘째, 해방과 동시에 한반도 전역에서 식민지 협력자들을 대상으로 한 '자발적이고 자연발생적인 청산'이 진행되었다. 이런 움직임은 미군정 질서가 자리 잡으면서 빠르게 가라앉았지만, 이후에도 대중적인 소요 사태들을 통해 간헐적으로 분출되곤 했다. 해방을 계기로 휘몰아친 '민족주의 열풍'과 '대중의 급진적 민족주의화民族主義化'라는 사태에 직면하여, 식민지엘리트들은 ('민족주의' 혹은 '민족의 지도자'라는 자부심', '식민지 도덕성'을 중심적 구

성요소로 하여 형성되었던) 기존 정체성의 격심한 혼란과 충격 속에서 '탈脫민
족주의화'와 '도덕적 허무주의/회의주의'로의 변화를 겪게 된다. 또 해방
과 동시에 과거사청산을 열광적으로 지지하면서 자신들의 적敵으로 돌변
했던 대중을 극도로 불신하게 되었다. '대중 불신'의 집단심성 내지 아비
투스는 이후 한국 지배엘리트의 중요한 집단적 특징 중 하나로 자리 잡게
된다.

셋째, 해방 직후 남한의 식민지엘리트들은 가까이는 북한·중국·일본
에서, 멀리는 동남아시아와 유럽에서 들려오는 살벌한 인적 청산 소식을
가슴 졸이며 들어야 했을 것이다. 늦어도 입법의원에서 '부일협력자·민
족반역자·전범·간상배에 관한 특별법률조례'가 성안되어 가던 1947년
초 무렵에는 이미 일본, 중국, 북한, 프랑스 등의 과거사청산 사례들이 국
내에도 알려져 있었다.[82] 특히 남한을 지정학적으로 둘러싼 북한, 중국,
일본에서 '고강도 청산'이 진행되던 1945~1947년 동안 식민지엘리트들의
불안감과 공포심은 극에 달했을 것이다. 동시에 동북아시아 사회들의 고
강도 청산이 강한 외적 자극으로 계속 작용하는 한복판에서, 남한 식민지
엘리트들은 스스로 고립무원의 처지에 놓였음을, 남한사회 자체가 고립
된 섬 같은 존재가 되었음을 절감했을 것이다.

넷째, 2차 세계대전 후 소련군 점령지역들에서는 대체로 '고강도 청산'
이 진행된 데 비해, 미군 점령지역들에서는 '저강도 청산'이 특징적이었
다. 한국은 서독·일본·필리핀과 함께 전후 미국의 직접적인 통제 아래
놓였고, 그런 만큼 이 사회들과 유사하게 '과거사청산의 점진적 약화 및
형해화形骸化' 과정을 거쳤다. 그러나 미국이 한때나마 주도적으로 과거사
청산의 '외적 압력'을 가했던 서독·일본·필리핀과는 달리, 남한에서는
미국이 군정 기간 동안 과거사청산을 적극적으로 저지했던 편이었다. 따
라서 식민지엘리트들은 자신들의 '유일한 방벽'이자 '은혜로운 보호자'인
미국에 절대적으로 의존하지 않을 수 없는 불안정한 처지였다. 그들은 계

속되는 불안 속에서 미국의 변심變心 가능성에 촉각을 곤두세운 채 노심 초사해야만 했다.

다섯째, 다른 국가들과의 비교를 통해 보더라도 한국은 매우 '희귀한' 과거사청산 부재 내지 실패의 사례였다. 커밍스의 표현을 빌자면 "대전 후의 한국은 걸어 다니는 시대착오였다."[83] 나아가 한국은 과거사청산의 대상자들이 법률에 의해 설립된 청산 기관을 폭력적으로 무력화한 거의 유일한 사례였다. 그러나 이에 대한 대중의 저항과 지배세력의 역청산 시도가 맞물리면서 식민지엘리트들의 국가권력 장악 및 공고화 과정은 엄청난 유혈을 동반하게 되었다. 한반도 문제에 대한 해결책이 최종적으로 확정되어 미군정의 임무가 종료되어감에 따라, 그리고 그에 발맞추어 미군정의 식민지엘리트 비호가 다소간 이완되자마자, 지배세력(식민지엘리트)에 대한 저항이 폭발적으로 분출되었다. 과거사청산 시도의 성공적인 제압과 무력화 자체가 '폭력의 악순환'이라는 예기치 못한 상황으로 발전했다.

여섯째, 식민지엘리트의 적극적인 공세와 미군정의 방해에도 불구하고 해방 이후 오랜 기간 동안 과거사청산을 위한 '내적 압력'은 매우 높은 상태로 유지되었다. 과거사청산에 대한 미군정의 방해가 사라지자 해방 후 이미 3~4년이 지난 시점인데도 재차 사법적 청산이 시도될 만큼 남한에서는 과거사청산의 필요성에 대한 사회적 합의수준이 높게 유지되었다. 한국은 과거사청산에 대한 '외부 압력'은 약했지만 '내부 압력'은 매우 높은 사회에 속했고, 이런 상황이 식민지엘리트들을 극도로 불안하게 만들었다.

일곱째, 이런 일련의 특징들은 식민지엘리트들의 집단적 불안과 공포의 깊이, 그에 따른 공격성의 강렬함과 난폭함을 상당 부분 설명해준다. 식민지엘리트들은 스스로 느꼈던 불안과 공포의 깊이·강도만큼이나 잠재적·현재적 도전세력에 대해 잔혹한 보복으로 대응했을 가능성이 높았다. 다시 말해 '청산과 절멸에 대한 공포'가 지속될수록 공격성과 폭력성의 '체질화' 내지 '아비투스화化'도 함께 진척되었던 것이다.

마지막으로, 지속기간이나 범위·강도 측면에서 의미 있는 차이가 있을지라도 남한, 일본, 필리핀, 남베트남은 '역청산'이라고 부를 만한 사태를 공통적으로 겪었다. 식민지·점령지·제국주의 협력자들이 응분의 처벌을 당하지 않았을 뿐 아니라 이전의 기득권과 권력을 대체로 유지하는 데 성공했고, 급기야 과거사청산을 요구하는 이들을 역으로 공격하는 일들이 벌어진 것이다. 특히 남한과 필리핀의 유사성이 두드러졌다. 한때 '청산의 대상'이었던 이들이 '청산의 주체'가 되어 보복적 폭력을 행사하는 상황이 지속되면서, 권위주의적 강압 통치나 연대·신뢰·호혜성 같은 사회자본의 빈곤 등 다양한 부정적 파생물들이 발생했다. 나아가 애초 지배엘리트의 공포·불안에서 비롯된 대량학살 등의 대규모 폭력행사는 다시금 보복에 대한 또 다른 불안심리를 배태함으로써 지배층으로 하여금 더욱 강한 통제·억압·감시에 의존하게 만드는, 일종의 '디스토피아적 악순환'으로 이어졌다.

제 10 장

불신사회, 연고주의, 윤리의 규율권력화

과거사청산 정치와 시민종교

해방 후 남한에서 진행된 과거사청산 정치는 시민종교의 성격 형성에 중대한, 어쩌면 결정적인 영향을 미쳤다. 문제는 그 영향의 내용이나 방향이 대체로 부정적인 것이었다는 사실이었다. 비청산-반청산-역청산을 거치면서 청산 자체가 완전히 무산된 한국의 과거사청산 정치는 효율적으로 작동하고, 유기적으로 조직되고, 튼실하고 생동하는 시민종교를 형성하는 데 해로운 영향을 미쳤다고 평가할 수 있다. 천신만고 끝에 식민지엘리트들이 국가권력과 사회권력을 모두 거머쥐는 데는 요행히 성공했지만, 그로 인한 '시민종교적 대가'는 매우 컸다.

한국에서 과거사청산 정치는 시민종교의 사회통합 역량을 제약하거나 잠식하는 방향으로 작용했다. 그 결과 한국이 종족·종교·언어 등으로 심각하게 균열된 사회가 아님에도 불구하고 일찍부터 시민종교 자체가 해체와 분화의 징후를 드러내게 되었다. 한마디로, 생산적이지 못한 '불임不姙의 시민종교'에 가까운 모습이었다. 좀 더 구체적으로 과거사청산 정치가 시민종교에 미친 영향을 (1) 지배세력의 정통성·정당성 부족에 따른 '이데올로기로서의 시민종교' 측면의 강세, (2) 약한 민족주의, (3) 과잉 폭력성, (4) 시민종교의 신념체계에서 반공주의·친미주의의 중심화中心化, (5) 불신사회와 감시사회의 형성, '사회자본 결핍사회'의 도래, (6) 연고주의, 능력주의, 경쟁주의의 지배와 융합(연고주의적 능력-경쟁주의), (7) 윤리적 타락, 윤리적 전도, 윤리의 성격 변용(윤리의 규율권력화)이라는 일곱 가지 측면에서 고찰할 수 있을 것으로 본다. 이 가운데 앞의 네 가지는 과거사청산 정치가 시민종교의 성격 형성에 보다 '직접적인' 영향을 미친 것으로, 뒤의 세 가지는 보다 '간접적인' 영향을 미친 것으로 분류할 수 있다.

1. 직접적인 결과들

(1) 지배층의 정통성 부족, '이데올로기로서의 시민종교' 강세

과거사청산 쟁점을 둘러싼 역사적 과정 자체가 시민종교 성격 형성에 부정적인 영향을 미쳤다고 볼 수 있다. 그 핵심은 시민종교의 핵심 생산자이자 초기 주도 세력 역할을 담당해야 할 지배세력의 역사적 정통성과 정치적 정당성이 크게 부족하다는 문제였다. 더구나 취약한 정통성과 정당성 문제는 통치의 단기적 장애에 그치지 않고 지속적인 딜레마로 작용할 수도 있었다. 지배세력에 대한 대중의 신뢰와 존경이 결여되고, 지배자의 권위에 대한 피지배층의 자발적 복종 측면이 미약한 상태에서는 '좋은 시민종교'가 형성되기 어려울 게 뻔했다. 전설적인 '독립운동가들'이 건국의 주역이 된 나라와 지탄받는 '식민지 협력자들'이 건국 주역이 된 나라 중 어느 쪽에서 시민종교 형성이 더 순조로울지, 어느 쪽에서 생동하는 시민종교를 만들어낼지, 어느 쪽에서 시민종교의 내용과 산물이 보다 풍요로울지, 어느 쪽에서 시민종교가 대중의 열정적인 지지와 애정의 대상이 될지는 거의 자명한 일이 아닐까.

여하튼 우여곡절 끝에 '국가기구'는 정비되었고 '국가권력'의 담지자들도 정해졌지만 '국가정신國家精神' 내지 '국가영성國家靈性'은 여전히 공허하고 빈곤한 편이었다. 그러나 이런 상황에서도 국민 형성과 사회통합을 위해서는 시민종교의 존재와 역할이 불가결하다. 어쩌면 이런 상황 자체가 시민종교의 필요성을 더욱 긴박하게 요구한다고도 말할 수 있었다. 그런데 독립정부 수립 직후의 한국처럼 지배층에 대한 대중의 자발적인 신뢰·존경·지지·복종이 전반적으로 부족하고 지배층-대중 간의 사회심리적 괴리가 심할 때, 시민종교는 오랜 시간에 걸쳐 아래로부터 자발적으로 형성되기보다는 지배층에 의해 단기간 내에 의도적으로 만들어져 위로부터 강제되는 양상을 보이기 쉽다. 다시 말해 한국의 시민종교에서는 지배층이 특정한 목적의식 아래 계획적으로 만들어가는, 지배엘리트에 의한 인위적 작품의 측면이 보다 강하게 드러나기 쉽다.

필자는 앞에서 시민종교를 "자연발생적이고 비강제적이고 통합적인 사회현상"으로 간주하는 '문화로서의 시민종교 접근'(뒤르케임적 접근), 그리고 시민종교를 "정치엘리트들에 의해 만들어지고 시민들에게 강제로 부과되는 정치적 자원"으로 간주하는 '이데올로기로서의 시민종교 접근'(루소적 접근)을 구분한 크리스티와 도슨의 논의를 소개한 바 있다. 이렇게 볼 때 한국의 초기 시민종교 형성은 '이데올로기로서의 시민종교'의 성격을 띠기가 훨씬 쉽다고 말할 수 있다. 한국 시민종교는 자연스럽기보다는 작위적이고, 자발적이기보다는 강제적인 성격을 보이기 쉽다. 이 경우 지배층은 국민에게 애국심·애족심愛族心에 대한 신앙고백과 맹세를 끊임없이 강요하는 모습을 보일 것이다.

(2) 약한 민족주의

과거사청산 정치의 최종 승자인 식민지엘리트의 '약한 민족주의' 성향도 생명력 있는 시민종교 형성에는 부정적으로 작용했다. 지금까지 살펴보았듯이 해방 후 식민지엘리트와 민족주의의 관계 패턴은 대략 세 가지 국면을 거쳤다. 각각을 (1) 탈(脫)민족주의화 국면, (2) 소극적 민족주의 국면, (3) 안전한-건전한 민족주의 국면으로 규정할 수 있을 것이다.

(1) 해방 직후 대중에 의한 자연발생적 청산 국면에서 식민지엘리트들은 '민족의 스승이자 민족개조의 선각자'라는 종전의 자기 정체성을 부정당했을 뿐 아니라, 오히려 정반대로 '민족반역자'로 낙인찍히는 충격적인 경험을 하게 되었다. 식민지엘리트들은 하루아침에 민족주의가 자신들을 찌르는 흉기가 되어버렸음을 절감했고, 그 때문에 갑작스럽게 민족주의적 열정과 흥미를 잃어버렸다. 이 시기는 민족주의 자체에 대해 깊은 회의와 경계심을 품게 되는 '탈민족주의화' 국면이었다. (2) 자연발생적 청산의 쓰나미를 무사히 견딘 후 식민지엘리트들은 민족주의가 대세를 이룬 시류에, 또 대중의 민족주의 열기에 편승하기 시작했다. 그리하여 희미한 민족주의, 미지근한 민족주의, 기회주의적 민족주의 등으로 표현될 수 있는 '소극적 민족주의'의 국면으로 넘어갔다. (3) 국가권력 장악에 성공하고 역청산을 통해 잠재적 저항세력까지 무자비하게 소탕掃蕩하면서 자신감을 회복한 식민지엘리트들은 민족주의에 대해 보다 전향적인 태도로 돌아섰다. 다시 말해 그들은 한편으로는 과거사청산이나 평화통일이나 반미反美를 외치는 민족주의를 '위험하고 불온한 민족주의'로 간주하여 탄압 내지 금지함과 동시에, 다른 한편으로는 반공주의와 결합되거나 스포츠·근대화 이벤트 등과 결부되는 '안전하고 건전한 민족주의'를 보다 적극적으로 추구하게 된다. 이를 '안전한-건전한 민족주의' 국면이라고 할 수 있겠다.

그러나 세 국면 중 어느 것이든 식민지엘리트들의 성향은 기껏해야 '약한 민족주의'를 벗어나지 못했다. 과거사청산이나 평화통일·반미 등의 지극히 자연스러운 '민족주의적' 요구들을 지나칠 정도로 가혹하게 억압하고 처벌하는 '자칭自稱 민족주의자'가 결코 '강한 민족주의'의 소유자일 리는 없다. 해방 후의 식민지엘리트들에게 민족주의라는 말은 더 이상 '감동·열광'이나 '사명감'의 감정을 자극하는 것이 아니라, '두려움'이나

'경계심'의 감정을 불러일으키는 그 무엇이 되어버린 것이다. 식민지 경험을 거친 신생국에서 시민종교에 집합적 열광을 제공해온 민족주의의 약세 현상, 시민종교의 생명력을 보강하는 최대의 에너지 공급원일 수밖에 없는 대중의 민족주의적 열정을 지배층이 오히려 억눌러야 하는 현실이 시민종교 발전에 중대한 약점으로 작용하리라는 점에 대해선 의문의 여지가 없다.

(3) 과잉 폭력성과 '차가운 시민종교'

여러 차례 강조했듯이 한국에서 과거사청산 정치는 지배층의 공격성과 과잉 폭력성을 일종의 '집단적 아비투스'처럼 만들어놓았다. 이것이 시민종교의 성격 형성에도 치명적인 악영향을 미쳤다. '청산의 대상'이었던 세력이 '청산의 주체' 세력들을 상대로 보복의 칼을 휘두르는 상황은 사회 전체를 얼어붙게 만들었고 대중의 입을 틀어막았다. 지배층의 폭력성-공격성은 체제의 '참신자들'인 소수 사이에서는 광기어린 열광을 불러일으키기도 하지만, 대다수 대중을 불안과 공포 속에 침묵하는 방관자 내지 구경꾼 지위로 후퇴하게 만들었다. 지배층 못지않게 시민종교 형성의 핵심 주역이자 주체여야 할 대중으로부터 열성과 참여 동기를 빼앗아버린 것이다.

이런 상황은 시민종교의 성숙도와 풍요로움에 악영향을 미친다. 나아가 이런 상황은 기존의 시민종교를 본래의 열정과 뜨거움을 잃어버리거나 결여한 '차가운 시민종교'로 만들어버리는 경향이 있다. 필자는 앞에서 이런 비정상적인 형태의 시민종교를 약한 시민종교, 일탈적 시민종교, 돌연변이 시민종교, 결손 시민종교 등으로 표현하기도 했다. 중요한 점은 이런 비정상성의 가장 중요한 요인이 바로 지배층의 공격성과 과잉 폭력성이라는 것이다.

필자가 보기에 한국 시민종교를 대중의 열정과 참여가 결여된 '차가운 시민종교'로 성격지은 결정적인 요인이 바로 지배층의 과잉 폭력성이었다. 차가운 시민종교를 산출하는 데 기여한 두 번째로 중요한 요인은 지배층의 약한 민족주의였다. 그리고 곧이어 살펴볼 '불신사회'가 세 번째 요인으로 추가될 수 있다. 그런 면에서 (1) 과잉 폭력성, (2) 약한 민족주의, (3) 불신사회를 차가운 시민종교를 빚어낸, 혹은 기존 시민종교를 냉각시킨 '트로이카 요인들'로 규정할 수 있다. 약한 민족주의가 에너지와 열정의 불충분한 공급이라는 문제를 초래했다면, 과잉 폭력성과 불신사회는 아예 찬물을 끼얹어 기존의 미지근한 에너지와 열정마저 방출시키거나 빼앗아버리는 결과를 낳았다.

(4) 반공주의·친미주의의 중심화

과거사청산 정치는 시민종교의 신념체계에도 결정적인 영향을 미쳤다. 우선, 과거사청산 요구 자체가 민족주의의 폭발적 분출을 대표하는 현상이었다. '대한민국 시민종교'의 초기 형성기는 과거사청산 정치의 절정기와 정확히 일치한다. 이런 아래로부터의 압력에 힘입어 민족주의가 시민종교의 핵심적 구성요소 중 하나로 올라섰다. 비록 지배층은 내내 '약한 민족주의' 정도에 머물렀지만 말이다. 민족주의가 시민종교의 구성요소라는 사실은 그것이 무력통일이든 평화통일이든 민족의 재결합에 대한 강렬한 열망과 고백, 그리고 1950년대 말의 재일교포 북송北送을 둘러싼 반일운동, 1960년대 중반의 한일협정 및 한일국교정상화 반대운동과 같은 대중운동을 통해서도 확인되곤 했다.

아울러, 과거사청산 정치의 와중에서 지배층(식민지엘리트)의 생존과 성공을 가능케 해준 것은 바로 반공주의와 친미주의였다. 따라서 시민종교의 신념체계에서 반공주의·친미주의의 급부상 및 중심화中心化 역시 자연스런 현상이었다고 볼 수 있다. 특히 반공주의가 맹렬히 성장하여 시민종교의 중핵으로 진입했을 뿐 아니라, 시민종교의 나머지 요소들마저 블랙홀처럼 빨아들였다. 그 결과가 바로 '반공주의를 중심으로 한 시민종교 체계의 위계적 재구성'이라고 부를 만한 현상이었다. 요컨대 과거사청산 정치를 겪으면서 반공주의가 '대한민국 시민종교의 초대 군주prince'로 화려하게 등극했고, 이후에도 오래도록 권좌에 머물렀다. 시민종교 신념체계의 변동에 대해서는 다음 장에서 보다 자세히 설명하려 한다.

2. 불신사회, 감시사회, '사회자본 결핍사회'

과거사청산 정치의 다른 한 가지 결과는 '불신사회'와 '감시사회'의 형성이었다. 필자는 불신사회society of distrust를 사회 전반에 불신이 확산되고 일상화되어 있을 뿐 아니라, 무엇보다도 불신에 기초하여 사회질서가 생산·재생산되는 사회를 가리키는 용어로 사용하고 있다. 한마디로 요약하자면, 불신사회는 '불신이 만연한, 그리고 불신에 기초한 사회'이다. 아울러 필자는 감시사회surveillance society라는 개념 역시 불신사회의 맥락에서, 그리고 불신사회의 연장선상에서 이해하고 있다. 이 경우 감시사회는 한편으로 피지배층에 대한 지배층의 일상적이고 조직적인 감시와 통제의 체계, 다른 한편으로 피지배층 상호간의 감시와 고발의 체계에 기초한 사회를 지칭하는 용어로 사용된다.[1]

불신사회가 불신을 사회조직화의 중심적 원리로 삼는 사회라면, 감시사회는 불신의 제도화·체계화·항구화에 자원을 집중적으로 투입하는 사회이다. 문제는 불신사회나 감시사회가 기존의 사회자본을 점점 고갈시키거나 '사회자본 빈곤'의 상황을 고착시켜버린다는 것, 그럼으로써 궁극적으로는 시민종교마저 차갑게 냉각시키고 결국에는 고사枯死시켜버린다는 사실이다.

불신사회의 형성은 상향적 불신, 하향적 불신, 수평적 불신 등 '여러 겹의 불신들'이 차곡차곡 중첩된 결과였다. (1) 앞에서 지적했듯이 과거사 청산 정치의 결과 지배층에 대한 피지배층의 자발적인 신뢰가 부족한 상황이 발생했다. 이를 '상향적 불신'이라고도 말할 수 있을 것이다. (2) 역시 앞서 얘기했던 (대중에 대한) '식민지엘리트의 불신'이라는 주제를 되살려보자. '침묵과 순종'의 태도를 보이던 순진한 식민지대중이 해방을 계기로 분노한 군중으로 돌변하여 '친일파·민족반역자 처단'을 외치며 자신들을 몰아붙였던, 예기치 못한 익명적 다중과의 적대적 대면이 준 엄청난 심리적 충격과 공포는 식민지엘리트들로 하여금 대중에 대한 뿌리 깊은 불신과 배신감을 품게 만들었다. 동시에 같은 경험은 식민지엘리트들로 하여금 대중을 언제든 자신들의 생명과 재산을 노리고 달려들 수 있는 '잠재력 폭도'로 의심하게 만들었다. 대중에 대한 지배층의 이런 불신을 '하향적 불신'이라고 부를 수 있을 것이다. 지배층은 피지배 대중의 저항과 도전을 철저히 차단하기 위해, 한편으로는 감시사회를 구축해나가면서 다른 한편으로는 강력한 보복적-예방적 폭력을 사용했다. 아울러 대중을 극도로 불신하고 두려워하는 지배층은 국민-비국민을 분류·분리하는 '경계획정권력'을 활용하되, 억압·축출의 대상인 '비국민'의 범위를 최대한 넓게 설정하는 고도로 배제적인 통치 양식을 구사했다. 아울러 감시사회의 중핵을 이루는 정보조직들은 스탈린이 볼셰비키들에게 갖추도록 요구했던 능력, 즉 "적이 아무리 정체를 감추고 있어도 그를 식별할 수 있는 능력"을 추구한다.[2] (3) 한국전쟁 기간 동안에, 그리고 전쟁을 전후하여 지리산·한라산 등에서 발생한 국지적 게릴라전, 상호적인 '부역자' 처단 과정을 거치면서, 피지배 대중 사이에도 불신의 사회심리가 빠르게 확산되고 뿌리내렸다. 이웃들이 좌익-우익으로 갈려 보복적 폭력과 적대·저주 등 '수평적 폭력'에 가담하면서, 한 마을 안에서조차 불신과 그에 기초한 상호적 고발이 난무했다.[3] 가장 기초적인 사회단위들에서부터 공동체의식이 해체되고 불신 심리가 고착화되었던 것이다. 전쟁이 동반한 사회경제적·계급적 평등화 효과가 사회적 연대의식을 증진시키기는커녕, 정반대로 전쟁을 치르는 동안 사회적 연대가 급격히 붕괴되고 불신감이 사회에 편만하게 되었다. 우리는 이를 '수평적 불신'으로 부를 수 있을 것이다. 박경리가 1957년에 발표한 단편소설의 제목에서도 잘 드러나듯, 전쟁 직후의 세태는 '불신시대' 그 자체였다.[4]

불신사회의 등장과 착근着根은 당연히 사회통합에도 악영향을 끼치게 된다. 사회통합이 지배층과 피지배 대중 사이의 상호 존중·신뢰에 기초한 '수직적 연대'와 피지배 대중 내부에서의 '수평적 연대'가 유기적으로 결합한 결과라면, 불신사회·감시사회의 형성은 수직적/수평적 연대의 구축을 가로막는 거대하고도 반영구적인 구조적 장애물을 설치해놓은 것과 다름없는 일이었다. 민족해방이라는 감격적인 체험이 동반한 리미널리티의 수평화levelling 효과와 커뮤니타스 형성 효과가 '강렬한 민족공동체 의식'이라는 형태로 수평적인 연대를 선물했지만, 피지배 대중-집권세력 간의 수직적 연대는 좀처럼 형성되지 못한 것이다(그리고 해방 체험에 기초한 대중의 수평적 연대마저 전쟁의 와중에서 상당 부분 와해되고 말았다). 피지배 대중과 집권세력이 상호 불신하고 서로를 공포와 경계의 눈길로 바라보는 상태에서, 사회통합을 위해 유일하게 남은 선택지는 '힘과 테러(공포)에 기초한 위로부터의 강제적 통합'일 수밖에 없다. 그러나 이런 위로부터의 강제적인 사회통합 방식은 수직적 연대와 수평적 연대의 조화에 의한 자발적이고 능동적인 사회통합은 물론이고, 생동하는 시민종교가 제공할 수 있는 지속가능하고도 수준 높은 사회통합, 즉 대중-엘리트를 포함한 대부분의 사회구성원 사이에서 '운명공동체라는 의식과 감정'을 동반하는 사회통합과는 거리가 멀다.

불신사회·감시사회는 시민종교의 '자양분'이면서 동시에 '결실'이기도 한 사회자본social capital의 양률과 질質 모두에 부정적인 영향을 미친다. 필자는 '규범과 가치'의 측면을 강조하는 로버트 퍼트넘 부류의 사회자본 이론은 시민종교 이론에도 많은 시사점들을 제공한다고 생각한다.[5] 물론 이런 접근은 시민적 덕성德性, 품행, 자질, 책임에 대한 루소의 강조와 상통하는 것이기도 하다. 그런 면에서 (앞서 2장에서 언급한 바처럼) 사회자본 이론은 루소-뒤르케임으로 이어지는 '공화주의적 시민종교론'과 친화적이다. 공동체적 유대·통합이나 공동체 성원들에 대한 우애와 책임의식 등을 촉진하는 시민종교적 가치·신념·실천들은 사회자본의 풍요로운 원천으로 기능할 수 있기 때문에, 시민종교와 사회자본의 밀접한 연관성을 적절히 강조할 필요가 있다. 통상 사회자본의 풍요로움은 강하고 효율적인 시민종교의 존재와 긍정적이고 상생적相生的인 상호작용 관계를 유지한다. 마찬가지로 사회자본의 빈곤함은 시민종교의 메마름과 짝을 이루는 경향이 있다. 그런 면에서 대부분의 경우 '사회자본의 빈곤' 현상은 그 자체가 시민종교의 취약함 내지 불모성不毛性을 보여주는 핵심 지표 중 하나라고 말할 수 있다. 다시 말해 시민종교의 빈약함은 대개 사회자본의 결핍으로 표출되며, 역으로 '사회자본 결핍사회'에서는 강하고 효율적인 시민종교가 출현하고 지속하기 어렵다. 그런데 감시사회나 불신사회는 사회자본의 '신뢰' 차원이 두드러지게 취약한, 나아가 바로 그 때문에 '일반화된 호혜성'의 사회관계를 발전시키기에도 심각한 어려움을 겪는 사회로 치달을 가능성이 높다. '제도화되고 사회적으로 확장된 불신'의 존재와 작용 자체가 그 사회의 사회자본을 부단히 잠식하고 고갈시킬 수밖에 없는 것이다. 따라서 장기간에 걸쳐 '불신-폭력의 악순환'이 지배해온 한국형 불신사회야말로 '사회자본이 만성적으로 결핍된 사회'의 전형이라 할 만하다.

3. 연고주의적 능력-경쟁주의

과거사청산 정치의 결과 중 하나이자, 대중을 불신하는 지배층의 성향과
도 밀접히 관련된 것으로서 '연고주의'를 지적할 수 있다. 한국사회에서
연고주의는 지배층에서 '먼저' 시작되어 '나중에' 대중에게 확산되었다.
여기서 우리는 '지배층의 연고주의'와 '대중의 연고주의'라는 두 유형의
연고주의를 구분해야 하고, '두 연고주의들'의 등장 배경과 동기·기능이
상당히 다르다는 데 유의해야 한다.

먼저, '지배층의 연고주의'가 등장한 일차적인 원인이 (희소자원에 대한 '독
점욕'이나 '탐욕' 때문이라기보다) 과거사청산 폭풍으로부터의 '자기방어', 그리
고 무엇보다도 대중에 대한 '불신·공포' 때문이었다는 점을 지적할 필요
가 있다. 대중에 대한 불신과 공포에 사로잡힌 지배층은 해방 직후부터
일종의 자기보호 장치로써 그들만의 폐쇄적인 네트워크를 형성했고, 그
것이 이내 '연고주의의 견고한 성채城砦'로 발전했던 것이다.[6] 따라서 지
배층의 연고주의가 희소자원과 이익의 독점 내지 과점의 수단으로 변질
된 것은 더 '나중의' 일이라고 보아야 옳을 것이다. 다시 말해 지배층의 연
고주의적 네트워크가 한 세대를 넘어 장기지속하고 일종의 사회구조처
럼 고착화되면서 희소자원과 이익의 독과점, 나아가 정치적·사회적 불투
명성과 부정부패 같은 '기대치 않은' 현상들이 나타난 것이다. 어쨌든 중
요한 사실은 이런 부정적 현상들이 지배층의 연고주의를 출현시킨 '원인'
이 아니라 그 연고주의가 사후적으로 파생시킨 '결과'였다는 점, 그것도
예기치 못한 '부산물'이었다는 것이다.

반면에 '대중의 연고주의'는 희소자원에 대한 제도화된 접근 통로가
부재 내지 부실한 상태에서, 공정하고 신뢰할 만한 경쟁 게임의 규칙이 존
재하지 않거나 제대로 작동하지 않는 상태에서, 희소자원에 접근하기 위
한 비공식이고도 거의 유일한 통로라는 의미가 강했다. 한마디로, (그것의

유효성은 별문제로 하고) 대중의 연고주의는 불완전하고 지체된 근대화에 적응하면서 희소자원에 접근하기 위한 수단이었다. 물론 때때로 연고주의는 희소자원을 둘러싼 경쟁을 감당할 역량의 부족을 편법적으로 우회하는 수단으로 기능하기도 했다. 필자는 20년 전에 다음과 같이 쓴 바 있다.

> 강한 정서적 결속, 가부장권, 고등교육과 출세에 대한 열망을 특징으로 하는 '축소된 가족주의'와 마찬가지로, 도시를 중심으로 형성되고 확산된, '근대적으로 변형된 전통적 조직들'의 중요성을 강조할 필요가 있다. 이는 '확대된 가족주의' 혹은 '연고주의'라고 부를 수 있을 것인데, 종친회와 향우회, 동창회로 대표된다. 이 조직들의 경우 '축소된 가족'에 비해 정서적 위로와 지지의 기능은 크게 약화된 대신, 탈정치화·탈계급화의 상황에서 권력, 화폐, 취직, 승진, 직위 등의 희소자원에 접근하고 도달하기 위한 이익단체의 기능을 주로 수행했던 것이 특징이었다. 이 조직들은 급격한 사회문화적 변동의 과정에 처한 사회 성원들의 심리적 적응을 어느 정도 도와주면서도, 그보다 더욱 중요하게 정당과 노조 등이 제 기능을 하지 못하는 상황, 시민사회 이익집단들의 이익대표 기능의 미작동이라는 상황에서 시민사회의 요구들을 수렴하고 관철시키는 통로로서 역할했다고 말할 수 있다. 이 조직들은 말하자면 '게마인샤프트의 외양을 지닌 게젤샤프트'였다고 볼 수 있고, "빽, 사바사바, 국물, 와이로"가 유행어이던 시절에 이른바 "빽"의 기능을 수행했던 것이다.[7]

'지배층의 연고주의'는 식민지엘리트 집단심성의 또 다른 특징이던 '능력주의'와 결합하려는 경향이 강했다. 아울러 (이미 식민지 시대에서부터 확인되는 사실이지만) 개인 차원의 능력주의는 집단 차원의 사회진화론과 친화성을 보이면서 '(무한)경쟁주의'로 현실화되는 경향이 강했다. 앞서 7장에서 언급했듯이, 이때 능력주의는 경쟁의 주체가 국가·민족이 아닌 개인으로 바뀐, '사회진화론의 개인화된 버전'에 가까운 경쟁이데올로기일 가능성이 높았다. 급기야 서로 친화적이었던 능력주의와 경쟁주의가 점점 수렴하여 일체화된 그 무엇, 즉 '능력-경쟁주의'가 출현하게 되었다. 식민지 시대에 형성된 식민지엘리트의 능력-경쟁주의 집단심성은 해방 후 '부도덕하고 이기적인 민족반역자'라는 오명汚名 부여stigmatization에 직면하면서 훨씬 더 강화된 것으로 보인다. 게다가 지배층에서 시작된 능력-경쟁주의는 1950년대부터 등장한 과열 입시경쟁(입시지옥, 치맛바람, 과외, 우골탑 등으로 대표되는), 고시제도, 학벌주의와 학교(대학교, 고등학교, 중학교) 서열주의, 기업 및 공무원 공채제도 확대에 따른 취업경쟁 등을 통해 제도화됨과 동시에 사회 저변으로 빠르게 퍼져나갔다.[8] 능력-경쟁주의는 전체 사회로 확산되었을 뿐 아니라, 경쟁의 기간도 초등교육 시기부터 취업 시기까지로 최대한 연장되었다.

요약하자면 식민지 시대에 능력주의와 경쟁주의의 복합체인 '능력-경쟁주의'가 출현했고, 이것이 해방 후 다시 연고주의와 결합되면서 '연고주의적 능력-경쟁주의'로 발전했다고 말할 수 있다. 그런데 문제는 능력-경쟁주의가 연고주의와 결합되면 사회적 차원의 '공정한 경쟁'을 기대하기 어렵게 된다는 데 있었다. 그 결과 경쟁에서의 반칙과 변칙이 난무하는 가운데 연고주의는 더욱 번성하고 기승을 부리는 악순환이 시작된다. 아울러 '연고주의적 능력-경쟁주의'는 승자勝者에 대한 과다보상과 패자敗者에 대한 과소보상을 정당화하는 논리로, 즉 사회적 불평등·양극화·차별을 정당화하는 논리로 봉사하기 쉽다.

그렇다면 연고주의 혹은 연고주의적 능력-경쟁주의와 시민종교의 관계를 어떻게 설명할 수 있을까? 연고주의는 시민종교에 어떤 영향을 미치는 것일까? 필자가 생각하기로는 특히 두 가지 측면에 주목해야 할 것 같다. 그 하나는 양자 간의 보다 '직접적인' 영향 관계이고, 다른 하나는 사회자본을 매개로 한 '간접적인' 영향이다.

먼저, (앞서 언급한 바 있지만) 차성환은 "연고주의야말로 한국의 시민종교"라고 힘주어 강조했다. 그의 말대로 연고주의가 한국사회를 움직이는 가장 유력한 실질적인 힘 가운데 하나임은 분명해 보인다. 그러나 대다수 사회 구성원들에게 널리 공유되고 있다는 사실, 대다수 사회 구성원들의 삶에 실제적인 영향을 강하게 미치고 있다는 사실, 대부분의 사회 성원이 "한국은 연고주의사회"라는 믿음을 갖고 있다는 사실로 인해 그 무언가가 시민종교의 구성요소가 되는 것은 아니다. (더구나 나중에는 서로 비슷해졌을 지라도, 처음 등장할 당시에는 '지배층의 연고주의'와 '대중의 연고주의'도 서로 중요한 차이를 드러내기도 했다. 연고주의라고 해서 다 같은 게 아니었다는 말이다.) 무언가를 시민종교의 핵심 구성요소로 만드는 관건 중 하나는 그것이 '사회통합'에 얼마나 기여하는가이다. 그런데 연고주의는 사회를 '통합'하는 힘이 아니라 '분열'시키는 힘으로 주로 작용한다는 점에서 시민종교의 구성요소가 되기 어렵다. 연고주의는 시민종교의 성숙을 방해하는 요소이고, 시민종교의 생명력을 갉아먹는 요소이다. 연고주의는 그 자체로 시민종교가 되기는커녕, 한국 시민종교의 내적인 취약성과 모순이 빚어내는, 예기치 않은 여러 '부산물' 중의 하나일 따름이다.[9]

나아가 연고주의 혹은 '연고주의적 능력-경쟁주의'가 위력을 발휘할수록 대량생산되는 인간형은 1949년의 초대初代 교육법이 제1조에서 이상적 국민의 상으로 제시한 '공민公民',[10] 즉 이타적이며 사회적 책임을 중시하는 공적인 인간형과는 정반대의, 각자도생各自圖生에 분투하는 자기중심적 인간형일 것이다. 최근 강수택은 권력적 인간homo potentia이나 경쟁적 인간homo competitio과 대비되는 연대적 인간homo solidatio을 시민사회의 연대 영역을 발전시키고 공고화할 주체로 제시했다. '공민'은 바로 이 '연대적 인간'과 강한 유사성을 보일 것이다. 강수택은 연대적 인간을 "연대의 정신으로 무장하고 연대 가치를 깊이 내면화한 시민"으로, "타인과 함께 하는 진정한 의미에서의 소통을 소중히 여기는 자이며, 차이에 대해 관용하는 자이며, 타인의 고통에 공감하며 함께 하려는 자이며, 정의를 위해 협력할 줄 아는 자"로 규정하고 있다.[11] 어쨌든 '연고주의적 능력-경쟁주의'가 시민들을 포박하고 있는 상황에서 '공민들의 종교'인 시민종교가 꽃피우기 어려우리라는 것은 거의 자명하다.

두 번째로, 이번에는 사회자본을 매개로 한 연고주의-시민종교 간의 영향 관계에 대해 살펴보자. 필자가 보기에 연고주의와 사회자본의 관계는 이중적이다. (1) 우선 연고주의 자체가 사회자본을 왕성하게 창출하는 주요 원천 중 하나이다. 연고주의는 연고 집단 내에서만 유효한 폐쇄적이고 배타적인 유대, 신뢰, 충성, 보호, 호혜성, 헌신, 희생 등의 사회자본들을 풍부하게 생산한다. 이런 배타적이고 독점적인 성격의 사회자본을 '특수주의적 사회자본' 혹은 '축소 지향적 사회자본'이라고 부를 수도 있을 것이다. (2) 그러나 연고주의가 생산하는 '특수주의적 사회자본'(축소 지향적 사회자본)은 시민종교의 형성과 성숙에 기여하는 사회자본, 말하자면 '보편주의적 사회자본' 혹은 '확장 지향적 사회자본'의 축적과 확산을 방해한다. 이런 구분은 퍼트넘이 '결속적-배타적 사회자본'과 '연계적-포괄적 사회자본'을 구분했던 것과 유사하다. 여기서 결속형 사회자본은 편협한 사회적 태도를 만들어낼 가능성이 높고, 사회적 계층화를 강화하는 경우가 잦고, 외집단에 대해 적대감을 조장하는 등 다른 사회집단과의 충돌을 부추기기 쉽다는 점에서 연고주의와 관련된 '특수주의적-축소 지향적 사회자본'과 비슷한 점이 많다.[12] 특히 퍼트넘이 "배타적인 비연계형 사회자본"[13]이라고 부른 것은 연고주의적 사회자본과 사실상 동의어로 보아도 무방할 것이다.

압축해서 말하자면, '연고 집단 내에서의 사회자본 과잉' 현상은 '사회 전체의 사회자본 결핍' 현상과 한 쌍을 이루어 동시적으로 공존한다. 만약 우리가 '사회자본 시장'이라는 표현을 사용한다면, 연고주의가 지배하는 사회에서 '사회자본 시장'은 특수주의적 사회자본이 지배하는 부문과 보편주의적 사회자본이 지배하는 부문으로 분단分斷 내지 이원화되어 있다고 평가할 수 있을 것이다. 결국 연고주의의 득세는 '특수주의적 사회자본 시장의 번영'과 '보편주의적 사회자본 시장의 침체'를 뜻한다. '사회자본의 이중시장구조' 속에 갇힌 시민종교는 점점 메말라가거나 빈껍데기로 전락할 운명을 피해가기 어려울 것이다.

4. 윤리의 규율권력화

마지막으로, 과거사청산의 실패 내지 부재로 인한 윤리적 타락, 윤리적 전도, 윤리의 성격 변용 등 서로 연관된 일련의 문제들을 지적할 수 있다. 논의를 좀 더 명료하게 전개하기 위해 지배층과 대중의 차원을 구분해서 설명해보자.

앞서 7장에서 소개했듯이, 식민지엘리트들은 '식민지 도덕성colonial morality'이라 부를 만한 '비교적 질서정연하고도 안정된 윤리체계'를 갖고 있었다. 그들은 '민족개조론'에서 보듯이 '대중-지도자 이분법'에 근거한 계몽주의적이고 엘리트주의적인 도덕성을 유지했다. 그러나 식민지엘리트들의 도덕성은 ('식민지체제에의 협력'에 따른 양심적 가책 때문이 아니라) '해방의 심리적 충격' 때문에 결정적으로 동요했다. 순식간에 세상이 뒤집히는 종말적 파국 체험을 겪으면서 강렬한 심리적 긴장 상태에 노출된 이들은 '윤리적 허무주의'나 '도덕적 무정부주의'와 연결되기 쉬운데, 해방 직후 식민지엘리트들이 바로 이런 경우에 가까웠다. 오랜 동안 삶의 준거이자 심리적 의탁 대상이었던 식민지 질서가 예기치 못한 시기에 한꺼번에 붕괴해버린 사태는 식민지엘리트들에게 고통스런 정신적 외상을 남기면서 일종의 '도덕적 아노미' 상태를 초래했다. 더구나 해방과 함께 자신들을 향해 과거사청산의 거친 압박이 몰아치자, 식민지엘리트들의 최우선적인 관심사는 당장의 개인적·가족적·집단적 '생존'과 '안전'으로 급변했다. 뿐만 아니라 이후에도 여러 차례 밀어닥친 과거사청산의 물결들에 맞서 생사生死를 건 생존투쟁을 치르느라, 그리고 국가권력을 이용하여 상황을 반전시킨 후 본격적인 역공세(역청산)에 나서면서, 식민지엘리트들은 점점 더 노골적인 '힘 숭배'로 치달았다. 그러나 시민종교의 위대하고도 고결한 이상理想과 비전을 창출하고 보존하고 집행할 책임이 우선 귀속될 수밖에 없는 지배층의 이런 모습은 (시민종교의 견지에서 볼 때) 분명 '윤리적 타락'이라고 부를 만했다. 말할 것도 없이 지배층의 윤리적 타락은 '시민종교의 위기'를 의미했다. 한국의 시민종교는 세상에 등장하자마자, 바로 그 직후부터 만성적 위기의 징후를 드러냈다.

한편 식민지에서 독립국으로 이행할 때 치러야 할 민족적 통과의례에서는 '이행적 정의transitional justice'를 세우는 일이 매우 중요하다. 그런데 반민특위의 좌절이 상징하듯이 한국인들은 그런 이행적 정의를 구현하는 데 명백히 실패했다. 그에 따르는 부수적 결과들은 일반 대중에게도 강하게 각인되었다. 2차 세계대전 후 전 세계를 휩쓴 과거사청산의 물결 속에서 한국과 가장 강한 유사성을 보여준 필리핀의 사례를 상기해보자. 스타인버그의 관찰에 의하면 필리핀에서는 과거사청산의 실패로 인해, (1) 이전부터 존재하던 부정행위, 뇌물 수수, 친인척 중심의 정실주의, 부패가 더욱 성행하게 되었고, (2) 권력자들은 무슨 잘못을 범해도 처벌받지 않으리라는 냉소주의가 만연하게 되었고, (3) 그로 인해 권력과 관직을 유일무이한 중대한 지위로 생각하게 하는 권력만능주의 경향이 확산되었고, (4) 독립운동가들의 헌신·희생은 불필요했을 뿐 아니라 심지어 개인적인 어리석음을 나타내는 징표로까지 간주됨으로써 사회의 도덕수준이 전체적으로 하락했다. 한국에서도 이와 유사한 일들이 발생했을 것이라고 본다면, 이 역시 시민종교의 관점에서는 '대중의 윤리적 타락'으로 간주될 수 있다.

'지배층의 윤리적 타락'에다 '대중의 윤리적 타락'까지 중첩됨으로써, 한국의 신생 시민종교가 일찍부터 드러낸 위기 징후는 한층 깊어지고 뚜렷해졌다. 저 유명한 1956년 5월의 '한강백사장 연설'에서 신익희는 당시 세태를 "양심 떼서 선반에 올려놓고 얼굴에다 강철 조각을 뒤집어쓰고 사람을 속이고 거짓말하고 도적질 잘하는 자들이 대로활보하고 행세하고 끄덕거리고 지내는 세상"이라고 일갈한 바 있다.[14] 그렇다면 이처럼 조숙하게 현실화한 '시민종교의 위기'를 과연 어떻게 해결할 수 있었을까? 두 가지의 가능성이 존재하는데, 둘 모두 길든 짧든 실제 현실로 나타난 바 있다. 한 가지 가능성은 대중 가운데서 예언자들[15]이 등장하여 일종의 '유기적 지식인' 역할을 수행하면서 시민사회의 각성되고 조직화된 부문(즉 '비판적 시민사회')을 중심으로 광범위한 대중적 불복종을 자극함으로써 '타락한 지배층'을 응징하고 사회의 '윤리적 갱생更生'을 도모하는 것이다. 우리는 이를 '4·19의 길'이라고 부를 수 있을 것이고, 주지하듯이 이 가능성은 현실화되었지만 지극히 단명하고 말았다. 다른 가능성은 '타락한 지배층'의 일부가 시민종교의 예언자 역할을 자임하면서 '대중의 윤리교사'로 변신하는 것이다. 이를 '5·16의 길'이라 부를 수 있을 것이고, 주지하듯이 이 가능성은 현실화되었을 뿐 아니라 4·19의 길을 제치고 최후의 승자 자리를 차지했다.

타락한 지배층이 대중과 시민사회의 윤리교사로 변신·재등장하는 현실은 단순한 '윤리적 타락'을 넘어 '윤리적 전도顚倒'의 경지마저 보여주는 것일 수도 있다. 당장 '거짓 예언자들'이라는 주제가 튀어나올 법도 하다. 타락한 지배층이 대중의 윤리교사 역할을 떠맡고 나서는 엉뚱한 풍경은 친일 협력자들이 항일운동가들의 기념사업을 주도했던 일들에 이어 다시금 마르크스의 유명한 경구―"세계사적 사건은 두 번 나타난다. 한

번은 비극으로, 한 번은 희극으로"—를 떠오르게 만들기도 한다. 결국 이 같은 윤리적 전도는 '시민종교의 희화화戱畫化'를 촉진함으로써, 시민종교 의 문제를 단순한 '위기 징후' 수준을 넘어 '치명적인 내상內傷' 수준으로 까지 악화시킬 수도 있었다.

그러나 필자가 보기에 이런 개연성은 (부분적으로는 현실화되었을지언정) 온 전히 현실화되진 않았다. 대체 어떻게 이런 일이 가능했을까? 이런 모순 과 역설을 어떻게 이해해야 하나? '5·16의 길'은 어떻게 최후의 승자로서 권좌에 앉아 오랫동안 군림할 수 있었나?

필자가 보기에 지배층의 윤리적 변신이 가능했던 핵심 비결은 윤리의 '성격' 자체를 변화시키는 것이었다. 그 요체는 '윤리'를 '규율'로 대체하 는 것이다. 이 과정은 다음과 같이 요약될 수 있을 것이다. (1) 우선 순전 히 '통치의 효율성'이라는 견지에서 윤리의 본질적 성격 자체가 재정의 된다. 이제 윤리의 진수眞髓는 규율 및 그에 대한 복종, 한마디로 '규율- 복종'이라고 선언된다. '윤리'는 '규율-복종'과 동의어가 되는 것이다. 규율에 대한 충실한 복종이 '윤리적인 행위'로, 규율을 숙지하고 그에 복 종하는 순응적 주체가 '윤리적 인간'으로 재규정된다. (2) 윤리의 자발적 측면은 최소화되는 반면, 윤리의 강제적 측면은 극대화된다. 규율의 민 주적 구성, 토론을 통한 그것의 수정, 규율의 정당성에 대한 비판이나 의 문시는 일체 허용되지 않는다. 대신 '철갑에 둘러싸인 윤리'에 대한 위반 은 최대한 강력하게 처벌된다. 윤리의 강제성은 '윤리의 법률화·형사화 刑事化' 경향을 통해 가장 잘 드러난다.[16] (3) 윤리의 목적과 기능도 변화된 다. 이제 윤리는 통치의 수단이자, 순응적 주체 형성을 위한 수단이 된다. 이를 '윤리의 규율권력화'로 요약할 수 있을 것이다. 이때부터 '규율권력 으로서의 국민윤리'가 본격적으로 '국민들'을 지배하기 시작한다. (4) 윤 리의 규율권력화에 따라 규율권력을 구현하는 테크놀로지, 즉 인간을 통 제하고 관리하는 절차나 규칙·방법·지침 등이 점점 중시된다. 급기야 이런 권력 테크놀로지가 윤리 그 자체와 동일시되기에 이른다. 다시 말해 '지배의 기술'이 된 윤리는 점점 특정한 절차·규칙·방법·지침으로 환원된다.

이처럼 윤리가 일정한 절차·규칙·방법·지침으로 환원되고 나면, 그때부터는 새로운 차원이 펼쳐지기 시작한다. 무엇보다, 윤리가 절차·규칙·방법·지침으로 변형되고 환원되는 '윤리의 절차화-형식화' 경향은 윤리의 중간 집행자나 관리자 직책을 개개인의 윤리성 정도와 상관없이 충원하거나 교체하는 것을 가능하게 해준다. 말하자면 이들은 '윤리기술자'나 '윤리엔지니어'로서 그다지 윤리적 평판이 높지 않아도, 심지어 다소간 비윤리적인 사람일지라도 윤리의 집행자·관리자 업무를 수행할 수 있다. '국민윤리'의 정도를 측정한다면서 황국신민서사나 국기에 대한 맹세, 국민교육헌장, 애국가 가사를 국민들이 잘 외우는지 시험하고 감시하는 사람들이 탁월한 애국심과 숭고한 윤리적 사명감의 소유자이거나, 시민종교의 '모범적 예언자들exemplary prophets'일 필요는 없다.[17] 마찬가지로, 장발·미니스커트·문신·콧수염을 단속하는 경찰, 학생들의 복장과 품행을 단속하는 훈육교사나 학생주임, '건전/명랑/애국/안보'의 기준에 따라 언론기사·대중가요·영화·연극·드라마·코미디·시·소설·수필·그림을 검열하는 간행물윤리/공연윤리/신문윤리/방송윤리 담당자들, 한센인들을 상대로 강제 낙태·단종斷種 시술을 하는 의사들, 가족계획을 실행에 옮기는 이른바 '전문가들', 사병과 죄수들의 일상을 총체적으로 감독하고 훈육하는 군軍간부나 교도관 등 국민윤리의 집행자들이 반드시 평소 높은 윤리의식을 실천하는 이들인 것은 아니다. 오히려 이런 일들은 애국심이나 사명감을 포함하는 모든 형태의 감정 개입을 최소화할 때, 심지어 자기 행동의 윤리성 자체에 대한 의도적인 혹은 체질화된 무관심 속에서 훨씬 효율적으로 수행될 수 있을지도 모른다.

윤리에 대한 성찰적 사유가 결여된, 어쩌면 윤리 자체에 별다른 관심도 없는, 관료제의 톱니바퀴 속에 놓여 일상을 살아가는 이런 평범한 '국민윤리 관료들' 혹은 '윤리엔지니어들'을 지배하는 것은 '관료화된 윤리', 다시 말해 무신경·무비판·무성찰에 익숙해진 관료의 일상적 절차로서의 윤리에 가까울 것이다. 그런데 '윤리를 지배하는 윤리적 무관심'이나 '윤리적 고려가 배제된 윤리'가 마치 정상적인 현상처럼 지속되는 현실은 '윤리의 탈脫윤리화' 경향을 가속화한다. 여기에 그치지 않고 '윤리의 탈윤리화' 경향은 다시 한나 아렌트가 "무사유thoughtlessness와 악의 이상한 상호연관성"으로 설명한 바 있는 '악의 평범성banality of evil' 주제와도 연결될 수 있다.[18] 최호근이 정확히 지적했듯이 악의 평범성 테제를 통해 아렌트가 강조하려 했던 핵심은, "전체주의 체제는 평범한 인간들조차 엄청난 범죄를 저지르게 만들 수 있을 만큼 가공할 체제라는 것"이었다.[19] 보통 사람들의 머리카락과 영화필름을 자르던 무심한 관료적 가위질이 또 다른 무엇을 향하게 될지, 그 가위질에 인권·민주주의·자유·사회주의자·동성애자·양심적 병역거부자 등등이 줄줄이 잘려나가지 않을지 알 수 없게 되는 것이다.

이처럼 지배층은 윤리를 규율로 대체함으로써 '시민종교의 위기를 극복할 사회의 윤리교사'로 변신하고자 했다. 그런 시도와 전략은 어느 정도 성공적이기도 했다. 그러나 이런 변신이나 역할 변경이 그들의 독창적인 작품인 것은 아니었다. 위기 상황 속에서 순발력 있게 천재적인 창조성을 발휘해서라기보다는, 지배층이 식민지 시절에 이미 배우고 몸에 익힌 것, 말하자면 국가주의·전체주의·군국주의 성격이 강한 '식민지적 소프트웨어와 하드웨어들'을 다시 끄집어내어 해방 후의 상황에 맞춰 재활용한 것이다. 식민지엘리트 출신의 지배층은 자신들에게 익숙한 식민주의적 규율권력을 재활용하는 방식으로 윤리의 성격 자체를 바꾸어 '윤리적 딜레마'와 '시민종교의 위기'를 일거에 해결하려 했던 것이다. 여기서 우리는 해방 후 시민종교의 형성에 '식민지 요인과 유산'이 얼마나 중요했는지를 다시 한 번 확인하게 된다. 나아가 지배층이 새롭게 구성한 국민윤리의 내용물이 반공주의와 냉전적 세계관 일색이었다는 점에서, '식민지엘리트를 매개로 한 식민지 요인과 분단 요인의 접합'이라는 낯익은 현상도 새삼 확인하게 된다.

5. 소결

필자는 앞서 8~9장에서 과거사청산 정치에 대한 남한 사례분석과 국제적 비교분석을 통해 한국 식민지엘리트의 집단적 불안·공포의 연원과 깊이를 헤아려보려 시도했다. 이런 작업에 기초하여 이번 장에서는 '과거사청산의 거듭된 시도와 그 실패'가 한국사회와 한국 시민종교의 성격 형성에 어떤 영향을 미쳤는지를 관찰해보았다. 보다 구체적으로, 과거사청산 정치가 시민종교에 미친 영향을 (1) 지배세력의 정통성·정당성 부족에 따른 '이데올로기로서의 시민종교' 강세, (2) 지배세력의 약한 민족주의, (3) 지배세력의 과잉 폭력성, (4) 시민종교의 신념체계에서 반공주의·친미주의의 중심화, (5) 불신사회, 감시사회, 사회자본 결핍사회의 도래, (6) 연고주의, 능력주의, 경쟁주의의 지배와 융합, (7) 윤리적 타락, 윤리적 전도, 윤리의 성격 변용이라는 일곱 가지 측면에서 분석해 보았다.

이 가운데 뒤의 세 가지는 과거사청산 정치가 시민종교의 성격 형성에 대해 대체로 간접적인 영향을 미친 사례들로 볼 수 있다. 여기서 중요한 점은 이런 '간접적인' 영향들은 사람들의 내면적 심성으로, 일상생활 속으로, 집단적 무의식과 아비투스 속으로 스며드는 경향이 있다는 것이다. 그런 면에서 영향의 지속 기간도 매우 길고, (일단 자리 잡을 경우) 좀처럼 변화되지도 않는 특징들을 발견할 수 있다. 또 위의 일곱 가지 중 과잉 폭력성, 약한 민족주의, 불신사회·감시사회의 세 가지는 일탈적 유형의 시민종교인 '차가운 시민종교'를 빚어낸 핵심 요인들이었다고 필자는 판단했다.

필자는 이런 일곱 가지 측면 외에도, 거시적 성격이 좀 더 강하고 '체제 regime 형성'의 측면에 보다 가까운 몇 가지 측면들을 추가할 수 있다고 생각한다. 이를 심층적으로 분석해보는 게 다음 장의 과제이다.

제 11 장

분단국가, 48년 체제, 동아시아 민족주의

과거사청산 정치와 시민종교

10장에 이어 이번 장에서도 1940~1950년대에 진행된 과거사청산 정치의 '사후적인' 결과나 영향들을 시민종교에 초점을 두고 분석한다. 이 장에서는 한편으론 한반도뿐 아니라 동아시아로 시야를 더욱 확대하고, 다른 한편으론 체제 형성 내지 구조 형성의 성격이 보다 강한, 따라서 그 영향의 지속기간도 최소한 수십 년에 이르는 현상들에 집중할 것이다. 그런 맥락에서 필자는 이 장에서 (1) 식민지엘리트 그룹의 생존수단으로 선택되었던, 반공주의 · 친미주의를 중심으로 한 '분단국가'의 형성, (2) 정치적 타협의 산물이자 이질성의 모순적 결합인 '48년 체제'의 등장, (3) 민족주의의 끈질긴 생명력에 기초한 '동아시아 갈등구조'의 형성이라는 세 가지 현상에 특별히 초점을 맞추려 한다.

1. 적과 동지를 구별하기

해방 후 임시적 분단이 이루어진 상태에서 신탁통치 논란이 벌어지기도 했으나, 당시 한국인들에게 식민지 해방은 곧 '독립된 조선인의 국가' 건설로 이어질 것으로 당연시되었다. 주지하듯이 실제 역사과정은 그렇게 단순하지도 순탄하지도 않았다. 사태는 1948년 8~9월에 걸친 남북한에서의 '반쪽 국가들'(분단국가)의 설립으로 귀결되었다. 그 뒤에는 두 국가 간의 전쟁이라는 민족사의 일대참극이 기다리고 있었다.

이번 절은 왜 이런 일이 벌어졌는지, 왜 분단으로 질주하는 역사적 경로를 갈 수밖에 없었는지를 '식민지엘리트의 시각과 자리에서' 해석해보려는 시도이다. 필자는 앞에서 남한에서의 단독정부 수립운동, 즉 분단국가 수립을 위한 일련의 움직임 자체가 어느 정도는 식민지엘리트 세력의 '생존권 투쟁' 성격을 띠고 있었다는 것, 다시 말해 식민지엘리트들의 생존권 확보를 위한 분투가 남한의 실질적 지배 권력이던 미국의 세계적 냉전체제 구상과 절묘하게 결합함으로써 분단이 현실화되었다고 주장한 바있다. 그리고 이렇게 등장한 분단체제에서 지배집단의 폭력성과 공격성이 과도하게 표출되었으며, 이 과정에서 식민지 시대의 다양한 통치테크놀로지들이 동원되었다.

과거사청산 쟁점을 중심으로 사고하면, 그리고 식민지엘리트의 관점에서 바라보면, 누가 적이고 누가 동지인지가 명료해지는 데는 오랜 시간이 걸리지 않았다. 이런 맥락에서 필자는 (1) 반공주의, (2) 친미주의, (3) 분단국가 수립의 세 가지가 식민지엘리트들에게 개인적·집단적 생존의 길, 다시 말해 생존을 위한 돌파구이자 탈출구로 선택되었음을 강조하려한다. 조금 더 풀어 말하자면, 첫째, 과거사청산 요구에 맞서 집단적 생존을 도모하는 수단으로 반공주의와 친미주의가 수용되었고 또 적극적으로 활용되었다는 것, 둘째, 반공주의와 친미주의가 결합하여 대한민국이라는 분단국가의 수립을 촉진했다는 것, 셋째, 이 과정에서 식민지엘리트를 매개로 한 식민지 요인과 분단 요인의 접합이 성취되었다는 것이 여기서 필자가 제시하는 주장의 개요이다.

(1) 적의 식별: 반공주의

앞 장에서 서술했던 내용을 잠시 되새겨보자. 2차 대전 종전 직후 북한과 중국에서는 일본제국주의 협력자들이 단호하고도 엄격하게 처벌되었고 공적 영역에서 배제되었다. 협력자들에 대한 공직 축출과 처단, 재산 몰수, 공민권 박탈의 과정은 신속하고도 광범위하게 진행되었다. 해방 후 남한의 식민지엘리트들은 가까운 북한과 중국에서 들려오는 이런 '친일파 대숙청' 소식에 극심한 공포를 느꼈을 가능성이 높았다.

문제는 일본제국주의 협력자에 대한 이런 처단 움직임이 대개의 경우 중국과 북한의 '사회주의자들'에 의해 주도되었다는 것이었다. 더욱이 사회주의자들이야말로 식민지 말기에 독립운동을 주도함으로써 식민지 당국의 집중적인 탄압을 받았을 뿐만 아니라, 일본제국주의 '방공防共정책'의 일차적 희생자들이기도 했다. 정영태에 의하면 "(일본—인용자) 군국파시즘은 기본적으로 반反개인주의, 반反자유주의 그리고 반反공산주의를 표방하였으나, 민족해방운동의 주요 이념적 물질적 기반이었던 공산주의와 소련에 대한 비판과 공격이 핵심"을 이루었다. 당시 일본 지배층은 세계를 일본-독일-이탈리아 등 추축국을 중심으로 한 '방공防共국가군'과 소련과 영국-미국-프랑스를 중심으로 한 '용공容共국가군으로 양분하는 이분법적 세계관을 갖고 있었다고 한다.[1]

북한에서 식민지 과거사청산 작업을 기획하고 실행한 주역은 말할 것도 없이 사회주의 세력이었다. 2차 세계대전 직후 독일 동부 지역(동독)을 분할 점령하여 나치 세력의 청산을 후원했던 소련은 자신들이 점령한 북한에서도 식민지 협력 세력 숙청을 지지하고 후원했다. 중국에서도 사회주의 세력이 점점 세력을 확장해가다 마침내 국공내전國共內戰의 승자가 되었고, 그들의 수중에 장악되는 곳마다 과거사청산의 바람이 불어 닥쳤다. 남한 내부에서도 민족주의 열기와 함께 과거사청산 운동이 달아올랐

는데 이를 좌파 세력이 주도했다. 앞서 말했듯 식민지 말기에 민족독립운
동을 좌파 인사들이 주도했기 때문이었다.

과거사청산이라는 쟁점과 관련하여 남한의 식민지엘리트들은 북한,
중국, 소련 모두가 자신들에게 '적대적'임을 금세 파악할 수 있었을 것이
다. 남한 내 좌익의 경우에도 마찬가지였다. 반공주의의 유용성은 바로
이 점에 있었다. 반공주의는 북한은 물론이고 그 배후 지원 세력인 중국
과 소련의 영향까지 한꺼번에 차단할 수 있는 유력한 수단이었다. 반공주
의는 과거사청산의 압력과 도전을 방어할 수 있는, 나아가 공세적으로 사
태를 역전시킬 수 있는 최선의 무기로서 그 효용을 곧 인정받았다.

8장에서도 설명했듯이 식민지엘리트들이 역청산이라는 형태로 노골
적인 폭력성을 드러냈을 때 이런 대응의 정당화에 동원된 핵심적 명분은
거의 항상 반공주의였다. 반복하자면 한국전쟁 발발 이후 과거사청산 논
의 자체가 일종의 터부가 된 것 역시 "과거사청산 주장은 좌파의 논리"라
는 등식이 대중에게 강요된 탓이 컸다. 반공주의는 "모든 것을 가능하게
하고 어떤 행동도 정당화하는 마법의 무기"가 되어갔다.

식민지엘리트들은 식민지 시대의 이데올로기 창고 속에서 자신들에
게 익숙하고 당장 활용할 수 있는 쓸 만한 자원을 찾아내는 데 성공했다.
식민지엘리트들은 1938년에 설립된 '조선방공협회'와 같은 거대한 전국
적 조직을 통해 다양한 방식으로 전개된 반공선전 활동에 상당히 친숙한
편이었다. 이태훈의 표현대로 "해방 후 남한 단정 수립과 이승만 독재체
제의 강화를 위해 '빨갱이'라는 불특정의 '적대세력'이 창출되고 반공 중
심의 이분법적 정치구도가 구축되었을 때, 거기에 활용된 반공선전 전략
과 악마화된 공산주의의 표상은 이미 방공협회가 선구적으로 구현한 내
용이었다. 또한 방공표어·방공마크·방공글짓기·방공웅변·방공궐기대
회·방공가두행진·방공선전탑 등 이 모든 것들은 방防을 반反으로 바꾸면
1980년대까지도 끝없이 재활용된 선전양식이었다."[2] 반공주의야말로 해

방 후 재발굴·재활용된 대표적인 '식민지적 소프트웨어'였다. 아울러 반공주의가 식민지 시기에는 전체 이데올로기지형 안에서 '하위 통치이데올로기' 지위를 점했을 뿐이었지만, 해방 후에는 식민지엘리트에 의해 '상위 통치이데올로기' 지위로 상승 이동했다.

그런데 문제는 식민지 시대의 이데올로기 창고에서 반공주의를 꺼내올 때 '국가주의'도 함께 따라 나왔다는 사실이었다. 물론 국가주의를 관철하기 위한 식민지적 하드웨어들도 이때 함께 따라 나왔을 것이다. 식민지엘리트에 의해 적극적으로 선택되고 재발견된, 그리고 식민지엘리트들에게 친숙했던 반공주의는 식민지 말기의 그것, 즉 국가주의-군국주의-전체주의와 단단히 결합되어 있던 반공주의였다. 다시 말해 식민지 말기의 반공주의는 전체주의적인 국가주의, 제국주의로 치달은 극단적 민족주의ultra-nationalism와 단단하게 결합되어 있었다(이것은 같은 시기의 일본이나 독일, 이탈리아에서도 마찬가지였다). 당시의 반공주의는 의회민주주의와 정당민주주의, 나아가 정당제도 자체를 불신하는 국가주의-전체주의와 결부되어 있었다. 또 공산주의는 무엇보다 애국심과 민족애를 갉아먹는 사악한 존재로 지목되었다. 따라서 반공주의는 공산주의의 위협으로부터 국가와 민족을 방어하기 위한 수단으로 간주되었다. 해방 직후인 1940년대 후반에 식민지엘리트들이 되살려낸 반공주의는 '국가주의가 내장된 반공주의'였던 것이다.

식민지엘리트를 매개로 한 식민지 요인과 분단 요인의 결합이 그토록 매끄럽고 자연스러웠던 것도 상당 부분 '반공주의와 국가주의의 친화성' 덕분이라고 해석할 수 있다. 다시 말해 식민지 시대 말기에 정형화된 반공주의와 국가주의의 친화성이 식민지-분단 요인의 상호적 접합을 한결 용이하게 만들었다는 것이다. 어쨌든 '식민지 요인'은 재활용된 반공주의를 통해, 반공주의에 부착된 국가주의의 재소환을 통해, 국가주의를 관철하기 위한 식민지적 하드웨어들의 부활을 통해 또 한 번 위력을 발휘했다. 식민지엘리트들은 자신들의 생존을 위해 반공주의를 소환하는 과정에서 국가주의와 그 하드웨어들까지 함께 되살려냈다.

식민지적 맥락에서 형성된 반공주의와 국가주의의 친화성이라는 한국의 특수성은 시민종교의 성격 형성과 발전에도 중대한 영향을 미치게 된다. 한국의 반공주의가 '해방 후의 발명품'이 결코 아니라는 점, 그것이 '식민지 유산' 중 하나였다는 점을 상기하는 게 대단히 중요하다. 필자는 반공주의와 국가주의의 친화성, 한국의 반공주의가 '국가주의가 내장된 반공주의'(국가주의적 반공주의)라는 사실이야말로 한국 현대사의 수수께끼들을 해명할 가장 은밀한 비밀이자 키워드 중 하나이며, 한국 현대사에서 '진화의 잃어버린 고리'를 찾아내는 것과 비견할 만하다고 생각한다. 필자는 반공주의와 국가주의의 친화성이 한국의 시민종교, 나아가 대한민국의 진로와 운명마저 상당 부분 결정지었다고 생각한다.[3]

그런 면에서 상충하는 두 가지의 반공주의 유형, 즉 '자유주의적 반공주의'와 '국가주의적 반공주의' 사이의 차이를 강조하는 것은 의미 있는 일이라고 판단된다. 민주주의·자유주의와 끊임없이 불화不和하는 파시즘적 반공주의(예컨대 2차 대전 이전의 '일본식 반공주의')와 해방 후 미국이 남한에 이식시키려 했던 자유민주주의적 반공주의(2차 대전 이후의 '미국식 반공주의')는 반공주의라는 외형의 유사성에도 불구하고 전혀 다른 정치체제와 친화성을 갖기 때문이다.

1948년 이후 대한민국의 시민종교로 빠르게 자리 잡은 '반공-자유민주주의 시민종교'에서 두 가지 핵심 요소들인 '반공주의'와 '자유민주주의' 사이를 끝없이 '이율배반적 관계'로 몰고 갔던 가장 중요한 힘도 바로 반공주의에 내장된 국가주의적 관성과 충동 때문이었다고 말할 수 있다. 따라서 반공주의가 기승을 부릴수록, 반공주의가 "모든 것을 가능하게 하고 어떤 행동도 정당화하는 마법의 무기"가 되어갈수록, 시민종교의 다른 한 축인 (자유)민주주의는 더욱 위축되어가고, 그 결과 반공주의-민

주주의의 유기적이고 조화로운 결합 역시 점점 난망해지는 것이다. 국가
주의적 반공주의는 자유민주주의의 핵심 가치에 속하는 '개인들(시민들)의
자유와 권리'를 끊임없이 의문시하고 침해하고, 심지어 조롱한다. 냉전체
제 하에서 반공주의와 국가주의의 결합은 종종 '반反자유민주주의 성향
의 안보국가national security state'로 실체화하곤 했다.

(2) 동지의 식별: 친미주의

해방 직후 식민지엘리트 세력은 '사면초가'의 상황에 몰렸다고 해도 과언
이 아니었다. 사방과 안팎이 모두 적들로 가득한 상황에서 오로지 미국(미
군정)만이 그들의 유일한 보호막이자 방벽으로 기능했다. 미국은 2차 세계
대전 직후 자신이 군정을 펼친 일본이나 독일(서독)에서와는 달리, 남한에
서는 기존 지배세력에 대한 인적 청산이나 처벌을 전혀 추진하지 않았다.
현실적인 국가권력이었던 미군정의 이런 태도가 아니었다면, 식민지엘
리트들은 고립무원의 처지에서 과거사청산의 드센 압력 앞에 고스란히
노출되고 말았을 것이다. 따라서 해방 직후부터 식민지엘리트들 사이에
서 극단적인 친미주의가 득세할 가능성이 높은 상황이었다.

　그럼에도 불구하고 모스크바3상회의-미소공위로 이어지는 1945년 12
월부터 1947년 7월까지의 상황은 식민지엘리트들에게 여전히 불안이 지
속되는 형국이었다. 그들은 상황의 유동성과 모호성 속에서 미국의 눈치
만 살필 수밖에 없는 형편이었다. 식민지엘리트들의 불안감을 해소시켜
주는 미국의 가시적인 행동은 1947년 7월에 나타났다. 이때 남조선과도
입법의원이 진통 끝에 어렵사리 제정해놓은 '부일협력자·민족반역자·
전범·간상배에 관한 특별법률조례'를 군정장관이 거부권을 행사하여 무
효화했던 것이다. 특별법률조례는 '친일반민족행위자'를 크게 '민족반역
자'와 '부일협력자'로 나누어, '민족반역자'들에 대해서는 엄중한 사법적

처벌을, '부일협력자'들에 대해서는 상당 기간 공민권을 제한하도록 규정되어 있었다. 이 법이 실행된다면 해방 직후 미군정의 보호 아래 기존 공직을 유지할 수 있었던 식민지엘리트들의 상당수가 기득권을 잃고 새 정부에의 참여도 제한받을 가능성이 높았다. 그런데 특별법률조례 자체를 완전히 무력화함으로써 미국은 식민지엘리트 세력을 비호하려는 의지를 명료히 했다.

해방 직후 식민지엘리트의 기득권을 보호해주었던 미국이 1947년에는 식민지 협력자 처벌법의 위협적인 손아귀에서 식민지엘리트들을 구출해주었다. 아마도 '두 번째 구원의 손길'이 체감된 이 일이야말로 식민지엘리트의 친미주의 태도가 결정적으로 강화되는 계기로 작용했을 것이다. 생사여탈권을 쥔 미국의 압도적 존재 앞에서 친미주의는 식민지엘리트에게 '생존의 길'이었다. 그것도 '선택'이 아닌 '필수'에 해당했다. 1945~1947년 여름까지의 모스크바3상회의 및 미소공위 국면에서 미군정을 향한 식민지엘리트의 이해관계와 시각(세계관)이 부분적인 불일치를 포함하는 '조심스럽고 불안한 협력'에 가까웠다면, 과거사청산을 위한 특별법률조례를 미군정 당국이 비토한 1947년 7월부터 미소공위의 최종 결렬 및 한국문제의 유엔 이관에 이르는 1947년 10월 사이에 양자는 비로소 세계관과 이해관계의 최종적인 조율에 이른 것으로 보인다. 말하자면 '식민지엘리트와 미군정의 일체화' 과정이 비로소 완성된 것이다. 미국의 선택이 명확해진 상황에서, 심리적 안정을 획득한 식민지엘리트들은 미국의 적극적인 우군友軍이자 동맹 세력이 되기로 명확히 선택했을 것이다. 그러나 이 당시에조차 친미주의는 두 가지 면에서 여전히 불완전하고 취약한 것이었다.

첫째, 그것은 식민지엘리트에 국한된 것이었다. 다시 말해 친미주의는 아직 대중화되지 못했다. 해방 당시 반일反日 성향의 일부 조선인들은 일본의 적대국이던 미국을 '해방자'로 적극 환영했다. 같은 시기에 '친일적'

엘리트들은 미군에 대해 경계하거나 모호한 태도를 취했지만, 얼마 지나지 않아 미국을 '구원자'로 받아들이게 되었다. 그러나 졸지에 미군정 지배 아래 놓인 대다수의 조선인 대중에게 미국은 여전히 '멀리 떨어진 힘센 이국異國'일 뿐이었고 미군 역시 '점령자'에 불과했다. 인구의 압도적 다수가 농촌에 거주하던 당시 상황에서는 도시 중심으로 진주한 미군은 국내에서조차 '멀리 있는 존재'였다.

두 번째로, 식민지엘리트에게조차 친미주의는 아직도 행동과 감정이 분리된 '반쪽 친미주의'였을 가능성이 높았다. '친미적 행동' 자체는 절박하고도 강렬하나 그런 행동에 '온전한 마음'이 실리지는 않은, 친미적인 행동과 미국을 경계하는 감정이 혼합된 애매한 상태 말이다. 친미주의가 생존수단이나 생존윤리 차원에서 선택된 것인 만큼, (막스 베버의 표현을 빌자면) 친미주의는 '가치합리성'의 영역이 아닌 '목적합리성'의 영역에 머물렀을 가능성이 높았다.

그것이 반공주의와 친미주의의 주요한 차이점이었다. 앞서 언급했듯이 반공주의는 이전의 이데올로기 창고 속에 있었던, 자신들에게 익숙하고 당장 활용 가능한 자원이었다. 따라서 여기엔 '태도와 심리의 연속성'이 존재했다. 반공주의를 강하게 밀고 나가는 데 아무런 장애도 없었다. 그러나 '일본식 반미주의'(일본식 옥시덴탈리즘)에 젖어 있던 식민지엘리트들에게 '친미주의'는 '기존 태도-심리와의 단절 및 뒤집기'에 가까웠다. 심하게 말하자면 그것은 '적과의 동침'이나 '원수와의 공존'일 수도 있었다. 태평양전쟁의 적군을 향했던 반미주의의 여운이 잔뜩 남은 상태에서 급한 대로 당장은 구명줄인 미국을 부여잡은 어정쩡한 상황일 수 있었다. 일본식의 '반미적 옥시덴탈리즘'과, '생존본능'이 조장하는 해방 후의 '친미적 오리엔탈리즘'이 어색하게 뒤섞이는 양상이었다고도 말할 수 있을 것이다. 반면에 반미 옥시덴탈리즘의 연속성을 유지함으로써 식민지 말기와 동일한 이데올로기 구조가 자리 잡았던 북한에서는 새로운 상황에 대한 심리적 적응이 상대적으로 쉬웠을 것이다. 요컨대 남한에서는 식민지엘리트들조차도 이전의 오래된 패턴을 단번에 뒤집기는 쉽지 않았을 것이다.

해방정국의 친미주의에서 발견되는 이런 두 가지 한계는 식민지엘리트 그룹의 친미주의가 결정적으로 강화되는 1947년 여름의 '특별법률조례 비토 국면'에서도 크게 다르지 않았으리라 판단된다. 설사 식민지엘리트와 미군정이 시각(세계관)과 이해관계의 최종적 조율에 도달했을지라도 말이다. 필자가 보기에 친미주의의 두 가지 불완전성이 극복되는 계기, 즉 친미주의의 '대중화'가 급진전되고, 식민지엘리트층의 '반쪽 친미주의'가 '온전한 친미주의'로 바뀐 결정적인 계기는 바로 한국전쟁이었다. 어쨌든 보통의 한국 사람들이 한국전쟁을 거치면서 미국에 대해 '은인恩人'이라는 특별한 우호감정을 공유하게 되었다면, 식민지엘리트들은 최소한 5년 이상 빨리 동일한 감정을, 그것도 훨씬 강하게 느꼈던 셈이다.

(3) 역사 경로의 갈림길에서: 분단국가 수립과 냉전동맹의 성립

우리는 '부일협력자·민족반역자·전범·간상배에 관한 특별법률조례'에 대한 미군정 당국의 무효화 조치와 미국의 '냉전으로의 선회' 시기가 사실상 중첩된다는 사실에 주목할 필요가 있다. 특별법률조례안이 입법의원에 처음 상정된 때가 1947년 3월이었는데, 반소反蘇·반공反共 기조를 띤 트루먼 독트린이 발표됨으로써 미국의 냉전 선회가 가시화된 것도 같은 달의 일이었다. 미군정의 특별법률조례 거부가 최종 확정된 때가 1947년 11월인데, '제2차 미소공위의 최종 결렬'로 인해 모스크바3상회의 및 미소공위 국면이 종결된 때도 그 직전인 1947년 10월이었다. 1947년 여름부터 남한의 상황은 분단국가 수립 쪽으로 급진전되었다. 특별법률조례 상정 이후 불안감에 사로잡혀 생존을 암중모색하던 식민지엘리트들은 1947

년을 거치면서 미국의 의중과 메시지를 재빨리 간파하고, 새로운 상황 전개에 신속히 적응해 들어갔다. 미군정의 특별법률조례 거부를 계기로 식민지엘리트와 미국의 '냉전동맹'도 완성 단계에 이르렀다.

이런 사태 전개는 남한에서 식민지엘리트-미국 간의 냉전동맹을 중심으로 반공주의, 친미주의, 분단국가 수립이 서로 수렴해가는 현상을 명료히 보여준다. '반공주의와 친미주의의 결합에 의한 분단국가 수립'이라는 경로, 즉 식민지엘리트를 매개로 반공주의와 친미주의가 단단하게 결합하고, 다시 식민지엘리트와 미군정의 협력 속에서 대한민국이라는 분단국가의 수립으로 나아갔던 역사적 경로가 1945~1947년에 걸쳐 빠르게 현실화되었던 것이다.

주지하듯이 남한의 해방정국에서는 (1) 좌우합작과 미소공위를 통한 통일 임시정부(임시민주정부) 수립의 경로, 그리고 (2) 신탁통치 반대운동(반탁운동)을 매개로 한 분단국가 수립의 경로가 서로 대립하고 있었다. 미군정조차도 1947년 9월까지 공식적으로 추진했던 경로는 모스크바3상회의에 기초한 첫 번째의 것이었다. 무력에 의한 통일국가 수립의 경로가 아닌 한, 1945년 말의 모스크바3상회의에 기초한, 좌파-우파의 협력 및 미국-소련의 협력과 합의에 의한 통일 임시정부 수립의 코스가 미리 결정되어 있던 유일한 공식적·합법적 경로였다.

그러나 이야말로 식민지엘리트들에게는 모든 면에서 '악몽의 시나리오'에 가까웠다. 우선, 임시정부의 수립 과정 자체가 소련의 협력과 승인, 북한을 사실상 장악한 사회주의자들과의 합작을 전제로 한 것이었다. 남한 쪽 역시 '좌우합작위원회'가 과정을 주도하게끔 되어 있었다. 식민지엘리트들이 임시정부 수립 과정을 주도할 여지나 가능성은 거의 없었다. 더욱이 소련, 북한 좌파, 남한의 좌파와 중도파 세력은 모두 하나같이 식민지엘리트에 '적대적'이고 과거사청산에는 '적극적'인 이들이 아닌가? 둘째, 만약 예정대로 통일 임시정부가 수립된다면, 그 정부는 최우선적인 과제 중 하나로써 '식민지 과거사청산'을 추진할 것이 거의 분명했다. 모스크바3상회의의 한국 관련 합의 중 하나가 바로 그것이었기 때문이다.

좌우합작위원회 우익 측 대표였던 김규식은 1947년 1월 1일에 발표한 연두사年頭辭에서 '합작7원칙의 노선'에 입각한 독립국가 수립이라는 원대한 비전과 경로를 제시했다. 합작7원칙의 두 번째는 "국내에 있어서 친일파 민족반역자 등을 제외하고 좌우 양익의 진정한 애국자를 총망라한 각 계급 연합정권을 건립"한다는 것이었고, 세 번째에도 "전국적 통일적 임시정부가 수립되기 전에 위선爲先 남한에 있어서 입법기관을 통하여 미군정으로부터 행정과 사법권의 이양을 받아 좌우 양익의 진정한 애국자로 하여금 정권을 행사하게 하는 동시에 친일 잔재 등을 정부 각 기관으로부터 철저히 숙청"한다는 내용이 포함되어 있었다.[4] 좌익과 우익을 초월하여 최대한 폭넓은 정치적 연대가 추구되고 있었음에도 불구하고, 거기에 식민지엘리트들이 운신할 만한 공간은 결코 넓지 않았다.

식민지엘리트 입장에서 볼 때 좌우합작과 미소공위를 통한 통일 임시정부 수립의 경로는 자신들의 미래와 운명을 전혀 신뢰할 수 없는 적대적 세력들에게 통째로 맡겨놓는 것과 다를 바 없었다. 자신들의 생존을 도모하기 위해서는 어떻게든 모스크바3상회의에 따른 통일 임시정부 수립의 경로를 좌절시켜야만 했다. 반탁운동이 처음부터 분단국가 수립을 지향했던 것은 아니지만, 식민지엘리트들이 처음부터 적극적으로 가담했던 데에는 통일 임시정부 수립 경로를 방해하려는 목적의식도 분명 작용했을 것이다. 다시 말해 반탁운동은 모스크바3상회의 결정을 좌절시키기 위한 사활적인 노력의 일환이자 중요한 무기였다. 어쨌든 반탁운동을 반공운동으로 발전시키는 가운데, 그리고 친미주의적 의식이 점점 심화되는 가운데, 그리고 미국의 의도와 행보가 좌우합작·미소공위를 통한 통일 임시정부 수립 경로에서 조금씩 이탈해가는 것처럼 보임에 따라, 식민지엘리트들 사이에서는 단순한 반공주의나 친미주의에 그치지 않고 차라리 '북한과의 분리', 즉 38도선을 경계로 한 임시적 분단의 항구화에 기초한 남한만의 분단국가 수립 쪽이 여러모로 더 나은 역사적 선택이라는 생각이 확산되었을 것이다.

식민지엘리트의 입장에서 볼 때 해방정국은 좌우합작·미소공위를 통한 통일 임시정부 수립 경로를 중단시키고, 반탁·반공·친미운동을 매개로 한 분단국가 수립의 경로를 힘겹게 개척해가는 과정을 의미했다. 앞에서 보았듯이 식민지엘리트들이 주축이 된 극우 세력은 좌우합작위원회 및 그 영향권 내에 있던 입법의원을 무력화 내지 해체하는 운동을 적극적으로 전개했고, 그 결과는 매우 성공적이었다. 또 순전히 식민지엘리트의 시선과 이해관계에서 본다면, 분단국가를 수립하려는 시도는 '식민지엘리트의 나라', 즉 식민지엘리트들의 안전과 자유를 보장하는 나라를 건설하는 일이었다. 그것은 절박한 생존투쟁이기도 했다.[5] 그러나 분단국가 수립의 경로는 결코 매끄럽고 순탄하게 진행되지 않았다. 2·7항쟁, 남북협상, 5·10선거 보이콧처럼 상대적으로 평화적이었던 저항은 말할 것도 없고 제주 4·3사건 및 여순사건과 뒤이은 빨치산투쟁 등 무장저항에 이르기까지, 분단국가 수립 경로에 대한 반발이 엄청났던 것이다. 분단국가 수립 자체가 수많은 이들의 희생을 요구하는 처참한 유혈적 과정이었다. 이 과정에서 식민지엘리트 그룹의 공격성과 폭력성이 유감없이 표출되었고, 이런 유혈적인 사건들을 겪음으로써 식민지엘리트들의 공격성·폭력성은 점점 더 강화되어갔다.

결과적으로 식민지엘리트의 주도로 분단체제가 형성되는 과정에서 다음 몇 가지가 너무나도 명백한 사실이 되었다. 첫째, 대한민국 시민종교는 권력투쟁의 최종 승자가 된 식민지엘리트들의 이니셔티브 아래 구축되리라는 점, 둘째, 그로 인해 매우 이례적이게도 대한민국 시민종교 안에서 민족주의의 비중이나 강도는 상대적으로 낮아지리라는 점, 셋째, 식민지엘리트들의 선호 대상이자 생존수단이었던 반공주의와 친미주의가 대한민국 시민종교의 중심부를 점유하게 되리라는 점, 넷째, (친미주의의 내적 한계들로 인해) 적어도 당분간은 반공주의와 친미주의 가운데 전자가 더욱 우세한 지위를 차지하리라는 점, 다섯째, 식민지엘리트의 권력 장악 투쟁에 동반된 과도한 폭력성이 어떤 식으로든 대한민국 시민종교에 영향을 미칠 가능성이 높아졌다는 점 등이 그것이다. 이미 앞 장에서도 보았듯이, 시민종교에서 민족주의 요소의 약세 현상, 그리고 시민종교 주도세력의 폭력성 문제는 한국 시민종교를 비정상적이거나 내적으로 취약한 유형으로 몰고 가는 경향을 보였다.

그러나 반공주의와 친미주의의 결합이 반드시 '분단국가' 쪽만을 지시했던 것은 아니었다. 반공주의와 친미주의의 결합에는 소극적인 측면과 적극적인 측면이 모두 포함되어 있었다(실제로는 반공주의-친미주의 접합체의 소극적인 측면이 '지배적인 현실'을 구성하고, 적극적인 측면이 '주변적이고 예외적인 현실'을 구성할 가능성이 높았다는 점이 한국 현대사의 비극이었지만 말이다). 우리가 식민지엘리트의 '생존'이라는 가치에 우선 주목할 경우, 반공주의와 친미주의의 결합은 (상당한 공격성을 내장한) '냉전적 분단체제'로 귀착되기 쉬웠다. 그러나 특정 사회·정치집단의 생존이라는 가치는 절박하고 구체적tangible이긴 해도 그 수혜 범위가 협소하거나 배타적이고, 궁극적으로는 집단이기주의적인 성격에서 벗어나기 어렵다. 이것이 반공주의-친미주의 접합체의 소극적인 측면이었다. 그러나 적극적인 측면에서 볼 때, 반공주의-친미주의 접합체는 비록 추상적이긴 하지만 보다 긍정적이고 보편적인 가치들로 연결될 수도 있었다. 공산주의로부터 '무엇'을 방어할 것인가, 그리고 미국의 '무엇'을 선호하는가라는 질문들과 관련하여, 자유·민주주의 그리고 (근대화의 선물인) 풍요와 복지well-being 등의 응답을 제시할 수 있는 것이다. 반공주의-친미주의 접합체의 이런 양 측면이 모두 반영된 것이 다음에 살펴볼 '48년 체제'의 특징이었다.

2. 48년 체제 혹은 '대한민국'이라는 나라

(1) 48년 체제의 형성

지금까지 '48년 체제'에 관한 논의는 그것의 '냉전적 보수 편향성'을 강조하는 쪽으로 기울어 있었다. 예컨대 박찬표는 한국 현대 정치체제의 특징을 "정치적 대안이 봉쇄된 보수적 패권체제"로 압축하면서, 48년 체제를 "한국 현대 정치체제의 원형 형성기인 정부 수립 과정과 그 결과 구축된 정치체제의 기본구조"라고 규정했다.[6] 손호철은 더욱 단순하게 48년 체제를 "국가보안법 체제"로 규정하기도 했다.[7] 필자 역시 이런 성격 규정에 대체로 동의하는 편이다. 그러나 필자는 48년 체제의 보수 편향성뿐 아니라 거기에 내재된 두 가지 다른 측면들, 즉 (1) 타협과 절충의 측면, 그리고 (2) 내적 모순의 측면들 또한 강조하려고 한다. 48년 체제는 식민지엘리트 세력의 지배력이 관철된 '성공 스토리'를 담고 있는 것이 사실이나, 그와 동시에 식민지엘리트들이 노출한 '지배력의 한계'라는 측면 또한 보여주고 있기 때문이다.

위에서 서술한 것처럼 남한의 해방정국이 '통일 임시정부 수립' 경로와 '반탁운동을 매개로 한 분단국가 수립' 경로 사이의 투쟁을 축으로 구성되고 결국 후자의 승리로 종결되었다면, 그 결과인 '48년 체제' 혹은 '대한민국 체제'는 필경 강한 반공주의와 친미주의, 약한 민족주의로 특징지어졌을 것이다. 이 체제는 무엇보다 반공적 냉전체제, 남북한 민족 분단체제, 좌익 및 중도 정치세력의 철저한 배제에 기초한 '우경반쪽' 체제,[8] 친미적 종속체제의 성격을 띠었을 것이고, 실제로도 그런 모습이 뚜렷하게 나타난 게 사실이었다.

그러나 1948년 제헌헌법으로 집약되는 이 체제의 내용은 단지 거기에만 그치진 않았다. 명백히 그 이상이었다. 거기에는 식민지엘리트들의 기획과 의도로만 설명할 수 없는, 그것을 뛰어넘는 무언가가 자리 잡고 있었다. 따라서 당연한 얘기지만 48년 체제와 상응관계를 이루면서 등장한 '대한민국 시민종교' 역시 '강한 반공주의, 강한 친미주의, 약한 민족주의'라는 모습만을 보여주지는 않았다. 민주주의와 전투적·저항적 민족주의 같은 이질적인 요소들, 심지어 기존 시민종교의 구성부분들과 충돌하는 일부 요소들까지 대한민국 시민종교 내부로 침투하는 데 성공했던 것이다. 예컨대 전투적·저항적 민족주의는 식민지엘리트뿐 아니라 미국의 의도와도 충돌하는 것이었다. 또 민주주의에서도 미국이 대한민국에 이식하려던 '자유민주주의'와 대한민국임시정부를 비롯한 독립운동가들이 주장해온 다양한 버전의 '민주주의들' 사이에는 상당한 차이가 있을 수 있었다.[9] 이런 다양한 요소들이 대한민국 시민종교의 '최고 경전經典'이자 '신성한 계약 문서'가 될 제헌헌법 안에 자리 잡게 되었다.[10] 그러므로 제헌헌법 자체가 "모호하고 일관성 없는 법체계"[11]라는 특징을 보였던 것도 어찌 보면 당연한 결과였다. 결국 48년 체제는 일차적으로 '반공-냉전적 분단국가'이자 '친미 종속국가' 체제였지만, 그것은 동시에 '민주공화국' 체제이면서 '민족주의 국가' 체제이기도 했다.

왜 이런 일이 발생했을까? 이 대목에서 우리는 당시 정치세력 간의 힘 관계, 특히 식민지엘리트들이 국가기구와 정치사회 안에서 이미 우월한 지위를 확보했음에도 불구하고 그들조차 여전히 통제할 수 없는 힘들이 존재했다는 사실에 주목할 필요가 있다. 이 가운데 미국으로부터의 민주주의 수용 압력, 대중의 민족주의 열기, 남북한 정권 간의 정통성 경쟁이라는 세 가지 요인이 특별한 중요성을 갖는다. 남한 지배세력이 통제할 수 없었던 또 하나의 변수로 '민족주의 정치에 기초한 동아시아 갈등구조'를 추가할 수 있을 터인데, 이에 대해서는 다음 절에서 상세히 살펴볼 것이다.

먼저, 식민지엘리트의 통제권 바깥에 있던 미국이라는 존재를 고려해야 한다. 식민지엘리트들은 미국에 의탁할 의지와 자유는 갖고 있을지언정 미국을 통제할 힘과 권력은 갖지 못했다. 결국 미국을 통해 48년 체제와 대한민국 시민종교 안으로 '자유민주주의'가 진입했다. 미군정 자신이 제헌헌법의 초기 제정 과정에 부분적으로 개입했을 뿐 아니라, 이 헌법의 내용 또한 "실제로는 미국 헌법이 압도적으로 차용되었다는 점"이 특징이었다.[12] 미국은 자신의 직접적 영향력 아래 놓인 사회들에서 '과거사청산' 문제에 대해서는 소극적으로 대응했던 편이었지만, '민주주의 도입' 문제에 대해서는 적극적인 태도를 보였다. 물론 이런 '과거사청산 없는 민주화' 자체가 많은 부작용들을 빚어냈지만 말이다.

헌법 제정 과정에서 주권의 소재(주체)와 관련하여 반공주의가 개입함으로써 자유주의적인 '인민'을 밀어내고 그 자리를 국가주의적인 '국민'이 차지했던 사실은 필자가 앞서 강조했던 '(한국적 맥락에서의) 반공주의와 국가주의의 친화성'을 입증하는 것이지만,[13] 제헌헌법에는 국가주의적 반공주의만이 아니라 자유주의도 아울러 침투해 들어갔다. 임혁백은 미국의 역할에 유의하면서 이를 다음과 같이 설명한다.

> 대한민국의 헌법을 제정할 때 한국의 헌법 디자이너들은 국제적 냉전체제가 심화되는 세계시간에서 '자유세계'의 패권국가인 미국의 반공전선의 보루이자 냉전의 최전방 초소outpost 국가로서의 정체성과 분단국가의 정체성을 헌법에 담아야 했다. 그리고 이러한 정체성을 수호하기 위해서는 매우 중앙집권적인 국가주의를 또한 제헌헌법에 집어넣어야 했다. 그래서 '인민' 대 '국민'의 논쟁이 벌어지고 궁극적으로 국민이 채택되었다. 자유주의에 대한 국가주의의 승리였다. 제헌헌법이 써내려간 대한민국은 '인민(주권)의 국가'가 아니라 '국가(주권)의 국민'이었다. 그러나 국가주의는 헌법 제정의 종결자가 아니었다. 다시 한국의 헌법 제정 과정에 비동시성이 개입하였다. 신생 대한민국의 후견국

가인 미국은 기본적으로 자유주의 국가였고, 세계 최초로 자유헌정주의liberal constitutionalism를 성문헌법에 담아낸 자유주의의 '위대한 전통과 역사에 빛나는' 국가이다. 또한 미국은 대한민국을 냉전의 최전방 기지국가로 만드는 것뿐만 아니라 한국을 미국식 자유민주주의의 진열장으로 만들어 공산주의 제국과의 체제 경쟁에서 우위를 선점하려 하였다. 그것이 미국이 자랑하는 미합중국헌법 수정헌법 제1조를 포함한 권리장전 조항이 대한민국 제헌헌법에 거의 그대로 복사되게 된 이유이다. 비동시적인 국가주의의 시간과 자유헌정주의의 시간이 헌법 제정의 시간에서 공존하였다.[14]

적어도 2차 대전 직후의 미국은 당면한 두 위협인 파시즘 독재와 공산주의 독재를 또 다른 '비非파시즘·비非공산주의 독재'를 내세워 방어하려는 구상을 갖고 있지 않았던 것으로 보인다. 더욱이 세계적 냉전이 무르익어감에 따라 미국은 '신생 공산주의 국가군'(소련, 중국, 북한)과 '직전 파시즘 국가'(일본) 사이에 끼어 있는 한국을 '자유주의 진영의 모범 신생국'으로 발전시키려는 의도를 드러내기도 했다. 물론 한국에서 '반공주의적 민주국가'가 성공적으로 뿌리내리기를 원했던 미국의 정치엘리트들조차 한국의 지배층에게 익숙한 반공주의는 민주주의와 양립하기 어려운 '국가주의적 반공주의'였다는 사실을 아예 몰랐거나, (설사 어렴풋이 알았더라도) 그것의 실천적 함의를 충분히 숙고하지는 못했던 것 같지만 말이다.

둘째는 식민지엘리트들이 충분히 혹은 완전히 통제할 수 없었던, 그로 인해 식민지엘리트들마저 일정하게 편승할 수밖에 없었던 대중의 민족주의 열기였다. 식민지엘리트들은 반탁운동을 전개하면서 '민족진영'으로 자임自任하고 공산진영을 '반민족 세력'으로 낙인찍어 공격함으로써, 대중의 민족주의 열기에 편승했을 뿐 아니라 민족주의 담론을 정치적으로 활용했다. 그런 점에서 식민지엘리트들은 48년 체제에 민족주의 요소들이 스며들도록 스스로 기여한 측면이 있다. 물론 대중의 민족주의 열기에 식민지엘리트가 '편승'한 결과물인 '약한 민족주의'가 과거사청산을 요구하는 '전투적·저항적 민족주의'와는 질적으로 다른 것이긴 했지만 말이다. 어쨌든 식민지엘리트들은 자신들에게 도전하는 특정 개인이나 집단들을 공격적으로 제압할 수는 있었을지라도, 대중의 민족주의적 열기 자체를 완전히 제압할 수는 없었다. 그들은 일부 '민족주의자들'을 배제할 수는 있었을지언정 '민족주의' 자체를 배제할 수는 없었다.

무엇보다도 식민지엘리트들은 독립정부 수립을 위한 정초定礎선거(1948년 5·10선거)에서 대중의 민족주의 열기가 분출하는 것을 통제할 수 없었고, 따라서 제헌의회선거에서 민족주의자들이 대거 국회에 진출하는 사태를 막을 수 없었다. 더구나 제헌의회는 (예컨대 베트남에서 그랬던 것처럼 임시행정부가 작성한 헌법 초안을 의회가 형식적으로 추인하는 방식이 아니라) 헌법 초안을 직접 작성하여 통과시킴은 물론이고, 행정부의 수장인 대통령을 선출할 수 있는 막강한 권한을 갖고 있었다. 나아가 제헌국회를 통해 '대한민국임시정부'가 '대한민국' 내부로 들어왔다. 한편으로 국가와 국기 등 임시정부의 각종 '국가상징과 의례들'이 너무나 쉽게 대한민국 안으로 들어왔다. 3·1절, 개천절, 순국선열기념일 등 국가력國家曆을 구성하는 각종 '국가기념일들'도 마찬가지였다.[15] 다른 한편으로는 임시정부의 '민주주의와 민족주의', 더 정확하게는 '민주주의-민족주의 병진並進' 지향으로 나타났던 민주주의와 민족주의가 대한민국 안으로 침투하게 되었다. 제헌헌법은 전문前文에서 "기미 삼일운동으로 대한민국을 건립하여 세계에 선포한 위대한 독립정신을 계승하여 이제 민주독립국가를 재건함"을 만천하에 선포했다. 아울러 제헌헌법은 "이 헌법을 제정한 국회는 단기 4278년 8월 15일 이전의 악질적인 반민족행위를 처벌하는 특별법을 제정할 수 있다"(제101조)고 명시했다. 그 덕분에 제헌국회는 개원 직후부터 친일 협력자 처벌을 위한 반민법 제정 작업에 착수할 수 있었다. 이처럼 제헌국회를 통해 전투적·저항적 민족주의가 체제 내부로 틈입闖入하였고, 나아가 부분적으로 제도화되었다. 뒤에서 다시 서술하겠지만 48년 체제가 일단 성립된 이후에도 주로 대한민국 '외부'로부터 오는 다양하고도 강한 자극들로 인해 민족주의는 48년 체제의 중요한 일부로 계속 남아 있게 된다.

세 번째로, 집권 식민지엘리트들이 대한민국 수립 초기부터 '임시정부 법통의 계승'을 강조할 수밖에 없었던 사정에는 (대중적인 민족주의 열기에의 편승, 이 열기에 힘입은 민족주의자들의 제헌국회 진출이라는 요인 외에) 한 가지 더 고려해야 할 변수가 존재했다. 이 변수는 빠르게 형성되는 세계적 냉전체제를 배경으로 1948년 8~9월 남북한 각각에 수립된 두 분단정권 사이에 치열한 '정통성 경쟁'과 '체제우위 경쟁'이 벌어졌던 사실과 관련된다. 특히 북한 정권이 김일성을 중심으로 한 '항일 빨치산투쟁'을 정통성의 원천으로 삼는 가운데, 남한 정권 역시 '임시정부의 법통'을 정통성의 원천으로 삼을 수밖에 없었다. 다른 한편으로 남한 정권이 '공산독재'에 맞서 '자유민주주의'의 우월성을 강조했던 것은 냉전적 체제경쟁과 주로 관련된다. 이처럼 멀리는 냉전체제로부터, 가까이는 분단체제(북한의 존재)로부터 가해지는 두 층위의 구조적 압력들 역시 식민지엘리트들이 충분히 통제하기 어려웠던 힘이었다.

(2) 48년 체제와 '대한민국 시민종교'

결국 '48년 체제' 혹은 '대한민국 체제'는 한마디로 '정치적 타협의 산물'이자 '이질성들의 모순적 결합'이라고 말할 수 있다. 48년 체제는 일차적으로 지배층인 식민지엘리트의 의도적인 '작품'이자 일종의 '전리품'이었지만, 그들의 의도를 순수하게 관철할 수 없게 만들거나 왜곡시키는 여러 힘들의 개입에 의해 영향을 받을 수밖에 없는 '합작품'이기도 했다. 그런 면에서 "인간은 자신의 역사를 만들어가지만, 그들이 바라는 꼭 그대로 만드는 것은 아니"라는 마르크스의 관찰은 여기서도 타당하다.[16] '대한민국 시민종교' 역시 합작품이자 타협의 산물이자 이질성들의 모순적 결합이라는 기본성격은 마찬가지였다.

어쨌든 48년 체제를 통해 '대한민국 시민종교'의 '기본 주제들'이 제시되었다. 48년 체제를 통해 대한민국 시민종교의 '원형archetype'이 제시되었고 '기본 틀'이 형성되었다. 48년 체제의 중요성을 바로 여기서 찾을 수 있다. 반공주의, 친미주의, 냉전·분단을 기본으로 하되, 거기에 민주주의, 민족주의, 발전주의가 추가되었다. 비유하자면 대한민국 시민종교는 '반공-자유민주주의 시민종교'라는 건축물로 외화外化되고 구체화되었으며, 이를 민족주의·발전주의(근대주의)가 일종의 토대로서 지표면 아래에서 떠받치는 구도로 나타났다. 반공-자유민주주의 시민종교에서 반공주의가 보다 '지배적이고 능동적인' 측면을 이뤘다면, (무엇을 공산주의로부터 방어할 것인가에 대한 응답에 해당하는) '자유민주주의'는 이에 비해 '종속적이고 소극적인' 측면을 이루고 있었다. 한국에서 '친미주의'는 그 자체가 독자적인 시민종교 요소를 이룬다기보다는, 발전주의, 반공주의(냉전체제), 민주주의의 세 요소들 속으로 융합해 들어가는 경향을 보였다. 결국 1948년 무렵에 뚜렷하게 가시화되고 정형화된 반공-자유민주주의 시민종교는 민족주의, 발전주의, 반공주의, 자유민주주의, 친미주의라는 다섯 가지 기본교리들basic doctrines로 구성되어 있었다. 혹은 이를 반공-자유민주주의 시민종교의 '다섯 기둥들five pillars'이라고 부를 수도 있을 것이다.

그러나 48년 체제가 형성되던 당시 대한민국 시민종교의 양대 축인 반공주의와 자유민주주의에 대한 사회적 합의 수준은 여전히 낮은 편이었다. 그런 면에서 1948년 당시 제헌헌법에 집약된 시민종교는 폭넓은 사회적 합의나, 지배 분파들 사이의 계약 및 지배층-피지배층 간의 계약을 반영한 것이라기보다는, 시대를 앞서가는 '전위적인 선언문'에 가까웠다고 할 수 있다. 식민지엘리트와 그 주변의 전유물이었던 반공주의가 대중에게 진심으로 수용되고 내면화된 때는 한국전쟁 이후였다. 전후 반공주의는 대중의 직접적인 체험들을 통해서만이 아니라, 수많은 전쟁영웅과 성지(전적지), 신전(군인묘지, 전몰자 기념공원), 의례(위령제, 추도식), 대중집회(규탄대회, 궐기대회, 웅변회), 대규모 군사행진 등을 통해서 대중의 마음 깊숙이 침투해 들어갔다. 미국 측 압력의 소산이자 임시정부의 민주주의 전통을 계승한 것이기도 했던 자유민주주의에 대한 대중의 이해도, 친숙도, 체화 정도 역시 1940년대는 물론이고 1950년대에조차 낮은 수준에 머물러 있었다. 이를 역사학자인 전우용이 "선거벽보"라는 촌평에서 재치 있게 표현했다. "다른 민주국가 국민들이 지난한 투쟁을 통해 평등 선거권을 얻었던 데 반해, 대다수 한국인들은 이를 독립에 따라붙은 '덤' 정도로 생각했다. '덤'은 싸구려인 게 상례다. 많은 사람들이 선거벽보를 자기에게 고무신을 준 후보의 얼굴과 '작대기 수'를 확인하는 용도로만 이용했다."[17] 대중 수준에서 자유민주주의에 대한 사회적 합의가 형성되고 그에 걸맞은 정서적 토대가 구축된 것은 4·19의 엄청난 희생을 치르고 나서의 일이었다. 더구나 이마저 그리 단단하지 못한 것이었다.

정리하자면, 48년 체제를 통해 모습을 드러낸 '대한민국 시민종교', 즉 반공−자유민주주의 시민종교는 상호 연관된 다음의 특징들과 동학動學을 드러냈다.

첫째, 시민종교의 외연이 대폭 확장되고 외양이 화려해졌다. 그것은 1945~1947년 사이에 점점 뚜렷해진 식민지엘리트들의 성향이나 의지—반공주의, 친미주의, 분단국가로 압축되는—보다 상당히 다채로운 것이었고, 그런 만큼 1948년에 이르러 한국 시민종교의 외형이 훨씬 화려해졌다고도 볼 수 있다.

둘째, (48년 체제가 보인 "이질성의 모순적 결합"이라는 특징에서 비롯되는 것으로) 시민종교 내부의 모순·부조화·어색함이 상당하고, 그만큼 시민종교의 요소들 사이에 갈등의 잠재력이 강하고, 궁극적으로 이것이 시민종교의 내

적 취약성으로 작용할 가능성이 높았다. 특히 식민지엘리트의 '약한 민족주의'와 제헌헌법에 침투한 '전투적·저항적 민족주의'는 당장 1949년에 반민특위를 중심으로 격렬하게 충돌했다. 반공주의와 자유민주주의 사이의 관계도 이율배반에 가까울 만큼 지속적으로 긴장을 자아냈고, 1960년에는 결국 4·19혁명으로 폭발했다.

셋째, 48년 체제에 기초한 대한민국 시민종교는 지배세력과 국가, 즉 이승만 정권을 '초월하여' 존재했다. 지배세력은 1949년부터 한국전쟁을 거치면서 주로 '빨갱이사냥'이라는 형태로 일종의 역청산 작업을 계속하여 '시민사회의 식민화'를 사실상 완료한 데 이어, 1955년에는 보수양당 체제를 구축함으로써 '정치사회의 장악과 보수 독점' 프로젝트마저 완성했다. 그러나 실인즉 지배세력은 사회의 저항적 잠재력을 완전히 메마르게 하는 데 성공한 것처럼 보이던 1950년대 후반에조차도 시민사회를 완전히 장악한 게 아니었다. 다시 말해 시민사회에서는 (비록 잠재적·현재적 저항세력으로 기능할 '기성세대'가 대부분 뿌리 뽑힌 상태였음에도 불구하고) 사상 처음 도입된 의무교육제도 하에서 대한민국 시민종교의 기본교리들을 경전화한 교과서들을 진리로써 학습하는 '신세대', 대한민국 시민종교의 참신자들 true believers이 중·고등학교와 대학교를 무대로 쑥쑥 성장하고 있었다. 그것도 예상을 훨씬 뛰어넘는 속도와 규모로 말이다. 급기야 '48년 체제의 아이들'—혹은 '48세대'라고도 부를 수 있는 이들—은 '피의 화요일'의 희생양이 되면서까지 '시민종교의 원칙에서 일탈한 지배세력'을 심판하는 예언자 역할을 헌신적으로 그리고 탁월하게 수행했다. 그러니 이런 표현도 가능할 것이다: "48년 체제가 없었으면 4·19혁명은 불가능했다."

넷째, (위의 두 번째 특성과 직접적으로 연결된 것으로) 시민종교의 구성요소들 사이의 관계가 여전히 대단히 유동적이었고 급격한 변화의 소용돌이 속에 놓였다는 것이다. 물론 이런 유동성과 가변성은 48년 체제가 '정치세력 간의 힘관계'를 반영한다는 사실과 관련되는 것이기도 하다. 한국전쟁을 거치면서야 비로소 비교적 일관되고 안정된 시민종교의 패턴이 자리 잡게 되었던 것으로 판단된다.

다섯째, 48년 체제의 직접적인 구현이라고 할 '대한민국 시민종교의 원형原型'과 비교할 때, '한국전쟁을 거치면서 자리 잡게 된 일관되고 안정된 시민종교 패턴'은 상당한 이질성을 드러냈다. 한국전쟁 말엽에 이르러 시민종교의 '5대 기본교리' 가운데 특히 민족주의 요소와 민주주의 요소가 1948년 당시에 비해 크게 약화되어 있었다. 반면에 반공주의와 친미주의, 특히 반공주의 요인이 과도하게 강화되어 있었다. 발전주의가 시민종교 요소로 본격적으로 등장한 것도 한국전쟁 직후부터였다.

여섯째, 그런데 이런 상황, 즉 1948년 헌법 제정 당시에 비해 반공주의와 친미주의 요소가 과도하게 강화된 반면 민족주의와 민주주의 요소가 크게 약화된 상황 자체가 시민종교에 대한 '지배층의 배반·배교背敎'로 해석될 개연성이 충분했다. 한국에서 자유주의(나아가 자유민주주의)가 '공식적 지배 이념'일 뿐 아니라, 자유주의에서 일탈한 지배체제에 맞서는 '저항 이념'이기도 했다는 문지영의 주장도 바로 이런 맥락에서 보다 정확하게 이해될 수 있다.[18] 48년 체제에서 자유민주주의는 이미 선취先取된 현실이자, 동시에 아직 도래하지 않은 이상理想이기도 했다. 48년 체제를 통해 시민종교 신념체계의 핵심요소 중 하나로 이미 자리 잡은 자유민주주의 가치들이 지배세력에 의해 함부로 취급되거나 심지어 억압될 때, 이런 행태는 지배세력의 시민종교에 대한 '배신' 혹은 시민종교로부터의 '일탈'로 간주되어 대중적 저항을 촉발하고 정당화할 수 있다. 바로 이때 시민종교 신념체계의 일부인 자유민주주의가 일종의 '저항 이념'으로 기능할 수 있는 것이다. 물론 여기서 주어진 현실을 지배층의 배교로 명료히 정의내리고 선포하는 것, 그리고 이런 상황정의를 대중의 저항으로 연결시키는 것은 (다양한 범주의 지식인들을 포함하는) '시민종교 예언자들'의 몫이다.

일곱째, 반공-자유민주주의 시민종교에 대한 '지배층의 배교이자 죄

罪'의 가장 흔하고도 전형적인 사례는 다름 아닌 '반공주의의 정치적 남용과 오용' 현상이었다. 반공주의의 오남용 가능성과 그것의 빈번한 현실화야말로 반공-자유민주주의 시민종교에 기초한 48년 체제에게도 가장 심각한 위협이었다. 바로 이것이 한국 현대사의 최대 딜레마, 곧 한국 현대사 전반을 관통하면서 빈번하게 출현하곤 했던 딜레마였다. 한국 현대사에서 자유민주주의-반공주의 간의 관계는 목적-수단 관계로 정식화되었다. 곧 반공주의는 '자유민주주의라는 목적·이상'을 실현하고 보호하는 '수단'으로 규정되었다. 자유민주주의는 반공주의의 '고갱이'이자 '존재이유'였다. 반공주의는 그 자체로 성스러운 대상이었던 것이 아니다. 반공주의는 그것이 자유민주주의를 품고 있기에 비로소 성스러움을 주장할 수 있었다. 이를테면 '반공 성전聖戰'이나 '성스러운 반공투쟁'과 같은 방식으로 말이다. 어쨌든 '원리적으로는' 자유민주주의와 반공주의 사이의 주종主從 관계가 더없이 명확했다. 그러나 반공주의와 국가주의의 친화성으로 인해, '실제 현실에서는' 반공주의가 보다 '지배적이고 능동적인' 측면을 이루고, (무엇을 공산주의로부터 방어할 것인가에 대한 응답에 해당하는) 자유민주주의는 오히려 '종속적이고 소극적인' 측면을 이루는 경우가 잦았다. 이 경우 '자유민주주의 보호를 위한 반공주의'는 '자유민주주의를 억압하는 반공주의'로 변질될 가능성이 높아진다. 최악의 상황은 자유민주주의의 충직한 옹호자인 정적政敵에게 '빨갱이' 낙인을 찍어 제거하는 방식으로 반공주의를 악용하는 것이다. 결국 반反자유민주주의적 통치를 위한 수단 내지 정당화 기제로서 반공주의를 남용하는 행위들을 통해, 지배층에 의한 '시민종교 배반과 배교'가 완성된다. 지배층의 폭력성과 공격성이 적나라하게 드러나는 것도, 피지배 대중의 조직적인 저항이 시작되는 것도 바로 이런 상황에서였다.

마지막으로, 한국전쟁 후 주변으로 밀려났던 민주주의와 민족주의가 본래의 생기와 활력을 되찾은 것은 다름 아닌 1960~1961년의 '4·19정국'

에서였다. 민주주의는 물론이고, 평화통일론 등의 형태로 민족주의적 정서가 재차 분출했다. 그런 면에서 '대한민국 시민종교의 원형'은 1948년에 비교적 일시적으로만 존속했다가 한국전쟁을 거치면서 상당한 변형을 거친 후 4·19정국에서 짧게나마 본래 모습을 회복했다고 말할 수 있다. 요컨대 48년 체제의 진면모가 가장 잘 드러났던 시기는 1948년과 그 직후, 그리고 상당한 시간을 뛰어넘은 후의 4·19정국이었다. 그러니 이런 표현도 가능할 것이다: "48년 체제는 4·19혁명에 의해 '원상복구'되었다."

3. 동아시아에서 민족주의의 끈질긴 생명력

1940~1950년대의 과거사청산 정치가 낳은 또 하나의 중요한 결과는 동아시아, 특히 남한·북한·중국·일본의 4개국에서 발견되는 민족주의의 강한 생명력과 역동성, 장기지속 현상이다. 19세기 이래 민족주의는 시민종교를 양육하는 풍요로운 젖줄 역할을 담당해왔다. 그러므로 민족주의의 강세 현상은 다시 동아시아 지역에서 시민종교들의 형성·재형성 과정을 지탱하고, 시민종교들이 오랜 기간 동안 상당한 활력을 유지하면서 발전하고 번성할 수 있는 비옥한 토양을 제공해왔다. 동아시아야말로 지구상에서 '시민종교의 역동성'을 관찰할 수 있는 최적의 장소 중 한곳인 것이다. 필자는 다음의 몇 가지 요인들이 상호작용하고 결합하여 '동아시아 민족주의의 장기지속' 현상을 뒷받침하고 있다고 생각한다.

(1) 한반도: 분단, 민족 이산, 미국

20세기 한반도에서 '민족' 혹은 '민족주의'는 엄청난 위력을 발휘했다. 대한제국이 몰락하여 식민지로 전락한 사건도, 식민지에서 해방된 사건도 엄청난 민족주의적 감정을 분출시켰다. 해방 후 분단, 독립정부 수립, 전쟁, 휴전, 전후복구와 경제 건설 등을 겪으면서도 민족주의 열기는 수십 년 동안 가라앉지 않았다. 20세기 한국사회를 규정한 압도적인 요인으로서 민족주의의 힘과 중요성은 여전히 과소평가된 감이 있을 정도이다. 임지현이 주장하듯이 "20세기 한국사회의 담론 체계에서 민족은 이념적으로나 실천적으로 늘 그 중심 위치를 차지했다. 지난 100여 년 동안 한반도의 역사 속에서 전개된 삶과 죽음, 노동과 문화, 사상과 느낌은 물론 심지어 개인적 고통과 사랑까지도 민족의 거대한 담론 체계 속에 흡인되었다."[19] 이와 동일한 취지에서 박찬승은 "20세기 한국사에서 '민족'이란 단어만큼 큰 영향력을 발휘한 단어는 없을 것"이라고 말했다.[20] 에커트에 의하면 "남북한 모두에서 민족주의는 국가권력을 정당화하는 데 사용되거나, 탈식민지 이후 민족 건설 과정에서 일종의 국가종교로 작용하였다.……정부는 민족주의야말로 어떠한 희생도 달게 치러야 할 궁극적인 시민적 미덕임을 수없이 설교하였다.[21]

이런 상황은 해방 후 남한의 지배세력으로 부상한 식민지엘리트의 '탈脫민족주의' 내지 '약한 민족주의' 경향과 모순되는 것처럼 보인다. 적어도 남한사회에 국한할 경우 지배층의 성향 때문에라도 민족주의의 활성을 유지할 내적인 동력이 상당히 부족했다는 얘기이다. 전체적으로 평가할 때 식민지엘리트들이 민족주의와 맺은 관계가 긍정·부정을 함께 포함하는 이중적인 것이었다고 인정할지라도 말이다. 그렇다면 이처럼 내적인 동력이 부족한 상태에서도 어떻게 한국에서 민족주의가 그토록 강한 영향을 지속적으로 미칠 수 있었을까?

한 가지 가능한 설명은 (앞서 지적했듯이) 대중의 민족주의 열기를 식민지엘리트들이 완전히 통제할 수 없었고, 그로 인해 48년 체제 내부로 전투적·저항적 민족주의가 침투할 수 있었다는 것이다. 3·1절·광복절·제헌절·순국선열의날·학생독립운동기념일 등의 국경일과 기념일마다, 안중근·윤봉길·이준 등 수많은 열사들의 의거일이나 순국일마다 '식민지 경험'이 현재로 소환되었다. 이런 식민지 경험 자체가 다양한 방식으로 남한의 민족주의에 생명력을 계속 불어넣었음은 분명하다. 식민지라는 과거의 역사적 경험은 민족주의적 감정의 마르지 않는 수원지水源地였다. 식민지 시기의 아프고 수치스럽고 감동적이고 자랑스럽고 화나는 기억들이 끊임없이 되새김질되었다. 그것은 기념의례·동상·조상·역사공원·기념관·역사교과서와 같은 보다 공식적인 방식으로도, 전기·소설·시·회화·영화·드라마·다큐멘터리·오페라·뮤지컬·창극 등 다채로운 문화적—예술적 형식으로도 이루어졌다.

그러나 지배층의 민족주의적 소극성을 상쇄하는 이런 정도의 내적 동력만으로 과연 충분했을까? 필자는 그렇지 않다고 본다. 필자는 '약한 내적 동력'을 압도할 만큼의 '강한 외적 자극'이라는 요인만이 남한사회에서 민족주의의 지속적인 위력과 강세 현상을 적절히 설명할 수 있다고 본다. 식민지 경험에 대한 기억조차 그 자극의 강도는 점점 약해질 수밖에 없는데, 이런 시간의 부식腐蝕 효과가 이따금씩 반전되곤 했던 것도 대부분 식민지 경험의 기억이 갖는 국제적 차원, 그로부터 오는 외적 자극의 강렬함 때문이었다.

우리는 외부의 자극을 '한반도 차원'과 '동아시아 차원'으로 구분해볼 수 있을 것이다. 우선 한반도 차원에서는 '내부화된 외적 자극 요인들'이라고도 볼 수 있는 세 가지를 꼽을 수 있다. (1) 민족의 분단, (2) 민족의 이산離散, (3) 해방 후 미국과의 종속적 관계가 바로 그것이다.

첫째, '민족의 분단'이 '민족의 통일'을 남한과 북한 모두의 지상과제로 만듦으로써, 민족의 재통합을 '민족의 소원'으로 여기도록 만듦으로써, 한반도에서 민족주의를 장수長壽하는 생명체로 만들고 있다. 남한 정부와 지배층이 '임시정부 법통'에 매달리지 않을 수 없었던 것도 분단체제로부터 가해지는 경쟁 압력 탓이었다. 강정인에 의하면 어떤 면에서 '분단·통일' 요인은 1980년대 이후에 더욱더 중요해졌다. 1980년대 이전에는 '분단 극복 혹은 통일' 요인이 억제되고 '반공 및 근대화' 요인이 민족주의를 과잉결정 했다면 1980년대 이후에는 '분단 극복 혹은 통일'에 의한 민족주의의 과잉결정이 본격화되었고, 그 결과 지배적인 민족주의의 유형도 '분단 유지적 민족주의'에서 '통일 지향적 민족주의'로 바뀌었다는 것이다.[22] 유사한 취지에서 최근 「한겨레」의 박찬수 논설위원은 민족주의가 "거대한 블랙홀"처럼 1980년대 학생운동을 집어삼켰다고 썼다. 1980년대 학생운동의 민족주의는 '자주'와 '반미', '통일'(하나의 민족) 등의 키워드들로 집약되었다.[23] 아울러 KBS가 1983년 6월부터 11월까지 138일 동안 진행한 〈연속특별생방송 이산가족을 찾습니다〉 프로그램의 영향,[24] 그리고 1985년 9월에 처음 물꼬가 열리고 2000년 6·15남북정상회담 이후 본격화된 '남북이산가족 상봉'의 영향도 고려해야 할 것이다.

둘째, '민족의 이산'도 한반도의 민족주의에 지속적으로 생기生氣를 불어넣고 에너지를 공급하는 요인 중 하나로 기능해왔다. 민족 이산은 남북 분단으로 인한 '이산가족' 문제(국내적 차원), 그리고 식민지 시대에 집중된 민족의 디아스포라와 관련된 재외동포들의 여러 문제들(국제적 차원)로 구분된다. 재외동포 중에는 재일在日동포, 재중在中동포, 사할린동포의 세 그룹이 특별히 중요할 것인데, 이들을 매개로 한민족의 문제가 동아시아 문제로 확대된다. 특히 재일동포와 사할린동포 문제는 식민 지배와 관련된 한국-일본 간 과거사 처리 문제와도 직결된다.

셋째, 남한에 국한할 경우 일본을 대체하는 새로운 지배자 혹은 모델 국가model state로 자리 잡은 미국과의 종속적 관계, 종종 '신식민주의적'이라고 주장된 미국과의 관계 역시 민족주의에 생명력을 불어넣는 유력한 요인 중 하나이다. 그것이 친미 오리엔탈리즘의 내면화이든, 1980년대 이후 격렬하게 표출된 반미 옥시덴탈리즘의 표현이든 말이다. 구제품救濟

品, 양공주, 치외법권적 미군, 작전통제권 등으로 상징되는 미국과의 관계 저변에는, 표면적으로는 대등한 관계를 끊임없이 다짐하고 확인하면서도 실제로는 민족적 열등감 내지 분노를 불러일으키곤 하는 불균등한 관계가 자리 잡고 있다.

(2) 동아시아

한반도를 넘어서, 우리는 1940년대 이래 장기간 지속되는 '동아시아 민족주의'의 놀라운 활력과 활성에도 주목할 필요가 있다. 심지어 현재까지도 동아시아 민족주의의 생명력은 '아시아 패러독스'라는 형태로 지속되고 있다. 로버트 매닝이 말한 아시아 패러독스란 "경제적으로는 엄청난 규모와 밀도로 협력과 교환을 하고 있는 동아시아 국가들이 이에 걸맞은, 지역 차원에서 협력하고 공동으로 논의하고 결정하는 제도와 기구 없이 마치 유럽의 19세기 민족국가들처럼 서로 경쟁하고 전쟁과 군사적 충돌의 위협을 감수하고 있는 모순적 현상"을 가리킨다.[25]

그런데 필자가 보기에 아시아 패러독스의 핵심 원인으로는 (탈냉전 시대에도 계속되는, 혹은 탈냉전 시대에 맞게 개편된) 냉전체제의 유산과 함께, 이른바 '과거사 문제'를 둘러싼 '동아시아 민족주의 정치'가 자리 잡고 있다. 요컨대 부분적으로 중첩되어 있으면서도 일정하게 자율적인 동학에 따라 움직이는 '이념 대립'과 '민족 대립'이 아시아 패러독스를 떠받치는 두 축이라는 것이다. 냉전체제의 전성기에조차 동아시아에서는 이념 대립이 민족 대립을 완전히 침묵시키거나 무력화할 수 없었다. 뿐만 아니라 시간이 지날수록 동아시아에서 이념 대립은 점점 약화되어 왔지만, 민족 대립은 예나 지금이나 여전히 강세를 보이고 있다. 따라서 아시아 패러독스의 양대 축의 균형점은 (이념 대립 쪽으로부터) 민족 대립 쪽으로 점점 이동하고 있는 중이라고 말할 수 있다.

그렇다면 동아시아 민족주의 정치의 수명을 연장하고 있는 요인들은 무엇일까? 필자는 다음 네 가지를 특별히 강조하고 싶다: (1) 샌프란시스코 체제의 원죄原罪, 즉 '식민지 지배의 죄'를 불문에 부친 샌프란시스코체제 가 남긴 문제들, (2) 종전 직후부터 시작된 동아시아의 '독립 도미노', 그리고 거기서 일본이 '의도치 않게' 수행한 역사적 역할, (3) 두 개의 '민족주의 적 사회주의' 정권들(중국 및 북한)과 그들의 반미 옥시덴탈리즘, (4) 과거사 관련 갈등을 끊임없이 자극하는 일본 우파 지배세력의 존재와 장기집권.

1) 샌프란시스코체제의 원죄와 모호성

앞서 지적했듯이 샌프란시스코체제는 '전쟁 책임·범죄'와 '식민지 지배 의 책임·범죄'를 분리하여 전자의 문제만을 취급했고, 그로 인해 대다수 식민지 피해 민족들의 목소리는 강화조약의 협상 과정에서부터 아예 배 제되었다. 그러나 샌프란시스코체제는 두 가지 측면에서 여전히 모호성 과 분쟁의 소지를 안고 있었고, 이것이 동아시아에서 민족주의 정치를 촉 발하곤 했다.

첫째, 전쟁 책임과 식민지 지배의 책임을 억지로 분리한다고 해도, 식 민지 민족의 입장에서 보면 전쟁 책임과 식민지 지배의 책임이 겹치는 부 분이 반드시 존재하게 마련이다. 따라서 위안부, 강제징용, 강제징병, 재 산의 강제징발과 약탈, 침략과 학살·세균전·생체실험과 같은 '전쟁 기간 중에 식민지 민족이 겪은 여러 피해들'에 대한 책임 소재라는 쟁점이 여 전히 남게 된다. 둘째, 샌프란시스코체제가 식민지 지배의 책임·범죄를 '의제에서 제외'하여 '논외'로 한 것이 그 책임·범죄를 통째로 '면제' 내지 '사면'해준 것이 아니라는 주장이 얼마든지 가능하다. 결국 '식민지 지배 의 죄에 대한 처벌과 피해에 대한 배상·보상'이라는 쟁점도 완전히 사라 진 것은 아닌 셈이 된다.

그렇다면 샌프란시스코체제의 진정한 본질은 이런 두 가지 미묘하고
도 큰 쟁점들을 당사자들 간에 직접 그리고 개별적으로 해결해야 할 사안
으로 유예하거나 회피한 것이라고 해석할 수 있다. 일본의 식민지와 반식
민지가 집중 분포했던 곳이 동북아시아 지역이었으니, 이 쟁점들은 결국
중국-북한-남한 세 나라가 일본과 갈등하는 '1 대 3'의 대립구도 속에 놓
이게 된다. 이런 상태에서 일본 정부와 지배세력이 '전쟁 책임·범죄'와
'식민지 책임·범죄'에 대해 부정적이거나 진지하지 못한, 심지어 적반하
장에 가까운 태도를 취할 경우 민족주의 정치는 순식간에 동북아시아 전
체로 발화될 수밖에 없는 구조인 것이다.

2) '독립 도미노'와 일본의 역사적 역할

2차 세계대전 종전과 함께 독립을 맞은 일본 식민지들(타이완, 한반도, 만주,
내몽골)에서부터 시작하여 동아시아 전역으로 식민지 해방 열풍이 거의 순
식간에 확산되었다.[26] 해방의 열풍이 동쪽에서 서쪽으로, 동북아시아에
서 동남아시아로 휘몰아치듯 퍼져나감에 따라 동아시아 전체가 일거에
민족주의 열기로 뜨겁게 달아올랐다. 이 지역에서 1945년에 시작된 독립
도미노는 1950년대까지 거침없이 이어졌다. 나아가 동아시아의 독립 도
미노 현상은 다시 인근의 아시아-태평양 지역 전반에 지대한 영향을 미
쳐 1970년대까지 독립국가 수립운동이 곳곳에서 이어지도록 만들었다.[27]
그런데 동아시아만 놓고 보면, 태평양전쟁 직후 민족독립 열풍이 '일본의
식민지들'에서 시작하여 '일본의 점령지들'로 확산되는 경로를 밟았음을
발견할 수 있다. 이처럼 일본의 식민지였던 동북아시아 사회들로부터 일
본의 점령지였던 동남아시아 사회들로 독립 도미노 현상이 신속히 확산
된 이유는 바로 2차 대전 당시 일본이 수행했던 의도치 않은 그러면서도
대단히 의미심장했던 '역사적 역할' 때문이었다.

1941년부터 1945년까지 일본군이 동남아시아 지역 대부분을 점령함으로써, 일본은 이 지역의 기존 식민지 질서를 결정적으로 교란시키는 요인으로 작용했다. 1941~1945년 사이에 타이를 제외한 대부분의 동남아시아 사회들은 '서구의 식민지'이자 '일본의 점령지'라는 이중성을 갖고 있었다. 영국 식민지였던 말라야, 싱가포르와 버마, 프랑스 식민지였던 인도차이나(베트남, 라오스, 캄보디아), 네덜란드령 동인도제도(인도네시아), 미국 식민지였던 필리핀과 괌 등이 그러했다. 여기서 중요한 점은 일본이 동남아시아에서 유럽 국가들과 미국을 차례로 패퇴시키거나 무력화함으로써 일시적으로나마 식민지 지배를 강제로 단절시키거나 약화시켰다는 사실이었다. 조선의 식민지엘리트들도 서구 열강들을 차례로 무너뜨린 일본의 이런 파죽지세에 매료되었지만, 일본은 동남아시아 점령 과정에서 이 지역 주민들 사이에 오랜 세월에 걸쳐 공고하게 자리 잡았던 '유럽인/백인의 신화'를 산산이 부숴버렸다. 특히 1941년 말부터 1942년 여름까지 불과 6개월 정도의 기간 동안 일본이 서구 강대국들을 상대로 거둔 엄청난 승리로 인해 "유럽인들의 우월성 신화" 혹은 "백인우월주의 신화"가 붕괴되었다.[28] 다시 말해 "유럽 제국 세력의 몰락이라는 드라마"를 생생히 지켜본 동남아시아인들 사이에서 "유럽 세력은 여전히 가공할 만한 위력을 갖고 있다는 신화"가 깨져나간 것이다.[29]

일본이 이처럼 기존 식민지 질서를 뒤흔들어놓자 그 공백과 틈새에서 민족주의 운동들이 우후죽순처럼 급성장했다. 일본 스스로가 '대동아공영권'론으로 대표되는 일본식 옥시덴탈리즘을 동남아 점령지들에 전파하는 가운데 현지인들의 민족의식을 직접 자극하기도 했다. 일본은 "범아시아적 조직, 지역 조직, 그리고 이슬람 조직을 포함해서 반서구를 외치는 모든 정치 세력과 종교 세력의 기운을 북돋아" 주었다.[30] 일본은 점령지에서 '3A운동'과 같은 '옥시덴탈리즘적 계몽'에 나서기도 했다.[31] 태평양전쟁이 끝났을 때 '점령지' 주민 신분에서 '식민지' 주민 신분으로 되돌아가기를 원하는 동남아시아인은 아무도 없었다. 따라서 전쟁이 끝나고 일본군이 물러났을 때, 동남아시아에서 유럽 열강들이 마치 아무 일도 없었던 것처럼 구래의 식민지 질서를 재가동하는 것은 명백히 불가능해졌다. 오히려 동남아시아 사회들의 민중 대다수는 독립을 '기정사실화'하고 있었다. 동남아시아에서 일본군의 위력을 가장 먼저 체험한 이들은 베트남인들이었다. 다음 인용문에 묘사된 베트남인들의 의식 변화는 약간의 시차를 두고 대다수 동남아시아 식민지 민중에게도 실제로 발생한 일이었다. "일본에 대한 프랑스 식민 당국의 굴복은 베트남 독립투쟁에 중대한 영향을 끼쳤다. 이제까지 거의 절대적으로 보였던 식민 세력이 일본의 무력 앞에서 어이없이 무너지는 것을 보고 베트남인들은 독립이 막연한 꿈이 아니라 반드시 이룰 수 있다고 생각하게 되었던 것이다."[32] 유럽 국가들이 이런 희망을 거스르자 베트남인들과 인도네시아인들은 즉각적인 독립을 위해 유럽인들과의 전쟁마저 불사하고 나섰다.

한마디로 동북아시아로부터 동남아시아에 이르기까지 1940~1950년대의 동아시아 전체가 '민족주의의 거대한 용광로'와 다름없었다. 이런 상황 자체가 지역 안에 자리 잡은 많은 사회들에서 시민종교를 활성화하는 요인으로 작용했음은 물론이다. 나아가 중국의 민족주의적 사회주의 혁명은 베트남의 민족주의적 사회주의자들과 말레이반도의 중국계 사회주의자들에게 직접적인 영향을 미쳤다. 또 1950~1960년대에는 북한과 중국이 동남아시아 비동맹운동에 적극 참여하거나 접근하고 여기에 한국까지 가세하는 등 동북아시아 국가들이 동남아시아 비동맹운동을 둘러싸고 치열하게 경쟁하는 양상이 나타났다. 또 1954~1964년 사이에 남한의 이승만 정권과 박정희 정권이 10여 차례에 걸쳐 베트남 독립전쟁 현장으로의 한국군 파병을 끈질기게 시도했다.[33] 베트남으로 군대를 보내면서 박정희 대통령은 "만약 월남전에서 공산 침략을 막지 못한다면 대한민국의 안전도 기약할 수 없으므로, 자유월남의 반공전선은 우리의 휴전선과 직결되며 월남은 한국전의 제2전선"이라고 주장했다.[34] 북한 역시 베트남전쟁에서 북베트남을 측면 지원하기 위해 1960년대 후반 한반도에서 무력도발을 감행했다. 박태균에 의하면 "북베트남과 긴밀한 관계를 맺고 있었던 북한은 북베트남과 베트콩을 돕는 방법으로 한반도에서 안보 위기를 일으키는 방안을 선택했다. 한반도의 안보 상황이 불안해진다면 더 많은 한국의 전투부대를 베트남에 보낼 수 없기 때문이었다."[35] 이런 사례들을 통해 확인할 수 있듯이, 동북아시아 사회들과 동남아시아 사회들 사이의 '민족주의적 상호작용'은 1950년대 이후에도 지속되었다.

3) 두 개의 '민족주의적 사회주의' 정권들과 옥시덴탈리즘

1948~1949년에 걸쳐 민족주의 성향이 매우 강한 두 개의 사회주의 정권이 중국과 북한에 각각 들어섰다는 사실 또한 동아시아 민족주의 정치를 지속적으로 활성화하는 중요한 구조적 요인으로 작용하고 있다. 식민지 혹은 반半식민지라는 역사적 경험을 겪은 두 나라 모두 계급모순이나 계급투쟁 못지않게 '민족모순'과 '반反제국주의 투쟁'의 중요성을 강조하는 '민족주의적 사회주의'라는 공통점을 보이고 있다. 특히 북한은 '주체사상'이라는 독특한 민족주의적 사회주의 발명품을 선보이기도 했다. 아울러 2차 대전 이후 중국과 북한은 미국과의 3년 전쟁을 함께 치르면서 '반미反美 옥시덴탈리즘'을 발전시켰다. 샤오메이 천이 설명하듯이, "북한은 중국과 더불어 서양 제국주의에 저항하는 전 지구적 담론을 확산시키고자 하는 시도에 동참했다.……우리는 중국의 옥시덴탈리즘과 북한의 옥시덴탈리즘 사이에 놓인 역사적 평행선을 지적할 수 있다. 양자 모두에게서 현대 서양의 이미지는 서로 다른 이데올로기적 사안을 위한 문화적·상징적 자산으로 이용된다."[36] 중국과 북한의 민족주의 담론(특히 반미 옥시덴탈리즘)이 종종 국내정치의 수단으로, 즉 내부의 경쟁자나 반대자를 제압

하는 정치적 수단으로 활용된 것은 사실일 것이다. 그러나 중국과 북한의 현대사에서 민족주의가 단순한 정치적 수사修辭 이상이었다는 것 역시 분명한 사실이다. 두 나라에서 민족주의는 정권의 존재이유이자 정치적 정통성의 뿌리였다.

중국과 북한이 맞서 싸운다고 공언하는 제국주의는 일차적으로 '서양 제국주의'를 지시하고 있지만, 두 나라 모두에서 공산주의자들이 세력을 결집하고 나아가 국가권력을 장악하기까지 핵심적인 매개 역할을 한 것은 '동양 제국주의'(일본)와의 오랜 무장투쟁이었다. 북한에서는 '유격대 국가'라는 표현에서 드러나듯이 이른바 '항일 빨치산투쟁'의 기억이 정권 정통성의 끝없는 그리고 가장 중요한 원천으로 기능해왔다. 어쨌든 북한과 중국의 전투적인 민족주의적 사회주의자들은 지난 반세기 이상 동아시아 무대에서 '민족주의 정치'의 핵심 행위자들이었으며, 그들은 동아시아(특히 일본)의 우파 민족주의자들을 끊임없이 불편하게 만드는 존재들이기도 하다.

4. 동아시아 민족주의와 일본, 그리고 한국

(1) 과거사 문제에 대한 일본의 무책임과 도발

이번에는 동아시아 주변국들과 과거사 관련 갈등을 끊임없이 자극하는 일본 우파 정치세력의 장기집권에 주목해보자. 식민지 지배에 책임이 있는 구舊 지배세력이 온존할 뿐 아니라 그들이 '과거의 영광'으로의 회귀를 호시탐탐 노림으로써, 일본이 오랜 세월 동아시아 민족주의 정치의 불쏘시개이자 윤활유 역할을 담당해온 것이다. 따지고 보면 이 문제의 연원도 다시금 샌프란시스코체제로 소급된다. 전쟁 기간 중에 식민지 민족이 겪은 여러 피해들에 대한 책임 소재라는 쟁점, 식민지 지배의 죄에 대한 처벌과 피해 배상·보상이라는 쟁점을 당사자들 간에 직접 그리고 개별적으로 해결해야 할 사안으로 유예하거나 회피함으로써 필연적으로 잠복하게 된 민족분쟁의 잠재력 말이다. 일본 정부와 지배층이 '전쟁 책임'과 '식민지 책임'에 대해 외면하거나 부정하는 태도를 보일 경우 일본의 식민지나 점령지 민족들은 거세게 반발할 수밖에 없고, 그로 인해 동아시아 민족주의 정치가 활성화될 것이다. 실제로 일본 측의 대응은 어떠했는가?

이 대목에서 2차 대전 패전국 일본과 독일의 차이가 분명히 드러났다. 쟁점을 '전쟁 책임'만으로 한정하더라도,[37] (전승국을 제외한) 피해 민족들·국가들과의 관계에서 일본과 독일은 결정적인 차이를 드러냈다.

독일 사회의 역사문화와 역사정책 곧 독일사회가 과거 역사를 대면하는 방식은 일본의 그것과는 분명히 다른 모습을 보여주고 있다. 독일의 정치인이 공식석상에서 나치 시대를 미화하거나 독일의 역사적 책임을 부정하는 발언을 한다면 그것은 곧 큰 정치적 스캔들이 되어 그는 곧바로 공직을 떠나지 않을 수 없게 될 것이다. 그러나 일본에서는 수상이 1급 전범들의 위패가 안치된 야스쿠니신사를 공공연히 참배하고, 고위 공직자들이 과거사 관련 망언으로 한국과 중국 등 과거 피해자 국민들의 공분을 사더라도 아무런 사임 압력을 받지 않는다. 독일(서독)은 종전 직후부터 주변 국가들과 쌍무적 교과서 협력을 통해 역사적 화해를 위해 주도적인 역할을 해왔지만 일본은 근래에 정부가 오히려 역사 교과서의 국수주의적 왜곡을 은근히 조장하고 있다. 일본 정부는 과거 전쟁 피해자들에 대한 보상 문제에서도 여전히 피해자 국민들로부터 많은 비난을 듣고 있지만 독일은 최근에도 강제노동자들에 대한 거액

의 보상을 지불하기로 결정한 바 있다.[38]

데니스 핼핀에 의하면 "유럽과는 달리, 일본의 역사수정주의자들his-torical revisionists은 고립된 신나치들이나 스킨헤드족에 국한되지 않는다. 일본에서 역사수정주의자들은 정치인과 언론인을 비롯한 일본사회의 존경받는 인사들을 포함하고 있다."[39] 독일과 대조적으로 "일본은 이웃 국가들을 침략했던 과거사를 반성하지 않은 채 미국의 비호 아래 국제무대에 다시 나서게 되었고, 그로 인해 동아시아 지역 내부에는 신뢰 관계가 형성되지 못했다."[40]

독일과 일본의 이런 차이는 왜 그리고 언제쯤부터 나타났을까? 독일과 일본의 진정한 차이는 종전 직후인 1940년대 혹은 1950년대 전반기가 아니라, 어느 정도 시간이 흐른 1950년대 후반기부터 본격적으로 나타났다. 양국 사이에 발견되는 약간의 차이들에도 불구하고, 1950년대 전반기까지는 독일과 일본의 상황 전개 과정이 문자 그대로 '대동소이大同小異'했다. 앞 장에서 본 것처럼 2차 대전 종전 직후에는 독일(서독)과 일본 모두에서 강도 높은 과거사청산 작업이 진행되었지만, 냉전체제가 본격적으로 형성되는 1948년 무렵부터 과거사청산 흐름이 반전되었으며, 연합국에 의한 군정軍政이 종식된 후에는 이런 움직임이 더욱 가속화되었다. '패전국 국민'이나 '전쟁의 희생자·피해자'라는 대중의 집합적 정체성이나 의식도 양국에 공통적인 현상이었다. 한국전쟁 발발을 계기로 '탈脫군사화'의 추세도 '재再무장' 혹은 '재군비再軍備' 쪽으로 역전되었다.

일본에서는 과거사청산의 흐름이 일단 '역전'된 이후 그 추세가 계속 이어졌다. 그러나 독일에서는 역전된 추세 자체가 '재역전'으로 뒤집히는 변화를 겪었고, 새로운 추세가 그 후에도 지속되었다. 이것이 두 나라 사이에 결정적인 차이를 초래했고, 시간이 흐를수록 양국의 차이는 더욱 확대되고 선명해졌다. "전쟁에서의 침략행위를 잊고 싶다는 심리"나 "과거를 망각의 저편에 쫓아 보내려는 의식"은 패전 직후 독일 대중이나 일본 대중이나 별반 다를 바 없었다.[41] 그러나 일본과 유사하게 "침묵의 50년대"를 보내면서 "침묵의 공동체"에 머물러 있던[42] 독일에서는 1950년대 말부터 분위기가 크게 바뀌었다. 독일(서독)과 일본 모두 패전 국가로서 과거사청산을 향한 내적 압력이 미약한 상태에서 거의 전적으로 연합국(전승국)들의 외적 압력에 이끌려 과거사청산이 진행되었다. 그러다가 외적 압력이 약화되자 과거사청산을 밀고나갈 동력이 급속히 소진되었고, 대신 구세력의 복귀에 발맞춰 구질서가 빠르게 복원되었다. 그런데 독일은 1950년대 말에 과거사청산 쟁점을 되살릴 만한 '내적인' 동력을 새롭게 만들어냄으로써 구질서 회귀의 추세를 재차 반전시킬 수 있었던 것이다.

한운석에 의하면 독일에서 "1958년 이래 시대적 분위기가 변하였고 그에 따라 기억문화도 바뀌었다."[43] 한나 아렌트는 1961년 예루살렘에서 열린 아이히만 재판이 독일사회의 기억문화 변화에 촉진요인으로 작용했음을 강조한 바 있다. 1958년에 '중앙나치범죄수사국'이 창설되었음에도 불구하고 독일인 증인들은 협조를 꺼렸고, 검찰은 범죄수사국의 자료를 활용한 기소에 소극적이었다. 그러나 아이히만의 재판이 다가오자 나치 정권의 주요 인물들이 줄줄이 체포되었고, "종전 이후 처음으로 모든 독일 신문들이 대량학살범인 나치 전범들에 대한 기사들로 가득 찼다."[44] 1961년의 아이히만 재판뿐 아니라, 1965년 프랑크푸르트에서 진행된 아우슈비츠 재판도 독일 내 여론의 변화에 큰 영향을 주었다고 한다. 이에 따라 1960년대 중엽에 역사교육을 위한 새로운 지침이 발표되었다. 1960년에는 나치 관련 증오범죄를 처벌하기 위해 '국민선동' 죄목이 신설되었고, 강제수용소 등을 기억의 장소로 격상시켰고, 1969년에는 인종학살 범죄에 대한 공소시효가 폐지되었다.[45] 1960년에 나치 관련 증오범죄를 처벌하기 위한 법제화가 이뤄진 것은 1959년의 신나치 등장과 그들에 의한 반反유대인 행위에 여론이 자극받은 탓이 컸다. 1960년대에 극우정당인 독일국민당NPD이 창당되고 주 의회에 진출했던 일 역시 독일사회에서 유사한 효과를 빚어냈다. 아울러 나치 전력자들이 사법부와 행정부 고위직으로 복귀했다는 동독 측의 정치공세 역시 서독에서 과거사청산 문제가 되살아나는 계기를 일정하게 제공했다고 한다.[46] 다른 연구자들의 견해도 대체로 유사한 편이다. "1959년 크리스마스 이후에 반유대주의적 사건이 이어지자 나치 시대에 관한 교육·계몽 활동이 활발해졌고, 반유대주의=반민주주의=반反전후체제라는 합의가 서서히 형성되어갔다."[47] 1958년 말 '나치 범죄 진상규명을 위한 전국사법처리본부'가 설치된 이래 "독일법원이 1993년까지 처리한 나치 범죄 건수는 총 105,059건이며, 6,489명이 유죄판결을 받았고, 12명이 사형선고, 163명이 종신형, 6,199명이 유기 자유형, 114명이 벌금형을 받았다."[48] 독일은 나치 범죄에 대한 색출 및 처벌 작업 외에도, 전쟁 시기의 피해자들에 대한 보상 작업에도 착수했다. 여기에는 단지 유대인 희생자들만이 아니라, 독일 내국인은 물론이고 동유럽 국가 등 외국인들까지 포함하는 '나치의 강제노동자들'에 대한 지속적인 보상, 나아가 "잊혀진 희생자들"(이른바 '비사회적인 사람들', 탈영병, 강제 안락사 대상이었던 오이타나지 희생자, 동성애자, 공산주의자, 신티와 로마, 강제 단종시술자 등)에 대한 부분적 보상까지 포함되었다.[49] 독일의 이런 대응방식은 (전쟁에 참여했던 일본인들을 제외한) 식민지 및 점령지의 피해자들에 대한 합당한 보상에 소극적일 뿐 아니라, 심지어 자신들의 한국 내 재산까지 반환해달라고 요구하는[50] 일본의 태도와는 명료히 대조된다.

그렇다고 독일에서 과거사청산과 관련된 태도의 '대전환'이 용이하게 혹은 잡음 없이 이뤄진 것은 아니었다. 1960년대 말부터 1980년대까지 간헐적인 '역사논쟁' 혹은 '역사가 논쟁'이 진행되었다. 한운석에 의하면 1969년의 정권교체 이후 나치즘 및 2차 세계대전에 대한 "기억의 정치화와 양극화"가 독일에서 진행되었다. 당시 우파 세력은 1970년대 중반부터 "독일의 정체성 위기" 담론을 제기했다. 1980년대 초에 벌어진 기념일,

기념연설, 박물관 건립 등을 둘러싼 논쟁에서도 우파 세력은 "자학적인 죄의식" 극복 및 "긍정적인 역사상" 강화를 주장했다고 한다.[51] 다카하시 히데토시 역시 이를 독일 내 '보수의 국민'과 '진보의 국민' 사이의 대립으로 해석했다.[52] 중요한 사실은, 이런 역사 논쟁들을 통해 독일에서는 오히려 나치 잔재 청산에 대한 더욱 공고한 사회적 합의와 성찰적인 기억 문화의 착근을 기할 수 있었다는 점이다. 더구나 이런 기조는 1990년대 이후의 '통일 독일'에서도 계속 유지되고 있다. 독일과 일본 모두에서 유사한 역사 논쟁이 벌어졌지만 독일에서는 진보파가, 일본에서는 보수파가 상황을 주도하면서 논쟁의 우위를 점했다.

필자가 보기에 아마도 두 나라 사이의 이런 대조와 차이의 뿌리를 1940년대 말부터 1950년대 초에 걸쳐 진행된, 일종의 '일본식 역逆청산'에서 찾을 수 있을 것 같다. 전전戰前 지배세력에 대한 공직추방 종료 및 복귀 움직임과 맞물린 '적색분자 추방red purge'이 바로 그것인데, 이를 통해 잔존하거나 복귀한 구 지배세력이 잠재적 도전세력을 제거하면서 우파의 장기집권 토대를 구축했다. 다시 말해 전후戰後 과거사청산의 일차적 '대상'이었던 이들이 스스로 청산의 '주역'으로 변신하여, 청산의 대상을 '좌파 세력'으로 슬쩍 바꿔치기 한 후, 전전에도 탄압 대상이었고 과거사청산 요구에도 적극적이었던 좌파 세력을 앞장서 공격하고 배제해나가는 과정을 통해 자신들의 권력 기반을 공고히 다졌다는 것이다. 이런 움직임은 "실질적으로는 이미 1949년부터 미군기지, 학교, 관공서 등에서 노동운동을 주도하는 공산주의자를 해고하는 방식으로 비밀리에 진행되고 있었지만, 1950년대부터는 원래 군국주의자 및 초국가주의자를 대상으로 했던 공직추방령이 공산당원 및 그 동조자에 대한 배제 수단으로 이용"되었다.[53] 이런 움직임은 같은 시기 서독에서는 정부의 반대에도 불구하고 중도좌파 성향의 사회민주당 등이 적극 나서서 나치 피해자 보상에 나서도록 법제화한 사실과 대조된다.[54] 단순화의 위험을 무릅쓰고 말하자면,

일본이 과거사와 관련하여 "고강도 청산 → 중강도 청산 → 저강도 청산 → 역청산"의 경로를 밟아갔다면, 독일은 "고강도 청산 → 중강도 청산 → 저강도 청산 → 중강도 청산"의 경로를 따라갔다고 할 수 있다. 이런 역사적 맥락을 배경으로, 최근까지도 일본에서는 식민지 지배 및 제2차 세계대전과 관련된 '우익 민족주의', 그리고 그에 기초한 '역사수정주의'가 기세등등하기만 하다.[55]

1950년대 이후 일본과 독일의 이런 차이가 동아시아에서 민족주의가 21세기까지 강인한 생명력을 발휘하도록 만드는 주요 요인 중 하나이다. 독일이 역사적 화해에 기초하여 '유럽주의'를 강화하면서 '탈민족주의 정치'(탈민족주의적 통합 및 연대의 정치)를 자극해왔다면, 일본은 동아시아의 통합과 연대를 끊임없이 위협하는 '민족주의 정치', 나아가 '기억 정치의 국제화'를 자극해왔다. 뒤에서 다시 언급하겠지만, 일본의 이런 모습과 행태는 특히 남한에서 지배세력이 의심받는 민족주의적 정통성을 만회하기 위해, 혹은 국내적인 실정失政을 은폐해줄 외부의 적敵이 필요할 때 요긴하게 활용되곤 했다. 동북아시아에서 '과거사 문제'의 명확한 갈등 구도, 그리고 과거의 선명한 지배-피지배 및 가해-피해 구도를 감안할 때, 일본 지배세력의 복고적 민족주의 성향과 역사적 무책임의 태도는 한국, 북한, 중국, 타이완 모두의 강력한 반발을 촉발할 수밖에 없다. 그런 면에서 일본은 동북아 4개국, 즉 한국, 북한, 중국, 타이완의 시민종교 발전과 활력 유지에 수십 년 동안이나 혁혁하게 공헌해왔다고 말할 수 있다.

(2) 한국으로 회귀되는 민족주의 정치

다시 한국으로 눈을 돌려보자. 식민지 경험은 '내부'와 '외부'의 두 차원에서 '과거사 문제'를 발생시킨다. 이 문제를 다루는 과정에서도 민족주의가 부단히 재활성화된다. '내부'의 차원에서는 식민지 잔재 청산, 특히 식민지 협력자들에 대한 처리 문제가 발생한다. 남한의 경우 '유예된 청산'(혹은 '지연된 이행정의')으로 인해 아래로부터 대중적인 '식민지 잔재 청산' 요구가 더욱 장기지속 되는 측면도 있다. 1949년 반민특위 해체 이후 반세기도 더 지난 후에 전 국민적인 관심과 모금으로 『친일인명사전』과 『일제협력단체사전』이 편찬되는가하면, 정부 차원에서 '친일 반민족행위 진상규명' 작업과 '친일 반민족행위자 재산 조사 및 환수' 작업이 진행되는 것을 보라.[56] 정부 차원에서 '친일 반민족행위 진상규명위원회'가 출범한 것은 2005년의 일로, 해방 후 무려 60년이 지난 시점이었다. 실로 놀라운 일이 아닐 수 없다. 한편 '외부' 차원에서는 '식민지 지배의 죄'와 관련하여, 식민 지배 당사자인 일본과의 다양한 법적·외교적·민사적 분쟁의 처리 문제가 발생한다. 그 중에서도 위안부, 징용노동자, 재일동포, 원폭희생자와 관련된 문제들은 여전히 뜨거운 쟁점으로 남아 있다.

한국의 집권세력이 과거사 문제를 쟁점화 하여 의도적으로 '일본과의 긴장'을 조성하거나 적정 수준에서 관리함으로써 정치적 위기 돌파 등 내치內治 차원에서 자주 활용했던 것도 민족주의 정치를 활성화한 요인 중하나였다. '북한과의 긴장'을 내치에 활용하는 이른바 '적대적 공생'과 함께, '일본과의 긴장' 역시 한국 정치인들이 요긴하게 활용해온 정치 수단이었다. 대처승들을 '왜색승倭色僧'으로 낙인찍은 불교정화운동, 재일동포 북송 반대운동, 일본계 종교인 창가학회에 대한 포교금지 조치 등 1950~1960년대의 사례들로부터 1980년대의 일본 역사교과서 왜곡 반대운동, 이후의 독도 영유권 문제에 이르기까지 일본에 대한 대중의 부정적 아비투스를 정치적으로 이용한 사례들이 이어졌다. 예컨대 이승만 정권은 한국 불교 승려의 대부분을 차지하던 대처승들을 '왜색승'으로 공격하여 사찰에서 몰아내거나, 재일교포의 북한 송환 반대운동을 펼치는 등 '관제 반일 민족주의'를 적극 활용했다. 정종현에 의하면 "박정희 정권도 한 -일 국교 정상화를 추진하면서도 일본 대중문화를 금지시키는 등 자기

분열적 정책을 추진했으며, 이미자의 〈동백아가씨〉를 왜색 혐의로 검열하는 등 정권 차원에서 관제 반일 민족주의를 강화했다."[57] 여기에 창가학회를 '왜색 종교'로 몰아 포교 금지 조치를 내렸던 일, 재일동포 문세광의 대통령 저격 사건을 계기로 한일 관계가 단교斷交 위기로까지 치달았던 일도 추가되어야 할 것이다. 전두환 정권 시기 역사교과서 파동은 거국적인 독립기념관 건립 모금운동으로 이어졌다. 심지어는 민주화 이후에도 이런 일들은 계속되었다. 한 기사에 의하면 "한국의 위정자들도 일본을 때려서 인기를 올리려고 했다. 김영삼 전 대통령의 '일본의 버르장머리를 고치겠다'는 발언, 이명박 전 대통령의 돌발적인 독도 방문은 최악의 사례다. 세월호 사건으로 트라우마를 겪은 박 대통령은, 그냥 내버려두면 일본에 부담이 될 가토의 보도를 형사처벌로 몰고 갔다."[58] 보수 정부들만 그랬던 것도 아니다. 예컨대 중도 성향의 노무현 대통령 역시 야스쿠니신사 참배 문제, 역사교과서 문제, 종군위안부 문제, 독도영유권 문제 등 "반일 4점 세트"를 들어 반복적으로 일본을 비난하곤 했다.[59] 해방 후 최근에 이르기까지 대한민국의 거의 모든 정권들에서 이런 행태는 줄기차게 이어져왔던 것이다.

전체적으로 볼 때, 식민지엘리트 출신이 주축이 된 남한의 집권세력은 과거사 문제의 내적 차원을 '외부화'함과 동시에, 과거사 문제의 외적 차원을 '내부화'하는 매개 역할을 담당했다고 말할 수 있다. 한편으로 '민족주의적 진정성'을 의심받거나 정치적 위기에 직면할 때 그들은 일본과의 외적 긴장을 조성함으로써 과거사 문제의 내적 차원을 '외부화'하곤 했다. 다른 한편으로 그들은 일본과의 식민지 피해 관련 보상·배상 협상에서 소극적인 태도로 일관하여 한국인들의 거센 반발을 촉발함으로써 과거사 문제의 외적 차원을 '내부화'하곤 했다. 식민지 지배에 대한 피해 보상과 관련하여, "이승만 정부는 표면적으로는 '배상'을 내세웠으나 애초부터 식민지 지배 자체에 대한 피해 보상 요구를 포기했으며, 실질적으로

민사상의 '청구권' 차원으로 제한했다."[60] 정부 수립 직후인 1948년 9월까지만 해도 이승만 정부는 "연합국의 일원으로서 대일강화회의에 참여하는 것을 연합국에 요청해 (대한)민국이 대일 배상 요구를 하는 정당한 권리를 보유하겠다"면서 '식민지 지배에 대한 배상에의 의지'를 명료히 표명했다. 그러나 1949년 9월 완성된 『대일배상요구조서』에서는 식민지 지배에 대한 배상 요구를 스스로 포기했다. 1952년 2월 시작된 한일회담에서는 표면적으로나마 주장해왔던 '배상'이라는 표현마저 버리고 이를 민사적 '청구권'으로 축소했다.[61] 이런 소극적 태도는 이승만 정권에서 박정희 정권으로 '계승'되었다. 김동춘의 표현을 빌자면 "이승만은 미국의 일본 책임 면죄부에 대해 전혀 대응하지 못했을 뿐더러, 박정희는 한일 국교 정상화를 서두르기 위해 일본의 사죄와 책임을 요구하지도 않음으로써 강제징용·징병자, 위안부 보상의 길도 막아버렸다."[62] 한국-일본 정부 간 교섭에서 나타난 이런 소극성은 종종 한국인들 사이에서 집권세력에 대한 '민족주의적 분노'를 촉발하곤 했다.

5. 과거사청산 정치와 시민종교

10장에 이어 이번 장에서도 과거사청산 정치와 시민종교 사이에 밀접한 관계가 존재한다는 데 주목했다. 무엇보다 해방 직후의 과거사청산 정치가 대한민국 시민종교의 성격을 결정짓는 데 중차대한 역할을 수행했음을 밝히는 게 10~11장의 주목적이었다. 그렇다고 과거사청산 정치가 대한민국 시민종교의 성격 형성에 영향을 미친 절대적이거나 유일한 요인이었던 것처럼 오해해선 안 될 것이다. 지금까지 고찰한 것처럼 시민종교에 대한 과거사청산 정치의 인과적 영향은 대부분 직접적이라기보다는,

여러 매개요인들을 통한 '간접적인' 것들이었다. 물론 그 영향들 대부분은 단기적인 효과에 그치지 않고 이후로 수십 년 동안이나 지속되는 중장기적 효과를 발휘하고 있다는 사실 또한 강조해둘 필요가 있지만 말이다.

이번 장에서는 특별히 분단국가, 48년 체제, 동아시아 갈등구조라는 세 가지 매개요인에 유의했다. (1) 2차 대전 이후 한반도와 동아시아에서는 과거사청산 정치가 치열하게 전개되었으며, (2) 이는 식민지엘리트 그룹의 생존수단인 반공주의·친미주의를 중심으로 한 '분단국가', 정치적 타협의 산물이자 이질성의 모순적 결합인 '48년 체제', 민족주의의 끈질긴 생명력에 기초한 '동아시아 갈등구조'의 형성으로 이어졌고, (3) 이런 현상들은 다시 한국 시민종교의 성격을 형성하는 데 매우 중요한 영향을 미쳤다는 것이다.

우선, 식민지엘리트들의 생존투쟁이자 권력투쟁의 산물로 분단국가가 등장함으로써 향후 시민종교 형성의 주도권을 식민지엘리트들이 행사하게 된 반면, 그들의 미온적인 민족주의 성향으로 인해 대한민국 시민종교에서는 민족주의 요소의 약세 현상이 불가피하게 되었다. 아울러 시민종교 내에서 반공주의와 친미주의가 중핵中核 위치를 차지할 가능성이 높아졌고, 그 중에서도 특히 반공주의가 지배적 지위를 차지할 가능성이 높았다. 분단국가 수립 과정에서 적나라하게 표출된 식민지엘리트의 폭력성도 시민종교의 형성 과정에 (대체로 부정적인 방향으로) 개입하게 되었다.

둘째, 48년 체제를 통해 대한민국 시민종교의 '원형'이 제시되었다. 48년 체제는 식민지엘리트 그룹의 의도만을 반영한 것이 아니었으며, 식민지엘리트들이 자의적으로 통제하지 못하고, 그런 면에서 식민지엘리트를 '넘어서는' 요소들을 다수 포함하고 있었다. 대한민국 시민종교는 민족주의, 발전주의, 반공주의, 자유민주주의, 친미주의를 '5대 기본교리'로 하는 '반공-자유민주주의 시민종교'로 처음 모습을 드러냈다. 48년 체제 자체가 정치적 타협의 산물이자 이질성의 모순적 결합이었던 만큼 시민종교의 외연이 크게 확장되고 외양도 화려해졌지만, 이질적 요소들 간의 갈등이 시민종교의 내적 취약점으로 작용할 가능성 또한 다분했다. 동시에 반공-자유민주주의 시민종교는 지배세력을 '초월하는' 차원을 갖고 있었고, 1950년대에 지배세력이 시민종교의 기본교리들에서 심각하게 일탈하자, 결국 급성장한 예언자 세력이 '지배층의 배교'를 심판하고 나섰다.

셋째, 2차 대전 후에도 수십 년 동안이나 강렬함과 지속력을 보존해온 동아시아 민족주의는 이 지역에서 등장한 시민종교들의 생명력을 뒷받침했을 뿐 아니라, 남한에서 민족주의의 불충분한 내적 동력을 보강해주는 중요한 외적 자극과 동인動因으로도 기능했다. 한국 역시 민족주의 정치에 기초한 동아시아 갈등구조의 일부를 이루고 있었고, 그로 인해 동아시아 민족주의 정치의 거센 소용돌이에 휩쓸리지 않을 수 없었다. 대부분의 사회들에서 민족주의가 시민종교를 발전시키고 활성화하는 최대의 에너지 공급원이었음을 감안할 때, 이런 상황은 민족주의의 부실함으로 인한 대한민국 시민종교의 약점을 외적 자극이 상당 부분 보충해주었음을 의미한다. 외부로부터의 부단한 자극에 힘입어, 한국의 지배층 역시 (비록 식민지엘리트 출신이 주축을 이뤘음에도 불구하고) 때때로 동아시아 민족주의 정치의 핵심 행위자 중 하나가 될 기회를 얻기도 했다. 세계적 차원의 냉전적 이데올로기 대립구조와 동아시아 차원의 전前냉전적 민족주의 대립구조 사이의 빈틈을 포착하고 활용함으로써, 한국의 지배층 역시 동아시아 민족주의 정치게임의 주요 주역으로 떠오를 수 있었다. 동아시아 민족주의 정치에 전략적으로 편승함으로써 남한 지배층 역시 대한민국 시민종교를 끊임없이 메마르게 만드는, '약한 민족주의의 딜레마'에서 어느 정도 벗어날 수 있었다.

제 3 부

전쟁과 시민종교

제 12 장

정치적 신신분제와 성가정 만들기

전쟁과 시민종교

1. 전쟁, 사회통합, 국민 형성

한국전쟁은 기존 사회질서에 엄청난 충격을 가했다. 그런 면에서 전쟁 이전과 전후戰後의 연속성 혹은 단절성 문제에서 이번 장의 논의를 시작해 보자. 전전戰前과 전후의 차이를 강조하면서 한국전쟁의 독자적 효과를 강조하려는 논자들의 상당수는 그렇게 하는 가운데 양 시기의 연속성을 보여주는 경우가 많다. 예컨대 전쟁 이후에야 분단체제가 비로소 '완성' 되었음을 강조하는 이들은 전쟁을 전후한 두 시기가 민족의 분단으로 인해 강한 영향을 받는 사회라는 공통의 입지를 갖고 있음을 보여준다. 전쟁을 거치면서 비로소 반공이데올로기가 대중에게 '내면화'되었음을 강조하는 이들도 마찬가지이다. 분단국가나 반공이데올로기 뿐 아니라 친미주의, 교육열기, 근대화 열망 등도 모두 전쟁 이전부터 뚜렷하게 발견된다.

반면에 전쟁 이전의 한국사회와 전쟁 이후의 한국사회 사이엔 중요한 단절 또한 존재한다. 특히 '근대적 사회통합'이라는 관점에서 볼 때, 한국전쟁 이전과 이후 시기 사이에는 어떤 질적인 차이가 존재하는 것으로 보인다. 한국전쟁은 농민과 노동자들의 탈계급화, 즉 "정치 행위자 내지 주체로서의 계급class as a political actor의 소멸 내지 저발전",[1] 그리고 농민의 정치적 탈동원화, 즉 "국가의 정책 결정 과정에 접근할 수 있는 통로를 차단하고, 조직화를 방해하여 정치의 영역으로부터 배제"[2]라는 결과를 낳은 것으로 평가된다. 한국전쟁은 해방공간에서 사회 구성원 중 상당수에게 강고하게 자리 잡았던 계급적 정체성을 강압적으로 해체시키는 과정이었다.

또한 한국전쟁 시기는 '전통의 위기'를 초래하는 측면이 강했고, 특히 농촌에 더욱 큰 충격을 주었다. 농지개혁에 의한 지주층의 해체와 몰락뿐 아니라, 역시 농지개혁에 의해 동유洞有재산이 처분됨으로써 촌락의 공동체적 질서를 지탱해오던 물적 기초가 해체되었다.[3] 정부 수립 직후부터 추진된 한글전용화 정책과 더불어 의무교육제도가 도입되었다. 그 때문에 농촌의 서당은 완전히 소멸되었다.[4] 전쟁 중의 극심한 인구이동 속에서 사람들과 문화와 언어·습속들이 뒤섞였다. 양반 출신과 지주층을 대신하여 재벌과 군대를 중심으로 한 사회의 재편성은 문치주의文治主義와 숭문사상崇文思想을 약화시켰다. 가족의 해체 내지 규제기능 약화 현상도 현저했다. 20대에 불과한, 혹은 기껏해야 40대인 장군·고급관료·국회의원들이 속출하면서 연장자에 대한 공경의식이 약화되었다. 성윤리, 부정부패, 암거래와 좀도둑 등 도덕적 타락상이 대중 앞에 자주 노출되었으며 집합적·정신적 가치 대신에 개인주의와 물질주의 가치관이 널리 퍼졌다.[5]

이처럼 전쟁 이전과 전쟁의 과정에서 계급적 구분선에 따른 사회적 조직화가 강제적으로 해체되고 전통적 공동체들의 구속력도 약화된 결과 사회 성원들은 '파편화된 개인들'로 남게 되었다. 이런 상황은 전후의 지배층에게 '사회통합'의 문제를 최우선적인 과제로 제기하게 되었다. 전후의 사회통합은 노골적인 폭력이든 이데올로기적 협박이든 '공포에 의한 통합'이었는가, 혹은 사회 성원들의 '자발적인 동의에 의한 통합'이었는가, 아니면 양자의 독특한 결합에 기초한 '헤게모니적 통합'이었는가 하는 질문들이 제기된다.

전후의 사회통합은 '개별화된' 시민사회의 성원들을 '국민'으로 호명하고, 시민 대중이 이런 호명을 내면적으로 수용함으로써 사회적 재통합을 이루는 과정을 가리킨다. 한국전쟁은 '국민을 창출하는' 가장 중요한 역사적 기간이었다. 한국전쟁은 '시민종교 형성'에만 중요했던 것이 아니라 '국민 형성'에도 결정적으로 중요했던 전기轉機였다. 한국전쟁은 '국민 형성을 위한 국가 형성', 다시 말해 국민 형성에 특별히 중요한 역할을 담당하는 국가기구나 제도들이 발달하는 데서도 중요한 시기였다. 무엇보다 전쟁이 끝나면서 생겨난 여유와 안정감 속에서 사회통합과 국민 형성에 기여할 다양한 기제들이 본격적으로 효과를 발휘하기 시작했다는 것이 중요하다. 전쟁 후 정치사회와 시민사회가 분리되어 정치사회의 시민사회 대표기능이 심각하게 약화되었음에도 불구하고,[6] 국가는 시민사회와 직접 연결되는 강력한 가교를 놓는 데 성공했다.

이처럼 사회통합의 문제는 국민 형성 및 국가 형성의 문제와도 직결되어 있었다. 그런데 사회통합과 국민 형성이야말로 시민종교의 일차적 기능이 아닌가? 징병제나 의무교육제도 등이 근대적 사회통합을 위한 '사회적' 기초라면, 시민종교는 근대적 사회통합을 위한 '문화적' 기초라고 말할 수 있다. 나아가 사회통합과 국민 형성을 위한 사회적·문화적 기제들은 동시에 시민종교의 안정적인 착근과 발전을 위한 사회문화적 기초 혹은 토대의 역할 또한 담당한다. 앞서 언급했듯이 시민종교는 이런 사회문화적 기제들의 도움을 받으면서, 동시에 그런 사회문화적 기제들 속으로 침투하여, 시민과 공민과 국민을 창출해내고, 특정 인구를 시민·공민·국민이라는 정체성을 가진 사람들로 주체화하고, 그들 사이에 유대와 결속·통합성을 만들어낸다.

전쟁을 계기로 한 대한민국 시민종교의 재형성을, "반공주의와 친미주의가 전면으로 부상한 형태의 반공-자유민주주의 시민종교 등장"으로 압축할 수 있을 것이다. 이런 변화는 전쟁 직전 및 전쟁 시기에 병행된 또다른 중요한 변화, 즉 필자가 여기서 '신新신분제의 형성'이라고 부른 변화가 있었기에 가능했고 또 비교적 안정적으로 착근할 수 있었다. 새로운 신분제는 핵심 계층인 반공투사 가족과 적대 계층인 월북·부역자 가족을 양극으로 한다. 특히 지배엘리트와 유사한 정치적-사회적 지위를 갖는 반공주의적 '선민選民' 혹은 신성가족=성가정holy families의 등장, 혹은 반공-자유민주주의 시민종교에 대한 열성 지지층인 '참신자들'의 대거 등장에 주목할 필요가 있다. 전쟁을 거치면서 시민종교의 사회적-정치적 기반이 비약적으로 확충되고 튼실해진 것이다. 이제 신신분제 형성으로 이어진 대대적인 '국민 재편성'과 한국식 '경계정치境界政治'에 대해 좀 더 자세히 살펴보도록 하자.

2. 신新신분제와 국민-비국민 만들기

필자는 이 책 2장에서 국민 형성의 양대 기제를 '신비화'와 '차별화'로, 그리고 차별화의 핵심을 '경계획정권력'에 기초한 '두 국민 전략'으로 제시한 바 있다. 필자가 말하는 '차별화'는 울리히 벡이 『자기만의 신』에서 피력한 '경계정치' 및 '경계체제'와 상통한다. 벡이 말하는 경계정치는 경계의 설정뿐 아니라 경계의 해체·초월(혹은 탈경계)도 포함한다. 결국 차이와 다름을 만들어내고 확인해주는 경계의 설정과 이동, 해체 등으로 구성되는 것이 경계정치인 셈이다. 벡이 주로 종교사회학적 맥락에서 "탈경계와 경계 설정의 변증법"을 언급했다면, 최근 얀 베르너 뮐러는 포퓰리즘에 대해 논하는 가운데 주로 정치학적인 맥락에서 '경계 문제boundary problem'를 제기했다.[7] 뮐러에 따르면 포퓰리스트는 "진정한 국민", "동질적이고 도덕적인 국민", "언제나 정의롭고 도덕적으로 순결한 존재로 상정된 국민", "단일한 공동선을 인식하고 소망하는 국민"을 전제한다.

바로 이런 전제에 기초하여 '진짜 국민'과 '가짜 국민'을 구분한 후 후자를 배척한다. 다시 말해 포퓰리스트들은 진짜 국민이 아닌 것으로 간주된 사람들을 대상으로 '차별적 법치주의'를 실행하는데, 차별적 법치주의는 결국 '반대하는 시민'을 소외시키고 '비판적 시민사회'를 탄압하는 행동과 정책으로 현실화한다.[8]

국민 만들기와 비국민 만들기는 사실상 동시적인 현상이다. 국민-비국민 만들기는 마치 동전의 양면처럼 맞붙어 있는 경우가 많다. 아감벤이 유대인-독일인 만들기의 적대적 연결성을 적절히 표현했듯이, "유대인의 신체를 분리시키는 일은 곧장 독일인 고유의 신체를 생산하는 일"이었다.[9] 한국에서도 국민-비국민을 가르는 경계정치가 해방 직후부터 작동했다. 미군정 시기부터 '국민 분류' 작업이 개시되었는데, 그 첫 번째 계기는 선거였다. 미군정 하에서 치러진 두 번의 선거, 즉 과도입법의원선거와 제헌의회선거에서 참정권을 제한받아야 할 '비국민'으로 부각된 이들은 이른바 '친일파·부일협력자들'이었다. 그러나 논란 끝에 이 범주에 포함되어 실제로 참정권을 제한받은 이들은 극소수로 축소되었다. 1950년의 제2대 국회의원선거부터는 '친일파·부일협력자' 범주에 대한 피선거권 박탈 규정마저 사라졌다. 아울러 금치산자, 준*금치산자, 심신미약자, 마약환자, 수형자, 집행유예자들도 선거권을 부여받지 못함으로써 '비국민'으로 규정되었다.[10]

일시적으로나마 비국민으로 분류되었던 극소수의 '친일파·부일협력자'이 금세 국민으로, 나아가 지배엘리트로 이동하는 와중에도 새로운 기준에 의한 '인간 분류' 작업이 진행되었다. 여기서도 한국전쟁이 결정적인 계기였다. 전쟁이 나자 이승만 정권은 "국민보도연맹원들을 'A·B·C'나 '갑·을·병'으로 분류한 후 죽일 자와 살릴 자를 임의로 구분"했다.[11] 아울러 전쟁 시기에 국방부는 이른바 '공비토벌지구'에서 '통비분자-부역자-양민'을 자의적으로 범주화하여 죽일 자와 살릴 자를 구분했다. '통비분자'는 "공비와 적극적으로 내통하여 이적행위를 한 자"이고, '부역자'는 "북괴군 또는 공비의 지시에 협조한 자"이며, '양민'은 "통비나 부역행위를 하지 않고 국법을 준수하는 민간인"으로 규정되었다.[12] 1970년대, 특히 유신체제 등장 이후에는 '병역기피자'를 비국민으로 몰아갔다.[13] 병역의무 이행 여부가 비국민 선별의 새로운 기준이 된 것이다. 1980~1981년의 행정고시 과정에서, 그리고 1981~1989년의 사법고시 과정에서는 3차 면접시험을 통해 '시위경력자'를 탈락시켰다.[14] 대학 이상의 고학력층에서는 '시위 전력'이 비국민 분류의 기준으로 작용했음을 보여주는 대목이다.

한국의 국민 형성 원리에 관한 논문에서 김현선은 '국민-반半국민-비非국민'의 3분법을 제시한 바 있다. 그는 1948년에 제정된 국적법이 (1997년에 개정될 때까지) 부계혈통주의, 속인주의, 단일국적주의의 세 가지 원칙에 기초했음에 주목하면서, 한국에서 국민 형성의 원리는 남성 중심적 가치관, 혈통주의, 국수주의로 요약될 수 있다고 보았다.[15] 김현선은 국민 형성 기제가 한편으로는 통합하고 다른 한편으론 배제하는 것임을 강조하면서, 한국에서는 외국인, 혼혈아, 해외동포, 국가권력 희생자, 반국가행위자(저항자-용공분자)는 억압과 배제 대상으로, 남성, 군인·경찰, 반공주의자 등은 지원과 통합의 대상이었다고 밝혔다. 특히 억압-배제 대상을 판정하는 법적 기제들로 형법, 반공법, 국가보안법, 집시법, 반국가행위자처벌법(반국가행위자의 처벌에 관한 특별조치법), 군형법, 군사기밀보호법 등을 거론했다. 이때 반국가행위자처벌법의 대상이 되는 '반국가적 행위자'는

〈표 12-1〉 김현선의 국민-반국민-비국민 범주화

국민	반국민	비국민
군인, 경찰, 남성, 반공주의자, 반국민-비국민이 아닌 자	해외동포	외국인, 혼혈아, 해외동포, 국가권력 희생자, 저항자-용공분자

"반국가단체 구성의 죄, 공산 계열 활동 단체, 내란죄, 외환죄, 반란죄, 이적의 죄"에 해당하는 이들로 구성된다.[16]

필자는 국민-반국민-비국민의 '삼분법'이 국민-비국민의 '이분법'보다 미묘한 현실을 파악하는 데 유리하다고 판단하지만, 이를 조금 더 밀고나가 '사분법'으로 발전시킬 수 있다고 생각한다.

첫째, '국민'을 세분할 필요성이 있다고 생각한다. 김현선이 말하는 국민은 모두 '선민選民'에 가까운 범주들이고, 따라서 국민과 선민을 따로 구분하는 게 낫다고 판단한다. 이 경우 '선민' 범주에는 지배엘리트를 포함하여 전사자 유가족들을 지칭하는 '성가정聖家庭' 구성원들, 상이군인, 한국전쟁·베트남전쟁 참전자, 민간인 국가유공자, 이른바 '월남 귀순자' 등이 포함된다. 인구의 대다수를 이루는 '국민'은 때때로 '양민'처럼 긍정적 방식의 정체성 부여가 이루어지기도 하지만, 통상은 '~가 아닌'처럼 대체로 부정적인 방식으로 정체성이 규정된다. 무엇보다 국민은 '반국민-비국민이 아닌 자', 그리고 덧붙여 '선민이 아닌 자'이다. 국민은 '반국민-비국민이 아닌 자'임을 국가가 보증하는 신분증, 즉 (주민)등록표·양민증·시민증·도민증·주민등록증, 나아가 한강도강증·귀향증·피난증명서·전염병예방주사증 등을 소지한 자이다.[17] 국민은 언제든 반국민, 비국민, 선민이 될 잠재력을 가진 이들이기도 하다.

둘째, 김현선의 '반국민' 개념이 유용하지만, 그럼에도 불구하고 여전히 모호할 뿐 아니라 제한적으로만 규정되었다고 생각한다. '국민'으로 인정되지만 '비국민'으로 전락하기도 쉬운 광범위한 사회범주들을 '반국민'으로 포괄할 수 있을 것이다. 반국민은 '국민의 일부'임과 동시에 비국민의 일차적인 후보라는 의미에서 '예비 비국민' 혹은 '잠재적 비국민'이라는 경계적 지위를 갖는다. 특히 '반국민=재외동포(해외동포)'는 지나치게 협소한 규정이므로, 이를 확대하면서 좀 더 세심하게 다듬을 필요가 있다고 생각한다.

셋째, '국민'과 '반국민'을 '서발턴'이라는 개념으로 한데 묶을 수 있다고 생각한다. 서발턴은 규율권력과 생명권력의 통치 대상이 되는 '피지배 대중'을 통칭하며, 매우 다양하고도 이질적인 사회범주들을 포괄한다. 이들은 '선민'이나 '지배엘리트'의 지배를 받는 처지이나, '비국민'에 대해서는 가해자로 언제든 군림할 수 있는 '이중성'을 갖고 있기도 하다. 필자는 '서발턴의 이중성', 피해자이자 가해자라는 이중적 정체성이 강조될 필요가 있다고 생각한다. 영국인(선민)의 지배를 받는 '식민지 인도'에서 인도인은 모두 서발턴의 지위를 갖지만, 인도인 남성이 대개 '국민'(국민 서발턴)의 범주에 속한다면, 사티를 강요당하는 인도인 여성들은 '반국민'(반국민 서발턴)과 '비국민'(호모 사케르)에 걸쳐 있다고 말할 수 있을 것이다.

결국 정치적-이데올로기적 신신분제 형성의 핵심 기제인 '두 국민 만들기' 전략은 실상 '세 국민 만들기', 나아가 '네 국민 만들기'를 포함하고 있었다. 이정은은 1950~1960년대에 정치적·사회적 인권 담론이 어떤 포섭·배제 기제에 따라 작동되었는지를 분석했다. 한국사회의 인권 담론이 정치적 권리 차원으로는 우익-좌익에 따라 '국민-비국민'을 나누고, 사회적 권리 차원으로는 도덕-타락의 기준에 따라 '인간-비인간'을 나누었

〈표 12-2〉 1950~1960년대 정치적·사회적 권리의 침해와 인권 담론에의 포섭·배제

구분		인권 담론에 포함	인권 담론에서 배제
정치적 권리	법률/제도	언론의 자유(형사소송법)	사상과 양심의 자유(국가보안법)
	대상 집단	검찰·경찰의 수사 행태 (구속영장 남발 등)	한국전쟁, 좌익 관련 사건 (민간인학살, 연좌제 등)
사회적 권리	법률/제도	아동노동 금지	공창제 폐지
	대상 집단	'인권보호대상자'로 호명 (전쟁고아, 기아[棄兒], 식모, 여차장, 여공 등)	'인권보호대상자'에서 배제 (성매매 종사자, 부랑인, 넝마주이, 거지 등)

* 출처: 이정은, "한국전쟁 이후 '인권보호대상자'를 둘러싼 담론 형성의 매카니즘", 127쪽의 〈표 1〉과 138쪽의 〈표 5〉를 합친 것임.

〈표 12-3〉 신신분제에서의 인간 분류 방식

| 선민/지배엘리트 | 서발턴 | | 비국민(호모 사케르) |
	국민	반국민	
지배엘리트 성가정, 상이군인, 참전자, 민간인 유공자, 월남 귀순자	선민-반국민-비국민이 아닌 자	반공포로, 월남자, 인권보호대상(전쟁 고아, 기아, 식모, 여차장, 여공 등), 수복지구 주민, 잔류파 (잔류자), 피난민, 토벌지구 주민	좌익 및 가족, 인권보호대상에서 배제된 이들(성매매 종사자, 부랑인, 넝마주이, 거지 등), 양심적 병역·집총거부자, 성소수자

다는 것이다. 여기서 국민과 인간을 인권 담론에 포함시켰던 반면, 비국민과 비인간을 각각 인권 담론에서 배제시켰다는 것이다.[18] 한쪽 끝에 '비국민-비인간' 범주가 있다면, 그 반대쪽에는 '국민-인간' 범주가 있는 셈이다.

필자는 이정은이 '인권보호대상자'로 거론한 범주들이 대부분 '반국민'에 속한다고 생각한다. 물론 '비국민-비인간' 범주에 속하는 이들은 대부분 '비국민'에 포함되어야 할 것이다. 비국민 범주에는 양심적 병역거부자와 집총거부자, 그리고 동성애자를 포함한 성소수자들도 추가되어야 할 것이다. 예컨대 제칠일안식일예수재림교회 교단에 속하는 신자들이 신병훈련소에서 집총훈련을 거부했을 때 이들은 "비국민", "이적행위자", "해군害軍분자나 오열五列", "빨갱이보다 나쁜 부류", "정신이상자", "광신도" 등의 낙인과 함께 혹독한 신체적 처벌에 시달려야 했다.[19] 이상의 논의를 종합해보면 〈표 12-3〉과 같이 정리할 수 있을 것이다.

방주네프는 경계 넘나들기를 위한 의례적 장치들에 대해, 특히 입사(입회) 의례와 반대되는 분리 및 탈신성화 의례에 대해 말한 바 있다. "입사의례와 반대되는 것이 추방, 제명, 파문 의례이다.……특히 분리 의례와 탈신성화 의례이다. 로마 가톨릭의 이러한 의례는 상당히 잘 알려져 있

다.……파문과 신성화는 기존 물체나 사람으로부터 누구를 분리시킨다
는 의미에서 같은 원리에 기초해 있다. 따라서 이 두 가지 의례들의 일부
는 같은 것이다."[20] 정치적-이데올로기적 신신문제에서 신분·지위의 이
동을 동반하는 의례적 장치들에 대해서도 유사한 논의를 할 수 있지 않을
까? 다시 말해 신분이나 지위의 변화를 거친다는 점에서 이런 의례적 장
치·행위들을 일종의 통과의례로 해석할 여지가 있다는 것이다. 이 경우
지위의 상향이동을 촉진하고 공인하는 '상승의례'와 지위의 하향이동을
촉진·승인하는 '하강의례'를 구분할 수 있다. 대부분의 통과의례는 상승
의례에 속하나, 방주네프가 말한 추방·제명·파문 의례와 탈신성화·분리
의례는 하강의례에 해당한다.

　우선, 서발턴이나 신성가족을 호모 사케르(비국민)로 강등·격하하는 의
례적 장치를 '호모 사케르화 의례'로 명명할 수도 있을 것이다. 북한이나
중국에서 행해지던 자아비판이나 인민재판, 다양한 방식으로 행해지는
빨갱이 낙인찍기, 이적단체에 대한 수사기관의 언론브리핑이나 형식적
인 재판 등을 떠올릴 수 있을 것이다. 반대로, 호모 사케르(비국민)를 서발
턴(국민, 반국민)의 지위로 끌어올리는 의례적 장치들이 있을 수 있고, 이를
'서발턴화 의례'로 명명할 수 있을 것이다. 정치적 공개간증이나 전향서
공개 등을 포함하는 전향 기자회견, '월남 귀순자'나 '월북 귀순자'의 환영
식, '자수 간첩'의 공개성명과 기자회견 등이 이 범주에 포함될 것이다. 한
국전쟁 직후 북한으로 돌아가던 전쟁포로들의 '옷 벗어던지기' 퍼포먼스
에 대해서도 유사한 해석이 가능할 것이다. 그러나 국가폭력·국가범죄에
희생당한 피학살자들을 '양민良民'으로 회복시키는 서발턴화 의례는 한국
전쟁 후 수십 년 동안이나 금지되었다. 전통적인 죽음 위계에서 '나쁜 죽
음'임이 분명했던 그 죽음들을 위해서는 묘비·기념비나 위령제조차 허락
되지 않았다. 의례를 치러서도 안 되고 기억·기념도 허용되지 않는 이들
이었다. 4·19가 일시적으로 열어놓은 자유공간에서 세워진 묘비·위령탑

들은 5·16 이후 철저히 파괴되었고, 일부 묘들은 파헤쳐졌다. 한편, '서발턴화 의례'보다 극적인 지위 상승을 초래하는 경우 이를 '선민화 의례'라고 부를 수도 있을 것이다. 해방과 함께 독립운동가들을 순국선열이나 애국지사로 새롭게 호명하거나 서훈하거나 국립묘지에 안장하는 일이 선민화 의례에 해당한다. 민주화 이후 민주화운동가들을 국가유공자나 열사로 호명하고 이들을 위한 국가기념일을 제정하고 그들이 매장된 무덤을 국립묘지로 격상시키는 일도 선민화 의례에 부합한다. 호모 사케르화 의례가 하강의례를 대표한다면, 서발턴화 의례와 선민화 의례는 상승의례를 대표한다고 말할 수 있다.

근대 이전의 구舊신분제, 즉 '사회적' 신분제에 비해 해방 이후의 신신분제는 철저히 '정치적' 신분제였다. '제도'로서는 오래 전에 해체되었지만 '습속'으로 남아 있던 전통적 신분제는 전쟁 도중에 철저히 깨졌지만, 같은 시기에 새로운 형태의 신분제가 등장했던 것이다. 그런데 자세히 보면 신신분제에는 '정치적' 기준과 '사회적' 기준이 함께 활용되고 있음을 확인할 수 있다. 여기서 정치적 기준이 주축 역할을 한다면, 사회적 기준은 보조 축 역할을 담당하고 있다. 정치적 기준은 물론 '반공-용공-친공'의 스펙트럼 속에서 작동한다. 사회적 기준은 이전처럼 귀한-천한 핏줄의 스펙트럼으로 가늠되는 '혈통'의 문제 영역에서 작동하기보다는, '질서-무질서'의 스펙트럼 속에서 작동한다. 이때 질서는 '순수, 순응, 건전, 명랑' 등의 영역에 속하는 행위나 생활방식으로 해석되고, 무질서는 '오염, 반항, 불건전, 퇴폐' 등으로 성격지어진다.

이제부터 신신분제의 네 가지 그룹 가운데 '선민' 범주, '반국민' 범주, '비국민' 범주에 대해 좀 더 상세히 살펴보기로 하자.

3. 선민選民, 성가정, 지배엘리트

'선민'과 '성가정'을 창출·판별해내는 핵심 기제는 다름 아닌 '전쟁'이었다. 전쟁과 반란 진압은 국가를 위해 목숨, 육신의 일부, 청춘의 시간을 희생한 대규모의 사회집단을 창출해냈다. 선민 만들기 기제 중 가장 중요한 것으로 전쟁영웅 창출과 전사자 숭배를 꼽을 수 있다. 여기서 전사자 숭배는 전사자 의례, 전사자의 묘墓, (기념조형물·기념건축·기념공원 등을 포함하는) 전사자 기념시설, 전사자에 대한 서훈과 표창, 전사자 유가족을 위한 보훈과 원호 사업, 특정 전사자를 위한 기념사업회 결성이나 기념사업 등 다양한 요소들로 구성되어 있다. 이 가운데서도 전사자 의례, 전사자 묘, 전사자 기념시설의 세 가지가 가장 중요하다. 전사자 숭배의 기제들 대부분이 전쟁을 계기로 만들어지거나 활성화되었다는 점을 강조할 필요가 있다.

전쟁은 국가기구의 성장을 촉진함과 동시에, 시민-정부 간 결속을 새로이 창출해내기도 한다. 물론 이때의 '시민'은 주로 전사자와 유족, 참전자 및 그 가족들을 가리킨다. 미키 매켈리아에 의하면 "나중에 생환한 참전자와 그 가족들을 위한 연금 문제를 처리하는 것과 마찬가지로, 연방정부가 전사자 개개인의 유해를 찾아내고 그들의 신원을 확인하고 이장하는 일련의 과업을 처음에는 어쩔 수 없이 후에는 의무로써 감당했던 것은 관료적 국가의 성장을 촉진했다. 이것은 또한 전쟁을 통해 창출된, 시민들과 정부 사이의 새롭고도 지속적인 결속을 상징하기도 했다."[21] 이런 맥락에서 전쟁 과정을 통해 기존의 노동, 농민, 청년단체들 외에도 방대한 새로운 국가 숭배적 집단들 내지 정부 지지 세력이 창출되었다는 사실을 강조해 둘 필요가 있다. 전후의 두드러진 현상이었던 정치사회와 시민사회 간의 괴리에도 불구하고 국가와 국민들을 직접 통합시키는 중요한 사회적 기반이었다는 점에서, 이들이 단순히 '어용 집단들'로 치부될 수는 없다.

　반공주의에 대한 지지 여부와 충성도에 따라 국민-비국민을 구분할 수 있지만, '국민' 내부의 특별하고 특권적인 사회집단을 선별하는 기제는 별도로 필요하다. 이를 위한 가장 정밀하고 신뢰할 만한 수단은 '서훈·표창'과 '유공자 심사'일 것이다. "한국전쟁 직후인 1954년에 무공훈장 등 7만 2,903건을 수여한 특수한 상황"이라는 표현에서 보듯이,[22] 전쟁은 훈·포장 수여를 통해 전쟁유공자 내지 전쟁영웅들을 양산해내는 역할을 담당했다. 1958년 1월 12일 현재 정부 수립 후 약 10년 동안 각종 훈장과 포장을 수여한 이들만 해도 191,716명이나 되었다.[23] 이들의 압도적인 다수는 군인과 경찰들이었다. 1983년 말 기준으로 한국전쟁 무공수훈자는 209,555명, 베트남전쟁 무공수훈자는 28,433명에 달했다.[24] 국가유공자들의 대다수가 군인·경찰로 구성된 이런 상황은 그 후로도 크게 달라지지 않았다.[25]

　전쟁을 계기로 등장한 시민종교 핵심 지지층 가운데는 먼저 참전자와 그 가족들이 있다. 1958년 7월 31일 현재 제대 장병은 모두 1,037,278명이나 되며,[26] 이들 가운데 상당수가 1952년 2월에 '대한민국재향군인회'로 결집했다. 또한 전쟁 중 약 27,700명의 고등학교 이상 학생들이 참전했다. 이 가운데 사망한 1,394명을 제외한 2만 5천 명 이상의 학생들이 종전 후 학교로 돌아갔다.[27]

　두 번째로, 전쟁 중 군과 경찰 등 억압적 기구를 중심으로 국가기구가 급격하게 팽창되는 과정에서 방대한 국가공무원들과 그 가족들이 새로 만들어졌다. 특히 군은 전쟁을 거치면서 인적 규모 면에서 11만 3천 명에서 60만 명 수준으로 5배 이상 성장했다.[28] 군인과 경찰이야말로 전쟁을 거치면서 가장 극적인 이미지 변화를 성취한 집단이었다고 할 수 있다. 이들은 전쟁 이전의 '친일파'라는 이미지를 불식하고 전후에는 '애국자', 심지어 '순교자', '영웅'의 이미지를 얻게 되는데, 이런 변화는 국가와 관료집단에 대한 종래의 부정적인 사회적 인식을 크게 완화시켰다. 또 전쟁 직후인 1953년 말 현재 군과 경찰, 소방공무원을 제외하더라도 무려 231,245명의 방대한 국가 관료들이 존재하고 있었다.[29]

세 번째로, 관변단체의 간부들도 중요하다. 1950년대에 관변단체들은 일종의 '유사 국가기구'로서, 억압적 국가기구와 이데올로기적 국가기구의 성격을 모두 갖고 있었다. 이 단체의 회원 모두를 선민이나 성가정으로 분류할 수는 없지만, 적어도 이 단체들의 간부들은 그렇게 분류할 수 있다. 다음은 고원의 설명이다. "정부 수립 후 우파 세력은 좌익에 대한 테러투쟁에서 한 발 더 나아가 '일민주의'를 지도이념으로 하는 국가동원 체제를 전 사회에 확립하고자 했다. 1949년에 이르면 남로당이 사실상 완전 붕괴상태에 이르렀음에도 우파 세력은 왕조적 권력을 꿈꾸는 이승만의 요구에 부응하여 유사 국가기구적 대중조직을 결성하고 사상통일, 공산주의 잔재 일소, 국방계획 협조 등 관제 국민대회에 매일 같이 동원했다. 학도호국단, 대한청년회, 국민회 같은 단체들은 그 대표적 기구였다. 그것은 이승만—경찰·행정조직—반관반민의 어용단체로 이어지는 통치 기구로서……'한국형 파시즘'의 전형이었다. 이는 결코 수동적으로 이루어진 대중동원이 아니라 이권과 감투를 얻고자 하는 우파 대중운동 세력의 적극적이고 능동적인 순응 행위의 산물이었다."[30]

마지막으로, 전쟁으로 인한 사망자·부상자와 그 가족들을 들 수 있다. 특히 전사자 부인과 자녀들, 노부모는 국가의 보호와 지원이 없이는 생계 자체가 어려운 이들이었다. 장면 부통령의 1958년 현충일 담화에 의하면 "15만 세대의 전몰 유가족 백여만 명"이 당시에 존재하고 있었다고 한다.[31] 1959년 현충일 즈음에는 "전몰 유가족 15만 5천 세대"가 존재하는 것으로 보도되기도 했다.[32] 국가가 직접 보살펴야 할 전사자 유가족을 1950년대 한국 정부가 100만 명 안팎으로 추산하고 있었다는 얘기이다. 1955년 현재의 남한 인구가 2,150만 명(21,526,374명)이었으니,[33] 1955년 현재의 "15만 세대의 전몰 유가족 백여만 명"은 당시 인구의 4.6% 정도에 해당한다. 전상자 그룹인 이른바 '상이용사들'도 거대한 규모의 사회집단을 구성하고 있었다. 비교적 항구적인 부상을 당한 상이군인의 규모는 '명예제대자' 기준으로는 1954년 140,623명, '생계보조자' 기준으로는 1959년 93,042명, '중상이자' 기준으로는 1955년 58,211명에 이르렀다.[34]

1951년 5월에는 '대한상이용사회'가 창설되었는데, 1953년 8월 현재 전국에 10개 지부와 164개의 시·군 분회와 1,225개의 읍·면 연락소를 설치하고 있었다. 당시 이 단체는 명예제대자 총수의 97%인 64,322명을 포괄하고 있었다. 1951년 11월에는 '대한군인유족회'가 결성되었다. 1954년 말 현재 군사원호대상자는 880,656가구 4,572,093명, 경찰원호대상자는 28,819가구 148,359명으로, 이들을 합치면 약 470만 명이나 된다.[35] 같은 시기에 이른바 '전재戰災 미망인'은 101,845명이나 되고, '자연사自然死 미망인'(192,007명)의 부양자녀를 합칠 경우 이들 '미망인'의 부양자녀 수는 516,668명에 이르렀다. 역시 같은 시기에 영아시설·육아시설·모자母子 보호시설 등의 후생시설에 수용된 인원이 49,169명으로 나타나고 있다.[36] 1955년 조사에 의하면 당시 전체 과부의 수는 100만여 명에 이르며, 이 중 대다수는 전쟁 과부거나 이산離散으로 인해 남편의 생사가 확인되지 않는 경우이다.[37] 1961년까지도 국가에 생계를 의존하는 상이군경 23,468명과 유족 121,759명 등 모두 145,227명이 원호대상자로 분류되어 있었다.[38] 이때 "유족 121,759명"은 전사자 유가족의 '가구원 총수'가 아니라, 유족 연금이나 급여금·생활부조 등의 수령 대상이 되는 '가구 수'를 가리킨다고 보아야 할 것이다.

한국전쟁 전사상자戰死傷者와 그 가족에 대한 국가의 보호조치는 〈표 12-4〉에 요약되어 있다. 원호 업무를 관장하는 최초의 정부조직은 1949년 10월 사회부에 설치된 '군사원호과'였다. 군사원호과는 전쟁 발발 후인 1951년 7월 '원호국'으로 확대 개편되었다. 국방부에서도 1951년 8월 '병

〈표 12-4〉 전사상자(戰死傷者)에 대한 사회적 보호장치들의 창출 과정43

1950. 4.14 군사원호법 공포(법률 제127호)
　　 6. 1 군사원호법 시행령(대통령령 제369호) 공포
　　 6. 1 군사원호법 시행기(期)에 관한 건(대통령령 제368호) 공포
　　10.24 상이·종군기장령 공포
1951. 1.12 제1차 상이병(상이병) 제대식 거행
　　 1.25 상이군인 중앙정양원 개원(동래)
　　 2.28 군사원호법 시행령 개정안(대통령령 제457호) 공포
　　 2.28 군인 사망급여금 규정(대통령령 제455호) 공포
　　 2.28 군인 전상급여금 규정(대통령령 제456호) 공포
　　 5.15 대한상이용사회 창설
　　 9. 1 사단법인 대한군경원호회 창설
　　11. 8 재무부 장관 통첩. 전매품 소매인 지정 시 유족 및 상이군인에게 우선권 부여
　　11.11 대한군인유족회 창설
　　11.20 상이군인 원호 강화안 국회 통과
1952. 1.15 상이군인에게 처음으로 국산 의족 공급
　　 3.19 국무총리 통첩. 상이군인의 취직을 위하여 상용(常傭) 30인 이상의 기업체는
　　　　　 그 3분의 1이 응소(應召)할 것을 예상하고 점차 상이군인으로 교체할 것
　　 4. 2 상이군인 연금제 국회 통과
　　 4. 5 보건진료소 설치 준칙. 극빈 유족 및 출정군인 가족에게 우선적 무료진료
　　 4.30 제2차 상이군인 제대식 거행
　　 5.25 교통부 고시(제174호). 상이군경에게 철도요금 전액 혹은 5할 할인
　　 9.13 문교부 장관 통첩. 유족 및 상이군인 자녀에게 학비의 면제 감액
　　 9.26 전몰군경 유족과 상이군경 연금법(법률 제256호) 공포
　　11.23 사회·내무부 장관 연명 통첩. 유가족 및 상이군인에 대해 지방부역 면제
1953. 3.20 상이군경 결혼상담 실시요강 발표. 결혼 알선
　　 3.22 문교부 장관 통첩. 진학 알선 및 학비 보조
　　 4.17 농림부 장관 통첩. 유상미(有償米) 배급
　　 5.20 국방부 장관 담화. 만 20세 이상 25세 미만 장정 전원소집에 대처하여
　　　　　 각 직장에서는 전적으로 상이군인으로 대체 복무케 할 것
　　 5.21 국방부 장관 통첩. 의수족의 보철 및 수리를 무상으로 실시
　　 6.29 보사부 훈령(제17호). 재발 환자를 제대 상병(傷兵) 구호병원에서 입원 치료
　　10. 8 사단법인 대한민국제대장병직업보도회 발족
　　10.20 전사상 사금(戰死傷賜金) 인상
　　10.23 사회부 장관 통첩. 구호양곡 및 구호물자를 우선 배분
　　12. 8 국방부 장관 통첩. 위문 광목(廣木) 지급
1954. 4.26 국방·내무·사회부 장관 연명 통첩. 유족 및 출정군인 가족에게 노력봉사
　　 5. 8 재단법인 상이군경장학회 창설
1955.12.24 군사원호법 개정법률(법률 제401호) 공포
1956. 1.18 이승만 대통령 유시. 생활안정을 위해 상이군인과 유가족에게 정부의 모든 사업을
　　　　　 우선 계약하도록 지시

무국'을 신설하면서 그 아래에 '원호과'를 두었다.³⁹ 사회부와 국방부의 이원적 원호 체계가 형성된 것이다. 1951년 9월에는 대한경찰원의회援議會를 비롯한 기성 원호단체들을 일원화한 '대한군경원호회'가 창립되었다.⁴⁰ 또 원호 업무를 위한 법률적 근거로서 1950년 4월에 군사원호법이 공포되었다. 1961년 7월에는 군사원호청이 설립되었다. 1963년에는 '군사원호대상자 단체 설립에 관한 법률'이 시행되면서 대한민국상이군경회, 대한민국전몰군경유족회, 대한민국전몰군경미망인회가 각기 결성되었다.⁴¹ 1960년대 들어 성가정 혹은 반공 선민에 대한 보호장치가 크게 강화되었다. "박정희는 군사쿠데타 후 1961년 국가보훈제도의 기본법에 해당하는 '군사원호보상법'을 비롯한 각종 보훈 관련 법률을 제정하여 국가보훈제도를 체계화했다. 같은 해에 국가적 보훈 업무를 총괄하는 '국가원호청'이 설치되었다. 1962년 4월 16일에는 '국가유공자 및 월남귀순자 특별원호법'이 제정되었다. 이 법률에 따라, 종래의 군사원호 업무 이외에도 애국지사 및 유족, 4·19 상이자, 4·19 사망자의 유족, 월남귀순자 등이 특별원호대상자로 지정되었다. 이 특별대상자에 '반공포로 상이자'도 포함되었다."⁴²

그러나 이처럼 대규모로 증가한 선민 그룹은 국가와 지배층의 '자산'이자 '부담'이라는 양면성을 내포하고 있다. 우선, 이들은 시민종교의 참신자들이요 핵심 신도信徒 그룹, 국가·지배층의 정치적 우군友軍이요 최대 지지 기반이다. 그러나 이미 엄청난 인구집단이 되어버린 이들의 보호, 생계유지, 예우禮遇를 국가·지배층이 직접 책임져야 한다는 것은 감당하기 어려울 만큼 버거운 부담이기도 했다. 너무 일찍 거대한 전쟁을 치르면서 안 그래도 보잘것없던 자원마저 탕진해버린 가난한 신생 후진국이 떠안게 된 딜레마가 아닐 수 없었다. 실제로도 전쟁 과정에서 창출된 방대한 성가정 구성원들, '상이용사'와 그 가족들이 한결같이 정권의 핵심적 지지 기반으로 역할했던 것도 결코 아니었다. 정권의 토대 기능에도 일정한 역사적 가변성이 존재했다는 얘기이다. 예컨대 성가정과 상이군인들에 대한 원호 정책이 여러모로 미흡했던 1950년대와, 원호 정책 측면에서 상당한 개선을 이루어낸 1960년대 이후는 정치적 지지의 강도 측면에서 상당한 차이가 나타났다.

4. 반국민

반국민에는 앞서 이정은이 '인권보호대상'으로 열거한 전쟁고아, 기아棄兒, 식모, 여차장女車掌, 여공 등이 우선 포함될 것이다. 특히 한국전쟁 도중에 이른바 '전쟁고아'가 59,000명 발생했다.[44] 이들은 거리로 내몰려 국가의 관심과 보호만 기다리는 처지가 되었다. 후생시설에 수용된 영·유아와 아동들, 전쟁고아를 비롯하여 할머니와 함께 사는 '할머니고아', 부모의 재혼으로 버림받은 '재혼고아' 등 여러 유형의 고아들은 가족이 아닌 국가가 양육과 사회화의 일차적 혹은 이차적인 주체가 될 수밖에 없었다. 필자는 반국민 범주에 반공포로, 월남자, 수복지구 주민, 잔류파(잔류자), 피난민, 토벌지구 주민 등을 추가로 포함시킬 수 있다고 생각한다.

첫째, '수복지구 주민'이다. '수복收復'은 "잃었던 땅이나 권리 따위를 도로 찾음"을 의미하는데, 한국전쟁 시기에는 수복지구에 해당하는 두 종류의 사람들이 있었다. 그 하나는 해방 후 '북한 인민'이라는 특수한 경험을 거친 수복지구 주민이고, 다른 하나는 한국전쟁 발발 후 일시적으로 북한군 점령 아래 있다가 국군에 의해 탈환된 지역의 주민이다. 전자의 '수복지구 주민'에는 38선 이북 휴전선 이남의 경기도 연천, 강원도 철원·화천·양구·인제·고성·양양 등이 포함된다. 한모니까의 지적대로 "'수복지구'는 해방과 한국전쟁을 전후로 일제, 북한, 유엔군(사실상 미군),

전쟁고아
중공군의 남하를 피해 대동강을 건너는 피난민 행렬 가운데 가족을 잃어버리고 찾고 선 한 어린이
(1950년 12월 3일 D. 핼럼 중사 촬영)

남한의 통치를 차례로 받았다.……그에 따라 이곳 주민들은 해방 전에는 '일제 신민'이었고, 해방 이후 '조선민주주의인민공화국 인민'이었으며, '유엔군정의 주민'을 거쳐 '대한민국 국민'이 되어야 했다."[45] 수복지구 주민들은 "붉은 학정 아래서 착취"를 당한 이들이라는 동정의 시선, 부역자라는 감시와 차별의 시선, 간첩 혹은 남한의 징병·징용 기피자나 도망자라는 부정적 시선의 대상이 되었다.[46] 지주나 관료 출신 월남자로서 수복 후 돌아온 사람들 그리고 대한청년단 단원들도 있었지만, 이 지역 주민들의 대부분은 "불신과 차별의 대상"이었고, 따라서 "계도와 계몽, 감시와 통제의 대상"이었다. 유엔군정 아래, 즉 행정권이 한국 정부로 이양되기 이전 시기의 수복지구 주민들은 '북한 인민'도 '남한 국민'도 아닌 그저 '주민population'으로 간주되었다. 행정권 이양이 이루어진 이후인 1954년 12월부터는 도민증 발급의 대상이 되었다. 그런데 이때도 원주민은 별도로 분류되었다. 즉 '전입자'가 아닌 원주민은 도민증에 "수복지구 원주민"으로 분류되었다. 1955년 5월부터 호적 및 등기 복구사업을 통해 비로소 온전한 '대한민국 국민'으로 인정받아 재산권 등을 행사할 수 있게 되었고, 국방의 의무와 납세의무도 지게 되었다. 1956년부터는 선거권도 획득하여 정·부통령선거(1956)와 민의원 선거(1958)에도 참여할 수 있었다. 그러나 지방선거에 참여할 권리는 1950년대 내내 인정되지 않았다.[47]

둘째, 또 하나의 '수복' 지역인 38선 이남의 인민군 점령지였다가 회복된 지역의 주민들, 특히 수도인 서울에서는 피난을 가지 않고 잔류했던 이들이 ('도강파'와 대비되는) '잔류파'로 간주되어 부역자 혐의를 받게 되었다. 물론 '부역자'는 처단 대상이었고, 잔류파는 부역자와는 구분되었지만 잠재적인 적으로 끊임없이 감시당하는 존재이기도 했다. 강성현에 의하면 "서울시민을 버리고, 피난까지 가로막은 이승만 정권과 도강파渡江派는 '서울 수복' 이후 적반하장으로 나왔다. 잔류파는 '부역자' 혹은 기회주의자로 낙인찍혔다. 김일성 정권의 '점령' 아래에서 그들은 '반동분자' 심판

피난 행렬 1950년 12월 19일 흥남 철수 당시 상륙함에 오르기 위해 늘어선 피난민들

과 전시동원의 고초를 겪으며 방관과 중도가 불가능하다는 것을 뼈저리게 체험했다. 이승만 정권의 서울 '수복'도 해방이 아니었다. 서울에 남은 사람들은 대책 없이 자기들을 버리고 도망한 정부에 책임을 묻기는커녕, 자신이 '적 치하敵治下'에서 지하에 숨거나 공산주의자에게 부역하지 않았음을 스스로 입증해야 했다."[48]

셋째, '도강파'라고 해서 반국민 혐의에서 완전히 자유로운 것은 아니었다. '피난민'도 의심의 대상이었다. 피난민들은 '잠재적인 적', '불순분자', '적 오열五列' 등으로 의심받았다. 다시 강성현의 설명이다. "정부는 자국 피난민을 보호 대상이 아닌 잠재적인 적으로 간주했다. 피난민을 적 오열五列과 사상 불온자가 섞인 무리로 보았다. 정부의 첫 피난민 조치였던 '피난민 분산에 관한 통첩'이 그러했다. 피난민 구호 대책이 아니라 피난민 내 사상 불온자의 잠입을 방지하기 위한 조치였다. 이를 위해 사회부가 국방부와 내무부의 협조를 얻어 피난민의 신분을 조사하고 '사상 온건 여부' 심사를 통해 피난민 증명서를 교부했다. 이 증명서는 군경이 통제하는 공간에서 절대적인 가치를 지녔다. 증명서가 없으면 이동이 제한되는 것은 물론 심지어 죽는 경우도 있었다. 사상 '온건자'와 '불온자'를 가리는 것이 매우 자의적이었음에도 불온자로 의심되는 사람은 색출되어 학살당했다.……이후로 수립된 정부의 피난민 조치 역시 피난민 가운데 적이 침투해 있으므로 모두를 잠재적인 적으로 의심하고 감시해야 한다는 인식에 바탕을 두고 있었다."[49]

넷째, '월남자' 그룹도 반국민 범주로 분류할 만하다. 1·4후퇴 시기에 집중되었던 방대한 규모의 월남자들과 이산가족들이 바로 그들이다. 전쟁기간 중의 월남자는 모두 65만 명 정도로 추산된다.[50] 이들은 전전戰前 월남자들에 비해 다소 약하기는 하지만 공산주의와 북한에 대한 매우 강한 적대감이라는 특성을 보여주며, 동향단체에 적극적으로 참여했다.[51] 조형과 박명선이 지적했듯이 "고향사람들끼리의 연대의식은 그들이 실향민이기 때문에 더욱 강해졌고, 남한사회에서의 소외로 더 강해졌다."[52] 이북 출신자들의 재남在南 도민회道民會와 시·군민회가 전쟁 이전에 대부분 조직되었고, 전쟁 발발 후에는 새로 월남한 수많은 회원들을 맞아들여 급속히 성장하는 양상을 보일 정도로 이들은 대단한 조직능력을 보여주었다.[53] 그러나 영웅으로 취급된 '귀순자歸順者'를 제외한 월남자들은 반국민처럼 모호한 지위를 벗어나지 못했다.[54] 반국민 범주인 '북한 출신자'를 가려내기 위한 제도적 장치가 "호적을 옮기기 전의 호적지" 혹은 "본적지"라는 의미의 '원적지原籍地'라는 개념이었는데, 이 원적지라는 꼬리표가 일생 동안 따라다녔다. 강성현은 영화 〈오발탄〉의 무대가 된 서울 해방촌을 다음과 같이 묘사했다. "해방촌은 그 이름과 달리 결코 자유롭지 않은 폐쇄적인 공간이자 소외된 장소였다. 그들이 해방촌에서 벗어나고자 했던 이유는 상·하수도나 전기시설조차 없는 열악한 거주환경 때문만은 아니었다. 해방촌에서의 삶이 더 고달팠던 건 이곳이 월남인 집단 거주지였기 때문이다. 38선 이북 출신이 모여 사는 이곳은 월남 피난민에게 제2의 고향 같은 곳이지만, 그렇기 때문에 그들의 비국민성이 표상되는 장소이기도 했다. 그곳에 사는 이상 대한민국 '국민 되기'는 쉽지 않았다. 월남 피난민이 대한민국 국민의 자격을 얻으려면 하루빨리 해방촌을 떠나야 했지만, 가난이라는 족쇄가 그들의 '해방'을 가로막았다."[55]

다섯째, '월남자'와 유사한 집단으로서 2만 7천여 명에 달하는 '반공포로들'도 반국민 지위에 가까웠다. 이들은 "멸공전사 혹은 위험한 국민"이라는 엇갈리는 시선에 노출되었다.[56] 1950년대에 이승만 정권은 두 차례의 반공포로 석방일을 각각 '반공의 날'(1953년 6월 18일)과 '자유의 날'(1954년 1월 23일)이라는 국가기념일로 제정하는가 하면, '동원의 과잉'이라고 할 만큼 반공포로 출신자들을 정권 방어를 위한 정치행동대로 빈번히 동원하곤 했다.[57] 이동헌이 말했듯이 "법적으로 미흡한 신분"일 뿐 아니라 "감시와 보고"의 대상이 되어야 할 "위험한 국민"이라는 부정적인 사회적 시선에 직면하여, 반공포로들은 "갱생을 위한 존재증명" 수단으로 포로수용소에서부터 혈서와 문신을 감행하고, 포로수용소 탈출 이후에는 집단적으로 한국군으로 입대했다.[58] '집단의례'로서의 혈서, 문신을 통해 몸에 새겨진 '육화된 태극기' 등 비국민에서 국민으로, 인민에서 국민으로 진입하려는, 국민임을 입증 받고 공인받으려는 과장된 간증·고백 행동들은 오히려 역으로 이들의 모호하고도 경계적인 위치를 입증해준다.

여섯째, 이른바 '토벌지구' 주민들로서 주로 지리산 일원과 제주도가 이에 해당한다. 제주의 경우 '토벌대'와 '무장대' 사이에 놓인 주민들, 토벌대를 지원했던 경찰 및 가족, 서북청년회, 대동청년단 소속 이외의 모든 주민들이 반국민 지위에 가까웠다.[59] 이들은 스스로 '양민'임을 주장했지만, 종종 '공비'나 '폭도'와 한패거리로 몰려 "1948년 11월 이후 토벌대의 초토화 작전"의 대상이 되기도 했다.[60] 오랫동안 국민−비국민의 경계에 놓였던 제주도와 지리산 일원의 반국민들은 민주화 이후에야 '국가폭력 희생자'로 정체성이 재규정되었다.

5. 비국민

이미 얘기했듯이 국민 만들기와 비국민 만들기는 동시적이고 동전의 양면 같은 현상이다. 경계획정권력이나 경계정치에 대해서도 이미 언급한 바 있다. 호모 사케르 혹은 '벌거벗은 생명', 우리 논의 맥락에서의 '비국민'을 구성해내고 창출해내는 것은 주권권력의 근원적인 활동에 해당한다. "절대권력은 호모 사케르를 구성해내는 능력"이며, "벌거벗은 생명의 창출은 곧 주권의 근원적인 활동"이다. 마찬가지로 "모든 사람들을 잠재적인 호모 사케르로 간주하는 자가 바로 주권자"이다.[61]

국민-비국민의 경계, 디오스-조에의 경계는 유동적이다.[62] 독재국가나 전체주의 국가에서 국민-비국민의 경계는 절대권력자 혹은 주권자의 '자의성'에 내맡겨져 있으며, 그로 인해 경계의 유동성은 더더욱 증폭된다. 주권권력의 핵심인 '국민공동체로부터의 추방령'이 진정으로 위력적인 것은 '누구나' 그 대상이 될 수 있기 때문이다. 반공권력의 무시무시한 힘은 주권권력에 의해 '누구든' 간첩으로, 빨갱이로 선언되고 만들어질 수 있다는 사실에서 나온다. 선감학원, 대한청소년개척단·한국합심자활개척단·재건청소년개척단,[63] 형제복지원, 경기여자기술학원, 삼청교육대, 혹은 보도연맹의 가입·입소 대상자를 판정하는 기준의 근본적인 자의성에 주목해야 한다. 이런 자의성이야말로 그 권력의 '무한함'을 보여주는 가장 중요한 증거이고, 또한 그것을 지켜보는 사람들의 공포심과 불안감을 극대화하는 요인이다. 정부 고위직을 역임한 지배엘리트 혹은 선민이었던 조봉암이나 최능진 같은 이들조차 언제든 '죽을 죄'의 대상, 즉 비국민으로 강등당할 수 있다.

해방 후 남한의 경우 어떤 개인이나 집단을 국민공동체에서 추방하고 비국민으로 선언하는 일은 결코 희귀한 사건이 아니었다. 남한의 경계획정권력은 비국민의 범위를 최대한 확장하는 고도로 배제적인 통치 양식을 구사했다. 주권자는 모든 이를 잠재적인 호모 사케르로 간주하는 존재이다. 모든 사람은 '잠재적 호모 사케르'와 '현실화된 호모 사케르'로 구분될 수 있을 따름이다. 비국민이 현실화된 호모 사케르라면, 국민과 반국민은 잠재적 호모 사케르이다.

바우만은 레비스트로스가 말한 두 가지의 타자성 해결 전략, 즉 '뱉어내기 전략'과 '먹어치우기 전략'을 인용한 바 있다. 전자가 타자를 추방하거나 전멸시키는 전략으로서 감금·추방·살해 등으로 현실화한다면, 후자는 타자성을 유예 혹은 무효화하려는 전략으로서 대개 동화·동질화 시도로 표출된다.[64] 이승만 정권은 보도연맹 회원들에 대해 '먹어치우기 전략'을 구사하다가 전쟁이 터지자 재빨리 '뱉어내기 전략'으로 전환했다. 이 정권은 전쟁 이전 좌익 정당 출신자 등을 "'적색마굴'에 빠진 사람들을 충성스런 대한민국 국민으로 탈바꿈"시켜 "선량한 반공 국민으로 육성" 한다고 선전했지만, 전쟁이 발발하자마자 표변하여 대량학살 정책으로 전환했다.[65] 권력의 이런 변덕스러움과 예측불가능성이야말로 사람들을 엄청난 공포로 몰아넣은 요인이었다. 울리히 벡은 "배제의 위협을 통해 포함을 이루려는" 시도를 언급하면서 이 경우 "배제보다 포함이 더 폭력적"이라고 말한 바 있다.[66] 여기서 벡이 말하는 '폭력적인 포함'은 강제적 개종이나 동화 시도를 가리키는 것으로, 레비스트로스의 '먹어치우기 전략'과 동일하다. 이승만 정권 시기의 보도연맹 회원뿐만 아니라, 군사정권 아래서는 감옥에 갇힌 좌익 장기수에 대해서도 "배제보다 더욱 폭력적인" 강제전향 프로그램이 행해지곤 했다. 그보다는 강도가 덜하지만 2000년대의 탈북자 수용소에서도 폭력적 포함 전략 내지 먹어치우기 전략이 구사되고 있다.

권력은 비국민을 두 가지 방식으로 감시하고 통제·훈육할 수 있다. 하나는 '가둬놓고 통제하기'이고, 다른 하나는 '풀어놓고 감시하기'이다. 전자는 비국민을 감옥이나 수용소에 가두는 것이다. '사회'나 '국민공동체'에서 추방당한 이들은 방임과 무관심의 대상이 되는 게 아니라, 자유가 극도로 위축되고 통제수준은 극대화된 공간에 갇히는 경향이 있다. 여기서 우리는 사회에서 가장 먼 곳이 가장 강하게 포박되는, 사회에서 멀어질수록 더욱 강하게 주권권력에 종속되는 역설에 주목해야 한다. 바우만은 "'다시 배태시기기' 위해 '탈배태'"하는 것에 대해 언급한 바 있지만,[67] 이런 '재배태를 위한 탈배태'와 동일한 원리가 '국민공동체로부터의 추방령'에 내장되어 있다. 사회에서 가장 멀리 떨어진 이들이 주권자에게 가장 강하게 구속되어 있으며, 주권자의 자비에 가장 강하게 의탁되어 있다.[68] 사회와 국민공동체로부터의 추방령은 곧 수용소로의 입소 명령이기도 하다. 추방령은 주권적 예외의 양극인 벌거벗은 생명과 권력, 호모사케르와 주권자를 결합시킨다. 수용소에서는 어떤 매개물도 거치지 않은, 권력과 생명의 밀도 있는 강렬한 마주침이 이루어진다.[69] 이처럼 사회로부터의 추방은 비국민의 신체와 생명에 대한 더욱 완전한 지배를 위한 출발점이 된다.

수용소는 고프만이 '총체적 제도'라고 부른 것과 유사하다. 아렌트는 수용소를 '총체적 지배'가 관철되는 곳으로 기술했다. 필자는 이곳들이 푸코가 말한 '일탈의 헤테로토피아'와도 비슷한 공간이라고 언급한 바 있다. 다시 인용하자면, "식민지 시기까지 거슬러 올라가는 소록도 등의 한센인 수용시설들, 1970~1980년대 형제복지원을 비롯한 부랑인 수용시설들, 1940~1980년대에 '부랑아 교화' 시설 명목으로 운영된 선감도의 선감학원, 수용소를 방불케 하는 억압적 방식으로 운영되던 일부 사회복지·교육 기관들, 북파공작원들을 훈련하던 실미도, 1980년대 삼청교육대로 활용된 일부 군사시설들, 1990년대에 방화사건으로 널리 알려진 경기여자기술학원 등의 성매매 여성 수용시설, 좌익 장기수들에 대한 전향공작이 행해지던 감옥들, 고문기구들을 갖춘 경찰의 대공분실들, 탈북자들을 일시 수용하는 2000년대의 하나원 등을 '일탈의 헤테로토피아' 개념을 통해 분석해 볼 수 있지 않을까."

수용소에 갇히는 것은 24시간 지속되는 완전한 규율권력의 통제 속으로 들어감을 의미한다. 법 바깥의 혹은 초법적인 공간인 수용소에서는 법치가 중단되며, 주권자는 피수용자에 대해 직접 '생사여탈권'을 행사한다. 중앙정보부(안전기획부)나 대공분실의 고문실, 삼청교육대나 형제복지원, 실미도 등에선 "너흰 죽어도 상관없어", "너 하나쯤 죽어도 세상은 전혀 모를 거야"라는 협박이 세뇌하듯 끊임없이 반복된다. 이곳에선 현행법과 상관없이 단 한 마디로도 생사여탈이 가능하며, 누구든지 죽일 수 있고, 죽여도 처벌받지 않는다. 이건 결코 공연한 엄포가 아니었다. 한국 현대사를 통틀어서도 비국민 살해 혐의로 처벌받은 사례는 극히 희귀했다. 이승만 정권 시기의 야당 세력조차 1960년 4·19혁명으로 집권세력이 되었을 때 "전시상황의 민간인 살해를 불가피한 것으로" 인정했다. 1961년 쿠데타 세력이 세운 혁명재판부 역시 보도연맹 회원에 대한 자의적인 학살을 사후적으로 용인해주었다. 당시 재판부는 "반공을 국시로 하는 대한민국에서 국민보도연맹원 피살이 불법이라 하더라도, 그들이 국가의 구성원이 아니기 때문에 죽어도 상관없다는 논리"를 내세웠다.[70] 이런 '죽음의 문화'에 갇힌 채, 피수용자들은 속수무책으로 매일 '죽음 속에서 살아간다.' "산 자와 산송장의 세계를 가르는 심연·단절"의 바깥에는 "완전한 무관심"과 침묵의 동조가, 그 안쪽에는 "죽어가는 자들의 사회"가 자리하고 있다.[71] "거기에 갇힌 사람들은 마치 존재하지 않은 듯이, 그들에게 일어난 일은 어느 누구의 관심사도 아닌 듯이, 그들은 이미 죽은 목숨이고 영혼의 안식을 허락받기 전, 어떤 미친 악령이 삶과 죽음 사이에서 잠깐 동안 그들을 잡아서 가지고 놀고 있는 것 같은 취급을 받았다."[72]

대부분의 수용소들은 '수용소 안의 수용소' 혹은 '수용소 감옥'을 따로 갖추고 있다. 수용소 안의 징벌방이나 독방, 소록도의 '병원 감금실', 군대 안의 영창 등이 그런 예들이다. 이처럼 수용소 내부에서조차 또 다른 '배제·추방의 위협'이 작용하고 있고, 이를 통해 피수용인들로 하여금 '수용소 체제'를 받아들이고 견디고 그에 적응하도록 만든다. 피수용자들이 '수용소 안 수용소'를 공포의 대상으로 여긴다면, 수용소 바깥의 사람들은 수용소 자체를 공포의 대상으로 여긴다. 봉쇄수도원 내부에서 무슨 일이 벌어지는지는 모르나 그곳의 존재성은 동네사람들이 다 아는 것처럼, 사람들은 또렷이 혹은 어렴풋하게라도 수용소의 존재를 알고 있고 또 두려워한다. 예컨대 실미도나 소록도·선감도는 섬이어서 어느 정도 지리적으로 격리되어 있었지만, 반면에 형제복지원은 부산 시내 언덕에 자리 잡고 있어서 멀리서도 잘 보였다. 정보 차단, 수용소의 폐쇄성과 비밀성 때문에 더욱 무성해진 혹은 더욱 과장된 소문이 공포와 불안을 더욱 증폭시킨다. '불만분자들'을 고분고분하게 만드는 데 '수용소로 보내버린다'는 위협 한 마디면 충분했을 정도로, 수용소의 존재는 시민들의 복종 유도와 사회질서 유지에 기능적이었다.

한편 '풀어놓고 감시하기'는 고도화된 감시기술에 의존하여 비국민을 일상생활 속에서 감시하고 통제하는 전략이다. 이것은 사회 전체를 하나의 거대한 수용소로 만드는 전략이라고 말할 수 있다. 아감벤은 현대사회 자체가 수용소처럼 변하고 있다고 보았다. 그는 이런 맥락에서 현대의 정황은 감옥이 아닌 수용소에 가깝다고 주장하거나, 현대사회에서 호모 사케르와 시민이 거의 구분되지 않는다고 주장했다.[73] 전쟁 전의 보도연맹 맹원들, 연좌제 대상인 가족들, 보호관찰 대상자들이 '풀어놓고 감시하기'의 대표적인 표적이었다. "지상의 어디이든 그곳은 이제 점점 아무도 빠져나올 길이 없는 단 하나의 수용소가 되고 있다"고 토로했던 1940년대의 유대인들이나, 전쟁 후의 연좌제에 시달린 가족들의 처지는 별반 다르지 않을 것이다. 감시기술과 주민감시체계의 구축으로 '사회 전체의 수용소화'는 보다 용이하게 달성될 수 있었다. 한국에서는 1970년대에 주민 감시시스템이 어느 정도 완성 단계에 도달했다. 식민지 시대로부터 전수된 주민등록제도, 특히 1960년대 이후 대폭 강화·체계화되고 1970년대에 사실상 완성된 주민등록제도, 그리고 그와 결합된 촘촘한 주민통제·동원 조직으로 인해 국가의 '풀어놓고 감시하는' 능력, 그 대상이 되는 비국민에 대한 지배력이 극대화되었다.

결국 우리는 두 유형의 수용소를 한꺼번에 목격하고 있는 셈이다. 그 하나는 실제 수용소, 즉 '사회의 일부'인 수용소들이다. 이 수용소들은 사회 안에 있되 사회 바깥에 있는 공간이고, 사회의 안과 밖의 경계선에 위치한 헤테로토피아들이다. 다른 하나는 '전체로서의 사회' 자체가 수용소인 경우이다. 이는 사회의 은유로서의 수용소이다. 계엄령이나 위수령, 대통령에 의해 선포된 긴급조치는 사회 전체를 수용소로 만드는 가시성 높은 수단이지만, 세련된 주민감시·통제체계의 구축만으로도 사회 전체를 수용소처럼 만들고 관리할 수 있다. 푸코는 주권권력을 '죽게 하거나 살게 내버려두기'의 기제에 따라 행사되는 권력으로, 생명관리권력을 '살게 하고 죽게 내버려두기'의 기제에 따라 작동하는 권력으로 기술한 바 있다.[74] 필자가 보기에 전자는 '사회의 일부'인 수용소와, 후자는 '사회 자체'인 수용소와 조응하는 듯하다. 한국에서는 두 유형의 수용소가 순차적으로 등장하고 사라진 게 아니라, 거의 동시에 등장하고 공존했다.

이때 국민-비국민의 경계와 마찬가지로 수용소 내부-외부의 경계도 유동적이었음을 강조하는 게 중요하다. '사회의 일부'인 수용소와 '사회 자체'인 수용소의 동시적 공존이라는 바로 그 사실이 수용소 경계의 유동성을 보여준다. 수용소 경계의 유동성이 권력의 극대화를, 그리고 그 권력에 대한 공포의 극대화를 초래했다는 점도 대단히 중요하다. 주권자는 '예외상태'를 선포하여 수용소를 창출할 수 있고, 여기에 가둘 대상을 불온 식민지민, 공산주의자, 정치범, 외국인 피난민 등으로 확대해나갈 수 있다.[75] 한국에서는 예외상태가 선포되면 곧장 '예비검속제도'가 발동되어 비국민을 수용소에 가두는 근거이자 수단으로 활용되었다. 한성훈이 자신의 책 『가면권력』에서 생생하게 묘사했듯이, 예비검속령이 떨어지자 기존의 형무소·유치장 외에 학교, 읍사무소·면사무소, 소방서 건물, 곡식창고 등등이 하루아침에 무고한 보도연맹원들을 감금하는 수용소로 탈바꿈했다. 매일 무심히 접하던 일상의 공간들이 죽임을 당하기 전 이승에서 잠시 머물 마지막 수용소가 되었다. 사회 전체가 수용소임을 언뜻 보여준 이 사건은 그야말로 '아무 곳'이나 수용소로 돌변할 수 있음을 체감케 하는 공포의 경험, 일상생활 공간이 순식간에 수용소가 되는 공포의 경험, 친근한 일상 자체가 공포의 대상이 되는 신경증적 체험을 강제했다. 한국전쟁 발발 직후 두 유형의 수용소가 융합되는 '지옥의 시간'이 시작되었던 것이다.

다양한 비국민 판별 및 분류 기제가 활용되었다. 한국전 당시 '부역자'라는 비국민 범주가 만들어졌다. '부역자'에게는 '비상사태 하 범죄 처벌에 관한 특별조치령'에 따라 사형, 무기징역, 10년 징역형을 부과할 수 있었다. 군검경합동수사본부는 한국전쟁 전체 기간에 걸쳐 55만 915명을 부역자로 집계했다고 한다.[76] 또한, 가족 중 누군가가 국가폭력의 희생자가 되었다는 사실 자체, 좌익 활동 혐의로 학살당하거나 처형당했다는 바로 그 사실이 유가족들을 '비국민'으로 자동 판별하는 탁월한 기제로 작동했다. 한국전쟁 전후 피학살자의 규모에 대해선 여전히 의견이 분분하나, 학자에 따라선 최대 100만 명에 이른다고 보고하고 있다. 그렇다면 연좌제 대상인 직계가족만 해도 수백만 명에 이를 것이고, 방계로 조금만 확대해도 '사상이 의심스러운' 사람들이 천만 명을 웃돌게 될 것이다. 지속적으로 관찰해야 할 '반국민'의 규모도 결코 적지 않았다. 앞서 보았듯이 1955년의 남한 전체 인구가 기껏 2,150만 명 정도였다. 따라서 이 정도로 방대한 인구를 항상적인 감시 대상으로 삼으려면, 스스로 '경찰국가'가 되거나 '항구적인 전시체제'를 구축하지 않을 수 없게 될 것이다. 비국민/반국민의 규모가 커지면 커질수록 물샐틈없는 주민감시 및 신원조회 체계, 촘촘한 주민통제·동원조직, 확장된 경찰 및 정보기관에 대한 사회적 수요도 그만큼 증가할 것이기 때문이다.

제 13 장

전쟁과 시민종교 재형성

전쟁과 시민종교

1. 감시사회-병영사회로의 질주

이번 장의 1~2절에서는 인구의 '국민화' 기제인 동시에 '비국민화'(혹은 호모 사케르화) 기제이기도 한 징병제와 주민등록제도, 전쟁의 일상화 및 일상의 전장화戰場化 기제들에 대해 살펴볼 것이다. 여기서 우리는 포섭과 배제의 동시성, 국민화와 비국민화의 동시성에 주목해야 한다.

　징병제-국민개병제는 국민화 쪽에, 주민등록제도는 (간첩이나 범죄자 색출 수단이라는 측면에서) 비국민화 쪽에 중점이 두어진 것처럼 보이기도 한다. 그러나 징병제와 주민등록제가 불가분의 관계에 있다는 사실을 망각해선 안된다. 무엇보다 주민등록제는 징병제의 효과적인 실행을 위한 필수적인 장치이기 때문이다. 자세히 들여다보면, 징병제와 주민등록제 각각이 국민화-비국민화 측면을 모두 갖고 있음을 발견할 수 있다. 징병제는 국민화 쪽에 중점을 둠에도 불구하고 그 반대의 잠재력을 갖고 있고, 주민등록제 역시 비국민화 쪽에 중점을 두어짐에도 불구하고 그 반대의 잠재력을 갖고 있다. 예컨대 징병제는 군대라는 공간을 통해 국민을 형성하기도 하지만, 마치 수용소와 같은 강력한 감시와 통제를 시행하기도 한다. 주민등록제는 비국민을 판별하고 분리시키는 기능 뿐 아니라, '국민' 혹은 '양민'이라는 정체성을 부여하고 공인하는 기능 또한 갖고 있다. 주민등록제도의 비국민화 기능은 이중적인데, 한편으로는 간첩·불온분자 등 '명백한 비국민'을 색출하고 판별하는 장치이기도 하고, 다른 한편으론 국민 전체를 '잠재적 비국민'으로 감시하고 통제하는 장치이기도 한 것이다.

(1) 징병제와 감시·동원체제

해방 후 한국에서 징병제는 미군정 및 대한민국 정부 초기의 지원병제 시행, 징병제 도입, 한국전쟁 직전 지원병제로의 일시적 환원, 전쟁 발발 후 징병제 재도입 등 1945년부터 1951년까지 불과 5년 사이에 급격한 변화를 거쳤다. 정부는 국민개병제의 성공적인 정착을 위해 그야말로 사활적인 노력을 기울였다. 전쟁 이전인 1949년에 군 장교들을 대상으로 대대적인 숙청작업이 벌어졌고, 이를 통해 얻어진 장교들의 이념적 동질성이 국민개병제의 성공적 정착을 위한 기초가 되었다. 또 국방 분야는 1950년대에 정부의 엄청난 투자가 집중된 영역이었다. 1950년대 후반에 국방예산은 세출 전체의 3분의 1 가량을 점하고 있었다. 4장에서 언급했듯이 정부는 근대적인 교육매체인 방송을 군대에 일찌감치 도입했다. 군 방송은 전쟁 직후인 1953년 9월부터 개시되었다.

국가는 국민개병제의 성공적 정착을 위해 병역자원의 빈틈없는 관리 그리고 병역회피자의 색출과 처벌에 대단히 열심이었다. 병역 대상 인원에 대한 상시적인 병적 조사와 관리, 예비군 해당자에 대한 등록과 잦은 점호·소집, 병역회피자에 대한 상시적인 단속과 수사 등을 통해 젊은 남자들은 국가에 의한 일상적인 통제 상태로 들어갔다. 아울러 이 과정을 통해 비로소 국민들의 사적인 정보에 대한 중앙집중적 집적이 이뤄졌다. 1960년대를 거치면서 징병제-국민개병제는 안착 단계로 접어들었다. 제도적으로 완숙의 경지에 도달함에 따라 군대를 통한 국민 형성 기능도 보다 순조롭게 작동하게 되었다. 다음 인용문은 1960년대에 병역제도와 병무행정의 변화를 잘 요약해주고 있다.

1950년대까지 징병제는 제대로 작동하지 못했다. 광범위한 병역회피자들이 발생했기 때문이다. 1960년대 초까지 입영 대상자 중 병역회피자의 비율은 35퍼센트에 달했다.……1961년 5.16쿠데타로 박정희 군사정권이 들어선 후 병역회피자의 비율은 현격하게 줄어들었다.……군사정권은 권력의 근거인 군부의 강화와 전 사회의 병영화를 위해 "입영률 100퍼센트"를 사회적 목표로 삼았다. 그리고 전 사회적인 통제, 회피자에 대한 강력한 처벌과 사회적 낙인 등의 집요한 노력을 통해 징집체제를 완성해나갔다.……1962년 각 지방에 병무청이 신설되면서 징집과 관련한 기존의 문민통치가 군부통치로 바뀌게 되었다. 또 병무행정이 국방부 장관으로 일원화되면서 지방 병무청장이 지방 행정부서와 경찰관서에 대한 지휘감독 권한을 갖게 되었다.……1970년 병역법이 전문 개정되면서 정부 조직 내에 병무청이 신설되었고, 병무청장이 징집과 소집 등 병무행정 전반을 관장하게 되었다.……특히 병역수첩 제도를 새로 마련해, 병역수첩의 휴대를 1968년에 만들어진 주민등록증 휴대와 같이 의무화하고자 했다. 이는 곧 징병과 관련한 감시와 통제의 일상화를 의미했다. 더 이상 과거와 같은 병역회피는 불가능해졌다.[1]

병역회피자 최소화를 위한 국가의 대대적인 노력은 이처럼 '감시와 통제의 일상화'로 이어졌다. 그런데 이런 상황 자체가 상당한 '국민 형성 효과'까지 발휘하게 되었다. 다음은 위의 인용문에서 이어지는 구절들이다.

감시와 통제의 일상화는 병역회피를 도덕적으로 용납할 수 없는 비행이라고 규정하는 담론화 과정과 동시에 진행되었다. '신성한 국방의 의무'라는 담론이 내면화된 것은 바로 이 부분의 효과라고 할 수 있다.……'병역기피' '병역사범'이라는 말처럼 이제 용납될 수 없는 공공도덕의 파괴 행위이자 범죄 행위, 즉 사회에 위협적인 비행의 영역이 되었다. 1972년 유신 이후 병역기피자는 '비국민'으로 인식되었다. 병역기피는 시민권을 박탈할 정도의 반역 행위로서 공동체에 대한 배신행위로 단죄되었다. 반면 병역의무의 이행은 성인 남성이 반드시 거쳐야 하는 통과의례로 생활상식화, 생활도덕화되어 우리의 일상을 지배하게 되었다.……특히 "남자는 군대에 갔다 와야 사람 된다"라는 말이한국사회에서 징병제를 합리화하는 가장 원초적인 담론이 되었다.[2]

징병제=국민개병제에 기초한 군대는 국민 만들기, 나아가 '국민 규율화'와 '순종적인 주체 만들기'라는 목적을 달성하는 국내의 최전선이 되었다. 군대는 반공주의만이 아니라 국가주의와 애국주의의 탁월한 훈련장으로 기능했고, 나아가 국가가 제시하는 발전주의-근대주의의 훈련장으로도 제몫을 다했다.

(2) 주민등록제도와 감시·통제체제

주민등록제도로 대표되는 주민감시·통제체제는 징병제와 밀접한 상관성을 갖고 있다. 징병제와 예비군제도를 효과적으로 운용하기 위한 수단으로 주민등록제도가 강화되었던 것이다. 오제연이 정확히 지적했듯이 "징병제 강화는 주민등록제도 강화로 이어졌다. 신체 징발을 위해서는 개인 이동의 동태적 감시가 필수불가결하기 때문이다. 즉 주민등록제도의 일차적 필요성은 바로 사회의 병영화를 목표로 한 징병제 그리고 예비군 소집제 강화에 있었다. 주민등록제도는 징병제와 더불어 한국사회가 병영사회로 들어가는 데 필수적인 감시와 통제 시스템이었다."[3]

징병제 도입을 위해서는 국가 형성, 즉 징병제를 정당하게 작동시킬 국가 시스템 구축이 선행되어야 했다. 특히 법률, 병무행정기구, 주민등록제도라는 '제도적 트로이카'가 불가결했다. 백승덕이 설명하듯이 "국가엘리트들 사이에서 국민개병 원칙이 명확해짐에 따라 징병제를 수행하기 위해 체계적인 제도를 마련할 준비가 뒤따랐다. 법령으로는 병역법을 제정하고, 이에 따라 기존의 행정기구와 별도로 병무행정기구를 신설했으며, 주민등록 관리제도의 도움을 받아 제도의 체계를 마련하고자 노력했다." 그리고 이를 통해 국가는 "촌락이나 가족과 같은 매개 없이 개인을 직접 호명"할 수 있게 되었다.[4]

주민감시제도로서의 주민등록제도는 국민반이나 반상회와 같은 주민통제 내지 주민동원 조직과 결합될 때 훨씬 더 강력한 규율권력과 생명권력을 생산할 수 있다. 해방 직후의 '정회町會'는 식민지로부터 물려받은 것이었다. 정회는 초기엔 주민자치조직의 성격이 강했지만 점차 말단 행정조직으로 재편되어갔다.[5] 애국반-국민반의 경우 주민사찰·통제·동원조직의 성격이 한층 강했다.[6] 국민반은 "국책 수행의 신속한 운영과 그 실효를 위한 하부 말단의 세포적 기구"였다. 가족 외의 타인이 집에 머물 경우 경찰에 보고하도록 의무화한 제도인 '유숙계' 제도도 국민반을 통해 시행되었다. 인민군 점령 시기의 부역자를 적발하고 처벌할 때도 국민반을 활용했다. "사람들은 이웃을 감시하는 한편 자신의 순수함을 문서로 증명해야 했고, 그럴수록 불신에 기반한 상호 감시와 밀고는 '국민의 의무'가 되어갔다."[7]

근대 이후 국가의 강압수단 중 주민통제수단으로서의 '감시'가 '폭력'을 점차 대체해가는 와중에도 근대국가들은 전쟁 준비를 위한 국민 감시·통제체제를 구축할 필요성을 느끼게 되며, 특히 2차 대전 당시 독일과 일본의 '국민총동원체제'는 이런 감시·통제체제의 최고 형태였다고 평가할 만했다.[8] 이런 종류의 총력동원체제가 지배엘리트들에 의해 한국전쟁 직후부터 끊임없이 시도되어왔으며 1970년대의 유신체제에서 거의 온전히 구현되었다. 오제연의 표현대로 "유신은 1960년대 박정희 정권이 계속 강화한 병영사회와 총력전 체제 건설 시도의 최종 결과물이었다."[9]

주민등록제도의 역사적 기원은 식민지 말기로 소급된다. 징병제를 조선인들에게 확대 실시하려는 목적으로 1942년에 도입한 '조선기류령'이 바로 그것이었다. '비민匪民분리'를 위한 양민증, 보갑제도와 거민증, 지문 날인제도의 기원인 '국민수장手章제도'는 만주국으로 소급된다.[10] 심지어 징병제를 정당화한 '언술'(담론)조차 식민지의 그것이 차용되었다. "이승만 정권이 징병제를 시행하기 위해 사용했던 언술이나 병력동원제도는 상당수가 식민지의 유산이었다. 병역을 '특권'으로 설명하며 '식민화한 규율'을 요구했던 식민 국가의 통치기술은 식민지에서 해방된 탈식민 국가의 국가엘리트들에게도 이어졌다. 또한 식민 국가에 의해 형성된 호적 등의 주민등록제도와 병사구사령부 등의 병무행정제도가 탈식민 국가인 한국에서도 관습처럼 시행되었다."[11]

한국의 주민등록제도는 처음부터 매우 강력한 주민감시체제였고, 시간이 갈수록 위력을 배가시켜나갔다. 김영미의 표현에 의하면 한국의 주민등록제도는 "세계에서 보기 드문 국가의 감시와 통제를 보장하는 장치"이다.[12] 식민지 당국의 기류령은 "본적지를 이탈해 90일 이상 다른 곳에 거주"하는 사람만 신고를 해야 했지만, 해방 후(특히 1960년대 이후)의 주민등록제도는 "국가의 모든 거주민을 대상으로 하는 최초의 통일적 등록제도"였다.[13] 1962년에 주민등록법이 제정되고, 1968년에 주민증·주민등록번호·지문날인제도가 도입되고, 1970년에 주민증 소지가 의무화되고, 1975년에 과태료와 벌칙 규정이 강화되고, 1977년에 세대별 주민등록표에 개인별 주민등록표까지 추가하게 됨에 따라 주민등록제도의 위력은 극대화되었다. 한국의 주민등록제도는 국민 개개인에게 고유한 번호를 부여하는 것, 거주지 등록, 모든 성인에게 지문이 날인된 주민등록증을 발급하는 것 등의 세 요소로 구성된다.[14] 한국의 주민등록제도는 고유성·종신성·전속성의 특징을 두루 갖추고 있고, 이에 기초하여 식별·인증·묘사·연결 기능을 수행하고 있다.[15] 특히 주민등록번호는 "부여 대

주민등록증을 받는 박정희 대통령
1968년 1·21사태(일명 김신조 사건) 이후, 간첩 식별 편의 등의 목적으로 주민등록법이 개정되어
주민 개개인에게 번호가 부여되고, 18세 이상 국민들에게 주민등록증이 발급된다. 당시 열두 자리
였던 박정희 대통령의 주민등록번호는 110101-100001였다.

상자 가운데 중복되는 경우가 없고 일생 동안 변하지 않아 개인을 정확하게 식별하는 수단으로 탁월한 효과"를 발휘한다.[16] 지문날인제도의 경우 1968년 도입 당시에는 양손 무지(엄지) 지문을 날인하게 했지만, 1975년부터는 주민등록증 발급신청서에 열 손가락 지문을 날인하도록 강화했다. 즉 발급신청서에 열 손가락 지문과 엄지손가락의 회전지문을 날인하게 함과 동시에, 주민등록증 용지에 엄지손가락 회전지문을 날인하게 했다.[17] 더구나 이렇게 획득된 전 국민의 지문 정보를 경찰과 정보기관이 관리하도록 했다. 이는 국민을 잠재적 범죄자로 취급함으로써 국민 개개인에게 굴욕감을 안겨주고 복종을 내면화시키는 효과를 가져왔다.[18]

주민등록제도는 '반공'을 목적으로 표방했지만, 실질적으로는 '주민 통제' 및 '사상검증·검열' 목적으로 활용되었다.[19] 한국에서는 서구사회들처럼 "주민등록이 원래 복지서비스나 행정서비스 때문에 만들어진 것이 아니"며, "경찰행정에 의한 통제의 필요성 때문에 나온 것"이었다.[20] 시민 혹은 도민임을 입증하는 증명서를 발급한 '이후에도' 주기적 혹은 비주기적으로 검열을 시행하는 과정에서 경찰권력은 점점 강화되었다.[21] 끊임없이 의심하는 권력 앞에서 개개인은 한없이 위축될 수밖에 없었다.

전쟁의 과정에서 당국이 발행하는 시민증·도민증·양민증 등은 개개인의 생명과 생존을 좌우하는 수단이 되었다. 그것은 '국민' 혹은 '양민'으로서의 정체성을 입증하는 징표였다. 1949년과 한국전쟁기에는 선별적으로 신분증명서가 발급되었다.[22] 이런 선별성은 신분증명서에 생사를 가르는 권능을 부여했다. 이런 상황은 주민등록제도에 "보호와 통제의 양면성"이 모두 담겨 있다는 느낌, 그리고 "국가의 보호를 받는다는 의식"을 심어줄 만도 했다.[23] 그런 면에서 주민등록제도는 주로 공포심과 강제에 의해 작동할지언정 "반공 국민 정체성 내면화 기제"이기도 했던 것이다. 그것은 "사상 불량자 배제와 강제적인 국민통합 수단" 모두였다.[24] 주민등록제도는 통제와 감시의 수단만이 아니라 국민으로서의 자격을 부여하고 인정하는 국민 만들기, 애국적인 주체 형성의 수단이기도 했던 것이다.

주민등록제도는 개개인의 일상생활, 심지어 무의식 속으로까지 침투해 들어갔다. 이 제도는 전혀 의문시 되지 않는, 당연함과 자연스러움의 성격마저 획득하게 되었다. 주민등록제도는 "국가가 국민을 만든다는 국가주의적 사고방식을 확산하는 정치적 장치"일 뿐 아니라, "국가에 의해 거의 완전히 통합적으로 관리될 수 있는 국가주의적 일상"을 창출해냈다.[25] 주민등록증 제시를 요구하고 요구받는 일들이 더 이상 불편하거나 어색하게 느껴지지 않을 뿐 아니라, 주민등록증이 성년의 징표로 간주됨에 따라 지문을 찍고 주민증을 발급받는 일이 하나의 통과의례처럼 여겨지게 되었다. 홍성태에 의하면 "주민등록제도는 편리성을 제공하는 대신 국가권력의 비대화와 인권 침해의 만성화를 유발했다.……'유신 독재'는 주민증을 통한 신원 확인을 사회 전체로 확산시켰다.……거리, 직장, 여관, 술집, 식당, 영화관 등 곳곳에서 주민증을 제시하는 것이 당연시되었다.……주민등록제도는 감시의 사회화를 넘어서 아예 감시의 문화화에까지 이르게 되었다."[26] 더욱이 "감시의 내면화"는 다시 "독재/반공의 내면화"로 이어지기 쉽다.[27]

그리하여 이제 '주민등록증 없는 삶'은 불안하고 상상하기조차 어렵게 되었다. "주민등록증을 안 가지고 산다는 것이 어디 말처럼 쉬운 일인가. 주민등록증 없는 삶이란…. 뭔가 중요한 국민의 의무를 다하지 못하고 있다는 불안감, 혹시 불이익을 당하거나 법적으로 문제가 되지 않을까 안절부절한 삶을 살아야 한다."[28] '주민등록증 없는 삶'은 괴롭고도 불편하다. "지문 날인 거부자들은 그야말로 세상과 고립(!)되어야 했다. 그 중에서도 특히 여권, 운전면허증 등 주민등록증을 대용할 수 있는 아무런 신분증도 소유하지 못한 사람들에게는 피해는 더욱 컸다. 금융서비스 이용은 물론 행정서류 발급, 각종 시험, 심지어 선거 때 투표하는 것도 문제가 된다."[29] 주민등록증 발급을 거부하는 이들에 대한 따돌림이나 고립화, 나아가 빨갱이 낙인찍기도 자연스럽게 이루어진다. 주민등록증을 발급받지 않는 이들은 "주민등록이 말소된다는 협박을 동사무소 직원들에게 거의 매일 같이 들어야 했다.……통장, 반장의 경우에는……평소 같으면 다정하게 인사를 주고받던 사이였건만, 언제부턴가 이들로부터 동물원 원숭이 취급을 당하거나 반상회 때 집단따돌림(왕따)의 대상이 되기도 하였다.…… 부모님과 함께 사는 지문 날인 거부자들은 '동네 창피해서 얼굴을 못 들고 다니겠다' '호적 파서 집 나가라'는 부모님의 노기를 진정시키기에도 힘에 부쳤다.……시골에 사는 어떤 지문 날인 거부자는 동네 사람들로부터 '저 집안은 빨갱이가 사는 집'이라고 손가락질 당하며 살았다고 한다."[30]

2. 전쟁의 일상화, 일상의 전장화

한국 현대사를 돌이켜볼 때, 새로운 차별 원리로서의 정치적-이데올로기적 신신분제가 안정적으로 착근하기 위해서는 감시-병영사회의 구축이 필수적인 조건이었다. 신신분제 자체가 (특히 이 신분 위계의 밑바닥 계층에 대한) 감시와 통제 기제 없이는 유지되기 어려웠다는 점도 분명하다. 그리고 신신분제 구축과 감시-병영사회 구축이 꾸준히 상호작용한 결과이자, 이 상호작용의 시너지 효과가 집중적으로 나타난 현상이 바로 '전쟁의 일상화'와 '일상의 전장화'였다고 말할 수 있다.

징병제와 주민등록제도는 '전시체제의 유산'이자, '전쟁의 일상화' 현상의 일환이자, '일상의 전장화'를 위한 수단이기도 하다. 김학재의 말대로 "전쟁기에 일시적으로 징병제를 도입하는 경우는 있지만, 60여 년 전 발생한 전쟁으로 도입된 강제 징병제가 지금까지 유지되는 경우는 세계적으로도 매우 드물다."[31] 1950년대의 국민반으로 대표된 주민감시·통제·동원조직 역시 전쟁을 일상화하는 측면을 강하게 갖고 있었다. 다시 김학재에 의하면, "행정망은 사법기구나 의회보다도 직접적으로 정권이 개입하여 아래로부터의 정당성을 동원해내고 정치노동을 강제할 수 있는 통로였고, 국민반은 권력의 모세혈관으로서 감시와 통제, 동원의 역할을 수행하는 매개였다. 국민반은 이러한 역할을 수행하며 전쟁 이전의 평시 규율을 만들어갔다. 각종 국민운동이 전쟁의 논리를 일상에 적용했으며, '국가 건설의 의무', '전쟁 참여의 의무', '상호감시의 의무'가 국민반에게 할당되었다. 국민반의 동원과 감시 논리는 '위기상황'과 '예외상태'의 논리로 일상을 재편한 것이었다."[32] 마찬가지로 김영미는 주민등록증 또한 전시체제의 산물이며 전시 제도가 평시에도 유지되는 것이라고 주장했다. "한국 주민등록증은 철저히 전시체제의 산물이었다. 주민등록증의 유지는 전시에 허용된 강력한 주민통제권이 전후 평화적 국면에도 여전히 해체되지 않고 있음을 뜻한다."[33]

여순사건과 제주 4·3사건에 대응하려 등장했던 국가보안법과 계엄령 등도 그 당시에만 '예외상태의 상례화' 효과를 발휘한 후 사라졌던 게 아니었다.[34] 다시 말해 이들은 전시체제로 압축되는 새로운 예외상태를 전후 한국사회에 일상화·제도화·항구화하는 중요한 기제로도 활용되었다. 전쟁 직전인 1950년 3월에 제정된 위수령도 추가되어야 할 것이다. 아울러 1960년대 이후 반공법, 대통령 긴급조치권, 사회안전법과 보호감호처분, 이를 잇는 보안관찰법과 보안관찰 처분 등이 추가되면서 '정치적 비국민'인 사상범·정치범과 체제저항세력에 대한 일상적 감시·통제체제가 더욱 조밀해졌다. 이 모든 감시·통제 장치들의 존재는 전시체제를 전제로 해서만 정당화될 수 있는 것이다.

사회통합과 국민 형성을 위한 또 다른 사회적 기제로서, 우리는 전쟁에 대한 공포심을 일정한 수준에서 유지하는 데 기여하는 사회적 장치들, 또한 전쟁이라는 상황정의를 일상생활 한가운데로 침투시키는 다양한 장치들을 생각할 수 있다.[35] 3년 동안이나 사회 성원들에 의해 공유된 전쟁의 강렬한 체험은 전쟁 이후 때로는 과장된 수백만 가지의 체험담을 낳았다. 전후의 한국사회에서 대중적 차원에서 자발적으로 재생산되고 유포되는 이런 전쟁 체험담들을 통해 사회적 통합을 위한 견고한 이데올로기적 기반이 마련되었다. 이런 바탕 위에서 1950년대에 국가는 이분법적이고 전투적인 세계관을 지속시키고 확산시키는 각종 사회적 장치들을 창출하고 활용함으로써 냉전·반공적 세계관의 설득력과 세계 감각을 유지시키려고 애썼다. 국가에 의한 '전쟁의 일상화' 및 '일상의 전장화' 시도가 성공적일 경우, '국민적인' 통합의 과제는 더욱 용이하게 달성될 것이다.

이와 관련하여 우리는 권력에 의한 시간의 통제와 관련된 장치들, 무장 '공비'에 대한 소탕전, 간첩과 '부역자'를 대상으로 한 마녀사냥, 각종 궐기대회로의 일상적인 동원, 신원조사와 연좌제, 예비군제도와 지속적인 소집 점검 및 군사훈련, 거리에서의 불심검문 등을 우선 떠올리게 된다. 이 밖에도 전쟁 기간과 그 이후의 대통령 등 주요 인사에 대한 저격 사건들, 휴전선 및 동·서해상에서 간헐적으로 계속된 남북 간 무력 충돌 등이 모두 전시라는 상황정의의 영속화, 전시체제의 제도화에 기여한 요인들이었다. 정부 발표에 따르면, 여순사건 이후 1955년 5월 말까지 계속된 '공비 소탕전'으로 85,167명이 사살되었고, 27,776명이 생포되었으며, 45,989명이 '귀순'했다. 휴전 이후 1956년 9월 말까지 적발된 간첩 사건은 모두 249건에 달했다. 1950년 11월 현재까지 전국에서 '인민군 부역' 혐의로 55,909명이 검거되었다.[36] 앞장에서 소개했듯이, 한국전쟁 기간 전체로 확대할 경우 군검경합동수사본부가 집계한 '부역자' 숫자는 (1950년 11월 당시 숫자의 무려 10배에 이르는) 550,915명으로 늘어난다.

국가권력에 의한 전국적인 규모의 시간통제는 주로 '통행금지'와 '일광시간 절약제(서머타임제)'로 나타났다.[37] 통행금지가 밤에 대한 통제라면 서머타임제는 낮에 대한 통제라 부를 만했다. 통행금지제도가 전국적인 수준에서 전시 감각의 유지에 크게 기여했다면, 서머타임제는 특히 직장인들과 학생들에게 중요하며 노동리듬의 규제에 주요한 역할을 수행했다. 야간통행금지제도는 해방 직후부터 실시되었으며, 미군정기에는 서울 등 일부 지역에 국한되었지만, 한국전쟁 발발 후에는 전국으로 확대되었다. 전쟁 중에는 통행금지 시간이 해방 직후 수준인 7시간으로 유지되다가 전쟁이 끝난 1954년에는 6시간으로 단축되었고, 1957년 초에는 다시 5시간으로 줄어들었다.[38] 보다 중요한 사실은 전쟁 직후인 1954년 4월에 야간통행 제한을 '법제화'했다는 점이다.[39] 이로써 야간통행금지는 '임시적인' 것으로부터 '제도적인' 것으로 변했다. 그것은 전후 도입된 예비군제도 등 사회를 병영식兵營式으로 재편하는 제도들과 함께 전쟁의 영속화를 법률적으로 확인하는 것이기도 했다.

> 미군정 법이 아니라 대한민국 정부 하에서 이루어진 야간통행금지의 법제화는 1954년 4월 1일 공포된 경범죄처벌법 제1조 제43호의 '야간통행 제한에 관한 법문'에 의거해 4월 22일부터 시행되었다. 야간통행금지 시간은 유동적으로 조정되었는데, 1962년 6월부터 1982년 1월 6일 해제될 때까지는 자정부터 새벽 4시까지 4시간 동안 실시되었다.[40]

학교와 일상생활에서도 전시체제의 관행들이 지속되곤 했다. 전쟁 기간 중에 '전시교육체제' 구축이 중시됨에 따라 '도의교육'과 '국방교육'이 중요해졌다. 특히 학생을 대상으로 군사훈련을 실시하게 되었다.[41] 그러나 전후에도 학도호국단이 유지되었고, 일시적으로 폐지되었던 학생군사훈련은 1960년대 말에 부활했다.

전시의 일상생활 및 의식주 통제도 전후 시기까지 이어졌다. "국민생활을 혁신 간소화하여 전시에 상응하는 국민정신의 앙양"(제1조)을 목적으로 했던 '전시생활개선법'이 1951년 11월에 제정·시행되었다. 이 법에 따르면 오후 5시 이전에는 음식점에서 '탁주'를 제외한 주류를 판매·음용할 수 없었고 노래하고 춤추는 것도 금지되었다. 심지어는 "정부가 필요하다고 인정할 경우"에는 "전시에 상응하지 아니하는 복장의 착용을 제한 또는 금지"할 수 있었다(제7조). 정부가 사치품으로 규정한 물건들의 수입·제조·판매도 일체 금지되었다. 과연 이 법이 얼마나 엄격히 시행되었는지는 의심스럽지만, 전시생활개선법은 "법인 또는 개인의 대리인, 사용인 기타 종업자"가 법을 위반했을 때 "행위자를 처벌하는 외에 그 법인 또는 개인도 처벌"할 수 있게 하는(제11조) 강력한 법이었다.[42] 특히 1960년대에는 의식주와 일상생활에 대한 국가의 통제가 가정의례준칙과 경범죄처벌법에 의해 이중적으로 법제화되었다.

박정희 대통령이 작사·작곡했다는 〈새마을 노래〉에 나오는 "싸우면서 일하고 일하면서 싸워서 새 조국을 만드세"라는 대목, 그리고 〈향토예비군의 노래〉에 나오는 "총을 들고 건설하며 보람에 산다"라는 대목만큼 '전쟁의 일상화, 일상의 전장화'를 잘 보여주는 표현도 없을 것이다. 전쟁의 일상화와 일상의 전장화를 위한 장치들은 군사정권 시기 내내 혁신을 거듭하면서 정착되어갔다. 필자는 종교에 대한 군사정권들의 통제가 강화되는 현상도 바로 이런 맥락에서 해석해야 한다고 이전에 주장한 바 있다.

군사정권 등장 이후 전반적으로 강화된 종교통제의 문제는 '전시체제의 항구화', '경찰국가' 혹은 '병영국가'로의 전환 등으로 압축되는, 시민사회에 대한 공고한 통제체제의 구축이라는 더 넓은 맥락 안에서 이해되어야 할 것이다. 군사정권은 공포에 기초한 국가안보 및 국민동원 체제를 창조적으로 완성시켰다. 이를 위해 군사정권은 국가보안법과 연좌제, 야간통행금지, 간첩단과 무장공비, 반공포스터와 반공표어, 계엄령 등 이전 시대의 발명품들을 재활용했다. 나아가 군사정권은 중앙정보부, 반공법, 사회단체등록법, 지문날인제도·주민등록증·불심검문 등을 포함하는 주민등록제도, 향토예비군, 학생군사훈련(교련), 새마을운동, 민방위대와 민방위훈련, 반상회, 유신정우회와 긴급조치 등 국회와 사법부를 무력화하는 다양한 제도적 장치들, 위수령과 휴교령 등 대학 통제장치들을 새롭게 창안하거나 세련되게 다듬었다. 바로 이런 분위기와 맥락 속에서 종교 영역에 대한 국가 통제가 전반적으로 강화되었던 것이다.[43]

전쟁의 일상화, 일상의 전장화는 결국 병영사회화, 병영국가화로 이어지게 된다. '전쟁논리'는 곧 이분법적인 진영논리이다. 두 진영은 화해나 타협이 불가능한 적대적 대립 관계에 놓여 있다. 이런 상황에서 우리 편이 아니면 모두 적이고, 중간 범주는 용인되지 않는다. "이념에 따라 세상을 '적과 우리'라는 이분법으로 구획하고, 심지어 그 적을 모두 절멸絶滅하려는 선과 악의 전쟁으로 치달았다. 모든 국민들이 예외 없이 이 전쟁의 최전선에 서야 했다."[44] "최전선에서 적의 섬멸을 위해 싸우지 않은 모든 사람들을 적으로 간주할 수도 있다. 즉 '외부의 적'과 싸우는 전선에 서지 않은 모든 국민들을 잠재적인 '내부의 적'으로 간주할 수 있는 광기 어린 논리가 탄생하는 것이다."[45] 적대적 진영론 자체가 강력한 국민 형성 효과를 발휘할 수 있다. 하물며 전쟁 시기엔 말할 것도 없었다. "전쟁을 관조하듯 방관적인 태도를 취하는 것은 허락되지 않았다. 중도를 유지하는 것도 불가능했다. 양쪽에서 '우리'가 될 것인지 '적'이 될 것인지 강요받았고, 병력과 노동력의 '자발적' 동원이 강제되었다. 한국전쟁은 그 어떤 국가사업보다도 강력한 국민 만들기와 국민 되기를 동반했다."[46]

중립·중도의 불가능성으로 인해, 모든 사람들은 '우리 편', '애국적인 국민'임을 인정받기 위해 필사적으로 애쓴다. 심지어 '반국민'과 '비국민' 조차도 '국민'으로 인정받으려 사력을 다한다. 반공포로들은 혈서와 문신을 통한 '자학적 몸의 정치'를 통해 '대한민국 국민'임을 인정받으려 발버

둥쳤다. 반국민 지위에 가까웠던 '수복지구' 주민들도 선거 때 집권 세력에게 표를 몰아주었다. "수복지구의 선거 실시는 정부 여당에 유리하게 작용했다. 북한체제의 부역자로 의심받던 이곳 주민들이 의심에서 벗어나고 남한 국민이 되는 방법 중 하나는 이승만 정권을 지지하는 것이었다."[47] 연좌제의 굴레를 쓰고 비국민 지위를 강요당했던 한국전쟁 피학살자 유가족들도 한편으론 침묵하면서, 다른 한편으론 "대한민국이라는 공동체의 '구성원'으로 인정받고자" 선거 때 여당에 '몰표'를 지원하거나 국가행사에 적극 참여하는 등 과잉 지지 혹은 과잉 투표 양상을 보였다.[48]

한국사회에서 한국전쟁은 '결코 끝나지 않을 전쟁'인 것처럼 보인다. 베트남전쟁 파병과 간헐적인 안보 위기 국면은 전쟁체제의 연장, 나아가 항구화에 기여했다. 전쟁의 일상화과 일상의 전장화가 서로 화답하며 상승작용을 일으키는 가운데 '총력전체제'로 압축되는, 강압적인 사회통합과 동질화가 특징인 '병영사회'가 점차 현실화되었다. 그것은 비국민-반국민의 배제와 희생 속에서 '반공-애국 국민'이 형성되는 과정이기도 했다.

3. 반공-자유민주주의 시민종교와 한국전쟁

시민종교의 가장 중요한 동력원이자 집합적 열광의 원천은 민족주의이다. 그런데 해방의 뜨거운 민족주의적 열기에 힘입어 탄생했음에도 불구하고, 대한민국 정부는 곧 스스로가 민족주의를 부정하는 모순을 드러내고 말았다. 반민특위의 무력화, 민족주의의 상징과도 같았던 김구의 암살은 민족주의 열기에 찬물을 끼얹고 민족주의 감정을 퇴조시키는 결정적인 계기로 작용했다. 김구가 피살되기 직전인 1949년 6월 6일 반민특위는 경찰의 습격을 받아 최악의 위기를 맞았고, 김구의 장례가 치러진 바로 다

유난(7월 6일) 국회는 반민법의 공소시효를 단축시키는 개정안을 통과시켰다.[49] 대한민국 시민종교의 약세가 불가피했고, 갓 태어난 시민종교는 위기에 직면했다.

1948년 12월 국가보안법이 등장한 이후 민주주의 파괴 조짐도 뚜렷해졌다. "그 후로 '자유의 최전선'에 선 국가에서 '사상의 자유'가 사라졌고, 정부에 반대하는 사람들과 단체들은 민주주의의 핵심 기반인 결사와 정치적 활동을 자유를 빼앗겼다."[50] 친미주의도 지배엘리트에 머물 뿐 아직은 대중화되지 못했다. 심지어 지배층의 친미주의조차 생존의 절박함 때문에 그 강도는 대단했지만, 기본적으로는 여전히 '떨떠름한 친미'에 가까운 것일 가능성이 높았다. 전체적으로 1940년대의 남한에서 친미주의는 점령군에 대한 수동적인 복종, 존경보다는 눈치 보기, 친미도 반미도 아닌 모호한 상태에서 미국을 향해 '경계어린 미소'를 보내고 있을 따름인 것이었을 가능성이 높았다. 근대화-발전주의 지향 역시 강렬하고도 뚜렷했지만, 아직은 구호나 희망사항에 그칠 뿐이었다.

'반공'을 제외하고 첫 집권세력은 자신들의 정통성을 내세울 만한 자랑스러운 전통을 만드는 데 실패하고 있었다. 더욱이 반공 역시 사회 성원들의 능동적이고도 광범위한 동의를 얻어내는 데는 이르지 못하고 있었다. 지배엘리트의 입장에서도 (친미주의와 유사하게) '생존수단'의 측면이 강했기 때문에 강경한 외양에도 불구하고 반공주의에는 충분한 열정이 실리지는 못했다고 할 수 있다. 그럴수록 지배엘리트의 통치는 노골적인 폭력에 더욱더 의존할 수밖에 없었다. 전쟁 이전의 대만한국 시민종교는 여러모로 취약성을 드러내고 있었다.

정확히 이런 상황에서 한국전쟁이 발발했다. 그 전쟁은 한국 시민종교 발전의 큰 전환점으로 작용했다. 전쟁은 기존 집권세력의 정통성과 정당성을 대폭 강화시켜주었다. 전쟁은 '대한민국 시민종교'인 '반공-자유민주주의 시민종교'의 눈부신 발전을 가져왔다. 특히 시민종교의 5대 교리

중 반공주의와 친미주의가 화려하게 부상했고, 이 둘이 시민종교 교리·신념체계의 중추부를 장악하게 되었다. '한국전쟁의 시민종교 형성 효과'를 다음과 같이 정리해볼 수 있을 것이다.

첫째, 반공주의가 대중에게 자발적으로 혹은 공포를 통해 내면화되고 반공 영웅·성지·기념일 등이 속속 탄생하면서 반공주의의 설득력이 전례 없이 제고되었다. 이에 발맞춰 필자가 앞서 "반공주의를 중심으로 한 시민종교 체계의 위계적 재구성"이라고 불렀던 변화가 빠르게 진행되었다.

둘째, 단순한 생존수단에 머물던 친미주의가 지배엘리트들에 의해 진심으로 수용되고 내면화되었다. 아울러 수용 범위가 엘리트 수준에 제한되었던 친미주의가 전쟁 이후에는 대중에게도 광범하게 확산되었다.

셋째, 한국전쟁 직후부터 발전주의가 시민종교 요소로 본격적으로 등장했다. 전쟁을 통해 근대화를 위한 '모델국가'가 일본에서 미국으로 확실히 교체된 가운데, 그리고 전쟁의 빈곤화 효과로 인해, 근대화와 발전주의가 대중의 집단심성collective mentality과 국가 정책 모두에서 대단히 중요해졌다. 전쟁을 계기로 발전주의 지향은 더 나은 삶을 위한 '욕망'을 넘어 삶(생존) 자체를 위한 '절규'가 되었다. 나아가 정책 차원에서 볼 때, 1940년대에는 단순히 희망 섞인 지향이나 목표에 그쳤던 발전주의가 전후복구 및 원조·차관을 기초로 한 근대화의 '실행' 단계로 나아갔다.

넷째, '반공주의 과잉에 따른 민주주의 과소 현상'은 전시 및 전후 한국 사회에서 가장 뚜렷해졌다. 그러나 상황은 단순한 과잉 반공주의, 과소 민주주의 차원에서 멈추지 않았다. 전쟁 후 '한국 반공주의의 국가주의적 성격'이 한층 심화함에 따라, 반공주의와 민주주의 사이의 본질적인 모순, 양자 간의 화해 불가능한 이율배반 측면이 극대화되었다.

다섯째, 대한민국 정부 수립 직후부터 뚜렷이 드러난 '민족주의 담론'의 퇴조 기조가 지속되었을 뿐 아니라, 전쟁 기간 중에는 지배블록 내에서 '민족주의 인사들'이 퇴출당하는 과정도 진행되었다. 반민특위 해산과 김구 암살이 민족주의의 약화를 드러낸 1940년대의 대표적인 사건이었다면, 이범석 등 대종교계 인사의 퇴출과 효창공원 해체 시도, 평화통일론을 대표했던 조봉암 처형 등은 1950년대에 민족주의 퇴행을 보여준 대표적인 사건들이었다. 반면에 부분적으로는 '반공주의와 민족주의의 수렴'에 따른 '반공 민족주의' 현상도 등장했다.

집권층이 전쟁을 자신들의 영예로운 역사로 변형시키고 전유하는 속도는 놀라울 정도였다. 예컨대 군을 중심으로 1951년 10월에 『전란 1년지』가, 1952년에는 『6·25사변사』가, 1955년 6월에는 『한국전란 4년지』가 간행되었다.[51] 한국전쟁은 집권세력에게 상당한 정도의 헤게모니적 지도력을 제공했을 뿐 아니라, 간헐적 혹은 주기적으로 국민들의 집합적 열광을 동원해내는 데 성공할 수 있는 사회적·문화적 기초를 제공했다고 할 수 있다. 전쟁은 일시적으로 계급적 대립감정을 대중 사이에 되살리고 증폭시킴으로써 국민적 통합을 위협하기도 했지만, 동시에 상당한 신앙적 열정마저 불러일으킨 국민적 통합의 시멘트로 작용하기도 했다고 평가할 수 있다.

전쟁은 국민 형성 및 사회통합에서, 나아가 시민종교 재형성에서도 대단히 중요한 계기였다. 전쟁을 거치면서 시민종교의 재형성이 활발하게 진행된 결과 사회통합 및 국민형성의 방식이나 성격에서도 의미 있는 변화가 나타나게 되었다. 앞서 언급했듯이 전쟁을 계기로 한 한국 시민종교의 재형성은 "반공주의와 친미주의가 전면으로 부상한 형태의 반공-자유민주주의 시민종교 발전"으로 요약될 수 있다. 전쟁을 통해 재형성된 시민종교의 특징적인 면모가 가장 잘 드러나는 영역이 바로 전사자 숭배였다. 역으로 전사자 숭배는 시민종교 재형성 과정에 강력한 자극과 동력을 제공하기도 했다. 책의 마지막 두 장에서 집중적으로 다룰 대상이 바로 이 주제이다.

제14장

전사자 숭배 (1): 죽음 위계의 재구축과 전사자 의례

전쟁과 시민종교

전사자를 영웅화하고 숭배하는 전통은 오래 전부터 존재했다. 그러나 징병제 도입과 국민군國民軍·시민군市民軍의 등장으로 대표되는, 군대의 성격과 구성에서 나타난 중대한 역사적 변화에 따라 '근대적인' 형태의 전사자 숭배가 출현하기 시작했다. 전사자 위령·추모시스템이 상설화되는 것, 전사자들을 안장한 국립묘지가 민족국가의 최고 성지로 등장하는 것, 전사자 죽음의 민주화와 평등화가 추구되는 것, 연례적인 국가적 전사자 기념일과 의례가 제정되는 것, 숭배의 대상이 소수의 전쟁지도자에서 다수의 무명 전사자로 바뀌는 것 등이 근대적인 전사자 숭배의 핵심적인 특징들이었다. 아울러 강인하고 용감한 남성성에 대한 찬양, 사자의 의례적인 변형, 부활과 불멸의 모티프, 종교의례와의 유사성 등을 근대적 전사자 의례의 또 다른 특징들로 추가할 수 있다.

이 장과 다음 장에서는 한국(대한민국)의 전사자 숭배에 대해 살펴보고자 한다.[1] 전사자 숭배는 다양한 요소들로 구성되어 있지만 필자는 '전사자 숭배의 트로이카'라고 부를 만한 전사자 의례, 전사자 묘, 전사자 기념시설의 세 가지를 집중적으로 분석해보려고 한다. 필자는 해방 후 한국의 전사자 숭배에 대해 연구할 때 '식민지 시대의 영향'을 적절하게 평가하는 게 대단히 중요하다고 생각한다. 식민지의 영향을 배제하고는 의례, 묘지, 기념시설의 모든 측면에서 해방 후의 전사자 숭배를 제대로 설명할 수 없다고 판단하고 있다. 어쩌면 한국사회에서 식민지 유산의 영향이 가장 선명하게 발견되는 영역 중 하나가 바로 전사자 숭배일지도 모른다.

1. 죽음 위계의 재구축

어느 사회에서든 전사자 숭배를 본격적으로 가동시키고 대중화한 직접적인 촉발 요인은 전쟁이었다. 전쟁은 "죽음의 대량생산"으로 특징지어진다.[2] 한국전쟁 역시 엄청난 숫자의 전사자들, 대부분 전사자로 추정되는 실종자들, 그리고 그보다 훨씬 많은 부상자들을 양산했다. '대한민국 국군'의 이름으로 전선에 나갔던 20만 명 이상이 사망하거나 실종되었다. 그런데 문제는 전통적인 '죽음의 상징적·도덕적 위계질서'에 따를 때, 전사戰死라는 사건 자체가 대부분 '비정상적이거나 나쁜 죽음' 쪽으로 분류되기 쉬웠다는 것이다. 전투 중의 죽음은 가사家死가 아닌 객사客死, 예기치 못한 죽음, (전사자가 미혼이거나 무자녀일 경우) 자손으로부터 제사를 받을 수 없는 죽음으로, 한마디로 '원통한 죽음'으로 간주될 가능성이 높다. 이런 죽음을 당한 사자死者는 '원혼冤魂'이 될 가능성이 높다고 여겨진다. 하물며 시신조차 수습하지 못하거나, 수습되어도 신원마저 확인할 수 없는 전사자들은 말할 것도 없을 것이다. 이런 상황을 어떻게든 타개하기 위해 유가족들은 사후결혼을 통해 미혼 사망자를 조상신으로 전환시키거나, 무교식 사령제死靈祭나 불교식 천도遷度의식을 통해 원혼을 위무하는 등의 다양한 의례적 해법들을 모색해왔다.[3]

그런데 전쟁으로 인해 "'나쁜 죽음'이 고립된 하나의 사건이 아니라 일반적인 현상"이 되고, "'좋은 죽음'의 이상이 거의 도달 불가능한 목표가 되는 역사적 현실"은 '의례의 위기'를 초래한다.[4] 권헌익은 대규모 민간인 학살과 같은 베트남전쟁의 특수한 측면을 염두에 두고 의례 위기를 말했다. 그렇지만 전사를 비정상적이고 나쁜 죽음으로, 전사자를 원혼으로 간주하기 쉬운 한국에서는 전쟁이라는 상황 자체가 의례 위기를 초래할 수 있다. '전사자의 대량 발생'이라는 상황이 유가족에 의한 적시適時의 효과적인 의례적 대응을 사실상 불가능하게 만들기 때문이다. 나아가 근대화와 동반된 '사자死者의 기술화' 추세는 전사자와 관련된 '의례의 위기'를 '의미의 위기'로까지 확대할 수도 있다. 피어슨에 의하면, 세속적 근대사회에서 "죽음 처리 문제는 시신이 영적 의미를 거의 가지지 않는 원치 않는 물질이 됨에 따라 점점 더 폐기와 위생이라는 기술적 문제로 전락한다."[5]

전쟁 당시 적절한 의례적 행위도 없이 전사자 시신의 가매장이나 임시 안치에 급급했던 모습은 사자의 기술화 추세를 촉진하고, 그럼으로써 전사자 죽음과 관련된 의미의 위기를 심화시킬 가능성이 높았다. 이제 국가는 다음과 같은 심각한 질문을 피하기 어렵게 되었다. 국가는 '비정상적인/나쁜' 죽음이 '무의미한/무기치한' 죽음으로까지 확대 해석되는 사태를 어떻게 막을 것인가? 국군의 전사가 '개죽음'이나 '헛된 죽음'으로 치부되는 한, 새로운 군인의 원활한 충원은 물론이고 어쩌면 전쟁 수행 자체도 불가능해질 것이다. 이처럼 전사자의 죽음과 관련된 의례의 위기, 의미의 위기는 '국가의 위기'로까지 이어질 수 있다.

그 원인이 무엇이든 죽음의 대량생산은 국가의 개입을 불가피하게 만든다. 죽음의 대량생산은 '재난'과 '전쟁'으로 대별된다. 재난으로 발생한 대규모 주검들을 처리하는 데서는 국가가 사자의 기술화라는 맥락에 충실할 가능성이 높다. 한국전쟁이 발발할 즈음 죽음 처리와 관련하여 근대적이고 세속적인 '기술화' 방식(국가 영역)과 전통적이고 종교적인 '의례화' 방식(민간 영역)이 별다른 충돌 없이 공존하고 있던 상태였다. 그런데 전쟁의 맥락에서 발생한 대규모 죽음—특히 아군의 대규모 죽음—의 처리에서는 근대적 기술화 방식과 전통적 의례화 방식 모두가 부적합하게 되었다. 한국군은 전사자 시신처리와 관련된 축적된 경험이나 매뉴얼도 없이 전쟁을 맞이했지만, 그럼에도 불구하고 한국전쟁은 독립국가인 대한민국에서 징병제로 치러진 최초의 전쟁이었다. 정부는 전쟁으로 인한 아군의 대규모 죽음에 더 이상 무관심한 태도를 취할 수 없었다. 조지 모스가 제1차 세계대전을 두고 말한 것은 한국전쟁에 대해서도 타당하다. "이 전쟁의 전례 없는 희생 규모는 전사자를 적절하게 매장하도록 군을 압박했다. 전쟁이 계속되면서 가족을 잃지 않은 가족이 거의 없었고, 온당한 매장과 국가 차원의 추모를 요구하는 그들의 막대한 압력 때문에 이전처럼 전사자를 방치하는 것이 불가능해졌다."[6]

국가는 이런 사태에 어떻게든 개입해야 했지만, 그렇다고 단순히 '재난'에 대처하듯 개입할 수는 없었다. 재난으로 인한 대규모 죽음에 대처하는 병리학적·역학적·방역적·질병통제적 접근을 '기술과학적 접근'으로 부를 수 있다면, 전쟁으로 인한 대규모 죽음에 대처하는 방식은 '시민종교적 접근'으로 명명할 수 있을 것이다. 기술과학적 접근과 시민종교적 접근 사이에는 '사자의 존엄성' 면에서 중대한 차이가 존재한다. 그러나 자세히 들여다보면 시민종교적 접근 안에는 재난에 대응하는 기술과학적 접근이 이미 내포되어 있기도 하다. 국가는 아군 전사자에 대해서는 '전사자 숭배'로, 적군 및 민간인 사망자에 대해서는 재난 사망자와 완전히 동일한 방식으로 '사자의 기술화' 차원에서 대응한다. 따라서 대규모 죽음에 대한 시민종교적 접근의 진정한 특징은 '사자 존엄 중시'에 있다기보다, 전쟁으로 인한 죽음들에 상이한 접근방법을 적용하는 것, 곧 '죽음의 차별화와 위계화'에 있었다. 즉 (1) 적군 주검에 대해서는 비하와 조롱, (2) 민간인 주검에 대해서는 무관심, (3) 아군 주검에 대해서는 숭배로 대응했던 것이다.

기술과학적 접근이 바이러스의 공격에 맞선다면, 시민종교적 접근은 아군 전사戰死의 의미와 가치를 갉아먹는 '죽음의 범속화·기술화' 추세에 대항한다. 시민종교적 접근은 전사자를 죽음 위계의 아래쪽으로 끌어내리는 '전통적 죽음관'과도 맞서 싸워야 한다. 이런 분투를 통해 아군 죽음에 담긴 심원한 의미와 가치를 적극적으로 발굴하고 현양하는 것이 바로 시민종교의 역할인 것이다. 그렇다면 사자의 기술화 경향과 전통적 죽음관에 대항하는 국가의 '죽음투쟁', 더 정확히는 '전사자의 인정·명예 투쟁'은 어떻게 수행되는가? 필자가 보기에 핵심적인 기제는 '죽음의 공공화를 통한 죽음 위계의 재구축'으로 요약될 수 있다. 이를 좀 더 풀어쓰자면 다음과 같이 될 것이다. 첫째, '정상적-비정상적, 좋은-나쁜 죽음'이라는 전통적인 이분법에다 '사적인-공적인 죽음'이라는 새로운 이분법을 추가한다. 둘째, 이를 통해 기존의 죽음 위계를 이분법적인 체계로부터 사분법적인 체계로 재편함과 동시에, 공적인 죽음을 새로운 죽음 위계의 최상위로 배치한다. 셋째, 아군의 전사를 공적 죽음 범주에 포함시키고, 그럼으로써 기존에는 죽음 위계의 하층에 위치해 있던 아군 전사자들을 새로운 위계의 상층으로 재배치한다. 넷째, 직군 전사자와 적군을 시원한 혐의로 처형된 민간인들은 새로운 죽음 위계의 최하층에 위치시킨다.

민간 영역에서 비정상적인 죽음으로 취급되던 아군의 전사를 공적인 죽음으로 변환시켜 '모든' 사적 죽음들보다 훨씬 더 높고 우월한 위계로 승격시키는, 죽음 위계에서의 극적인 역전이 이루어지는 것이다. 전통적인 죽음 위계에서 죽음의 장소, 망자의 혼인상태, 자녀 유무가 중요했다면, 새로운 죽음 위계에서는 죽음에 담긴 공적 가치가 무엇보다 중요해졌다. 국군·경찰과 반공단체 소속 민간인의 죽음이 '정치적으로 좋은' 죽음이라면, 민간인의 전쟁 사망은 '정치적으로 중립적인' 죽음이 되고, 적군과 좌익·이적 혐의로 학살된 민간인들의 죽음은 '정치적으로 나쁜' 죽음이 된다. 국가 개입을 계기로 선-악을 가르는 새로운 '죽음의 이분법'이 생겨난 것이다. 새로운 죽음 분류에 따라, 한편으로는 정의롭고 고결하고 영웅적이고 영광스럽고 성스러운 죽음이, 다른 한편으로는 헛되고 무가치하고 쓸모없고 수치스런 죽음이 창출된다.

국가는 정교한 죽음 분류체계를 만들어놓고도 정작 실제 행동에서는 오로지 '(정치적으로) 좋은 죽음', 즉 아군의 공적인 죽음에만 몰두하는 모습을 보인다. 국가는 좋은 죽음에 집중할 뿐 아니라, 아군의 전사가 좋은 죽음임을 입증하려고 혼신의 노력을 기울인다. 반면 나쁜 죽음에 대한 국가의 대응 행동은 무관심이나 방치에 가깝다. 이에 대해 국가는 사적 영역에 '전가'해버리거나 기술과학적 접근을 적용하여 단순히 '처리'해버릴 따름이다. 일본에 의해 태평양전쟁에 동원되었다가 전사한 조선인들, 한국전쟁 당시 학살당한 민간인들, 한국전쟁 당시 전사한 적군들(북한군, 중국군)이 바로 그런 사례들이었다. 구상 시인의 1956년 시詩에 등장하는, "양지 바른 두메를 골라 고이 파묻어 떼마저 입혔"던 적군敵軍묘지는 극히 예외적인 사례였을 것이다.[7] 따라서 실제적인 행동에만 주목할 경우 국가에게는 '좋은 죽음'과 '그 밖의 죽음'의 두 가지만이 존재할 뿐인 것처럼 보인다.

조지 모스는 근대 민족국가에서 공적 죽음의 등장, 그리고 죽음의 국유화 및 죽음의 민주화 경향에 대해 말했다.[8] 필자가 보기에 죽음의 국유화와 민주화 경향은 죽음의 공공화 경향에 따른 자연스런 산물, 혹은 죽음의 공공화 추세를 가시화하거나 촉진하는 요인들이다. 국가에 의해 설립되고, 사적인 묘지들과 공간적으로 분리된 전사자 전용묘지야말로 '죽음의 공공화' 현상을 보여주는 가장 생생하고도 설득력 있는 증거이다. 한편 의용군의 등장은 병사 지위의 현저한 상승을 초래했는데,[9] 이런 변화가 사후에까지 관철되는 것이 바로 '죽음의 민주화'라고 할 수 있다. 공적인 죽음을 당한 이들 사이에는 차별이 있을 수 없으며, 그들은 모두 평등한 전우戰友라는 놀라운 발상이 죽음의 민주화를 가능케 했다.

필자가 보기에 죽음의 공공화 경향, 즉 사적-공적 죽음의 이분법을 도입하여 죽음의 가치와 의미 면에서 사적 죽음과 선명하게 대비되는 '공적 죽음'을 창출해내는 경향은 '모든' 근대 민족국가들에서 공통적으로 발견된다. 그러나 죽음의 공공화가 항상 죽음의 국유화·민주화 경향을 동반하는 것은 아니다. 다시 말해 죽음의 국유화·민주화가 진행되는 정도는 사회마다 편차가 크다. 미국과 한국이 '보편적 국유화'에 가깝다면, 북한은 '선별적 국유화'에 가깝다. 프랑스의 팡테옹과 영국의 웨스트민스터대성당은 '선별적 국유화'의 탁월한 사례이다. 나아가 죽음의 국유화와 민주화가 항상 병행하는 것도 아니다. 죽음의 '국유화' 정도 면에서는 매우 유사한 미국과 한국의 국립묘지들은 죽음의 '민주화' 정도 면에서는 현격한 차이를 드러낸다. 한국의 국립묘지 체계는 높은 수준의 국유화와 낮은 수준의 민주화가 결합된 독특한 사례이다.

2. 전자자 의례의 빈도와 의례경관

이번 절에서는 해방 후 전사자 의례에서 어떤 '의례패턴ritual pattern'이 형성되어갔는가를 주로 탐구한다. 이때 의례패턴은 불문율로서 일정하게 정형화된 의례적 공식ritual formula일 수도 있고, 법적으로 제도화되거나 매뉴얼로 작성된 의례 양식으로 존재할 수도 있다. 필자가 보기에 의례패턴의 구체적 형태와 성격을 결정하는 것은 대략 두 가지이다. 이를 각각 '의례경관ritual landscape'과 '의례장치ritual apparatus'로 명명할 수 있을 것이다. '의례장치'는 의례의 효과를 높이기 위한 다양한 수단과 기제들을 가리킨다. 이런 의례장치들 덕분에 의례가 시각적으로 더욱 화려해지거나 웅장해질 뿐만 아니라, 마치 하나의 연극이나 드라마인 양 의례 자체가 극화劇化되는 효과가 발생한다. 특히 한 도시의 전체 시민, 나아가 전체 국민으로 하여금 특정 전사자 합동위령제에 집중하거나 참여하게 만드는 의례장치들은 특별한 주목을 받을 가치가 있다.

한편 '의례경관'에서는 종교성-세속성, 의례 무대 혹은 의례 장場의 미장센mise en scene이라는 두 요소가 가장 중요하다고 판단된다. 의례경관은 종교적 경관과 세속적 경관으로 대별된다. 전자는 의례가 교회·사찰·신사 등의 종교적 공간에서 특정한 종교적 예법에 따라 진행되는 경우이고, 후자는 의례가 광장·운동장·연병장·강당 등의 세속적 공간에서 세속적인 방식으로 진행되는 경우를 가리킨다. '의례의 미장센'은 의례가 펼쳐지고 연행되는 무대 혹은 장場을 어떻게 선택하고 구성하는가와 관련된다. 구체적으로는 '의례의 장소' 선택과 구성, 그리고 '제단祭壇의 구성' 두 가지가 특히 중요하다. 필자는 기념비 기능과 묘 기능이 결합된 조형물을 '묘탑墓塔'으로, 기념비 기능과 사祠 기능이 결합된 조형물을 '영탑靈塔'이라 부르고자 한다. 묘탑·영탑의 등장은 의례 미장센에 중요한 변화를 초래한다. 두 가지 측면에서 그러하다. 한편으로, 묘탑·영탑 앞에 인위적으로 조성된 광장에서 전사자 의례가 치러질 경우에는 '제단의 구성' 방식 자체가 크게 달라지는 경향이 있다. 묘탑·영탑이 제단 기능을 겸하게 됨으로써 신위·영정·유골 등이 의례무대에서 사라지는 것이다. 다른 한편으로, 국가 주도에 의한 '공공 묘탑·영탑'의 등장과 확산은 '의례 공간의 탈종교화'를 촉진할 가능성이 높다. 말하자면 전사자 의례의 장소가 '종교적-초월적 공간'에서 '세속적-초월적 공간'(혹은 '시민종교적 공간')으로 바뀌는 것이다.

(1) 의례의 빈도, 계기, 주체

해방 후 남한에서 국가가 전사자 의례에 적극적으로 나서도록 만든 결정적 계기 역시 '전사자의 대량생산' 현상이었다. 대구10·1사건, 여순사건, 제주4·3사건, 38선 접경지역에서의 잦은 군사충돌, 그리고 뒤이은 한국전쟁에 이르기까지 '반공 전사자들'이 대규모로 발생하는 사태들이 줄을 이었고, 그에 따라 자연스럽게 전사자 의례들이 등장하기 시작했다. 남한에서 전사자 의례는 1946년에 처음 등장했다. 그해에 두 차례, 이듬해인

1947년에 세 차례 국가가 주관하는 전시자 의례가 거행되었다. 한국인 전사자를 대상으로 한 최초의 의례는 1946년 10월 30일 오전 미군정 경무부 주관으로 대구에서 열린 전국순직경관합동위령제였다. 10월사건의 현장이기도 했던 대구 본정정의 키네마구락부에서 거행된 이 위령제는 이른바 "10·1소요사건" 과정에서 사망한 60명의 경찰을 위한 것이었다.[10] 그러다 1948년부터 전사자 관련 의례 빈도가 급격히 증가하게 된다.

1951년부터는 한국전쟁 발발 기념일이나 서울수복 기념일, 국제연합 기념일에 맞춘 전사자 의례의 관행들이 새로 생겨났다. 특히 1951년부터 1953년까지 세 차례 연속으로 이 기간 중 가장 규모가 크고 성대했던 전사자 의례가 모두 서울수복 1주년, 2주년, 3주년 기념일에 맞춰 열렸거나 그렇게 계획되었던 점을 강조할 필요가 있다. 아마도 군 수뇌부는 9·28수복이라는 '전승戰勝' 분위기 속에서 전사자 의례를 치르는 것이 의례효과를 극대화할 수 있는 선택이라고 생각했으리라. 이런 발상이 식민지 시대에 조선총독부 지도자들이 러일전쟁 승전일이기도 한 육군기념일·해군기념일이나, 중일전쟁 전승 축하행사를 전사자 위령제와 결합시켰던 발상과 대단히 유사한 것임은 물론이다. 아울러 매년 동일한 날짜에 전몰장병 합동추도행사를 거행하려 했던 것은 의례에 '정례성'과 '주기성'을 부여하고, 그럼으로써 이 의례를 전 국가적·국민적 행사로 격상시키려는 시도이기도 했다.

한국전쟁 직전인 1950년 1월에는 전사한 경찰관을 기리는 '충혼비'를 제막하면서 위령제를 함께 거행하는 모습이 전남 여수에서 등장했다. 이런 광경이 한동안 사라졌다가 종전 직전인 1953년 6월 인천에서 '전몰영령충혼탑' 제막식과 결합된 합동위령제 형태로 되살아났다.[11] 필자가 앞에서 묘탑·영탑이라고 명명한 충혼탑·충령탑·충렬탑 등을 완성하는 때가 전사자 의례를 거행하기에 좋은 시점이 되는 것이다. 일단 이런 묘탑·영탑이 완성되면 향후 주기적이거나 비주기적인 전사자 의례를 거행하는 핵심 장소로 자리 잡게 된다. 전사자 전용묘지를 조성하여 이를 헌정함과 동시에 대중에게도 선보이는 형식의 추모의례가 1950년대에 나타나기도 했다. 1951년 4월 6일 부산 유엔묘지에서 열린 '한미 합동 유엔군 위령제' 그리고 1955년 4월 22일 동작동 국군묘지에서 열린 '제4차 3군 전몰장병 합동추도식'이 바로 그런 '묘지 헌정 의례'의 사례들이었다.

1951년부터 1954년 사이에는 남한 내부에서 전사자 유골의 대규모 이송 행사가 다양한 형태의 전사자 의례들을 동반했고, 1954년에 있었던 남-북 간 전사자 시신 교환 역시 그러했다. 여기서 우리는 사자死者 유해의 소재를 옮기는 '이동의례translocation ritual' 및 그와 연계된 '의례의 연쇄 chain of rituals', '촘촘한 의례주기'라고 부를 만한 현상들에 주목해야 한다. 아군 전사자의 시신은 지극히 존엄한 것으로 간주되었으므로, 유해의 이동은 그에 합당한 의례들, 여기서 필자가 '이동의례'라고 명명한 의례들로 예우되어야 한다. 예컨대 (1) 기존의 임시 안치장소에서 유해를 내보내는 봉송식奉送式, (2) 유해를 맞아들이는 봉영식奉迎式 혹은 봉수식奉受式, (3) 유해를 새로운 장소에 안치하는 봉안식奉安式, (4) 안치된 유해를 유가족에게 전달하는 봉도식奉渡式 등이 유행의 이동 단계마다 배치된다. 또 (5) 유해를 최종적으로 매장하거나 납골하기 전에 성대한 장례식이나 위령제·추도식이 추가되기도 했다.

해방 후의 전사자 의례에서는 국가의 적극성과 주도성이 두드러졌다. 이것이 식민지 시대와의 뚜렷한 유사점이기도 했다. 국가가 직접 의례주체로 나섬으로써 의례 규모가 커지고, 의례의 영향권도 전국 차원으로 확장될 수 있었다. 그러나 국가의 의례 개입은 대단히 선별적이기도 했다. 해방 후 독립투쟁 희생자, 태평양전쟁 희생자, 반공전투 희생자, 적군·반란군 희생자라는 네 그룹이 국가의 의례적 개입을 요구하는 대표적인 집단으로 떠올랐다. 국가는 태평양전쟁 희생자들을 철저히 외면했다. 독립을 위한 무장투쟁 과정에서 사망한 이들에 대해서도 국가는 대체로 무관심했다. 국가의 관심과 개입은 반공전투 희생자 그룹에 집중되었다. 그런데 반공전투 희생자 그룹 안에서조차 국가의 차별이 발견된다. 이 그룹은 크게 군인, 경찰, 민간인(이른바 '애국단체' 회원)이라는 세 집단으로 구성되었다. 그러나 국가는 오로지 군인과 경찰에만 의례적 관심을 기울이는 모습을 보였다. 군경과 함께 여러 전투에 참여했던 청년단체 회원 등 다수의 민간인 전사자들은 기껏해야 지방정부의 관심 대상이 되었을 따름이었다. 이처럼 전사자 유형에 따라 의례 주체와 국가 개입 정도 측면에서 의미 있는 차이가 나타났던 것이 1940~1950년대 전사자 의례의 중요한 특징이었다. 군인·경찰 전사자에 대한 국가의 적극적 개입에도 불구하고, 1956년에 현충일이 제정되기까지 전사자 의례의 제도화·정례화 수준이 낮은 편이었다는 또 다른 특징도 추가해야 할 것이다.

(2) 의례경관

식민지 시대의 지배적인 의례경관을 구성했던 '신도식神道式 의례경관'과 '불교식 의례경관' 가운데 신도식 의례경관은 해방과 동시에 공적인 의례 무대에서 완전히 사라질 수밖에 없는 운명이었다. 해방과 함께 신도적 의례경관의 공백을 채웠던 것은 '불교적 의례경관' 그리고 '서구식의 영향을 받은 세속적 의례경관'의 두 가지였다. 1952~1955년 사이에 '불교적 의례경관'은 '그리스도교적 의례경관'으로 재차 대체되어갔다. 따라서 국가주도의 대규모 의례에 주목할 경우, 1945~1955년 사이에 전사자 의례의 경관이 두 단계를 거쳤다고 말할 수 있다. 신도적 의례경관을 불교적 의례경관 및 서구적-세속적 의례경관이 대체했던 첫 번째 단계, 그리고 불교적 의례경관이 그리스도교적 의례경관으로 다시 대체되면서 그리스도교적-서구적 의례경관이 자리를 잡아가는 두 번째 단계가 그것이다.

1947년부터 1952년경까지 약 5년에 걸쳐서 '불교식과 세속-서구식의 혼합'을 특징으로 하는 독특한 의례경관이 형성되어갔다. 조포, 조총, 진혼나팔, 헌화 등은 서구식 전사자 의례의 영향을 명확히 보여주는 요소들이다. 조가 합창이나 진혼곡 연주 등 식민지 시대에 비해 음악적 요소가 대폭 늘어난 것은 분명 해방 후 전사자 의례에서 발견되는 중요한 특징이었다. 불교적 의례경관은 식민지 시대에도 신도적 의례경관과 함께 전사자 의례경관의 양대 축을 형성하고 있었기에, 불교적 의례경관의 부상浮上은 식민지 시대에서의 '연속'이라는 성격이 더욱 강했다고 볼 수 있다. 다만 불교적 의례경관이 종전의 지방-민간 영역에서 중앙-국가 영역으로 상승했을 따름인 것이다. 나아가 해방 후에도 세속적인 경관보다는 종교적인 경관이 여전히 지배적이었던 사실도 식민지 시대와의 유사점이라고 말할 수 있다. '위령제'라는 용어의 연속성 또한 쉽게 확인된다. 이미 지적했듯이 전사자 위령제를 중요한 국가적 행사로 거행하는 모습 역시 식민지 전통을 계승하는 측면이 강했다.

1952~1955년 사이에 '불교적 의례경관'은 급격히 퇴조하거나 주변화되었던 반면, '그리스도교적 의례경관'이 빠르게 전면으로 진출했다. 전사자 의례경관에서 해방 후 두 번째의 큰 변화가 진행된 것이다. 특히 한국전쟁 후반부인 1952~1953년은 '그리스도교적 의례경관과 불교적 의례경관의 경합'이 두드러졌던 시기였다. 첫째, 1952년을 고비로 전사자 의례의 명칭이 '위령제'에서 '추도식'으로 바뀌었다. 둘째, 의례에서 '헌화'와 '분향'의 관계 역전, 즉 헌화 순서의 '중심화'와 분향 순서의 '주변화'도 눈여겨봐야 한다. 1953년부터 분향 순서는 '식후式後' 행사로 밀려났다. 셋째, 1954년부터 전사자 의례에서 그리스도교식 '기도'가 등장했다. 목사가 바치는 기도 순서가 공식 식순에 등장한 것이야말로 불교 경관에 대한 그리스도교 경관의 '승리'를 보여주는 가장 확실한 증거이다. 추도식, 헌화, 기도의 세 가지로 압축되는 변화가 의미하는 바는 결국 '의례경관의 그리스도교화와 서구화'였다.

의례경관 중 '의례의 미장센'이라고 부르는 측면에 주목할 경우, 의례경관이 서구식으로 바뀌기는 했어도 여러모로 식민지 때부터 익숙한 양상이 펼쳐진다. 그만큼 의례 미장센에서는 식민지 유산의 영향이 강하게 작용하고 있었다. 공설운동장이나 연병장 등을 활용하여 수천 혹은 수만 명, 때로는 10만 명 이상의 대규모 군중이 참여하는 화려한 전사자 의례를 거행하는 것, 묘·사와 기념비의 기능을 결합한 '묘탑·영탑'을 광장과 일체형으로 건립한 후 이곳을 무대로 정례적인 전사자 의례를 거행하는 것, 그 자체 제단이자 묘이기도 한 묘탑·영탑이 등장함에 따라 종전에 임시제단 위에 놓이던 유골·신위·영정이 사라지는 등 제단의 구성 방식이 변화되는 것이 특히 그러하다. 의례경관에서 해방 후 새롭게 변화된 측면은 조포·조총·헌화·국기 게양 등이 대두하면서 '의장대儀仗隊'의 역할과 존재가 중요하게 부각된 것, 그리고 음악적 요소들이 전반적으로 늘어나면서 '군·경찰 악대'와 '합창단'의 역할과 존재가 부각된 것을 우선 꼽을 수 있다. 아마도 제단 구성 측면에서 식민지 시대와 눈에 띄게 달라진 점은 의례경관의 그리스도교화에 따라 제단에서 음식물이 점차 사라진 게 아닐까 싶다.

전사자 의례경관의 서구화는 '의례의 간소화', 그에 따른 '의례시간의 단축'으로도 이어졌다. 의례 서구화와 병행된 의례 간소화 추세가 낳은 중요한 결과는 '대통령 추도사'와 '각계 대표의 헌화'가 의례의 초점으로 부각되었다는 점이었다. 1953년의 제3차 합동추도식에서만 해도 국방부 장관의 '추도식사', 대통령과 미8군사령관의 '추도사'가 이어졌지만, 1955년의 제4차 합동추도식에서는 오직 대통령만이 '추도사'를 발표했다. 이 패턴이 1956년부터 시작된 현충일 의례에선 하나의 전통으로 굳어졌다. 화려한 볼거리를 만들어내는 다양한 의례장치들과 결합된 대형 전사자 의례는 그 자체가 '권력을 창출하는' 상징적 기제로 기능할 수 있다. 대통령 단독 추도사 패턴이 시작된 때가 이승만 대통령에 대한 우상화와 개인숭배가 절정에 이른 시점과 일치한다는 점도 주목할 만하다. 이승만 대통령이 전쟁·죽음을 테마로 한 의례 드라마의 단독 주연으로 활약한 1955년 4월의 합동추도식은 그의 80회 생일을 맞아 거국적으로 다채로운 행사들이 요란스럽게 치러진 직후 열렸다.

3. 전사자의 의례적 변형, 성가정의 창출·보호, 의례장치

(1) 전사자의 의례적 변형

대부분의 민족국가에서 전사자들은 국가적 의례를 통해 '부활'하고 '영원한 생명'을 얻으며, '불멸'의 존재로 거듭난다. 나아가 사자에게 새로이 상승된 지위와 정체성을 부여한다는 의미에서 전사자 의례는 '망자의 통과의례'로 기능하기도 한다. 식민지 조선에서 거행된 전사자 의례들에서 일본인 지배자들은 전사자를 잠재적 '원혼'에서 '신적 지위'로, 즉 군신軍神내지 호국신護國神으로 격상시키고 변형시키곤 했다. 해방 후에도 이런 일들이 지속되었을까?

추도사나 조사를 통한 '메시지의 부각'은 식민지 시대와 뚜렷하게 차별화되는 해방 후 시대의 특징이다. 식민지 시대에는 신도식이든 불교식이든 '의례의 엄숙성과 경건함' 그리고 '의례 절차의 충실한 준수'를 상대적으로 중시했다. 신도식 전사자 의례의 경우 사자의 '신격화' 자체에, 불교식 전사자 의례에서는 사자의 '진혼·위령' 측면에 주력했고, 때문에 조사나 추도사가 의례에서 차지하는 비중은 크지 않았다. 조사나 추도사를 통해 확인되는 전사자 호칭이나 전사에 대한 찬양은 식민지 시대의 그것과 놀랍도록 유사했다. "흥아 성업/건설"이나 "동양평화"가 "건국"이나 "조국 재건", "북진 통일" 등으로 대체된 것을 제외하면, "호국영령, 순국영령, 호국신, 군신" 호명·호칭이 고스란히 반복되었다. "이슬, 별, 간성, 보루" 같은 새로운 이미지나 비유가 등장하긴 하나, 가장 자주 반복된 "기둥(주석, 인주), 주춧돌(초석), 꽃" 등은 식민지 시대로부터 물려받은 것이다. 이런 유산 덕분에 해방 후의 국가와 지배층은 능숙하게 전사자에 대한 현창·현양에 나설 수 있었다고 말할 수 있을 것이다.

전적으로 식민지 시대의 작품인 전사자의 '신격화' 시도는 해방 후 거의 당연시된다고 할 정도로 이전보다 훨씬 더 빈번하게, 더욱 적극적으로 이루어졌다. 경찰 전사자를 향한 "국도國都의 수호신" 호칭에서 시작하여 "군신, 대한의 군신, 호국신, 호국의 신, 조국의 수호신, 불멸의 조국수호신, 조국수호의 신, 나라의 수호신, 민국民國의 수호신, 국가와 민족 수호의 신, 조국 만대의 수호신, 우리의 수호신, 세계평화의 수호신" 등의 호명들이 현란하게 이어졌다. 독립운동가들에게는 그런 시도가 행해지지 않았다는 점에서, 반공 전사자들에 대한 신격화 시도는 주목받을 자격이 있다. 한국전쟁을 겪으면서 의례경관의 그리스도교적 전환이 빠르게 진행되었음에도 불구하고, 다시 말해 조상숭배 전통과 거리가 먼 유일신교 전통에서는 사자死者를 신적 존재로 격상시키는 것이 명백히 불가능함에도 불구하고, 전사자의 신격화 사례가 지속되었다는 점도 중요하다.

해방 후의 전사자 의례들에서는 다카하시 데쓰야가 말했던 "숭고한 희생의 논리와 레토릭"이 전형적인 형태로 펼쳐졌다.[12] 산 자들은 전사자들의 죽음을 숭고한 희생으로 찬양하고, 그 숭고한 희생에 경의와 감사를 표하면서, 가능하다면 선열을 본받아 자신들도 국가를 위해 희생하는 것으로 보답해야 한다. 이런 죽은 자와 산 자 사이의 피드백적인 상호작용 사이클이 완성된다면, 전사자 의례는 중대한 국민 형성 및 통합 효과를 발생시킬 것이다.

좀 더 자세히 들여다보면, 추도사나 조사에 담긴 '희생의 논리'는 (1) 현양, (2) 감사와 기원, (3) 성찰, (4) 결의, (5) 보은報恩과 기념 등의 다섯 부분들로 구성되어 있었다. 풀어쓰자면, 첫째, 전사자들의 탁월한 공적을 찬양하고 칭송하면서 궁극적으로 그들을 신적인 지위로 격상시키는 '현양' 부분, 둘째, 그들의 '고귀한 희생' 덕분에 오늘날의 평화·자유·풍요·안전 등이 가능하게 되었음을 재확인하고 고인을 추모하면서 사후의 복을 비는 '감사와 기원' 부분, 셋째, 당면한 현실을 분석하여 현재의 시대적 과제를 진단하고 도출하면서 전사자들이 산 자들과 후손들에게 남긴 유훈과 과업·당부 등을 찾아내는 '성찰' 부분, 넷째, 전사자들의 유지를 받들고 계승하여 국가에 충성을 다하며 현재의 시대적 과업을 실천하고 해결하고자 말겠다고 다짐하고 맹세하는 '결의' 부분, 다섯째, (결의의 연장선상에서) 전사자들의 은덕을 영원히 기억하고 기념할 것이며 그 은덕에 감사하는 마음으로 유가족 원호·보훈에 최선을 다하겠다고 약속하는 '보은과 기념' 부분 등 다섯 가지로 희생의 논리가 구성되어 있는 것이다. 다른 부분들은 세월의 흐름과 상관없이 대체로 비슷하지만, 시대적 과제를 도출하는 '성찰' 부분은 정권의 이해관계나 전략적 목표에 따라 가장 변동이 심한 부분이었다.

한국전쟁이 발발하기 약 1년 전인 1949년 5월 28일 수만 명이 참석한 가운데 서울운동장에서 거행된 '육탄10용사 장의식'은 전사자의 의례적 변형과 현창 과정에서 하나의 분수령이었다. 이때 전사자에 대한 영웅화는 절정에 도달했다. 장의식이 열린 서울운동장은 '대중영웅들'이 탄생하는 산실이기도 했다. 전쟁 전 전사자를 현양하고 대중영웅으로 끌어올리는 데서 '육탄10용사'가 집중적인 대상이었다면, 전쟁 발발 후에는 '무명용사'가 새로운 대상으로 떠올랐다. 한국전쟁에 참전한 국군은 전쟁 이전의 군인과는 전혀 다른 군인, 곧 징집병들이었다. 그들은 시민군이자 국민군이었다. 징집병 전사자에 대한 응분의 송덕과 현양은 국민국가 존립에 필수적인 과업이 되었다. 1955년에 이르러 무명용사는 의례 무대 중심에 자리를 잡고, 헌화와 분향을 비롯한 의례적 봉헌의 초점으로 자리 잡게 되었다. 국군묘지에서 처음 열린 1955년 4월의 '제4차 3군 전몰장병 합동추도식'은 정면에 자리한 '무명용사비'(무명용사탑)로 이어지는 '무명용사문' 앞 광장에서 거행되었고, 이듬해부터 시작된 현충일 전례에서도 내내 이 의례적 구도 내지 경관이 유지되었다.

(2) 성가정의 창출과 보호: 감정의 연금술?

전사자 의례는 전사자들을 성화聖化하고 그들에게 새로운 지위와 정체성을 부여하는 의례적 변형의 기제였고, 국민들로 하여금 '희생의 논리'를 내면화하도록 만드는 기제였다. 뿐만 아니라 전사자 의례는 국가적인 환대와 보호를 받는 '성가정을 창출하는' 기제이기도 했다. 다시 말해 이 의례는 국가의 군신·수호신을 배출한 성가정들을 대중 앞에 '현시顯示'함으로써 사회적 '공인'을 받는 기제로도 작용했다. 전사자들의 유해를 국가적 성소로 조성된 묘에 안장하는 것, 전사자들을 서훈하거나 표창하는 것 역시 성가정을 창출하는 보조적인 기제들이라고 말할 수 있다. 성가정의 창출은 반공주의를 중심으로 한 '정치적 신신분제'를 형성하는 과정이기도 했다. 전사자 의례나 국립묘 안장, 서훈·표창 등이 '성가정 창출'의 기제들이라면, 다양한 원호 혹은 보훈 정책들은 '성가정 보호'의 기제들이었다. 성가정 창출 및 보호의 기제들이 유효하게 잘 작동한다면, 그리고 유가족들이 전사한 가족 성원에 대한 상징적·물질적 보상에 만족할 경우, 유가족들 사이에서 가족의 전사를 자랑스럽게 여기고 나아가 감사히 여기는 '감정의 연금술'이 일어나게 될 것이다.[13]

　해방 후 유가족들이 전사자 의례의 '내부'와 '외부'에서 여러 가지 예우를 받았음은 분명하다. 우선, '의례의 내부'에서 최초의 국가적인 전사자

의례 당시부터 줄곧 유가족 대표의 인사 순서가 마련되었고, 각계 대표들의 분향 혹은 헌화 때도 유가족 대표의 참여 권리가 부여되었다. 의례 장소 내의 위치도 유가족의 존재가 돋보이게 만들었다. 국가는 각 지역별로 초청된 유가족 대표들을 위해 식장 중심부에 지정좌석을 배치하곤 했고, 대개 그곳은 대통령 및 3부 요인을 비롯한 국가 최고지도자들과 근접한 곳이었다. '의례의 외부'에서도 유가족을 위한 다양한 프로그램들이 준비되었다. 식전을 전후한 며칠 동안 교통편과 숙소가 무료로 제공되었고, 전용 안내소가 운영되었고, 다양한 위안 프로그램이나 극장 관람 기회가 주어졌다. 장관급 고위 관료들과 유가족의 대화 혹은 좌담회가 마련되었다. 전국적·지역적인 조위금 모금과 전달이 이루어졌으며 별도의 선물도 준비되곤 했다. 불과 며칠 동안에 지나지 않았을지언정 유가족들은 국가의 극진하고도 세심한 배려를 받는다는 느낌을 충분히 가질 법했다.

반면에 원호·보훈 정책을 통한 성가정 보호의 측면은 전반적으로 미흡했다. '군사원호'를 위해 정부 예산도 일부 투입되지만 아울러 국민들의 자발적인 부조를 촉구하고 있었던 것이 한국전쟁 발발 직전의 상황이었다. 이 즈음에는 전사자 유가족을 보호하는 군사원호사업의 중요성이 충분히 부각되긴 했지만, 그 성격은 '반관반민半官半民' 혹은 '관민 협력' 사업으로 자리매김 되고 있었다. 전쟁은 유가족의 생존 문제를 훨씬 더 절박하게 만들었지만, 그럼에도 이런 기조가 전쟁 발발 이후까지 이어졌다. 군사원호의 내실은 여전히 빈약했고, 제도화의 정도 역시 낮은 수준에 머물러 있었다. 1949~1952년까지 활발하던 유족들을 위한 전국적인 모금운동도 1953년부터는 더 이상 벌어지지 않았다. 전쟁 후 정부가 유가족 원호사업을 거의 전담하게 되면서 유가족과 국가 사이의 긴장이 점차 고조되었다. 1951년부터 국방부가 주최하는 전사자 의례가 끝난 후 열리곤 했던 '유가족좌담회'에서는 1953년 이후 극심한 생활고를 토로하는 호소, 지켜지지 않는 정부의 약속들에 대한 성토가 쏟아졌다. 이런 상태에서는 슬픔이 감사·자부심의 감정으로 바뀌는 감정 연금술은커녕, 슬픔이 분노·좌절의 감정으로 전환되는 감정 연금술이 작동하기 쉽다. 전사자 유가족들에게 감정의 연금술이 제대로 먹혀들지 않는 상황에선 이런 모습을 지켜보는 국민들 역시 희생의 논리를 내면화하거나, 국가·민족을 위해 자기 목숨을 바치려는 결의 따위를 하지 않게 될 것이다.

(3) 의례장치

전사자와 관련된 의례장치에서도 식민지 시대의 강한 영향이 감지된다. 사이렌에 맞춘 전국 동시 묵념과 전 국민 국기弔旗 게양이 1949년부터 등장하는 것을 비롯하여 가무음곡 금지, 유흥업소 영업 중지 등의 의례장치들은 식민지 시대와 놀랄 만큼 유사하다. 1950년 6월 21일의 제3차 전몰군인 합동위령제 때 처음 '임시 장충奬忠공휴일'이라는 이름으로 임시공휴일이 지정되었는데, 이 역시 1938년에 이미 나타났던 전례가 있다. 중앙정부가 전사자 의례가 있는 날을 '국기일國忌日'로 선포하는 것도 임시공휴일 지정과 유사한 장치이다. 식민지 시대에 '일채주의一采主義' 혹은 '식사의 간소 절약'이라는 이름으로 나타났던 전 국민에 대한 금육禁肉 요구도 1951년에 '주육酒肉 자제'라는 형태로 재등장했다.

사이렌에 맞춘 전국 동시 묵념, 전 국민의 조기 게양과 가무음곡 금지, 금육과 절제, 유흥업소 영업 중지, 임시공휴일 지정 등은 모두 '시공간의 동질화' 및 '사건의 동시화'를 통한 '의례공동체·기억공동체의 형성'과 관련되어 있다. 이를 통해 몇몇 전사자 의례들이 진정한 의미에서 전국적이고 전 국민적이고 전 국가적인 의례가 될 수 있었고, 이는 '국민 형성'에서 중요한 의미를 갖는다. 동시화 의례장치들을 동원한 이런 의욕적이고 야심만만한 시도들은 의례의 동시화를 가능케 하는 사회적·경제적·정치적 기초, 즉 '의례 인프라'라고 부를 만한 어떤 것들이 없이는 아예 불가능하다. 신문과 라디오의 보급률, 도시화율, 사이렌 네트워크 등 거의 모든 면에서 해방 후의 의례 인프라는 식민지 시대보다 우위에 있었다.

전체 국민들이 '상징적 우주의 중심'인 어떤 곳을 향해 머리를 숙이면서 일제히 묵념을 바치는 모습도 식민지 시기의 유산 중 하나일 것이다. 식민지 시대에 간혹 등장했던 '국제적인 동시화 의례'에서 전국적인 동시 묵념 행위의 대상은 도쿄에 자리 잡은 야스쿠니신사였다. 해방 후에 국민들의 묵념 행위가 지향했던 대상은 무엇이었을까? 1949년까지는 전사자 의례의 장소(주로 서울운동장)에 마련된 '임시제단'이 그 대상이었다. 1950년부터는 더 이상 임시제단이 아닌, 해방 후 전사자들의 유골과 신위를 안치한 '장충사'가 묵념 행동의 대상지로 떠올랐다. 이런 견지에서 우리는 "사이렌 소리와 같이 전국 국민들이 장충사獎忠祠를 향하여 울리는 묵념"이라는 문구에 주목해야 한다.[14] 종전의 야스쿠니신사 자리를 장충사가 대체한 것으로, 식민지 시대와 탈식민지 시대 사이에 국민적 묵념 의례의 형태적 유사성이 확연하다.[15] 그런데 채 열흘도 지나지 않아 서울이 인민군에 함락당하면서 장충사는 상징적 중심의 지위를 잃고 말았다. 1955년부터 국가적인 전사자 위령제의 항구적인 장소로 서울 동작동에 국군묘지가 등장함으로써 의례의 상징적 중심, 국민적 묵념의 대상이 되살아났다.

의례는 "동질적이고 공허한 시간homogeneous empty time"이자 세속적이고 연속적인 시간인 '근대적 시간'과 선명하게 구분되는 '성스러운 시간'을 만들어낸다. 이 성스러운 시간은 발터 벤야민이 말한 '메시아적 시간Messianic time', 즉 "순간적인 현재에 과거와 미래가 동시에 나타나는 것"과도 유사하다.[16] 필자가 보기에 성스러운 시간은 '계보학적 역사'와 '의례적 시간'을 포괄한다. 계보학적 역사는 신화적 영웅의 탄생에서부터 시작하여 수많은 조상들을 현재의 민족 성원들과 연결시켜주는, 말하자면 조상들에 대한 기억과 기념을 통해 재구성되는 시간이다. 의례적 시간은 동시화와 동질화를 통해 의례 참여자들 사이에 시간을 공유하고 있다는 의식을 만들어낸다. 그런데 '계보학적 역사'와 '의례적 시간'이라는 두 유형의 성스러운 시간들이 전사자 의례 속에서 하나로 합체된다. 이 의례에서 전사자들은 조상신들의 유구한 계보系譜 속으로 편입되며, 전국 모든 곳에서 사이렌 소리에 맞춰 1분 동안 일제히 묵념을 바치는 행위를 통해 '동질적 시간을 공유하는 국민'이 탄생한다.

해방 후 추가된 의례적 레퍼토리들에는 앞서 언급한 서구화나 그리스도교화와 관련된 요소들 말고도 몇 가지가 더 있다. '전 국민 일제 청소', 즉 전사자 의례가 있는 날 아침에 '정화淨化의례'의 일환으로 집 주변을 깨끗이 청소하는 것이나, 전체 시민이 의례 날에 맞춰 일정 시간 모든 영업행위를 중단하는 '철시撤市', 의례 날과 중첩된 정례 국무회의를 중단하는 것 등은 의례의 동시화 효과를 노린 의례장치들이라고 말할 수 있을 것이다. 표어 선정 혹은 현상모집, 표어탑·선전탑·추모탑·아치, 현수막, 특별연극, 특별열차 등도 사회적 분위기 조성을 위해 적극적으로 활용되었다. 조가 합창 순서에서 (〈10용사 노래〉나 〈순국경찰님〉과 같은) 특별히 작곡된 노래가 등장하는 점도 눈에 띈다. 공군의 추모비행이나 비둘기를 풀어주는 행사, 훈장 수여 같은 이벤트들도 의례의 효과를 드높이기 위한 정교한 기획의 산물일 것이다.

필자는 해방 후 새로이 선보인 의례장치들 가운데 세 가지를 특별히 강조하고 싶다. 첫째는 전사자 전용묘지(국군묘지와 유엔군묘지) 헌정과 의례를 결합하는 것이다. 이렇게 헌정되고 공개된 전사자 전용묘지는 곧 최고 권위의 국가의례가 열리는 '세속국가의 판테온Pantheon', '세속국가의 신전神殿'이 되었다. 두 번째는 전사자 의례의 정례화 그리고 국가의례 체계에서의 지위 격상이 성사되었다는 것이다. 이것은 1956년에 현충일을 국가공휴일로, 동시에 매년 전사자 추모의례를 거행하도록 결정함으로써 이루어졌다. 세 번째는 의례에 역동성을 부여하는 의례장치, 특히 '망자들의 행진ritual parade of the dead'이라고 부를 만한 의례장치가 자주 등장했다는 점이다. 이것은 의례와 행진의 결합, 혹은 의례의 일부로 행진을 배치하는 것으로, 필자는 해방 후 새로이 등장한 의례 요소 중 이것이 가장 흥미롭다고 생각한다.

4. 현충일 탄생과 그 후

(1) 현충일 등장의 의미

현충일이 제정된 것은 1956년 4월 14일 열린 국무회의에서였다.[17] 4월 19일에는 "6월 6일(현충기념일)"을 관공서의 공휴일 목록에 추가하는 내용의 '관공서의 공휴일에 관한 건'이 대통령령 제1145호로 개정되었다.[18] 같은 해 4월 25일에는 "6월 6일을 현충기념일로 정한다"는 내용의 '현충기념일에 관한 건'이 국방부령 제27호로 공포·시행되었다.[19] 이로써 국가기념일이자 공휴일인 현충일의 제정 과정이 마무리되었다. 현충일의 등장이 국가적 전사자 의례의 변천사에서 갖는 함의는 (1) 장례에서 기념으로의 점진적 이행, (2) 전사자 의례의 국민화, (3) 의례 장소의 고정 및 장소−의례의 결합, (4) 광장−제단 일체형 의례경관의 지배, (5) 현창 및 충성에 대한 강조 등 대략 다섯 가지로 요약될 수 있다.

현충일의 등장은 무엇보다 '장례에서 기념으로의 점진적 이행'을 의미했다. 그런데 여기서 '점진적'이라는 단어에 유의해야 한다. 1956년 이후에도, 심지어 1960년대 중반까지도 서울 국군묘지에서 열린 현충일 행사에는 '기념'과 '장례'의 성격이 혼재되어 있었다. 전쟁이 끝난 지 이미 3년 이상 지났음에도 불구하고 곳곳에 흩어져 있던 전사자 유골이 국군묘지로 이동하거나, 전사자 위패가 꾸준히 증가했기 때문이다. 현충일 이전에는 일회적인 장례식 성격의 위령제 내지 추도식만 거행되었지만, 전쟁이 끝나고 전사자 대량발생 사태가 종결됨에 따라 이제는 장례보다는 기억·추모·추념·기념의 측면이 더욱 중요해졌고, 현충일이 바로 그런 역할을 떠맡게 되었다. 현충일 제정 직후에는 장례식 기능과 기념의례 기능이 중첩되었지만, 종전終戰 시점으로부터 멀어질수록 장례인 '안장식·봉안식'과 기념의례인 '현충일 추도식·추념식'이 비교적 뚜렷하게 구별되었다. '6월 6일'이라는 택일擇日에는 제사 지내기 좋은 날이라는 '절기적節氣的' 고려와 한국전쟁 기억하기라는 '정치적' 고려가 동시에 작용했던 것으로 보인다.[20]

기념으로의 이행에선 '주기성'이 중요하다. '의례의 정례화'는 '의례의 정형화'를 동반하면서 전체적으로 '의례의 안정성'을 더해준다. 아울러 의례에 주기적인 리듬을 부여하고, 의례의 참여자와 관객들에게는 예측가능성을 제공한다. 또한, 주기적인 기념의례를 법적으로 제도화하는 것은 그 기념의례에 항구성 내지 영구성을 부여하는 효과를 낳는다. 말하자면 '국군'의 이름으로 죽은 전사자들을 영원히 기억하고 기념할 것임을 약속하는 것이다. "대대손손 내려가며 매년 이날에는 간담에서 우러나오는 느낌을 가지고 추모하며 기념할 것"[21]이라는 대통령의 약속이 이 점을 정확히 포착하고 있다.

현충일 등장에 담긴 또 하나의 함의는 '전사자 의례의 국민화', 곧 전사자 의례가 명실상부하게 '전 국민적 참여' 속에 이루어지는 '민족적이고 거국적인' 행사로 올라서게 되었다는 것이다. 현충일을 '공휴일'로 지정한 데서 이런 의도가 잘 드러난다. '공휴일화'에는 한편으로 일체의 영업행위와 유흥행위를 중단한다는 철시撤市의 의미, 다른 한편으로는 국민적 참여를 보장하고 유도하기 위한 제도적 장치라는 의미가 동시에 담겨 있다.

현충일 등장의 세 번째 의미는 의례의 '장소성'과 관련된다. 그 핵심은 의례를 위한 '장소의 고정', 그리고 '장소와 의례의 (항구적인) 결합'이었다.

1956년 이후 국가적인 전사자 의례의 장소는 예전처럼 공설운동장이나 학교 운동장, 부대 연병장, 강당 등이 아닌, 국군묘지라는 한 장소로 고정되었다. 사실상 동시에 탄생한 쌍둥이처럼, 현충일과 국군묘지는 처음부터 불가분의 관계였다. 국군묘지와 현충일의 결합은 전사자 의례의 경관과 미장센에 큰 변화를 가져왔을 뿐 아니라, 가장 성스러운 곳에서 의례를 거행함으로써 의례 효과의 극대화 또한 도모할 수 있게 되었다.

의례 장소의 고정에 따른 부수효과 중 하나는 '광장-제단 일체형 의례'가 지배적인 의례경관으로 자리를 잡게 된다는 것이다. 묘-탑, 사祠-탑 기능이 융합된 묘탑·영탑이 제단을 대신하고, 묘탑·영탑 앞쪽에 넓게 조성된 광장에 대규모 군중이 집결하여 전사자 의례를 행하는 의례경관 말이다. 한국에서는 이런 광장-제단 일체형 공간이 (비록 '성스럽기는' 하나) 철저히 '세속적인' 공간이었다는 특징을 갖고 있었다.

1955년 이후 국군묘지에서 합동추도식과 현충일 행사를 거행하게 되면서 의례경관과 의례 미장센 모두에서 중대한 변화가 나타났다. 1955년 이전의 국군 전사자 의례에서는 식장과 제단이 (분리되지 않고) 일체화되어 있었다. 의례 무대의 주인공이자 중심부를 차지한 사람들은 '생자生者'가 아닌 '사자死者'였다. 내빈, 유가족, 일반 추모객들은 모두 전사자들이 안치된 제단(무대)을 올려다보면서 객석에 자리를 잡을 수밖에 없었다. 죽은 이들이 높임을 받았던 반면, 살아 있는 이들은 적어도 의례적으로는 평등한 편이었다. 그런데 국군묘지로 의례 장소가 옮겨지면서 기존 구도가 완전히 흔들리게 되었다. 핵심적인 변화를 (1) 식장式場과 제단의 분리, (2) 내빈석과 유가족석의 분리, (3) 내빈들이 식장의 단상壇上 위로 이동한 것의 세 가지로 요약할 수 있겠다. 과거에는 내빈석과 유가족석이 모두 단하壇下에 나란히 있었다면, 이제는 '단상'의 내빈석과 '단하'의 유족석으로 명확히 나뉘었다. 그럼으로써 유가족들은 무대 위의 '주역'인 내빈들의 의례적 퍼포먼스를 지켜보는 '관객'으로 역할이 축소되고 지위가 낮

건립 당시의 국군묘지 전경과 제1회 현충일 추도식의 유가족석
1956년 국군묘지에서 거행된 현충일 추도식에서 유가족석은 연단 아래 배치되어 단상에서 거행

아졌다. 1955년 이전에 대체로 '평등주의'가 지배했던 의례의 경관과 미장센이 이런 거리와 높이 차이로 인해 불평등하고 차별적이고 위계적인 것으로 바뀌었다. 국군묘지 전사자 의례가 권력을 과시하고 확인시키는 시공간으로 변한 것이다.

현충일 등장의 마지막 의미는 '현창 및 충성에 대한 강조'였다고 말할 수 있다. 다시 말해 위령·추모보다는 현창·현양 쪽으로 강조점을 더욱 이동시키고, 아울러 애국과 충성의 가치를 더욱 강조하는 것이다. '현창'과 '충성'을 부각시키려는 의지가 바로 "충렬忠烈을 높이 드러냄"을 뜻하는 '현충顯忠'이라는 용어에 담겨 있다. 근대적 전사자 의례의 특징이 '위령과 현창의 불가분한 결합'에 있다면, 현충일 제정은 이를 분명하게 드러낼 뿐 아니라 '위령을 부분적으로 포함하는 현창'이라는 방식으로 현창 측면을 대대적으로 확장했다. 1960년대 초에는 아예 '현충식'이라는 새로운 명칭이 등장하기도 했다. 전사자 의례에서 충성과 애국 가치가 전면으로 부각되는 것 역시 식민지 시대 이래로 하나의 전통으로 지속되어왔다. 특히 해방 이후 '장충奬忠'에서 '현충'으로 이어지는, 충성에 대한 연속적인 강조가 주목된다. 한국전쟁 직전인 1949년에 한국 정부가 서울 장충단 공원에 소재한 '장충사'를 전사자 유골을 안장하는 일종의 국립묘지로 정했던 일, 1950년 6월 21일의 제3차 전몰군인 합동위령제 때 '장충'공휴일이라는 이름으로 처음 임시공휴일이 지정되었던 일, 그리고 전쟁 후 '현충일' 의례를 동작동에 조성한 국립묘지에서 거행하기 시작한 데 주목할 필요가 있다는 것이다. 동작동 국군묘지의 명칭을 아예 '현충원顯忠苑'으로 바꾸자는 주장이 1960년대 초부터 제기되기도 했다.[22]

(2) 현충일 등장 이후

현충일 의례의 명칭은 1956~1960년에는 '추도식', 1961~1962년에는 '현충식', 1963년 이후에는 '추념식'으로 변했다. '현충식'이라는 짧은 우회로를 거치기는 했지만, 추도식에서 추념식으로의 명칭 변경에는 두 가지 의미가 함축되어 있는 것으로 보인다. 그 하나는, '(장례로부터) 기념으로의 전환'을 가속화함과 동시에 재확인하는 것, 다른 하나는, 추도식이라는 명칭에 잔존해 있던 종교 색깔—다분히 그리스도교적인 색깔—을 탈색하는 것이다. 요컨대 추도식에서 추념식으로의 이동은 '세속적 기념으로의 전환'을 상징하고 있다.

앞서 지적했듯이 국군묘지가 전사자 국가의례의 장소로 고정된 1955년 이후 유가족들의 의례 내 지위가 낮아졌고, 그들의 역할도 무대 위 주역들의 의례적 퍼포먼스를 지켜보는 관객으로 축소되었다. 1959년에는 '유가족좌담회' 행사가 폐지되고 '대통령 초청 위로다과회'로 대체되었는데, 이로써 유사족의 발언권과 영향력은 또 한 번 축소되었다. 전국에서 선발되어 온 유족 대표들의 독점적인 자리 자체가 의례 공간에서 사라지고, 다양한 초청행사들마저 모두 사라진 1963년 이후에는 유족들의 의례적 지위 하락 추세가 더 가속화되었다. 이제 유족들에게는 현충일 추념식에서 '헌화 및 분향' 순서에 참여하는 것 외에는 아무런 역할도 남지 않게 되었다. 유족들은 시간이 갈수록 현충일 의례경관에서 점점 주변으로 밀려났고, 그들의 존재는 점점 더 초라해졌다.

1956년 이후 현충일 식순은 조포, 국민의례, 묵념, 헌화와 분향, 추도사(추념사), 〈현충의 노래〉 합창 등을 중심으로 구성되어 있었다. 이러한 의례 구성요소는 이후 30여 년 동안 크게 변하지 않았다. 다만 때때로 분리되곤 했던 '헌화'와 '분향'이 하나로 합쳐졌고, '조포' 발사 역시 국민의례와 통합되었다. 보다 미세한 변화의 측면들은 다음과 같이 압축될 수 있다. 첫째, 제1회 현충일 당시 존재했던 '기도' 순서는 1957년 이후 완전히 탈락했다. 둘째, 그 대신 1957년부터 〈현충의 노래〉 합창 순서가 포함되었는데, 거의 항상 여고생들이 합창을 담당했다. 셋째, 이미 현충일 이전부터 공식 식순 바깥으로 밀려났던 '분향'이 1957~1958년에는 공식 식순 안으로 재차 진입했지만, 1959년 이후로는 다시 공식 식순에서 사라졌다. 그 대신 '헌화' 시간에 포함시키는 방식으로 분향 의례를 유지하게 되었다. 넷째, 군사쿠데타 직후인 1961~1962년에는 현충일 의식 도중에 '혁명 공약 낭독' 순서가 포함되었고, 1961년에는 윤보선 대통령이 무명용사들에게 최고무공훈장인 '금성태극무공훈장'을 수여하는 일도 있었지만,[23] 그 후론 지속되지 않았다. 다섯째, 1969년부터는 현충일 의식의 마지막을 장식해오던 '조총' 발사 순서가 사라졌다. 여섯째, 1965~1973년 사이 언젠가부터 조포 발사가 국민의례 순서와 겹쳐지게 되었다. 일곱째, 1983년부터는 '조포' 발사 자체가 아예 빠져버리게 되는데, 이는 현충일 행사 장소가 야외광장(국립묘지)가 아닌 실내 공간(국립극장)으로 옮겨졌기 때문에 불가피한 선택이었다.

필자는 현충일 이후의 추도사·추념사들이 이전 시대, 즉 1945~1955년 당시의 그것과 별다른 차이가 없다고 본다. 다시 말해 강조점과 분량이 그때그때 달라질 수밖에 없을지라도 현충일 '이전'과 '이후'에 추도사·추념사들의 담론구조는 근본적으로 동일하다는 것이다. 필자는 앞에서 추도사·조사에 담긴 '희생의 논리'가 현양, 감사·기원, 성찰, 결의, 보은·기념의 다섯 부분들로 구성되어 있다고 말했다. 이것이 1956년 이후에도 거의 그대로 유지되었다는 것이다.

1956년 이후 일부 새로운 요소들이 등장하거나 퇴장했음에도 불구하고, 전체적으로 볼 때 현충일 전사자 의례의 효과를 드높이기 위해 동원되는 의례장치들의 구성은 상당히 안정적인 편이었다. 식민지 시대와 해방 후 10년 동안에 이미 관행으로 뿌리내린 요소들, 특히 전국 동시 묵념, 전 국민적 국기(조기) 계양, 추모의례 날 하루 동안 음주가무 억제 등 전국적-국민적 동시화를 위한 '3대 의례장치'는 현충일 도입 이후에도 일관되게 유지되었다. '일제 묵념, 국기 계양, 음주가무 금기'의 세 가지에다

'공휴일 지정'을 더하여 '4대 의례장치'로 부를 수도 있을 것이다. 1959년 2월에 이르러 현충일 국기 게양은 법적인 근거까지 갖추게 되었다. 이전부터 이어지는 또 하나의 비교적 일관된 의례장치, 그러면서도 현충일 제정 이후 한층 발전되고 세련된 의례장치로 꼽을 수 있는 것은 군 의장대儀仗隊의 체계적인 활용이었다. 이것은 현충일 의례의 장소가 국군묘지(국립묘지)로 고정되고, 국군묘지관리소(국립묘지관리소) 산하에 의장부대가 상설화되면서 가능해졌다. 의장부대를 통해 전사자 의례에서 '조포'와 '조총'은 물론이고 다양한 '깃발들'을 조직적으로 활용할 수 있게 되었다.

현충일 제정 이후 등장한 몇 가지 의례장치들은 비교적 성공적으로 착근함으로써 전통 내지 관행으로 굳어졌다. 먼저, 1957년에 처음 나타난 두 가지 의례장치들이 주목된다. 그 하나는 이때부터 매년 '현충일 특집방송'(라디오)이 편성되기 시작했다는 것이다. 1957년부터 활용되기 시작한 '현충일 기념 통신일부인通信日附印'도 새로이 선보인 의례장치였다. 1961년 처음 등장한 '현충일 기념우표' 역시 현충일 기념 통신일부인과 유사한 의례장치라고 말할 수 있을 것이다. 1958년부터는 서울시 소재의 초·중·고교 학생들이 현충일 하루 전날인 6월 5일에 모든 전사자 묘비마다 꽃다발과 소형 태극기를 장식하는 의례장치가 등장했고, 이후 한 해도 빠짐없이 시행되었다. 서구 사회들에서는 만성절萬聖節 혹은 '모든 성인 대축일'(11월 1일)이 "가족들이 망자의 무덤에 가서 헌화할 때"지만,[24] 한국에선 6월 5일이 바로 그런 날이었다. 매년 6월 5일마다 수천~수만 명의 학생들이 국립묘지를 방문하여 전사자들의 묘비마다 꽃과 태극기를 바치는 의식은 현충일 당일 학생들의 추념식 참석, 추념식에서의 학생 합창과 더불어 '공민양성 교육'으로서의 전사자 추모의례, 전사자 기념식의 '교육적' 측면을 잘 보여주는 의례장치들이라고 할 수 있다. 미래의 군인들, 미래의 군인 아내 혹은 어머니가 될 학생들을 전사자 의례로 적극 끌어들이는 것은 국민 형성이나 공민·국민윤리 교육 차원에서도 대단히 중요했다.

제 15 장

전사자 숭배(2): 전사자 거처와 기념시설

전쟁과 시민종교

1. 전사자 거처와 영적 안전망

군인과 전사자들의 전용묘지인 군묘지military cemetery는 1860~1870년대에 미국과 유럽에서 처음 등장하여, 제1차 세계대전을 계기로 유럽에서 본격적으로 확산되었다.[1] 1차 대전은 군묘지 역사에서 획기적인 전환점이었다. 이름 없는 평범한 시민들로 구성된 국민군·시민군의 일원으로 출정해서 전사한 이들을 위한 집단묘지가 시민종교적 찬양과 경배의 초점으로 부각된다는 점에서도 1차 대전은 역사적 전환점이었다. 1차 대전 정전기념일Armistice Day에 해당하는 1920년 11월 11일에 런던(웨스트민스터대성당 화이트홀)과 파리(개선문)에서 동시에 최초의 무명용사 안장식이 거행된 것을 필두로, 1921년에는 미국의 알링턴국립묘지에 무명용사묘Tomb of the Unknown가 만들어졌다. 1921년에 이탈리아, 벨기에, 포르투갈, 1922년에 유고슬라비아와 체코슬로바키아, 1925년에 폴란드, 1927년에 오스트리아에 각각 무명용사묘지가 설치되었다.[2]

베네딕트 앤더슨의 유명한 언명처럼 "근대 민족주의 문화의 상징으로 무명용사의 기념비나 무덤보다 더 인상적인 것은 없다. 일부러 비워놓았거나 누가 그 안에 누워 있는지를 모른다는 바로 그 이유 때문에 무명용사의 기념비와 무덤에 공식적으로 의례적 경의를 표한다는 것은 일찍이 그 전례가 없던 일이다.……그 안에 신원이 밝혀진 유물이나 불멸의 영혼은 없어도 이 무덤들은 기괴한 '민족적 상상물들'로 가득 차 있다."[3] 이처럼 1차 대전 직후 서구 사회들에서 국공립 군묘지가 '보편적인' 제도로 자리를 잡았을 뿐 아니라, 대부분의 나라들에서 국립 전사자 묘지가 시민종교의 최상급 신전이 되었다. 아울러 국가가 직접 설립하고 관리하는 군묘지야말로 가장 대표적이고 효과적인 '죽음의 공공화·국유화' 기제가 되었다.

한편 유럽·북미 등 그리스도교문명권에서는 군묘지가 전사자 숭배의 유일한 장소가 되는 경향이 강하다. 이에 비해 유교·불교문명권인 동아시아 사회들에선 전사자의 '육신'과 '영혼'에 대한 이원론적 구분에 기초하여 군묘지 말고도 다양한 숭배 장소들이 만들어지는 경향이 있다. 따라서 필자는 '군묘지'보다 넓은 개념으로, 전사자들의 집 혹은 안식처라는 의미에서 '전사자 거처居處'라는 용어를 사용한다. 아울러 필자는 동아시아 사회의 전사자 장묘문화를 보다 적절히 설명하기 위해, 사회적 안전망 social safety net 개념을 응용한 '영적 안전망spiritual safety net' 개념을 사용하고자 한다. 영적 안전망은 한편으로는 죽은 이들을 원혼冤魂이 될 여러 위험들로부터 보호하고, 다른 한편으로는 그들의 사후 복지afterlife well-being를 극대화하기 위한 제도적 장치들을 가리킨다. 필자가 보기에 (1) 조상신 승화 기제에 의한 전사자의 신격화神格化, (2) 촘촘한 영적 안전망으로 대표되는 전사자 거처의 다중성과 다양성이라는 두 가지가 전사자 숭배에서 발견되는 핵심적인 동아시아적 특징들이다.

동아시아에서도 일본은 특별히 주목할 만한 사례이다. 일본은 2차 대전 패전에 이르기까지 세계 어느 곳에서도 발견되지 않을 정도로 강력하고도 효율적인 전사자 영적 안전망을 구축해놓고 있었기 때문이다. 불교와 신도라는 상이한 종교들이 동일한 목적에 동원되었다. 이 시기의 일본에서는 전사자들의 사후 복지를 위해, 영혼과 관련된 세 가지 거처(야스쿠니신사, 호국신사, 충혼비), 육신과 관련된 세 가지 거처(군용묘지, 충령탑, 불교 사찰)

등 모두 여섯 가지의 전사자 거처들이 영적 안전망으로 동원되고 있었나. 개개 전사자들은 이 가운데 최소 세 가지(야스쿠니신사, 호국신사, 충혼비), 최대 다섯 가지(야스쿠니신사, 호국신사, 충혼비, 군용묘지와 충령비 중 하나, 불교 사찰)의 영적 안전망을 향유할 수 있었다. 여기에 가정 단위의 불단佛壇까지 추가될 수 있다. 군국주의 일본은 전사자 시신과 관련된 '이중의 분리', 즉 (1) 혼魂과 육신의 분리, (2) 유골의 분리 안치를 가능케 하는 분골分骨 전통에 기초하여 20세기 전반기에 세계 최고 수준의 영적 안전망을 구축할 수 있었다.

이런 일본식 영적 안전망이 해방 이전 고스란히 '식민지 조선'에 이식 되었고, 해방 후의 대한민국에도 강렬한 영향을 주었다. 해방을 맞을 당시 한반도에 존재하던 '식민지적 전사자 거처'는 육군묘지, 충령탑, 불교사찰, 호국신사, 충혼비 등 다섯 가지였다. 전사자의 영혼을 안치하던 호국신사와 충혼비는 해방과 거의 동시에 파괴되거나 해체되었다. 충령탑도 마찬가지 운명이었으나, 식민지 말기 대전에 건립 중이었던 충령탑처럼 일부는 해방 후에도 살아남았다.[4] 함경도 나남과 서울 등 두 곳에 존재하던 육군묘지는 해방 후 어떻게 되었을까? 적어도 서울 용산의 육군묘지는 해방 후에도 살아남았던 것으로 보인다. 해방 직후 "용산 미군묘지" 혹은 "미 육군묘지"로 지칭되던 그 장소가 바로 식민지 시대의 '용산 육군묘지' 자리였을 가능성이 높다고 필자는 판단한다.[5] 전사자의 거처 가운데 '영혼'과 관련된 시설들은 대부분 해방 후 자취를 감춘 반면, 전사자의 '육신'과 관련된 것들은 생명력을 이어갔던 것으로 보인다. 전사자 육신을 군묘지에 매장하거나, 사찰에 납골하거나, 세속적인 합장묘탑에 납골하는 방식은 해방 후에도 유지되었다. 위패나 명부名簿 등으로 전사자 영혼을 안치하는 식민지 시대의 충혼비 방식 역시 해방 후로 계승되었다.

2. 해방과 전쟁,
   그리고 전사자 거처의 다변화

전사자 죽음의 공공화-사사화私事化에 초점을 맞춰 큰 흐름을 살펴보자면, 전사자 죽음 처리와 관련하여 해방 후 10~20년 사이에 네 차례의 주요한 변화가 진행되었다. (1) 식민지 시대 말기 거의 완성 상태에 도달했던 전사자 죽음 처리의 '공공화' 추세는 해방 직후, 특히 1946~1948년 사이에 '전면적인 사사화' 추세로 반전되었다. (2) 1949년부터는 '재再공공화' 추세로 다시금 역전된 가운데, 지배적 추세인 '공공화'와 종속적 추세인 '사사화'가 혼재하는 양상을 보였다. (3) 한국전쟁 발발 이후에도 이런 혼재 양상이 지속되었지만, '재再사사화' 추세가 보다 지배적 흐름으로, '공공화'는 종속적·보조적 흐름으로 또 한 번 뒤집혔다. (4) 1955년에 '공공화'의 최고 형태라 할 국립 국군묘지가 등장했고, 이후 약 10여 년에 걸쳐 '공공화' 흐름이 세력을 확대하여 '사사화' 흐름을 점차 압도해갔다.

앞 장에서 살펴본 것처럼 미군정 당시 경찰 전사자들이 속출함에 따라 1946년 가을부터 국가적인 전사자 위령의례들이 행해지기 시작했다. 그러나 국가의 역할은 전사자 시신을 유가족에게 인계하는 것으로 마무리되곤 했다. 전사자와 관련된 '공적인 의례'와 '사적인 시신처리'의 대조가 선명했던 게 1946~1948년의 두드러진 특징이었다. 그러나 1949년 초부터 큰 흐름이 '재再공공화'로 반전되었다. 이 시기 죽음의 재공공화를 촉진한 요인은 (1) 전사자 숫자의 급증, (2) 독립정부 수립, (3) 독립정부의 정통성 보강을 위한 국가 성역聖域 창출 필요성의 세 가지로 압축될 수 있다. 이 시기에 민간 부문과 지역사회들은 합장묘탑이나 영탑 건립, 사찰 납골 등의 방식으로 전사자 거처를 마련했지만 국가는 군묘지와 국립납골묘를 조성하는 방식으로 대응했다.

군묘지는 전쟁 발발로 추진이 중단되었지만, 국립납골묘는 1949년 6월에 모습을 드러냈다. '반공 성지'로 조성된 장충사가 바로 그것이었다. 1949년 6월 6일 서울운동장에서 거행된 '제2차 전몰군인 합동위령제'가 끝난 후 화려한 '망자들의 행진'을 거쳐 447명의 전사자 유해가 장충단공원 내 장충사에 안치되었다. 한국전쟁 발발 4일 전인 1950년 6월 21일 서울운동장에서 '제3차 전몰군인 합동위령제'를 가진 후, 위령제에 참여했던 10만 명 인파는 정종근 대령을 비롯한 1,664명의 전사자 유해를 앞세우고 두 번째 망자들의 행진을 벌인 뒤 장충사에 합장했다. 그리하여 약 1년 전 이곳에 안치된 447명까지 합쳐 모두 2,111명의 전사자 유해가 국립납골묘인 장충사로 모이게 되었다. 그러나 장충사의 '호국영령들' 혹은 '군신·국가수호신들'은 편히 영면永眠하지 못했다. 장충사의 국가신전 지위도 불과 1년 만에 스러지고 말았다. 대한민국 최초의 국립납골묘로서 1949~1950년에 걸쳐 전사자 죽음 처리의 공공화-중앙화-집중화 흐름을 선도했던 장충사가 전쟁 발발 직후 적군의 수중에 넘어감으로써 그 권위와 성스러움을 졸지에 상실해버렸던 것이다.

한국전쟁은 전사자 거처 문제에 대한 정부의 대응 방향을 또 한 번 정반대로 바꿔놓았다. 전쟁이 터지자 공공화-중앙화-집중화 흐름은 또 한 번 '사사화-지방화-분산화' 흐름으로 뒤집혔다. 전쟁 발발 후 국가는 다양한 임시 거처들에 전사자 유해를 안치했다가 최대한 빨리 유가족에게 전달하는 것을 목표로 삼았다. 이런 방침은 전쟁 종료 후까지 한동안 유지되었다. 한편 전쟁 이전에는 전사자 거처가 국립납골묘인 장충사로 수렴되어갔던 데 비해, 개전開戰 후 국립 국군묘지가 탄생하는 1955년까지 '전사자 육신의 거처'는 다수의 임시 국군묘지들, 영현봉안소·안치소, 유엔군묘지, 사찰 납골묘, 세속적인 합장납골묘탑 등 매우 다양해졌다. 이 시기에는 '전사자 영혼의 거처'도 충혼탑, 충혼비, 현충탑 등의 이름으로 다수 등장했다.

전사자 육신의 거처를 '임시적인' 것과 '항구적인' 것으로 구분할 수 있다. 먼저 임시 거처로는 영현관리부대와 각급 영현봉안소·안치소, 임시 국군묘지들, 사찰 납골묘들을 들 수 있다. 한국군 부대들은 전사자 시신을 수습하고 화장하여 곧바로 지정된 봉안소로 이송하거나, 긴급할 경우 시신을 임시 국군묘지에 가매장했다가 나중에 영현중대를 통해 시신을 화장한 후 봉안소로 이송토록 되어 있었다.[6] 아울러 전쟁 당시 진해 창천동 해군묘지, 김포군의 김포·양촌과 서울 동작동의 해병대묘지, 경주 육군묘지, 화순 너릿대 국군묘지 등 다수의 '임시 국군묘지들'이 만들어졌다.[7]

전쟁 발발 후 정부 의뢰로 전사자의 유골을 일시적으로 안치했던 불교 사찰들도 여럿 있었다. 부산의 범어사와 묘심사, 서울의 태고사(조계사), 인천의 해광사, 평택의 수도사 등이 그런 사례들이다. 이 가운데 부산 범어사와 묘심사는 전쟁 초기부터 주요한 전사자 유골 안치소로 기능한 경우였다. 범어사의 전사자 유골 안치 기능은 한국전쟁 종전을 전후하여 종료된 것으로 보이나, 일본계 불교 사찰이던 묘심사는 1960년대 초까지도 전사자 납골묘 기능을 유지했다. 서울 태고사는 전쟁 말엽부터 유골의 귀향歸鄕 이동 과정에서 일종의 '중간 안치소'로 기능한 경우였다. 마지막으로, 인천 해광사와 평택 수도사는 전쟁 말엽 출신지로 돌아온 전사자 유골을 안치한 경우였다. 따라서 해광사와 수도사는 그 성격상 비교적 '항구적 전사자 거처'에 가까웠다.

한편 죽음의 공공성·집단성·집중성을 일정하게 유지한 상태에서 '전사자 육신의 항구적 거처'를 구성하는 방법을 유형화하면 대략 다섯 가지로 압축된다. 사찰 납골묘, 세속적 합장묘탑, 국지적으로 산재한 소규모 국군묘지들, 국립 국군묘지, 유엔군묘지가 바로 그것들이다. 군 당국은 1951년 10~12월에 걸쳐 범어사에 안치되어 있던 육해공군 전사자 유골을 대대적으로 유가족에게 인계했다.[8] 이런 움직임은 전쟁 도중은 물론이고 전쟁이 끝난 후에도 이어졌다. 전사자 유해가 고향으로 속속 돌아오면서 전국 곳곳에서 소규모 국군묘지들이 만들어지기 시작했다. 대부분의 지방 국군묘지들이 유가족과 참전군인들의 요청을 수용하여 지방정부가 터를 기증받거나 직접 마련하여 조성된 것으로 판단된다.[9] 1952년 3월 만들어진 부산의 가락동 국군묘지, 1953년 3월 조성된 전주 국군묘지, 1953년에 조성된 사라봉 충혼묘지를 시작으로 모두 14곳에 만들어진 제주도 충혼묘지들, 1953년 조성된 사천 국군묘지, 1954년 8월 조성된 여수 여서동 국군묘지, 1954년 10월 조성된 인천 도화동 국군묘지, 1957년 6월 만들어진 부산 천성산 국군묘지, 1957년 12월 등장한 거제도 둔덕 충혼묘지 등이 그런 사례들이다. 화성군 소재의 국군묘지, 안성군 사곡동의 국군묘지도 1950년대에 만들어진 국군묘지들이었다. 현재까지 유지되고 있는 '작은 국군묘지들'은 모두 42곳이며 지역별로는 경기도 5곳, 부산·경상도 11곳, 전라도 12곳, 제주도 14곳으로 나타난다.[10]

대한민국 정부 수립 이후 국가의 예우를 받는 전사자들은 군인, 경찰, 우익단체원의 3대 그룹으로 구성된다. 국립 국군묘지에 안장 자격을 인정받지 못한 경찰과 우익단체원 전사자들은 '합장납골묘탑'이 항구적인 거처가 되는 경우가 많았다. 특히 군인과 함께 양대 그룹을 형성한 경찰 전사자들은 1950~1960년대에 거의 모두 납골묘탑에 안치되었다. 1953년 9월에 인천시 부평 소재 경찰전문학교(당시에는 경기도경찰국) 교정에 세워진 '충혼탑'이 바로 그 납골묘탑이었다.

이번에는 전사자 영혼의 거처에 대해 살펴보자. 식민지 시대에 등장한 전사자 영혼 거처의 몇몇 형태들 가운데 '신사神社' 유형은 완전히 사라졌지만 '충혼비'라는 형식은 해방 후까지 계승되었다. 전쟁 이전에 이미 순직경찰관 충혼비가 등장하고 있었고, 전국 주요 도시 일곱 곳에 '10용사 영탑靈塔'을 건립하겠다는 야심찬 프로젝트가 추진되기도 했다. 전사자의 '영靈'을 안치한 탑이나 비, 기념비와 사祠 기능을 일체화한 탑이나 비, 한마디로 영탑들은 한국전쟁 발발 이후 빠르게 확산되고 양적으로도 증가되었다. 충혼비, 충혼탑, 현충탑, 순의탑 등 다양한 명칭을 지닌 '영혼의

〈표 15-1〉 해방 전후의 전사자 거처 비교

구분	식민지 시기	해방 후 시기
전사자 영혼의 거처	신사(호국신사)	폐쇄 후 해체
	영탑(충혼비)	영탑(충혼탑, 충혼비, 현충탑, 충현탑)
전사자 육신의 거처	합장묘탑(충령탑)	합장묘탑(충령탑, 충렬탑)
	군묘지(육군묘지)	① 군묘지(임시 국군묘지들)
		② 군묘지(항구적인 소규모 국군묘지들)
		③ 군묘지(국립 국군묘지, 유엔군묘지)
	사찰 납골	① 사찰 납골
		② 장충사(국립납골묘)

거처들'은 탑이나 비 내부에 전사자 위패를 안치하는 형태가 가장 흔하다. 전쟁 발발 직후부터 영탑 건립 움직임을 적극적으로 주도해간 핵심 주체는 다름 아닌 이승만 정부 자신이었다. 이를 비롯하여 1950년대의 '영탑 건립 붐'을 선도한 다양한 주체 혹은 요인들이 존재하는데, 이를 대략 네 범주로 구분해볼 수 있다. 그것은, 첫째, 중앙정부와 각 도청들이 주도했던 충혼탑 건립운동, 둘째, 현충일의 제정 이후 의례 장소의 창출 차원에서 추동된 시市와 군郡들의 영탑 건립 움직임, 셋째, 묘지·묘탑과 영탑의 결합, 즉 작은 국군묘지들과 전사자 납골묘탑에 영탑을 건립하는 움직임, 넷째, 사회단체, 경찰 및 군부대, 지역사회 단위 등 각계각층의 다양한 영탑 건립 움직임 등이다.

전체적으로 볼 때 식민지 시대에 정립된 전사자 거처의 체계와 형태들은 해방 후에도 대부분 계승되었다. 〈표 15-1〉에서 보듯이 식민지 조선에 등장한 다섯 종류의 전사자 거처들 가운데 신사(호국신사)를 제외한 네 가지가 해방 후에도 다시 등장했다.[11]

3. 최고의 반공 성지들:
국군묘지와 유엔군묘지의 탄생

20세기 초부터 전사자 전용묘지는 시민종교의 최고 신전이 되었다. 조지 모스가 말했듯이 "전사자 숭배는 국가라는 종교에 순교자를 제공했고, 죽은 이들의 마지막 안식처는 국가적 경배의 신전이 되었다." 따라서 전사자 묘지는 "국가적 경배의 신전"이요 "새로운 시민종교의 성역"이 되었다.[12] 대한민국 정부 수립 이후 처음 등장한 국립 전사자 묘는 앞서 언급한 장충사였다. 그러나 전쟁 발발과 함께 장충사는 즉각 기능을 상실하고 몰락해버렸다. 장충사를 대신하는 두 개의 '반공 성지들'이 전쟁 발발후 새로 탄생했다. 부산의 유엔군묘지와 서울의 국립 국군묘지가 그것이었다. 등장 순서에 따라 먼저 유엔군묘지에 대해 살펴보자.

(1) 유엔기념묘지

한국군처럼 유엔군도 한국전쟁 초기부터 임시 군묘지를 여러 곳 설치했다. 미군이 1950년 7월 22일 대구 인근인 왜관에 처음으로 제1기병사단 공동묘지를 만들었다.[13] 1950년 12월 1일에는 전국문화단체총연합회(문총) 소속 문화인들이 인천(주안) 유엔군묘지에 모여 '유엔군전몰자추도회'를 개최하기도 했다.[14] 1951년 초까지 유엔군은 모두 여섯 곳의 임시 묘지를 조성했다.

유엔군사령부는 1951년 1월 18일에 부산 유엔군묘지 조성을 완료한 후, 임시 군묘지들로부터 전사자 유해를 이장하기 시작했다. 차성환에 의하면 "이 묘지는 유엔군사령부에 의해 개성, 인천, 대전, 대구, 밀양, 마산 등지에 있었던 6개소의 묘지로부터 이장되기 시작했던 1951년 1월 18일 설치되어 1951년 4월 5일 봉납奉納되었다."[15] 1951년 4월 6일에 유엔군사령부와 한국 정부는 이 묘지의 탄생을 세상에 공표하는 행사(한미 합동 유엔군 전몰장병 위령제)를 거행했다. 이날 행사는 "그 유골이 묻힌 묘지를 그 영령 앞에 바치는" 헌정의식이기도 했는데, 특히 미8군사령관 리지웨이 장군은 인사말을 통해 "이 묘지를 그 영전에 삼가 바치노라"고 말했다.[16]

1951년 이후 유엔군묘지는 한국을 대표하는 '반공의 성지'이자 '참배·순례의 성지' 중 하나로 빠르게 자리 잡았다. 전쟁 기간과 그 직후에 한국을 방문한 외국 손님들도 거의 빠짐없이 유엔군묘지를 방문했다.[17] 1957년 9월에는 '방한 해외작가단'의 참배가 있는 등 1950년대 후반에도 외국인 참배객들의 발길이 이어졌다.[18] 유엔군묘지는 1950년대 내내 매년 5월 30일의 미군 전몰장병기념일Memorial Day과 10월 24일 국제연합기념일마다 성대한 기념행사가 열리는 무대이기도 했다.[19] 1952년에는 '6·25사변 기념일' 행사도 이곳에서 열렸다.[20]

1950년대 말까지는 부산 유엔군묘지를 거쳐 가는 시신의 이동이 매우 활발했다. 이 묘지는 많은 유엔군 전사자들에게 '임시적인' 거처에 불과했던 것이다. 이 묘지에 안장된 유엔군 전사자는 11,000명까지 늘어났지만, 1951년부터 1954년 사이에 많은 참전국들이 자국 전사자의 유해를 본국으로 이장해갔다.[21] 미군 전사자의 이장은 1950년대 말까지 계속되었다. 그 결과 1950년대 말엽에는 유엔군묘지의 안장자 수가 2천여 명으로 감소했다.[22] 〈표 15-2〉에서 보듯이 이 숫자는 이후 수십 년 동안 거의 변함이 없었다.

그러나 1950년대의 유엔군묘지는 부지의 소유관계, 관리 주체, 관리예산 조달 방안, 명칭 등의 법률적 근거가 모호한 상태로 남아 있었다.[23] 이 문제를 해결하기 위해 1955년부터 1959년까지 약 4년 동안 한국 정부와 국회, 유엔 사이의 협의가 진행되었다.[24] 1959년 11월 6일에 '재한在韓국제연합기념묘지의 설치 및 유지에 관한 대한민국과 국제연합 간의 협정'이 체결되었고, 12월 1일 국회 비준을 거쳐 같은 달 11일부터 발효되었다.[25]

〈표 15-2〉 2013년 현재 참전국별 참전 규모와 전사자/안장자 구성

국명	파병자(명)	전사자(명)	안장자(명)	전사자 안장률(%)
네덜란드	5,320	124	117	95
뉴질랜드	5,350	41	34	82
오스트레일리아	8,407	346	281	81
캐나다	27,000	516	378	81
영국	56,000	1,177	885	75
터키	14,936	1,005	462	45
노르웨이	623	3	1	33
남아프리카공화국	900	37	11	30
프랑스	3,760	270	44	16
미국	1,600,000	36,492	0	0
벨기에	3,590	106	0	0
콜롬비아	5,100	213	0	0
에티오피아	3,518	122	0	0
그리스	4,440	186	0	0
필리핀	7,500	120	0	0
타이	6,326	136	0	0
룩셈부르크	89	2	0	0
덴마크	630	0	0	0
인도	346	0	0	0
이탈리아	185	0	0	0
스웨덴	380	0	0	0
유엔군 합계	1,754,400	40,896	2,213	
대한민국(카투사)			36	
미국(민간인)			36	
비전투요원			11	
무명용사			4	
총계			2,300	

* 출처: 김선미, "재한 유엔기념공원의 조성 경위와 관리의 성격", 76쪽에서 부분적으로 재구성.

이 협정에 따라 1960년 3월 묘지 관리권이 유엔에 이양되었다. 이 묘역은 영구대차지永久貸借地로 유엔에 무상으로 기증되었다.[26] 유엔군묘지의 소유 관계와 관리 주체가 명확해졌고, 묘지의 명칭도 '재한 유엔기념묘지'로 확정되었다. 1951년 이래 70년 가까이 부산 유엔군묘지는 세계에서 유일하게 유엔에 귀속된 묘지, 1968년에 건립된 기념관 벽면의 글귀처럼 "세계 유일의 유엔기념공원"으로서의 위상을 유지하고 있다.

(2) 국립 국군묘지

1949년부터 1955년에 이르기까지 '국립 국군묘지'가 서울의 동작릉 터로 확정되고 조성되는 경위를 대략 다음과 같이 정리할 수 있을 듯하다. (1) 대한민국 정부 수립 후 전사자 수가 점증함에 따라 1949년 말부터 육군본부 인사참모부가 나서 서울 근교의 묘지 후보지를 물색했으나 전쟁이 발발함에 따라 중단되었다. (2) 전쟁 발발 후 육군본부 인사국의 '묘지 후보지 답사반'이 1951년 9월 경상남북도 일원을 답사하여 경주 형산강 지류인 북천 대안 일대를 잠정 후보지로 선정했으나, 지역적 편재偏在나 침수 우려 등이 제기됨에 따라 묘지 추진이 재차 중단되었다. (3) 1952년 5월 6일 국방부 국장회의에서 육군묘지보다는 3군 종합 묘지를 설치하기로 하고, 묘지의 명칭을 '국군묘지'로 결정했다. (4) 1952년 5월 20일 국방부는 남한의 중심 위치, 교통이 편리한 곳, 면적은 최저 10만 평 이상, 국유지 우선, 부락이 없는 곳 등 묘지 선정 기준들을 결정했다. (5) 1952년 6월부터 1953년 9월까지 아홉 차례의 답사를 실시했는데, 세 번째 답사인 1952년 11월부터는 모두 서울 일원을 탐색했다. (6) 1953년 9월 29일 대통령의 재가를 받아 서울 동작동을 국군묘지 부지로 최종 선정했고, 10월 2일 국무회의를 통해 공식 결정되었다.[27] (7) 1954년 3월 1일부터 선정된 부지에 대한 정지공사를 시작하여 3년에 걸쳐 묘역을 조성했다. 1955년 7월 15일

에는 국군묘지관리소가 발족되었다.[28]

동작릉 터를 국군묘지로 정할 당시 1952년 5월의 묘지 선정 기준 중 '국유지 우선'이라는 조건, 그리고 수도 서울("남한의 중심 위치")에 소재하고 교통도 편리한 입지라는 점 등이 우선 참작되었을 것으로 판단된다. 동작릉 터가 서울시 경계 안에 있으면서도 10만 평 이상이라는 기준을 충족시키는 대규모 국유지로 남아 있었으므로, 정부로서는 비용을 절감하면서 신속하게 조성공사에 착수할 수 있었다. 더구나 이 장소는 1950년 서울수복 즈음에 조성된 '임시 해병대묘지'가 자리 잡고 있던 곳이기도 했다.[29] 아울러 풍수지리 차원의 입지 적합성, 그리고 인근의 육신사六臣祠로 대표되는 충성·충절의 상징성도 고려되었을 것이다.

이승만 정부는 1954년 3·1절을 기해 국군묘지 조성을 위한 시설공사에 착수했다. 당시 육군 공병부대 2개 중대가 동원되었다. 이 공사에는 3년에 걸쳐 5억 1,400여만 환이 소요되었고, 3년 토목공사가 끝난 후에도 약 2억 환이 추가로 투입되었다.[30] 1954년 10월 말에 '무명용사비'와 '무명용사문'이 먼저 건립되었다. 1955년 7월에는 봉안관, 1958년 6월에는 분수대, 1961년 12월에는 전쟁기념관, 1962년 8월에는 묘역 전체를 감싸는 돌담 공사가 각각 완료되었다. 1955년에는 함태영 부통령 등이 참석한 가운데 그들의 전사일인 5월 4일에 맞춰 '육탄10용사 현충비'가 국군묘지 입구에 가까운 흑석동 한강변에서 제막되었다.[31] 국군묘지의 조성 과정에는 전통적인 유교적 제향 공간 배치나 불교적 가람 배치 양식도 참조되었던 것으로 보인다. 현재도 동작동 국립현충원은 제향 공간인 현충탑으로 들어가는 '현충문'을 포함하여 정문─분수대─광장─무명용사문(현충문)─무명용사탑(현충탑)이 일직선 구조를 이루고 있다. 이는 불교의 일주문─천왕문·불이문─본전(대웅전)의 공간구조와도 유사하다. 외삼문─내삼문─본전(대성전)에 이르는 전통 향교의 공간 배치 역시 그러하다.

동작동 국립묘지가 미국의 알링턴국립묘지를 모델 삼아 만들어졌다는 것이 학계의 정설처럼 굳어져 있다.[32] 동작동 국립묘지가 묘지 형태를 평장平葬으로 한 것, 공원묘지를 지향한 것의 두 가지는 서구식 묘지 양식의 영향을 보여주는 요소임이 분명하다. 그러나 이 경우에도 부산이 임시 수도이던 시절에 만들어진 유엔군묘지가 알링턴묘지보다 더욱 생생한 모델로 작용하지 않았을까 하는 것이 필자의 생각이다. 유엔군묘지 역시 (알링턴묘지처럼) 평장, 수직형 묘비, 공원묘지 등의 요소들을 두루 갖추고 있었다. 그런데 전체적으로 평가하자면, 필자는 동작동 국립묘지의 성격 형성에 가장 큰 영향을 미친 것은 식민지 시대의 일본식 군묘지였다고 본다. 서구적 묘지 양식의 영향도 명확하나 일본식 군묘지의 영향이 더욱 광범위했고 또한 중요했다는 것이다. 여기서 일본 군묘지는 '묘지 내부의 평등주의' 원칙이 전면적으로 관철된 1938년 이후의 육군묘지규칙에 따른 신新묘지가 아니라, '묘지 내 평등-불평등의 혼재'로 특징지어지던 1938년 이전의 육군매장규칙에 따른 구舊묘지를 가리킨다. 다음의 일곱 가지가 동작동 묘지와 구舊 일본 군묘지의 유사점으로 제시될 수 있다. (1) 묘역을 분할하는 기준이 동일했다. 다시 말해 동작동 묘지의 묘역 구분 방식은 알링턴묘지처럼 '전쟁', 즉 전사자들이 참전한 전쟁 혹은 전투 단위로 나뉘는 게 아니라, 구 일본 군묘지처럼 '계급'의 차이에 따른 구획이었다. (2) 묘비를 포함한 묘표墓標의 '크기'도 계급에 따라 차등을 두었다. (3) 묘의 '면적'은 계급과 상관없이 동일했다. (4) (봉분이든 평장이든) 묘의 '형태 혹은 모양'도 계급과 상관없이 동일했다. (5) 묘표는 수평형 혹은 와식臥式이 아닌 '수직형'이었다. (6) 합장合葬 방식이 아닌 '1인 1묘' 방식이었다. (7) 전사자들의 유골은 납골당이나 탑에 납골되지 않고 모두 땅에 '매장'되었다.

보다 단순화하자면, 1950~1960년대 동작동 국립묘지에서 평등주의가 관철되는 양상, 곧 묘의 '면적' 및 '형태'에서의 평등 원칙, 그리고 '묘역 구분' 및 '묘표 크기'에서의 불평등 원칙은 1938년 이전 일본 군묘지의 그것과 정확하게 일치한다. '묘지 내부의 불평등'은 '죽음의 민주화'라는 가치를 훼손하므로 근대 국민국가의 금기taboo에 해당한다. 그런 면에서 묘지 내에 평등과 차별이 공존했던 초기의 동작동 국립묘지는 세계적으로도 예외적인 사례에 가깝다. 한국을 더욱 특이한 사례로 만드는 사실은 1955년에 국립묘지가 처음 등장한 이래 시간이 흐르면서 묘지 내 불평등의 정도가 더욱 심해졌다는 것이다. 다시 말해 1950~1960년대의 '부분적 차별'이 1970년대 이후 '전면적 차별'로 발전했다.

서울에 국립 국군묘지가 등장함과 동시에 전사자 시신처리 방식은 전면 매장 방식으로 전환되었다. 이것은 유교적 매장, 특히 시신을 직접 매장하는 토장土葬 방식에 친숙한 유가족과 대중의 선호에 부합하는 변화였다. 아울러 국립묘지의 등장과 함께 전사자들에게 '보편적 안장권安葬權'이 보장되었다. 극소수 예외를 제외하고는 거의 모든 전사자들에게 국립묘지에 안장될 자격을 부여했던 것이다. 보편적 안장권과 함께 '유가족의 안장 선택권'도 동시에 보장되었다. 전사한 가족을 국립묘지에 안장할지 여부를 유족으로 하여금 결정하도록 했다. 그러나 1950년대에 유가족들은 전사한 가족의 영원한 안식처로 국립묘지를 그다지 선호하지 않는 편이었다.

국립묘지는 왜 유가족들에게 인기가 없었을까? 계급에 따른 묘역 구분과 묘비 크기 차이 같은 차별과 불평등도 하나의 이유였을 것이다. 자신의 가족이 단지 계급이 낮다는 이유로 죽어서도 차별을 당하는 모습을 달가워할 유가족은 물론 없을 것이다. 선산先山 혹은 선영先塋이라는 말로 대변되듯이, 조상 무덤들이 집중된 그곳에 전사자를 함께 매장함으로써 '객사한 미혼 청년'이라는 '나쁜 죽음의 위기'를 하루빨리 해결하려는 유족들의 의지 또한 중요한 요인이었을 것이다. 전사자의 시신을 친족 거주지 인근에 두어 지속적인 보살핌과 섬김을 받아야 한다는 전통적인 죽음관의 지배력이 여전했던 것으로 보인다. 필자가 보기에 가장 중요했던 또 다른 요인은 초기의 국립묘지가 '무연고 전사자 묘지'처럼 비친 것이었다. 초기 국립묘지의 이미지 중 하나는 신원을 확인할 수 없는 유골, 돌려보낼 가족 자체가 없거나 그 가족을 찾을 수 없는 유골, 아무도 거둬줄 이가 없고 갈 곳이 없는 유골, 한마디로 가족들에게 모두 인계하고 남은 '잔여적인' 범주의 유골들을 처리할 공간이었다. 초기 국립묘지 안장자들에게는 '명예로운 무명용사' 이미지와 '불쌍한 무연고자' 이미지가 중첩되어 있었다.

요약하자면, 국군묘지에 부여된 무연고자 묘지라는 부정적 선입견, 죽음의 이분법과 가족 중심의 사사화된 죽음 처리를 선호하는 전통적인 죽음관, 국군묘지 내부의 불평등과 차별 등이 초기의 국군묘지를 유가족들에게 인기 없는 묘지로 만들었다. 그러나 1950년대 말과 1960년대를 거치면서 국군묘지의 인기와 선호도는 급상승했고, 그에 따라 국군묘지는 한국 시민종교의 '국가신전' 지위로 올라섰다. 1950~1960년대에는 '전사자 시신의 대이동'이라고 부를 만한 현상이 있었는데, 필자는 '시신의 이동 방향'이 국군묘지에 대한 유가족과 대중의 선호도를 보여주는 핵심 지표 중 하나라고 본다. 이동의 방향은 전사자 유해가 안치시설에서 유가족들에게 전달되는 흐름, 혹은 전사자 유해가 국군묘지로 집결하는 흐름으로 대별된다. 전자를 '원심이동/분산이동'으로, 후자를 '구심이동/집중이동'으로 부를 수 있을 것이다. 전사자 시신 이동과 관련된 당시의 신문기사들 그리고 국군묘지 안장자 숫자의 추이 등을 종합해보면, 1950년대 초부터 1960년대 말까지 약 20년의 시간을 세 시기 정도로 단순화할 수 있다. (1) 원심·분산이동이 지배적이었던 제1차 이동 시기(1951~1956년), (2) 원심·분산이동과 구심·집중이동이 공존하면서 교차했던 제2차 이동 시기(1957~1959년), (3) 구심·집중이동이 지배적이었던 제3차 이동 시기(1960년 이후)가 그것이다. 시신의 대이동 과정에서 원심이동이 지배적이었던 1957년 이전 시기는 말할 것도 없고, 원심이동과 구심이동이 중첩되었던

1957~1959년의 '모호한 시간' 동안에도 국군묘지의 위상은 여전히 애매했고 그 이미지 역시 유동적이었다. 그러나 1960년대 들어서는 이 묘지의 드높은 위상과 긍정적인 이미지가 의문의 여지없는 사실로 받아들여지게 되었다.

1950년대 말 이후 유연고有緣故 전사자들의 국군묘지 안장 및 이장, 국군묘지 안장자 신분의 다변화라는 변화를 거치면서 이곳에 부착되었던 '무연고자 묘지'라는 부정적 이미지는 점점 희석되었다. 1965년 3월 국군묘지의 명칭이 '국립묘지'로 변경되었다. 초대 대통령인 이승만이 1965년 7월 이곳에 묻힘으로써, 국군묘지는 무연고자 묘지 이미지와 완전히 결별하게 되었다. 아울러 1956년 제정 이후 매년 국군묘지에서 열렸던 현충일 행사, 그리고 한국을 방문한 외국 주요 인사들의 연이은 참배로 인한 빈번한 언론 노출 역시 국군묘지에 대한 부정적 이미지 희석과 선호도 증가에 기여했을 것이다. 초기의 국군묘지 외관은 민둥산에 가까웠지만,[33] 정부의 대대적인 조경 노력에 힘입어 1960년대 초에는 면적이 144만m²에 달하는 대규모 공원묘지로 변신했던 것도 대중과 유가족의 부정적 태도를 바꾼 요인이었다. 1950년대 말과 1960년대 초에 정부는 아예 식목일 기념식을 국군묘지에서 가진 후 대대적인 식수 작업을 진행하곤 했다.[34] 1958년 3월부터는 국군묘지 안에 도별道別 소공원이 조성되었고, 같은 해부터 현충일 전날 서울 시내의 초·중·고교 학생들이 모든 묘비 앞에 태극기와 꽃을 바치는 행사가 연례행사로 자리를 잡았다. 1959년 4월에는 식목일을 앞두고 연합신문사가 국군묘지와 부산 유엔군묘지 녹화를 위해 전국적인 헌수獻樹운동을 벌이기도 했다.[35] 그리하여 1962년경에는 이미 "약 백만 그루의 나무와 화초들이 가꾸어져 묘지라기보다는 공원처럼 밝은 환경"이 만들어졌다.[36]

이런 과정을 거치면서 국군묘지는 가장 선호되는 전사자 거처가 되어갔다. 영웅화되고 성화된 전사자들의 구심이동과 집중에 비례하여 국립묘지의 권위와 위상도 한껏 높아졌다. 1960년대 이후 국립묘지는 상징정치를 위한 최적의 무대이자, 시민종교의 최고 신전으로 거듭났다. 그곳은 의례적 변형을 통해 군신·호국신의 반열로 올라선 이들이 안식을 취하고 있는 곳이고, 매년 현충일 의례가 거행되는 장소이기도 했다. 제2차 세계대전 이후 유럽의 많은 나라들에서는 민족주의 열기가 퇴조하면서 군묘지들이 더 이상 전사자 숭배의 신전으로 기능하지 못하게 되었지만,[37] 한국에서는 국립 군묘지가 1950년대 중반에 비로소 등장했고 이때부터 국립묘지를 무대로 전사자 숭배의 전성기가 시작되었다.

해방 후 윤봉길, 이봉창, 백정기, 김구 등의 유해가 안치된 효창공원이 독립운동을 상징하는 민족적 성소로 떠올랐다. 전쟁 직전에는 최초의 국립납골묘인 장충사가 국가적 성지로 부각되었다. 이후 전쟁 중에 등장한 부산의 유엔군묘지, 전쟁 직후 등장한 서울 동작동의 국립묘지가 최고 국가성지 지위를 차지하게 되었다. 한국에서 가장 신성한 공간이 불과 반세기 만에 '종묘 → 조선신궁 → 효창공원/장충사 → 국군묘지/유엔군묘지'로 위치 이동을 거듭했다. 전쟁 후 '반공주의 성지'의 대표인 국군묘지의 화려한 부상浮上은 전쟁 이전 '민족주의 성지'를 대표하던 효창공원이 1950년대에 해체 위협에 시달렸던 사실과 대조된다. 아울러 전사자들을 추모하는 현충일 추념식이 '최고 국가의례'로 등장했다. 최고 국가성지와 최고 국가의례의 탄생이라는 점을 고려할 때, 한국 시민종교의 형성·발전에서 1955~1956년이 차지하는 중요성이 강조되어야 마땅할 것이다.

최고 국가성지가 됨으로써 국립묘지는 독특한 정치적-이데올로기적 효과들을 발휘하기 시작했다. 그 내용은 무엇이었는가? 하상복에 따르면 그것은 '반공군사주의'였다. 국립묘지는 "반공군사주의를 표방하는 권력의 공간"이자, "반공군사주의 이념을 재생산하는 공간"이다.[38] 정호기는 국립묘지가 전쟁을 미화하고, 전쟁 동원을 정당화하며, 지배권력에 대한 순응을 조장한다고 주장했다. "국립현충원에 글을 남긴 이들은 현재의 지배세력 및 권력자와 국가를 항상 동일시했다. 따라서 어떤 체세가 들어서든 국민에게 군인이 될 것을 요구하고, 전쟁터로 나아갈 것을 강제하였다. 이들은 전쟁에서 사망한 이들의 죽음을 기리는 글을 통해 전쟁을 미화하고, 지배권력의 요구에 부응했다."[39] 마지막으로, 국립묘지는 다카하시 데쓰야가 말했던 '희생의 논리'가 작동하는 공간, 그리고 후속 세대들이 숭고한 희생의 주역인 '호국영령들'을 본받아 자신도 과감히 희생할 수 있도록 '보은報恩의 논리'를 학습하고 내면화하는 공간이었을 것이다.

4. 전사자 기념시설

전사자 의례와 전사자 거처는 전사자 기념시설과 밀접한 친화성을 갖는다. 이런 맥락에서 우리는 '묘지·묘탑과 기념비의 결합 경향' 그리고 '의례와 장소의 결합 경향'에 주목할 필요가 있다. 의례와 장소의 결합은 대개 '묘탑-광장 일체형'의 의례 장소를 창출하는 경향으로 표출된다. 또묘지·묘탑과 기념비가 결합하는 경향으로 인해, 대부분의 군묘지들은 시간이 흐르면서 '기념비의 숲'으로 변해간다.

전사자 의례·거처에서처럼 전사자 기념시설에서도 식민지 시대의 강한 영향이 감지된다. 특히 무명 전사자 숭배라는 맥락과 결부된 현대적 외양의 탑·비·조각 등에서 그런 영향이 확인된다. 1920년대부터 이미 '기념비 건립 붐'이 확산되는 가운데,[40] 전사자를 기리는 충혼비 혹은 충혼탑이 전국 각지에 건립되었다. 필자는 당시 언론보도를 통해 한반도 내 최소 15곳에 충혼비나 전사자 기념비가 건립되었음을 확인할 수 있었다. 1930년대 말부터는 충혼비보다 규모가 큰 충령탑도 최소 9곳에 건립되었거나 건립이 추진되었다. 해방 후 대량으로 생산된 현충탑이나 충혼탑·

충혼비들은 식민지 시대의 충혼비 계보를 잇는 영탑들(전사자 영혼의 거처)이다. 많지는 않지만 식민지 시기의 충령탑 계보를 잇는 묘탑들(전사자 육신의 거처)이 해방 후 건설되기도 했다. 충혼비와 충령탑이 전사자 거처에 해당한다면, 식민지 시대에는 전적戰蹟 혹은 승전勝戰 기념비에 해당하는 기념 조형물도 일부 건립되었다. 서울 남산에 세워진 '일청전승기념비', 충남 아산 백서포의 청일전쟁 기념비, 평북 용천의 러일전쟁 승전비, 평북 정주와 평남 평양의 '일로전역日露戰役기념비', 경기도 고양의 '벽제관회전 기념비' 등이 그런 사례들이었다.[41] 전투 현장에 건립된 기념시설은 전사자가 최후의 시간을 보냈거나 치명적인 부상을 입은 장소를 기린다는 점에서, 전사자의 묘지나 출신지에 건립된 기념시설과는 또 다른 장소성을 내포한다.

이 절에서는 정부 차원의 전사자 기념시설 프로젝트에 중점을 둘 것인데, 대한민국 정부 수립 직후 집중적인 기념의 대상으로 떠오른 전사자들은 '육탄10용사'였다. 1949년 6월 6일 서울운동장에서 열린 '제2차 전몰군인 합동위령제'에서 채병덕 육군총참모장은 육탄10용사를 위해 "장충단에 특별한 비각을 세우든지 충무탑을 맨들어 그들의 일흠을 색여(이름을 새겨—인용자) 후세자손에까지 그 정신을 살리고 그 일흠을 빛내어 그 행동이 표준 되어야 할 것"이라고 강조했다.[42] 1949년 7월 5일 창립된 '순국 10용사기념사업회'는 10용사의 유영遺影을 전국의 직장·교실·공원 등에 현시함과 동시에 10용사 동상을 건립하는 것을 우선 과업으로 내세웠다. 기념사업회는 같은 해 9월 전국 일곱 곳에 '10용사 영탑'을 건립하며, 서울에서는 장충단에 높이 22척(6.6m)의 영탑을 건설하겠다고 발표했다. 그러나 이 프로젝트는 전쟁 발발로 중단되고 말았다. 앞서 언급했듯이 전쟁 직후인 1955년 5월 국방부에 의해 국군묘지 입구인 흑석동 한강변에 6m 높이의 '육탄10용사 현충비'가 건립되었다.

1940년대가 육탄10용사로 대표된다면, 1950년대에 중앙정부 차원의 대표저인 전사자 기념시설 프로젝트는 (1) 충혼탑 건립운동, (2) 무명용사탑 건립사업, (3) 전적비 건립사업의 세 가지로 압축된다. 먼저, 1951년 말부터 국방부를 중심으로 '충혼탑 건립운동'이 진행되었다. 서울과 전국 도청소재지에 1기씩 충혼탑을 건설하고, 서울에는 유엔전우탑도 함께 건설하겠다는 계획이었다.[43] 이 운동의 일환으로 서울 남산공원에 초대형 충혼탑을 건설하고 효창공원에 유엔전우탑을 건립한다는 거창한 계획은 (아마도 예산 조달의 어려움 탓에) 현실화되지 못했다. 그러나 도 단위로 비교적 규모가 큰 충혼탑을 하나씩 건립한다는 계획은 1950년대 후반에 대부분 실현되었다. 1957년에는 중앙정부에서 각도各道의 현충일 추도식을 "각 도 충혼탑忠魂塔 소재지"에서 거행할 것을 지시할 정도로,[44] 광장과 묘탑·영탑의 일체형 공간들이 도청소재지마다 이미 마련되어 있었다. 제주도 사라봉 기슭의 충혼탑, 춘천 우두산의 충렬탑, 청주 사직동의 충렬탑, 수원시 매향동의 현충탑, 대전 선화동의 영렬탑, 전주 다가공원의 호국영렬탑, 광주 전남도청 앞 광장의 충혼탑, 부산 우남공원(용두산공원)의 충혼탑 등이 충혼탑 건립운동의 산물들이었다. 서울에서는 국립묘지 안의 무명용사탑이 현충일 의례 무대의 역할을 담당했다.

현충일 의례 장소의 창출 차원에서 추동된 시·군 차원의 영탑 건립 움직임도 활발했다. 1956년에는 서울에서만 열렸던 현충일 추도식이 1957~1963년 사이에는 도·시·군 및 학교·기관 단위까지 확대되어 거행되었다. 현충일 의례의 확대 시행 방침으로 인해 독자적인 영탑이나 묘탑, 국군묘지를 보유하지 못한 많은 시·군들이 현충일 행사의 무대가 될 영탑 건립에 나서게 되었던 것이다. 1950년대가 도道 단위의 영탑 건립 시대였다면, 시·군 단위의 영탑 건립이 활발했던 시기는 1950년대와 1960년대 모두에 걸쳐 있었다.

1950년대의 또 다른 정부 주도 전사자 기념시설 프로젝트는 두 차례의 '무명용사탑' 건립사업이었다. 그 하나는 서울시가 주도했던 1955년의

무명용사탑 건립사업이고, 다른 하나는 1958년 문교부가 주도했던 무명
용사탑 건립사업이었다. 전자는 한국전쟁 5주년 기념사업으로, 후자는
한국전쟁 휴전 5주년 기념사업으로 추진되었다. 1955년 무명용사탑 프로
젝트의 경우 서울시가 주도했다고는 하나 실제로는 관민 합동의 '거국적
인' 프로젝트였다.[45] 그러나 결과적으로 이 프로젝트는 결실을 맺지 못했
다.[46] 1958년 무명용사탑 프로젝트는 문교부가 앞장서고 국방부와 전국
문화인총연맹(문총)이 뒤를 받치는 모양새를 취했다. 무려 30만 평의 한강
변 부지에 전 국민의 모금으로 30m 높이의 거대한 탑을 세우고, 탑에 "동
란 이후 전몰한 장병의 이름을 일일이 조각할" 계획이었다.[47] 아마도 이
프로젝트 역시 예산 조달 문제로 좌절된 것으로 보인다.

세 번째이자 마지막의 1950년대 전사자 기념시설 프로젝트는 군부대들
이 앞장선 전적비 건립사업이었다. 대표적인 사례가 강원도 일원을 관할
하는 1군사령부가 1957~1958년에 걸쳐 무려 15곳의 격전지들에 전적비를
건립한 후 1958년 6월 26일에 일제히 제막식을 거행한 일이었다. 이때 원주,
펀치볼, 백석산, 351고지, 금성, 가평, 저격능선, 향로봉, 인제, 백마고지,
643고지(수리봉), 사창리, 지평리, 용문산, 홍천 전투의 현장들에 전적비·전
공비가 세워졌다.[48] 1950년대 후반에는 부대별 전적비 건립 붐이 일었다
고 해도 과언이 아닐 정도였다. 예컨대 해병대사령부는 1958~1959년에
'해병대 행주 도강 전첩비'(고양)와 '해병대 북한강지구 전첩비'(남양주), '해
병대 수도방위 기공비紀功碑'(파주)에 잇따라 건립했다. 낙동강전선에 해당
하는 지역에도 1958~1959년에 걸쳐 '안강지구 전승비'(수도사단), '영천지
구 전승비'(8사단), '신녕지구 전승비'(6사단), '왜관지구 전적비'(6사단)가 완
공되었다. 1957년 3월 15일에는 '홍천지구전투 전적비'(1군단)와 강화의
'643고지전투 전적비'(2군단)가 동시에 선을 보였다. 이 밖에도 다양한 군
부대들이 1950년대 후반에 전적비 건립사업에 뛰어들었다.[49]

한국전쟁 당시의 유엔군과 관련된 기념시설들이 등장한다는 것도

1950년대의 전사자 기념시설과 관련해서 주목할 만한 일이다. 고故 나야 대령 기념비(대구), 무어 장군 추모비(여주), 미 군사고문단 전몰장병 기념 비(대구), 유엔군 초전初戰 기념비(오산), 케니 상사 전공비(파주) 등이 그런 사례들에 속한다. 전사자는 아닐지라도, 유엔군의 활약과 관련된 전적비와 송덕비(공덕비), 송덕頌德 목적이 강한 인물 동상들도 1950년대에 처음 등장했다. 대구시와 국방부가 대구시 두류동에 1955년 3월 세운 '매가우 소장 공덕비', 1957년 인천시가 전국적인 모금운동을 벌여 자유공원에 세우고 인천상륙작전 기념일인 9월 15일에 맞춰 제막식을 거행한 '맥아더 장군 동상', 미군 2사단 19연대와 24사단의 전공을 기리기 위해 1959년 3월 육군 1206건설공병단이 창녕군 창녕읍 교상리에 건립한 '창녕지구전투 전적비', 1959년 10월 6·25연합군참전기념사업회가 서울 용산로터리에 세운 '존 비 코올터 장군상'이 이에 해당한다.[50]

전사자 기념물은 1960년대 이후 더욱 왕성하게 창출되었다. 위령비나 전적비를 통해 전투 현장을 성역화하려는 이전의 움직임은 1960년대에도 지방정부와 군부대, 민간 부문을 중심으로 계속되었다. 전적지 성역화 성격이 강한 '반공애국유적 부활운동'이 군사정권 시기인 1960년대 전반부를 장식했고, 1964년에는 서울 한강변 제2한강교 입구에 '유엔군 자유수호 참전기념탑'(유엔기념탑)이라는 초대형 전쟁기념물이 완성되었다. '유엔한국참전국협회'라는 민간단체와 지방정부가 중심이 되어 유엔군의 국가별 기념비를 세우기 시작한 때도 1960년대였다. 1970년대에는 유엔군 국가별 참전 기념비 프로젝트를 국방부가 직접 떠맡았다. 1970년 대 중반부터 교통부를 중심으로 추진된 대규모의 '전적지 개발 프로젝트'는 1980년대 초까지 이어졌다. 1980년대 중반에는 공영방송인 한국방송공사KBS가 주관하는 '6·25반공위령탑·위령비' 건립사업이 활발하게 진행되었다. 민주화 이후에도, 심지어 21세기로 접어들어서도 한국전쟁과 베트남전쟁과 관련된 전사자 기념시설 건립 열기는 식지 않았다.

エピローグ

시민종교 생성의 가장 큰 동력은 세속국가의 자기 성화 경향이다. 민족주
의적 열정이 여기에 추가적인 동력을 제공해왔다. 시민종교는 필자가 '시
민종교의 사회문화적 인프라'라고 부른 다양한 메커니즘들을 활용하여
생명력을 더욱 보강하게 마련이다. 징병제, 의무교육제, 상훈제도에서부
터 화폐 디자인과 담배 이름에 이르기까지 진정 다채로운 요소와 기제들
이 시민종교의 사회문화적 인프라로 기능할 수 있다.

　모든 사회가 유기적이고 효율적인 시민종교를 보유하는 것은 아니다.
강한 시민종교가 있는가하면 약한 시민종교도 있다. 약한 시민종교는 균
열, 해체, 분화, 재구성 과정을 겪을 수도 있다. 시민종교는 나름의 초월성
을 갖고 있으며, 지배엘리트와도 일정하게 분리되어 있다. 시민종교는 지
배질서를 정당화할 뿐 아니라 그것을 탈정당화하기도 한다. 시민종교는
사회를 통합시키기도 하지만 사회갈등을 조장하기도 한다. 4·19혁명과
5·18항쟁, 해방 후 몇 차례의 과거사청산 시도들은 시민종교의 비판적,
저항적 탈정당화 기능이 탁월하게 발휘된 사례들이다.

　이 책에서는 과거사청산 정치와 전쟁이 식민지엘리트를 매개로 해서
한국 시민종교의 성격에 어떤 영향을 그리고 어떻게 미쳤는지를 탐구했
다. 필자는 한국의 시민종교 형성을 주도한 식민지엘리트에 초점을 맞췄
다. 해방 후 국가·국민 형성의 핵심주체였던 식민지엘리트 세력이 어떤

이들인지, 이들은 자신들이 장악한 남한 사회(대한민국)에서 어떤 시민종교를 만들어가고자 했는지를 해명하는 데 주력했다.

우선, 필자는 식민 지배와 관련된 과거사청산 압력의 장기지속으로 인한, 식민지엘리트의 집단적 트라우마였던 극심한 존재 불안과 공포, 보복·절멸에 대한 공포에서 연원한 과잉 폭력성과 선제적 공격성을 '과거사청산의 (비교)정치'라는 맥락에서 해석해보았다. 식민지엘리트들을 매개로 해서 식민성, 분단, 전쟁의 강한 영향이 한국 시민종교에 침투했다. 식민지엘리트가 시민종교 형성의 주역이 됨에 따라 한국 시민종교는 불가피하게 '약한 민족주의'라는 특징을 보이게 되었다. 그러나 약한 민족주의는 약한 시민종교로 이어지기 쉽다. 파상적으로 거듭된 과거사청산에 시달린 식민지엘리트들은 자신들의 존재 불안과 공포를 공격성과 과잉 폭력성으로 표출했다. 과거사청산 압력에 대한 식민지엘리트들의 대응은 비청산—반청산—역청산으로 발전했다. 지배세력의 공격성과 폭력성은 한국 시민종교를 '차가운 시민종교'로 몰고 갔다. 열정이 결여된 채 차갑게 식어버린 시민종교는 그 자체가 '일탈적인 시민종교'일 수밖에 없다. 과거사청산 정치로 인한 불안과 공포라는 지배층의 집단적 멘털리티는 감시사회·불신사회의 다른 이름인 '사회자본 결핍사회'를 촉진하고, '연고주의적 능력-경쟁주의'를 확산시키고, '윤리의 규율권력화'를 부추겼다.

식민지엘리트 출신들이 대한민국의 지배층으로 부상함으로써 과거사 청산 국면에서 그들의 생존수단이었던 반공주의와 친미주의가 한국 시민종교에서 중요하게 부각되었다. 나아가 반공주의와 친미주의가 결합하여 분단체제가 현실화되었다. 그러나 식민지엘리트들은 미국으로부터의 민주주의 수용 압력, 대중의 민족주의 열기, 남북한 정권 간의 정통성 경쟁, 그리고 민족주의 정치에 기초한 동아시아 갈등구조라는, 스스로 통제하기 어려운 요인들에 직면해야만 했다. 그 결과 '정치적 타협의 산물'이자 '이질성의 모순적 결합'인 48년 체제가 등장했다. 분단체제가 아니라 48년 체제를 통해 대한민국 시민종교의 '원형'이 제시되었다. 만약 '분단체제'가 시민종교의 원형을 주조했더라면, 한국 시민종교는 식민지엘리트 그룹의 의도가 주로 반영된 "강한 반공주의와 친미주의, 약한 민족주의"를 특징으로 했을 것이다. 그러나 식민지엘리트를 초월하는 요소들을 다수 포함하고 있었던 '48년 체제'에 기초하여, 한국 시민종교는 민족주의, 발전주의, 반공주의, 자유민주주의, 친미주의를 '5대 기본교리'로 하는 '반공-자유민주주의 시민종교'로 처음 모습을 드러냈다.

단순화하자면, 한국전쟁은 한국 시민종교의 기본성격을 '48년 체제'로부터 '분단체제' 쪽으로 되돌려 놓았다. 전쟁 이후 '약한 민족주의'라는 성격이 선명하게 드러났다. 나아가 한국 민족주의 자체가 과거사청산이나 평화통일이나 반미反美를 요구하는 '위험한-불온한 민족주의', 그리고 반공 민족주의, 언어 민족주의, 스포츠 민족주의, 경제 민족주의 등 '안전한-건전한 민족주의'로 분화되었다. 지배세력은 '안전한-건전한 민족주의'는 용인하고 때로 권장하나, '위험한-불온한 민족주의'는 단호히 금지하고 처벌했다. 전쟁 후 시민종교 안에서 반공주의와 친미주의가 초강세를 보이면서, 이 둘을 중심으로 시민종교 신념체계가 재편되었다. 전쟁의 빈곤화 효과 덕분에 발전주의도 시민종교의 중요한 부분으로 본격 등장했다. 식민지엘리트들이 선호하고 익숙하게 여겼던 반공주의는 영미英美

식의 '자유주의적 반공주의'가 아닌, 파시즘 국가들의 '국가주의적 반공주의'였다. 전쟁 후 한국 반공주의에 내장된 국가주의적 잠재력과 충동이 전면화함에 따라, 시민종교의 (자유)민주주의 차원은 결정적으로 약화되었다. 4·19혁명은 죽어가던 민주주의와 민족주의를 되살려놓았지만, 군사쿠데타는 이 흐름은 재차 반전시켰다. 선민–국민–반국민–비국민의 4층 체계로 구성된 '정치적–이데올로기적 신신분제'가 위력을 발휘하는 가운데, '전쟁의 일상화'와 '일상의 전장화'가 빠르게 진척되었다.

아울러 반공 영웅과 전쟁 영웅들, 그리고 전사자 유가족들로 구성된 '성가정聖家庭'을 중심으로 '전사자 숭배'가 전쟁 후 만개滿開했다. 현충일로 대표되는 전사자 의례, 국립묘지로 대표되는 전사자 거처, 다양한 형태의 전쟁기념물을 '전사자 숭배의 트로이카'라고 부를 만했다. 유일신 전통이 강한 그리스도교 국가나 이슬람 국가들과 달리, 동시에 조상숭배 전통이 강한 다른 동아시아 국가들과는 비슷하게, 한국의 전사자 숭배는 '전사자의 신격화'와 '촘촘한 영적 안전망의 구축'이라는 특징을 드러내기도 했다.

해방 후 급속히 형성된 한국 시민종교에는 식민성, 분단, 전쟁의 상흔傷痕과 트라우마가 깊이 각인되어 있다. 한국을 포함한 근대사회들이 시민종교 없이 생존할 수 없다면, 정교분리에 기초한 세속국가 체제가 시민종교 없이 장기적으로 존속할 수 없다면, 그것 없이는 단단하고 심층적인 사회통합을 기대할 수 없다면, 그렇다면 우리는 어떤 시민종교를 바람직한 것으로 상상해야 할까? 무엇보다 분단, 식민성, 전쟁을 극복하는 새로운 시민종교가 한국에서 등장할 수 있을까?

한국 시민종교 안에는 기존 지배질서를 정당화하고 수호하려는 '사제진영', 그리고 기존 지배질서를 비판하면서 변혁하려는 '예언자 진영'이 항상 존재해왔다. 양 진영은 48년 체제에 내재하는 모순적이고 이질적인 힘들을 각기 대표한다. 사제 진영이 대한민국 시민종교(반공–자유민주주의 시민종교)를 '반공-국가주의'와 '온건한 민족주의'라는 방향으로 끌고 가려 했다면, 예언자 진영은 그것을 '민주-공화주의'와 '급진적 민족주의' 방향으로 끌고 가려고 노력했다. 사제 진영이 남한의 반공-자유민주주의 시민종교와 북한의 반미-사회주의(주체주의) 시민종교 사이의 대립과 적대를 지향했다면, 예언자 진영은 남과 북 시민종교 사이의 화해와 통합을 지향해왔다.

한국 현대사는 시민종교 내의 두 진영, 두 세력 간의 부단한 대립과 경쟁, 길항으로 점철되어 있다. 1970년대 유신체제 등장 그리고 1980년 광주 5·18 항쟁-학살 이후 사제 진영과 예언자 진영 간의 이질성은 더욱 심화되고 양자 간 대립은 격화되어 한국사회 자체가 '문화적-이데올로기적 내전' 상태로 빠져들었다. 한국 시민종교의 미래도 현재의 문화적-이데올로기적 내전이 어디로 귀결될지에 달려 있다.

주
참고문헌
찾아보기

제1부
문제의식과 접근방법

제1장 대한민국형성의 문화적 동학

1 Meredith B. McGuire, *Religion: The Social Context*, 5th ed., Belmont: Wadsworth Thomson Learning, 2002, p. 205.

2 공진성, "루소, 스피노자, 그리고 시민종교의 문제", 『정치사상연구』 19집 1호, 2013, 139쪽.

3 에밀 뒤르케임, 『종교생활의 원초적 형태』, 노치준·민혜숙 역, 민영사, 1992, 특히 330, 484, 575쪽을 볼 것.

4 모리스 아귈롱, 『마리안느의 투쟁: 프랑스 공화국의 초상과 상징체계, 1789~1880』, 전수연 역, 한길사, 2001, 27쪽.

5 Takashi Fujitani, "Inventing, Forgetting, Remembering: Toward a Historical Ethnography of the Nation-State," Harumi Befu ed., *Cultural Nationalism in East Asia: Representation and Identity*, Berkeley: Institute of East Asian Studies, University of California, 1993, pp. 101-102.

6 윤선자, 『축제의 정치사』, 한길사, 2008, 304쪽.

7 나이토 요스케, 『우표로 그려낸 한국 현대사』, 이미란 역, 한울, 2012; 나이토 요스케, 『우표, 역사를 부치다』, 안은미 역, 정은문고, 2012.

8 문제안 외, 『8·15의 기억: 해방공간의 풍경, 40인의 역사체험』, 한길사, 2005, 266쪽.

9 정근식, "광주민중항쟁에서의 저항의 상징 다시 읽기: 시민적 공화주의를 중심으로", 『기억과 전망』 16호, 2007.

10 Edward Shils and Michael Young, "The Meaning of the Coronation," *Sociological Review*, vol.1, no.2, 1953.

11 이 기간 중 내각책임제 아래 거행된 1960년 8월의 윤보선 대통령 취임식만이 옥내인 국회의사당에서 거행되었다.

12 Robert N. Bellah, "Civil Religion in America," William G. McLoughlin and Robert N. Bellah eds., *Religion in America*, Boston: Beacon Press, 1968, p. 6.

13 Robert N. Bellah, *The Broken Covenant: American Civil Religion in Time of Trial*, New York: Crossroad Books, 1975, p. 3.

14 Nicholas Abercrombie, Stephen Hill and Bryan S. Turner, *The Penguin Dictionary of Sociology*, Harmondsworth: Penguin Books, 1988, p. 33.

15 Marcela Cristi and Lorne L. Dawson, "Civil Religion in America and in Global Context," James A. Beckford and N. J. DemerathIII eds., *The SAGE Handbook of the Sociology of Religion*, Los Angeles: SAGE Publications, 2007, p. 269.

16 강인철, "한국전쟁과 사회의식 및 문화의 변화", 정성호 외, 『한국전쟁과 사회구조의 변화』, 백산서당, 1999, 221-222쪽.

17 에밀 뒤르케임, 『종교생활의 원초적 형태』, 81쪽.

제2장 시민종교: 개념과 접근방법

1 Jean Jacques Rousseau, *The Social Contract*, Willmoore Kendall tr., Chicago: Henry Regnery Company, 1954, pp. 204-223.

2 Alan Aldridge, *Religion in the Contemporary World: A Sociological Introduction*, 2nd ed., Cambridge: Polity Press, 2007, p. 144.

3 시민종교 연구와 관련해서 몇 가지만 소개하자면, Robert N. Bellah, "Civil Religion in America," *Daedalus*, vol.96, no.1, 1967; Robert N. Bellah, *Beyond Belief: Essays on Religion in a Post-Traditional World*, New York: Crossroad Books, 1970; Robert N. Bellah, *The Broken Covenant*; Russel E. Richey and Donald G. Jones eds., *Amer-*

ican Civil Religion, New York: Harper & Row Publishers, 1974; Gail Gehrig, *American Civil Religion: An Assessment*, Storrs: Society for the Scientific Study of Religion Monographs, 1979; Robert N. Bellah and P. E. Hammond eds., *Varieties of Civil Religion*, New York: Harper & Row, 1980; Michael W. Hughey, *Civil Religion and Moral Order: Theoretical and Historical Dimensions*, Westport: Greenwood, 1983 등을 참조할 것. 시민종교와 관련된 최근의 연구동향을 위해서는, Jose Santiago, "From 'Civil Religion' to Nationalism as the Religion of Modern Times: Rethinking a Complex Relationship," *Journal for the Scientific Study of Religion*, vol.48, no.2, 2009; Marcela Cristi and Lorne L. Dawson, "Civil Religion in America and in Global Context"; Sergej Flere and Miran Lavrič, "Operationalizing the Civil Religion Concept at a Cross-Cultural Level," *Journal for the Scientific Study of Religion*, vol.46, no.4, 2007; Katherine Meizel, "A Singing Citizenry: Popular Music and Civil Religion in America," *Journal for the Scientific Study of Religion*, vol.45, no.4, 2006; N. J. DemerathⅢ, "Civil Society and Civil Religion as Mutually Dependent," Michele Dillon ed., *Handbook of the Sociology of Religion*, Cambridge: Cambridge University Press, 2003; Grace Davie, "Global Civil Religion: A European Perspective," *Sociology of Religion*, vol.62, no.4, 2001 등을 참조할 것.

4 권규식, "미국의 시민종교론: R. Bellah의 소론(所論)을 중심으로", 『현대와 종교』 8집, 현대종교문제연구소, 1985; 김종서, "미국의 공민종교론", 『미국학』 9집, 1986; 김문조, "시민종교론: 회고와 전망", 그리스도교철학연구소 편, 『현대사회와 종교』, 서광사, 1987.

5 Stephen W. Linton, *Patterns in Korean Civil Religions*, Ann Arbor: UMI, 1994.

6 조혜인, "북한의 종교: 유교적 유산을 통하여", 『동아연구』 25집, 1992.

7 김영태, "로버트 벨라의 미국 시민종교론에 대한 비판적 연구", 『종교와 문화 연구』 4호, 2002; 조승래, "시민종교의 지적 계보", 임지현·김용우 편, 『대중독재(2): 정치종교와 헤게모니』, 책세상, 2005; 조승래, "시민종교에 대한 긍정적 해석을 위한 시론", 『국제문화연구』 24집, 2006.

8 강인철, "한국전쟁과 사회의식 및 문화의 변화", 특히 220-249쪽. 여기서의 시민종교 논의는 약간 수정된 형태로, 강인철, "전쟁의 기억, 기억의 전쟁: 한국전쟁 50주년에 즈음하여", 『창작과 비평』 108호, 2000에도 수록되었다.

9 Cha Seong Hwan, "Korean Civil Religion and Modernity," *Social Compass*, vol.47, no.4, 2000; 차성환, "새 천년과 한국 시민종교의 과제", 『글로벌시대 한국의 시민종교』, 삼영사, 2000; Andrew Eungi Kim, "Nation-Building and Korean Civil Religion: The Making of National Community, Culture, and Identity," *Acta Koreana*, vol.8, no.2, 2005.

10 이철, "현대사회에서의 시민종교의 역할에 관한 종교사회학적 연구: 2008년 미국산 쇠고기 수입반대 촛불집회를 중심으로", 『한국기독교신학논총』 64집, 2009.

11 정대일, "북한의 공민종교: 주체사회주의의 기원, 형성, 구조를 중심으로", 『한국민족 운동사연구』 36집, 2003; 찰스 암스트롱, "가족주의, 사회주의, 북한의 정치종교", 임 지현·김용우 편, 『대중독재2: 정치종교와 헤게모니』, 책세상, 2004; Eun Hee Shin, "The Sociopolitical Organism: The Religious Dimension of Juche Philosophy," Robert E. Buswell Jr. ed., *Religions of Korea in Practice*, Princeton: Princeton University Press, 2006; 정대일, "북한의 종교정책 연구: 북한 국가종교의 성립 과정을 중심으 로", 『종교연구』 64집, 2011; 정대일, "국가종교로서의 주체사상 연구", 한국학중앙 연구원 한국학대학원 박사학위논문, 2011; 정대일, 『북한 국가종교의 이해: 북한 선교 의 선이해를 위한 연구』, 나눔사, 2012. 다음의 연구들도 유사한 문제의식을 지니고 있다고 볼 수 있다: 주준희, "북한 정치의 종교성: 김일성의 신격화에 있어서 무속신 앙의 영향을 중심으로", 『한국정치학회보』 29집 4호, 1996; 김병로, 『북한사회의 종 교성: 주체사상과 기독교의 종교양식 비교』, 통일연구원, 2000.

12 김성건, "또끄빌과 미국의 시민종교", 『한국사회학』 28집, 1994; 최정민, "미국 시민종 교의 뒤르케임적 분석", 『한국군사학논집』 56집, 2000; 노윤식, "미국의 다문화주의, 대중종교, 시민종교의 이해", 『선교신학』 6집, 2002; 박은진, "독립혁명기 미국 기독교 의 시민종교화", 『미국사연구』 24집, 2006; 김정주, "랄프 엘리슨의 『준틴스』와 미국 적 시민종교", 『미국소설』 15권 2호, 2008; 김의훈, "미국 시민종교와 개신교 근본주의 의 정치신학적 연관성", 『대학과 복음』 14집, 2009; 박은진, "'국민통합'의 종교: 건국 초기 미국 시민종교의 형성", 『다문화사회연구』 8집 1호, 2015; 유종선, "종교, 격정, 공 화국: 존 애덤스(John Adams)의 시민종교론 고찰", 『국제정치연구』 18집 1호, 2015.

13 차남희, "일본의 시민종교와 신도: 메이지 초기의 국가신도를 중심으로", 『담론 201』 12집 1호, 2009.

14 김동하, "시민종교와 정치통합: 헤겔의 규범적 통합이론의 문화론적 재구성", 『한국

정치연구』 21집 2호, 2012; 공진성, "루소, 스피노자, 그리고 시민종교의 문제"; 최신한, "후기세속사회의 종교 담론과 시민종교", 『헤겔연구』 33호, 2013.

15 박영신, "잊혀진 이야기: 시민사회와 시민종교", 『현상과 인식』 24권 1·2호, 2000; 오세일·이상지, "시민종교 담론, 한국사회에서 읽기", 『사회이론』 46호, 2014.

16 나인호, "나치 독재의 정치종교와 전체주의적 대중 만들기", 임지현·김용우 편, 『대중독재(1): 강제와 독재 사이에서』, 책세상, 2004; 임지현·김용우 편, 『대중독재2: 정치종교와 헤게모니』, 책세상, 2005.

17 김종서, 『종교사회학』, 서울대학교출판부, 2005, 192-199쪽.

18 Michael Hill, "Sociological Approaches(1)," Frank Whaling ed., *Contemporary Approaches to the Study of Religion2: The Social Sciences*, Berlin: Mouton Publishers, 1985, p. 136.

19 대부분의 시민종교 연구자들은 사회통합의 '필요성'에 대해서는 거의 의문시하지 않는다. 사회의 지속가능성을 위해 필수적인 사회통합의 강도나 형식에 대해서는 저마다 의견이 다를지라도 말이다.

20 이탈리아의 사회주의 지도자였던 안토니오 그람시는 1916년에 다음과 같이 말했다고 한다. "사회주의야말로 기독교를 제거할 종교다. 사회주의는 종교다. 왜냐하면 그것은 독자적인 사제와 제례 의식을 지닌 신앙이며 기독교의 초월적 신의 자리를 인간의 의식, 유일한 영적 실재로서 인간과 인간이 지닌 최상의 역량에 대한 신앙으로 대체하기 때문이다." 에밀리오 젠틸레, "정치의 신성화", 임지현·김용우 편, 『대중독재2: 정치종교와 헤게모니』, 책세상, 2005, 51쪽.

21 Santiago, "From 'Civil Religion' to Nationalism as the Religion of Modern Times," pp. 398-399.

22 1970년대 이후 벨라는 때때로 그 자신이 마치 '시민종교의 예언자'인 양 미국사회의 현실에 대해 비판적인 분석을 시도했다. 그는 70대 나이로 접어든 2000년대에도 이런 활동을 멈추지 않았다. 예컨대 2002년에 쓴 한 칼럼에서 벨라는 '부시 독트린'으로 대표되는 '미 제국(American empire)'의 대외정책을 통렬히 비판하면서, "수천 가지 상호의존성의 연계"에 기초한 "민주주의 국제질서의 원칙"을 대안으로 제시하기도 했다. Robert N. Bellah, "The New American Empire: The Likely Consequences of the 'Bush Doctrine'," *Commonweal*, October 25, 2002, p. 14.

23 Martin E. Marty, "Two Kinds of Two Kinds of Civil Religion," Russel E. Richey

and Donald G. Jones eds., *American Civil Religion*, New York: Harper & Row Publishers, 1974, pp. 144-145.

24 칼 만하임, 『이데올로기와 유토피아』, 임석진 역, 지학사, 1976.

25 사회운동의 문화적 접근에 대해서는, 정철희 외, 『상징에서 동원으로: 1980년대 민주화 운동의 문화적 동학』, 이학사, 2007, 특히 이 책의 서론; Rhys H. Williams, "Religious Social Movement in the Public Sphere: Organization, Ideology, and Activism," Michele Dillon ed., *Handbook of the Sociology of Religion*, Cambridge University Press, 2003, p. 318 참조.

26 권헌익·정병호, 『극장국가 북한: 카리스마 권력은 어떻게 세습되는가』, 창비, 2013; 정병호, "극장국가 북한의 상징과 의례", 『통일문제연구』 54호, 2010.

27 강진웅, "'문화적 전환' 이후의 국가론: '실재'와 '상상'의 앙상블로서의 국가", 『한국사회학』 48집 1호, 2014.

28 이화진, "'극장국가'로서의 제1공화국과 기념의 균열", 전진성·이재원 편, 『기억과 전쟁: 미화와 추모 사이에서』, 휴머니스트, 2009.

29 Bellha, *Beyond Belief*, p. 168.

30 Robert N. Bellha, "American Civil Religion in the 1970s," Russel E. Richey and Donald G. Jones eds., *American Civil Religion*, New York: Harper & Row Publishers, 1974, p. 255.

31 신진욱, "광주항쟁과 애국적 민주공화주의의 탄생: 저항적 시민사회의 형성과 정체성 구성에 대한 구조해석학적 분석", 『한국사회학』 45집 2호, 2011, 75쪽.

32 필자가 보기에 공화주의적 시민종교론의 전통은 로버트 퍼트넘으로 대표되는 사회자본 이론과도 친화적이다. 퍼트넘과 캠벨은 특히 『아메리칸 그레이스』(정태식 외 역, 페이퍼로드, 2013)에서 시민종교에 대해 자주 언급했다. 그들은 이 책에서 '시민종교'라는 용어를 "공적 종교성"(109쪽), "종교가 애국심을 통해 국민을 하나로 통합"하는 것(115쪽), "시민 결속에 기여"하는 종교(619쪽), 종교가 "미국의 시민사회를 유지하는 접착제 역할"을 수행하는 것(620쪽), "애국주의와 종교의 융합" 혹은 "신과 국가의 공생"(648쪽) 등으로 표현했다.

33 Marty, "Two Kinds of Two Kinds of Civil Religion," p. 144.

34 마티는 이와 달리 '신에 복종하는 민족' 유형의 시민종교와 '자기초월적 민족' 유형의 시민종교 모두에 각각 사제적 양식과 예언자적 양식이 존재한다고 보았다. Marty,

"Two Kinds of Two Kinds of Civil Religion," pp. 145-156.

35 필자는 2003년에 발간한 『전쟁과 종교』라는 책에서 '종교분쟁(religious conflict)' 유형 중 하나로서, 비교적 넓은 영토를 지닌 다종족(multi-ethnic) 사회들에서 주로 발생하는 '복합 종교분쟁' 혹은 '중층적 종교분쟁'을 제시한 바 있다. 이 유형의 종교분쟁은 "하나의 국가 혹은 영토 안에 다양한 대립 축을 지닌 (잠재적/현재적인) 종교적 갈등이 중첩적으로 존재하는 경우"를 가리킨다. 해체 이전 혹은 해체 과정의 구(舊) 소련과 유고슬라비아를 비롯하여 레바논, 중국, 인도네시아, 인도, 미얀마 등을 대표적인 사례로 들 수 있다. "세 시민종교 현상"은 '복합 종교분쟁'이나 '복합 종족분쟁', 혹은 이와 유사한 상황에서 발생하기 쉽다고 말할 수 있을 것이다. 강인철, 『전쟁과 종교』, 한신대학교출판부, 2003, 69-70쪽 참조.

36 McGuire, *Religion*, pp. 220-235.

37 Robert Wuthnow, *The Restructuring of American Religion*, Princeton: Princeton University Press, 1988; 김영태, "로버트 벨라의 미국 시민종교론에 대한 비판적 연구", 158-159쪽에서 재인용. "미국 시민종교의 서로 다른 형태"라는 우스노의 또 다른 표현도 결국 동일한 현실을 가리키는 것이다(로버트 우스노우, 『기독교와 시민사회』, 정재영·이승훈 역, CLC, 2014, 91쪽).

38 David Brown, *The State and Ethnic Politics in Southeast Asia*, London: Routledge, 1994, p. 159.

39 미셸 푸코, 『광기의 역사』, 이규현 역, 나남, 2010; 『감시와 처벌: 감옥의 역사』, 오생근 역, 나남, 2011; 『"사회를 보호해야 한다": 콜레주드프랑스 강의 1975~76년』, 김상운 역, 도서출판 난장, 2015; 『안전, 영토, 인구: 콜레주드프랑스 강의 1977~78년』, 심세광·전혜리·조성은 역, 도서출판 난장, 2011.

40 조르조 아감벤, 『호모 사케르』, 박진우 역, 새물결, 2008.

41 로절린드 C. 모리스 외, 『서발턴은 말할 수 있는가: 서발턴 개념의 역사에 관한 성찰들』, 태혜숙 역, 그린비, 2013; 김지현 외, 『탈식민주의의 얼굴들: 파농·사이드·바바·스피박』, 역락, 2012.

42 필자가 보기에는 국외 학자들 중에서는 나이스벳이, 국내 학자들 중에서는 조승래가 이런 입장의 전형을 보여준다. Robert Nisbet, "Civil Religion," Mircea Eliade ed., *The Encyclopaedia of Religion*, vol.3, New York: Macmillan, 1983; 조승래, "시민종교의 지적 계보"; 조승래, "시민종교에 대한 긍정적 해석을 위한 시론" 참조.

43 김종서, 『종교사회학』, 197, 199쪽.

44 에밀리오 젠틸레도 '정치의 신성화'(나아가 정치종교)가 발생하기 위해서는 "기성 형이상학적 종교로부터 정치적 차원이 결정적으로 분리되어야" 하고, "정치가 독자성을 확보"해야 한다고 주장한 바 있다. 그런데 같은 글에서 그는 정치 신성화의 방식을 두 가지로 구분하면서 그 중 하나인 '시민종교'의 특징으로 "교회와 국가의 분리"를 강조하는 반면, 다른 하나인 '정치종교'에 대해서는 오히려 '종교-정치의 미분리 혹은 불완전한 분리'를 강조하는 듯하다(에밀리오 젠틸레, "정치의 신성화", 46, 53쪽 참조). 결국 젠틸레는 '정교분리로 인한 국가의 세속화' 그 자체보다는 '종교로부터 정치의 자율성·독립성 확보'의 측면을 더욱 강조하고 있는 셈이다.

45 예컨대 우리는 조지 모스가 쓴 『전사자 숭배』에서 "내셔널리즘이라는 시민종교(시민신앙)"라는 표현을 곳곳에서 만날 수 있다. 조지 L. 모스, 『전사자 숭배: 국가라는 종교의 희생제물』, 오윤성 역, 문학동네, 2015, 13-14, 17, 119, 125, 171, 181, 251, 261쪽 등을 보라. "파시즘이라는 시민종교"(같은 책, 226쪽)이라는 표현을 들어 모스가 시민종교를 완전히 민족주의와 동일시하지는 않았다는 반론도 물론 가능할 것이다.

46 현재로서는 비교적 공고한 사회적 합의 위에서 다문화주의(multiculturalism), 다종족주의, 다민족주의, 탈(脫)민족주의 등을 시민종교의 주요 부분으로 만들려는 사회들이 가장 유력한 후보들일 것이다.

47 앤서니 스미스의 '족족상징주의' 개념에 대해서는, 앤서니 D. 스미스, 『족류: 상징주의와 민족주의─문화적 접근방법』, 김인중 역, 아카넷, 2016을 볼 것. 아울러 '민족주의/종족주의의 종교성'이 잘 드러나는 스미스의 저술로, Anthony D. Smith, "The Nation: Invented, Imagined, Reconstructed?," Marjorie Ringrose and Adam J. Lerner eds., *Reimagining the Nation*, Buckingham and Philadelphia: Open University Press, 1993; "Chosen Peoples," J. Hutchinson and A. D. Smith eds., *Ethnicity*, Oxford: Oxford University Press, 1996; "Ethnic Election and National Destiny: Some Religious Origins of Nationalist Ideals," *Nations and Nationalism*, vol.5, no.3, 1999; *Myths and Memories of the Nation*, Oxford: Oxford University Press, 1999; "The 'Sacred' Dimension of Nationalism," *Millennium: Journal of International Studies*, vol.29, no.3, 1999; *Chosen Peoples: Sacred Sources of National Identity*, Oxford: Oxford University Press, 2003 등을 볼 것. 아울러 Bruce Cauthen, "Covenant and Continuity: Ethno-Symbolism and the Myth of Divine Election," *Nations and Na-

tionalism, vol.10, no.1/2, 2004; Siniša Maleševč, "'Divine Ethnies' and 'Sacred Nations': Anthony D. Smith and the Neo-Durkheimian Theory of Nationalism," *Nationalism & Ethnic Politics*, vol.10, no.4, 2004도 참고할 것.

48 앤서니 스미스, 『족류』, 177, 179쪽.

49 위의 책, 175-176쪽.

50 Philippe Burrin, "Die Politische Religion: Das Mythologisch-Symbolische in einer Säkularisierten Welt," Michael Ley and Julius H. Schoeps eds., *Der Nationalsozialismus als Politische Religion*, Mainz: Philo Verlag, 1997; 나인호·박진우, "독재와 상징의 정치: 나치즘과 일본 파시즘의 정치종교", 임지현·김용우 편, 『대중독재(2): 정치종교와 헤게모니』, 책세상, 2005, 197-205쪽에서 재인용.

51 에드워드 사이드, 『오리엔탈리즘』, 박홍규 역, 교보문고, 1991; 샤오메이 천, 『옥시덴탈리즘』, 정진배 외 역, 강, 2001; 이언 바루마, 아비샤이 마갤릿, 『옥시덴탈리즘: 반서양주의의 기원을 찾아서』, 송충기 역, 민음사, 2007.

52 강인철, "종교가 '국가'를 상상하는 법: 정교분리, 과거청산, 시민종교", 『종교문화연구』 21호, 2013, 97쪽. 한국인 학자들 중에서 시민종교를 '정교분리 및 근대성'과 관련지은 이는 김문조였다. 그는 미국의 시민종교에 대한 논의로부터 "시민종교의 이념형적 특성" 세 가지를 도출했는데, 그 두 번째가 "시민종교란 종교제도(교회)와 정치제도(정부)가 각기 독자적 영역으로 분화하게 된 정교분리의 상황을 전제로 한 근대적 산물이다"라는 것이었다(김문조, "시민종교론", 177쪽). 그러면서도 그는 막상 '시민종교의 유형들'에 대해 논하는 가운데 고대 로마나 비잔틴제국, 중세 서구사회, 고려시대와 조선시대 등 서양과 동양의 여러 사례들을 모두 시민종교라는 개념으로 설명하는 자기모순을 드러내고 있다.

53 Monika Wohlrap-Sahr and Marian Burchardt, "Multiple Secularities: Toward a Cultural Sociology of Secular Modernities," *Comparative Sociology*, vol.11, 2012; Marian Burchardt and Monika Wohlrap-Sahr, "'Multiple Secularities: Religion and Modernity in the Global Age'—Introduction," *International Sociology*, vol.28, no.6, 2013; Craig Calhoun, Mark Juergensmeyer and Jonathan VanAntwerpen eds., *Rethinking Secularism*, New York: Oxford University Press, 2011; Peter F. Beyer, "Questioning the Secular/Religious Divide in a Post-Westphalian World," *International Sociology*, vol.28, no.6, 2013.

54 방원일, "비시구세계 종교문화의 만남과 종교 개념에 대한 최근 논의들", 『종교문화비평』 8호, 2005; 장석만, "'종교'를 묻는 까닭과 그 질문의 역사: 그들의 물음은 우리에게 어떤 문제를 던지는가?", 『종교문화비평』 22호, 2012.

55 김경학, "종교의 정치성에 관한 연구: 남아시아의 인도, 파키스탄, 스리랑카에서 세속주의(secularism)의 한계성을 중심으로", 『한국문화인류학』 27집, 1995; 김대성·한하은, "터키에서 공화인민당의 집권과 세속주의 여성의 출현", 『한국이슬람학회 논총』 22권 3호, 2012; 이상빈, "프랑스 사례를 중심으로 고찰한 종교와 세속성", 『탈경계인문학』 13호, 2012; 양은미, "브라질의 정치적 세속성(laicidade)과 공교육의 세속성", 『포르투갈-브라질 연구』 10권 1호, 2013 등이 그런 예들이다.

56 Jose Casanova, "The Secular, Secularizations, Secularisms," Craig Calhoun, Mark Juergensmeyer, Jonathan VanAntwerpen eds., *Rethinking Secularism*, New York: Oxford University Press, 2011.

57 에밀 뒤르케임, 『종교생활의 원초적 형태』, 306쪽. 이런 부류의 세속주의는 사상 처음으로 진정한 의미의 세속국가를 산출해낸 정교분리의 확산, 그리고 시민종교를 세계적 유행으로 만든 근대적 민족주의·민족국가의 확산과 흐름을 같이한다. 예컨대 프랑스에서 '이성의 축제'는 1793년 11월 노트르담성당에서 열렸고, 1794년 6월에는 '최고 존재(지존)의 축제'가 열렸다. 로베스피에르가 시작한 지존 축제는 "교회를 심하게 공격하고 시민적 덕목을 보여주었다"(정근식, "러시아혁명과 축제", 정근식 외, 『지역 민주주의와 축제의 관계』, 중원문화, 2010, 54쪽). 말할 것도 없이 이런 사고 및 행동 방식에는 계몽주의 전통의 영향이 확연히 나타난다. 근대화는 무엇보다 '세계의 합리화(rationalization)' 과정으로 이해된다. 또한, 바람직한 현상이자 인류의 '진보'로 간주되는 '세계의 합리화'는 '세계의 세속화'를 추동하는 원동력으로 간주된다. 이때 종교는 '미몽(迷夢)'이나 '비합리성'의 영역, 혹은 '계몽 이전'이나 '전(前)근대'의 영역에 속하는 무엇으로 치부된다.

58 Cristi and Dawson, "Civil Religion in America and in Global Context," pp. 276-279.

59 이 이론을 한국에 적극적으로 소개한 이들도 대개 역사학자들이었다.

60 나인호·박진우, "독재와 상징의 정치", 191쪽.

61 Emilio Gentile, *The Sacralization of Politics in Fascist Italy*, Cambridge: Harvard University Press, 1996; "The Sacralization of Politics: Definitions, Interpretations and Reflections on the Question of Secular Religion and Totalitarianism," *Total-*

itarian Movements and Political Religions, vol.1, Summer 2001(앞서 인용한 바 있는, 에밀리오 젠틸레의 "정치의 신성화"라는 글이 바로 이 논문의 번역본이다); *Politics as Religion*, George Staunton tr., Princeton: Princeton University Press, 2006.

62 Aldridge, *Religion in the Contemporary World*, pp. 148-150; Andrew Eungi Kim, "The Absence of Pan-Canadian Civil Religion: Plurality, Duality and Conflict in Symbols of Canadian Culture," *Sociology of Religion*, vol.54, no.3, 1993. 시민종교의 '부재' 주장은 '1사회1시민종교 가설'을 바탕에 깔고 있다는 점에서 시민종교의 '복수성' 주장과 완전히 다르다. 시민종교의 '편재성'과 '보편성'을 주장한다는 면에서 로버트 벨라 역시 시민종교의 '부재' 주장과 거리가 있는 것처럼 보이는 것은 사실이나, 그럼에도 불구하고 벨라 역시 '1사회1시민종교 가설' 쪽으로 확연히 기울어 있는 것 같다. 실상 시민종교의 부재처럼 보이는 현상들은 대부분 시민종교의 복수성, 즉 '경합하는 시민종교들의 갈등적 공존' 상황으로 해석되어야 한다.

63 Jan Assmann, *Religion and Cultural Memory*, Rodney Livingston tr., Stanford: Stanford University Press, 2006, 특히 pp. 1-30; 알라이다 아스만, 『기억의 공간: 문화적 기억의 형식과 변천』, 변학수·채연숙 역, 그린비, 2011.

64 미셸 푸코, 『헤테로토피아』, 이상길 역, 문학과지성사, 2014.

65 한나 아렌트, 『전체주의의 기원(2)』, 이진우·박미애 역, 한길사, 2006, 특히 218-253쪽 참조.

66 Irving Goffman, *Asylums: Essays on the Social Situation of Mental Patients and Other Inmates*, New York: Anchor Books, 1961, 특히 pp. 4-5.

67 「한겨레」 2015년 10월 5일자 19면에 실린 관련 기사("경찰들이 어린이 강제 납치"… 40년간 그 섬엔 무슨 일이)를 볼 것.

68 김아람, "5·16군정기 사회정책: 아동복지와 부랑아 대책의 성격", 『역사와 현실』 82호, 2011; 이상록, "경제제일주의의 사회적 구성과 '생산적 주체' 만들기: 4·19~5·16 시기 혁명의 전유를 둘러싼 경합과 전략들", 『역사문제연구』 25호, 2011.

69 이런 일탈적 사회복지 시설들은 2009년 소설로 출간되고 2011년에 영화화된 〈도가니〉로 잘 알려진 광주 인화학교 등으로 대표된다.

70 울리히 벡, 『자기만의 신』, 홍찬숙 역, 도서출판 길, 2013, 17쪽.

71 파주 어머니의 품 동산에 대해서는, 한만송, "기지촌 여성·혼혈인 위한 동산 생긴다", 「오마이뉴스」, 2015.11.13 참조.

72 에릭 홉스봄 외, 『만들어진 전통』, 박지향·장문석 역, 휴머니스트, 2004, 504쪽.

73 위의 책, 505-506쪽.

74 피에르 노라 편, 『기억의 장소1: 공화국』, 김인중·유희수·문지영 역, 나남, 2010, 401쪽.

75 나인호·박진우, "독재와 상징의 정치", 204-205쪽 참조.

76 정병호, "극장국가 북한의 상징과 의례", 7쪽.

77 에밀 뒤르케임, 『종교생활의 원초적 형태』, 482, 484, 514쪽.

78 Williams, "Religious Social Movement in the Public Sphere," p. 318.

79 캐서린 벨, 『의례의 이해: 의례를 보는 관점들과 의례의 차원들』, 류성민 역, 한신대학
교출판부, 2007, 268, 317, 435, 439쪽.

80 위의 책, 318-319쪽.

81 에밀 뒤르케임, 『종교생활의 원초적 형태』, 309쪽.

82 위의 책, 312쪽.

83 Arnold van Gennep, *The Rites of Passage*, Monika B. Vizedom and Gabrielle L. Caffee
tr., Chicago: University of Chicago Press, 1960; Victor W. Turner, *The Ritual Process:
Structure and Anti-Structure*, London: Routledge & Kegan Paul, 1969; Victor W.
Turner, *Dramas, Fields, and Metaphors: Symbolic Action in Human Society*, Ithaca:
Cornell University Press, 1974; Victor W. Turner, *From Ritual to Theatre: The Human
Seriousness of Play*, New York: PAJ Publications, 1982; Edith Turner, *Communitas:
The Anthropology of Collective Joy* , New York: Palgrave MacMillan, 2012.

84 '집합적 열광' 개념에 대해서는, 에밀 뒤르케임, 『종교생활의 원초적 형태』, 300, 301-
302, 308, 312, 529쪽 등을 볼 것, 아울러 김종엽, 『연대와 열광: 에밀 뒤르켐의 현대성
비판 연구』, 창작과비평사, 1998를 볼 것.

85 커뮤니타스의 유형론에 대해서는, V. Turner, *From Ritual to Theatre*, pp. 47-50; *The
Ritual Process*, p. 132; *Dramas, Fields, and Metaphors*, pp, 169, 232 등을 볼 것.

86 에밀 뒤르케임, 『종교생활의 원초적 형태』, 588, 589쪽.

87 모리스 아귈롱, 『마리안느의 투쟁』, 382, 383, 385쪽.

88 위의 책, 37쪽.

89 Fujitani, "Inventing, Forgetting, Remembering," p. 101.

90 *ibid.*, p. 102.

91 Takashi Fujitani, *Splendid Monarchy: Power and Pageantry in Modern Japan*, Berkeley:

University of California Press, 1996; 다카시 후지타니, 『화려한 군주: 근대일본의 권력과 국가의례』, 한석정 역, 이산, 2003.

92 노라는 『기억의 장소』 1권에서 '기억의 장소들'의 목록 내지 유형을 열거한 바 있다. 거기에는 공화력, 교과서, 전사자 숭배 영역에 속하는 모든 것, 문화재에 속하는 모든 것, 현재 속에 과거의 존재를 제시하는 모든 것, 지리학적·고고학적 선사유적, 국경선, 외교조약, 사건들과 역사서(회고록, 사적인 일기도 포함)의 일부, 공동묘지, 박물관, 기념일, 가문, 기억과 일체화된 지역, 국토에 대한 모든 인식의 토대가 되는 '(영토) 분할' 개념, 그림으로서의 풍경, 지형학적인 기억의 장소, 건축학적인 장소들과 혼동해서는 안 되는 기념비적 장소들, 퇴역군인협회, 사전, 유언장, 가정일기, 순전히 기념적 기능만을 지닌 순수한 기억의 장소들(장례식의 조사, 두오몽, 연맹병의 벽 등), 기억의 차원은 그것의 상징적 의미들 가운데 하나에 지나지 않는 기억의 장소들(국기, 축제, 성지순례 등)이 포함되어 있다. 피에르 노라, 『기억의 장소1』, 57-65쪽.

93 정일준, "탈수정주의를 넘어서 한국 근현대사 이해하기: 역사내전을 극복하기 위하여", 비판사회학회 민족·통일분과 편, 『민족과 통일』, 선인, 2010, 210쪽.

제3장 시민종교의 기원

1 이번 장에서 필자가 편의상 "국가"로 지칭하는 것은 대부분 "국가 '그리고' 정치적인 것"을 지시한다. 또 당연한 얘기지만 '정치적인 것의 성화'는 단순한 '국가주의' 이상을 뜻한다.

2 이 글에선 일상적인 사용법에 따라 편의상 '정교융합'이나 '정교분리' 등의 용어를 사용하지만, 여기서 '정(政)'은 대부분 '정치'가 아닌 '국가'를 가리키는 용어로 사용된다. 정교분리의 영어 표현도 'the separation of religion and politics'보다는 'the separation of religion(church) and state'가 훨씬 자주 사용된다.

3 Annemarie de Waal Malefijt, *Religion and Culture : An Introduction to Anthropology of Religion*, New York: Macmillan, 1968, pp. 305-310.

4 Kenneth S. Latourette, "Colonialism and Missions: Progressive Separation," James E. Wood, Jr. ed., *Readings on Church and State*, Waco: Baylor University Press, 1989, pp. 196-197; 이병호, "프랑스선교사들의 영성과 한국교회", 『교회사연구』 5호, 1987, 379-384쪽; 김용자, "교황 비오 11세와 동양선교정책", 기념논문집간행위원회 편,

『한국천주교회창설 2백주년기념 한국교회사논문집 II』, 한국교회사연구소, 1985, 200-216쪽.

5 양건, "국가와 종교에 관한 법적 고찰", 한국기독교사회문제연구원 엮음, 『국가권력과 기독교』, 민중사, 1982, 33쪽; 김종서, "종교와 법", 『종교사회학』, 서울대학교출판부, 2005, 215쪽.

6 David B. Barrett ed., World Christian Encyclopaedia, Oxford: Oxford University Press, 1982, p. 777.

7 강인철, "정교분리 이후의 종교와 정치: 의미와 동학", 『민주사회와 정책연구』 26호, 2014, 143-159쪽 참조.

8 양건, "국가와 종교에 관한 법적 고찰", 50쪽.

9 위의 글, 50-51쪽; 김종서, "종교와 법", 210-211쪽.

10 강인철, "정교분리 이후의 종교와 정치", 155-159쪽 참조.

11 '종교와 경제의 분리'에 대해서는, 강인철, "종교와 자본주의: 이데올로기적 동조와 종교의 산업화," 『비평』 7호, 2002, 218-219, 222-225쪽 참조.

12 George Moyser, Politics and Religion in the Modern World, London: Routledge, 1991, pp. 14-15.

13 그런 면에서 정교분리는 ('모든 종교'로부터의 분리를 의미하는) 국가의 '탈종교화'라 기보다는, (국가종교라는 '특정한 종교'로부터의 분리를 의미하는) 국가의 '탈국가종교화'로 해석되어야 할 것이다.

14 강인철, "정교분리 이후의 종교와 정치", 152-153쪽.

15 강인철, "종교가 '국가'를 상상하는 법", 89쪽.

16 강인철, "정교분리 이후의 종교와 정치", 153쪽.

17 2016년 봄 내전 중인 시리아의 알라위파 지도자들 사이에서 회람된 "정체성 개혁 선언"이라는 문건에는 "시리아의 미래는 세속주의로, 이슬람과 기독교를 비롯한 모든 종교가 평등한 나라"라는 대목이 포함되어 있었다(한겨레, 2016.4.5, 17면에 게재된 "시리아 알라위파, 아사드와 결별 움직임"이라는 기사 참조). '세속주의'를 [반(反)종교적 이념이라기보다는] '모든 종교가 평등한 나라'와 사실상의 동의어로 사용하는 이런 용법도 필자의 주장과 일맥상통한다고 말할 수 있다.

18 에릭 홉스봄, "대량 생산되는 전통들: 유럽, 1870~1914", 에릭 홉스봄, 테렌스 레인저 편, 『만들어진 전통』, 박지향·장문석 역, 휴머니스트, 2004.

19 차남희, "일본의 시민종교와 신도", 88, 92쪽.

20 나인호·박진우, "독재와 상징의 정치", 211-212쪽.

21 위의 글, 200쪽.

22 村上重良, 『國家神道』, 東京: 岩波書店, 2006; 차남희, "일본의 시민종교와 신도", 84
쪽에서 재인용.

23 새뮤얼 헌팅턴, 『문명의 충돌』, 이희재 역, 김영사, 1997, 21, 345, 371-399쪽.

24 James D. Fearon, "Commitment Problem and the Spread of Ethnic Conflict," *The
International Spread of Ethnic Conflict,* David A. Lake and Donald Rothchild eds.,
Princeton: Princeton University Press, 1998, pp. 125-126.

25 강인철, 『전쟁과 종교』, 120쪽.

26 목수현, "한국 근대 전환기 국가 시각 상징물", 서울대학교 박사학위논문, 2008; 이명
화, "애국가 형성에 관한 연구", 『실학사상연구』 10·11집, 1999, 638, 644쪽.

27 김민환, "한국의 국가기념일 성립에 관한 연구", 『한국학보』 26권 2호, 2000, 130쪽.

28 목수현, "망국과 국가 표상의 의미 변화: 태극기, 오얏꽃, 무궁화를 중심으로", 『한국
문화』 53집, 2011, 160쪽 이하.

29 목수현, "디아스포라의 정체성과 태극기: 20세기 전반기 미주 한인을 중심으로", 『사
회와 역사』 86집, 2010, 55쪽.

30 에릭 홉스봄 외, 『만들어진 전통』에 수록된 홉스봄의 글("대량 생산되는 전통들: 유
럽, 1870~1914", 특히 523-525쪽)과 데이비드 캐너다인의 글("의례의 역사적 맥락과
그 의미: 영국 군주정과 '전통의 발명'(1820-1977)")을 볼 것.

31 에릭 홉스봄, "대량 생산되는 전통들", 560-561쪽.

32 위의 글, 523-525쪽; 캐서린 벨, 『의례의 이해』, 445-448쪽.

33 다카시 후지타니, 『화려한 군주』, 101-118, 137-140, 192-193쪽 참조.

34 Fujitani, "Inventing, Forgetting, Remembering," pp. 98-101.

35 김백영, 『지배와 공간: 식민지도시 경성과 제국 일본』, 문학과지성사, 2009; 김백영,
"식민권력과 광장 공간: 일제하 서울시내 광장의 형성과 활용", 『사회와 역사』 90집,
2011; 김백영, "현대 한국 도시에 남겨진 식민지 유산", 정근식·이병천 편, 『식민지 유
산, 국가 형성, 한국 민주주의(2)』, 책세상, 2012.

36 강인철, 『종속과 자율: 대한민국의 형성과 종교정치』, 한신대학교출판부, 2013, 211쪽.

37 원종에 대해서는, 조성윤, "일제하의 신흥종교와 독립운동: 만주지방의 원종(元宗)을

중심으로", 한국사회사연구회 편, 『한국의 종교와 사회변동』, 문학과지성사, 1987을 볼 것.

38 목수현, "망국과 국가 표상의 의미 변화", 159-160쪽.

39 목수현, "디아스포라의 정체성과 태극기", 62-64, 70-71쪽.

40 윤선자, "독립운동과 태극기", 『역사학연구』 35집, 2009, 96-97쪽.

41 위의 글, 165-172쪽.

42 김종철, "드러내 자랑할 수 없는 우리의 선배님, '속사포': 창학 105주년 신흥무관학교", 『한겨레』, 2016.6.4.

43 법제처 국가법령정보센터(www.law.go.kr)의 '대한민국 임시헌장' 항목(2015.4.20 검색).

44 이명화, "애국가 형성에 관한 연구", 660쪽.

45 윤선자, "독립운동과 태극기", 98, 104쪽; 조현범, "현대 한국의 국가의례에 대한 시론적 연구", 『종교연구』 19집, 2000, 104쪽.

46 특히 "1919년 3월 1일에 있었던 고종 황제의 장례 예식대로" 그리고 "순전히 조선 고유의 식(式)으로" 진행되었던 1926년 4월 25일부터 6월 12일까지의 순종 국장에 대해서는, 조현범, "현대 한국의 국가의례에 대한 시론적 연구", 217-218쪽 참조.

47 전우용, "한국인의 국기관(國旗觀)과 '국기에 대한 경례': 국가 표상으로서의 국기(國旗)를 대하는 태도와 자세의 변화 과정", 『동아시아 문화연구』 56집, 2014, 37-38쪽 참조.

48 김민환, "한국의 국가기념일 성립에 관한 연구", 『한국학보』, 130쪽.

49 정영훈, "단기 연호, 개천절 국경일, 홍익인간 교육이념: 현대 한국에서의 단군민족주의의 제도화에 관한 연구", 『정신문화연구』 113호, 2008, 174쪽.

50 윤선자, "독립운동과 태극기", 98쪽.

51 위의 글, 135, 143쪽; 지영임, "현충일의 창출 과정: 순국선열과 전몰장병을 중심으로", 『비교민속학』 25집, 2003, 600쪽.

52 김민환, "한국의 국가기념일 성립에 관한 연구", 서울대학교 석사학위논문, 2000, 5쪽.

53 이명화, "애국가 형성에 관한 연구", 644쪽.

54 위의 글, 662-664쪽.

55 고원, "역동적 저항-역동적 순응, 이중성의 정치동학: 48년 헌정체제의 일제강점기 유산과 전개", 이병천·정근식 편, 『식민지 유산, 국가 형성, 한국 민주주의(1)』, 책세상, 2012, 64쪽.

56 박찬승, 『한국독립운동사: 해방과 건국을 향한 투쟁』, 역사비평사, 2014, 364-373쪽 참조.

57 이영록, "한국에서의 '민주공화국'의 개념사: 특히 '공화' 개념을 중심으로", 『법사학 연구』 42호, 2010, 59-64쪽.

58 이승만, "대한민국 정부 수립 기념식사", 4·7언론인회 편, 『한국신문종합사설선집(1 권): 제1·2공화국 편』, 도서출판 동아, 1985, 661쪽.

59 필자가 보기에는, '기미독립선언서' 가운데 (1) 제국주의를 동양평화와 세계평화를 위협하는 주요인으로 인식하는 대목, 그리고 (2) '침략주의'와 '강권주의(强權主義)' 를 "구시대의 유물"로 단정하면서 "새 하늘과 새 땅(新天地)", "새 문명(新文明)과 새 시대"의 도래를 예견하고 대망하는 대목, 특히 19세기 인류문명의 발달에 의해 "위력 (威力)의 시대"가 "도의(道義)의 시대"에 의해 대체되기에 이르렀다는 대목이 사회 진화론 부류의 역사인식과 세계인식을 뛰어넘는다.

60 그러나 '민주주의와 민족주의의 병진(竝進) 및 동시발전'이 임시정부 내의 지배적 흐 름이 되어갈수록 '시민적 민족주의' 쪽이 더욱 우세해졌다고 볼 수 있을 것이다.

61 물론 신념체계에서도 국가주의와 반공주의, 특히 국가주의적 성격이 강한 독특한 형 태의 반공주의는 식민지체제의 영향으로 해석해야 옳을 것이다.

62 강인철, 『종속과 자율』, 29-60쪽.

63 법제처 국가법령정보센터(www.law.go.kr)의 '대한민국헌법'과 '교육법' 항목 참조 (2015.6.20 검색).

64 문규현, 『민족과 함께 쓰는 한국천주교회사 II: 1945년부터』, 빛두레, 1994, 275쪽.

65 최종고, 『국가와 종교』, 현대사상사, 1983, 99쪽.

66 김용복, "해방 후 교회와 국가", 한국기독교사회문제연구원 편, 『국가권력과 기독 교』, 민중사, 1982, 228, 234쪽; 장규식, "군사정권기 한국교회와 국가권력: 정교유착 과 과거사청산 의제를 중심으로", 『한국기독교와 역사』, 제24호, 2006, 118-119쪽; 장 숙경, 『산업선교, 그리고 70년대 노동운동』, 선인, 2013, 183-186쪽.

제4장 시민종교의 사회문화적 인프라(1)

1 징병제와 쌍을 이루는 주민등록제도에 대해서는 13장에서 자세히 다룰 것이다.

2 안쏘니 기든스, 『민족국가와 폭력』, 진덕규 역, 삼지원, 1991, 특히 267-274쪽.

3 백승덕, "한국전쟁 이전의 국민개병제 구상과 시행", 『한국사연구』 175집, 2016, 281, 310쪽.

4 신병식, "박정희 시대의 일상생활과 군사주의: 징병제와 '신성한 국방의 의무' 담론을 중심으로", 『경제와 사회』 72호, 2006, 151-152쪽.

5 니시무라 아키라, "위령과 폭력: 전쟁 사망자에 대한 태도 이해를 위해", 『종교문화비평』 2호, 2002, 256-259쪽.

6 오제연, "병영사회와 군사주의 문화", 오제연 외, 『한국현대생활문화사, 1960년대: 근대화와 군대화』, 창비, 2016, 194쪽.

7 김학재, "자유진영의 최전선에 선 국민", 홍석률 외, 『한국현대생활문화사, 1950년대: 삐라 줍고 댄스홀 가고』, 창비, 2016, 47쪽.

8 백승덕, "한국전쟁 이전의 국민개병제 구상과 시행", 287-289, 306-308, 310쪽.

9 위의 글, 292쪽.

10 강인철, "한국전쟁과 사회의식 및 문화의 변화", 205-206쪽.

11 오제연, "병영사회와 군사주의 문화", 200쪽.

12 백승덕, "한국전쟁 이전의 국민개병제 구상과 시행", 311쪽.

13 김운태, 『한국정치사(2): 제1공화국』, 성문각, 1976, 472쪽.

14 지영임, "제주 4·3 관련 위령의례의 변화와 종교적 의미", 『종교연구』 48집, 2007, 335쪽.

15 김학재, "자유진영의 최전선에 선 국민", 47쪽.

16 교육50년사편찬위원회 편, 『교육50년사』, 교육부, 1998, 149-151쪽; 김학재, "자유진영의 최전선에 선 국민", 52쪽.

17 교육50년사편찬위원회, 『교육50년사』, 121쪽.

18 윤종주, "해방 후 우리나라 인구변동의 사회사적 의의", 『인구문제논집』 27호, 1986, 23쪽.

19 김기석·강일국, "1950년대 한국 교육", 문정인·김세중 편, 『1950년대 한국사의 재조명』, 선인, 2004, 545-546쪽.

20 위의 글, 545쪽.

21 임대식, "1950년대 미국의 교육원조와 친미 엘리트의 형성", 역사문제연구소 편, 『1950년대 남북한의 선택과 굴절』, 역사비평사, 1998, 140쪽.

22 이하나, "미국화와 욕망하는 사회", 홍석률 외, 『한국현대생활문화사, 1950년대: 삐라 줍고 댄스홀 가고』, 창비, 2016, 72쪽.

23 임대식, "1950년대 미국의 교육원조와 친미 엘리트의 형성", 140쪽.

24 한국역사연구회, 『우리는 지난 100년 동안 어떻게 살았을까(1)』, 역사비평사, 1998, 52쪽; 동아일보사, 『동아연감』, 동아일보사, 1975, 66쪽.

25 김현선, "애국주의의 내용과 변화: 1960-1990년대 교과서 분석을 중심으로", 『정신문화연구』 25권 2호, 2002.

26 베네딕트 앤더슨, 『상상의 공동체: 민족주의의 기원과 전파에 대한 성찰』, 윤형숙 역, 나남, 2002, 84-86, 211, 224쪽.

27 조지 모스, 『전사자 숭배』, 77쪽.

28 임종명, "탈식민지 시기(1945~1950년) 남한의 국토민족주의와 그 내재적 모순", 『역사학보』 193집, 2007; 임종명, "탈식민지시기(1945~1950) 남한의 지리교육과 국토표상", 『한국사학보』 30호, 2008.

29 다카시 후지타니, 『화려한 군주』, 60쪽.

30 피에르 노라, "민족의 교사 라비스: 공화국의 복음서 『아동용 라비스』", 피에르 노라 편, 『기억의 장소1: 공화국』, 김인중·유희수·문지영 역, 나남, 2010, 229-230쪽.

31 알라이다 아스만, 『기억의 공간』, 34, 187쪽.

32 미셸 푸코, 『감시와 처벌』, 276쪽.

33 이경숙, 『시험국민의 탄생』, 푸른역사, 2017, 86쪽.

34 위의 책, 특히 129, 199-200, 231쪽 참조.

35 김원용·김광옥·노영서, "한국방송편성론", 방송문화진흥회 편, 『한국방송총람』, 나남, 1991, 645-646, 819-825쪽.

36 중앙선거관리위원회 편, 『대한민국선거사(제1집)』, 중앙선거관리위원회, 1973, 73쪽.

37 정태헌, "1930년대 조선인 유산층의 친일 논리와 배경", 민족문제연구소 편, 『한국 근현대사와 친일파 문제』, 아세아문화사, 2000, 202-203쪽. 당시 일본에서도 '여성을 제외한 25세 이상의 남자'로 선거권이 제한되어 있었다.

38 김영미, "미군정기 남조선과도입법의원의 성립과 활동", 『한국사론』 32집, 1994, 265-266쪽.

39 김운태, 『한국정치사(2)』, 383, 435-438쪽.

40 교육50년사편찬위원회, 『교육50년사』, 603쪽.

41 김종태, 『선진국의 탄생: 한국의 서구 중심 담론과 발전의 계보학』, 돌베개, 2018.

42 한석정, 『만주 모던: 60년대 한국 개발체제의 기원』, 문학과지성사, 2016, 64쪽.

43 동아일보, 1949.9.30.

44 김빈환, "한국의 국가기념일 성립에 관한 연구", 『한국학보』, 144, 149-152쪽.

45 박천홍, 『매혹의 질주, 근대의 횡단: 철도로 돌아본 근대의 풍경』, 산처럼, 2003, 254-282쪽.

46 동아일보, 1949.11.5, 1949.12.3, 1949.12.4., 1949.12.9; 경향신문, 1949.11.23, 1949.12.4.

47 이정훈, "한국 최초 비행기 '부활호' 부르릉", 『주간동아』, 2004.11.4, 93쪽.

48 교육50년사편찬위원회, 『교육50년사』, 544-546쪽.

49 노창섭·김종서·한상준, 『개발과정에 있는 농촌사회연구』, 이화여대출판부, 1965; 한국농촌사회연구회 편, 『농촌사회학』, 민조사, 1965, 281-319쪽; 최재석, 『한국농촌사회연구』, 일지사, 1975, 335-345쪽; 김운태, 『한국정치사(2)』, 438쪽 등 참조.

50 보건사회부, 『보건사회통계연감(1954)』, 보건사회부, 1955, 156-161쪽; 합동통신사, 『합동연감』, 합동통신사, 1964, 1001쪽.

51 생활난으로 인한 경찰관과 아나운서의 자살사건 보도, 그리고 서기와 교사의 비참한 생활을 다룬 이범선의 소설 『오발탄』과 『사망보류』 등을 통해 당시 화이트칼라층의 빈곤상을 잘 알 수 있다.

52 박훈하, "한국 근대박물관의 계보학: 민족주의와 지역의 기원", 『인문과학논총』 12권 1호, 2007, 125쪽.

53 정호기, 『한국의 역사기념시설』, 민주화운동기념사업회, 2007, 206쪽.

54 알라이다 아스만, 『기억의 공간』, 60쪽.

55 박훈하, "한국 근대박물관의 계보학", 119쪽,

56 전덕재, "1973년 천마총 발굴과 박정희 정권의 문화재 정책", 『역사비평』 112호, 2015, 196쪽.

57 은정태, "박정희시대 성역화사업의 추이와 성격", 『역사문제연구』 15호, 2005, 243-244쪽.

58 국성하, "국립박물관 체제 형성과 박물관 내 교육의 변화", 『한국교육사학』 35권 4호, 2013, 3-4, 7-8쪽; 박훈하, "한국 근대박물관의 계보학", 123쪽 참조.

59 강종구, "국내 최초 공립 인천시립박물관의 파란만장한 70년", 『연합뉴스』, 2016.3.25; 인천광역시박물관 홈페이지(museum.incheon.go.kr)의 '박물관 소개' 중 '지나온 길' 참조(2017.11.13 출력).

60 국성하, "국립박물관 체제 형성과 박물관 내 교육의 변화", 5-6쪽.

61 위의 글, 12쪽의 〈표 1〉과 16쪽의 〈표 2〉, 아울러 3~14쪽에서 재구성. 인천박물관과

부산박물관 관련 부분은 필자가 추가. 부산박물관 홈페이지(museum.busan.go.kr)의 '박물관 소개' 중 '연혁' 참조(2017.11.13 출력).

62 국성하, "국립박물관 체제 형성과 박물관 내 교육의 변화", 6-7쪽.

63 김득중, "여순사건에 대한 언론보도와 반공담론의 창출", 김득중 외, 『죽엄으로써 나라를 지키자』, 선인, 2007; 김득중, 『'빨갱이'의 탄생: 여순사건과 반공 국가의 형성』, 선인, 2009.

64 신영덕, 『한국전쟁과 종군작가』, 국학자료원, 2002; 최정기 외, 『전쟁과 재현: 마을공동체의 고통과 그 대면』, 한울, 2008에 수록된 김권호의 논문들 참조.

65 김미정, "1960~70년대 한국의 공공미술: 박정희 시대 공공기념물을 중심으로", 홍익대학교 박사학위논문, 2010, 76쪽. 이 가운데 민족기록화 프로젝트는 1967년 7~8월의 '민족기록화전', 1972년 12월의 '월남전 기록화 전시회', 1973년부터 실행된 '기록화 5개년 계획'에 따른 민족기록화 경제편 전시회(1974년 3월), 민족기록화 전승(戰勝)편 및 경제편 전시회(1975년 8월), 민족기록화 구국위업편 전시회(1976년 11~12월) 등을 포함하여, 1967~1979년 사이 무려 12년 동안이나 계속되었다. 전시회를 마친 후 작품들은 여러 공공기관들로 분배되어 상설 전시되었다. 1967년 민족기록화전 55점, 1972년 월남전 기록화 전시회 21점, 1974년 이후 104편(경제편 50점, 전승편 20점, 구국위업편 20점, 문화편 14점) 등 민족기록화 프로젝트를 통해 생산·전시된 미술작품들만 해도 180점이나 되었다(박혜성, "1960~1970년대 민족기록화 연구", 서울대학교 석사학위논문, 2003 참조).

66 이인석, 『세월 따라 담배 따라』, 대한교과서, 2001, 148-149쪽.

67 데이비드 캐너다인, "의례의 역사적 맥락과 그 의미", 267, 291-293쪽.

68 다카시 후지타니, 『화려한 군주』, 295쪽.

69 동아일보, 1965.6.5.

70 이화진, "'극장국가'로서의 제1공화국과 기념의 균열", 230, 236쪽.

71 위의 글, 230-231쪽.

72 위의 글, 235-236쪽.

제5장 시민종교의 사회문화적 인프라(2)

1 동아일보, 1946.10.17.

2 김창금, "좌우 갈린 해방공간 하나로 얼싸안게 했던 '보스턴 마라톤 영웅'", 「한겨레」,

2017.6.28.

3 이인석, 『세월 따라 담배 따라』, 77쪽.

4 김은신, 『한국 최초 101장면: 우리 근대문화의 뿌리를 들춰보는 재미있는 문화기행』, 가람기획, 1998, 43-46쪽.

5 김학균·남정석·배성민, 『기억을 공유하라 스포츠 한국사』, 이콘, 2012, 15쪽.

6 정희준, 『스포츠 코리아 판타지: 스포츠로 읽는 한국 사회문화사』, 개마고원, 2009, 66-68쪽.

7 "우리 선수단 귀국", 〈대한뉴스〉, 167호, 1958(국가기록원 자료).

8 김민영·김양규, 『철도, 지역의 근대적 수용과 사회경제적 변용: 군산선과 장항선』, 선인, 2005, 69쪽.

9 철도청 공보담당관실 편, 『한국철도사(제4권)』, 철도청, 1992, 120-121쪽.

10 위의 책, 503-504쪽; 코레일 홈페이지(info.korail.com)의 '철도갤러리 〉 역사관 〉 분야별 변천사'에서 '열차 속도의 변천'(2010.1.13 검색).

11 상록호는 철도 공로자인 이병익의 호를 딴 열차로서, "특정한 개인의 호를 열차 이름으로 사용하기는 철도사상 처음 있는 일"이었다. 동아일보, 1972.12.20.

12 코레일 홈페이지(info.korail.com)의 '철도갤러리 〉 역사관 〉 분야별 변천사'에서 '열차이름의 변천'(2010.1.13 검색). 이 밖에, 철도청 공보담당관실 편, 『철도 주요 연표: 철도 창설 제93주년 기념』, 철도청, 1992, 338쪽의 사진(상무호 관련); 경향신문, 1955. 8.26(상무호), 1963.8.14(약진호, 풍년호); 동아일보, 1954.12.14(화랑호), 1957.12. 24(경부선 침대특급차 은하호), 1966.7.14(약진호); 매일경제, 1968.4.1(십자성호) 등을 참조. 1974년 8월 15일부로 일부 열차의 이름이 변경되었다. 이때 관광호는 '새마을호'로, 상록호·비둘기호·통일호·은하호는 '통일호'로, 태극호·백마호는 '풍년호'로, 풍년호는 '증산호'로, 충무호·을지호는 '협동호'로, 십자성호는 '약진호'로, 장항선 특급은 '부흥호'로 각각 변경되었다(매일경제, 1974.8.13; 동아일보, 1974.8.13).

13 동아일보, 1947.2.8.

14 경향신문, 1950.5.11; 동아일보, 1950.5.15, 1950.5.16.

15 김은신, 『한국 최초 101장면』, 181-184쪽.

16 동아일보, 1946.10.4, 1946.11.9, 1946.12.18; 경향신문, 1946.11.16, 1946.12.18; 서울특별시사편찬위원회 편, 『서울 지명사전』, 서울특별시사편찬위원회, 2009, 685-686쪽.

17 동아일보, 1966.11.17, 1966.11.25; 경향신문, 1966.9.16.

18 경향신문, 1973.8.14.

19 동아일보, 1984.5.30, 1984.11.13.

20 나이토 요스케, 『우표, 역사를 부치다』, 9-12쪽.

21 위의 책, 10-11쪽.

22 나이토 요스케, 『우표로 그려낸 한국 현대사』, 42-43쪽.

23 위의 책, 106, 114쪽.

24 동아일보, 1956.8.23, 1956.9.3.

25 임채숙·임양택, 『세계의 디자인과 기술: 기념주화 은행권 우표 훈장』, 국제, 2006, 141쪽.

26 행정자치부 상훈담당관실 편, 『대한민국 훈장 제식 변천사』, 행정자치부, 2003, 879-
   892, 1059-1062쪽.

27 총무처, 『상훈편람』, 213-218쪽에서 정리. 상징문양의 특징에 대해서는, 행정자치부
   상훈담당관실, 『대한민국 훈장 제식 변천사』, 71-83, 107-875쪽 참조.

28 총무처, 『상훈편람』, 218-219쪽에서 정리. 상징문양의 특징에 대해서는, 행정자치부
   상훈담당관실, 『대한민국 훈장 제식 변천사』, 87-97, 897-1055쪽 참조.

29 한국은행, 『한국의 화폐』, 한국은행 발권부, 1994, 408-421쪽; 한국조폐공사 편, 『한국
   화폐전사』, 한국조폐공사, 1993, 349-367쪽에서 재구성.

30 임채숙·임양택, 『세계의 디자인과 기술』, 31, 35쪽.

31 김정화, 『담배 이야기』, 지호출판사, 2000, 128-129쪽 사이의 화보들에서 재구성. 필자
   가 '백두산'과 '공작', '8·15기념담배', '초원'을 추가하였음.

32 김정화, 『담배 이야기』, 138쪽; 이인석, 『세월 따라 담배 따라』, 9쪽.

33 이인석, 『세월 따라 담배 따라』, 17-18, 20, 30, 34-35쪽; 김정화, 『담배 이야기』, 138-139쪽.

34 강준만, 『담배의 사회문화사: 정부 권력과 담배 회사는 세상을 어떻게 변화시켰나』,
   인물과사상사, 2011.

35 김정화, 『담배 이야기』, 139쪽.

36 이인석, 『세월 따라 담배 따라』, 101쪽.

37 김정화, 『담배 이야기』, 139쪽.

38 이인석, 『세월 따라 담배 따라』, 136-138쪽.

39 강준만, 『담배의 사회문화사』, 46쪽.

40 유정미, "경향사람들(8): 문화부장 유호", 『경향신문』(온라인판), 2016.2.12.

41 박희준, "군용 담배", 『세계일보』(온라인판), 2016.4.18.

42 강준만, 『담배의 사회문화사』, 48쪽.

43 김정화, 『담배 이야기』, 140-141쪽.

제6장 누구의 어떤 시민종교인가?

1 카터 에커트, "식민지 말기 조선의 총력전·공업화·사회 변화", 박지향 외 편, 『해방 전 후사의 재인식(1)』, 책세상, 2006, 652-653쪽.

2 프리스 모건, "소멸에서 시선으로: 낭만주의 시기 웨일스의 과거를 찾아서", 에릭 홉 스봄 외, 『만들어진 전통』, 박지향·장문석 역, 휴머니스트, 2004, 197쪽.

3 허종, 『반민특위의 조직과 활동: 친일파 청산 그 좌절의 역사』, 선인, 2003, 36-52쪽; 이강수, 『반민특위 연구』, 나남출판, 2003, 35-41쪽 참조.

4 예컨대 1946년 10월 당시 경찰 책임자였던 매글린(William Maglin) 대령은 "우리가 지난해(1945년-인용자)에 인계받았던 당시 경찰 병력 2만 명 중 1만 2천 명이 일본인이 었습니다. 일본인들을 귀국시킨 후에는 한국인들을 승진시켜야만 했습니다"라고 말했다. 마크 게인, 『해방과 미군정: 1946.10~11』, 편집부 역, 까치, 1986, 68쪽.

5 신기철, 『국민은 적이 아니다: 한국전쟁과 민간인 학살, 그 잃어버린 고리를 찾아서』, 헤르츠나인, 2014, 288쪽.

6 김동춘, "분단이 낳은 한국의 국가폭력: 일상화된 내전 상태에서의 '타자'에 대한 폭력행사", 『민주사회와 정책연구』 23호, 2013, 115쪽.

7 김동춘, 『전쟁정치: 한국정치의 메커니즘과 국가폭력』, 도서출판 길, 2013. 김동춘은 근본적으로 '분단'에서, 보다 직접적으로는 '정전(停戰)/냉전체제'에서 '전쟁정치'로 표현되는 국가폭력 과잉 현상의 원인을 발견한다. 그러나 필자는 '분단'이나 '정전체제'보다는 '식민지엘리트 세력'에 초점을 맞춰 식민지 시대까지 분석대상을 소급하는 게 낫다고 생각한다. 보다 정확하게 얘기하자면, '식민지엘리트를 매개로 한 식민지 요인과 분단 요인의 접합'으로 지배세력의 과잉 폭력성을 설명하는 게 더욱 적절하다고 판단한다.

8 위의 책, 73-94쪽. 김동춘은 3차 피해의 구체적 유형으로, 진상규명 자체에 대한 국가의 탄압, 가해 당국의 공개적 부인과 자료의 은폐, 시신 탈취, 정부의 허위사실 유포, 사건 조작, 언론의 묵살과 사회의 무관심 등을 꼽고 있다.

9 에밀리오 젠틸레, "정치의 신성화", 53쪽.

10 로버트 말렛, "이탈리아 파시즘과 영적 혁명", 임지현·김용우 편, 『대중독재2: 정치

종교와 헤게모니』, 책세상, 2005, 92쪽.

11 에밀리오 젠틸레, "정치의 신성화", 49-50쪽.

12 연정은, "감시에서 동원으로, 동원에서 규율로: 1950년대 학도호국단을 중심으로", 김득중 외, 『죽엄으로써 나라를 지키자: 1950년대, 반공·동원·감시의 시대』, 선인, 2007; 강성현, "국민보도연맹, 전향에서 감시·동원, 그리고 학살로", 같은 책; 강성현, "한국의 국가형성기 '예외상태 상례'의 법적 구조: 국가보안법(1948·1949·1950)과 계엄법(1949)을 중심으로", 『사회와 역사』 94집, 2012.

13 법제처 국가법령정보센터(www.law.go.kr)의 '위수령' 항목(2015.4.7 검색).

제2부
과거사청산 정치와 시민종교

제7장 식민지엘리트와 해방의 충격

1 카터 에커트, "식민지 말기 조선의 총력전·공업화·사회 변화", 651-652쪽.

2 어느 시대나 '직업적인' 저항운동가, 자신의 모든 시간과 다른 모든 것을 바쳐 오로지 '저항'에만 매달리는 사람들은 소수이게 마련이다.

3 이완범은 협력 혹은 저항의 강도에 따라 민족반역(부일), 훼절, 전반적 협력, 저항적 협력(제한적 협력), 협력적 저항, 부분적 저항, 완전한 저항 등 일곱 가지의 처신 유형을 소개하고 있다. 이완범, "김성수의 식민지 권력에 대한 저항과 협력: '협력적 저항'에서 '저항적 협력'으로", 『한국민족운동사연구』 58집, 2009, 특히 446, 452쪽 참조.

4 조선의 식민지화 과정에 기여했던 '초기 친일파들'(당사자들과 그 후손·인척들을 포함하여)이 바로 이런 사례일 것이다. 아울러 식민지 시대(예컨대 1910년대나 1920년대)에 태어나 서당(書堂)이 아닌 '신식학교'를 다니면서 총독부가 마련한 교과서로 공부하고, 식민지 세상을 그들의 유일한 '우주(cosmos)'로 알았던 이들도 식민지체제를 '당연하고도 자연스런' 현실로 수용했을 가능성이 높을 것이다.

5 예컨대 '유대인 학살에 가담했던 평범한 독일인들의 심리'를 분석한 크리스토퍼 브라우닝은 이들의 두 가지 특징으로 "당시의 정치규범에 대한 맹목적이고 생각 없는 수용과 순응" 그리고 "개인적인 출세지향주의"를 꼽은 바 있다. Christopher R. Browning,

"One Day in Jozefow: Initiation to Mass Murder," David F. Crew ed., *Nazism and German Society 1933~1945*, London and New York: Routledge, 1994; 나인호, "나치 독재의 정치종교와 전체주의적 대중 만들기", 209쪽에서 재인용. 물론 이들이 봉사한 체제가 구조적 폭력, 국가폭력, 국가범죄 등과 긴밀히 연관되는 일종의 '악의 체제'와 유사하다면, 이는 아렌트가 말했던 '악의 평범함' 주제와 연결될 것이다.

6 이나미, "일제의 조선지배 이데올로기: 자유주의와 국가주의", 강만길 외, 『일본과 서구의 식민통치 비교』, 선인, 2004, 131-135쪽.

7 전재호, "한국 민족주의의 반공 국가주의적 성격", 이병천·정근식 편, 『식민지 유산, 국가 형성, 한국 민주주의(1)』, 책세상, 2012, 160쪽.

8 김규민, "차라리 만주국 관리가 낫다", 문제안 외, 『8·15의 기억: 해방공간의 풍경, 40인의 역사체험』, 한길사, 2005, 221, 226-227쪽.

9 한국에서의 사회진화론에 대한 심층적인 분석은, 박노자, 『우승열패의 신화: 사회진화론과 한국민족주의 담론의 역사』, 한겨레신문사, 2005를 볼 것.

10 박홍규, "일본 식민사상의 형성과정과 사회진화론", 강만길 외, 『일본과 서구의 식민통치 비교』, 선인, 2004, 70-71쪽.

11 박노자, "'국민'이라는 감옥: 구한말의 국민 담론을 중심으로", 박노자 외, 『'탈영자들'의 기념비: 한국사회의 성과 속-주류라는 신화』(당대비평 특별호), 생각의 나무, 2003, 24, 28쪽.

12 피터 램버트, "'제3제국'에서의 영웅화와 악마화", 임지현·김용우 편, 『대중독재(2): 정치종교와 헤게모니』, 책세상, 2005, 333쪽 참조.

13 박노자, 『하얀 가면의 제국: 오리엔탈리즘, 서구 중심의 역사를 넘어』, 한겨레신문사, 2003, 16, 23쪽.

14 박노자, "'국민'이라는 감옥", 24쪽.

15 허동현·박노자, 『우리 역사 최전선: 박노자·허동현 교수의 한국 근대 100년 논쟁』, 푸른역사, 2003, 136쪽.

16 박홍규, "일본 식민사상의 형성과정과 사회진화론", 95쪽.

17 서영채, 『아첨의 영웅주의: 최남선과 이광수』, 소명출판, 2011, 21쪽.

18 박노자, "'국민'이라는 감옥", 23쪽.

19 위의 글, 28쪽.

20 박노자, 『나는 폭력의 세기를 고발한다: 박노자의 한국적 근대 만들기』, 인물과사상

사, 2005, 360쪽.

21 김동춘, 『전쟁정치』, 241쪽.

22 근대 일본의 엘리트들은 "정신이 결핍된 서양의 근대성과 그것을 맹목적으로 모방한 동양의 아류들로부터 일본 고대문화의 정신적 순수성을 구해야만" 한다고 생각했다 (이언 바루마, 아비샤이 마갤릿, 『옥시덴탈리즘』, 173쪽). 특히 미국과 관련하여, 1942 년 7월 교토에 모인 일본의 저명한 학자들과 지식인들은 "미국 자체가 이념상 근본이 없고 세계적이며 피상적이고 진부하고 물질주의적이고 혼혈 인종의 문명이자 유행에 민감한 문명"이라고 믿었다(같은 책, 19쪽).

23 일본인들에게 "일본은 아마테라스의 후예가 통치하는 나라이며 신의 비호가 내리는 신국"이고 "신의 자손인 천황은 신과 인간을 매개해주는 존재였으며, 동시에 살아 있는 신"이었으므로, "신국인 일본이 타국보다 우월한 위치에 놓여야 할 필요성"은 당연한 것으로 생각되었다(차남희, "일본의 시민종교와 신도", 88쪽). 나아가 후기 국학자인 히라타 아츠타네는 "일본이 세계의 중심이며, 일본이라는 황국은 신령으로 인하여 만들어진 나라"라고 주장했다(같은 글, 91쪽).

24 "일제 치하가 이백년은 갈 줄 알았다고 정직하게 고백한 건 서정주다. 이인직, 이광수, 최남선과 더불어 그는 친일의 정서적 나침반이라고 할 수 있는 존재다. 서정주의 언설은 해방에 대한 그들의 인식을 간명하게 응축하고 있다. 그네들에게 광복은 오지 말았어야 할 것이되 와야 하는 분열적 이중 모순이었다." 서해성, "나의 광복", 『한겨레』, 2015.5.9.

25 문제안 외, 『8·15의 기억』, 202쪽.

26 위의 책, 231-232쪽.

27 위의 책, 301쪽.

28 김국태 편역, 『해방 3년과 미국 I : 미국의 대한정책 1945~1948』, 돌베개, 1984, 55쪽.

29 C. L. 호그, 『한국분단보고서(상)』, 신복룡·김원덕 역, 풀빛, 1992, 117쪽.

30 허종, "1947년 남조선과도입법의원의 '친일파 처벌법' 제정과 그 성격", 『한국근현대사연구』 12집, 2000, 152쪽.

31 이강수, 『반민특위 연구』, 60쪽.

32 '디지털여수문화대전' 중 '여수향토문화백과'의 "현대사의 질곡, 여순사건"(김득중 집필) 항목(http://yeosu.grandculture.net/Contents?local=yeosu&dataType=01& contents_id=GC01302160, 2015.5.16 출력); 황남준, "전남지방정치와 여순사건", 박현채 외, 『해방전후사의 인식(3)』, 한길사, 1987, 459쪽.

33 브루스 커밍스, 『한국전쟁의 기원』, 김자동 역, 일월서각, 1986, 529쪽.

34 실제로 북한과 중국에서는 친일 협력자들을 상대로 이런 공개적 인민재판이 왕왕 벌어졌다.

35 윤해동, "'친일 잔재' 청산과 관련하여 제기되는 몇 가지 문제", 민족문제연구소 편, 『한국 근현대사와 친일파 문제』, 아세아문화사, 2000, 227쪽.

36 그런 면에서 식민지엘리트들이야말로 해방 후 한국사회에서 '탈민족주의화'한 최초의 주요 사회집단이었다고 평가할 수 있을 것이다.

37 물론 이를 위해서는 '위험한/불온한 민족주의'와 '안전한/건전한 민족주의'의 분화, 그리고 전자(前者)에 대한 터부 내지 금지 설정을 전제해야 한다. '안전한/건전한 민족주의'는 해방 직후의 신탁통치반대운동에서 이미 나타나고 있었지만 1950년대에 본격적으로 발전하는 것으로 보이며, 1960년대 중반부터 '만개(滿開)'하는 것으로 판단된다.

제8장 공포와 공격(1): 남한의 과거사청산 정치

1 역청산이라는 용어는 필자가 김동춘에게서 차용한 것이다. 그는 『전쟁정치』(7쪽)에서 "일제에 부역한 사람들이 처벌되기는커녕 그들이 다시 국가의 입법, 사법, 행정, 군사, 경찰 전 영역의 최고위직을 차지하여 자신들의 과거 행적을 비판하는 사람들을 거꾸로 '빨갱이'로 몰아 죽이거나 정치적 불구자로 만드는 '역(逆)청산'을 하였다"라고 적었다.

2 임시정부는 처단 대상('칠가살')으로 "① 일본인, ② 매국적(賣國賊), ③ 고등경찰 또는 형사·밀고자, ④ 친일 부호, ⑤ 적의 관리, ⑥ 불량배, ⑦ 배반한 자"를 명시했다. 또 임시정부는 '건국강령'에서 "적에게 부화(附和)한 자와 독립운동을 방해한 자"는 선거권과 피선거권을 박탈한다고 규정했다. 이강수, "친일파 청산, 어떻게 할 것인가?", 『민주사회와 정책연구』 8호, 2005, 48-49쪽.

3 친일반민족행위자재산조사위원회, 『친일재산조사, 4년의 발자취』, 친일반민족행위자재산조사위원회, 2010, 19쪽.

4 매일신보, 1945.9.19.

5 이강수, 『반민특위 연구』, 43쪽.

6 홍인숙, "건국준비위원회의 조직과 활동", 강만길 외, 『해방전후사의 인식(2)』, 한길사, 1985, 96-97쪽.

7 이강수, "친일파 청산, 어떻게 할 것인가?", 49-51쪽.

8 허종, 『반민특위의 조직과 활동』, 115쪽.

9 김국태, 『해방 3년과 미국 I』, 56쪽.

10 위의 책, 156쪽.

11 위의 책, 294-295쪽.

12 허종, 『반민특위의 조직과 활동』, 52-53쪽.

13 이강수, 『반민특위 연구』, 47쪽.

14 아마도 신익희와 이범석 정도를 여기에 추가할 수 있을 것이다. 예를 들어 신익희는 1946년 당시 "좌우합작의 전제로서 친일파와 민족반역자의 배제를 논의하는 것은 경중을 모르는 행동이라고 주장"했다고 한다(박찬승, 『대한민국은 민주공화국이다: 헌법 제1조 성립의 역사』, 돌베개, 2013, 295쪽). 친일 협력자들을 감싸거나 그들과 정치적 동맹관계를 맺은 저명한 민족주의자들이 단정 수립 직후 정치적으로 승승장구할 수 있었던 데에는 그들의 '명성'뿐 아니라 그런 처신을 한 이들의 '희귀성'도 중요하게 작용했을 것이다.

15 이강수, 『반민특위 연구』, 47쪽. 아울러 김삼웅, 『김상덕 평전』, 책으로보는세상, 2011, 233-236, 239-242쪽; 허종, 『반민특위의 조직과 활동』, 55-57쪽 등을 볼 것.

16 허종, 위의 책, 58-60쪽.

17 위의 책, 57쪽.

18 서울신문, 1946.7.22.

19 조선일보, 1946.6.16; 서울신문, 1946.6.30, 1946.7.22, 1946.7.25; 동아일보, 1946.7.11, 1947.12.16 등을 참조할 것.

20 서울신문, 1946.7.27.

21 동아일보, 1946.7.31.

22 이 조항 해석과 관련하여, 1946년 10월 10일 좌우합작위원회 우익 측 대표였던 김규식은 '친일파'와 '민족반역자'를 일단 구분한 후, (1) '입법기관'에서는 친일파와 민족반역자 모두가 배제되어야 하며, (2) '행정기구'에서는 '민족반역자'는 모두 배제되어야 하나 '친일파'는 선별적으로 허용될 수 있다는 입장을 밝혔다. 동아일보, 1946.10.16 참조. '좌우합작 7원칙'과 '입법기구에 대한 건의문' 전문(全文)은, 동아일보, 1946.10.8을 볼 것.

23 동아일보, 1946.10.18.

24 조선일보, 1946.11.7; 동아일보, 1946.11.10; 김영미, "미군정기 남조선과도입법의원의 성립과 활동", 263쪽 등 참조.

25 서울신문, 1946.10.13. 118호 법령의 전문(全文)은 『자료대한민국사』 제3권(국사편찬위원회, 1970)에 수록된 "군정청 법령 제118호"를 참조.

26 아울러 서울신문, 1946.12.22; 동아일보, 1946.12.22에 실린 김규식의 발언을 참조할 것.

27 1946년 12월 4일 좌우합작위원회가 발표한 담화 중에 "입법의원에 다수의 애국자가 들어가서 우선 <u>현 군정 각 부분으로부터 친일파 모리배 일절의 분자들을 심사(審査) 축출하고 그 대신에 민중이 신임하는 민주주의 애국자들이 들어서게 하는</u> 동시에 하루바삐 행정권 전부를 이 애국적인 조선인에게로 완전히 이양하도록 노력하기를 희망한다"(밑줄은 인용자)라는 내용이 포함될 수 있었던 것도 바로 법령 118호 5조의 존재 때문에 가능했을 것이다. 조선일보, 1946.12.5; 동아일보, 1946.12.5; 경향신문, 1946.12.5.

28 조선일보, 1946.10.24 참조.

29 김영미, "미군정기 남조선과도입법의원의 성립과 활동", 265-266, 269-270, 272쪽.

30 위의 글, 268, 270-272쪽.

31 위의 글, 276쪽.

32 위의 글, 277, 284쪽; 강정구, "해방 후 친일파 청산 좌절의 원인과 그 민족사적 교훈", 민족문제연구소 편, 『한국 근현대사와 친일파 문제』, 아세아문화사, 2000, 124쪽.

33 서울신문, 1946.11.2; 경향신문, 1946.11.2.

34 서울신문, 1946.10.27; 동아일보, 1946.10.27; 조선일보, 1946.10.27 등 참조.

35 허종, 『반민특위의 조직과 활동』, 94쪽.

36 서울신문, 1946.11.2; 경향신문, 1946.11.2.

37 조선일보, 1946.12.6; 동아일보, 1946.12.6.

38 동아일보, 1946.11.12.

39 마크 게인, 『해방과 미군정』, 68쪽.

40 동아일보, 1946.11.20.

41 허종, 『반민특위의 조직과 활동』, 53쪽.

42 박찬승, 『대한민국은 민주공화국이다』, 295쪽.

43 김영미, "미군정기 남조선과도입법의원의 성립과 활동", 263쪽; 허종, "1947년 남조선과도입법의원의 '친일파 처벌법' 제정과 그 성격", 157쪽.

44 서울신문, 1946.12.22; 동아일보, 1946.12.22.

45 신용옥, "우파 세력의 단정 입법 시도와 조선임시약헌의 정치적 성격", 『한국사학보』 28호, 2007, 91-92쪽.

46 김영미, "미군정기 남조선과도입법의원의 성립과 활동", 283쪽.

47 김기협, 『해방일기(6): 냉전에 파묻힌 조선 해방』, 너머북스, 2013, 370쪽.

48 정운현, 『친일, 청산되지 못한 미래』, 책으로보는세상, 2014, 54쪽. 아울러 동아일보, 1947.3.17, 1947.3.19; 경향신문, 1947.3.17, 1947.3.19 참조.

49 조선일보, 1947.5.11; 동아일보, 1947.5.11.

50 김영미, "미군정기 남조선과도입법의원의 성립과 활동", 287쪽.

51 이강수, "남조선과도입법의원의 친일파숙청법 연구", 『한국독립운동사연구』 22집, 2004, 194-195쪽.

52 이강수, 『반민특위 연구』, 42, 68쪽; 이강수, "남조선과도입법의원의 친일파숙청법 연구", 171-172쪽; 허종, "1947년 남조선과도입법의원의 '친일파 처벌법' 제정과 그 성격", 158, 162-164쪽 참조.

53 이강수, "남조선과도입법의원의 친일파숙청법 연구", 181, 183쪽. 각 법안의 날짜는 김영미, "미군정기 남조선과도입법의원의 성립과 활동", 290쪽.

54 이강수, "남조선과도입법의원의 친일파숙청법 연구", 181-182쪽.

55 김영미, "미군정기 남조선과도입법의원의 성립과 활동", 284, 286쪽.

56 허종, "1947년 남조선과도입법의원의 '친일파 처벌법' 제정과 그 성격", 165쪽.

57 강정구, "해방 후 친일파 청산 좌절의 원인과 그 민족사적 교훈", 128쪽.

58 이강수, "남조선과도입법의원의 친일파숙청법 연구", 192쪽.

59 허종, 『반민특위의 조직과 활동』, 113쪽.

60 강정구, "해방 후 친일파 청산 좌절의 원인과 그 민족사적 교훈", 128쪽.

61 이강수, 『반민특위 연구』, 67쪽.

62 김기협, 『해방일기(6)』, 378쪽.

63 허종, 『반민특위의 조직과 활동』, 113쪽.

64 김영미, "미군정기 남조선과도입법의원의 성립과 활동", 285쪽.

65 위의 글, 286쪽.

66 경향신문, 1947.12.11, 1947.12.12; 서울신문, 1947.12.11, 1947.12.12; 허종, "1947년 남조선과도입법의원의 '친일파 처벌법' 제정과 그 성격", 177쪽.

67 김기협, 『해방일기(6)』, 377쪽.

68 물론 "'국회의원선거법'에 친일 경력을 가진 자의 피선거권을 박탈하는 조항이 있었 지만, 자격조건이 너무 완화되어 이들을 제외한 친일 경력을 가진 인물의 출마가 가

능했기 때문이며, 이것은 친일파의 정치적 진출을 제도적으로 합법화시켜 주는 역할을 하였다"는 주장에도 귀 기울일 필요가 있다(허종, 『반민특위의 조직과 활동』, 121-122쪽). 친일 협력자들을 향해, 법령 175호는 '국회 진입장벽 설치 효과'와 '국회 진출의 합법화 효과' 모두를 동시에 발휘하는 것이었다.

69 이강수, 『반민특위 연구』, 94-95쪽.

70 이강수, "친일파 청산, 어떻게 할 것인가?", 53쪽.

71 김삼웅, 『김상덕 평전』, 167-169쪽. 뿐만 아니라, 임시정부 세력이 선거에는 참여하지는 않았을지라도 김구의 지시로 김승학이 작성한 반민특위·특별재판부·특별검찰부 추천 명단이 큰 위력을 발휘한 것으로 보인다. 반민특위 위원장(김상덕)을 비롯하여 특별재판부 재판관 16명 중 12명, 특별검찰부 검찰관 9명 중 7명이 김승학의 명부에 오른 이들이었다(같은 책, 186-187쪽).

72 이강수, 『반민특위 연구』, 89쪽.

73 위의 책, 110쪽.

74 위의 책, 171-172쪽.

75 김삼웅, 『김상덕 평전』, 179쪽.

76 위의 책, 204-206쪽.

77 허종, 『반민특위의 조직과 활동』, 142-143쪽.

78 김삼웅, 『김상덕 평전』, 241쪽.

79 위의 책, 241-242쪽. 물론 정부 쪽의 조직적인 방해와 공격으로 반민법 제5조는 그다지 위력을 발휘하지 못했다. "반민법 공소시효가 끝난 1949년 8월 31일까지 반민특위가 조사한 688명의 반민피의자 중 반민법 제5조 해당자는 단 15명뿐"이었기 때문이다(이강수, 『반민특위 연구』, 202쪽).

80 김삼웅, 『김상덕 평전』, 180쪽.

81 위의 책, 233-234쪽.

82 친일반민족행위자재산조사위원회, 『친일재산조사, 4년의 발자취』, 19-20쪽.

83 허종은 그 이유를 정부 수립 직후라는 시점에서 정부 위신을 유지함과 동시에 반민법 제정 움직임 속에서 논란의 소지를 줄이기 위한 것이었다고 분석하면서, "이것은 반민특위가 해체되기 전보다 반민특위가 해체된 후부터 친일 행적이 있는 인물이 장관과 처장으로 많이 기용된 사실에서 잘 드러난다"고 주장했다. 허종, 『반민특위의 조직과 활동』, 314쪽.

84 위의 책, 313-330쪽 참조.

85 위의 책, 329쪽.

86 김삼웅, 『김상덕 평전』, 204쪽.

87 강인철, 『한국 천주교의 역사사회학: 1930~1940년대의 한국 천주교회』, 한신대학교 출판부, 2006, 193쪽.

88 이강수, "친일과 청산, 어떻게 할 것인가?", 58쪽.

89 위의 글, 58-59쪽.

90 위의 글, 59쪽.

91 위의 글, 60쪽.

92 정운현, 『친일, 청산되지 못한 미래』, 55쪽.

93 친일반민족행위자재산조사위원회, 『친일재산조사, 4년의 발자취』, 20-21쪽.

94 한나 아렌트, 『전체주의의 기원(2)』, 247쪽; 한나 아렌트, 『전체주의의 기원(1)』, 이진우·박미애 역, 한길사, 2006, 70쪽.

95 부·권력과도 대체로 무관한 보통사람들, 평범한 피지배 민중 일반을 우리가 서발턴이라고 부를 수 있다면, 연좌제는 '서발턴의 이중성'을 극대화하는 장치이기도 했다. 다시 말해, 연좌제가 작동하는 한국사회에서 서발턴은 권력의 피억압자이면서 동시에 사회적으로 더 약한 이들(연좌제의 대상인 이들)에 대한 가해자인, 다시 말해 '피해자이자 가해자'라는 이중적 정체성'을 갖는 경향이 나타난다.

96 한겨레, 2016.3.5, 17면에 실린 인터뷰 기사.

97 자유당-민주공화당으로 이어지는 여당에 비해, 야당은 계속된 이합집산으로 인해 정당의 안정성도 약한 편이었다. 총선거에서도 여당은 통상 '의석 과반수'보다는 '개헌 가능 의석'(전체 의석의 3분의 2)을 목표로 삼았고, 야당은 '개헌 저지선'인 '전체 의석의 3분의 1 이상' 획득을 목표로 삼곤 했다. 이기택, 『한국야당사』, 백산서당, 1987 참조.

98 이런 현상은 해방정국 초기의 이데올로기지형이 '좌경반쪽'(손호철, 『한국정치학의 새 구상』, 풀빛, 1991, 160쪽)이라고 말해질 정도로 '전반적으로 좌경화된 지형'에 가까웠던 사실과 첨예하게 대조된다.

99 야당은 1960년 4·19혁명으로 집권세력이 되었을 때조차 "전시상황의 민간인 살해를 불가피한 것으로" 간주하면서 민간인 피학살자 유가족들의 요구를 뿌리쳤다. 한성훈, 『가면권력: 한국전쟁과 학살』, 후마니타스, 2014, 163, 306쪽.

100 김삼웅, 『김상덕 평전』, 286쪽.

101 대한민국정당사편찬위원회 편, 『대한민국정당사: 제1집(1945~1972년)』, 중앙선거
관리위원회, 1973, 233-234쪽.

102 윤해동, "'친일 잔재' 청산과 관련하여 제기되는 몇 가지 문제", 220쪽.

103 강정인, 『한국 현대 정치사상과 박정희』, 아카넷, 2014, 164쪽. 독립운동가 집안 후손인
김희선 항일여성독립운동기념사업회 회장도 최근 언론 인터뷰에서 "선조의 독립운
동 행적을 얘기해선 안 되는 땅"이 되어버린 1950년대 한국사회를 회상한 바 있다: "독
립운동 했다면 빨갱이 집이라고 했죠. 50년대 사회 분위기가 그랬어요." 한겨레, 2018.
10.3, 19면의 "여성 독립운동가 활약상 뒤늦게 알고 부끄러워 나섰어요" 기사 참조.

104 강정구, "해방 후 친일파 청산 좌절의 원인과 그 민족사적 교훈", 121쪽.

105 김민철, "탈식민의 과제와 친일파 청산운동", 정근식·이병천 편, 『식민지 유산, 국
가 형성, 한국 민주주의(1)』, 책세상, 2012, 251쪽.

106 이강수, "친일파 청산, 어떻게 할 것인가?", 64쪽.

107 한겨레, 1995.2.25; 김삼웅, 『김상덕 평전』, 287쪽에서 재인용.

108 한국일보(온라인판), 2015.8.18의 "친일 선조가 남긴 재산 밑천 삼아…떵떵거리는
후손들"(정지용 기자) 기사 참조.

109 김삼웅, 『김상덕 평전』, 286쪽.

110 강문구, "한국 군부의 창설·변천 과정", 손호철 외, 『한국전쟁과 남북한 사회의 구조
적 변화』, 경남대 극동문제연구소, 1991, 128쪽.

111 한용원, "한국군의 형성 과정에서 일본군 출신의 리더쉽 장악과 그 영향", 민족문제
연구소 편, 『한국 근현대사와 친일파 문제』, 아세아문화사, 2000, 284-289쪽 참조.

112 이강수, "친일파 청산, 어떻게 할 것인가?", 63-64쪽.

113 한겨레, 2016.8.5, 16면의 "'불방' 논란 KBS '훈장' 시리즈, 뉴스타파서 온전히 부활"
기사 참조.

제9장 공포와 공격(2): 과거사청산의 비교정치

1 클라이브 크리스티 편저, 『20세기 동남아시아의 역사』, 노영순 역, 심산, 2004, 299쪽.

2 존 아일리프, 『아프리카의 역사』, 이한규·강인황 역, 가지않은길, 2002, 436쪽; 김명
주, 『백인의 눈으로 아프리카를 말하지 말라』, 미래를소유한사람들, 2012, 173쪽.

3 오오타 오사무, "식민지주의의 '공범': 두 개의 강화조약에서 초기 한일교섭으로", 이동

준·장박진 편저, 『미완의 해방: 한일관계의 기원과 전개』, 아연출판부, 2013, 61-63쪽.

4 친일반민족행위진상규명위원회, 『외국의 식민지·점령지 과거사청산 법령(1)』, 친일 반민족행위진상규명위원회, 2007, 396쪽.

5 위의 책, 396-397쪽 참조.

6 예컨대 베트남 독립운동을 주도한 베트민은 결성된 지 몇 주 지나지 않아 연합국에 대한 지지를 선언했다(유인선, 『새로 쓴 베트남의 역사』, 이산, 2002, 356쪽). 영국군은 말라야공산당의 중국계 게릴라와 접촉하여 '말라야반일인민군'을 조직하는 데 기여했다 (클라이브 크리스티, 『20세기 동남아시아의 역사』, 291-292쪽). 필리핀에서 후크발라합(Hukbalahap) 혹은 후크단(Huks)이라고 불리던 좌파 독립운동 조직도 미국의 보상금 지급 약속을 믿고 미군과 함께 단원 명부 작성 작업을 진행하기도 했다(강정구, 『좌절된 사회혁명: 미 군정하의 남한·필리핀과 북한 연구』, 열음사, 1989, 378-379쪽).

7 임혁백은 최근 "국내 정치(이념전쟁)와 국제 정치(냉전)의 상호결정"에 의한 분단국가 건설이라는 맥락에서 '상호결정'이라는 용어를 사용한 바 있다. 임혁백, 『비동시성의 동시성: 한국 근대정치의 다중적 시간』, 고려대학교출판부, 2014, 29쪽.

8 한운석, "독일의 나치 과거 청산(1945~2000): 한계와 성과", 『민주사회와 정책연구』 8호, 2005, 183쪽.

9 위의 글, 184쪽.

10 폴 콜리어 외, 『제2차 세계대전: 탐욕의 끝 사상 최악의 전쟁』, 강민수 역, 플래닛미디어, 2008, 900쪽.

11 박영재, "전후처리와 그 문제점: 일본과 동아시아 현대사의 역사적 접근", 민족문제연구소 편, 『한국 근현대사와 친일파 문제』, 아세아문화사, 2000, 57쪽.

12 이동준, "'해방'의 이론과 실제: 초기 대한민국 정부의 병합조약에 대한 인식과 행동", 이동준·장박진 편저, 『미완의 해방: 한일관계의 기원과 전개』, 아연출판부, 2013, 238쪽.

13 안쏘니 기든스, 『민족국가와 폭력』, 284-285쪽.

14 권혁태, "일본의 '과거사 청산'과 우경화", 『민주사회와 정책연구』 8호, 2005, 148-151쪽.

15 위의 글, 141쪽.

16 增田弘, 『公職追放論』, 東京: 岩波書店, 1998; 권혁태, 위의 글, 148쪽에서 재인용.

17 클라이브 크리스티, 『20세기 동남아시아의 역사』, 151-152쪽.

18 친일반민족행위진상규명위원회, 『외국의 식민지·점령지 과거사청산 법령(1)』, 26-66쪽 참조.

19 위의 책, 24-25쪽.

20 마스이 야스이치, 『중국·대만의 친일파 재판사: 1946~1948 한간재판 기록』, 정운현 역, 한울, 1995, 253, 255쪽.

21 위의 책, 254쪽.

22 위의 책, 246-247, 256쪽 참조.

23 김영신, 『대만의 역사』, 지영사, 2001, 316, 318쪽; 彭懷恩·林鐘雄, 『대만 정치변천 경제발전 40년』, 김철수 외 역, 성균관대학교출판부, 1990, 73쪽 참조.

24 김영신, 『대만의 역사』, 317, 323쪽.

25 彭懷恩·林鐘雄, 『대만 정치변천 경제발전 40년』, 77쪽.

26 이강수, 『반민특위 연구』, 56-57쪽.

27 친일반민족행위진상규명위원회, 『외국의 식민지·점령지 과거사청산 법령(1)』, 122-123쪽. '친일파·민족반역자에 대한 규정'의 구체적인 내용은 같은 책, 124쪽을 볼 것.

28 이강수, "친일파 청산, 어떻게 할 것인가?", 57쪽.

29 이강수, 『반민특위 연구』, 58-64쪽.

30 이강수, "친일파 청산, 어떻게 할 것인가?", 57쪽.

31 정운현, 『친일, 청산되지 못한 미래』, 59-60쪽.

32 이동준, "'해방'의 이론과 실제", 238쪽.

33 권혁태, "일본의 '과거사 청산'과 우경화", 146-151쪽.

34 위의 글, 146쪽.

35 밀턴 마이어, 『그들은 자신들이 자유롭다고 생각했다』, 박중서 역, 갈라파고스, 2014, 421쪽.

36 다카하시 히데토시, "'야스쿠니'와 '히로시마'", 전진성·이재원 편, 『기억과 전쟁: 미화와 추모 사이에서』, 휴머니스트, 2009, 297-298쪽.

37 밀턴 마이어, 『그들은 자신들이 자유롭다고 생각했다』, 206-216쪽 참조.

38 위의 책, 478-479쪽(옮긴이의 말).

39 다카하시 히데토시, "'야스쿠니'와 '히로시마'", 287쪽.

40 한운석, "독일의 나치 과거 청산(1945~2000)", 180쪽.

41 위의 글, 180-181쪽.

42 클라이브 크리스티, 『20세기 동남아시아의 역사』, 193쪽.

43 양승윤, 『인도네시아 현대정치론』, 한국외국어대학교출판부, 1998, 80쪽.

44 유인선, 『새로 쓴 베트남의 역사』, 361-362쪽 참조.

45 클라이브 크리스티, 『20세기 동남아시아의 역사』, 294쪽.

46 폴 콜리어 외, 『제2차 세계대전』, 880쪽.

47 강정구, 『좌절된 사회혁명』, 367-368, 375-376쪽.

48 유인선, 『새로 쓴 베트남의 역사』, 354-355쪽.

49 친일반민족행위진상규명위원회, 『외국의 식민지·점령지 과거사청산 법령(1)』, 10쪽.

50 유인선, 『새로 쓴 베트남의 역사』, 390-392쪽.

51 양승윤, 『인도네시아 현대정치론』, 34쪽.

52 위의 책, 76, 79쪽.

53 강정구, 『좌절된 사회혁명』, 358-359쪽.

54 데이비드 스타인버그, "필리핀 협력자들: 과두 엘리트 지배체제의 생존", 클라이브 크리스티 편저, 『20세기 동남아시아의 역사』, 노영순 역, 심산, 2004, 252-253쪽.

55 강정구, 『좌절된 사회혁명』, 364-365쪽; 친일반민족행위진상규명위원회, 『외국의 식민지·점령지 과거사청산 법령(1)』, 105쪽.

56 클라이브 크리스티, 『20세기 동남아시아의 역사』, 251쪽.

57 친일반민족행위진상규명위원회, 『외국의 식민지·점령지 과거사청산 법령(1)』, 106-116쪽.

58 데이비드 스타인버그, "필리핀 협력자들", 253-254쪽 참조.

59 위의 글, 254-255쪽; 친일반민족행위진상규명위원회, 『외국의 식민지·점령지 과거사청산 법령(1)』, 105-106쪽 참조.

60 강정구, 『좌절된 사회혁명』, 366쪽.

61 데이비드 스타인버그, "필리핀 협력자들", 265쪽.

62 권오신, 『미국의 제국주의: 필리핀인들의 시련과 저항』, 문학과지성사, 2000, 304쪽 참조.

63 이강수, "친일파 청산, 어떻게 할 것인가?", 61쪽.

64 강정구, 『좌절된 사회혁명』, 371-371, 377-379, 381-382쪽 참조.

65 데이비드 스타인버그, "필리핀 협력자들", 264쪽.

66 권오신, 『미국의 제국주의』, 301-302쪽.

67 조동걸, "8·15 직전의 독립운동과 그 시련", 송건호 외, 『해방전후사의 인식』, 한길사, 1979, 263쪽. 이 과정에 대한 보다 상세한 내용은, 한시준, 『한국광복군 연구』, 일조각, 1993, 260-301쪽을 볼 것.

68 이경주, "미군정기 과도입법의원과 조선임시약헌", 『법사학연구』 23호, 2001, 142-143쪽.

69 강정구, 『좌절된 사회혁명』, 360쪽.

70 위의 책, 368쪽.

71 위의 책, 366-367쪽.

72 허종, 『반민특위의 조직과 활동』, 116쪽.

73 이강수, 『반민특위 연구』, 64쪽.

74 브루스 커밍스, 『한국전쟁의 기원』, 208쪽.

75 클라이브 크리스티, 『20세기 동남아시아의 역사』, 251-252쪽.

76 이강수, 『반민특위 연구』, 41쪽.

77 울리히 벡, 『위험사회: 새로운 근대(성)를 향하여』, 홍성태 역, 새물결, 1997, 97-98, 134쪽.

78 친일반민족행위진상규명위원회, 『외국의 식민지·점령지 과거사청산 법령(1)』, 106쪽.

79 강정구, 『좌절된 사회혁명』, 376-379, 383-387쪽. "1950년 2월 인민해방군 병력은 락서스의 갑작스런 죽음 이후 대통령직을 승계한 퀴르노 정권의 전복을 구호로 내걸고 마닐라 부근을 공공연히 공격하고 있었다. 8월과 9월 마닐라에 대한 위협은 매우 심각해져 퀴르노 대통령은 게릴라가 시내로 진격해올 경우 그와 가족들이 피신할 수 있도록 대형 보트를 대통령궁 부근에 정박시켜 놓았다"(같은 책, 383쪽).

80 데이비드 스타인버그, "필리핀 협력자들", 265-266쪽.

81 상당한 규모와 실력을 갖춘 종족적·종교적·문화적·정치적 소수집단, 한마디로 '힘 있는 거대 소수집단'이 어떤 이유로 '집단적 절멸의 공포'에 사로잡힐 때, 그 집단은 다수집단을 향해 '자기방어를 위한 선제공격'에 나서기 쉽다. 이 경우 그 사회는 종종 내전으로 이어지곤 하는 격렬한 폭력이나 보복 사태를 피해가기 어렵게 된다. 주요 집단들 사이에 엇갈리게 진행된 식민지 시기의 정치적 선택으로 인해, 20세기 후반의 많은 신생국들에서 실제로 이런 일들이 벌어졌다. 1990년대의 사회주의블록 해체기에도 소련과 유고슬라비아 등 많은 다종족 사회들에서 유사한 사태가 발생했다.

82 예컨대 이강수에 의하면 "남조선과도입법의원의 친일파 숙청법은 일본에서 실행된 전범 추방, 중국에서 단행된 한간징치(漢奸懲治), 프랑스의 훼시광경(毀施光景), 북한에서 단행한 친일파 숙청 등의 사례를 참고하여 작성되었다." 이강수, "남조선과도입법의원의 친일파숙청법 연구", 180쪽.

83 브루스 커밍스, 『한국전쟁의 기원』, 208쪽.

제10장 불신사회, 연고주의, 윤리의 규율권력화

1 감시사회에 대한 논의는, 데이비드 라이언, 『감시사회로의 유혹』, 이광조 역, 후마니타
스, 2014; 지그문트 바우만, 데이비드 라이언, 『친애하는 빅브라더: 지그문트 바우만,
감시사회를 말하다』, 한길석 역, 오월의봄, 2014를 볼 것. 한국 현대사 전반을 감시사회
라는 키워드로 개관한 연구로는, 한홍구, "현대사를 통해 바라본 감시의 추억", 한홍구
외, 『감시사회: 벌거벗고 대한민국에서 살아가기』, 철수와영희, 2012를 볼 것.

2 한나 아렌트, 『전체주의의 기원(1)』, 71쪽.

3 박찬승, 『마을로 간 한국전쟁: 한국전쟁기 마을에서 벌어진 작은 전쟁들』, 돌베개,
2010; 최정기, "한국전쟁 전후 연파리의 사회적 갈등과 제노사이드", 최정기 외, 『전
쟁과 재현: 마을공동체의 고통과 그 대면』, 한울, 2008 등 참조.

4 이 소설에 대해서는, 정호웅, "50년대 소설론", 문학사와비평연구회 편, 『1950년대 문
학연구』, 예하, 1991, 57쪽을 참조할 것.

5 로버트 D. 퍼트넘, 『사회적 자본과 민주주의: 이탈리아의 지방자치와 시민적 전통』,
안청시 외 역, 박영사, 2000; 로버트 D. 퍼트넘, 『나 홀로 볼링: 사회적 커뮤니티의 붕
괴와 소생』, 정승현 역, 페이퍼로드, 2009.

6 커밍스는 해방 직후 식민지엘리트 출신의 한국인 경찰들이 보여주었던 유난히 강한 응
집력을 다음과 같이 설명한 바 있다. "한인 경찰관들로서 일본 치하에서 충성을 바쳤던
자들은 부일협력자들을 축출하고 처벌하고자 하는 집단의 집권을 막아야 한다는 자신
들의 공통된 이해관계를 제대로 인식하고 있었다. 그러한 이해관계는 그들에게 다른 한
인 집단에서는 찾기 힘든 응집력을 주었다." 브루스 커밍스, 『한국전쟁의 기원』, 218쪽.

7 강인철, "한국전쟁과 사회의식 및 문화의 변화", 256쪽.

8 위의 글, 253-255쪽 참조.

9 연고주의 그 자체는 '정치적인 것'과 거리가 있다는 점도 연고주의를 시민종교로 간
주하는 것을 어렵게 한다. 앞에서 필자는 시민종교에 대한 학문적 담론들의 두 초점
을 '사회통합의 방식'과 '성화의 대상'으로 압축하면서, 시민종교가 성화하는 대상을
'정치적인 것'으로 제시한 바 있다. 바로 이런 맥락에서 필자는 '정치적인 것'을 모든
시민종교에 필수적인 차원이라고 보고 있다.

10 '교육법'을 대체하여 1997년에 제정된 '교육기본법'에서는 기존의 '공민'이 '민주시
민'(제2조)으로 바뀌었다. 법제처 국가법령정보센터(www.law.go.kr)의 '교육법' 및

'교육기본법' 항복 참조(2015.7.5 확인).

11 강수택, "세기 전환기 한국사회 연대영역의 구조 변화"(2015년 11월 삼토회 발표문), 이론사회학회, 2015.11.21, 34-36쪽 참조.

12 로버트 퍼트넘, 『나 홀로 볼링』, 25-28, 593-602쪽 참조. 퍼트넘은 결속형 사회자본과 연계형 사회자본이 각각 효과를 발휘하는 분야가 다를 뿐 반드시 서로 대립하는 것은 아니라고 보았다. 따라서 결속형 사회자본 역시 어떤 분야나 상황에서는 유용한 사회적 기능을 수행할 수 있다고 보았다. 그러나 필자는 '결속형 사회자본'에 비해 한국형의 연고주의적 사회자본은 사회 전체 차원의 사회자본 형성에 심각한 부정적인 영향을 미친다고 판단하고 있다.

13 위의 책, 600쪽.

14 신익희, "한강백사장 연설", 4·7언론인회 편, 『한국신문종합사설선집(1권): 제1·2공화국 편』, 도서출판 동아, 1985, 667쪽.

15 함석헌을 비롯하여 『사상계』를 무대로 활동하던 일단의 지식인들이 우선 거론될 수 있을 것이고, 김창숙 같은 종교인도 포함되어야 할 것이다. 또 중앙지나 지방지의 몇몇 언론인들도 예언자 역할을 수행했으며, 때때로는 야당 정치인들도 유사한 역할을 담당하곤 했다.

16 '윤리의 법률화·형사화' 경향을 잘 보여주는 사례들로 경범죄처벌법, 가정의례준칙, 간통죄, 장발과 미니스커트 단속, 간행물윤리·공연윤리·방송윤리 지침 등에 기초한 검열 등을 들 수 있을 것이다. 학교, 군대, 공장의 거의 모든 '강제적 규칙들과 관행들'도 마찬가지일 것이다.

17 베버에 의하면, 신(神)과 그의 뜻을 선포하는 도구인 '윤리적 예언자(ethical prophet)'에 비해, '모범적 예언자'는 개인적인 모범(example)에 의해 다른 이들에게 종교적 구원의 길을 제시한다. Max Weber, *The Sociology of Religion*, Ephraim Fischoff tr., Boston: Beacon Press, 1964, p. 55.

18 한나 아렌트, 『예루살렘의 아이히만: 악의 평범성에 대한 보고서』, 김선욱 역, 한길사, 2006, 349, 391-392쪽 참조.

19 최호근, "미국에서의 홀로코스트 기억 변화", 『미국사연구』 19집, 2004, 145쪽. "무사유가 인간 속에 아마도 존재하는 모든 악을 합친 것보다도 더 많은 대파멸을 가져올 수 있다는 것, 이것이 사실상 예루살렘에서 배울 수 있는 교훈이었다"(한나 아렌트, 『예루살렘의 아이히만』, 392쪽).

제11장 분단국가, 48년 체제, 동아시아 민족주의

1 정영태, "일제 미군정기 반공이데올로기의 형성", 『역사비평』 16호, 1992, 128쪽.

2 이태훈, "일제 말 전시체제기 조선방공협회의 활동과 반공선전 전략", 『역사와 현실』 93호, 2014, 171-172쪽.

3 반공주의와 국가주의의 친화성이 가장 뚜렷하게 가시화된 것은 1940년대나 1950년대가 아니라, 1970년대의 유신체제에서였다. 다시 말해 유신체제 때 식민지 시기의 '국가주의적 반공주의'가 가장 선명하게, 가장 원형에 가깝게 재생되었다.

4 조선일보, 1947.1.4.

5 대한민국을 "조선의 유일한 합법적인 정부"로 인정한 1948년 9월의 유엔총회에서, 소련은 "대한민국은 대일본 협력자(부역자)와 미군에 의해 구성된 괴뢰정권"이라는 내용이 포함된 결의안을 제출했다. 나이토 요스케, 『우표로 그려낸 한국 현대사』, 54-55쪽.

6 박찬표, 『한국의 48년 체제: 정치적 대안이 봉쇄된 보수적 패권체제의 기원과 구조』, 후마니타스, 2010, 10쪽.

7 손호철, 『해방 60년의 한국정치: 1945~2005』, 이매진, 2006, 11쪽.

8 이는 1955년에 '보수' 양당제 구축으로 완성되었다.

9 예컨대 김정인, "해방 전후 민주주의'들'의 변주", 『개념과 소통』 12호, 2013을 볼 것. 임시정부 안팎의 민주주의 담론에는 삼균주의 등 평등 이념이나 경제민주화를 강조하는, '미국식 자유주의'와는 상당히 결이 다른 민주주의들이 포함되어 있었다.

10 오늘날 헌법의 최고 경전 지위를 잘 보여주는 사례는 중국이다. 미국에서는 전통적으로 대통령이 성경에 왼손을 얹고 오른손을 들어 취임선서를 하지만, (미국과 탈냉전 시대의 양대 강국을 이루는) 중국에선 핵심 공직자들이 붉은색 헌법서(憲法書)에 왼손을 얹고 오른손을 들어 취임선서를 한다. 중국은 2002년 이후 기관에 따라 자율적으로 행해오던 '헌법선서제도'를 2015년에 법적 강제 사항으로 전환시켰다. 조용성, "중국, 헌법선서제도 채택...시진핑 2018년 연임 취임식서 헌법선서", 「아주경제」(온라인판), 2015.6.25.

11 임혁백, 『비동시성의 동시성』, 212쪽.

12 위의 책, 211쪽.

13 제헌국회에서 진행된 "인민과 국민의 논쟁에서 '인민'에 결정타를 먹인 것은 윤치영의 '인민은 북한 공산당이 쓰는 용어'라는 발언"이었다는 사실은 특히 의미심장하다

(위의 책, 208쪽). 윤지영이야말로 식민지엘리트 집단을 대표하는 인물이기 때문이다.

14 위의 책, 212-213쪽.

15 예컨대 프랑스와 대조해보면, 국가·국기·국가수립일을 둘러싼 갈등이나 대결이 사실상 부재했다는 것이 한국의 특징이었음을 알 수 있다. 프랑스에서 삼색기, 라 마르세예즈, 7월 14일(혁명기념일을 국경일로 제정한 것)은 무려 90여 년에 걸친 파란만장한 투쟁 끝에 얻어낸 "공화국의 승리"의 상징들이었다. 아귈롱에 의하면 "1880년은 승리, 승리주의가 확고히 자리 잡는 위대한 해였다. 매우 중요한 상징적 의미를 지니는 여러 법이 통과된 해이며, 의회가 파리로 돌아오고, 라 마르세예즈가 국가로, 7월 14일이 국경일로 정해진 해이다"(모리스 아귈롱, 『마리안느의 투쟁』, 39쪽).

16 칼 마르크스, 『프랑스 혁명사 3부작』(개정판), 임지현·이종훈 역, 소나무, 1991, 162쪽.

17 한겨레, 2016.3.22, 29면 참조.

18 문지영, 『지배와 저항: 한국 자유주의의 두 얼굴』, 후마니타스, 2011.

19 임지현, 『민족주의는 반역이다: 신화와 허무의 민족주의의 담론을 넘어서』, 소나무, 1999, 52쪽.

20 박찬승, 『민족·민족주의』, 소화, 2010, 21쪽.

21 카터 에커트, "헤겔의 망령을 몰아내며: 탈민족주의적 한국사 서술을 위하여", 신기욱·마이클 로빈슨 편저, 『한국의 식민지 근대성: 내재적 발전론과 식민지 근대화론을 넘어서』, 도면회 역, 삼인, 2006, 512쪽.

22 강정인, 『한국 현대 정치사상과 박정희』, 특히 158쪽 이하 참조.

23 박찬수, "박찬수의 NL현대사(7): 민족주의, 거대한 블랙홀", 『한겨레』, 2016.7.23.

24 'KBS 이산가족찾기' 홈페이지(http://family.kbsarchive.com)의 '이산가족을 찾습니다' 참조(2016.9.20 검색).

25 Robert A. Manning, "The Asian Paradox: Toward a New Architecture," *World Policy Journal*, vol.10, no.3, 1993; 김학재, 『판문점 체제의 기원: 한국전쟁과 자유주의 평화기획』, 후마니타스, 2015, 22쪽에서 재인용.

26 독일, 이탈리아 등 다른 추축국들은 2차 대전 당시 동아시아에 식민지를 갖고 있지 않았다.

27 폴 콜리어 외, 『제2차 세계대전』, 881쪽.

28 밀턴 오스본, 『한 권에 담은 동남아시아 역사』, 도서출판 오름, 2000, 190, 204쪽.

29 클라이브 크리스티, 『20세기 동남아시아의 역사』, 147-148, 245쪽.

30 위의 책, 148-149쪽.

31 양승윤, 『인도네시아 현대정치론』, 40쪽 참조.

32 유인선, 『새로 쓴 베트남의 역사』, 354쪽.

33 최용호, 『한권으로 읽는 베트남전쟁과 한국군』, 국방부 군사편찬연구소, 2004, 135-146쪽; 유인선, 『새로 쓴 베트남의 역사』, 383쪽.

34 한홍구, "박정희 정권의 베트남 파병과 병영국가화", 『역사비평』 62호, 2003, 130쪽.

35 박태균, 『베트남전쟁: 잊혀진 전쟁, 반쪽의 기억』, 한겨레출판, 2015, 34쪽.

36 샤오메이 천, 『옥시덴탈리즘』, 특히 30쪽.

37 독일은 1차 세계대전에서 패전함으로써 식민지를 모두 빼앗겼고, 따라서 2차 세계대전 당시에는 식민지 자체가 없었던 상태였다.

38 한운석, "독일의 나치 과거 청산(1945~2000)", 160쪽.

39 Dennis P. Halpin, "U.S. Should Be Appalled by Japan's Historical Revisionism," *The National Interest*, March 9, 2015.

40 한중일3국공동역사편찬위원회, 『한중일이 함께 쓴 동아시아 근현대사(1): 국제 관계의 변동으로 읽는 동아시아의 역사』, 휴머니스트, 2012, 229쪽.

41 이시다 다케시, "누구의 죽음을 잊고, 누구의 죽음에 의미를 부여할 것인가", 일본의 전쟁책임자료센터 편, 『야스쿠니신사의 정치』, 박환무 역, 동북아역사재단, 2011, 30쪽.

42 이진모, "두 개의 전후(戰後): 서독과 일본의 과거사 극복 재조명", 『역사와 경계』 82호, 2012, 248쪽.

43 한운석, "독일의 나치 과거 청산(1945~2000)", 181쪽.

44 한나 아렌트, 『예루살렘의 아이히만』, 63-64쪽

45 한운석, "독일의 나치 과거 청산(1945~2000)", 181-182쪽 참조.

46 이진모, "두 개의 전후(戰後)", 249-250쪽.

47 다카하시 히데토시, "'야스쿠니'와 '히로시마'", 287쪽.

48 친일반민족행위진상규명위원회, 『외국의 식민지·점령지 과거사청산 법령(1)』, 132쪽.

49 한운석, "독일의 나치 과거 청산(1945~2000)", 173-174, 177-179쪽 참조.

50 김동춘, 『전쟁정치』, 325쪽.

51 한운석, "독일의 나치 과거 청산(1945~2000)", 182-183쪽.

52 다카하시 히데토시, "'야스쿠니'와 '히로시마'", 288쪽.

53 권혁태, "일본의 '과거사 청산'과 우경화", 150쪽. 아울러 한중일3국공동역사편찬위

원회, 『한중일이 함께 쓴 동아시아 근현대사(1)』, 242, 254-255쪽 참조.

54 한운석, "독일의 나치 과거 청산(1945~2000)", 174-175쪽.

55 다카하시 히데토시, "'야스쿠니'와 '히로시마'", 298-299쪽; 길윤형, "아버지…아직 끝 나지 않은 73년 전 '조세이의 비극'", 『한겨레』, 2015.3.30 등을 참조할 것.

56 친일인명사전편찬위원회 편, 『친일인명사전(1~3권)』, 민족문제연구소, 2009; 친일인 명사전편찬위원회 편, 『일제협력단체사전: 국내 중앙편』, 민족문제연구소, 2004.

57 『한겨레』 2015년 7월 24일자 9면에 실린 "남정현 '분지' 필화사건, 반미=용공…북한 에서 언급하면 이적물" 기사 참조.

58 『한겨레』 2015년 4월 17일자에 실린 정의길 기자의 "박근혜를 조롱한 아베" 기사.

59 나이토 요스케, 『우표로 그려낸 한국 현대사』, 383쪽.

60 이동준, "'해방'의 이론과 실제", 234쪽.

61 위의 글, 234-243쪽 참조.

62 김동춘, 『전쟁정치』, 150쪽.

제3부
전쟁과 시민종교

제12장 정치적 신신분제와 성가정 만들기

1 손호철, 『한국정치학의 새 구상』, 162쪽.

2 김태일, "농촌사회의 구조변화와 농민정치", 한배호 편, 『한국현대정치론 I 』, 나남, 1990, 468쪽.

3 정근식, "한국전쟁과 지방사회의 갈등", 한국사회학회 편, 『한국전쟁과 한국사회변 동』, 풀빛, 1992, 311쪽.

4 해방 직전인 1943년에는 전국에 2,679개의 서당이 있었고, 한 서당마다 약 50명의 학 생이 있었다(교육50년사편찬위원회, 『교육50년사』, 770쪽). 또 한국전쟁 직전인 1950 년 4월에도 전국적으로 497개의 서당에 5,650명의 학습생이 있었다(동아일보사, 『동 아연감』, 68쪽).

5 김홍수, "한국전쟁의 충격과 기독교회의 기복신앙 확산에 관한 연구", 서울대학교 박

사학위논문, 1998, 24-28쪽.

6 오유석, "한국 사회균열과 정치사회구조 형성 연구", 이화여자대학교 박사학위논문, 1997.

7 울리히 벡, 『자기만의 신』, 95쪽; 얀 베르너 뮐러, 『누가 포퓰리스트인가: 그가 말하는 '국민' 안에 내가 들어갈까』, 노시내 역, 마티, 2017, 특히 107-108쪽.

8 얀 베르너 뮐러, 『누가 포퓰리스트인가』, 67, 106, 132쪽.

9 조르조 아감벤, 『호모 사케르』, 328쪽.

10 서호철, "누가 국민이고 누가 유권자가 되는가?: 남한의 최초 총선거와 주민의 자격·분류·등록", 『사회와 역사』 113집, 2017, 297-300쪽.

11 한성훈, 『가면권력』, 345쪽.

12 위의 책, 187쪽.

13 오제연, "병영사회와 군사주의 문화", 202쪽.

14 이경숙, 『시험국민의 탄생』, 156-158쪽.

15 김현선, "국민, 반(半)국민, 비(非)국민: 한국 국민 형성의 원리와 과정", 『사회연구』 12호, 2006, 81, 85-90쪽.

16 위의 글, 94-98쪽.

17 해방 후 각종 신분증(신분증명서)의 종류에 대해서는, 김영미, "해방 이후 주민등록 제도의 변천과 그 성격: 한국 주민등록증의 역사적 연원", 『한국사연구』 136집, 2007, 292-318쪽; 이정은, "미군정기 이후 '신분증명서'를 통한 개인의 관리와 통치", 『사회와 역사』 111집, 2016, 166-177쪽 참조.

18 이정은, "한국전쟁 이후 '인권보호대상자'를 둘러싼 담론 형성의 매카니즘", 『사회와 역사』 86호, 2010.

19 이영린, 『한국재림교회사』, 시조사, 1965, 252쪽; 오만규, 『집총거부와 안식일 준수의 신앙양심』, 삼육대학교 선교와사회문제연구소, 2002, 315, 322, 324, 436, 460, 478, 485, 507쪽.

20 아놀드 반 겐넵, 『통과의례: 태어나면서부터 죽은 후까지』, 전경수 역, 을유문화사, 1985, 170쪽.

21 Micki McElya, The Politics of Mourning: Death and Honor in Arlington National Cemetery, Cambridge: Harvard University Press, 2016, p. 5.

22 정혜진, "'친인척 낙하산' 훈장에 '셀프 훈장'…이게 훈장의 국격?", SBS(온라인판),

2016.1.31.

23 동아일보사, 『동아연감』, 84쪽.

24 총무처, 『상훈편람』, 255쪽.

25 2006년 3월 현재 국가 지원을 받는 보훈대상자의 약 98%가 '국가유공자'였다. 그리고 국가유공자 중 '광주민주화운동유공자'는 2.2%, '독립유공자'는 0.1% 정도였다. 따라서 국가유공자 전체의 97% 이상이 군인과 경찰 출신이었다. 김현선, "국민, 반(半)국민, 비(非)국민", 93-94쪽.

26 병무청, 『병무행정사(상)』, 병무청, 1985, 466쪽.

27 위의 책, 278, 826쪽.

28 손호철, 『한국정치학의 새 구상』, 171쪽.

29 합동통신사, 『합동연감』, 1033쪽.

30 고원, "역동적 저항-역동적 순응, 이중성의 정치동학", 77쪽.

31 경향신문, 1958.6.6.

32 동아일보, 1959.6.6.

33 권태환·김두섭, 『인구의 이해』, 서울대학교출판부, 1990, 223쪽; 金哲, 『韓國の人口と經濟』, 東京: 岩波書店, 1965, p. 16.

34 이임하, "상이군인들의 한국전쟁 기억", 김귀옥 외, 『전쟁의 기억 냉전의 구술』, 선인, 2008, 173-174쪽.

35 880,656세대 4,572,093명에 이르는 '군사원호대상자' 가운데 (1) 상이군인 및 가족이 141,372가구 722,645명, (2) 상이군속 및 가족이 2,913가구 14,158명, (3) 전몰군인 유족이 70,500가구 366,630명, (4) 전몰군속 유족이 3,463가구 17,518명, (4) 하사 이하 군인가족이 662,408가구 3,451,142명이었다. 보건사회부, 『보건사회통계연감(1954)』, 250쪽.

36 위의 책, 250-257쪽.

37 이하나, "미국화와 욕망하는 사회", 69쪽.

38 대한상이군경회 편, 『대한상이군경회 40년사』, 대한상이군경회, 1991, 260, 393쪽.

39 김종성, 『보훈의 역사와 문화』, 국학자료원, 2012, 166-167쪽.

40 동아일보, 1951.8.29.

41 지영임, "한국 국립묘지의 전사자 제사에 관한 일고찰: 묘를 매개로 한 국가의 의례와 유족의 의례", 『비교민속학』 27집, 2004, 490-491쪽; 지영임, "제주 4·3 관련 위령의례의 변화와 종교적 의미", 331쪽.

42 이동헌, "한국전쟁 기념의 주변인들: 한국전쟁 반공포로", 전진성·이재원 편, 『기억과 전쟁: 미화와 추모 사이에서』, 휴머니스트, 2009, 364쪽.

43 병무청, 『병무행정사(상)』, 817-845쪽; 대한상이군경회, 『대한상이군경회 40년사』, 270-273, 1033-1037쪽; 동아일보사, 『동아연감』, 68, 70, 72, 74쪽 참조.

44 김동춘, "한국전쟁과 지배이데올로기의 변화", 한국사회학회 편, 『한국전쟁과 한국사회변동』, 풀빛, 1992, 156쪽.

45 한모니까, 『한국전쟁과 수복지구』, 푸른역사, 2017, 22쪽.

46 위의 책, 408-409쪽.

47 위의 책, 414-423쪽.

48 강성현, "'난민'이라는 존재의 인식과 삶", 홍석률 외, 『한국현대생활문화사, 1950년대: 삐라 줍고 댄스홀 가고』, 창비, 2016, 90쪽.

49 위의 글, 90-92쪽.

50 권태환·김두섭, 『인구의 이해』, 229쪽.

51 강정구, "해방 후 월남인의 월남동기와 계급성에 관한 연구", 한국사회학회 편, 『한국전쟁과 한국사회변동』, 풀빛, 1992; 이동원·조성남, 『미군정기의 사회이동』, 이화여대출판부, 1997.

52 조형·박명선, "북한 출신 월남인의 정착과정을 통해서 본 남북한 사회구조의 비교", 변형윤 외, 『분단시대와 한국사회』, 까치, 1985, 164쪽.

53 이북5도위원회 편, 『이북5도 30년사』, 이북5도위원회, 1981, 제3편 참조.

54 이동헌, "한국전쟁 기념의 주변인들", 365쪽 참조.

55 강성현, "'난민'이라는 존재의 인식과 삶", 105-106쪽.

56 이동헌, "한국전쟁 기념의 주변인들", 356쪽.

57 위의 글, 348, 356-358쪽.

58 위의 글, 352-356, 361쪽.

59 지영임, "제주 4·3 관련 위령의례의 변화와 종교적 의미", 329-330, 338, 349쪽 참조.

60 위의 글, 338쪽.

61 조르조 아감벤, 『호모 사케르』, 177-179, 207쪽.

62 위의 책, 255쪽.

63 김아람, "5·16군정기 사회정책", 351-355쪽 참조.

64 지그문트 바우만, 『액체근대』, 이일수 역, 강, 2009, 164-165쪽.

65 강성현, "국민보도연맹, 전향에서 감시·동원, 그리고 학살로", 155, 158, 160쪽.

66 울리히 벡, 『자기만의 신』, 251쪽.

67 지그문트 바우만, 『액체근대』, 54쪽.

68 조르조 아감벤, 『호모 사케르』, 223쪽.

69 위의 책, 222, 225, 323쪽.

70 한성훈, 『가면권력』, 322쪽.

71 한나 아렌트, 『전체주의의 기원(2)』, 223, 226, 246, 247쪽.

72 위의 책, 230쪽.

73 조르조 아감벤, 『호모 사케르』, 63-64, 323, 341, 351-352쪽.

74 심세광, "옮긴이 해제", 미셸 푸코, 『안전, 영토, 인구: 콜레주드프랑스 강의 1977~78
년』, 심세광·전혜리·조성은 역, 도서출판 난장, 2011, 536, 542-543쪽.

75 조르조 아감벤, 『호모 사케르』, 316-319쪽.

76 김학재, "자유진영의 최전선에 선 국민", 45쪽.

제13장 전쟁과 시민종교 재형성

1 오제연, "병영사회와 군사주의 문화", 200-202쪽.

2 위의 글, 202-203쪽.

3 위의 글, 203쪽.

4 백승덕, "한국전쟁 이전의 국민개병제 구상과 시행", 301, 304쪽.

5 김영미, "해방 직후 정회(町會)를 통해 본 도시 기층사회의 변화", 윤해동 외 편, 『근대
를 다시 읽는다(1): 한국 근대 인식의 새로운 패러다임을 위하여』, 역사비평사, 2006.

6 김학재, "국가권력의 모세혈관과 1950년대의 대중동원: 국민반을 통한 감시와 동원",
김득중 외, 『죽엄으로써 나라를 지키자: 1950년대, 반공·동원·감시의 시대』, 선인, 2007.

7 김학재, "자유진영의 최전선에 선 국민", 50-51쪽.

8 신병식, "박정희 시대의 일상생활과 군사주의", 151, 153쪽.

9 오제연, "병영사회와 군사주의 문화", 212쪽.

10 김영미, "해방 이후 주민등록제도의 변천과 그 성격", 301-302쪽; 홍성태, "유신 독재와 주
민등록제도", 『역사비평』 99호, 2012, 92쪽; 오제연, "병영사회와 군사주의 문화", 204쪽.

11 백승덕, "한국전쟁 이전의 국민개병제 구상과 시행", 310쪽.

12 김영미, "해방 이후 주민등록제도의 변천과 그 성격", 287쪽.

13 오제연, "병영사회와 군사주의 문화", 204쪽.

14 김기중, "주민등록제도 이대론 안 된다", 『월간 말』, 1999년 8월호, 142쪽.

15 고문현, "주민등록제도의 문제점과 개선방안", 『공법학연구』 13권 4호, 2012, 273-274쪽.

16 위의 글, 275쪽.

17 이상명, "주민등록 지문날인제도의 위헌성", 『한양법학』 36집, 2011, 322쪽.

18 김기중, "주민등록제도 이대론 안 된다", 144쪽.

19 이정은, "미군정기 이후 '신분증명서'를 통한 개인의 관리와 통치", 171, 175, 177쪽.

20 김기중, "주민등록제도 이대론 안 된다", 142쪽.

21 이정은, "미군정기 이후 '신분증명서'를 통한 개인의 관리와 통치", 178-179쪽.

22 김영미, "해방 이후 주민등록제도의 변천과 그 성격", 307쪽; 이정은, "미군정기 이후 '신분증명서'를 통한 개인의 관리와 통치", 169, 181쪽.

23 이정은, "미군정기 이후 '신분증명서'를 통한 개인의 관리와 통치", 153, 179쪽.

24 김영미, "해방 이후 주민등록제도의 변천과 그 성격", 311, 320쪽.

25 홍성태, "일상적 감시사회를 넘어서", 공제욱 편, 『국가와 일상: 박정희 시대』, 한울, 2008, 116쪽.

26 홍성태, "유신 독재와 주민등록제도", 104-105쪽.

27 위의 글, 105-106쪽.

28 홍석만, "주민등록제도는 파시즘이다", 『월간 말』, 2000년 9월호, 184쪽.

29 위의 글, 185-186쪽.

30 위의 글, 185쪽.

31 김학재, "자유진영의 최전선에 선 국민", 47-48쪽.

32 김학재, "국가권력의 모세혈관과 1950년대의 대중동원", 339-340쪽.

33 김영미, "해방 이후 주민등록제도의 변천과 그 성격", 321쪽.

34 강성현, "한국의 국가형성기 '예외상태 상례'의 법적 구조" 참조.

35 이 가운데 특히 억압과 통제의 성격이 강한 사회적 장치들에 대해서는, 이태섭, "6·25와 이승만의 민중통제체제의 실상", 『역사비평』 5호, 1989를 참조할 것.

36 동아일보사, 『동아연감』, 68, 78, 80쪽.

37 한국역사연구회, 『우리는 지난 100년 동안 어떻게 살았을까(2)』, 역사비평사, 1998,

26-27쪽.

38 동아일보사, 『동아연감』, 60, 70, 76, 82쪽 참조.

39 김운태, 『한국정치사(2)』, 379쪽.

40 이혜령, "겨울공화국으로 가는 길목에서 외침", 오제연 외, 『한국현대생활문화사, 1960년대: 근대화와 군대화』, 창비, 2016, 13쪽.

41 김학재, "자유진영의 최전선에 선 국민", 52쪽.

42 위의 글, 50쪽; 이민정, "4·19혁명과 5·16군사정변기의 이데올로기와 복식", 『한국의 류산업학회지』 16권 5호, 2014, 708쪽; 법제처 국가법령정보센터(www.law.go.kr)의 '전시생활개선법' 항목(2017.11.24 출력).

43 강인철, 『저항과 투항: 군사정권들과 종교』, 한신대학교출판부, 2013, 96쪽.

44 김학재, "자유진영의 최전선에 선 국민", 38쪽.

45 위의 글, 38, 41쪽.

46 강성현, "'난민'이라는 존재의 인식과 삶", 88-89쪽.

47 한모니까, 『한국전쟁과 수복지구』, 418-419쪽.

48 한성훈, 『가면권력』, 209, 211쪽.

49 오익환, "반민특위의 활동과 와해", 송건호 외, 『해방전후사의 인식』, 한길사, 1979, 127-135쪽 참조.

50 김학재, "자유진영의 최전선에 선 국민", 42-43쪽.

51 동아일보사, 『동아연감』, 71쪽; 김운태, 『한국정치사(2)』, 486쪽.

제14장 전사자 숭배(1): 죽음 위계의 재구축과 전사자 의례

1 이 책 14~15장에서 소개되는 내용은 전체적인 주장의 개요에 해당하며 보다 심층적인 논의는 필자의 다른 책에서 이루어진다. 이 주제에 관심 있는 독자들은 『전쟁과 희생: 한국의 전사자 숭배』(역사비평사, 2019)를 읽으면 좋을 것이다.

2 권헌익, 『학살, 그 이후: 1968년 베트남전 희생자들에 대한 추모의 인류학』, 유강은 역, 아카이브, 2006, 44, 284쪽.

3 표인주, "한국전쟁 희생자들의 죽음 처리방식과 의미화 과정", 김경학 외, 『전쟁과 기억: 마을 공동체의 생애사』, 한울, 2005, 271-272, 276-278쪽; 지영임, "한국 국립묘지의 전사자 제사에 관한 일고찰", 475, 478-479쪽; 송현동, "현대 한국 원혼의례의 양상

과 특징", 『종교연구』 61집, 2010, 136-137쪽 참조.

4 권헌익, 『학살, 그 이후』, 39쪽.

5 마이크 파커 피어슨, 『죽음의 고고학』, 이희준 역, 사회평론, 2009, 310쪽.

6 조지 모스, 『전사자 숭배』, 56쪽.

7 구상, "초토의 시(11): 적군묘지 앞에서", 『구상문학총서3: 개똥밭』, 홍성사, 2004, 29쪽.

8 조지 모스, 『전사자 숭배』, 46, 109-110, 118쪽.

9 위의 책, 47쪽.

10 자유신문, 1946.11.29, 1946.12.3; 동아일보, 1946.11.27, 1946.12.4; 경향신문, 1946. 12.4.

11 동아일보, 1950.1.30; 경향신문, 1953.6.9.

12 다카하시 데쓰야, 『국가와 희생』, 이목 역, 책과함께, 2008, 16쪽.

13 감정의 연금술에 대해서는, 다카하시 데쓰야, 『결코 피할 수 없는 야스쿠니 문제』, 현대송 역, 역사비평사, 2005를 참조할 것.

14 경향신문, 1950.6.22, 2면을 볼 것.

15 그런데 전 국민 일제묵념의 대상이 야스쿠니신사에서 장충사로 바뀐 사실에는 더 깊은 역사적 의미가 담겨 있다. 여러 가지 증거로 미뤄볼 때(자유신문, 1949.9.22, 2면 기사; 동아일보, 1950.6.21, 특히 2면의 사진; 경향신문, 1974.6.14., 5면의 연재기사; 이규태, 『한국인의 주거문화(1): 우리 땅 우리 건축의 수수께끼』, 신원문화사, 2000, 168쪽), 장충사는 초대 조선통감으로 한일병합을 주도하고 안중근에게 피살당한 이토 히로부미(伊藤博文)의 추모 사찰로 1932년에 건립된 박문사(博文寺)의 본전(本殿)을 일부 개조한 건물이었을 가능성이 높다. 대한민국 최초의 국립납골묘인 장충사를 박문사에 설치했다는 것 자체가 초기 대한민국 지배엘리트의 '약한 민족주의' 성향을 극명하게 보여준다고 하겠다.

16 베네딕트 앤더슨, 『상상의 공동체』, 48쪽.

17 경향신문, 1956.4.16.

18 법제처 국가법령정보센터(www.law.go.kr)의 '관공서의 공휴일에 관한 건' 항목(2014. 1.20 확인).

19 공보실, 『관보』, 제1541호, 1956.4.25, 1쪽.

20 지영임, "현충일의 창출 과정", 592-593쪽; 지영임, "한국 국립묘지의 전사자 제사에 관한 일고찰", 487쪽 참조.

21 동아일보, 1956.6.7; 경향신문, 1956.6.7.

22 동아일보, 1962.6.6, 3면의 "국군묘지의 연혁" 기사 참조. 동작동 국립묘지의 공식 명칭이 '현충원'으로 바뀐 때는 2005년이었다.

23 동아일보, 1961.6.6; 경향신문, 1962.6.6.

24 앙투안 프로, "전사자 기념비: 공화국 숭배인가, 공민 숭배인가, 애국자 숭배인가", 피에르 노라 편, 『기억의 장소1: 공화국』, 김인중·유희수·문지영 역, 나남, 2010, 210쪽.

제15장 전사자 숭배(2): 전사자의 거처와 기념시설

1 조지 모스, 『전사자 숭배』, 54-55쪽.

2 미나미 모리오, "독일 전몰자 추도 역사와 야스쿠니신사·국립묘지 문제(상): 19세기에서 제2차 세계대전까지", 일본의 전쟁책임자료센터 편, 『야스쿠니신사의 정치』, 박환무 역, 동북아역사재단, 2011, 237-240쪽.

3 베네딕트 앤더슨, 『상상의 공동체』, 29쪽.

4 정호기, "국민국가의 신성성과 '죽은 자 모시기': 국립묘지의 조성과 유지를 중심으로", 『호남문화연구』 36집, 2005, 219쪽; 정호기, "일제하 조선에서의 전쟁사자 추모 공간과 추모 의례", 『사회와 역사』 67집, 2005, 162쪽.

5 동아일보, 1946.5.30, 1946.5.31 참조.

6 이남우, "전시체제의 한국군 상·장례 절차에 관한 연구", 동국대학교 석사학위논문, 2004, 11-17쪽.

7 해군본부 군종감실 편, 『해군군종사』(제3집), 해군본부, 1993, 27쪽; 이정훈, "1평 채명신 묘가 80평 YS·DJ 묘보다 길지(吉地)?", 『신동아』, 2016년 2월호, 384쪽; 차성환, 『참전기념조형물 도감』, 국가보훈처, 1996, 864쪽; 동아일보, 1951.10.2, 1984.6.6; 경향신문, 1953.10.5, 1955.9.29.

8 동아일보, 1951.9.28, 1951.9.29, 1951.10.2.

9 신인호, "이들을 기억해 주세요: 작은 국군묘지들", 『국방저널』, 2013년 6월호, 40쪽.

10 위의 글, 39-40쪽; 신인호, "전국 '작은 국군묘지'에도 호국충정 오롯이", 『국방일보』(온라인판), 2013.6.4; 차성환, 『참전기념조형물 도감』, 67-70, 735-736, 832-833쪽; 지영임, "제주 4·3 관련 위령의례의 변화와 종교적 의미", 336-337쪽; 김용완, "국립현충원보다 앞선 전주군경묘지 국가지원 전무", 『노컷뉴스』(온라인판), 2013.6.5.

11 이 중 사찰 납골을 제외한 세 가지, 즉 영탑, 합장묘탑, 군묘지는 식민지 이전(조선왕조

시대)에는 볼 수 없었던 형태들이다.

12 조지 모스, 『전사자 숭배』, 42, 44쪽.

13 이남우, "전시체제의 한국군 상·장례 절차에 관한 연구", 16-17쪽.

14 서울신문, 1950.12.3.

15 차성환, 『참전기념조형물 도감』, 64쪽.

16 동아일보, 1951.4.8.

17 동아일보, 1951.7.10, 1951.11.10, 1952.1.3, 1952.9.17, 1952.11.2, 1953.3.14, 1953.7.12, 1953.7.13; 경향신문, 1952.10.31, 1953.7.14 등 참조.

18 경향신문, 1957.9.17; 동아일보, 1957.9.22.

19 동아일보, 1951.5.29, 1951.10.24, 1954.10.25, 1959.10.25; 경향신문, 1952.10.17, 1954.5.31, 1955.10.24, 1955.10.25, 1956.5.31, 1956.10.24 등 참조.

20 동아일보, 1952.6.25를 볼 것.

21 차성환, 『참전기념조형물 도감』, 64쪽; 동아일보, 1973.10.22.

22 김선미, "재한 유엔기념공원의 조성 경위와 관리의 성격", 민주주의사회연구소 편, 『유엔기념공원과 부산: 국제평화도시의 환상을 넘어』, 선인, 2013, 75쪽.

23 위의 글, 85쪽.

24 동아일보, 1955.8.21, 1955.11.17, 1973.10.22; 경향신문, 1955.11.14; 재한유엔기념공원관리처, 『재한유엔기념공원』(팸플릿), 2쪽; 재한유엔기념공원관리처, 『유엔기념공원』(팸플릿), 2쪽.

25 김선미, "재한 유엔기념공원의 조성 경위와 관리의 성격", 85쪽.

26 동아일보, 1973.10.22.

27 동아일보, 1962.6.6, 3면의 "국군묘지의 연혁" 참조.

28 국립묘지관리소 편, 『민족의 얼』, 국립묘지관리소, 1988, 13-18쪽; 국립서울현충원 홈페이지(www.snmb.mil.kr)의 '현충원 소개' 중 '현충원 역사' 참조(2015.10.21 출력).

29 이정훈, "1평 채명신 묘가 80평 YS·DJ 묘보다 길지(吉地)?", 384, 390쪽.

30 동아일보, 1962.6.6, 3면의 "국군묘지의 연혁" 기사.

31 경향신문, 1955.4.6; 동아일보, 1955.5.16; 국립묘지관리소, 『민족의 얼』, 83쪽.

32 김종엽, "기념의 정치학: 동작동 국립묘지의 형성과 그 문화·정치적 의미", 『인문과학』 86집, 2004, 20, 24쪽; 정호기, "국민국가의 신성성과 '죽은 자 모시기'", 225-226쪽; 한홍구, "국립묘지를 보면 숨이 막힌다", 『한겨레21』(온라인판), 2005.9.20.

33 국립묘지관리소, 『민족의 얼』, 234쪽.

34 동아일보, 1957.4.6; 경향신문, 1958.4.6, 1959.4.5, 1962.4.5; 국립묘지관리소, 『민족의 얼』, 234-235쪽.

35 경향신문, 1958.5.15, 1958.5.18, 1958.5.23, 1958.6.6; 동아일보, 1958.6.7; 국립묘지관리소, 『민족의 얼』, 237-238쪽.

36 동아일보, 1962.6.6.

37 조지 모스, 『전사자 숭배』, 235-263쪽.

38 하상복, 『죽은 자의 정치학: 프랑스·미국·한국 국립묘지의 탄생과 진화』, 모티브북, 2014, 21-22쪽.

39 정호기, "국민국가의 신성성과 '죽은 자 모시기'", 229쪽.

40 특히 『동아일보』 1929년 10월 28일자(3면)에 게재된 "비석의 유행" 기사 참조.

41 정호기, "일제하 조선에서의 전쟁사자 추모 공간과 추모 의례", 144, 149쪽; 동아일보, 1933.9.10, 1935.1.12, 1939.3.9 등 참조.

42 연합신문, 1949.5.18; 동아일보, 1949.6.7.

43 동아일보, 1952.11.13; 경향신문, 1952.11.15, 1953.6.22. 김미정, "1950·60년대 한국전쟁 기념물: 전쟁의 기억과 전후 한국 국가체제 이념의 형성", 『한국근대미술사학』 10집, 2002, 278쪽.

44 국무원 사무국, "제2회 현충일 행사 계획에 관한 건"(국무회의 의안), 1957. 4.29, 2쪽.

45 경향신문, 1955.6.24, 1955.6.25, 1955.7.18.

46 경향신문, 1956.6.6.

47 경향신문, 1958.12.17; 동아일보, 1958.12.16.

48 경향신문, 1958.6.25.

49 차성환, 『참전기념조형물 도감』에 따름.

50 위와 같음.

강문구(1991), "한국 군부의 창설·변천 과정", 손호철
　　외, 『한국전쟁과 남북한 사회의 구조적 변화』, 경
　　남대 극동문제연구소.

강성현(2007), "국민보도연맹, 전향에서 감시·동원, 그
　　리고 학살로", 김득중 외, 『죽엄으로써 나라를 지
　　키자: 1950년대, 반공·동원·감시의 시대』, 선인.

_____(2012), "한국의 국가형성기 '예외상태 상례'의
　　법적 구조: 국가보안법(1948·1949·1950)과 계엄
　　법(1949)을 중심으로", 『사회와 역사』 94집.

_____(2016), "'난민'이라는 존재의 인식과 삶", 홍석
　　률 외, 『한국현대생활문화사, 1950년대: 삐라 줍
　　고 댄스홀 가고』, 창비.

강수택(2015), "세기 전환기 한국사회 연대영역의 구
　　조 변화"(2015년 11월 삼토회 발표문), 이론사회
　　학회, 2015.11.21.

강인철(1999), "한국전쟁과 사회의식 및 문화의 변화",
　　정성호 외, 『한국전쟁과 사회구조의 변화』, 백산
　　서당.

_____(2000), "전쟁의 기억, 기억의 전쟁: 한국전쟁
　　50주년에 즈음하여", 『창작과 비평』 108호.

_____(2002), "종교와 자본주의: 이데올로기적 동조
　　와 종교의 산업화", 『비평』 7호.

_____(2003), 『전쟁과 종교』, 한신대학교출판부.

_____(2006), 『한국 천주교의 역사사회학: 1930~1940
　　년대의 한국 천주교회』, 한신대학교출판부.

_____(2013), 『종속과 자율: 대한민국의 형성과 종교정치』, 한신대학교출판부.

_____(2013), 『저항과 투항: 군사정권들과 종교』, 한신대학교출판부.

_____(2013), "종교가 '국가'를 상상하는 법: 정교분리, 과거청산, 시민종교", 『종교문화연구』 21호.

_____(2014), "정교분리 이후의 종교와 정치: 의미와 동학", 『민주사회와 정책연구』 26호.

강정구(1989), 『좌절된 사회혁명: 미 군정하의 남한·필리핀과 북한 연구』, 열음사.

_____(1992), "해방 후 월남인의 월남동기와 계급성에 관한 연구", 한국사회학회 편, 『한국전쟁과 한국사회변동』, 풀빛.

_____(2000), "해방 후 친일파 청산 좌절의 원인과 그 민족사적 교훈", 민족문제연구소 편, 『한국 근현대사와 친일파 문제』, 아세아문화사.

강정인(2014), 『한국 현대 정치사상과 박정희』, 아카넷.

강준만(2011), 『담배의 사회문화사: 정부 권력과 담배 회사는 세상을 어떻게 변화시켰나』, 인물과사상사.

강진웅(2014), "'문화적 전환' 이후의 국가론: '실재'와 '상상'의 앙상블로서의 국가", 『한국사회학』 48집 1호.

고문현(2012), "주민등록제도의 문제점과 개선방안", 『공법학연구』 13권 4호.

고원(2012), "역동적 저항-역동적 순응, 이중성의 정치동학: 48년 헌정체제의 일제강점기 유산과 전개", 이병천·정근식 편, 『식민지 유산, 국가 형성, 한국 민주주의(1)』, 책세상.

공진성(2013), "루소, 스피노자, 그리고 시민종교의 문제", 『정치사상연구』 19집 1호.

교육50년사편찬위원회 편(1998), 『교육50년사』, 교육부.

구상(2004), "초토의 시", 『구상문학총서3: 개똥밭』, 홍성사.

국립묘지관리소 편(1988), 『민족의 얼』, 국립묘지관리소.

국무원 사무국(1957), "제2회 현충일 행사 계획에 관한 건"(국무회의 의안), 1957.4.29.

국성하(2013), "국립박물관 체제 형성과 박물관 내 교육의 변화", 『한국교육사학』 35권 4호.

권규식(1985), "미국의 시민종교론: R. Bellah의 소론(所論)을 중심으로", 『현대와 종교』 8집.

권오신(2000), 『미국의 제국주의: 필리핀인들의 시련과 저항』, 문학과지성사.

권태환·김두섭(1990), 『인구의 이해』, 서울대학교출판부.

권헌익(2006), 『학살, 그 이후: 1968년 베트남전 희생자들에 대한 추모의 인류학』, 유강은 역, 아카이브.

권헌익·정병호(2013), 『극장국가 북한: 카리스마 권력은 어떻게 세습되는가』, 창비.

권혁태(2005), "일본의 '과거사 청산'과 우경화", 『민주사회와 정책연구』 8호.

김경학(1995), "종교의 정치성에 관한 연구: 남아시아의 인도, 파키스탄, 스리랑카에서 세속주의(secularism)의 한계성을 중심으로", 『한국문화인류학』 27집.

김국태 편역(1984), 『해방 3년과 미국 I : 미국의 대한정책 1945~1948』, 돌베개.

김기석·강일국(2004), "1950년대 한국 교육", 문정인·김세중 편, 『1950년대 한국사의 재조명』, 선인.

김기중(1999), "주민등록제도 이대론 안 된다", 『월간 말』, 8월호.

김대성·한하은(2012), "터키에서 공화인민당의 집권과 세속주의 여성의 출현", 『한국이슬람학회 논총』 22권 제3호.

김동명(2000), "일본 제국주의의 지배체제의 전개와 조선인의 정치적 대응", 민족문제연구소 편, 『한국 근현대사와 친일파 문제』, 아세아문화사.

김동춘(1992), "한국전쟁과 지배이데올로기의 변화", 한국사회학회 편, 『한국전쟁과 한국사회변동』, 풀빛.

_____(2013), "분단이 낳은 한국의 국가폭력: 일상화된 내전 상태에서의 '타자'에 대한 폭력행사", 『민주사회와 정책연구』 23호.

_____(2013), 『전쟁정치: 한국정치의 메커니즘과 국가폭력』, 도서출판 길.

김동하(2012), "시민종교와 정치통합: 헤겔의 규범적 통합이론의 문화론적 재구성", 『한국정치연구』 21집 2호.

김득중(2007), "여순사건에 대한 언론보도와 반공담론의 창출", 김득중 외, 『죽엄으로써 나라를 지키자』, 선인.

_____(2009), 『'빨갱이'의 탄생: 여순사건과 반공 국가의 형성』, 선인.

김명주(2012), 『백인의 눈으로 아프리카를 말하지 말라』, 미래를소유한사람들.

김문조(1987), "시민종교론: 회고와 전망", 그리스도교철학연구소 편, 『현대사회와 종교』, 서광사.

김미정(2002), "1950․60년대 한국전쟁 기념물: 전쟁의 기억과 전후 한국 국가체제 이념의 형성", 『한국근대미술사학』 10집.

_____(2010), "1960~70년대 한국의 공공미술: 박정희 시대 공공기념물을 중심으로", 홍익대학교 박사학위논문.

김민영·김양규(2005), 『철도, 지역의 근대적 수용과 사회경제적 변용: 군산선과 장항선』, 선인.

김민철(2012), "탈식민의 과제와 친일파 청산운동", 정근식·이병천 편, 『식민지 유산, 국가 형성, 한국 민주주의(1)』, 책세상.

김민환(2000), "한국의 국가기념일 성립에 관한 연구", 서울대학교 석사학위논문.

_____(2000), "한국의 국가기념일 성립에 관한 연구", 『한국학보』 26권 2호.

김백영(2009), 『지배와 공간: 식민지도시 경성과 제국 일본』, 문학과지성사.

_____(2011), "식민권력과 광장 공간: 일제하 서울시내 광장의 형성과 활용", 『사회와 역사』 90집.

_____(2012), "현대 한국 도시에 남겨진 식민지 유산", 정근식·이병천 편, 『식민지 유산, 국가 형성, 한국 민주주의(2)』, 책세상.

김병로(2000), 『북한사회의 종교성: 주체사상과 기독교의 종교양식 비교』, 통일연구원.

김삼웅(2011), 『김상덕 평전』, 책으로보는세상.

김선미(2013), "재한 유엔기념공원의 조성 경위와 관리의 성격", 민주주의사회연구소 편, 『유엔기념공원과 부산: 국제평화도시의 환상을 넘어』, 선인.

김성건(1994), "또끄빌과 미국의 시민종교", 『한국사회학』 28집 3호.

김승한(1965), "교육 20년", 해방20년 편찬회 편, 『해방 20년: 기록편』, 세문사.

김아람(2011), "5·16군정기 사회정책: 아동복지와 부랑아 대책의 성격", 『역사와 현실』 82호.

김영미(1994), "미군정기 남조선과도입법의원의 성립과 활동", 『한국사론』 32집.

_____(2006), "해방 직후 정회(町會)를 통해 본 도시 기층사회의 변화", 윤해동 외 편, 『근대를 다시 읽는다(1): 한국 근대 인식의 새로운 패러다임을 위하여』, 역사비평사.

_____(2007), "해방 이후 주민등록제도의 변천과 그 성격: 한국 주민등록증의 역사적 연원", 『한국사연구』 136집.

김영신(2001), 『대만의 역사』, 지영사.

김영태(2002), "로버트 벨라의 미국 시민종교론에 대한 비판적 연구", 『종교와 문화 연구』 4호.

김용복(1982), "해방 후 교회와 국가", 한국기독교사회문제연구원 편, 『국가권력과 기독교』, 민중사.

김용자(1985), "교황 비오 11세와 동양선교정책", 기념논문집간행위원회 편, 『한국천주교회창설 2백주년기념 한국교회사논문집 II』, 한국교회사연구소.

김운태(1976), 『한국정치사(제2권): 제1공화국』, 성문각.

김원용·김광옥·노영서(1991), "한국방송편성론", 방송문화진흥회 편, 『한국방송총람』, 나남.

김은신(1998), 『한국 최초 101장면: 우리 근대문화의 뿌리를 들춰보는 재미있는 문화기행』, 가람기획.

김의훈(2009), "미국 시민종교와 개신교 근본주의의 정치신학적 연관성", 『대학과 복음』 14집.

김정인(2013), "해방 전후 민주주의'들'의 변주", 『개념과 소통』 12호.

김정주(2008), "랄프 엘리슨의 『준틴스』와 미국적 시민종교", 『미국소설』 15권 2호.

김정화(2000), 『담배 이야기』, 지호출판사.

김종서(1986), "미국의 공민종교론", 『미국학』 9집.

_____(2005), 『종교사회학』, 서울대학교출판부.

김종성(2012), 『보훈의 역사와 문화』, 국학자료원.

김종엽(1998), 『연대와 열광: 에밀 뒤르켐의 현대성 비판 연구』, 창작과비평사.

_____(2004), "기념의 정치학: 동작동 국립묘지의 형성과 그 문화·정치적 의미", 『인문과학』 86집.

김종태(2018), 『선진국의 탄생: 한국의 서구 중심 담론과 발전의 계보학』, 돌베개.

김지현 외(2012), 『탈식민주의의 얼굴들: 파농·사이드·바바·스피박』, 역락.

김태일(1990), "농촌사회의 구조변화와 농민정치", 한배호 편, 『한국현대정치론 I』, 나남.

김학균·남정석·배성민(2012), 『기억을 공유하라 스포츠 한국사』, 이콘.

김학재(2007), "국가권력의 모세혈관과 1950년대의 대중동원: 국민반을 통한 감시와 동원", 김득중 외, 『죽엄으로써 나라를 지키자: 1950년대, 반공·동원·감시의 시대』, 선인.

_____(2015), 『판문점 체제의 기원: 한국전쟁과 자유주의 평화기획』, 후마니타스.

_____(2016), "자유진영의 최전선에 선 국민", 홍석률 외, 『한국현대생활문화사, 1950년대: 뼈라 줍고 댄스홀 가고』, 창비.

김현선(2002), "애국주의의 내용과 변화: 1960-1990년대 교과서 분석을 중심으로", 『정신문화연구』 25권 2호.

_____(2006), "국민, 반(半)국민, 비(非)국민: 한국 국민 형성의 원리와 과정", 『사회연구』 12호.

김흥수(1998), "한국전쟁의 충격과 기독교회의 기복신앙 확산에 관한 연구", 서울대학교 박사학위논문.

나이토 요스케(2012), 『우표로 그려낸 한국 현대사』, 이미란 역, 한울.

_____(2012), 『우표, 역사를 부치다』, 안은미 역, 정은문고.

나인호(2004), "나치 독재의 정치종교와 전체주의적 대중 만들기", 임지현·김용우 편, 『대중독재(1): 강제와 독재 사이에서』, 책세상.

나인호·박진우(2005), "독재와 상징의 정치: 나치즘과 일본 파시즘의 정치종교", 임지현·김용우 편, 『대중독재(2): 정치종교와 헤게모니』, 책세상.

노윤식(2002), "미국의 다문화주의, 대중종교, 시민종교의 이해", 『선교신학』 6집.

노창섭·김종서·한상준(1965), 『개발과정에 있는 농촌사회연구』, 이화여대출판부.

니시무라 아키라(2002), "위령과 폭력: 전쟁 사망자에 대한 태도 이해를 위해", 『종교문화비평』 2호.

다카시 후지타니(2003), 『화려한 군주: 근대일본의 권력과 국가의례』, 한석정 역, 이산.

다카하시 데쓰야(2005), 『결코 피할 수 없는 야스쿠니 문제』, 현대송 역, 역사비평사.

_____(2008), 『국가와 희생』, 이목 역, 책과함께.

다카하시 히데토시(2009), "'야스쿠니'와 '히로시마'", 전진성·이재원 편, 『기억과 전쟁: 미화와 추모 사이에서』, 휴머니스트.

대한민국정당사편찬위원회 편(1973), 『대한민국정당사: 제1집(1945~1972년)』, 중앙선거관리위원회.

대한상이군경회 편(1991), 『대한상이군경회 40년사』, 대한상이군경회.

데이비드 라이언(2014), 『감시사회로의 유혹』, 이광조 역, 후마니타스.

데이비드 스타인버그(2004), "필리핀 협력자들: 과두 엘리트 지배체제의 생존", 클라이브 크리스티 편저, 『20세기 동남아시아의 역사』, 노영순 역, 심산.

데이비드 케너다인(2004), "의례의 역사적 맥락과 그 의미: 영국 군주정과 '전통의 발명' 1820~1977", 에릭 홉스봄 외, 『만들어진 전통』, 박지향·장문석 역, 휴머니스트.

동아일보사(1975), 『동아연감』, 동아일보사.

로버트 D. 퍼트넘(2000), 『사회적 자본과 민주주의: 이탈리아의 지방자치와 시민적 전통』, 안청시 외 역, 박영사.

_____(2009), 『나 홀로 볼링: 사회적 커뮤니티의 붕괴와 소생』, 정승현 역, 페이퍼로드.

로버트 D. 퍼트넘, 데이비드 E. 캠벨(2013), 『아메리칸 그레이스: 종교는 어떻게 사회를 분열시키고 통합하는가』, 정태식 외 역, 페이퍼로드.

로버트 말렛(2005), "이탈리아 파시즘과 영적 혁명", 임지현·김용우 편, 『대중독재2: 정치종교와 헤게모니』, 책세상.

로버트 벨라(1981), 『사회변동의 상징구조』, 박영신 역, 삼영사.

로버트 우스노우(2014), 『기독교와 시민사회』, 정재영·이승훈 역, CLC.

로절린드 C. 모리스 외(2013), 『서발턴은 말할 수 있는가: 서발턴 개념의 역사에 관한 성
　　찰들』, 태혜숙 역, 그린비.

마스이 야스이치(1995), 『중국·대만의 친일과 재판사: 1946~1948 한간재판 기록』, 정운
　　현 역, 한울.

마이크 파커 피어슨(2009), 『죽음의 고고학』, 이희준 역, 사회평론.

마크 게인(1986), 『해방과 미군정: 1946.10~11』, 편집부 역, 까치.

모리스 아귈롱(2001), 『마리안느의 투쟁: 프랑스 공화국의 초상과 상징체계, 1789~1880』,
　　전수연 역, 한길사.

목수현(2008), "한국 근대 전환기 국가 시각 상징물", 서울대학교 박사학위논문.

_____(2010), "디아스포라의 정체성과 태극기: 20세기 전반기 미주 한인을 중심으로",
　　『사회와 역사』 86집.

_____(2011), "망국과 국가 표상의 의미 변화: 태극기, 오얏꽃, 무궁화를 중심으로", 『한
　　국문화』 53집.

문규현(1994), 『민족과 함께 쓰는 한국천주교회사 II: 1945년부터』, 빛두레.

문제안 외(2005), 『8·15의 기억: 해방공간의 풍경, 40인의 역사체험』, 한길사.

미나미 모리오(2011), "독일 전몰자 추도 역사와 야스쿠니신사·국립묘지 문제(상, 중, 하)",
　　일본의 전쟁책임자료센터 편, 『야스쿠니신사의 정치』, 박환무 역, 동북아역사재단.

미셸 푸코(2010), 『광기의 역사』, 이규현 역, 나남.

_____(2011), 『감시와 처벌: 감옥의 역사』, 오생근 역, 나남.

_____(2011), 『안전, 영토, 인구: 콜레주드프랑스 강의 1977~78년』, 심세광·전혜리·조
　　성은 역, 도서출판 난장.

_____(2014), 『헤테로토피아』, 이상길 역, 문학과지성사.

_____(2015), 『"사회를 보호해야 한다": 콜레주드프랑스 강의 1975~76년』, 김상운 역,
　　도서출판 난장.

밀턴 마이어(2014), 『그들은 자신들이 자유롭다고 생각했다』, 박중서 역, 갈라파고스.

밀턴 오스본(2000), 『한 권에 담은 동남아시아 역사』, 조흥국 역, 도서출판 오름.

박노자(2003), "'국민'이라는 감옥: 구한말의 국민 담론을 중심으로", 박노자 외, 『탈영자

들'의 기념비: 한국사회의 성과 속―주류라는 신화」(당대비평 특별호), 생각의 나무.

_____(2003), 『하얀 가면의 제국: 오리엔탈리즘, 서구 중심의 역사를 넘어』, 한겨레신문사.

_____(2005), 『우승열패의 신화: 사회진화론과 한국민족주의 담론의 역사』, 한겨레신문사.

_____(2005), 『나는 폭력의 세기를 고발한다: 박노자의 한국적 근대 만들기』, 인물과사상사.

박영신(2000), "잊혀진 이야기: 시민사회와 시민종교", 『현상과 인식』 24권 1·2호.

박영재(2000), "전후처리와 그 문제점: 일본과 동아시아 현대사의 역사적 접근", 민족문제연구소 편, 『한국 근현대사와 친일파 문제』, 아세아문화사.

박은진(2006), "독립혁명기 미국 기독교의 시민종교화", 『미국사연구』 24집.

_____(2015), "'국민통합'의 종교: 건국 초기 미국 시민종교의 형성", 『다문화사회연구』 8집 1호.

박찬승(2010), 『민족·민족주의』, 소화.

_____(2010), 『마을로 간 한국전쟁: 한국전쟁기 마을에서 벌어진 작은 전쟁들』, 돌베개.

_____(2013), 『대한민국은 민주공화국이다: 헌법 제1조 성립의 역사』, 돌베개.

_____(2014), 『한국독립운동사: 해방과 건국을 향한 투쟁』, 역사비평사.

박찬표(2010), 『한국의 48년 체제: 정치적 대안이 봉쇄된 보수적 패권체제의 기원과 구조』, 후마니타스.

박천홍(2003), 『매혹의 질주, 근대의 횡단: 철도로 돌아본 근대의 풍경』, 산처럼.

박태균(2015), 『베트남전쟁: 잊혀진 전쟁, 반쪽의 기억』, 한겨레출판.

박혜성(2003), "1960~1970년대 민족기록화 연구", 서울대학교 석사학위논문.

박홍규(2004), "일본 식민사상의 형성과정과 사회진화론", 강만길 외, 『일본과 서구의 식민통치 비교』, 선인.

박훈하(2007), "한국 근대박물관의 계보학: 민족주의와 지역의 기원", 『인문과학논총』 12권 1호.

방원일(2005), "비서구세계 종교문화의 만남과 종교개념에 대한 최근 논의들", 『종교문화비평』 8호.

백승덕(2016), "한국전쟁 이전의 국민개병제 구상과 시행", 『한국사연구』 175집.

베네딕트 앤더슨(2002), 『상상의 공동체: 민족주의의 기원과 전파에 대한 성찰』, 윤형숙 역, 나남.

병무청(1985), 『병무행정사(상)』, 병무청.

보건사회부(1955), 『보건사회통계연감(1954)』, 보건사회부.

브루스 커밍스(1986), 『한국전쟁의 기원』, 김자동 역, 일월서각.

4·7언론인회 편(1985), 『한국신문종합사설선집(1~2권): 제1·2공화국 편』, 도서출판 동아.

새뮤얼 헌팅턴(1997), 『문명의 충돌』, 이희재 역, 김영사.

샤오메이 천(2001), 『옥시덴탈리즘』, 정진배 외 역, 강.

서영채(2011), 『아첨의 영웅주의: 최남선과 이광수』, 소명출판.

서울특별시사편찬위원회 편(2009), 『서울 지명사전』, 서울특별시사편찬위원회.

서호철(2017), "누가 국민이고 누가 유권자가 되는가?: 남한의 최초 총선거와 주민의 자
　　격·분류·등록", 『사회와 역사』 113집.

손호철(1991), 『한국정치학의 새 구상』, 풀빛.

_____(2006), 『해방 60년의 한국정치: 1945~2005』, 이매진.

송현동(2010), "현대 한국 원혼의례의 양상과 특징", 『종교연구』 61집.

신기철(2014), 『국민은 적이 아니다: 한국전쟁과 민간인 학살, 그 잃어버린 고리를 찾아서』,
　　헤르츠나인.

신병식(2006), "박정희 시대의 일상생활과 군사주의: 징병제와 '신성한 국방의 의무' 담
　　론을 중심으로", 『경제와 사회』 72호.

신영덕(2002), 『한국전쟁과 종군작가』, 국학자료원.

신용옥(2007), "우파 세력의 단정 입법 시도와 조선임시약헌의 정치적 성격", 『한국사학보』
　　28호.

신인호(2013), "이들을 기억해 주세요: 작은 국군묘지들", 『국방저널』, 6월호.

신진욱(2011), "광주항쟁과 애국적 민주공화주의의 탄생: 저항적 시민사회의 형성과 정
　　체성 구성에 대한 구조해석학적 분석", 『한국사회학』 45집 2호.

심세광(2011), "옮긴이 해제", 미셸 푸코, 『안전, 영토, 인구: 콜레주드프랑스 강의 1977~
　　78년』, 심세광·전혜리·조성은 역, 도서출판 난장.

C. L. 호그(1992), 『한국분단보고서(상, 하)』, 신복룡·김원덕 역, 풀빛.

아놀드 반 겐넵(1985), 『통과의례: 태어나면서부터 죽은 후까지』, 전경수 역, 을유문화사.

안쏘니 기든스(1991), 『민족국가와 폭력』, 진덕규 역, 삼지원.

알라이다 아스만(2011), 『기억의 공간: 문화적 기억의 형식과 변천』, 변학수·채연숙 역,
　　그린비.

앙투안 프로(2010), "전사자 기념비: 공화국 숭배인가, 공민 숭배인가, 애국자 숭배인가",
　　피에르 노라 편, 『기억의 장소1: 공화국』, 김인중·유희수·문지영 역, 나남.

앤서니 D. 스미스(2016), 『족류: 상징주의와 민족주의-문화적 접근방법』, 김인중 역, 아카넷.

얀 베르너 뮐러(2017), 『누가 포퓰리스트인가: 그가 말하는 '국민' 안에 내가 들어갈까』, 노시내 역, 마티.

양건(1982), "국가와 종교에 관한 법적 고찰", 한국기독교사회문제연구원 편, 『국가권력과 기독교』, 민중사.

양승윤(1998), 『인도네시아 현대정치론』, 한국외국어대학교출판부.

양은미(2013), "브라질의 정치적 세속성(laicidade)과 공교육의 세속성", 『포르투갈-브라질 연구』 10권 1호.

에드워드 사이드(1991), 『오리엔탈리즘』, 박홍규 역, 교보문고.

에릭 홉스봄 외(2004), 『만들어진 전통』, 박지향·장문석 역, 휴머니스트.

에밀 뒤르케임(1992), 『종교생활의 원초적 형태』, 노치준·민혜숙 역, 민영사.

에밀리오 젠틸레(2005), "정치의 신성화", 임지현·김용우 편, 『대중독재2: 정치종교와 헤게모니』, 책세상.

연정은(2007), "감시에서 동원으로, 동원에서 규율로: 1950년대 학도호국단을 중심으로", 김득중 외, 『죽엄으로써 나라를 지키자: 1950년대, 반공·동원·감시의 시대』, 선인.

오만규(2002), 『집총거부와 안식일 준수의 신앙양심』, 삼육대학교 선교와사회문제연구소.

오세일·이상지(2014), "시민종교 담론, 한국사회에서 읽기", 『사회이론』 46호.

오오타 오사무(2013), "식민지주의의 '공범': 두 개의 강화조약에서 초기 한일교섭으로", 이동준·장박진 편저, 『미완의 해방: 한일관계의 기원과 전개』, 아연출판부.

오유석(1997), "한국 사회균열과 정치사회구조 형성 연구", 이화여자대학교 박사학위논문.

오익환(1979), "반민특위의 활동과 와해", 송건호 외, 『해방전후사의 인식』, 한길사.

오제연(2016), "병영사회와 군사주의 문화", 오제연 외, 『한국현대생활문화사, 1960년대: 근대화와 군대화』, 창비.

울리히 벡(1997), 『위험사회: 새로운 근대(성)를 향하여』, 홍성태 역, 새물결.

_____(2013), 『자기만의 신』, 홍찬숙 역, 도서출판 길.

유인선(2002), 『새로 쓴 베트남의 역사』, 이산.

유종선(2015), "종교, 격정, 공화국: 존 애덤스(John Adams)의 시민종교론 고찰", 『국제정치연구』 18집 1호.

윤선자(2009), "독립운동과 태극기", 『역사학연구』 35집.

윤선자(2008), 『축제의 정치사』, 한길사.

윤해동(2000), "'친일 잔재' 청산과 관련하여 제기되는 몇 가지 문제", 민족문제연구소 편, 『한국 근현대사와 친일파 문제』, 아세아문화사.

은정태(2005), "박정희시대 성역화사업의 추이와 성격", 『역사문제연구』 15호.

이강수(2003), 『반민특위 연구』, 나남출판.

_____(2004), "남조선과도입법의원의 친일파숙청법 연구", 『한국독립운동사연구』 22집.

_____(2005), "친일파 청산, 어떻게 할 것인가?", 『민주사회와 정책연구』 8호.

이경숙(2017), 『시험국민의 탄생』, 푸른역사.

이경주(2001), "미군정기 과도입법의원과 조선임시약헌", 『법사학연구』 23호.

이규태(2000), 『한국인의 주거문화(1): 우리 땅 우리 건축의 수수께끼』, 신원문화사.

이기택(1987), 『한국야당사』, 백산서당.

이나미(2004), "일제의 조선지배 이데올로기: 자유주의와 국가주의", 강만길 외, 『일본과 서구의 식민통치 비교』, 선인.

이남우(2004), "전시체제의 한국군 상 · 장례 절차에 관한 연구", 동국대학교 석사학위논문.

이동원 · 조성남(1997), 『미군정기의 사회이동』, 이화여대출판부.

이동준(2013), "'해방'의 이론과 실제: 초기 대한민국 정부의 병합조약에 대한 인식과 행동", 이동준 · 장박진 편저, 『미완의 해방: 한일관계의 기원과 전개』, 아연출판부.

이동헌(2009), "한국전쟁 기념의 주변인들: 한국전쟁 반공포로", 전진성 · 이재원 편, 『기억과 전쟁: 미화와 추모 사이에서』, 휴머니스트.

이명화(1999), "애국가 형성에 관한 연구", 『실학사상연구』, 제10 · 11집.

이민정(2014), "4 · 19혁명과 5 · 16군사정변기의 이데올로기와 복식", 『한국의류산업학회지』 16권 5호.

이병호(1987), "프랑스선교사들의 영성과 한국교회", 『교회사연구』 5호.

이북5도위원회 편(1981), 『이북5도 30년사』, 이북5도위원회.

이상록(2011), "경제제일주의의 사회적 구성과 '생산적 주체' 만들기: 4 · 19~5 · 16 시기 혁명의 전유를 둘러싼 경합과 전략들", 『역사문제연구』 25호.

이상명(2011), "주민등록 지문날인제도의 위헌성", 『한양법학』 36집.

이상빈(2012), "프랑스 사례를 중심으로 고찰한 종교와 세속성", 『탈경계인문학』 13호.

이시다 다케시(2011), "누구의 죽음을 잊고, 누구의 죽음에 의미를 부여할 것인가", 일본의 전쟁책임자료센터 편, 『야스쿠니신사의 정치』, 박환무 역, 동북아역사재단.

이언 바루마, 아비샤이 마갤릿(2007), 『옥시덴탈리즘: 반서양주의의 기원을 찾아서』, 송충기 역, 민음사.

이영록(2010), "한국에서의 '민주공화국'의 개념사: 특히 '공화' 개념을 중심으로", 『법사학연구』 42호.

이영린(1965), 『한국재림교회사』, 시조사.

이완범(2009), "김성수의 식민지 권력에 대한 저항과 협력: '협력적 저항'에서 '저항적 협력'으로", 『한국민족운동사연구』 58집.

이인석(2001), 『세월 따라 담배 따라』, 대한교과서.

이임하(2008), "상이군인들의 한국전쟁 기억", 김귀옥 외, 『전쟁의 기억 냉전의 구술』, 선인.

이정은(2010), "한국전쟁 이후 '인권보호대상자'를 둘러싼 담론 형성의 매카니즘", 『사회와 역사』 86집.

_____(2016), "미군정기 이후 '신분증명서'를 통한 개인의 관리와 통치", 『사회와 역사』 111집.

이정훈(2016), "1평 채명신 묘가 80평 YS·DJ 묘보다 길지(吉地)?", 『신동아』, 2월호.

이진모(2012), "두 개의 전후(戰後): 서독과 일본의 과거사 극복 재조명", 『역사와 경계』 82호.

이철(2009), "현대사회에서의 시민종교의 역할에 관한 종교사회학적 연구: 2008년 미국산 쇠고기 수입반대 촛불집회를 중심으로", 『한국기독교신학논총』 64집.

이태섭(1989), "6·25와 이승만의 민중통제체제의 실상", 『역사비평』 5호.

이태훈(2014), "일제 말 전시체제기 조선방공협회의 활동과 반공선전 전략", 『역사와 현실』 93호.

이하나(2016), "미국화와 욕망하는 사회", 홍석률 외, 『한국현대생활문화사, 1950년대: 삐라 줍고 댄스홀 가고』, 창비.

이혜령(2016), "겨울공화국으로 가는 길목에서 외침", 오제연 외, 『한국현대생활문화사, 1960년대: 근대화와 군대화』, 창비.

이화진(2009), "'극장국가'로서의 제1공화국과 기념의 균열", 전진성·이재원 편, 『기억과 전쟁: 미화와 추모 사이에서』, 휴머니스트.

임대식(1998), "1950년대 미국의 교육원조와 친미 엘리트의 형성", 역사문제연구소 편, 『1950년대 남북한의 선택과 굴절』, 역사비평사.

임종명(2007), "탈식민지 시기(1945~1950년) 남한의 국토민족주의와 그 내재적 모순", 『역사학보』 193집.

_____(2008), "탈식민지시기(1945~1950) 남한의 지리교육과 국토표상", 『한국사학보』 30호.

임지현(1999), 『민족주의는 반역이다: 신화와 허무의 민족주의의 담론을 넘어서』, 소나무.

임지현·김용우 편(2005), 『대중독재(2): 정치종교와 헤게모니』, 책세상.

임채숙·임양택(2006), 『세계의 디자인과 기술: 기념주화 은행권 우표 훈장』, 국제.

임혁백(2014), 『비동시성의 동시성: 한국 근대정치의 다중적 시간』, 고려대학교출판부.

장규식(2006), "군사정권기 한국교회와 국가권력: 정교유착과 과거사 청산 의제를 중심으로", 『한국기독교와 역사』 24호.

장석만(2012), "'종교'를 묻는 까닭과 그 질문의 역사: 그들의 물음은 우리에게 어떤 문제를 던지는가?", 『종교문화비평』 22호.

장숙경(2013), 『산업선교, 그리고 70년대 노동운동』, 선인.

전덕재(2015), "1973년 천마총 발굴과 박정희 정권의 문화재 정책", 『역사비평』 112호.

전우용(2014), "한국인의 국기관(國旗觀)과 '국기에 대한 경례': 국가 표상으로서의 국기(國旗)를 대하는 태도와 자세의 변화 과정", 『동아시아 문화연구』 56집.

전재호(2012), "한국 민족주의의 반공 국가주의적 성격", 이병천·정근식 편, 『식민지 유산, 국가 형성, 한국 민주주의(1)』, 책세상.

정근식(1992), "한국전쟁과 지방사회의 갈등", 한국사회학회 편, 『한국전쟁과 한국사회 변동』, 풀빛.

_____(2007), "광주민중항쟁에서의 저항의 상징 다시 읽기: 시민적 공화주의를 중심으로", 『기억과 전망』 16호.

_____(2010), "러시아혁명과 축제", 정근식 외, 『지역 민주주의와 축제의 관계』, 중원문화.

정대일(2003), "북한의 공민종교: 주체사회주의의 기원, 형성, 구조를 중심으로", 『한국민족운동사연구』 36집.

_____(2011), "북한의 종교정책 연구: 북한 국가종교의 성립 과정을 중심으로", 『종교연구』 64집.

_____(2011), "국가종교로서의 주체사상 연구", 한국학중앙연구원 한국학대학원 박사학위논문.

_____(2012), 『북한 국가종교의 이해: 북한 선교의 선이해를 위한 연구』, 나눔사.

정병호(2010), "극장국가 북한의 상징과 의례", 『통일문제연구』 54호.

정영태(1992), "일제 미군정기 반공이데올로기의 형성", 『역사비평』 16호.

정영훈(2008), "단기 연호, 개천절 국경일, 홍익인간 교육이념: 현대 한국에서의 단군민
　　족주의의 제도화에 관한 연구", 『정신문화연구』 113호.

정운현(2014), 『친일, 청산되지 못한 미래』, 책으로보는세상.

정일준(2010), "탈수정주의를 넘어서 한국 근현대사 이해하기: 역사내전을 극복하기 위
　　하여", 비판사회학회 민족·통일분과 편, 『민족과 통일』, 선인.

정철희·신진욱·이희영(2007), "서론", 정철희 외, 『상징에서 동원으로: 1980년대 민주
　　화운동의 문화적 동학』, 이학사.

정태헌(2000), "1930년대 조선인 유산층의 친일 논리와 배경", 민족문제연구소 편, 『한
　　국 근현대사와 친일파 문제』, 아세아문화사.

정호기(2005), "국민국가의 신성성과 '죽은 자 모시기': 국립묘지의 조성과 유지를 중심
　　으로", 『호남문화연구』 36집.

_____(2005), "일제하 조선에서의 전쟁사자 추모 공간과 추모 의례", 『사회와 역사』 67집.

_____(2007), 『한국의 역사기념시설』, 민주화운동기념사업회.

정호웅(1991), "50년대 소설론", 문학사와비평연구회 편, 『1950년대 문학연구』, 예하.

정희준(2009), 『스포츠 코리아 판타지: 스포츠로 읽는 한국 사회문화사』, 개마고원.

조동걸(1979), "8·15 직전의 독립운동과 그 시련", 송건호 외, 『해방전후사의 인식』, 한길사.

조르조 아감벤(2008), 『호모 사케르』, 박진우 역, 새물결.

조성윤(1987), "일제하의 신흥종교와 독립운동: 만주지방의 원종(元宗)을 중심으로", 한
　　국사회사연구회 편, 『한국의 종교와 사회변동』, 문학과지성사.

조승래(2005), "시민종교의 지적 계보", 임지현·김용우 편, 『대중독재(2): 정치종교와 헤
　　게모니』, 책세상.

_____(2006), "시민종교에 대한 긍정적 해석을 위한 시론", 『국제문화연구』 24집.

조지 L. 모스(2015), 『전사자 숭배: 국가라는 종교의 희생제물』, 오윤성 역, 문학동네.

조현범(2000), "현대 한국의 국가의례에 대한 시론적 연구", 『종교연구』 19집.

조형·박명선(1985), "북한 출신 월남인의 정착과정을 통해서 본 남북한 사회구조의 비교",
　　변형윤 외, 『분단시대와 한국사회』, 까치.

조혜인(1992), "북한의 종교: 유교적 유산을 통하여", 『동아연구』 25집.

존 아일리프(2002), 『아프리카의 역사』, 이한규·강인황 역, 가지않은길.

주준희(1996), "북한 정치의 종교성: 김일성의 신격화에 있어서 무속신앙의 영향을 중심으로", 『한국정치학회보』 29집 4호.

중앙선거관리위원회 편(1973), 『대한민국선거사(제1집)』, 중앙선거관리위원회.

지그문트 바우만(2009), 『액체근대』, 이일수 역, 강.

지그문트 바우만, 데이비드 라이언(2014), 『친애하는 빅브라더: 지그문트 바우만, 감시사회를 말하다』, 한길석 역, 오월의봄.

지영임(2003), "현충일의 창출 과정: 순국선열과 전몰장병을 중심으로", 『비교민속학』 25집.

_____(2004), "한국 국립묘지의 전사자 제사에 관한 일고찰: 묘를 매개로 한 국가의 의례와 유족의 의례", 『비교민속학』 27집.

_____(2007), "제주 4·3 관련 위령의례의 변화와 종교적 의미", 『종교연구』 48집.

차남희(2009), "일본의 시민종교와 신도: 메이지 초기의 국가신도를 중심으로", 『담론 201』 12집 1호.

차성환(1996), 『참전기념조형물 도감』, 국가보훈처.

차성환(2000), "새 천년과 한국 시민종교의 과제", 『글로벌시대 한국의 시민종교』, 삼영사.

찰스 암스트롱(2004), "가족주의, 사회주의, 북한의 정치종교", 임지현·김용우 편, 『대중독재2: 정치종교와 헤게모니』, 책세상.

철도청 공보담당관실 편(1992), 『한국철도사(제4권)』, 철도청.

_____(1992), 『철도 주요 연표: 철도 창설 제93주년 기념』, 철도청.

총무처 편(1984), 『상훈편람』, 총무처.

최신한(2013), "후기세속사회의 종교 담론과 시민종교", 『헤겔연구』 33호.

최용호(2004), 『한권으로 읽는 베트남전쟁과 한국군』, 국방부 군사편찬연구소.

최재석(1975), 『한국농촌사회연구』, 일지사.

최정기 외(2008), 『전쟁과 재현: 마을공동체의 고통과 그 대면』, 한울.

최정민(2000), "미국 시민종교의 뒤르케임적 분석", 『한국군사학논집』 56집.

최종고(1983), 『국가와 종교』, 현대사상사.

최호근(2004), "미국에서의 홀로코스트 기억 변화", 『미국사연구』 19집.

친일반민족행위자재산조사위원회(2010), 『친일재산조사, 4년의 발자취』, 친일반민족행위자재산조사위원회.

친일반민족행위진상규명위원회(2007), 『외국의 식민지·점령지 과거사청산 법령 I 』, 친일반민족행위진상규명위원회.

친일인명사전편찬위원회 편(2004), 『일제협력단체사전: 국내 중앙편』, 민족문제연구소.

_____편(2009), 『친일인명사전(1~3권)』, 민족문제연구소.

카터 에커트(2006), "식민지 말기 조선의 총력전·공업화·사회 변화", 박지행 외 편, 『해방 전후사의 재인식(1)』, 책세상.

_____(2006), "헤겔의 망령을 몰아내며: 탈민족주의적 한국사 서술을 위하여", 신기욱·마이클 로빈슨 편저, 『한국의 식민지 근대성: 내재적 발전론과 식민지 근대화론을 넘어서』, 도면회 역, 삼인.

칼 마르크스(1991), 『프랑스 혁명사 3부작』(개정판), 임지현·이종훈 역, 소나무.

칼 만하임(1976), 『이데올로기와 유토피아』, 임석진 역, 지학사.

캐서린 벨(2007), 『의례의 이해: 의례를 보는 관점들과 의례의 차원들』, 류성민 역, 한신대학교출판부.

클라이브 크리스티(2004), 『20세기 동남아시아의 역사』, 노영순 역, 심산.

彭懷恩.林鐘雄(1990), 『대만 정치변천 경제발전 40년』, 김철수 외 역, 성균관대학교출판부.

폴 콜리어 외(2008), 『제2차 세계대전: 탐욕의 끝 사상 최악의 전쟁』, 강민수 역, 플래닛미디어.

표인주(2005), "한국전쟁 희생자들의 죽음 처리방식과 의미화 과정", 김경학 외, 『전쟁과 기억: 마을 공동체의 생애사』, 한울.

프리스 모건(2004), "소멸에서 시선으로: 낭만주의 시기 웨일스의 과거를 찾아서", 에릭 홉스봄 외, 『만들어진 전통』, 박지향·장문석 역, 휴머니스트.

피에르 노라 편(2010), 『기억의 장소1: 공화국』, 김인중·유희수·문지영 역, 나남.

_____(2010), 『기억의 장소2: 민족』, 김인중·유희수·강일휴 역, 나남.

_____(2010), 『기억의 장소3: 프랑스들(1)』, 김인중·유희수·강일휴 역, 나남.

_____(2010), 『기억의 장소4: 프랑스들(2)』, 김인중·유희수·문지영 역, 나남.

_____(2010), 『기억의 장소5: 프랑스들(3)』, 김인중·유희수·강일휴 역, 나남.

피터 램버트(2005), "'제3제국'에서의 영웅화와 악마화", 임지현·김용우 편, 『대중독재(2): 정치종교와 헤게모니』, 책세상.

한국농촌사회연구회 편(1965), 『농촌사회학』, 민조사.

한국역사연구회(1998), 『우리는 지난 100년 동안 어떻게 살았을까(1~2)』, 역사비평사.

_____(1999), 『우리는 지난 100년 동안 어떻게 살았을까(3)』, 역사비평사.

한국은행(1994), 『한국의 화폐』, 한국은행 발권부.

한국조폐공사 편(1993), 『한국화폐전사』, 한국조폐공사.

한나 아렌트(2006), 『예루살렘의 아이히만: 악의 평범성에 대한 보고서』, 김선욱 역, 한길사.

_____(2006), 『전체주의의 기원(1,2)』, 이진우·박미애 역, 한길사.

한모니까(2017), 『한국전쟁과 수복지구』, 푸른역사.

한석정(2016), 『만주 모던: 60년대 한국 개발체제의 기원』, 문학과지성사.

한성훈(2014), 『가면권력: 한국전쟁과 학살』, 후마니타스.

한시준(1993), 『한국광복군 연구』, 일조각.

한용원(2000), "한국군의 형성 과정에서 일본군 출신의 리더십 장악과 그 영향", 민족문
   제연구소 편, 『한국 근현대사와 친일파 문제』, 아세아문화사.

한운석(2005), "독일의 나치 과거 청산(1945~2000): 한계와 성과", 『민주사회와 정책연구』 8호.

한중일3국공동역사편찬위원회(2012), 『한중일이 함께 쓴 동아시아 근현대사1: 국제 관
   계의 변동으로 읽는 동아시아의 역사』, 휴머니스트.

한홍구(2003), "박정희 정권의 베트남 파병과 병영국가화", 『역사비평』 62호.

_____(2005), "국립묘지를 보면 숨이 막힌다", 『한겨레21』(온라인판), 2005.9.20.

_____(2012), "현대사를 통해 바라본 감시의 추억", 한홍구 외, 『감시사회: 벌거벗고 대
   한민국에서 살아가기』, 철수와영희.

합동통신사(1964), 『합동연감』, 합동통신사.

해군본부 군종감실 편(1993), 『해군군종사』(제3집), 해군본부.

행정자치부 상훈담당관실 편(2003), 『대한민국 훈장 제식 변천사』, 행정자치부.

허동현·박노자(2003), 『우리 역사 최전선: 박노자·허동현 교수의 한국 근대 100년 논쟁』,
   푸른역사.

허종(2003), 『반민특위의 조직과 활동: 친일파 청산 그 좌절의 역사』, 선인.

홍석만(2000), "주민등록제도는 파시즘이다", 『월간 말』, 9월호.

홍성태(2008), "일상적 감시사회를 넘어서", 공제욱 편, 『국가와 일상: 박정희 시대』, 한울.

_____(2012), "유신 독재와 주민등록제도", 『역사비평』 99호.

홍인숙(1985), "건국준비위원회의 조직과 활동", 강만길 외, 『해방전후사의 인식(2)』, 한
   길사.

황남준(1987), "전남지방정치와 여순사건", 박현채 외, 『해방전후사의 인식(3)』, 한길사.

Abercrombie, Nicholas, Stephen Hill, and Bryan S. Turner(1988), *The Penguin Dictionary of Sociology*, Harmondsworth: Penguin Books.

Aldridge, Alan(2007), *Religion in the Contemporary World: A Sociological Introduction*, 2nd ed., Cambridge: Polity Press.

Assmann, Jan(2006), *Religion and Cultural Memory*, Rodney Livingston tr., Stanford: Stanford University Press.

Barrett, David B., ed.(1982) *World Christian Encyclopaedia*, Oxford: Oxford University Press.

Bellha, Robert N.(1968), "Civil Religion in America," William G. McLoughlin and Robert N. Bellah eds., *Religion in America*, Boston: Beacon Press.

_____(1970), *Beyond Belief: Essays on Religion in a Post-Traditional World*, New York: Crossroad Books.

_____(1974), "American Civil Religion in the 1970s," Russel E. Richey and Donald G. Jones eds., *American Civil Religion*, New York: Harper & Row.

_____(1975), *The Broken Covenant: American Civil Religion in Time of Trial*, New York: Crossroad Books.

_____(2002), "The New American Empire: The Likely Consequences of the 'Bush Doctrine'," *Commonweal*, October 25.

Bellah, R. N., and P. E. Hammond, eds.(1980), *Varieties of Civil Religion*, New York: Harper & Row.

Beyer, Peter F.(2013), "Questioning the Secular/Religious Divide in a Post-Westphalian World," *International Sociology*, vol.28, no.6.

Brown, David(1994), *The State and Ethnic Politics in Southeast Asia*, London and New York: Routledge.

Burchardt, Marian, and Monika Wohlrap-Sahr(2013), "'Multiple Secularities: Religion and Modernity in the Global Age'–Introduction," *International Sociology*, vol.28, no.6.

Calhoun, Craig, Mark Juergensmeyer and Jonathan VanAntwerpen, eds.(2011), *Rethinking Secularism*, New York: Oxford University Press.

Casanova, Jose(2011), "The Secular, Secularizations, Secularisms," Craig Calhoun, Mark Juergensmeyer, Jonathan VanAntwerpen eds., *Rethinking Secularism*, New York: Oxford University Press.

Cauthen, Bruce(2004), "Covenant and Continuity: Ethno-Symbolism and the Myth of Divine Election," *Nations and Nationalism*, vol.10, no.1/2.

Cha, Seong Hwan(2000), "Korean Civil Religion and Modernity," *Social Compass*, vol.47, no,4.

Cristi, Marcela(2001), *From Civil to Political Religion: The Intersection of Culture, Religion and Politics*, Ontario: Wilfrid Laurier University Press.

Cristi, Marcela, and Lorne L. Dawson(2007), "Civil Religion in America and in Global Context," James A. Beckford and N. J. Demerath III eds., The *SAGE Handbook of the Sociology of Religion*, Los Angeles: SAGE Publications.

Davie, Grace(2001), "Global Civil Religion: A European Perspective," *Sociology of Religion*, vol.62, no.4.

Demerath, N. J., III(2003), "Civil Society and Civil Religion as Mutually Dependent," Michele Dillon ed., *Handbook of the Sociology of Religion*, Cambridge: Cambridge University Press.

Fearon, James D.(1998), "Commitment Problem and the Spread of Ethnic Conflict," David A. Lake and Donald Rothchild eds., *The International Spread of Ethnic Conflict*, Princeton: Princeton University Press.

Flere, Sergej, and Miran Lavrič(2007), "Operationalizing the Civil Religion Concept at a Cross-Cultural Level," *Journal for the Scientific Study of Religion*, vol.46, no.4.

Fujitani, Takashi(1993), "Inventing, Forgetting, Remembering: Toward a Historical Ethnography of the Nation-State," Harumi Befu ed., *Cultural Nationalism in East Asia: Representation and Identity,* Berkeley: Institute of East Asian Studies, University of California.

_____(1996), *Splendid Monarchy: Power and Pageantry in Modern Japan*, Berkeley: University of California Press.

Geertz, Clifford(1981), *Negara: The Theatre State in Nineteenth-Century Bali*, Princeton: Princeton University Press.

Gehrig, Gail(1979), *American Civil Religion: An Assessment*, Storrs: Society for the Scientific Study of Religion Monographs.

Gentile, Emilio(1996), *The Sacralization of Politics in Fascist Italy*, Cambridge: Harvard University Press.

_____(2001), "The Sacralization of Politics: Definitions, Interpretations and Reflections on the Question of Secular Religion and Totalitarianism," *Totalitarian Movements and*

Political Religions, vol.1, Summer.

_____(2006), *Politics as Religion*, George Staunton tr., Princeton: Princeton University Press.

Goffman, Irving(1961), *Asylums: Essays on the Social Situation of Mental Patients and Other Inmates*, New York: Anchor Books.

Hill, Michael(1985), "Sociological Approaches(1)," Frank Whaling ed., *Contemporary Approaches to the Study of Religion2: The Social Sciences*, Berlin: Mouton Publishers.

Hughey, Michael W.(1983), *Civil Religion and Moral Order: Theoretical and Historical Dimensions*, Westport: Greenwood.

Kim, Andrew Eungi(1993), "The Absence of Pan-Canadian Civil Religion: Plurality, Duality and Conflict in Symbols of Canadian Culture," *Sociology of Religion*, vol.54, no.3.

_____(2005), "Nation-Building and Korean Civil Religion: The Making of National Community, Culture, and Identity," *Acta Koreana*, vol.8, no.2.

Latourette, Kenneth S.(1989), "Colonialism and Missions: Progressive Separation," James E. Wood, Jr. ed., *Readings on Church and State*, Waco: Baylor University Press.

Linton, Stephen W.(1989), "Patterns in Korean Civil Religions," Ph.D. dissertation, Columbia University.

_____(1994), *Patterns in Korean Civil Religions*, Ann Arbor: UMI.

Malefijt, Annemarie de Waal(1968), *Religion and Culture: An Introduction to Anthropology of Religion*, New York: Macmillan.

Maleševč Siniša(2004), "'Divine Ethnies' and 'Sacred Nations': Anthony D. Smith and the Neo-Durkheimian Theory of Nationalism," *Nationalism & Ethnic Politics*, vol.10, no.4.

Markoff, John, and Daniel Regan(1981), "The Rise and Fall of Civil Religion: Comparative Perspective," *Sociological Analysis*, vol.42, no.4.

Marty, Martin E.(1974), "Two Kinds of Two Kinds of Civil Religion," Russel E. Richey and Donald G. Jones eds., *American Civil Religion*, New York: Harper & Row.

_____ed.(1992), *Civil Religion, Church and State*, New York: K. G. Saur.

McElya, Micki(2016), *The Politics of Mourning: Death and Honor in Arlington National Cemetery*, Cambridge: Harvard University Press.

McGuire, Meredith B.(2002), *Religion: The Social Context*, 5th ed., Belmont: Wadsworth Thomson Learning.

Meizel, Katherine(2006), "A Singing Citizenry: Popular Music and Civil Religion in America," *Journal for the Scientific Study of Religion*, vol.45, no.4.

Moyser, George(1991), *Politics and Religion in the Modern World*, London: Routledge.

Nisbet, Robert(1983), "Civil Religion," Mircea Eliade ed., *The Encyclopaedia of Religion*, vol.3, New York: Macmillan.

Richey, Russel E., and Donald G. Jones, eds.(1974), *American Civil Religion*, New York: Harper & Row.

Rousseau, Jean Jacques(1954), *The Social Contract*, Willmoore Kendall tr., Chicago: Henry Regnery Company.

Santiago, Jose(2009), "From 'Civil Religion' to Nationalism as the Religion of Modern Times: Rethinking a Complex Relationship," *Journal for the Scientific Study of Religion*, vol.48, no.2.

Shils, Edward, and Michael Young(1953), "The Meaning of the Coronation," *Sociological Review*, vol.1, no.2.

Shin, Eun Hee(2006), "The Sociopolitical Organism: The Religious Dimension of Juche Philosophy," Robert E. Buswell Jr. ed., *Religions of Korea in Practice*, Princeton: Princeton University Press.

Smith, Anthony D.(1993), "The Nation: Invented, Imagined, Reconstructed?," Marjorie Ringrose and Adam J. Lerner eds., *Reimagining the Nation*, Buckingham and Philadelphia: Open University Press.

_____(1996), "Chosen Peoples," J. Hutchinson and A. D. Smith eds., *Ethnicity*, Oxford: Oxford University Press.

_____(1999a), "Ethnic Election and National Destiny: Some Religious Origins of Nationalist Ideals," *Nations and Nationalism*, vol.5, no.3.

_____(1999b), *Myths and Memories of the Nation*, Oxford: Oxford University Press.

_____(2000), "The 'Sacred' Dimension of Nationalism," *Millennium: Journal of International Studies*, vol.29, no.3.

_____(2003), *Chosen Peoples: Sacred Sources of National Identity*, Oxford: Oxford University Press.

Turner, Edith(2012), *Communitas: The Anthropology of Collective Joy*, New York: Palgrave MacMillan.

Turner, Victor W.(1969), *The Ritual Process: Structure and Anti-Structure*, London: Routledge & Kegan Paul.

_____(1974), *Dramas, Fields, and Metaphors: Symbolic Action in Human Society*, Ithaca: Cornell University Press.

_____(1982), *From Ritual to Theatre: The Human Seriousness of Play*, New York: PAJ Publications.

Van Gennep, Arnold(1960), *The Rites of Passage*, Monika B. Vizedom and Gabrielle L. Caffee tr., Chicago: University of Chicago Press.

Williams, Rhys H.(2003), "Religious Social Movement in the Public Sphere: Organization, Ideology, and Activism," Michele Dillon ed., *Handbook of the Sociology of Religion*, Cambridge: Cambridge University Press.

Wohlrap-Sahr, Monika, and Marian Burchardt(2012), "Multiple Secularities: Toward a Cultural Sociology of Secular Modernities," *Comparative Sociology*, vol.11.

金哲(1965), 『韓國の人口と經濟』, 東京: 岩波書店.

찾아보기

시민종교의 탄생

식민성과 전쟁의 상흔

* 색인어들은 연관 항목끼리 함께 묶어 정리했다.

가

가둬놓고 통제하기·풀어놓고 감시하기 426
갈등적 (재)구성주의 접근 10, 31, 53
감정의 연금술·감정 연금술 469, 471
개인숭배·지도자숭배 164, 270, 465
경계획정권력·경계정치 43, 270~271, 334, 404~405,
        424
경찰쿠데타 265
고강도 청산·중강도 청산·저강도 청산·미청산 272,
        286, 294, 302, 310, 312, 319, 322~323, 393
공민·공민종교 26, 38, 114, 129, 340~341, 403, 481
공원묘지 496, 499
공화국 숭배·공화국의 교회 62
공화주의적 시민종교론·자유주의적 시민종교론 37~
        38, 41, 336,
과거사청산·과거(사)청산 10, 106, 175~177, 108~185,
        190, 194~195, 199, 231~244, 252, 254~256,
        264~270, 272~274, 277, 279~282, 284~348, 351~
        354, 357~358, 362, 367, 377, 389~392, 396~397,
        506~508
과잉 폭력성 42, 182, 187, 190, 331~332, 348, 507
광장-제단 일체형 474, 476
국가·애국가 95, 97, 100~103, 346
국가력·국가기념일 체계 17, 65, 192, 369

국가범죄 183~185, 268, 410

국가상징 17, 65, 98, 369

국가 없는 민족 83, 90, 92, 94

국가와 민족의 식민지적 분리 92, 105

국가적 성체계·세속적 성성 11, 15~16, 48~
49, 58, 70, 188

국가의례 17, 58, 64~65, 95~96, 100~101,
105, 110, 143, 473, 479, 500

국가주의적 반공주의·자유주의적 반공주의
356, 367, 509

국가폭력 182~187, 193, 268~270, 410, 431

국가 형성·민족 형성 15, 22, 58, 114, 116, 133,
180, 227, 403, 436

국교제 국가·정교분리 국가·종교국가
75, 78, 83~88, 90

국군묘지 192, 462, 469, 472~474, 476~479,
481, 486~491, 494~496, 498~500, 502

국군 3대 선서·국군맹서 120, 124

국기·태극기 19, 95, 97~103, 120, 123, 146,
149, 155, 165, 373, 424, 481

국기에 대한 경례 100

국기에 대한 맹세 346

국립납골묘 486~487, 490

국립묘지·현충원·호국원 17, 64, 66, 82,
109, 411, 453, 459, 478, 480~481, 483,
495~501, 503

국민개병제·국민개병제도·징병제 113~
120, 126~129, 191, 403, 433~438,
442, 456, 506

국민의례·국민의례운동 100~101, 479~480

국부國父 113

국어(한글) 101, 124

국장·국민장·사회장 62, 65, 100, 132, 142

국화·무궁화 17, 65, 95, 97~98, 100, 109,
157~158, 162~168

규율권력 44, 54, 327, 342, 345, 408, 427,
437, 507

극장국가 36

기념비의 숲 501

기념의 정치·기념투쟁 54, 65~66

기술과학적 접근·시민종교적 접근 456, 458

기억의 장소 54, 57, 64, 66, 390

기억정치·기억의 정치·기억투쟁 18, 54, 66,
125, 391

나

남산·남산공원 17, 66, 97, 137~140, 147,
502~503

능력주의·실력주의·업적주의·경쟁주의
180, 205, 209~211, 214, 327, 337~340,
348, 507

다

다민족 국가·다국가 민족 92

대중영웅 17, 66, 468

대통령취임식 20

대한민국임시정부·임시정부 99~105, 202,
234~236, 239~240, 247, 253, 258~
259, 296, 313, 361~363, 365~366,
369~370, 372, 379

도구주의 74, 78~79
동아시아 민족주의 · 동아시아 민족주의 정
치 · 민족주의 정치 · 동아시아 갈등구조 366,
    377, 381~383, 386~388, 393~ 394,
    398, 508
두 국민 전략 · 국민화 · 비국민화 43, 81,
    116, 404, 408, 433, 474~475
두 시민종교 현상 · 두 개의 시민종교 31,
    41~ 44, 53, 92, 186
뒤르케임(에밀 뒤르케임) 16, 22, 25, 32,
    37, 50, 57~59, 61~62, 329, 336
뒤르케임적 접근 · 루소적 접근 50, 52, 329

라

루소 16, 25, 37, 50, 52, 329, 336
리미널리티 54, 58~61
린튼(스티브 린튼) 26

마

망자들의 행진 487
명명정치 · 명명의 정치학 18, 145
모델국가 450
묘탑 · 영탑 460~461, 465~466, 476, 485~
    490, 501~503
무명용사 64, 469, 480, 483, 493, 495, 498,
    503~504
문맹퇴치운동 113, 127, 129, 133
문화로서의 시민종교 · 이데올로기로서의
    시민종교 31, 327~329, 348

문화적-이데올로기적 내전 · 문화적-이데
올로기적 양극화 41, 52, 510
문화적 전환 36, 65
미신타파운동 · 미신타파주간 50, 109, 111,
    131
민족개조론 208, 214, 342
민족기록화 141
민족주의적 사회주의 385~387
민주주의와 민족주의의 동시발전 · 민주주
의와 민족주의의 병진 · 민주주의-민족주
의 병진 103, 104, 106, 369, 376, 509

바

박람회 · 전람회 65, 105, 113, 132~133, 140~
    141, 156, 166
박물관 · 문화재 17, 57, 66, 93, 105, 110, 113,
    124~125, 136~140
반공애국유적부활운동 505
반공-자유민주주의 시민종교 109, 194,
    371~372, 375~376, 397~398, 403, 448,
    508~510
반공주의와 국가주의의 친화성 177, 355~
    356, 367, 376
반공주의의 오남용 · 반공주의의 정치적 남용
    376
반국민 406~411, 418, 422~423, 431, 447~448,
    509
반미-사회주의 시민종교 194, 510
반민족행위처벌법 · 반민법 249, 256, 258~
    260, 262~267, 270~271, 311, 369, 449

반민족행위특별조사위원회·반민특위 233, 256, 258~260, 263~267, 270, 275~277, 311, 343, 374, 394, 448, 450

반청산 232~233, 256, 265, 272, 274, 298, 327, 507

발전주의 130~133, 148, 150, 154, 167, 177, 202~203, 273~274, 371, 375, 397, 436, 449~450, 508

배타적 국교제·포용적 국교제 85~87

뱉어내기 전략·먹어치우기 전략 425~426

베트남전쟁 10, 17, 109, 188, 386, 407, 413, 448, 454, 505

벨라(로버트 벨라) 20, 22, 25, 32, 34, 37~38, 40, 51~53

변혁 혹은 해방의 리미널리티 61

병영국가·병영사회 191, 433, 436~437, 442, 446~448

보통선거제·보통선거제도 113, 127~129

복수의 시민종교·시민종교의 복수성 9, 31, 41, 90

부일협력자·민족반역자·전범·간상배에 관한특별법률조례·특별법률조례 247, 251~256, 259, 270, 312, 323, 352, 357~358, 360~365, 372, 397

분단체제·분단국가·냉전동맹 174~175, 182, 193, 304, 315, 352, 360~361, 363~364, 370, 379, 397, 401, 508

분리와 초월성·시민종교의 분리와 초월성 36~38, 40

불신사회·감시사회·사회자본 결핍사회 327, 332~336, 348~349, 433, 507

비국민 43, 270, 334, 404~410, 413, 423~434, 436, 443, 447~448, 509

비인간 43, 408~409

비청산 232~233, 238, 254, 272, 298, 327

사

사자숭배 17, 82, 454~455, 462, 467, 476

사제적 버전·예언자적 버전·사제적 기능·예언자적 기능 34, 36~37, 42

48년 체제 10, 177, 351, 364~368, 370~378, 397, 508~509

사회극·사회드라마 32, 58, 60

사회의 병영화·병영사회화·병영국가화 435~437

사회진화론 104, 124, 180, 209, 211~214, 338~339

사회통합 강박증 31

삼균주의 104

상상의 공동체 16, 98

상이용사·상이군인·상이군경 407, 409, 415~417

상징문양(훈장·포장) 158~160

상징정치 22, 36

상훈제도 145, 157~158, 160, 506

새마을 18, 50, 61, 109, 113, 155, 167, 170~171, 446

샌프란시스코체제·샌프란시스코조약·샌프란시스코 강화협상 291, 293, 299, 382, 388

생명권력·생명관리권력 44, 408, 430

서발턴·서발턴화 의례 44, 408~411

선민·선민의식·선민사상·선민주의 47,
99, 216, 404, 407~409, 411~412, 414,
417, 509

성가정·신성가족 404, 407, 409~410, 412,
414, 417~418, 466, 469~470, 509

성지순례 66

세속국가·신성국가 9, 27, 30~31, 44~47,
69~70, 74, 80, 82~84, 87, 92, 107~108,
111, 473, 506, 509

수용소 감옥·수용소 안의 수용소 428

시민종교의 사회문화적 인프라 113~114,
136, 145, 506

시민종교 주체의 다양화 39

식민지 근대화·식민지 근대화론 174

식민지 도덕성·식민지적 도덕성 205, 207~
209, 322, 342

식민지엘리트 10, 44, 47, 106, 173~181,
184~185, 190~195, 199~202, 206~210,
214~220, 225~235, 236~237, 238~239,
242, 246~248, 254, 256, 259, 263~265,
267, 269~271, 274~275, 279, 298, 300,
302, 304, 313, 315~321, 323~324, 329~
330, 332, 334, 338, 342, 347~348,
351~372, 378, 384, 395, 398, 506~508

신신분제·정치적 신신분제 44, 192, 403~
404, 408~410, 442, 469, 509

아

아시아 패러독스 381

악의 평범함 347

안전하고 건전한 민족주의·안전한-건전
한 민족주의 228, 273~274, 330, 508

약한 민족주의·강한 민족주의 42, 228~229,
327, 329~330, 332, 348~349, 365~366,
369, 378, 398, 507~508

약한 시민종교·강한 시민종교 186, 331,
506~507

역청산 185, 191, 232~233, 265, 269~272,
274, 298, 319, 322, 324~325, 327, 330,
343, 354, 374, 393, 507

연고주의적 능력-경쟁주의 327, 337, 339~
341

연호·국가연호 65, 110

영적 안전망·사후 복지 483~485, 509

5대 교리·다섯 기둥 371, 449

오리엔탈리즘 47, 180, 212, 214, 359, 380

옥시덴탈리즘 47, 180, 212, 273, 359, 380,
382, 384, 386

우리의 맹세 120, 123~124

위험하고 불온한 민족주의·위험한-불온
한 민족주의 273~274, 330, 508

유엔군묘지·유엔기념공원·유엔기념묘지
473, 488, 490~494, 496, 499~500

유엔군 자유수호 참전기념탑 505

육탄10용사 188, 468, 495, 502

윤리의 규율권력화 327, 342, 345, 507

의례공동체 471

의례경관·의례 미장센 63, 459~460, 463~
465, 467, 474, 476, 479

의례 인프라 471~472

의례장치 459, 465~466, 471, 473, 480~481

의무교육제·의무교육제도 113~114, 121, 123~125, 127~129, 374, 402~403, 506

이동의례·의례의 연쇄·촘촘한 의례주기 462

이익충돌 의식 204, 215~216

이행적 정의 343

1사회 1시민종교 가설·1사회 1시민종교 신화 31, 40~41, 53

자

자유공간 305, 410

작은 국군묘지 489~490

장충단·장충단공원 478, 487, 502

장충사 472, 478, 487, 490~491, 500

적군묘지 56, 458

전사자 거처·항구적 전사자 거처·항구적 거처·임시 거처 483~488, 490, 499, 501~502, 509

전사자 기념시설 412, 501~505

전사자 숭배·전사자 숭배의 트로이카 412, 451, 453~454, 456, 484, 491, 500~501, 509

전사자 시신의 대이동·원심이동·구심이동·분산이동·집중이동 498

전사자 영혼의 거처·전사자 육신의 거처 485, 487, 489~490, 502

전사자 의례·전사자의 의례적 변형 109, 412, 453, 459~481, 501, 509

전쟁의 시민종교 형성 효과 193, 450

전쟁의 일상화·일상의 전장화 433, 442, 444, 446~448, 509

전통의 발명·만들어진 전통 57, 64, 96

정교분리·자유주의적 분리·국가주의적 분리 8~9, 29, 31, 44~45, 70~71, 74~92, 94, 107~111, 509

정교융합 8~9, 29, 71, 74, 77, 79, 86, 89, 108

정치종교·정치의 심미화 27~28, 32, 50~53, 65, 83, 188~190

제국주의적 도덕성 180, 208

제노사이드 73, 182~183, 185

조상신 승화 기제·전사자의 신격화 454, 466~467, 473, 484, 509

주권권력 44, 424~426, 430

주민등록제·주민등록제도 429, 433, 436~438, 440~442, 447

죽음 위계·죽음의 상징적·도덕적 위계질서 410, 454, 456~457

죽음의 공공화 458, 484, 486

죽음의 국유화·보편적 국유화·선별적 국유화 458~459

죽음의 대량생산 454~455

죽음의 민주화 453, 458, 497

지배층의 배교 38, 375, 398

지배층의 연고주의·대중의 연고주의 337~338, 340

질서 혹은 충성의 리미널리티·질서·충성의 리미널리티 61

집단심성 47, 180, 209, 229, 279, 308, 323, 338~339, 450

집합적 열광·집합적 홍분 58, 61~62, 65, 93, 191, 225, 228, 273, 331, 448, 451

차

차가운 시민종교 185~187, 331~332, 349, 507
참신자 61, 107, 192, 331, 374, 404
체제 내 위치 204~207, 214~215, 219
체제 민속 58, 63~64
촛불집회·촛불시위 19, 27
총체적 제도·총체적 지배 54, 427
친미주의 18, 26, 131, 133, 177, 327, 332, 351~352, 357~366, 371~372, 375, 397, 449~451, 508

카

커뮤니타스 58~62, 335

타

탈민족주의 46, 225, 228~229, 330, 393
탑골공원·탑동공원·파고다공원 162~163
통과의례 54, 60~61, 123, 187, 199, 343, 410, 436, 441
특수주의적 사회자본·보편주의적 사회자본 341~342

파

파기된 계약 38, 52
표리부동형 식민지 협력자·표리부동한 협력자·표리일치형 식민지 협력자 193, 200, 203~204, 223, 235

하

한국전쟁·6·25전쟁 10, 17, 42, 56, 106~107, 113, 116~118, 130, 140, 154, 167, 170, 179, 188, 190~194, 223, 266~272, 274, 276, 290~292, 322, 334, 354, 360, 372, 374~377, 389, 401~405, 408, 413, 415, 418, 431, 434, 440, 444~451, 454~456, 458, 461, 467~468, 470, 475, 478, 486~491, 504~505, 508
헤게모니·헤게모니적 지배·헤게모니적 통합 8, 23, 36, 131, 402, 451
헤테로토피아·일탈의 헤테로토피아·위기의 헤테로토피아 54, 56, 427, 429
현충일 142, 148, 192, 414, 463, 465, 469, 473~481, 490, 499~500, 503, 509
형성적 폭력·잠식적 폭력 187~189
호국신·군신·국가수호신 466~467, 484~485, 487, 490, 500
호모 사케르·호모 사케르화 의례 44, 56, 268, 408~411, 424~425
효창공원 451, 500, 503
희생의 논리 468, 471, 480, 501

총서 茴 知의회랑 을 기획하며
arcade of knowledge

대학은 지식 생산의 보고입니다. 세상에 바로 쓰이지 않더라도 언젠가는 반드시 인류에 필요할 지식을 생산하고 축적하며 발전시키는 일을 끊임없이 해나갑니다. 오랫동안 대학에서 생산한 지식은 책이란 매체에 담겨 세상의 지성을 이끌어왔습니다. 그 책들은 콘텐츠를 저장하고 유통시키며 활용하게 만드는 매체의 차원을 넘어, 인간의 비판적 사유 능력과 풍부한 감수성을 자극하는 촉매의 역할을 충실히 해왔습니다.

이와 같은 '책을 읽는다'는 것은 단순히 지식과 정보를 습득하는 데 멈추지 않고, 시대와 현실을 응시하고 성찰하면서 다시 그 너머를 사유하고 상상함을 의미합니다. 그러므로 '세상의 밑그림'을 그리는 책무를 지닌 대학에서 책을 펴내는 것은 결코 가벼이 여겨선 안 될 일입니다.

이제 우리는 다양한 방식으로 존재하는 지식과 정보, 그리고 사유와 전망을 담은 책을 엮어 현존하는 삶의 질서와 가치를 새롭게 디자인하고자 합니다. 과거를 풍요롭게 재구성하고 미래를 창의적으로 기획하는 작업이 다채롭게 펼쳐질 것입니다.

대학의 심장부에 해당하는 도서관이 예부터 우주의 축소관이라 여겨져 왔듯이, 그곳에 체계적으로 배치된 다양한 책들이야말로 이른바 학문의 우주를 구성하는 성좌와 다름없습니다. 우리는 그 빛이 의미 없이 사그라들지 않기를, 여전히 어둡고 빈 서가를 차곡차곡 채워가기를 기대합니다.

앎을 쉽게 소비하는 시대를 살고 있지만, 다양한 앎을 되새김함으로써 학문의 회랑에서 거듭나는 지식의 필요성에 우리는 공감합니다. 정보의 홍수와 유행 속에서도 퇴색하지 않을 참된 지식이야말로 인간이 가야 할 길에 불을 밝혀줄 수 있기 때문입니다. 앞으로 대학이란 무엇을 하는 곳이며, 왜 세상에 남아 있어야 하는 곳인지 끊임없이 되물으며, 새로운 지의 총화를 위한 백년 사업을 시작하겠습니다.

총서 '지의 회랑' 기획위원

안대회 · 김성돈 · 변혁 · 윤비 · 오제연 · 원병묵

지은이 강인철

1994년에 서울대학교 사회학과에서 박사학위를 받고 1997년 봄부터 한신대학교 종교문화학과 교수로 재직 중이다. '종교에 대한 역사사회학'과 '사회·정치·문화에 대한 종교사회학'을 지향하면서, 주로 한국의 종교정치, 종교사회운동, 종교권력, 개신교 보수주의, 북한 종교, 종교와 전쟁, 양심적 병역거부, 군종제도 등을 탐구해왔다. 최근 몇 년 동안에는 한국 시민종교 연구에 주력했다.

지금까지 12권의 단독저서를 출간했다. 2017년에 『종교와 군대』를 펴냈고, 2012~2013년에 걸쳐 '한국 종교정치 5부작'인 『한국의 종교, 정치, 국가 1945~2012』, 『종속과 자율: 대한민국의 형성과 종교정치』, 『저항과 투항: 군사정권들과 종교』, 『민주화와 종교』, 『종교정치의 새로운 쟁점들』을 펴냈다. 이 밖에도 『종교권력과 한국 천주교회』(2008), 『한국 천주교회의 쇄신을 위한 사회학적 성찰』(2007), 『한국의 개신교와 반공주의』(2007), 『한국 천주교의 역사사회학: 1930~1940년대의 한국 천주교회』(2006), 『전쟁과 종교』(2003), 『한국 기독교회와 국가, 시민사회: 1945~1960』(1996) 등이 있다.

이번에 함께 선보이는 『시민종교의 탄생』, 『경합하는 시민종교들』은 같은 시기에 출간되는 『전쟁과 희생: 한국의 전사자 숭배』와 더불어 '한국 시민종교 3부작'을 구성한다.

🏛 知의회랑
arcade of knowledge
006

시민종교의 탄생
식민성과 전쟁의 상흔

1판 1쇄 인쇄 2019년 1월 20일
1판 1쇄 발행 2019년 1월 30일

지 은 이   강인철
펴 낸 이   신동열
책임편집   현상철
편   집   신철호·구남희
마 케 팅   박정수·김지현

펴 낸 곳   성균관대학교 출판부
등   록   1975년 5월 21일 제1975-9호
주   소   03063 서울특별시 종로구 성균관로 25-2
전   화   02)760-1253~4 팩스 02)762-7452
홈페이지   http://press.skku.edu

ISBN 979-11-5550-308-9 93330

⊙ 이 저서는 2014년 정부(교육부)의 재원으로 한국연구재단의
  지원을 받아 수행된 연구임(NRF-2014S1A6A4027137).